性愛의 사회사

자크 솔레
Jacques Solé

L'AMOUR EN OCCIDENT
A L'EPOQUE MODERNE

李宗旼 譯

프라고나르의 《빗장》 1784년무렵

東文選 文藝新書 87

JACQUES SOLÉ

L' AMOUR EN OCCIDENT A L' EPOQUE MODERNE

제IV부 성의 환상

*, 〔 〕── 역자의 주석.

性愛의 私會社

과연, 사랑은 해볼 만한 가치가 있다.

그러나 그 사랑도 정신적 작업, 소설이나 연구상의 주제로서는 늘상 뻔하여 지긋지긋하다. 뻔하여 지긋지긋하다는 강도가 더욱 높은 것은, 여자를 잉태시키는 데 사랑을 결부하는 일에 사람들이 더욱더 등한시하기 때문이다. 사랑 등 여성을 잉태시키는 부수적인 것, 하나의 삽화 내지 조각뿐이라는 그러한 꿈이 소화나 순환의 부수물일지도 모르는 것처럼.

심리적인 사랑이란 본디 악몽 같은 것이다. 그것이 한 인간의 내부에 빛나는 어리석은 행동이나 광기는, 이미 꿈의 착란된 여러 규칙을 쫓고 있다.

폴 발레리의 《노트》(1916)에서

서 언

대학의 역사연구자 집단이 확대되었으나, 우리의 지적 생활 전체가 그러하듯이 역사의 여신 클리오[Clio. 그리스 신화에 나오는 아홉 뮤즈 가운데 하나로 역사의 수호신]의 영역에서는 아직도 매우 산만한 논의가 진행되고 있다. 언론인이나 대중매체의 기획자들이 과거에 관한 그들의 생각을 대중에게 강요하는 한편으로, 문화사와 사회사 전문가들 사이의 대립이 더욱 증폭되고 있는 것이 분명하다. 수많은 것을 다루고, 또 고문서에 특별한 경의를 표하는 사회사 전문가는 문화사 전문가가 예외적인 개인만을 다룬다든가, 혹은 독자들을 자주 당혹시키는 은어를 사용하여 표현의 제반 구조에 접근하는 것을 비난함에도 불구하고, 우리의 유수한 역사가들 몇몇은 문학과 철학의 전문가였던 바, 아마도 과거에 대한 이해는 다양한 분석방법의 구사에 달려 있는 듯하다.

근대의 性愛(성애)의 역사를 대상으로 연구를 시작하는 데에는 이와 같은 서언이 반드시 필요하다. 물론 우리들 시대의 인간들이 갖고 있는 정열을 격렬하게 흔드는 것과 같은 주제를 선택할 경우, 미리 그 이유를 이야기할 필요는 없다. 특히 몸에 배인 교양과 그 생애가 현대인의 관심을 더할 나위 없이 매혹시키는 저 全人(전인)의 경우가 그러하다. 그러나 그같은 인간행동을 취하기란 역시 어려운 것이며, 또 불행히도 성적인 과거에 관한 그의 분석은 대부분 왕후귀족들의 정사를 질리지도 않고 희희낙락 떠들어대는 패거리들에게 맡겨져 왔던 것이다. 다행히 왕후를 이야기거리로 삼은 음담들이 지금도 성행하고 있으니, 여기서 그 음담에 새로이 조명을 들이댈 의도는 전혀 없다.

역사분석 대신 재미있는 이야기거리를 제공하는 이러한 방식은, 단지 출판의 상업적 필요성뿐만이 아니라 지나간 복잡한 성의 실태를 밝히고자 할 때 그 관찰자를 엄습하는 커다란 수고로움과도 연관되어 있다. 그러나 이렇게 수수방관하는 동안 일화를 주로 하는 역사에 대한 만연이 조장된다. 우리들을 지배하는 엄격한 규범으로 보아 성애의 역사 연구가 대단히 경박하다는 중대한 낙인을 모면할 수 없는 만큼 더욱 그러하다. 게다가 이 주제의 첫번째 어려움은 용어 문제에서 시작된다. 근대에는 성과 정열, 쾌락과 연정 사이의 혼란이 유지되고 있었기 때문이다. 따라서 16세기에서 18세기를 대상으로 한 서구의 성애 연구는, 가장 적나라한 육체관계와 상상세계에서 가장 세련된 기쁨에도 관심을 가질 필요가 있다.

이 두 가지 태도 사이의 긴장관계가 현대 프랑스 역사학계의 전개를 특징지어 왔다. 뤼시앵 페브르*는 미슐레*의 교훈에 따라 성생활에 관한 무수한 문학적 전거를 원용함으로써 그 심리적 측면에 우위를 부여하였다. 이 가르침을 이어받은 로베르 망드루는 고문서 자료를 보다 계통적으로 이용할 것을 장려하고, 이 측면을 더욱 확대시켰다. 그러나 피에르 쇼뉘가 역사에 인구통계학을 적용한 성과를 대량으로 사용하여, 다양한 심성이나 행동의 사회적 재구성을 도모한 방식은 옛시대의 성관계에 관한 고찰에 새로운 장을 열었다. 질적인 방법이 아직도 위신을 갖고 있음에도 성애의 역사에 관한 다양한 사고 사이에 분열을 인정할 수 있는 것은, 무엇보다 수량적 분석이 미증유의 성공을 거둔 결과 때문이다.

* 페브르—1878-1956. 낭시에서 출생한 프랑스 역사가. 비단 사건들만이 아닌 인간과 제 사회의 연구에 토대를 둔 새로운 역사학의 주창자로서 뤼시앵 페브르는 거대한 저작을 이룩해 놓았다. 그의 논문 《펠리페 2세와 프랑슈 콩테 Philippe II et la Franche-Comté》(1911)는, 여타의 사회과학에서 차용한 역사의 전체적인 개념을 밝혀 주고 있다. 《어떤 운명, 마르틴 루터 Un destin. Martin Luther》(1928), 혹은 《16세기에서의 무신앙의 문제: 라블레의 종교 Le Problème de l'incroyance au XVI° siècle: la religion de Rabelais》(1942)는 단순한 전기적 사항이 아닌 집단적 정신사에 대한 업적들이다. 뤼시앵 페브르는 1929년, 마르크 블로크와 함께 《경제·사회사 연보 Annales d'histoire économique et sociale》라는 영향력 있는 역사 잡지—아날의 운동에 그 이름이 부여되는—를 창간하였다.

* 미슐레—1798-1874. 프랑스의 역사가. 기념비적인 저작 《프랑스사 Histoire de France》(1833-67)로 잘 알려져 있는 민족주의 역사가로서 개성적인 서술방식으로 과거를 되살림으로써 커다란 극적 힘을 지니는 역사적 종합(synthesis)을 이루었다.

그러면서 수량적 분석이 이처럼 성공을 거두었을지라도, 그것만으로는 사회적이며 심리적인 역사 분야를 흡수하는 데 충분치 못하다. 물론 성에 관심을 가진 아날학파 역사가들은 숫자 조작만으로 머물러 있지 않는다. 그들은 자신들이 입수한 모든 증언을 이용하여 다양한 계급의 심성과 그 전개에 따라 숫자를 해석한다. 일화에 대한 맹목적인 숭배를 물리치는 이와 같은 동향은, 또한 과거의 호색적 문학이나 에로틱한 미술에 통달한 자들을 경계하는 마음을 불러일으킨다. 실제로 그들은 문화적인 꿈에 불과한 것을 현실로 간주할지도 모른다. 이러한 혼동 덕분에 중세 남프랑스의 음유시인들이 귀부인에게 정열을 이야기한다 치더라도 서구가 정열로 넘쳐 흐르게 되거나, 마리보(프랑스의 극작가·소설가·

언론인)가 《조심성 없는 맹세》의 서언에서 그의 희곡 대화가 당시 상류인사들의 회화를 충실히 그려내었다고 쓰게 되면, 그가 정말로 그렇게 생각하고 있다고 믿어 버리게 되는 것이다.

문명의 사치라 해도 좋을 시나 음악은 그 문명의 몽상이나 신화를 직접 표현한다. 따라서 구체제 유럽에서 성의 역사를 재구성하려면, 그 시대의 고문서 자료나 회상록 기술과 함께 그 시대의 시적 감정의 고양을 그것의 문명 표현으로 이용할 필요가 있다. 당연한 일로서 성의 역사에 대한 연구는, 부부관계 및 그 다양한 사회적·문화적·종교적 측면으로부터 시작된다. 부부관계는 그리스도교 신학·근대 국가·부르주아 도덕 등으로 초래된 억압적인 시도와 관련된 만혼제도에 결정적인 영향을 받고 있다. 따라서 이 집단적 금욕과 연결된 병리적 측면에 관해 아무 말 없이 지나칠 수는 없을 것이다.

성적 방종의 제반 현상은 종교개혁 시대의 서구가 성을 감금하고자 스스로 원했던 감옥과 병존하고 있다. 그 예는 일부일처적 결합의 엄격한 규정에 대한 반항에서부터 매춘부나 동성애자에까지 미친다. 매춘부나 동성애가 세간이나 당국의 관심을 끈 것은 현대가 처음은 아니었다. 엘리트의 정신생활에 필요한 성적 환상은 결국 그들의 미학이나 문학에 의해 초래된 것이며, 실생활에 엄격주의 풍속이 지배하고 있었던 만큼 이러한 미학이나 문학은 더욱 관념적인 에로티시즘에 사로잡혔던 것이다. 이상에서 요약한 것과 같이 본 시론은 오로지 현재 진행중인 몇몇 연구에 주의를 촉구하는 것에 불과하다. 필자는 로마 가톨릭의 세계가 걸은 길에 초점을 맞추면서 비교연구라는 시각 속에 본 시론을 놓아두고자 생각했다.

옛시대의 성은 이미 오래 전부터 프랑스 이외의 영국이나 그밖의 나라에서도 분석되고 있다. 따라서 콩도르세(프랑스의 계몽주의 철학자, 교육개혁 옹호자. 인류가 무한히 완전해질 수 있는 능력을 가지고 있다는 진보 이념을 내세운 주요 혁명가 중 한 사람이다)가 이미 오랜 충고를 따라 대서양 양쪽 연안의 성애 역사와 관계된 온갖 문제를 다루고, 학문적인 검토를 가한 것은 합당한 일이라고 할 수 있다. 이 정열이 우리들과 마찬가지로 그 시대 사람들의 마음을 사로잡았다. 그들의 가장 대담한 연대기나 가장 자연스러운 감정에 따른 한 고백이 그것을 보여 준다. 서민적인 문학이나 신문잡지류에는, 당시 이미 색정적 망상과 연결된 삼면기사나 범죄 등이 가득 넘쳐 흐르고 있었다. 우리 시대의 사람들은 소박하게도 자신들이 폭력과 무질서라는 특권을 가지고 있다고 생각한다. 그러나 폭력과 무질서는 과거 몇 세기를 지배해 왔다. 그 결과, 예를 들면 거기다 톱니를 맞추고자 성적 업악의 완만한 행사가 필요했던 것이다.

일상생활에 관한 증언은 역사가들에 의해 자주 무시되고 있는 개인생활 영역에 대한 귀중한 도입부 역할을 한다. 학문적인 책 안에서도 한 여행자의 깊은 체험에서 나오는 이야기를 하나의 도표처럼 평가할 수 있는 것이다. 이제부터는 숫자가 성실한 저작의 토대가 될 것이기에, 필자는 전체적인 움직임에 비해 여러 개인의 자유를 엿볼 수 있는 자료의 중요성만을 강조하였다.

오늘날 몇몇 양심적인 역사 사도들의 고민은, 클리오가 그 사회적 역할을 충분히 하고 있는가 하는 것이다. 이같은 질문이 이데올로기 차원에서 서로 분열하고 엄밀함을 지향하는 의지만을 갖고 관계하려 드는 대학연구자들에게 화살표가 특히 돌려져 있음은 매우 흥미롭다. 자기비판에 대한 이러한 호소는 적어도 먼 과거에 얼굴을 돌리고 있는 우리들 동업자들을 늘상 괴롭혀 온 하나의 쾌념에서 나오고 있다. 그 쾌념은, 즉 우리들이 연구하는 제반 문제의 현대성을 확인함으로써 우리들 연구자라는 존재와 그 시도를 정당화하는 데 있다. 이러한 조건 가운데 시대착오는 역사가에게 방법상의 결함과 마찬가지로 시대정신에 대한 하나의 범죄가 될 것이다. 왜냐하면 시대착오라 함은 이미 이 세상에 있을 리 없는 현실을 탐구하는 것으로 정의할 수 있기 때문이다.

그러면서 심성의 발전을 다루는 전문가들이 중세 말기에서 19세기 말기의 시대에 열중하는 것은, 이 시기가 현대의 제반 구조에 대해 결정적인 영향력을 분명히 갖고 있었기 때문이다. 만약 파리의 어느 유형의 〈혁명가〉들이 그들의 불운함과 퇴폐로 인해 역사를 알지 못했다 하더라도, 그들은 역시 정신병원이나 감옥의 현대적 세계가 1800년 무렵에 결정적으로 만들어졌음을 알아두어야 할 것이다. 성관계의 서구적 규범에 관해서도 마찬가지이다. 필자가 굳이 이 주제를 다룬 것은 이들 문제·연구자료·참고문헌 등에 항상 친숙해 있었기 때문이다. 그동안 신세를 진 수많은 저자들 가운데 친구인 쟝 루이 플랑드렝*은 분명 이 저작의 결함을 지적하고 개선할 수 있는 제일인자일 것이다.

---

* 1931년 그르노블에서 출생. 파리 제8대학 교수. 가족·성·식생활의 역사에 관한 전문가 중 한 사람이다. 가톨릭 교회의 교의와 역할에 관해서도 조예가 깊다. 또한 아날학파의 중심적 존재이기도 하다. 저서로는 《교회와 산아제한》·《농민의 사랑》·《가족》·《포옹의 시대》 등이 있다. 쟈크 솔레의 《성애의 사회사》와 견줄 만한 저서로는 《성의 역사》가 있다.

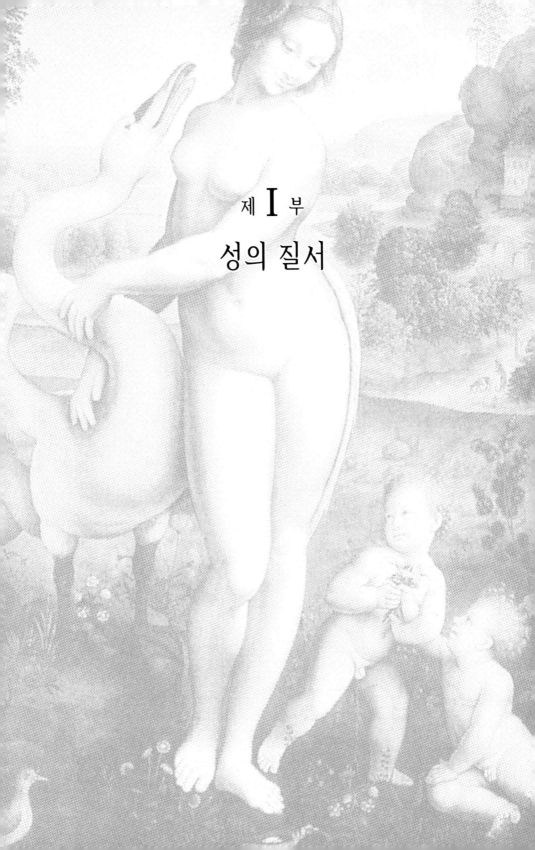

제 I 부

성의 질서

1
만　혼

하나의 문화적 특이성

16세기에서 18세기에 걸쳐 서구에서는 늘상 일부일처제적 결합이 성생활의 기초를 이루고 있었다. 그리스도교 이전 유럽의 사회적 유산인 일부일처제는 새로운 신앙에 의해 강화되고 있었을 뿐이다. 다만 중세가 끝나갈 무렵이 되자, 어느 중대한 현상이 그것에 영향을 끼치기 시작하였다. 그 이후 젊은이들의 결혼 연령이 차츰 높아지게 되었다.

문명사가들은 이러한 근대 서구의 결혼 형태의 특이성을 알아차리는 데 긴 시간을 허비하였다. 우선 상류계급 내부의 부부관계에 관한 기술에만 주의를 기울였던 역사가들은 신부가 매우 젊은 예를 찾아내는 경우가 많았으며, 그것이 그들에게는 전통적 사회의 전형적인 예로써 생각되었다. 15세가 채 되기도 전에 로미오와 줄리엣 이야기처럼 너무나도 아름다운 여러 나라의 이야기들이, 이러한 성질만을 문제삼고 귀족만을 대상으로 한 책에서 가설을 입증하게 되었다. 이들 예외를 예외로서 상대화시키고, 르네상스라는 긴 기간 동안 유럽에서의 결혼 연령이 점차로 고령화되어 갔다는 사실을 밝히기 위해서는, 대다수 사람들이나 무명의 평민들을 대상으로 한 최근의 수량적 역사학(histoire quan-titative)의 발전이 필요했다.

결혼 연령은 예를 들면 캔터베리 주교구에서는 17세기 전반기를 통해 남자는 26세 이상, 여자는 24세 가까이나 되었다. 교회의 특별허가 기록을 검토하여 이를 토대로 추출한 이들 평균치는 귀족 젊은이들인 경우에만 겨우 낮아지고 있다. 이들 숫자는 1500년부터 1800년 사이 서구에서는 일반적으로 상당히 높은, 오늘날의 결혼 연령에 가까운 연령에 결혼하였음을 증명하고 있다. 초경이 17세 이후에 자주 있었던 것으로 보아 당시의 성적인 성숙은 아마도 오늘날보다

뒤늦었을 것이다.

따라서 옛날에는 아주 젊어서 결혼했다는 것이 사회학적인 신화였다. 반대로 영국의 인구통계학자들의 작업으로 유명해진 콜리턴 마을에서는 1600년 무렵 남자의 결혼 연령이 평균 27세였다. 그 1세기 후에 데번셔 교구의 여자들은 30세에 결혼하였고, 상대는 보통 연하였다. 그녀들이 25세에 결혼하는 관습을 되찾은 것은 18세기말에 이르러서이다.

영국 역사가들이 거기서 발견해 낸 것은 같은 시기의 유럽 대륙에 널리 퍼져 있던, 그리고 예를 들면 프랑스의 인구통계학자들이 자주 연구하던 하나의 행동 형태였다. 프랑스의 인구통계학자들은 또 루이 14세(1643-1715 재위)와 루이 15세(1715-74 재위) 시대의 프랑스 결혼에서 신랑은 27세, 신부는 25세임을 알고 있었다. 보베나 브르타뉴 지방에서는 결혼 연령의 일반적인 평균치가 결코 그 이하로 내려가지 않았으며, 때로 그것을 넘어선 적도 있었다. 이 숫자는 다른 어떠한 정보에도 비교될 수 없을 만큼 구체제 성생활의 사회적 규범을 분명히 보여 주고 있다.

실제 구체제의 성생활은 부부의 틀을 그 유일한 것으로 삼지는 않았다 하더라도 주요한 자리로서는 채택하고 있었다. 우선 피지배자인 평민들은 극히 높은 연령이 되어서야 겨우 그 자리에 도달할 수 있었던 것이다. 그렇게 보자면 아이를 낳을 수 있는 연령층의 상당 부분이 거세된 것과 같은 상태에 놓여 있었음을 예상할 수 있다. 이것을 그처럼 강한 성적인 죄에 대한 근대의 강박관념과 결부시키지 않을 수 없을 것이다. 중세 말기부터 시작하여 1550년 이래 서유럽 대부분에서 조금씩 실현되었던 결혼 연령의 지연이라는 (우선 여성에게 현저한) 이러한 현상은 금욕을 곳곳에서 칭송하는 결과를 가져왔다. 칼뱅*에 의해 구축된 제네바에서 16세기에는 평균 22세에 시집 간 시민계급의 자녀가 2백 년 후에는 27세가 될 때까지 독신이었는데, 이는 우연한 일이 아니다. 안목 있는 지식인들은 그리스도교 세계가 다른 세계에 갖는 우월감에 대한 역사적 이유가 이 〈사회집단적인 금욕〉에 있다고 간주한다.

---

* 1509-64. 프랑스의 신학자·교회행정가. 16세기의 가장 중요한 프로테스탄트 종교개혁가이다. 그가 여러 저술에서 전개한 신학·교회·정치사상, 제네바 시에 세운 모델 교회, 여러 나라의 정치적·지적 지도자들에게 베푼 적극적인 지원은 유럽과 북아메리카 여러 지역에서 프로테스탄트가 발전하는 데 심대한 영향을 끼쳤다. 칼뱅주의는 첫째, 칼뱅의 신학을 이루고 있는 상호보완적인 교리들의 정교한 균형을 가리킨다. 둘째, 칼뱅의 추종자들이나 추종자로 자처하는 사람들(그들이 그렇게 자처한 것은 방어적인 의도를 가졌지만 항상 그런 것은 아니었음)이 사변적·경건주의적인 노선에 따라 선택한 교리의 발전 내용을 가리킨다. 셋째, 칼뱅과 그 추종자들의 저술이나 16세기 제네바 칼뱅주의 교회 예배의식에서 비롯된 신학사상과 예배양식·교회조직·도덕훈련

이 여러 나라에서 발전하여 이루어진 내용들을 가리킨다. 이 교리와 예배의식은 대륙에서 발전한 개혁교회와 영어권에서 발전한 장로교회의 기준이 되었다.

피에르 쇼뉘에 따르면, 순결하고 욕망을 억압당하기에 창조적이고 공격적인 근대 서구인은 그 만혼 탓으로 자신과 싸우고 자신을 억제하고, 따라서 이전에 비해 자신의 행동과 감수성을 조절함으로써 변혁을 행할 필요성을 느꼈던 것이다. 비합법적인 성관계를 금지하는 도덕적인 법 존중과 결부된 유럽 주민의 이러한 혁명적 태도는 단순히 인구 증가에 제동을 걸었을 뿐만 아니라, 보다 나이 들고 부유하고 그렇기에 보다 성숙하고 평등하며 안정된 부부를 만들어 낸 것이다. 이리하여 15세기부터 18세기에 걸친 유럽 농촌 평민계급의 만혼 가운데 참된 경제적 발전에 필요한 성에 대한 금욕을 읽어낼 수 있는 것이다.

이 만혼이라는 현상이 극히 광범위하게 퍼져 있었다. 우선 피레네 산맥 이북(아마 오베르뉴는 별도로 친다 해도)에서 현저했다. 실제 스페인 여성은 20세 남짓하여 결혼에 이르렀고, 이 중세형의 오랜 관습에 의해 자신들의 남편과 지나친 나이 차이를 별반 인식하지 않는 산 건너편 베아른 지방의 여성들과 대조를 이루고 있었다. 더군다나 그것은 카스티야 지방만의 일은 아니었다. 유럽의 맨 끝부분, 예를 들면 갈리시아 해안지방에서도 여성은 물론 남성조차도 반수 이상이 25세 이전에 결혼하였다. 또 1700년 무렵 크사랴스 재판소와 데나 교구에서는 4분의 1 이상이 결혼식날까지도 20세를 넘지 않았다. 그러면서 이베리아나 슬라브라는 주변 국가를 제외한 서구의 중심부에서는 남녀 모두 25세 이후에, 다만 여자보다 남자 쪽이 약간 늦게 결혼하였다. 이리하여 절도와 금욕과 긴 독신생활을 여지없이 경험한 유럽 농민들이 이러한 관습에서 벗어나려면, 개척민으로서 식민지로 흘러 들어가는 수밖에 없었다.

평균 22세 이하의 연령에 결혼한 신프랑스[프랑스 식민지 시대의 캐나다를 일컬음] 여성들의 경우가 이에 해당할 것이다. 어릴 적부터 흑인 소녀들과 친숙해진 파샤[pasha. 오스만 제국과 북아프리카에서 신분이 높은 사람이나 고위직에 있는 사람을 가리키는 칭호]들에게 넘겨진 브라질 여성들은 15세가 되면 반드시 그들과 결혼하였다. 다만 이 예외는 풍토적·사회학적인 것이어서 만혼이라는 서구적 규범의 반대되는 예로서는 도움이 되지 않는다. 진실로 놀랄 만한 이러한 만혼의 지리적 확산은 이탈리아 전역에까지 미친다. 그리고 우선 18세기의 베네치아에서는 30대에 결혼하는 부부가 적지 않았다.

구체제 유럽에서 귀족계급은 젊어서 합법적으로 결혼한다는 특권을 오랫동안 지니고 있었다. 그러나 사치의 극치라고 할 만한 신선한 육체 맛보기에 도전하는 이러한 귀족들의 특권조차 혼기를 차츰 늦추는 일반적 경향에 직면하여 양보하지 않을 수 없었다. 영국에서 귀족의 아내가 초혼에 이르는 평균 연령은 1600년과 1800년 사이 21세에서 25세 이상으로 이행되었다. 그녀들의 남편은 그때 30세 이상이었다. 그러한 까닭에 라 로슈푸코 리앙쿠르 공작(1747-1827. 프랑스의 교육자·사회개혁가. 저작들은 주로 경제 문제에 관한 것으로서 영국의 조세와 빈민구제·교육제도를 다룬 책들이 있으며, 미국에서의 경험을 쓴 책도 있다)은, 이미 안정감을 보이고 있는 이들 젊은 부부에게서 지배계급의 힘찬 모습을 보고 탄복하지 않을 수 없었던 것이다. 지배계급은 현명하게도 평민들을 본받고, 또한 생활의 쾌적함과 사회적 안정을 위해 섹스와 그 쾌락에 대해서는 엄한 관습을 추종하였다.

이와 반대로 그리스도교 최초의 1천 년간, 금욕적 이상의 실현을 눈앞에 둘 무렵 아가씨들은 우선적으로 조혼밖에 생각하지 않았다. 이리하여 합법적인 남녀의 결합은, 사도 바울의 표현(《고린도전서》 제7장)에 따르면 『(정욕이) 불같이 타는』 무리를 되도록 빨리 맺어 주는 것이었다. 15세기 초기 피렌체에서도 사회의 온갖 계급의 아가씨 대다수가 17세 이전에 결혼하였다. 그러면서 3세기에 걸친 놀랄 만한 문화적 변용이 행해진 결과 1700년 무렵의 서구는 이 오랜 관습을 최종적으로 포기했다. 그러므로 어린 아내라는 유럽 내륙 깊숙한 곳에서는 매우 드문 광경을 만나려면 도쿠가와 시대(德川時代. 1603-1867)의 일본으로 가든지, 혹은 로마 가톨릭 세계 근처에서는 그리스 정교의 세르비아라든가 회교 세계로 가야만 했다.

같은 나이의 성숙한 여성과 결혼하는 관습을 가졌던 서구의 평민계급은, 그 이후 양성의 균형과 가족의 행복에 해가 되는 조혼이라는 어정쩡한 특권을 자신들 관습에 집착하는 귀족이나 어린 아내를 좋아하는 다른 문명에 떠넘겨 왔다. 서구의 서민계급은 그리스도 교회와 그 도덕의 도움을 받아 리비도를 억압하는 가운데 경제발전과 사회진보의 비밀을 발견했던 것이다. 이리하여 18세기 말 무렵에 결혼 연령이 전반적으로 낮아진 실로 두려울 만한 이변이 갖가지 사항의 변화와 뒤섞여 나타났을 때, 유럽에서 가장 위대한 예언자 가운데 한 사람이었던 토머스 맬서스(영국의 경제학자·인구통계학자. 인구 증가는 언제나 식량 공급을 앞지르는 경향이 있으며, 엄격하게 산아제한을 하지 않으면 인류의 운명은 나아질

가능성이 없다는 이론으로 유명하다)는 일어섰다.

사람들은 1798년 처음으로 세상에 나온 그의 유명한 《인구론》(인구의 자연증가는 기하급수적인 데 비해 생활에 필요한 물자는 산술급수적으로만 증가하므로 과잉인구로 인한 빈곤의 증대가 불가피하다는 인구법칙을 주장했다)을 자주 오해해 왔다. (덕분에 거의가 읽지 않았다.) 현대의 우리들은 우리들 자신의 인구 문제, 우선 제3세계의 문제에 사로잡혀 이 영국 사상가에게 그와 같은 문제를 예측하는 일이 얼마나 곤란했는가, 또한 그가 예를 들면 직접적인 산아제한을 결코 권장하지 않았음을 잊고 있다. 그 시대 인간생활의 제반 현실에 대해 뛰어나게 관찰했던 맬서스는, 박애주의자와 그리스도교도라는 이중적 관점에서 그에게 가장 필요하다고 생각되었던 현실, 즉 양성 결합을 최대한으로 늦추려는 만혼을 옹호하고자 애썼다. 결혼하고자 하는 젊은이가 스스로에게 부과해야 하는 것으로 그가 생각했던 이 구속적인 도덕적·사회적 이점을 칭송했을 때, 맬서스는 결코 가혹한 유토피아를 구상하고 있었던 것이 아니다. 그는 다만 생존의 엄한 규율이나 그리스도교의 새로운 금욕주의에 차츰 복종해 갔던 서구가, 수세기 이래 유지해 온 결혼 양태를 아무래도 사람들이 포기하려는 생각을 하기 시작한 시점에서 칭찬했을 뿐이다.

그러나 거기서 수많은 역설이 생겨났다. 성급하고 종종 싸움의 상대를 잘못 고르고 있던 가톨릭 교회는, 그 신학적 보수주의에 의해 11명의 딸을 가진 아버지이면서 파울루스 6세(바오로 6세라고도 한다. 이탈리아 출신의 로마 교황. 1963-78 재위)와 같은 성도덕을 갖고 있었던 인간의 학설을 〈맬서스주의〉*라는 이름 아래 단죄한다. 또 다른 인구 증가 옹호론자들은 옛 유럽에서 존중된 집단적인 금욕이 지니는 개화된 가치를 칭송하는 것만으로 만족하는 이 역사가를 공격한다. 사실 과거의 예언자인 맬서스는 만혼이 문화적으로도 경제적으로도 유리하다는 신화를 믿었다. 결혼 연령을 고압적으로 제한하고 민중의 행복을 무조건적으로 결정하고자 했던 토머스 모어(영국의 인문주의자·정치가·대법관)나 윌리엄 고드윈(영국의 사회철학자·정치평론가. 토머스 맬서스의 인구에 관한 여러 저작에 응답한 《인구에 관하여》(1820)와 《인간론: 인간의 본성·생산·발견》 등을 저술하였다) 식의 플라톤파적 개혁자들의 적으로서 맬서스는, 이 일을 신의 가르침과 국가의 묵인이라는 도움을 받은 예로부터의 대중적 지혜로 떠넘기고자 했을 뿐이었다.

* 맬서스가 주장한 인구법칙을 인정하고, 인구의 증가를 억제하려는 주장. 인간 사회에서의 피할 수 없는 악덕

과 빈곤을 없애기 위하여, 인간 理性(이성)에 호소하여 도덕적 억제(아이를 부양할 힘이 생길 때까지는 결혼을 연기) 등을 주상하였다.

맬서스의 《인구론》은, 우선 인구와 식량 사이의 언제나 위태로운 균형을 유지하는 데 필요할 만큼 오래 지연되는 독신생활이 갖는 그 서구적 독자성을 칭송한다. 제1편에서는 가장 문명화되지 않은, 그렇기에 지구상에서 가장 유럽적이지 않은 부분과 조혼이 굳이 행해지는 부분이 동일시되고 있다. 거꾸로 문화나 덕성이란 양성 결합을 의도적으로 늦추는 것에 불과하다. 야만성에서 해방된 그리스도교 세계에 의해 조금씩 마무리된 이 뛰어난 인간적 행위가 실행되지 않을 경우, 사람들이 지상에서 만나는 것은 불행과 악덕뿐인 것이다.

인류 발전의 전역사는 이리하여 맬서스에 의해 만혼 발견의 역사로 귀착된다. 실제로 이 역사는 미개인의 원시적 성생활과 비교하여 진보한 서구의 특이성을 충분히 부각시켜 준다. 경제적인 이류을 보다 분명히 하기 위해 집단적인 금욕을 생각해 낸 구체제라는 과거세계의 사자로서 이 영국의 국교파 목사는, 조직화된 금욕에 의해 리비도의 충동을 조절할 수 없는 것 같은 경솔한 문명에 대해 경멸을 보일 뿐이었다. 그와 같은 문명은 그것에 따라붙는 빈곤과 역사적 낙후성에 합당하다고 그는 생각한다. 이리하여 그는 조금 전 시기에 쿡[영국의 해군장교·항해가·탐험가]이 만난 단정치 못한 섬주민들이나 일부다처제의 흑인들, 자신의 딸을 한시라도 빨리 시집 보내려는 이슬람교도나 아시아인들도 같은 운명에 놓여 있다고 정리한다. 실제로 사람들은 문명화된 유럽의 긴 독신생활을 통해서만 기아나 영아 살해를 피할 수 있었다.

맬서스의 노력은 비교적 새로운 이 문명적 개화의 법적·도덕적 제반 조건의 옹호를 목표로 한다. 따라서 《인구론》의 제2편에서는, 그에게 가장 바람직한 구대륙의 여러 부분들이 만족스럽게 검토된다. 행복한 노르웨이가 그 경우로서 맬서스는 극히 소수밖에 결혼하지 않고, 게다가 매우 늦게 결혼하는 노르웨이 농민들을 칭송한다. 온갖 수단을 통해 양성 결합을 장려하려는 어리석은 스칸디나비아 정부에게, 그들이 귀를 기울이지 않았던 것은 얼마나 합당한 행동인가를 《인구론》은 평가한다.

실제 이 영국 사상가의 주된 논지는, 조혼에 적의를 갖는 서구 평민들의 자발적인 지혜를 자국의 인구 증가에 마음을 쓰는 중상주의 국가의 비상식적인 행위와 대치시킨다. 정도의 차이는 있을지라도 결혼은 항상 경제적 편의를 따르기 마련이므로, 그 영역에서도 동등하게 市場(시장)의 구속이 제대로 작용하도록 내버려둘 필요가 있었던 것이다. 애덤 스미스의 자유주의와 마찬가지로 견고한 맬서스의 자유주의는, 만혼을 더욱더 환영하게 된 구체제의 일반적인 결혼 실태를 추가로 인정하고자 했을 따름이다. 스위스의 쥐라 지방을 여행하였던 이 영국의 인구학자는, 예를 들면 한 농민이 이와 반대되는 습관을 〈이 지방의 악덕〉으로서 다루는 것을 듣고 기뻐하였을 것이다. 실제로 가난한 사람들은, 그들이 늦게 결혼함으로써 얻는 이익을 학자나 유력인사 들보다도 더 잘 이해하였던 것이다.

프랑스 대혁명이 일시적으로 파급시킨 이혼의 풍조를 적대시한 맬서스는, 그 대신 농촌지대에서는 대혁명이 독신생활을 연장시키고 있음을 알고 기뻐하였다. 그는 마찬가지로 영국 사회의 다양한 계급 가운데 귀족의 이기주의, 부르주아들의 야심, 평민들의 빈곤 등이라는 식의 긴 독신생활을 조장하는 여러 요인들을 찾아내어 칭찬하였다. 다행히도 물질적인 독립을 좋아하는 경향이, 세계에서 가장 발달한 이 나라에서 성의 헛된 마력을 이겨내었다. 《인구론》은 그들의 동포들이 벌어들이는 돈을 다 소비하고 자기의 욕망 채우기만을 논하며, 가정 생활을 구축하려 들지 않는 패거리들로 인해 보장이 요구될 듯한 기세였다. 이러한 독신 찬미는 리비도 충동의 금욕적 조절에 대한 경제적·종교적이면서 동시에 도덕적·문화적인 찬사였다. 거기서 이 청교도 맬서스는 칼뱅주의의 스코틀랜드에서 가장 적절한 예를 발견했다. 스코틀랜드에서는 그리스도교도로서 신중한 농민들이 차츰 혼기를 늦추어 그로 인해 조금씩 부유해져 갔다.

인구학자라기보다는 도덕주의자로서 출생보다도 결혼에 주목한 《인구론》의 필자는, 서구 전체가 수세기 이래 힘써 왔듯이 현실주의자인 그리스도교도로서의 출생이 아니라 결혼을 제한하고자 하였다. 합법적인 성의 만족을 늦추는 이 사회적 짜임새는 문화적인 가치로 서서히 변해 갔다. 그러나 이 영국 국교파 목사는 그의 말투를 흉내낸다면, 사랑의 정열은 나이를 먹으면서 대수적인 총화가 일정하게 유지되는 것을 잘 알고 있었다. 그는 18세기에 사랑의 정열에 인공적인 장해를 설치하지 않고 해결할 수 있는 예로서, 광대한 미개척지인 새로운 미합중국밖에 알지 못했다. 이에 대해 근대 유럽 문명에 속하는 남녀의 운명은, 신중함이라는 미덕 위에 구축된 다양한 배려에 따라 부부 결합을 어떻게 제어하는가에 달려 있었다.

만혼이라는 서구적 모델이 내포하는 문화적 중요성에 대한 가장 좋은 증거는, 아마도 경제적인 최적 조건을 탐구했던 맬서스 목사가 만혼을 신성시했다는 사실에 있을 것이다. 다소라도 평등주의적 체계를 적용한 콩도르세와 같은 소박한 진보주의자들, 이민이나 빈민구제 지지자들에 맬서스는 자신의 성적 금욕주의의 그리스도교적 유토피아를 대치시킨다. 이 유토피아는 그밖의 온갖 물질적 개선책과는 대조적으로 몇 세기나 앞서 상당히 좋게 기능해 왔다는 헤아릴 수 없는 장점을 가지고 있었다. 이 유토피아가 우리들의 충동적 본능을 이기는 것으로서 유럽의 역사적 우월성을 확립하지 않았는가? 이러한 관찰은 사랑의 정열이라는 매력과 힘을 잘 알고 있는 남자들로부터 비롯되고 있었다. 전통적인 신학자로서 그는 단지 정열적 매력과 힘을 인류에게 도움이 되도록 했을 뿐이며, 그런 것이 인류의 적이 되도록 방관하는 기분을 거부했다.

맬서스의 계획은 생산 메커니즘에 근거하여 양성의 결합을 조정하는 데 있다. 놀랄 정도로 현대적인 이 계획은 근대 전체의 경험을 재현한다. 《인구론》은 오로지 만혼에 관한 근대적 실천을 일반화하고, 정절이 본질적인 사회적 도덕으로 될 것 같은 그리스도교적 해석에 근거하여 그 실천의 이론화를 시도했던 것이다. 유럽의 젊은이들은 프로테스탄트 농민들의 규범에 따라 관능에 의해 강요된, 때이른 속박에서 자기 몸을 해방하도록 요구당했던 것이다. 그들은 그렇게 함으로써 양성에 있어서 기쁨과 침착함·존경심 등에서 참된 행복을 찾아내게 될 터이나, 이 행복은 오랜 독신생활에서 떼어낼 수 없었다.

이같은 본능의 부르주아적 억압을 만인에게 전달하는 맬서스의 열렬함을 웃어넘길 수도 있다. 그러나 서구의, 이윽고 세계에서 가장 풍부하고 가장 발달한 부분에서 그의 계획을 실현하고 있다는 것에 그는 강한 자신을 가지고 있었다. 빈민이 빈곤에서 벗어나려면 되도록 늦게 결혼할 수밖에 없음을 스스로의 경험에서 오래 전부터 터득한 것은 아니었을까? 또 정절은 이리하여 부의 최상의 원천으로 변화하지 않았을까?

구체제의 성생활을 이처럼 깊이 파헤친 고찰은, 동시대 부르주아 사회를 이끌고 개인의 미덕을 공공이익으로 하여 만혼을 자유의 획득과 결부시킨다. 새로운 중산계급의 이데올로기로서 맬서스주의는, 경제적 곤란이 증대되던 시대에 그들의 생활 수준을 개선하고 싶어하는 유럽 평민계급이 16세기에서 18세기에 걸쳐 실제로 행해 온 결혼 실태를 이어받은 것이다. 가난한 사람들에게 있어서 성적 억압의 교육학인 맬서스주의는 종교적, 혹은 습관적인 오랜 억제가 사라지고, 지배적 여러 집단이 그것을 유감스럽게 생각하는 시기에 이론적인 형태를 갖추고서 나타났다. 맬서스주의는 합법적인 성충족을 지연시킨다는 중요성을 근대 서구의 도덕적·문화적 특성으로서 확인한다는 이익을 주장하고 있다. 계몽시대의 경제학은 이러한 문화적 특성을 짊어짐으로써 자본주의 발달에 적합한 다양한 사회적 규범의 정당화에 힘썼던 것이다.

가난한 사람들이 여지없이 강요당하고 있던 순결은, 다양한 계급의 순결에서 첫번째 지위를 차지하고 있었다. 그리고 이 18세기의 박애주의자는, 가난한 자의 정결을 강요하는 이외에 인류의 구원은 없다고 생각했던 것이다. 맬서스의 극히 진보적인 《인구론》은 이리하여 그 결과로서 유럽에서 가장 그리스도교적인, 그렇기에 가장 부르주아적이기도 하며 가장 발달된 부분에서의 위생과 쾌적한 생활이라는 비약적인 발전과 평행하여 혼인수의 급속한 후퇴를 칭찬할 수 있었다. 구대륙의 서북부가 종교개혁과 정결을 순차적으로 받아들였다면 논리적으로 더 한층의 부를 획득하고 있을 터였다. 근대 서구의 농민들에 의해 고안된 만혼의 성서적이며 동시에 합리주의적이기도 한 저 기묘한 이데올로기적 변신이란 그러한 성격을 지니고 있었다.

만혼이 적합하다 함은 오래 전부터 지도계급에 속한 다수의 사람들도 알고 있는 사실이었으며, 그들은 자주 열심히 그것을 흉내내고 있는 듯이 보였다. 영국의 상류 귀족계급에 대해서는 이미 보아 온 대로이나, 16세기의 프랑스에서 몽테뉴는 30세 이전에 결혼하지 않는 것이 현명한 방법이라고 생각했다. 이는 젊을 때의 방종을 즐긴 뒤, 유산이 들어오는 재산가의 딸과 결혼하는 일을 열심히 원했던 특권과 재산의 혜택을 받은 남자들의 판단이었다. 귀족이 우선 빈민들의 만혼에 대해 감탄한 것은, 그것이 빈민들의 인구와 동시에 쾌락까지 제한하였다는 데 있다. 비합법적인 성생활의 억압과 결부된 만혼은, 계급적 메커니즘의 극히 교묘한 움직임에 의해 부자보다 보다 적고 보다 늦고 보다 짧게 사랑하는 것을 가난한 사람들에게 여지없이 강요하였던 것이다.

1611년의 《출세의 길》에서 베로알드 드 베르빌의 농담은, 성생활에 대한 이렇듯 근본적인 불평등을 밝히고 있다. 이 바로크 시대의 이야기 작가는, 뤼베크에서는 현명한 정부가 평민계급 남녀에게서 생식기를 도려내 그것을 시의 청사에 저장해 둠으로써 빈곤을 소멸시킬 수 있었다는 이야기를 쓴다. 성의 기쁨은 특권자를 위한 것이며, 가난한 자들에게는 예외적인 방식으로만 허용해야 하는 것이다. 이같은 우화는, 구체제 유럽에서 이 세상의 행복한 사람들과 그밖의 노동자나 하인 들을 나누는 깊은 도랑이 존재함을 많은 논의에서도 더욱 명확하게 보여 준다. 노동자나 하인 들이 육체의 향락에 자유로이 접근한다는 것은 일종의 스캔들이 되는 것이다. 모리스 가르당에 의하면, 계몽주의 시대의 리옹에서 서민의 결혼은 무엇보다 먼저 『많은 남자들에게, 또 그 이상으로 많은 아가씨들에게 그들의 생활수단을 상실』하는 것을 의미했다. 거기서 이러한 경우의 변화를 경험하면서 젊은 시골 출신의 하녀들은 25세 이후에 고향의 연락처로 송금을 한다. 실잣는 여공이나 그밖의 견직물업에서 일하는 여공 들은 자신들의 결혼을 노동자의 결사(association)와 동일시하였다.

특히 18세기 프랑스에서 강력했던 인구 증가 동조자들의 풍조는 거의 빈민들의 이러한 거세에 신경 쓴 것이며, 또한 일반적으로도 독신생활이 연장되는 경향을 염려한 것이었다. 이리하여 맬서스에 반대하여 결혼 장려에 마음 쓰는 사람들이 계몽시대에 나타났다. 1789년 전야의 세바스티앙 메르시에*의 유명한 《파리의 정경》은, 나이 든 아가씨와 나이 든 독신 남자의 증가를 한탄하게 될 것이다. 메르시에는 부르주아지나 민중 속에서 빈곤하다는 이유만으로 결혼을 늦추고, 어쩔 수 없이 독신을 지키는 자들이 그토록 무수히 존재하는 것은 도시에서의 사회조직에 결함이 있기 때문이라고 생각하였다. 이러한 지적은 인구통계학자들의 최근 연구에 의해 그 올바름이 확인되었다.

* 1740-1814. 프랑스 최초의 드람 부르주아(drames bourgeois) 작가들 가운데 한 사람. 《연극론 Du théâtre》(1773)에서 연극의 교훈적 기능을 강조했다. 희곡을 통해 어떤 명제를 제시하고자 했으며, 연극적으로 고려해야 할 요소보다 교훈적인 목적을 더 중요하게 생각했다. 그는 프랑스의 전통 비극이 부자연스럽고 내용이 빈약하다고 비판했지만, 그 자신도 극작 기법을 혁신하지는 못했다. 약 60편의 희곡을 썼는데 대표작만 열거하면 다음과 같다. 사회적 희곡인 《식초 장수의 손수레 La Brouette du vinaigrier》(1775), 조지 릴로의 《런던 상인 London Merchant》(1731)을 번안한 《젠발Jenneval》(1767) · 《거짓친구 Le Faux Ami》(1772), 군국주의에 반대하는 《탈영병 Déserteur》(1770, 초연 1782), 프랑스의 종교전쟁을 다룬 사극 《리지외의 주교 장 아뉘에 Jean Hennuyer, évêque de Lisieux》(1772) · 《동맹의 파괴 La Destruction de la ligue》(1782)가 있다. 이 2편의 사극은 교권주의와 군주제도를 강력하게 반대했기 때문에 프랑스 혁명이 일어날 때까지 상연되지 못했다. 그는 또한 예언적 상상을 기록한 《서기 2440년 L'An 2440》(1770) · 《파리의 정경 Le Tableau de Paris》(2권 1781, 12권 1782-89) 같은 작품을 썼는데, 《파리의 정경》은 오노레 드 발자크의 소설보다 앞서서 그와 거의 비슷한 방식으로 사회 유형을 분류하고 있다. 〈장 자크의 원숭이〉라는 별명을 가진 메르시에는 장 자크 루소의 사회관에 강한 영향을 받아 그 당시 널리 퍼져 있던 진보에 대한 믿음을 거부했다. 프랑스 국민의회 의원으로서 루이 16세의 처형에 반대하는 온건한 입장을 밝힌 그는 로베스피에르의 공포정치시대에 투옥되었지만 로베스피에르가 죽은 뒤 석방되었다.

그러면서 이 미래의 국민공회(프랑스 혁명중 가장 위태로운 시기였던 1792년 9월 20일부터 1795년 10월 26일까지 프랑스를 통치했던 의회) 의원은, 소박한 진보주의자 입장에서 서구의 비약적 발전을 확실하게 만든 관습 그 자체에 분개했던 것이다. 그는 적령기를 맞이하면서도 때로는 공동생활을 하여 돈벌기에 세월을 보내는 여자들이 많은 것에 눈살을 찌푸리고, 이러한 여자들에 비한다면 이전에 비너스 신전에서 독신녀를 대중 앞에서 채찍질한 스파르타 여자들이 훨씬 낫다고 생각하였다. 메르시에의 지적에 따르면, 오늘날 재산은 가능한 한 늦게 결혼하려 드는 교활한(맬서스라면 현명한) 패거리들의 손에 집중되고 있었다. 18세기말에 행해진 인구에 관한 논쟁에서는, 까다로운 노처녀와 너무도 가난한 부친들은 [그 논쟁을] 더욱 돋보이게 하는 후원자 역할까지 담당하는 형편이었다.

이같은 까다로운 노처녀와 너무도 가난한 부친이란 존재는, 르네상스 이래 서구의 성관계 양태를 규정해 온 만혼이라는 철칙이 지배하고 있었다는 사실을 보여 준다. 서구 성인들의 세계에서는 호색한 인간보다도 순결한 인간이 많았으니, 그것은 조혼에 적의를 지닌 종교적 금지를 존중하는 사회의 본래적 성향이라기보다는 순결을 여지없이 강요받았기 때문이다. 역사가들은 각각의 기질에 따라 이같은 집단적 금욕을 받아들인 대중을 그들이 발육부전이었다든가 위대한 혼의 소유자였다든가로 간주하고 있다. 또 대중이 스스로에게 부과한 제도를 역사가들은 억압이나 금욕으로 부른다.

구체제 유럽 부부들의 전형은 15세기 이래 결정적인 형태를 취하며, 이는 핵가족에 고유한 제반 가치를 창출시키는 것과도 연결되어야 하는 것이다. 만혼은 이리하여 질서와 도덕을 서구 사회에 부여함으로써 서구 사회의 성표출에 새로운 도전을 하였던 것이다. 강요된 독신자가 증가하는 聖人(성인)의 시대는, 동시에 성적으로 억압받는 사람들과 종교적으로 박해받는 사람들의 시대였다. 결혼을 기다리는 사이나 남편을 잃은 홀몸인 여자가 안정을 유지하며 행복을 추구하는 것이 얼마나 곤란했는가는 잘 알려져 있는 사실이며, 또한 마녀사냥의 손길이 사회적인 성적 진공상태의 한복판을 파고들었다.

만혼은, 근대 서구적 성애의 유일한 것은 아닐지라도 주요한 규준을 나타내고 있었을까? 그것을 기뻐하든 한탄하든간에 많은 사람들은 그렇게 생각하고 있다. 그것을 탄식하는 사람들은, 18세기말에 이르러서야 겨우 비합법적인 것들이 다양하게 발전하면서 마침내 혁명적인 성의 해방이 도래하였음을 인정한다. 그들은 구체제 유럽에서 진취적 정신이 부부생활을 황폐화시켜 가는 모습을 찬탄과 동시에 두려운 마음으로 그려내고 있다.

만혼의 규범에 따름으로써 구체제 유럽은 부부의 정신적인 자율과 경제적인 독립을 조장하였다. 그렇기에 이러한 관습은, 평등과 균형이라는 정신에 따라 아내의 역할과 부부의 화합이 만들어 내는 역할의 가치를 드높였다. 그러나 아마 16세기말 이래 이 관습과 결부되어 왔던 엄격한 성풍토는 좋든 나쁘든간에 지나치게 과장되어 있었다. 특히 결혼이 늦어졌다고 하여 반드시 금욕주의의 이상이나 욕구불만이라는 습성이 그것에 수반되리라고는 단정할 수 없다.

前자본주의 시대의 특유한 축적정신에 결부된 이러한 본능충족을 강제적으로 연기하는 제도 아래에서도, 성적인 억압이나 승화와 결합한 제반 형태와는 별도로 다양한 삶의 형태가 존재할 수 있었던 것이다. 사회 대다수에 미치는 성의 질서는, 그 질서에 반하는 행위나 그 질서를 부정하는 몽상만을 가져다 준다고는 할 수 없을 것이다. 내밀한 부부생활을 검토하기 이전에 부부가 형성되는 여러 조건들을 연구하자면, 그 조건들이 반드시 경제나 신학의 법칙에 따랐던 것만은 아닌 것이 분명할 터이다. 확실히 근대 서구의 부부들은 늦게 결혼했으나 그래도 그들은 자주 애정을 토대로 하여 결혼했으며, 또한 그들은 때로는 결혼하기 이전부터 서로 사랑하고 있었다.

혼전 교섭

혼전 임신은 혼전 성관계의 중요성을 측량하기 위한 흥미 깊은 잣대가 된다. 개괄하여 프랑스의 역사인구통계학 전문가들은 오히려 이 현상에 관한 극히 한정된 성질들을 강조하는 경향이 있었다. 그들의 견해에 따르면, 대륙의 가톨릭 지역은 트리엔트 개혁 이래 아우구스티누스류의 금욕주의에 의해 억제되어 있었으며, 자신의 약혼자와 결혼 전에 침대를 같이한 적이 있는 여자들은 극히 소수(대략 10퍼센트 이하)에 불과했다. 유럽 북쪽에 있는 관용적인 프로테스탄트 국가에서조차도 도리에 어긋난 이 행위를 하는 비율은 여성들의 4분의 1을 넘어서지 않는다.

1700년 무렵 노르망디 지방에서 결혼을 앞둔 남녀가 행했던 깨끗한 교제는 구체제 시대 혼약관계의 표준적 모습일 것이다. 이는 바로 본능의 억제라는 서구적 걸작이라고도 할 만한 것이다. 사람들은 이 깨끗한 전원의 사랑 이야기를 상냥한 언어로 그려냈다. 이처럼 그리스도교적인 목가에는 무엇 하나 결핍되는 것이 없다. 상호간의 같은 감정으로 영원히 맺어진 젊은 평민 남녀는, 그들의 약속을 엄숙하게 聖別(성별)하는 종교적 의식을 [매우 자주 오랜 기간] 기다렸다.

정열적인 연인이라기보다는 오히려 인내심을 지닌 친구로서, 그들은 놀라울 정도로 긴 기간 동안 (분명 수많은 어려운 일들에 쫓기고 있었지만) 다른 것을 결단코 생각지 않고 몇 년간 서로를 알며, 또 자신을 알려 주고자 애썼다. 이처럼 反종교개혁의 로마에 순종하던 시골에서는, 젊은 커플의 첫걸음을 특징짓는 것은 더할 나위 없는 수치로 가득 찬 사랑의 추구였던 것으로 생각된다.

거친 본능적 충동을 결정적으로 길들이는 온건하고 신중한 깊은 애정에 대해 찬탄하던 몇몇 사람을 이로써 이해할 수 있다. 18세기 노르망디 지방의 이렇듯 길고도 조신한 약혼기간은 당연히 만혼과 결부되어 마차를 끄는 말과 같은 노동에 의해 더욱 조장되었으며, 교황측 농민들의 습성화된 성의 실태를 잘 나타내고 있다. 그들은 가정을 꾸미고 정착하기까지 서로 손을 마주 잡고(더할 나위 없이 대담한 일이다!), 또 순례 때에는 조금 더 가까이 몸을 기대는 것만으로 만족하면서 신중한 교제를 계속했다. 이 프랑스의 해안지방에서 성적인 대담함이 혹시라도 보여진다 하더라도 그것은 어부들의 짧은 여가로 한정되었다.

구체제에 관한 현재의 역사 서술은, 따라서 가톨릭의 엄격함과 이른바 청교도 제국의 비교적 느슨한 태도를 대치시키고 있다. 실제로 영국은 1800년이 안 되어 해협 건너편보다 더욱 파란에 휩싸인 약혼기간을 경험하게 된다. 그 중에서도 몇몇 뛰어난 통계학적 업적은, 이 나라에서 16,7세기 이래 최초의 임신 20퍼센트는 혼례 제단을 맞이하기 이전의 것임을 시사하고 있다. 계몽주의 시대가 되면 이 비율은 40퍼센트를 넘어서게 된다. 콜리턴에서 결혼의 반수는 임신 후에 이루어진 것으로, 신부의 15퍼센트는 적어도 임신 6개월의 몸이었다.

이 충격적인 광경은, 이전의 영국이 무분별한 성적 방종을 홀로 시작했음을 의미하지는 않는다. 영국은 트리엔트 개혁으로 인하여, 대륙에서는 보다 철저하게 근절된 혼전 교섭이라는 옛 형태를 그대로 지니고 있었던 것에 불과하다. 실제로 엘리자베스 왕조의 영국에서는, 종교적인 의식이 결혼에 이르는 다양한 약속의 하나에 불과한 형식상의 일인 경우가 많았다. 양쪽 집안의 동의와 혼약으로 맺어진 젊은이들은, 사제 앞에 나아갈 기회를 기다리지 않고 때로 한지붕 아래에서 생활을 시작했던 것이다. 몹시 망설이는 성직자의 반대가 있기는 하였지만 이 관습은 그리스도교인인 결합 이전부터 존재하였으며, 또 당연히 그렇게 될 수밖에 없는 동거를 나중에 인정하는 단순한 한 형식으로 변해 가고 있었다. 수많은 증언이 17,8세기에도 이러한 관습이 존속했음을 보여 준다.

결혼의 비밀스러운 흔적들을 경시하는 이렇듯 건전한 태도를 단순히 영국의 특수성으로 돌리는 것은 아마도 잘못일 것이다. 실제로 유럽의 가톨릭 국가는 노르망디식 약혼의 천국과는 거리가 먼, 선조로부터 전래된 이교도적 방식을 쫓아내는 데 고심하고 있었기 때문이다. 예를 들면 피레네 산맥의 프랑스 쪽 마을에서는 만혼과 충분히 양립할 수 있는 성적인 자유가 찬미되고 있었다. 올로롱 사교구의 약혼자들은 18세기 중엽에 이르러서도 아직 이렇다할 문제 없이 동거를 하고 있으며, 또 자유사상가들의 큰 갈채를 받았던 것인 바 교회에서의 의식에 신경을 쓰는 모습은 조금도 찾아볼 수 없었다. 농민의 딸이 몇몇 후보자와 차례로 교제하면서 사정을 충분히 익힌 다음 최후의 결심을 하는, 이 시험적인 약혼을 자유사상가들은 칭찬하지 않을 수 없었던 것이다.

이같은 실험의 대다수가 과장되는 경우가 있을 수 있다 하더라도, 그것은 적어도 영국형 부부생활이 로마 교회가 지배하는 지역에도 존속하였음을 증명한다. 이 지역에서는 후보자들의 개인적인 결혼 신청이 중요한 것이었을 뿐 종교적인 의식은 부수적인 것에 지나지 않았다. 또 거기서 그다지 멀지 않은 구체제의 코르시카 또한 마찬가지로서, 이곳에서는 서로의 엄숙한 약속으로 굳게 맺어진 약혼자들의 동거생활을 관찰할 수 있다. 反종교개혁의 영향을 받지 않은 이들 가톨릭 농민들은, 주지하는 바와 같이 리비도의 억제를 조장하는 일반적인 경향과는 매우 다른 혼전 교섭관을 갖고 있었던 것이다.

결혼에 대한 이와 같은 뿌리 깊은 태도는, 근대 그리스도교에 의한 결혼보다도 시험적인 부부관계나 약혼자끼리의 동거생활에 익숙한 먼 이교 시대의 과거에 그 깊은 뿌리를 두고 있다는 사실에서 유래하는 것만은 아니다. 이같은 태도는 산업혁명 초기에 비합법적인 성관계가 진전됨으로써 강화되고 있었던 것이다. 18세기의 뇌샤텔 공국의 예는, 이 두 현상 사이의 관련 양상을 잘 보여 주고 있다. 프랑스의 평균보다 훨씬 높게, 더군다나 끊임없이 증가하고 있었던 영국형(혹은 독일형)의 혼전 임신비율이 당시의 이 지방의 특색을 나타내고 있다. 그런데 이 경향을 밤의 모임(veillée, 젊은 남녀 사이의 집단적인 만남의 기회) 관습이나, 먼저 킬트강(kiltgang) 관습의 잔존과 관련짓지 않을 수 없다.

킬트강은 분명 스칸디나비아에서 스위스에 이르는 게르만계 유럽의 주요한 제도의 하나를 이룬다. 이것을 고려하지 않고서 구체제 성생활에 대해 말하는 것은 불가능하다. 본능적인 충동과 부부 형성의 조정장치였던 이 제도는, 한 아

농촌의 결혼식

가씨가 차례차례 자신에게 접근하는 남자들을 방으로 끌어들이는 것을 의미한다. 이러한 만남이 겉으로는 순결한 것이었어도 항상 그렇다고 볼 수 없음을 쉽게 알아차릴 것이다. 뇌샤텔 공국의 경우 그것은 분명 젊은이들의 놀랄 만한 성적 자유를 나타내며, 젊은이들의 이러한 성적 자유는 의심할 바 없이 애무가 행해진 결과로 실현된 약혼의 중요성과 관련되어 있었다. 이러한 조건 아래, 약혼이 때로는 교회에서의 결혼과 거의 대등한 명예로운 임신에 도달하였다 해도 놀랄 만한 것은 아니다.

스칸디나비아의 젊은 농민 아가씨들은 여름에는 자주 마구간이나 헛간 등 자기 집 밖에서 잠을 잤다. 그녀들은 거기서 일했으며, 우선 밤에는 자신의 가족들에게 폐를 끼치지 않고 자신을 사랑하는 남자들을 받아들였던 것이다. 겨울에도 마찬가지로서 젊은이들은 언제나 가족으로부터 떨어져 함께 지내고 있었다. 처음은 집단적이나 마지막은 침대에서 끝나는 이 만남에서, 특히 가난한 사람들 사이에서는 상호간의 약속이 있기만 한다면 모든 것이 허락되었다. 그 대신 공인된 연인을 속인 여자에 대해서는 엄한 규제가 기다리고 있었다. 18세기의 금욕적인 프랑스조차도 성 요한의 축일(6월 24일. 불을 둘러싸고 춤추며 밤을 새우는 夏至(하지)의 오랜 민속이 있다)에 불 옆에서 춤추는 마을 아가씨들이, 아름다운 여름 밤하늘 아래 하나도 남김 없이 정조를 잃게 되는 장면을 자주 볼 수 있었다.

이리하여 서구의 상당 지역에서는 약혼자들의 동거에서 혼전 임신이 많은 이유가 설명될 수 있다. 이는 장래를 약속한 젊은이들이 육체적으로 맺는다는 성적 질서의 기본적 변형의 하나가 실현되고 있는 것에 불과하다. 종교적인 의식과는 무관하며, 더욱 전통적이며 유서 깊은 민속에 뿌리를 둔 혼전 교섭은 대중적인 현상이었으며, 그것은 경제발전의 결과 나타난 프롤레타리아화에 의해 더욱 강화되었다. 그러면서 여기서도 또한 성적 자유가 확대되었다 해도 하나의 혁명이 되기에는 거리가 멀었고, 연인들의 밤모임에서 평민계급의 젊은이들이 더듬은 옛방식을 그렇게까지 사양하지는 않았다 하더라도 다시 더듬는다는 것으로만 머물러 있었다.

그렇기에 혼전 교섭은 구체제 서구의 한 관습으로서, 성직자의 눈을 별도로 친다 해도 스캔들과 같은 예외적인 것은 아니었다. 장래에 하게 될 늦은 결합의 보증으로써 혼전 교섭은 결혼제도를 흔들기는커녕 강고하게 하는 것이었다. 두 종류의 자료—그러면서 거기서는 성적 자유는 비난당해야 하는 것으로 다루어진다—를 검토함으로써 옛 유럽의 이러한 성적 자유상태를 충분히 추측할 수 있다. 실제로 종교재판에 대한 교회관계의 문서와 미혼모가 세속의 권위에 대해 행하던 임신 신고는, 근대의 양단에서 약혼과 성적 관계를 나누는 것이 때로는 매우 어렵다는 것을, 또 결혼 약속이 처녀와 동침하는 가장 좋은 방법이었다는 것을 보여 준다.

첫번째 경우에 대해, 트루아(샹파뉴 지방의 중심도시)의 재판소에 소장되어 있는 훌륭한 고문서가 1500년 무렵에 공인된 혼전 교섭의 이면을 그려내고 있다. 이 잔 다르크와 동시대의 여성은, 때로는 갑자기 사제 역할을 하기도 하는 술집 주인의 꾐으로 남몰래 한 남자와 계약된 내연관계를 맺고 있었다. 근대의 종교적 관념은 이같은 결혼이나 결착방식과는 무관하지만, 이러한 방식 또한 마찬가지로 약혼이라는 멋진 명칭을 지니고 있었다. 약혼은 실제로 다른 아가씨들을 뒤쫓는 것에도, 약혼한 아가씨의 처녀성을 빼앗는 일에도 방해되지는 않았다. 르네상스 시대의 샹파뉴 지방 농촌에서 젊은이들 사이의 성적 자유는 흔한 일이었다. 결혼약속은 거기서 유혹의 상습적인 수단이 되고 있었으며, 우선 그것이 남자의 먹이가 되기 쉽고, 또 구체제 사회에서 얼마든지 있었던 하녀에 대한 행위 때에도 그러하였다.

이 점에 관한 예로서 1502년 트루아의 모직물 마무리공인 장 귀요의 경우를 들어 보자. 오랫동안 그의 아내를 보살핀 하녀 자네트는, 아내가 죽으면 그녀와 결혼하겠다고 그가 자주 약속했다고 단언하고 있다. 뜻하지 않게 아내가 죽자 그녀는 구설수에 휩싸였다. 그런데 남자 쪽은 그녀와 관계하여 아이가 생긴 것은 단 한번, 우연히 잠자리를 같이한 결과에 불과하다고 당연한 듯이 약속을 부정하였다. 분명 이 아가씨가 주인과 동침한다는 것은, 그와 결혼하기 위한 가장 유효한 수단이었다. 그녀에게는 각자의 약혼자에게 같은 행동을 취하던 동료들의 모습이 인상 깊게 남아 있었다. 16세기초 샹트메를르의 펠리소 벨르의 하녀였던 교활한 페레트 콜리네와 같은 몇 명의 여자들은, 자기 주인의 아들과 동침한 뒤 그 아들과 결혼하는 데 성공하였던 것이다.

보다시피 만혼을 몹시 존중하는 이러한 풍속은, 그 대신 리비도의 억압과는 멀찍이 떨어져 있었다. 이와 같은 풍속은 남녀가 한 자리에서 함께 자고 함께 목욕하였던 르네상스 시대의 프랑스 농촌에서, 계몽주의 시대의 노르망디에서 행해졌던 예절과는 매우 다른 혼전 교섭이 존재하였음을 증명하는 것이다. 사람들은 모두 하늘 아래 하나이니까 하면서 가축우리나 목장에서 다정하게 지내고 희롱하고 서로 이를 잡아 주면서 접촉하였다. 이러한 감미로운 남녀간의 정담은 약혼에서 빼놓을 수 없는 부수물이 되었던 것처럼 생각된다.

약혼은 따라서 결혼에 관한 트리엔트적 견해를 밀어붙일 만큼 깨끗하지는 않았으나, 동시에 더욱 신성한 것이기도 했다. 성행위에 의해 신성시된 약혼은 분명 그 강도와 의미에 있어서 퇴색한 종교적 결혼보다도 우수하다. 그리스도교적이라기보다도 이교적인 이러한 약혼은 일찍부터 육체적인 접촉에 익숙해져 있었으며, 육체에 관한 다소나마 전체적인 지식을 우선 얻고 싶다고 생각하는 젊은이들을 서로 접근시키고 있었다. 약혼한 아가씨의 방은 자주 마치 첫무대처럼 되어 때로는 관객 앞에서 그 일이 행해졌다. 또 이런 종류의 시험적인 결혼에서 상대를 바꾸는 일도 드물지 않았다.

구체제의 만혼은, 청교도의 공세나 가톨릭 개혁의 전야인 이 시기에 아직도 미래의 부부들이 벌이는 성적 자유를 수반하였다. 그것이 비밀결혼의 형태를 취하는가 아닌가는 별도로 치고, 이 성적 자유는 관습의 힘을 빌어 연인들이 부부처럼 생활하는 것을 가능케 한 것이다. 이들 약혼자들은 반드시 키스만 나누는 단계에 머물러 있지는 않았다. 근대 유럽에서는, 콜리턴 이외의 지역에서도 배가 불룩해진 후 제단 앞으로 걸어가는 평민 아가씨들이 아마 매우 많았을 터였다. 임신 신고를 검토한 결과, 18세기의 두 지방도시에서는 결혼 약속이 그 실현의 첫단계 사이에 상당히 밀접한 관계를 지녔음을 확인할 수 있었다.

그르노블이나 낭트에서는 정상적이지 않은 성관계가 결혼을 미끼로 맺어지는 경우가 많았다. 예를 들면 낭트의 경우 아가씨들의 대다수 아니 거의가 하녀들이었는데, 그녀들은 결혼이라는 아름다운 약속을 미끼로 유혹자들에게 몸을 맡기곤 하였다. 가난함이 그녀들로 하여금 약혼자끼리는 거의 당연한 호의를 받을 때까지 기다리게 하였던 것이다. 이같은 태도는 동시기 스페인의 하녀들 사이에서도 인정된다. 그런데 세기가 진전될수록 이러한 유형의 관계는 결혼의 전망을 가지고 맺어지는 경우가 많게 된다. 공증인의 입회 아래 행해진 수속이나, 양친의 동의와 직결되는 낭트의 〈정상적이지 않은〉 성관계에는 완전히 결혼이라고 해도 좋은 일면이 있었다. 이러한 성관계가 젊은이들을 접근시킨다. 그들은 오래 전부터 서로 왕래하는 일에 익숙하며, 또 필요한 서류가 모두 갖춰지기 이전에 자신들의 사랑을 조용히 꽃피운다. 실제로는 가족도 늦은 결혼도 순결이나 종교적인 겉치레를 이렇게 위반한다는 것에는 거의 해를 입지 않는다. 장해가 어떠한 것이든 단지 결혼하고 싶다는 바람 때문에 이미 상당한 나이가 든 연인들은 때로는 도덕적, 혹은 법적인 장해를 자주 무시하기에 이른다.

직업적인 이동이나 빈곤 탓으로 이미 결혼할 수 없는 경우, 그 지역에 충분히 정착하지 않은 직인들이나 근교에서 이주해 온 여공들로 이루어진 이러한 남녀가, 결국 실제로는 예로부터의 형태인 늦은 결혼의 후보자가 된다. 그들의 뜻과는 달리, 경제적인 진전은 그들 사이의 내연관계의 진행을 조장하게 될 것이다. 비합법적인 성관계가 결혼 예정과 그다지 결부되지 않았다고 생각되는 릴의 여성들과는 달리, 17,8세기 그르노블 여성의 임신 신고는 낭트의 상황을 재확인시켜 준다. 이 신고서 가운데에는 분명 바람난 아가씨와 이기적인 독신자, 호색한 주인과 노예적인 하녀의 조합이 많았다. 그러나 그들도 원래는 말하자면 만혼의 당연한 패거리였다. 거기다 유사한 상황이 계몽주의 시대의 리용에서도 지적된다.

대부분이 농촌 출신인 이들 임신한 하녀들은, 근처의 부르주아나 동료인 남자들과의 결혼 약속에 실패하는 경우가 많았다. 그녀들이 그러한 결혼 약속을 했던 것도 늦은 결혼에 연결되는 오랜 교제를 한 뒤의 일이었다. 이들 비정상적인 교섭은 반드시 폭력에 의한 것은 아니었으나, 상당 기간 지속된 방문이나 산보의 불가피한 결말이었다. 그 사이 부부가 되어야 하는 두 사람은 조금씩 서로 대담해진다. 이들 상냥한 연인들은 계몽주의 시대의 감수성의 진보와 함께 서로의 호의나 친숙함이 차츰 연애나 정열의 방향으로 진전해 가고, 마침내는 공증인 앞에 나가지 않아도 두 사람 사이에 동의가 성립된다면 서로 결혼을 약속할 수 있었던 것이다.

구체제 유럽의 평민 젊은이들 중 일부분이 지니고 있는 특징적인 성적 분방함은, 부부의 인연을 부정하기보다는 오히려 그것을 형성하는 데 일시적인 방해가 되었다. 이런 종류의 성적 자유는 또한 우선 시골에서, 그리고 도시에서도 차츰 오랜 교제나 깊은 교제의 관습으로 연결되어 가고 있었다. 많은 가족들로부터 완전히 승인받은 이러한 성적 자유는, 보통은 구속적인 제반 관계로부터 전면적으로 해방된 어른들의 행위였다. 따라서 낭트나 그르노블의 임신 신고서에 나타난 유혹자나 유혹당한 여자 들은 다양한 이유에서 바람직한 만혼을 할수 없었던 불행한 사람들이다. 보다 신중한 약혼자들의 세계와 마찬가지로 그들이 갖는 사랑의 세계는 결혼의 약속이 지배하는 세계이다. 그들은 다만 말에서 행동으로 다른 사람들보다도 빨리 옮긴다는 납득할 수 있는 경솔함을 저질렀을 뿐이다.

이러한 점에서는, 특히 여성의 입장으로 보아 평민 사이의 혼전 교섭과 지배계급 가운데 작용하는 규범이 완전히 대립한다. 분명 그것은 평민 여자가 자신의 명예를 실추하거나 처녀성을 잃는 것에 대해 귀족이나 부르주아지 여자들만큼 민감하지 않았던 것은 아니다. 남성의 유혹에 직면하여 똑같이 수동적일지라도, 평민 여자는 하녀나 여공으로서 버려지거나 배반당하거나 하여 더욱 가혹한 타격을 받기까지 한다. 실제 결혼 약속인 경우, 교회가 해주는 보증은 결혼생활에 대한 꿈의 붕괴와 미혼모로서의 이중 고통에 대한 충분한 보상이 되지 않는다. 그러면서 미혼모는 구체제 서구 사회에서 주지하는 것처럼 반드시 희생자라고 할 수는 없다. 이 사회는 설령 지도적 집단 가운데 미래의 아내가 될 여자들의 미덕이 엄중하게 지켜지고 있다 하더라도, 가난한 딸들은 훨씬 많은 남자들과의 접촉을 허용받았다. 그리고 남자들이 귀족계급에 속한 경우 그들은 자신의 약혼자를 거의 알지 못하였으나, 그것은 빈민이 쾌락을 구하여서라기보다는 필요에 의해 쫓아가지 않을 수 없는 긴 혼전 교제인 경우와는 사정이 다르며, 교제가 정결한가 아닌가 혹은 길게 지속되는가 아닌가는 별도로 치고 자신의 약혼자를 알지 못한다는 일이 빈민에게는 있을 수 없었다. 민간 전승은, 우선 상투적인 웃음으로 젊은 평민 아가씨들의 이러한 혼전 경험의 흔적을 오랫동안 전해 왔다.

이에 대하여 1600년 무렵의 영국 상류귀족인 경우, 가족의 이해로 맺어진 약혼자들이 서로를 알지 못한 채, 더욱이 마음의 준비도 되어 있지 않은 양상이 묘사되어 있다. 몇 번인가의 의례적인 방문, 두세 번의 어색한 대화, 예상하건대 양자의 불일치가 분명하여 절대로 잘 되어갈 리가 없는 경우를 별도로 친다면, 전혀 보고 듣지도 못한 사람을 약혼자로 삼아 마침내 남편과 아내가 되는 일은 그것만으로도 충분했던 것이다. 사실 이와 같은 제도가 근대 서구 귀족의 혼전 관계를 지배하고 있었다. 많은 경우, 다소라도 취미가 서로 통하는 한 젊은이와 무지 속에 빠져 있는 한 아가씨가 의미 없이 짧은 기간 서로 대면하였던 것이다. 혼외 사랑을 극구 칭찬하는 구체제의 에로스 문화는 아마도 상당 부분이 말하자면 계급적인 태도에 따라붙는 것, 남녀의 기분의 미묘한 차이에서 생겨났을 것이다.

르네상스의 긴 기간 동안 귀부인이나 대귀족은 이와 같은 형식을 거쳐 결혼하였다. 루이 16세(1774-93 재위) 시대의 프랑스에서, 메르시에가 미혼 여성들을 사랑하는 여자로 바꾸고자 하는 극작가들을 조소한 것도 반드시 그릇된 견해는 아니었다. 메르시에는 반대로 결혼날까지 수도원에 갇혀 있다가, 우선 사람을 접근시키지 않아 남자와 만나거나 연애 고백 같은 것을 조금도 들을 수 없었던 아가씨들의 모습을 그리고 있다. 또한 이 귀족적인 격식이 상류의 시민계급 사이에 퍼져 가는 한편, 중산계급 사이에는 반갑게도 부친의 감독이 종교적인 유폐를 대신하였음을 확인할 수 있다. 요컨대 파리와 같은 도시에서는 하층 직인의 딸들만이 남자의 유혹을 허락받는 관습을 보존하고 있었다. 그것을 잊고 18세기 극작가들은 상류가정과 바느질하는 아가씨들의 풍습을 혼동하는 것과 같은 우스꽝스러운 잘못을 저지르고 있었던 것이다.

이렇듯 신중한 풍속이 상류 사회에 독점적으로 머물러 있었던 것은 분명하다. 서민의, 우선 농촌의 젊은이들은 더욱 자유롭게 서로를 애무하였다. 이 사실은 킬트강이라는 혼전의 문화적 규범이 지배하고 있던 게르만계 유럽의 거대한 확산을 생각한다면 특별한 무게로 다가온다. 양식 있는 이탈리아인으로서 이같은 고정관념과는 거리가 아주 먼 조반니 카사노바*는, 1760년 봄날 밤 베른 주

쥐라 지방의 어느 마을에서 그것을 목격하였다. 카사노바는 실제로 한 농민이 약혼자의 방 창으로 들어가 그녀와 마주 보며 하룻밤을 새우고자 하는 광경을 발견한 것이다. 그러나 그녀는 남자에게 몸을 맡기지 않았다. 이 게임의 모든 재미는, 결혼을 허락한 자신의 약혼녀에게서 그것을 제외한 나머지 모든 것을 손에 넣는 것에 있었다. 이러한 방식에는 유력자의 가호도 있었다. 경건한 루터가 좋은 나라 작센에서 그것을 여실히 보여 준다. 그는 약혼자들이 서로 애무하는 것을 몇 차례 목격하였을 때, 신의 손길이 그들 위에 있었음을 생각해 낸 것이다.

* 1725-98. 이탈리아의 성직자·작가·군인·첩자·외교관. 이탈리아 출신의 모험가들 가운데 제1인자이며, 카사노바라는 이름을 〈난봉꾼〉과 동의어로 만든 인물로 기억되고 있다. 그의 자서전은 일부 탈선행위를 과장하기는 했지만, 18세기 유럽 대도시의 상류사회를 훌륭하게 묘사한 작품이다. 배우의 아들로 태어난 카사노바는 젊은 시절 추문을 일으켜 성 치프리아누스 신학교에서 쫓겨나 화려하고 방종한 생활을 시작했다. 잠시 로마 가톨릭 추기경 밑에서 일하다가 베네치아로 가서 바이올린을 연주하고, 리옹에서 프리메이슨 결사에 가입한 뒤, 파리·드레스덴·프라하·빈을 여행했다. 1755년 베네치아로 돌아온 카사노바는 마법사로 고발되어 5년 동안 총독 관저에 있는 감옥에 감금한다는 선고를 받았다. 1756년 10월 31일 그는 극적으로 탈옥해 파리로 가서 1757년 파리에 복권을 처음 소개해 명성을 얻고 귀족들 사이에 이름이 알려졌다. 1760년 파리의 빚쟁이들한테서 도망쳐, 〈생갈의 기사〉(Chevalier de Seingalt)라는 가명(그는 이 가명을 죽을 때까지 사용했음)으로 독일 남부와 스위스(이곳에서 그는 볼테르를 만났음)·사보이·프랑스 남부·피렌체(그는 이곳에서 추방되었음) 및 로마를 여행했다. 그는 런던에서도 얼마 동안 지냈다. 베를린에서는 프리드리히 2세한테 관직을 받았다(1764). 카사노바는 여행을 계속해 리가와 상트 페테르부르크 및 바르샤바를 방문했다. 추문과 그에 따른 결투 때문에 도망칠 수밖에 없었고, 결국 스페인에서 피신처를 찾아냈다. 1774-82년에 베네치아 당국의 허락을 받고 베네치아 영토로 돌아간 그는 베네치아 종교 재판관들을 위한 첩자 노릇을 했다. 그는 보헤미아의 둑스 성에서 발트슈타인 백작의 도서관 사서로 일하면서 말년(1785-98)을 보냈다. 카사노바는 경력만큼 저술도 다채로워 이따금 시와 평론을 쓰고 《일리아스 Iliad》를 번역했으며(1775), 베네치아의 귀족사회, 특히 유력한 그리마니 가문을 풍자하는 소책자를 쓰기도 했다. 그러나 그의 가장 중요한 저술은 생생하고 박진감 넘치는 자서전으로, 그가 죽은 뒤에 12권의 《생갈의 J. 카사노바 회고록 Mémoires de J. Casanova de Seingalt》(1826-38)으로 처음 출판되었으며 원래의 원고에 바탕을 둔 결정판은 1960-62년에 《나의 인생 이야기 Histoire de ma vie》라는 제목으로 출판되었다.

성적 억압은 이리하여 계몽주의 시대의 부르주아적 서구에서 선행된 무수한 혼전 관계를 토대로 한 위에 겨우 정착되었던 것이다. 이러한 혼전 관계는 많은 경우 정액의 배출을 장려하고, 여성의 금욕에 대한 정신적 후유증을 비난한 의학이론에 의해 조장되고 있었다. 이러한 위생학적인 고찰은 교섭을 자연의 필요로서 간주하고 있었다. 거기서 칸트보다도 자유주의적이었던 박애주의자 베카리아(이탈리아의 형법학자·경제학자. 《범죄와 형벌》이라는 형사법의 개혁에 관한 탁월한 저술을 남겼다)는, 혼전 임신의 하수인을 추궁하는 일을 거절한 것이다. 나아가 독일인 알망 페쉘은, 1789년 공중도덕에 관한 배려에서 시험결혼제도를 장려하고 있었다. 이는 말하자면 일시적인 일부일처제로서, 시골 젊은이들에 의한 생식능력의 무분별한 남용을 조정한다는 것이었다.

이리하여 독일의 적극적인 의학자들은, 프랑스 대혁명 시대 시골에서는 변함 없이 우려할 만한 상태였던 방탕에 크게 관심을 가졌다. 대륙의 대부분 지역에서 그리스도교 신학이 제멋대로인 성애가 혼전에 가져다 주는 피해에 대해 극히 약한 방파제밖에 쌓을 수 없었음을 그들은 알고 있었다. 실제로 18세기의 서구는 독신과 결혼 사이에 명확한 한계가 존재하지 않았으며, 우선 개인적인 약혼이 종교적 형식보다도 시종일관 중요한 오랜 시대로부터 겨우 벗어났을 뿐이었다. 근대 그리스도교의 제반 개혁은 약혼을 온갖 성적 활동으로부터 떼어내는 데 실로 오랜 세월을 허비하였다.

그리스도교의 제반 개혁이 당시 사람들에게 강요하고자 했던 집단적 금욕은 실행되었다기보다는 주장되었던 것에 불과하였기에, 그들 대다수는 이를 되지도 않는 절제처럼 생각하였다. 그들은 외견상 그에 따를 뿐이었으며, 주민 가운데 가장 충동적이며 가장 억제할 수 없는 평민계급 젊은이들은 적어도 본능과 잘 타협하는 일을 허락받고 있었다. 모든 젊은이가 결혼을 기다리며 성애를 경험하지는 않았다는 것, 또 상대를 찾아 교제를 계속하는 오랜 기간 동안 약혼자들이 순식간에 몰래 정을 나누게 되는 경우도 종종 있었음이 분명하다. 다시 한번 이같은 흐름을 놓고 본다면, 세간의 여론으로 보증된 혼전 관계는 종종 일종의 가족간 거래라는 현실을 보여 주는 것이었다. 종교적인 의식은 없다 하더라도, 젊은 한 쌍의 동거는 여러 가지 일 가운데 농민가정을 확실히 구축하였던 것이다.

사람들은 트리엔트 공의회 이후 교회의 이론적인 제반 규정에 대해 지나치게 경의를 표하고 있었으므로, 그러한 것을 인정하기가 어려웠을 것이다. 그러나 교회가 지배계급이나 지배계급을 쫓는 남자들이 혼전에 갖는 제반 경험을 규제하는 데 성공하지 못했던 것과 마찬가지로, 농촌의 전체 대중을 상대로 정결이라는 교회의 이상으로 착실히 쫓아오게 할 수는 없었다. 구체제하의 게르만 제국, 즉 구체제하의 서구의 상당 부분에서는 농촌 대중 사이에 극도의 상냥함은 없었을지라도 늠름함이 없었던 것도 아니었기 때문에 조숙한 성생활을 자주 관찰할 수 있었다. 그 성생활을 통해 밤의 모임(오베르뉴처럼 양성의 격리라는 성격이 반드시 있는 것은 아니었다)이라는 쾌씸한 일들이나, 야단스럽게 떠드는 가운데 갓 성년이 된 젊은이가 자기를 확립하고 있었던 것이다. 실제 이같은 문명에서 젊은 남녀는 자신들의 새로운 매력이 갖는 소중한 부분을 사랑의 세계에서 승리로 이끌어 내는데, 이 승리가 실질을 수반하지 않는 경우는 거의 없었다.

왜냐하면 광범위하게 걸쳐 있는 킬트강은 공식적으로 결혼하지 않고 밤을 함께 보내는 일이었기 때문이다. 성을 견습하는 사회적 통괄수단인 킬트강은, 처음에는 더욱 큰 그룹에 있었던 약혼자들을 이윽고 두 사람만 침대를 같이하는 쪽으로 유도한다. 그들은 엄격한 규칙을 따르고 있지만, 이 규칙은 미성년인 남녀가 일련의 애무과정을 거쳐 몇 년 후에는 최후의 사랑의 표시까지 도달하게 되어 있었다. 동족결혼의 문화에 전형적인 혼전 관계의 이같은 조율은 완전하게 조직화된 영속적인 것이었기에 불법적인 임신을 만들어 내는 일을 전혀 두려워하지 않았다. 오히려 그것을 정상적인 것으로 간주하면서 만족을 느끼고 있었던 것이다. 따라서 스페인에서도 한 가지 형태의 성생활이 인정되고 있었는데, 특히 그 중에서도 도시에서는 내연의 부부나 매춘이라는 우회로를 거쳐 청소년의 조숙한 성교육이 널리 퍼져 나가고 있었다.

따라서 비합법적인 사랑과는 완전히 다른 혼전의 임신에 대해서, 서구에서의 예로부터의 중요성에 커다란 의미를 부여해야 한다. 제멋대로, 그러나 정도를 갖춘 젊은이들의 밤의 교섭이 가져다 주는 산물인 혼전 임신은 영국에서 코르시카까지, 나아가서는 스칸디나비아에서 스위스까지 자기를 억제하면서 향락하는 기술을 알고, 또한 결혼 텍스트라는 입장에서밖에 그 일시적인 결합을 생각지 않았던 농민적인 성생활이 예로부터 지속되고 있었다는 증거인 것이다. 이 농촌세계가 염두에 둔 것은 사랑보다 결혼이었다. 그러면서 거기에는 그들의 현실주의 덕분에 일반에게 그렇게 여겨지고 있을 만큼 사랑은 결혼과 분리되어 있지 않았다.

배우자 선택

구체제하의 유럽 상류 사회에서는 결혼과 육체적 매력이 용이하게 결부되어 있지는 않았다. 예를 들면 1700년의 프랑스 사교계 수첩이었던 생 시몽[프랑스의 사회개혁가. 그리스도교 사회주의의 바탕을 마련한 중심 인물 가운데 한 사람이다]의 《회고록》을 들여다보면, 분별을 잊은 연애가 부부간의 의무와 거의 결부되지 않는다는 사실을 금세 알아차릴 수 있다. 부부생활에 들어간 경우 광기어린 사랑은 경계의 대상이 되었다. 그러한 것은 단지 멍청이나 괴짜에게 따라붙는 것이다. 마찬가지로 새뮤얼 피프스[영국의 일기작가 · 해군행정가. 1660년 1월 1일부터

1669년 5월 31일까지 왕정복고시대(찰스 2세 국왕)의 관료들과 상류 사회의 생활을 섬세하게 묘사한 《일기》로 유명하다)처럼 1660년 런던의 어느 부르주아가 그다지 탐탁해하지 않은 아우의 결혼식에 즈음하여, 첫번째로 생각한 것은 아우의 아내되는 여자의 지참금을 살피는 일이었다. 또 지방의회 의원으로 이미 마흔이 넘은 사촌동생의 경우, 새로운 아내가 들어와 일가 여자들의 장래를 아름답게 장식해 줄 것이라는 희망을 갖게 되자, 그는 곧 그 여자가 경험을 쌓은 중년 여성으로서 시골가정을 꾸려 나갈 수 있는 부자집 미망인이라고 하는, 아내에 대한 안심할 수 있는 정의에 합당함을 납득했다. 실제 17세기 영국에서 부유한 사람들은 우선 타산적인 이유로 결혼을 하였던 것이다. 돈의 무게가 그들의 정당한 성관계를 지배하고 있었으며, 그들은 우선 경제적 배려에서 배우자를 선택했다.

1600년 무렵 영국 상류귀족의 경우, 부부 인연의 형성에 관한 이같은 사회학적인 특징이 분명히 나타난다. 거기서는 결혼에 따른 비용이 많아 부모들은 생활비보다도 훨씬 빨리 상승해 가는 지참금 액수에 괴로워하고 있었다. 따라서 우선 이름이나 칭호나 재산을 유일하게 상속하는 장남으로 하여금 자기의 약혼자를 자유로이 선택케 하는 일은 문제 밖이었다. 마찬가지로 귀족의 딸들은 결혼 시장의 제비뽑기에 즈음하여 완전히 수동적이며, 최선의 경우에도 주어진 혼담을 거절할 수 있을 뿐이었다. 그녀들은 아마 과부가 되어 마침내 자신을 위해 재혼할 기회를 손에 넣는 행운의 순간을 끈기 있게 기다리고 있었을 것이다. 이리하여 17세기초 마거릿 헤이스팅스는, 강요받은 첫결혼과 자신의 의도대로 상대를 고를 수 있었던 두번째 결혼과의 대조를 서머싯의 자기 무덤에 새겨넣을 수 있었던 것이다. 1720년대의 유명한 《거지 오페라》는, 재정과 성이라는 두 측면에서 여성에게 지상의 행복이란 과부 상태라고 근대 서구 귀족 여성들의 지위를 극히 올바르게 요약한다. 1600년 무렵에는, 예를 들면 재혼의 명수인 유명한 슈루즈버리 백작부인인 베스 드 하드윅은 거듭 미망인이 되어 그 상태를 교묘히 이용함으로써 남성의 지배세계 한복판에서 자신의 강력한 의지를 밀어붙일 수 있었다.

이러한 상황만이 귀부인에게 남편을 고를 수 있는 자유를 향한 길을 실제로 열어 주었던 것이다. 그때까지 그녀들은 시장에서 팔리는 가축처럼 양친의 의견에 복종하여야 했다. 양친의 동의는 앙리 2세(1547-59 재위)의 결정에 의해 프랑스에서는 불가결한 것으로 인식되기도 했다. 이 결정은 젊은이들의 일정한 독립에 대해 국가보다 호의적인 교회의 반대를 물리치고 행해졌던 것이다. 이는 오히려 지배계급의 불안을 반영하는 거울이며, 미망인의 재혼에 적의를 보이던 국왕의 법률은 1697년에 이르러서도 아직 〈풍속의 퇴폐〉나 〈욕정의 폭풍〉에 의해 야기된 어울리지 않은 결혼으로 위협받는 사회적 안정을 지키는 일에 급급하였던 것이다. 게다가 1639년 이래 루이 13세(1610-43 재위)의 유명한 법령이 부부간의 신분적 평등의 필요성을 강조하고 있었다. 고등법원에서조차 이러한 결정들을 적용하는 데 있어서, 무서운 야심을 지닌 여자들에게 유괴되어 피해를 입을 것으로 여겨지는 가엾은 젊은 남자들을 변호하고 있었던 듯했다. 이리하여 구체제에서는 서구의 모든 나라들이 오랫동안 결혼을 부권에 복종시키는 귀족적인 방식을 받아들였다. 도덕적인 문학은, 가족과 개인의 이익이라는 이름으로 쾌락이나 상호간의 애착을 합법적인 육체적 결합과 혼동하는 것을 거절하는 현명한 태도를 자주 칭찬하고 있었다. 계몽주의 시대의 귀족이나 시민계급의 결혼은 타산적인 방책이었기에, 우선 젊은 탓에 저지르는 순간적인 충동이나 개인적인 취향으로 인한 일시적인 광기를 피해야만 했다. 양친이나 친구들을 통해 이루어지는 형태의 결혼은 사회적·경제적으로 균형잡힌 가정을 구축하려는, 합당하고도 유일한 바람으로 서로 알지 못하는 남녀를 대면시켰던 것이다. 16세기말부터 부부에 관한 몽테뉴의 철학은 배우자의 냉정한 선택과 진실한 사랑의 혼란 사이에 근본적인 차이를 두고 있었다.

이와 같은 구별은 그리스도교적 결혼이라는 견고한 미덕과 마찬가지로, 부를 획득하기 위해 자유사상가들이 뻔뻔스럽게 부자집 딸을 사냥하던 행위를 정당화하였다. 게다가 이와 같은 구별은 결혼에 관한 위그노적인 사고방식에 의해 유럽의 프로테스탄트 지역에도 도입된 개인적인 결합, 따라서 육체적인 매력에 가치를 두는 새로운 움직임과 충돌하였다. 르네상스가 가족간의 일치된 견해로만 성립되는 특권적인 부부의 틀을 감수하고 있었다 해도, 그 시대 말기에 배우자 선택의 자유를 위한 여성측의 항의의 목소리가 일어나기 시작했다. 그 소리로 상류귀족의 결혼 전략에 금전적인 배려가 증대됨으로써 더욱 과장되기까지 하였다.

17세기 극작가와 18세기 소설가나 화가 들은 돈을 목적으로 하는 이러한 결혼에 대항하는 주요한 대변자였다. 17세기 극작가들은 왕정복고를 기다려 이 주제를 무대에 올렸다. 실제로 이 시대는 혁명 위기의 해소나 전통적인 지배계

급이 무대의 전면으로 복귀하고 있어, 그들의 가족생활도 결정적인 전환기에
처해 있었다. 지배계급의 가족생활에서는, 유리한 결혼 시장을 통해 집안을 다
시 일으키는 것이 지금까지보다 절대적으로 필요한 일이 되어 있었다. 이리하
여 1670년대의 런던에서는, 대성공을 거둔 연극 인물들의 리스트 가운데 엘리
자베스 왕조의 마키아벨리적인 악당을 대신하여 유리한 계약을 맺기 위해 부자
집 여상속인을 찾아다니는, 당시 사교계의 여성스러운 인물상이 나타났다. 실제
새로운 상업자본주의 시대라는 파도를 탄 남성은 무엇보다도(1676년 에서리지의
희곡 《유행을 좇는 사나이: 포플링 플러터 경》의 주인공 도리망트처럼) 자신의 사회
적·경제적 권력에 대한 바람을 금전적 혹은 성적인 언어로 표현하고 있었다.

　당시 영국의 극작가들(위철리나 콩그리브 같은)은, 상류 사회의 젊은 아가씨들
이 이렇듯 야비한 물물교환에 굴복하고 있는 것에 반대하여, 자연스러운 감정
이나 우선 참된 사랑의 입장에서 격렬한 항의를 표명하였다. 무일푼의 방탕자
가 이러한 교환 덕분에 옷이나 마차처럼, 또 유리한 투자의 전형으로 젊은 아가
씨의 육체를 사고 있었다. 그러나 극작가들은 1700년 무렵의 귀족이나 부르주

호가스의 《최신식 결혼》

아들 사이에서 배우자 선택에 대한 금전의 지배를 그렇게 후퇴시킨 것은 아니었다. 이윽고 호가스가 그의 《최신식 결혼》(판화집)에서 개인의 자유를 인정하지 않는, 당사자의 의견을 무시하는 가족들의 타산적인 거래를 거칠게 비판하였다. 그럴지라도 모든 강제적 결혼을 비난하면서 위그노적·여권옹호적인 오랜 전통에 충실한 리처드슨*과 같은 청교도에 비해서, 부부관계에 대한 분석이 오히려 회계장부와 더욱 흡사했던 다니엘 디포(영국의 소설가·팜플렛 작가·저널리스트. 《로빈슨 크루소》와 《몰 플랜더스》로 유명하다)와 같은 소설가들이 얼마나 많았던가!

* 1873-1957. 영국의 소설가. 〈의식의 흐름〉 기법을 개척했으나 거의 알려져 있지 않다. 후기 빅토리아 시대 영국의 격리된 환경 속에서 어린시절과 청소년기를 보냈다. 부모의 이혼으로 17세에 학업을 중단하고, 교사·사무원·기자로 일하다가 1917년 화가 앨런 앨스던 오들과 결혼했다. 야심적인 연작소설 《순례행 Pilgrimage》으로 관심을 모았으며 이 소설은 여러 권으로 나뉘어 출판되었는데, 리처드슨은 각 권을 하나의 휴(장)이라고 불렸다. 그것들은 《뾰족 지붕 Pointed Roofs》(1915) · 《벽촌 Backwater》(1916) · 《벌집 Honeycomb》(1917) · 《터널 The Tunnel》(1919) · 《중간기 Interim》(1919) · 《막다른 끝 Deadlock》(1921) · 《회전등 Revolving Lights》(1923) · 《덫 The Trap》(1925) · 《오벌랜드Oberland》(1927) · 《새벽의 왼손 Dawn's Left Hand》(1931) · 《청명한 지평선 Clear Horizon》(1935) 등이며, 마지막으로 《우묵한 언덕 Dimple Hill》은 4권으로 나누어져 1938년에 나왔다. 《순례행》은 미리엄 핸더슨이라는 매력적이고 신비스런 〈신여성〉의 눈에 마치 영화처럼 비친 매우 감각적인 이야기이다. 길이가 길고 읽기가 힘들기 때문에 대중적으로는 그리 인기를 얻지 못했지만, 이 작품은 20세기 소설에서 중요한 위치를 차지하고 있다.

신분이나 재산의 조합을 제일로 치는 결혼에 반대하여 용감하게 일어선 클라리사 할로우에게 있어서 영국의 공식 칼뱅주의는 마음에 들지 않겠지만, 부부의 인연을 맺는 것이 부를 얻는 그 무엇보다 좋은 수단이라는 사태를 지배계급은 순식간에 받아들이게 되었다. 따라서 계몽시대의 영국 국교는, 그 신학자들의 권유에도 불구하고 거의 애정을 느끼지 못하는 귀족 약혼자들을 제단으로 끌고 갔다. 이러한 약혼자들은 성의 시장에서 공인된 측면을 나타내고 있으며, 매춘부나 감금된 여자 들은 다른 측면을 형성했다. 계약이라는 새로운 힘에 직면하여 여자들은 하나의 단순한 소유물이 되었으며, 참된 사랑은 무지막지한 조롱을 당함으로써 이러한 아름다운 결혼에서 배제당했던 것이다. 전형적으로 부르주아적인 이러한 상황은, 집안과 재산의 조합이라는 유일한 관점에서 결혼거래를 행하는 것이 관례였던 귀족들의 관습을 강화할 따름이었다.

부부의 인연을 맺는가 혹은 끊는가가 문제되는 경우, 일반적으로 주도권을 쥐고 있었던 근대 서구의 상류 사회 남성들은 우선 완전히 물질적인 관점에서 그것을 생각한다. 예를 들면 구체제하의 프랑스에서는 엄청난 수의 결혼에서 신중한 교섭이나 흥정이 이루어진다. 중요한 것은 서로 사랑하는 것이 아니라 자리잡는 것이었다. 17세기 중엽에는, 퓌르티에르*의 《부르주아 소설》에 이렇듯 소박한 금전욕을 표현한 참으로 훌륭한 귀절이 실려 있다. 그것은 다양하고 놀랄 만한 결혼의 일람표이다. 그 가운데 파리 아가씨들의 경우, 자신의 지참금에 따라 아래로는 상인이나 서기·집달리에서 위로는 공작과 후작·대귀족에 이르기까지 결혼 상대가 일방적으로 결정되었다. 이러한 상황에서 배우자를 선택하는 데 개인적인 동기가 차지하는 중요성이 극히 적다는 것을 알 수 있다. 그 무게는 사람이 사회적 계단을 올라가는 데에 따라 저하되기도 한다. 이 사회는 결혼 후에야 겨우 서로 사랑할 수 있는 세계인 것이다. 루이 14세 시대의 브르타뉴에서는, 크롬웰 시대의 요크셔와 마찬가지로 귀족계급의 결혼은, 양가의 명예와 이해라는 대단히 엄격한 개념으로 지배되는 가장 공식적인 의식들 중의 하나를 형성하고 있었다.

* 1619-88. 다양한 저술활동으로 유명한 프랑스의 소설가·풍자작가·사전편찬가. 법률가 서기의 아들로 태어난 퓌르티에르는 법률직에 입문했으나 곧 사임하고 유급성직록을 받기 위해 서품을 받았다. 그럼으로써 그는 문필생활을 할 수 있었고, 그로 인해 수입을 갖게 되었다. 해학적이고 풍자적인 시집 3권을 출판한 뒤 동시대 파리의 문단을 익살스럽게 답사한 《웅변의 왕국에 일어난 최근의 골칫거리들에 관한 역사 또는 우의적 이야기 Nouvelle Allégorique ou Histoire des derniers troubles arrivés au royaume d'Eloquence》(1658)를 완성했는데, 여기서 아카데미 프랑세즈 회원들을 매우 호의적으로 묘사했기 때문에 퓌르티에르 자신도 1662년에는 회원으로 선출되었다. 그렇지만 그는 곧 동료들의 호의를 잃게 되었다. 그의 《부르주아 소설 Le Roman bourgeois》(1666)은 파리 중산층을 〈영웅적인〉 인물이나 악한 부랑자로 표현하는 대신에 매우 사실주의적으로 다루었다는 점에서 프랑스 소설사에서 선구적 작품이었으나, 소설의 구성이 무질서할 뿐 아니라 학자들에게는 무가치해 보이는 소재들을 충실히 다루었다는 점에서 아카데미에게는 모욕적이었기 때문이다. 퓌르티에르는 1684년말 자신이 40년 동안 연구했던 프랑스 언어의 보편사전 편찬 의도를 표명함으로써 더 큰 불쾌감을 자극했다. 이러한 방대한 사업은 특히 오랫동안 추진해 온 사전편찬 사업을 아직 완성시키지 못하고 있던 동료 회원들을 격앙시켰다. 동료들은 그를 아카데미에서 추방했으며, 국왕 루이 14세는 그를 보호하기 위해 최선을 다했지만 퓌르티에르의 여생은 옛 동료들과의 갈등의 연속이었다. 아카데미 프랑세즈의 사전보다 더 유용하고 더 포괄적인 것으로 평가받고 있는 그의 위대한 《사전 Dictionnaire》은 1690년 네덜란드에서 전3권으로 인쇄되었다.

이러한 까닭에 역사가들은, 통상적으로 옛날의 결혼관계를 정열이나 육체적 매력과는 전혀 관계 없는 계약상의 협정으로 여기고 있다. 이에 대해서는 에피네*가 남긴 두드토 부인이 두또브 부인의 결혼에 얽힌 재미있는 이야기를 읽을 수 있다. 이 경우 당사자의 감정과는 관계 없이 모든 사전준비가 신속하게 조정된다. 한 중매쟁이 노인네와 두 명의 탐욕스런 귀족이 적합한 결혼을 결정한다는 1748년의 이러한 부르주아적 통속 희극(vaudeville)은, 구체제하의 귀족계급에 있어서는 흔한 결혼방식으로서 개인의 기호를 무시한 타산적 성격을 극단적으로까지 밀고 나간 것에 불과하다. 로마 교회의 영향하에 있던 유럽의 또 다른 일단을 보면, 17세기 폴란드에서 지위가 낮은 귀족 얀 크리소스톰 파섹은 마찬가지로 자신의 결혼을 하나의 거래로 여기고 있었다. 그는 결혼 상대로 상당한 고액의 지참금을 가진 46세의 미망인을 돌연히 선택하면서, 이를 매우 좋은 거래로 믿고 있었다. 다만 그녀에게는 6명의 아이가 있었으며, 당연한 결과로서 갖가지 가정적이며 경제적인 보살핌을 그 자신이 해야 하는 꼴이 되었다.

* 1726-83. 18세기 프랑스의 진보적인 문학 서클에서 두각을 나타냈던 여성. 그녀 자신도 많은 작품을 썼지만, 그보다는 당대의 뛰어난 작가나 사상가 들, 예를 들어 드니 디드로·프리드리히 드 그림 남작·장 자크 루소 등과의 우정으로 더 유명하다. 재정가였던 드니 조제프 드 라 리브 데피네와의 결혼이 파경에 이른 후, 그녀는 문학과 문인들의 복지에 관심을 쏟았다. 몽모랑시 근처 라슈브레트의 시골 저택에 쾌적한 살롱을 만들고 프랑스 혁명 직전에 정신적 지도자들이었던 철학자들을 환대했다. 그림 남작과 그녀와의 우정은 조용히 오랫동안 계속되었고, 그 둘 사이에 주고받았던 편지들은 잘 알려져 있다. 반면에 루소와의 교제는 짧고 격렬했다. 1756년에 그는 그녀의 시골 별장 근처에 있는 조그마한 암자(Hermitage)에 머물렀고, 거기에서 소설 《新엘로이즈 La Nouvelle Héloïse》를 썼다. 그러나 두 사람은 다투었고 결국 불구대천의 적수가 되었다. 그녀는 몇 권의 소설과 교육에 관한 책을 썼는데, 오늘날 그 작품들이 흥미로운 것은 자전적인 사실들을 밝혀 준다는 점에서 뿐이다.

마리보의 연극은 사랑이란 결혼 뒤에 찾아올 수밖에 없으며, 혹은 많은 경우 혼외에서 자리잡을 수밖에 없기 때문에 균형적인 사랑을 마리보식으로 항의하고 있다. 1730년 《사랑과 우연의 장난》에서 실비아는, 부부 형성에 중요한 역할을 하는 조작된 우연에 반항하는 상류 사회의 젊은 아가씨를 누구보다도 잘 표현하고 있다. 그러나 동시대의 수많은 철학자들의 요구보다도 분명히 보다 혁명적이었던 그녀의 권리 요구는, 유복한 계층의 현실 사회에서는 아무런 반향을 불러일으키지 못했다. 나아가 세바스티앙 메르시에도 루이 16세 치하의 파리 소시민 사회까지 파고 들어가서, 점잔을 빼면서도 부자연스러운 결혼 신청의 다양한 모습을 그려내고 있다. 이같은 가족간의 형식적인 결혼 신청은, 이같이 하여 떠넘겨진 처녀라는 상품에 그때까지보다는 약간 커진 자유를 향한 문호개방이라는 이익을 가져다 줄 뿐이었다. 다만 사랑은 이러한 결합의 메커니즘과는 무관한 채로 머물러 있었을 뿐, 돈을 지불함으로써 상류계급의 아가씨를 수도원에서 해방시키기 위한 더 이상의 개입은 하지 않았다.

18세기말 프랑스 수도의 이 귀중한 연대기작가(메르시에)는, 귀족계급 내부에서 상대를 서로 알지 못하고 별거를 전제로 성립되는 몇 가지의 결혼 양상을 그릴 수 있었다. 그는 지참금 만능주의에 안주한 부르주아지 가운데 양성 결합을 계약조건으로 따르게 하려는 경향이 있음을 지적하였다. 동시기에 동족끼리만 결혼하였던 리옹의 대상인들 사이에서는, 신분이 약간 낮은 자와 결혼하였을 경우 거의 모두가 일제히 비난을 퍼부었다. 한편 그들은 일반적으로 장래의 결혼을 마치 가장 별볼일 없는 상거래처럼 취급하고 있었다. 오래 된 사회를 흔들어대면서 1789년의 대혁명은 지배계급 사이에서 결혼의 한탕주의적인 성격을 증대시키고 있을 뿐이었다. 나름대로의 의견을 표현하고 거래를 용이하게 하기 위한 강력한 무기로써 신문과 광고가 거대한 결혼 시장에 부속되었다. 그래서 총재정부 시대의 파리에서는 영국의 예를 본떠 석 줄짜리 광고를 통해 결혼이 행해지고 있었다. 배우자들의 재력과 그들의 가정생활에 대한 적성이 공중의 익명성으로 그 가격이 결정되는 이러한 결혼 방식은, 결국 애정의 만남이 복권 당첨쯤으로 간주되던 이전의 상류 사회의 성격을 제1공화정이 다시 공식적으로 인정한 것에 불과하다.

계몽주의 시대의 노르망디에서 결혼은 또한 경제의 철칙으로서, 그 나름대로의 방식을 따르고 있었다. 사실 결혼은 역시 공통적인 사업의 필요성에서 접근하는 이웃들을 연결시키는 것이었다. 그러나 구체제의 농민들은 재산이나 지위의 균형을 고려한 결혼이라는 개성을 무시한 형식주의로부터 부유한 사람들보다는 훨씬 자유로운 상태에 있었다. 교구의 좁은 테두리 안에서 가난한 사람들은 그들이 정식 부부로서 맺어질 때 사랑과 육체적 매력에 더욱 주의를 기울이고 있었던 것이다. 계약이나 지참금에 관한 번거로운 배려는 부유한 사람들의 몫으로 떠넘길 수 있었다. 이리하여 근대 서구에서 결혼에 관한 낭만주의는 농촌의 서민계급 옆에서 몸을 숨겼다.

결혼에 관한 낭만주의는 지배계층의 소수인들 가운데에서도 찾아볼 수 있다. 예를 들면 영국의 귀족계급은 종교개혁에 앞서 사랑을 결혼에 관한 야비한 거래보다 우선시하였다. 나아가 청교도의 신학은 부부 상호의 애정을 통해 결혼을 정의하고, 부부로 형성된 시점에서 사랑의 역할을 증대시켰다. 크롬웰 시대의 왕의 시해자였던 귀족과 한 재능 있는 여성을 맺어 준 허친슨 가의 부부의 사랑은 남녀 모두 분명 육체의 매력으로 채색되어 있었다. 그것은 《(구약성서의) 아가》(솔로몬의 노래)의 전통에서 성서의 신에 대한 존경심으로 관철된 육체적 매력이었다. 실제로 성서의 신에 대한 존경심은, 그 부부로 하여금 종교적인 동기로써 서로 육체적 관계를 맺기를 강요하는 것에 가까웠다. 17세기 프랑스의 최상류계층에 있어서 이렇듯 귀중한 경향은 상당히 강력한 것이어서, 40세가 넘어서부터 오랜 독신생활에 실망한 마드무아젤[몽팡시에]*이 로쟁 백작 이외에는 어떤 남자와도 결혼하고 싶지 않다는 견해를 지니고 있을 정도였다. 이 여주인공은 코르네유 연극의 가장 로마네스크한 문장의 한 귀절 속에서 자신의 결심을 정당화시키면서, 그 1절을 25년 후까지도 잊지 않고 있었다.

* 1627-93. 프랑스의 귀족. 프롱드의 난과 루이 14세가 미성년인 동안 두드러진 활약을 했다. 그녀의 아버지이

자 루이 14세의 삼촌인 가스통 드 프랑스 오를레앙 공작이 〈므시외〉란 칭호로 불렸기 때문에 그녀는 〈마드무아젤〉로 알려졌다. 어머니인 마리 드 부르봉 몽팡시에로부터 몽팡시에·외·동브 지역을 포함한 막대한 재산을 물려받았다. 늘씬하고 귀족적인 품위를 지닌 그녀는 명예와 지위를 높일 수 있고 모든 사람들로부터 찬사를 받는 결혼을 꿈꾸었지만, 프랑스 정부는 장차 루이 14세가 될 황태자와의 결혼도 약속하지 않았고(1638), 신성 로마 제국 황제 페르디난트 3세와 결혼(1647)할 시기에 맞춰 합스부르크 왕가와 미리 평화협상을 맺으려고 하지도 않았다. 추기경이자 정치가였던 쥘 마자랭이 처음 망명하고 있던 1651년 그녀는 아버지를 끌어들여 부르봉 가의 콩데 공 루이 2세와 제휴하게 했다. 절대왕정을 무너뜨리려는 제3차 프롱드의 난이 일어나자 그녀는 군대를 지휘해 1652년 3월 27일 허술한 저항을 뚫고 오를레앙을 점령했다. 마침내 그녀는 포부르 생탕투안 전투(1652. 7. 2)에서 바스티유 포병부대에게 국왕군을 향해 발포하도록 명령해 콩데 군대가 전멸되는 것을 막았다. 루이 14세가 파리로 돌아오자(1652. 10), 그녀는 망명했다가 1657년 돌아왔으나 포르투갈의 아폰수 6세와의 결혼을 거부함으로써 1662-64년 다시 궁정에서 추방되었다. 1670년 12월 15일 그녀는 루이 14세에게 왕실경비대 소속 장교인 낮은 신분의 로젱 백작과 결혼하게 해달라고 청했고, 왕은 이를 받아들여 모든 사람들을 놀라게 했다. 그러나 격노한 신하들의 압력으로 생각을 바꾼 루이는 로젱을 감옥에 가두었다. 그녀는 1680년 로젱을 석방시켰으며, 그 대가로 상당한 재산을 루이의 서자인 멘 공작 루이 오귀스트에게 양도했다. 그녀는 1681년(또는 1682) 로젱과 은밀히 결혼했지만 불행하게 살다가 1684년 헤어졌다. 그녀는 1688년까지의 삶을 엿볼 수 있는 《회고록 Mémoires》과, 2편의 단편소설, 그리고 〈초상화 Portraits〉라는 글을 남겼다.

지배계급이 때로 그와 같은 결혼에 관한 정열을 가지고 있었다 하더라도, 그러한 예는 기껏해야 부르주아의 재산을 이어받은 사람들 사이에서나 흔하게 찾아볼 수 있는 것이었다. 크롬웰 시대의 영국은 여기서도 또한 모범을 보였다. 영국은 17세기에 첫눈에 반해 이루어진 무수한 결혼의 예에서 랠프 조셀린과 새뮤얼 피프스처럼 매우 특이한 경우를 들어, 순수한 육체적 매력에 이끌려 자신의 아내를 선택한 이 두 남성에 대하여 주목할 만한 이야기를 제공하고 있다. 고향 에식스 지방의 엄격한 시골목사였던 조셀린은, 미래의 아내와 사랑에 빠진 순간을 평생 동안 잊지 못하였다. 그리고 그는 언제까지나 충실한 연인으로 남아 있었다. 피프스의 경우, 그는 부패한 왕정복고 시대의 런던에서 프랑스의 위그노 난민의 딸로 미인이지만 무일푼이었던 15세의 소녀[엘리자베트 마르샹 드 생 미셸]와 어떻게 해서든지 결합하고 싶어하였다. 그녀는 그 약혼자의 눈에는 욕망을 불러일으키는 육체를 지니고 있었으며, 그 정도의 미모라면 현대라도 시간을 지체하지 않고서 결혼식으로 이어질 수 있었다.

장 자크 루소의 영향을 받은 플리퐁*은, 계몽주의 시대의 프랑스에서 시민계급이 부부애의 이상형을 획득한 좋은 예를 보여 주고 있다. 실제 이 미래의 롤랑 부인은 회고록[공정한 후세대에게 보내는 호소]에서, 부친이 그녀를 위해 생각해 놓았던 합당한 결혼에 스스로 반감을 갖게 되었음을 분명히 기록하고 있다. 플루타르코스*의 영향을 받고 자란 이 선구적인 아가씨는 부유한 상인의 안락한 반려자가 될 것을 거절하였다. 그녀의 낭만적인 두뇌는, 주위 사람들이나 숭배자들이 돈을 세고 있음에도 몽상에 잠겨 있었다. 그럴 수 있었던 이유는, 그녀의 결혼 계획이 이미 개인의 독립과 양성 평등이라는 새로운 사상에 근거하여 세워져 있었기 때문이다. 그녀는 배우자의 선택과 쾌락의 개념을 별개의 것으로 생각지 않았다. 혁명을 앞둔 감수성은 정숙하지만 그러나 사랑도 알고, 신중하지만 개화된 여성으로 하여금 무엇보다도 인간의 행복에 대한 책임감을 지니도록 하였다. 이러한 감수성은, 처음으로 사랑의 충동이 없다면 이미 양가의 행복을 고려하지 않는 것이었다. 리옹 상인들의 개인문서에서도 전통적인 사고방식과 함께 이같은 새로운 성향을 찾아볼 수 있다. 파리의 어느 부르주아의 젊은 아내였던 보두앵 부인도, 이미 1703년 남편에게 반항하였을 즈음 결혼생활의 유지는 애정의 유무에 달려 있음을 경찰총장인 아르장송에게 설명함으로써, 그와 같은 새로운 시대의 기분을 표현하고 있었다.

* 플리퐁―1754-93. 장 마리 롤랑(드 라 플라티에르)의 아내. 프랑스 혁명 때 남편의 정치활동을 배후에서 조종하여 부르주아 혁명 분파의 지롱드당의 정책에 큰 영향을 미쳤다. 장 마리 플리퐁은 파리에서 제판공의 딸로 태어났다. 영리하고 교양 있는 그녀는 장 자크 루소를 비롯한 18세기 프랑스 철학자들의 민주주의 사상의 영향을 받았고, 1780년에 롤랑과 결혼했다. 롤랑 부부는 1791년에 파리에 자리잡았으며, 롤랑 부인의 살롱은 곧 자크 브리소가 이끄는 부르주아 민주주의자들(나중에는 지롱드당이라 불렸음)이 모이는 장소가 되었다. 롤랑 부인은 처음에는 급진 민주주의자이며 자코뱅 클럽의 지도자인 로베스피에르와 친하게 지냈으나 1791년말에 그와 멀어졌다. 롤랑 부인은 남편이 1792년 3월 루이 16세의 내무장관이 된 후로 남편의 활동을 조종했으며, 롤랑이 국왕에게 보낸 항의문 초안을 썼다. 이 문서 때문에 롤랑은 결국 6월 13일에 내무장관직에서 해임되었다. 그러나 롤랑 부인이 유난히 미워한 사람은 온건 민주주의자 조르주 당통이었다. 1792년 8월 10일에 군주제도가 무너진 뒤 구성된 임시집행위원회에서 남편이 당통의 그림자에 가려 빛을 보지 못했기 때문이다. 그녀는 남편을 부추겨 국민공회(1792년 9월에 소집된 혁명 입법기구)에서 로베스피에르와 당통을 공격하도록 함으로써, 이들을 지롱드당에서 소외시키고 자코뱅당과 지롱드당 사이의 틈을 더욱 벌려 놓았다. 그러나 롤랑 부인은 1793년 5월 31일 폭동을 일으킨 자코뱅 당원들에게 체포되었으며, 결국 지롱드당 지도자들도 국민공회에서 쫓겨났다(1793. 6. 2). 그녀는 감옥에 갇혀 있던 5개월 동안 《공정한 후세대에게 보내는 호소 Appel à l'impartiale postérité》라는 회고록을 썼다. 또한 단두대로 올라가기 직전 「오, 자유여. 그대의 이름으로 얼마나 많은 죄악이 저질러지고 있는가」라는 유명한 말을 남겼다.

* 플루타르코스―그리스의 작가·전기작가. 16-19세기 유럽의 수필·전기·역사 저술의 발전에 큰 영향을 주었다. 약 2백27편에 달하는 그의 작품 중에서 가장 중요한 것은 그리스와 로마의 군인·입법자·웅변가·정치가 들의 고상한 행동과 성격 들을 상술한 《영웅전 Bioi paralleloi》과 윤리적·종교적·물리적·정치적·문학적 주제 들에 대한 60편 이상의 수필을 모아 엮은 《모랄리아 Moralia》(또는 《에티카 Ethica》)이다.

근대 서구의 서민계급은 이같은 권리 요구를 이론적으로 정식화할 수는 없었지만, 오래 전부터 그것을 실행하고 있었다. 도시에서조차, 예를 들면 유명한 점성가의 방에 상담하러 오는 17세기 런던의 하녀들은 오로지 결혼만을 생각하였고, 또한 연애만을 화제의 대상으로 삼고 있었다. 성애의 분야에서 대단히 자유로웠던 동시대 네덜란드 연합주의 여성들은, 무수한 혼전 관습의 확산을 육체적인 매력이라는 관점에서 입증하고 있다. 시골의 밤의 모임에서나 수도원이나 극장에서, 혹은 스케이트를 탈 때나 산보할 때 청년들은 아가씨들을 껴안거나 혹은 키스하면서 그녀들에게 접근하였다. 좋은 아내란 당연히 그와 같은 행동에 저항할 수 있는 매력을 소유하고 있어야 했다. 결혼에 대해 세간에 전해지는 갖가지 이야기는 따라서, 네덜란드에서도 또 다른 지역에서도 결혼이란 우선 서로의 육체에 이끌려야 한다는 것을 전제로 하고 있다. 다소나마 상징적인 선물 교환이나, 머리를 맞대고 나누는 정담으로 대별되는 틀에 박힌 방문 행위는 약혼녀의 침실에서까지 이루어짐으로써 멀고도 가까운 남녀의 관계를 뒷받침하고 있었다. 평민들의 이러한 결혼 거래에서 젊은이들의 성적 본능이 가족의 지혜와 더불어 결혼의 법칙을 정하였던 것이다.

문학을 통해서만 밝혀진 사회의 표층에서는 대리인의 개입을 통해 결혼하였으나, 표층 아래의 유럽 농민 대중은 가장 자유로이 자신의 의지에 따라 배우자를 결정하였던 것이다. 전 그리스도교 세계에서 널리 행해졌던 게르만적 킬트강의 불가피한 결과가 우선 그러하였다. 킬트강은 최종적인 사랑의 표시를 한 걸음 한 걸음 인내심 있게 추구하는 것이며, 실제로 만혼에 의해 맺어진 남녀는 모두가 성적인 긴장을 언제까지나 지속하도록 작용하였다. 몇몇 사회학자들의 주장과는 달리, 옛날의 부부 가운데에는 이불 속에서 서로를 만지는 일에 익숙해짐으로써 열렬히 사랑하게 된 이들도 있었다. 이러한 시골 주민들은 모든 것이 금전으로 환산되는, 순진함을 가장한 결혼을 상류 사회에 떠넘기고 있었다. 그들 자신은 경험을 통하여, 거기서 또 다른 기쁨을 맛보는 방법을 알았던 것이다.

심지어는 유럽의 중심부 밖에서도, 즉 피레네 지방이나 가톨릭의 코르시카에서도 그것은 확실한 사실로써 자리잡고 있었다. 주지하는 바와 같이 피레네 지방에서는 혼전의 실제적 교제가 이루어지던 정경을 볼 수 있다. 거기서는 상대방을 선택하기 이전에 서로의 마음에 드는 것이 중요했다. 게다가 시골 습속의 자유로움이 혼약의 자유를 가져다 주고 있었다. 또 바르톨로뮤 베나사르의 연구를 읽어보면, 남프랑스의 산지에서는 이러한 민중의 성적 충동이 이교도적인 깊은 뿌리를 갖고 있다는 분명한 인상을 받는다. 게르만의 세계와 마찬가지로 종종 젊은이들은 몸이 무거워진 아가씨들을 결혼의 제단으로 이끌어 간다. 혼전 임신이 많았던 것은, 적어도 배우자의 선택에 있어서 성적인 면에서의 고려가 행해지고 있었다는 것을 증명한다. 그 예로서 〈성 요한의 축일〉(6월 24일) 밤 촛불 아래에서 발가벗고 거울에 비친 자신의 모습을 들여다보면, 미래의 남편 모습이 보인다고 믿었던 사로카 데 벨레라 소녀들의 풍습과 같은 매력적인 풍습이 있었다. 코르시카 섬의 소녀들은, 대중 앞에서의 키스나 스페인식 세레나데로 상징되는 사랑보다 더 멋진 것이, 자신들이 평소에 꿈꾸어 왔던 결혼에 동반될 것이라고는 생각지 않았다.

파리 분지의 고전적인 프랑스도, 육체적 매력에 근거를 둔 결혼이라는 시골 풍습에서 강한 영향을 받지 않을 수 없었다. 사람들은 결혼하기 전에 아마도 애무를 나누었을 것이며, 그리고 때로는 애무를 나누었기에 결혼하였을 터이다. 다만 이는 근대 서구의 헤아릴 수 없이 많은 마을들의 예를 따랐을 뿐이다. 예를 들면 1500년 무렵 트루아의 종교재판소가 개입해야만 했던 마을들에는, 육체나 약속의 말로 정열을 서투르게 표현했을 뿐인데도 결혼하게 된 약혼자들이 수없이 많았다. 허리를 흔들면서 걷는다든지 상징적 선물이나 대화를 서슴지 않고 교환함으로써, 이러한 시골의 젊은이들은 자신들이 원하는 결혼의 토대에 성애를 올려 놓았던 것이다. 이리하여 장 비레라는 한 남자는 1484년 겨울 보도네 르고주의 미망인인 앙리에트를 줄기차게 좇아다녔으며, 마침내 그녀는 아버지 앞에서 그의 열렬한 방문이 기쁘다는 고백을 하기에 이르렀다. 키스와 피로연을 통해 두 사람은 부부가 되었고, 참석자들은 그것으로 족했다. 전체적으로 르네상스 시대의 샹파뉴 지방에서 이루어지던 결혼 선물의 의례적 교환은, 농민 결혼의 제1요건인 상호간의 애정을 상징적으로 표현하고 있다.

아가씨들은 자신들이 미래의 남편을 사랑하고 있으며, 또 그와 함께 행복하리라는 확신이 설 때에야 비로소 결혼을 생각하게 되었던 것이다. 이 점에서 그녀들은 자신의 의지에 따랐으며, 많은 경우 양친의 반대 의견을 전혀 고려하지 않았다. 게다가 양친의 반대 의견을 반드시 고려할 필요도 없었다. 왜냐하면 예를 들어 17세기 영국에서는 재혼이 결혼의 4분의 1에 가까웠으며, 한편 맨체스터에서는 결혼한 젊은이들의 반수 이상은 이미 아버지가 없었기 때문이다. 따라서 여자 정혼자들은, 축제일에 그녀를 사랑하는 남자들에 의해 사랑의 결실이 주어지는 것을 거절하지 않았고, 사랑하는 남자 쪽은 그 엄숙한 순간부터 그녀들을 그들의 완전한 소유물로 간주하였다. 실제로 가족의 의견을 고려하지 않고서도 젊은이들을 전면적으로 구속하는 이렇듯 소박한 약속은, 무엇보다도 우선적으로 상호간의 사랑에 기초하였던 것이다. 이러한 약속은 마음을 좀처럼 결정하지 못하는 연인들의 상냥한 도발이라는 형태를 취하는 경우도 있을 수 있었다. 그러나 그것은 또한 더할 나위 없이 감미로운 이야기 끝에 당사자들을 완전히 자유로운 형태로 맺게 해주는 경우도 있었다. 혹은 농민들의 약혼자 몇몇은 생각지도 않은 육체상의 결함으로 인하여 당연한 결과로서 약속이 파기된 적도 있었다.

이같은 육체에 대한 극히 친밀한 인식은, 때로 옛 민중적 결혼의 예비교섭과 불가분의 관계에 놓여 있는 것처럼 여겨진다. 지배계급과 달리 민중의 결혼은 금전에 지배되는 경우가 훨씬 적은 대신 성에 지배당하는 경우가 훨씬 많았던 것이다. 분명 사람들은 가정을 구축함으로써 새로운 경제적 시도를 위해 결혼하고 있었다. 그러면서 16세기초 보드라는 샹파뉴 지방의 마을에 사는 마르그리트 푸르니는, 토머스 모어의 플라톤적 유토피아에 앞서 가족 앞에서 정혼자들의 나체를 드러내는 일이 바람직하다는 생각을 하고 있었다. 실제로 그녀는, 아가씨의 약혼자가 나쁜 병을 가졌는지에 대해 자세히 조사하고자 눈앞에서 발가벗도록 강요하였던 것이다. 농민들의 결혼은 설령 그 우아함에 있어서 뒤떨어질지라도 《아스트레》(뒤르페의 소설) 목가의 모든 부드러움을 갖추고 있었으며, 저 근대적인 일제검진에 있어서 특유한 리얼리즘을 즐겨 발휘하고 있었다. 신랑은 사회적 움직임에 적합한 다른 다양한 이유와는 별도로 우선 육체라는 각도에서 물색되고 있었던 것이다. 이리하여 젊은이끼리의 전통적 놀이 저편에 지극히 성실한 부부애의 약속이 단련되어지고 있었다. 이러한 약속은 경험을 쌓아 당신의 유일한 아내가 될 수 있음이 분명해진 여성을, 또 당신의 유일한 남편이 될 수 있음이 분명해진 남성을 대상으로 하는 것이었다.

예를 들면 샹파뉴 지방의 농민이자 프랑수아 1세(1515-47 재위)의 신하였던 니콜라 브리소가 자신의 정혼자 레오나르도에게 한 말 속에서 사려 깊은 분별력과 관대함을 찾아볼 수 있다. 그는 미래의 시어머니나 시할머니가 농노라는 그녀의 신분을 불만으로 삼게 될 것을 두려워했던 자신의 정혼자에게 완벽한 연인으로서의 양식과 에고이즘을 보이면서, 우리들은 부모를 위해서가 아니라 우리들을 위해 결혼하는 것이라고 대답했다. 이미 그의 숙부가 그 아내를 위해 했듯이, 그 길로 새로운 마을로 나가 10프랑을 지불하여 자신의 정혼자를 농노의 신분에서 해방시켰다. 민중에게 있어서 결혼이란 해방이며, 일반적으로 거기에는 개인적 만족이 다른 온갖 이유보다 더욱 중요한 전인적인 계약을 의미한다. 성년의 자유로운 선택을 표명하는 민중들의 결혼은, 1534년 트루아에서 상연된 笑劇(소극)이 보여 주고 있듯이 인색하고 이익에만 급급한 부르주아의 결혼에 대한 하층민의 혐오감을 상징적으로 표현하고 있다. 이 소극에서 볼 수 있는 반감은, 배우자를 강요한다기보다는 목을 매는 편이 훨씬 낫다는 이웃 마을 시골 사람들의 부부생활의 실제 모습을 보여 주는 것이었다. 이러한 감정은, 빈번하게 공증인을 찾아다니던 상류 사회에 대해 당시 농촌 대중의 모습을 가장 잘 특징지어 주는 것이었다. 이러한 감정을 우선 강요된 결혼에 대해 격한 적의를 품은 아가씨들의 입을 통해 들을 수 있다. 또 아마도 이러한 감정은 가족들의 강요에 호의적이었던 법률의 진보에도 불구하고, 몇 세기 동안 계속 잔존하고 있었다. 18세기 프랑스 농촌의 민중예술은, 이리하여 도자기의 소박한 인형 가운데 관능적인 매력을 칭송할 수 있게 된다.

사회적인 지위가 낮을수록 결혼은 더욱 개인적인 사항이 된다. 리옹 시 근처에서 레스티프 드 라 브르톤*은, 계몽주의 시대 부르고뉴 지방의 전원에서 이러한 연애가 우월한 것이었음을 알게 해주는 귀중한 존재였다. 그는 《니콜라 씨》에서 대미사의 날에 남자들이 지켜보는 가운데 교회 본당으로 올라가는 적령기 아가씨들의 행렬을 그려내었다. 남자들의 마음은 만약 그것이 가능하다면 분명 이들 농민 아가씨들 가운데 가장 귀여운 아가씨, 호두나무 그늘이나 포도밭을 나설 때 언뜻 본 날렵한 모습의 아가씨들에게 향해진다. 젊은이들은 순례할 때 아가씨들에게 접근하곤 했다. 공공 법률로는 금지되었지만, 순례에서 남녀가 자주 동행하는 경우가 있었다. 이리하여 레스티프의 소설은 연애하는 마을 젊은이들을 놀랍도록 훌륭히 상기시켜 준다. 그들은 20세가 넘으면 열심히 약혼 준비를 한다. 한편 남성들에게 선택된 아가씨들은 그 교제가 자기 마음에 드는지에 대해 분명히 못박는다. 이러한 남녀 교제는 끈질기게 오랜 기간에 걸쳐, 또 많은 경우 비밀스럽게 행해지면서 결혼상대찾기와 실험적인 성애를 교묘하게 결부시키고 있었다. 실제로 이들 시골 사람들에게는 일종의 상냥함이 결여되어 있지도 않았으며, 또 정열의 미묘한 표현을 분별해 낼 요령도 잘 터득하고 있었기 때문이다.

* 프랑스의 소설가. 18세기 프랑스 사회와 삶의 비루한 양상들을 자세하고 생생하게 표현한 작품들로 유명하다. 그는 오세르에서 화가로서의 도제수업을 마친 뒤 파리로 갔다. 파리에서는 자신이 쓴 책들 중 몇 권을 직접 조판하기도 했는데, 후에 그 책들은 수집가에게 희귀성과 진귀한 활판인쇄술, 아름답고 신비로운 삽화 등으로 인해 오랫동안 애호되었다. 그의 소설들은 다소 산만하고 짜임새 없이 쓰여졌다. 그는 자신의 도덕주의적 입장을 과시하기도 하고 사회개혁에 대한 견해를 자주 떠벌리면서도 신비주의적 색채가 가미된 에로티시즘에 집착해 〈하층사회의 루소〉라는 별명을 얻었다. 자신의 삶을 바탕으로 농부의 생활을 생생하게 묘사한 《아버지의 생애 La Vie de mon père》(1779)는 자서전 《니콜라 씨 Monsieur Nicolas》(1794-97)처럼 파리 하층민의 생활을 다루고 있다. 그의 현장감 넘치는 상상력은 현실과 허구를 구분할 수 없을 정도로 뛰어나다. 당시 파리 사람들의 생활을 관찰하여 쓴 작품으로는 《우리 시대 여인들 Les Contemporaines》(1780-85)이 있고, 《타락한 농부 Le Paysan perverti》(1776) · 《타락한 시골여인 La Paysanne pervertie》(1784)은 선량한 시골사람들이 대도시에 살면서 타락해가는 모습을 주제로 하고 있다. 마르크 샤드부른이 쓴 전기 《레스티프 드 라 브르톤: 예언자 시대 Restif de la Bretonne ou le siècle prophétique》(1958)는 레스티프를 소련의 스푸트니크 인공위성 · 원자력 · 초인 · 전체주의 · 유럽 연방 · 사회보장제도 · 공산주의 등의 출현을 예고한 선구자로 그리고 있다.

18세기 프랑스에서 레스티프가 기록하고 있는 시골의 결혼은, 따라서 단순한 이해관계에 국한되지 않는다. 적어도 젊은이들의 깊은 감정에 거슬리는 결혼이 행해질 때에는, 그것은 젊은이들의 정당한 반항에 부딪히게 되는 것이다. 《아버지들의 학교》에 등장하는 아름다운 마들롱은, 장 틸리엥에게 애정을 품고 있었기에 부친이 다른 남자와 결혼하기를 원했을 때 사랑하는 장에게 몸을 허락해 버린다. 자신이 선택한 결혼 상대를 위해 단호하게 싸운다는 점으로 본다면, 고문서관의 기록 속에서 때때로 나타나는 구체제의 무수한 농민 아가씨들은 현실적으로 얼마든지 있을 수 있는 마들롱의 자매였던 것이다. 그녀들은 결혼도 행복도 자유도 모두 하나라고 생각했다. 지배계급의 패거리들이 만혼의 이익을 민중에게서 배운 후, 어느 날 드디어 연애결혼의 가치를 인정하기에 이른 것은 실은 이 소박한 민중을 흉내내고 있었기 때문이다.

2
부부관계

합법적인 성생활

합법적인 성생활이 어떠했는가, 그 실태는 거의 알려져 있지 않다. 과거의 부부관계, 즉 성행위의 일반적인 형태는 실제로 수수께끼에 둘러싸여 있다. 과거의 부부생활을 그려 보일 수 있는 자료는 드물고, 또 있다 하더라도 대개의 경우 그것은 환멸이나 실패로 끝나는 예들과 결부되어 있어 성공적인 예나 표준적인 경우라고는 할 수 없는 것들이다. 합법적인 부부생활의 이상한 측면을 부각시키고 싶다는 역사가들에게 있어서 위험한 유혹이 거기에 깃들어 있다. 설령 몇 쌍의 부부가 인간적인 정열로 만들어 낸 감미로운 행복을 일순간 맛보았다 하더라도, 그들을 꼼짝 못하게 하는 법률적인 규칙이나 사회제도가 또한 그들 사이를 극히 냉랭한 관계로 유도하고 있었다. 특히 신분이나 재산을 위주로 한 결혼은, 완전한 성적 부조화를 인내하면서 한편으로는 경멸에까지 이르지 않더라도 서로에 대한 무지를 토대로 성립되기도 했다. 이리하여 지배계급에서는 부부 사이의 불만이 자주 표출되고 있었으며, 그것은 때로 말 그대로 파국으로 치닫게 되는 경우가 되기도 했다.

르네상스 시대 이후 서구의 귀족계급은 결혼을 불가피한 악, 혹은 단순한 형식으로 간주해 왔다. 이 전자의 관점은 특히 여성들의 관점이었다. 여성들은 원하지 않는 결혼의 폭력적인 면모에 실망하였으며, 결혼 계약은 자신들에게 강요된 남편이라는 새로운 지배자를 사랑하지 않도록 결심케 하였다. 영원한 미성년이었던 16세기의 귀부인은 집에서 자주 커다란 감정적 공허감을 껴안고 있었다. 그녀들은 별거나 예외적인 이혼, 다행스러운 사별 등에 의해 지참금을 가져온 처지에서 도망치고 싶다고 간절히 원하고 있었다. 여성들은 경건하든 명랑하든 혹은 정숙하든 관계 없이 일반적으로 결혼생활에서는 물질적인 만족,

또는 가정적인 만족밖에 몰랐을 것이다. 마찬가지로 이 시대 이 계급의 남편들은 그들의 반려를 협력자로 간주하였을 뿐 사랑의 대상으로는 생각하지 않았다.

유럽 부유층들의 부부관계가 지닌 이러한 성격은 결혼이라는 제도에 대한 전통적인 풍자문학을 육성해 왔다. 이 풍자문학은, 17세기 스페인의 시인이자 뛰어난 풍자작가인 케베도 이 비예가스*의 작품에서 하나의 정점을 이룬다. 그는 결혼의 불행과 쾌락의 기쁨을 역력하게 대비시켜 본다. 그러나 이 여성 혐오적인 작가의 공격을 제외하고, 계몽주의 시대의 프랑스만큼 정식 결혼이 가져다주는 무수한 상흔이 격하게 벗겨진 적은 없었다. 신분이나 재산 위주의 결합이 가져온 비극을 듣기 싫도록 알고 있었던 당시의 귀족 독자들은, 다양한 사실을 통해 그 올바름이 증명되는 그러한 비판에 언제라도 박수갈채를 보낼 준비가 되어 있었다.

* 1580-1645. 스페인 황금시대의 시인이자 뛰어난 풍자 작가. 콘셉티스모의 대표적 작가인 그는 언어를 능수능란하게 다룬 거장이라는 점에서 스페인 문학사상 타의 추종을 불허한다. 케베도는 재산과 명예를 갖춘 집안에서 태어났다. 그는 1596-1606년 알칼라와 바야돌리드대학교에서 프랑스어·라틴어·이탈리아어·철학·신학 등을 수학해서 여러 언어로 시를 썼으며, 23세 때 이미 시인이자 재사로서 명성을 얻었다. 그보다 조금 일찍 태어난 세르반테스와 로페 데 베가는 모두 그의 시를 높이 평가했지만, 케베도는 정치 활동에 더 많은 관심을 갖고 있었다. 1613년에 그는 시칠리아 총독이며 나중에 나폴리 총독이 된 오수나 공작의 보좌관이 되어 7년 동안 뛰어난 능력을 발휘했다. 그러나 스페인의 펠리페 4세가 즉위하자 오수나 공작은 왕의 총애를 잃었고, 케베도는 가택에 연금당했다. 그후 케베도는 공직에 나서기를 마다하고 집필에만 몰두하여, 동시대인들의 어리석음을 풍자하는 운문과 산문을 꾸준히 발표했다. 아마도 풍자시로 인해 그는 1639년에 다시 체포되어 수도원에 감금당했다가, 건강이 악화되자 1643년에 풀려났지만 얼마 되지 않아 세상을 떠났다. 케베도의 작품에 나타나 있는 매우 다양한 어조는 그의 복합적인 인간성을 보여 준다. 어떤 작품은 외설스럽기 짝이 없고, 또 어떤 작품은 지극히 경건하다. 그는 높은 학식과 풍부한 교양을 바탕으로 매우 도덕적이고 진지한 작품들과, 스토아 철학에 대한 논문, 에픽테토스와 세네카의 번역서 등을 썼지만, 하층 계급의 생활과 암흑가의 은어도 그에 못지않게 잘 알고 있었음을 보여 준다. 그의 방대한 풍자적 작품들은 당시의 특수한 폐습을 겨냥한 것이어서 오늘날에는 더 이상 흥미를 끌지 못하지만, 도둑과 모의꾼·사기꾼 들의 뒤틀린 세계에서 〈사기꾼 파울〉이 벌이는 모험을 묘사한 《건달의 생활 La vida del buscón》(1626)이라는 피카레스크 소설은 지금도 읽히고 있다. 케베도가 1606-22년에 쓴 지옥과 죽음을 환상적으로 그린 《꿈 Sueños》(1627)은 그가 그 당시 새로운 바로크 양식인 콘셉티스모(말장난과 기발한 착상에 의존하는 복잡한 표현형식)의 거장으로 성장했음을 보여 준다.

이러한 비판은 철학적인 문학 속에서 반복적으로 전개된다. 그 창시자 마리보는 거기서 사생활에서 보통 증오에 의한 지저분한 책동으로 부부를 쫓아다니면서, 다른 한편으로는 매우 외면적인 애교가 갖는 위선적 과시를 요구하고 있는 사회적 관습을 비난한다. 이 세기말에는 냉정하고 명석한 샹포르*가 동시대의 다른 도덕가들도 지적하는 하나의 상황을 그려낸다. 즉 그것은 결혼이란 오로지 배우자들의 허영과 양심이라는 이익만을 쫓게 하는 것으로, 분별 있는 독신생활에 비해(연애나 로마네스크한 것과는 달랐다) 결혼을 낮추어 보는 상황이다. 〈상투적인 추잡함〉은 특권적인 사람들 사이에서는 일상적인 것이었으며, 때로는 이혼과도 거의 가까운 상태의 것이었다. 마찬가지로 상류 사회의 예리한 관찰자인 세바스티앙 메르시에의 《파리의 정경》은, 1789년 혁명 전야에서 같은 것을 확인하고 있었다. 이 시기에는 또 갓태어난 프랑스 여성지가, 애정이 결여된 이 같은 귀족 결혼을 한탄하면서 부부관계의 근본적 변화를 요구하고 있었다.

* 1740-94. 프랑스의 극작가·좌담가. 기지가 뛰어난 것으로 유명하다. 그의 금언들은 프랑스 혁명시절 유행하는 속담이 되었다. 식료품 상인의 아내가 키운 사생아로서 장학생으로 공부했고, 뛰어난 말재주를 인정받아 파리 사교계의 후원을 받았다. 희극 《인디언 소녀 La Jeune Indienne》(1764 공연)·《스미르나의 상인 Le Marchand de Smyrne》(1770 공연), 비극 《뮈스타파와 제앙지르 Mustapha et Zéangir》(1776 공연)로 확고한 명성을 얻었다. 《몰리에르 예찬 Eloge de Molière》(1769)으로 아카데미 프랑세즈에 들어갈 수 있었다. 그러나 그뒤 《아카데미론 Discours sur les Académies》(1791)에서는 아카데미 프랑세즈 회원들을 공격했다. 자신을 후원해 주던 사회에 환멸을 느껴 反왕정주의자로 전향해 혁신적인 《금언, 격언과 일화 Pensées, maximes et anecdotes》(1795)를 썼다. 미라보와 함께 일간지 《메르퀴르 드 프랑스Mercure de France》에서 일했으며, 급진주의 성향을 가진 자코뱅당의 서기가 되었다. 〈저택에는 전쟁, 오두막에는 평화〉 같은 그의 수많은 금언들은 널리 알려졌다. 그는 공포정치의 과도함에 충격을 받아 온건파에 가입했으나 총안전위원회로부터 탄핵당했다. 투옥의 위험을 받자 자살을 기도했고 결국 그 상처로 죽이었다. 「내 형제가 되지 않으면 죽이겠다」는 말은 공포정치 시절 혁명의 원리로 동지애의 개념을 요약한 말로서 그가 남긴 후기 금언들 중의 한 구절이다.

그리스도교적인 토양이나 부자들 세계에서의 이같은 부부관계는, 부부들에게 과도한 정열로 치닫지 말 것이며 조심스럽게 사랑하라고 권하던 예로부터의 관습에 기초하고 있었다. 이리하여 몽테뉴는 《수상록》에서 부부에 대해 성적인 절제를 끊임없이 설하고 있었으니, 실제로 정부와는 달리 정식 아내는 계약 상대로서 다루어져야 하며, 또 성애의 유희가 가져다 주는 불가사의한 전율이나 비도덕적인 흥분을 알지 못하는 상태에 놓여져야 할 필요가 있었다. 이 회의적인 철학자는, 동시에 육체와 혼의 자발적 결합이기도 한 부부 결합을 바람직하지만 (현실적으로는) 불가능한 유토피아로서밖에 언급하지 않았다. 사교계의 지혜가 여기서, 이른바 금욕적 결혼을 항상 자기편으로 삼고 있었던 교회의 예로부터의 가르침과 중복되고 있었다. 이 금욕주의로 인해 근대의 이탈리아의 젊은 부부들은 그들의 공인된 친밀한 관계를 형식적인 이별에서 시작하는 경우마저 있었다. 종교적인 축제나 사순절에 결부된 성적 금지사항에 충실했던 트리엔트 공의회 이후, 가톨릭 교회는 이 점에 관해서 오랫동안 프로테스탄트교도의 나라인 영국의 모범이 되었다. 영국에서는 대륙과 마찬가지로 1650년 무렵까지 금식기간 중 임신 수효의 급격한 저하를 볼 수 있다. 또 로드*의 시대에는 극히 엄격주의적이며 순결한 관념에 사로잡힌 나머지, 그 전날 밤에 사랑을 나눈 그리스도교도 부부와 월경중인 여자에 대해 영성체를 거부하는 보조사제가 있었다. 요크와 같은 도시에서는 18세기 중반에 이르러 사순절 동안 결혼율이 하락하고 있었다.

* 캔터베리 대주교. 1633-45 재위. 영국 왕 찰스 1세의 종교 고문. 청교도와 그외 종교적 반대파들을 박해한 결과

하원에서 재판을 받고 처형당했다. 1573-1645.

따라서 귀족계급의 관습이나 교회의 권고라는 중압에 더하여, 또 특히 수많은 직업적 의무나 가사에 대한 그밖의 책임 등을 아울러 생각해 본다면, 당시 부부의 동침은 비교적 드물고 짧은, 또 정열이나 농밀함을 결여할 수밖에 없는 것이었다. 이러한 상황이 양성간의 불평등을 강화하게 되었다. 남성은 그럭저럭 오르가슴에 도달했다 할지라도, 지금 향락 대상이 되는 바로 그 여성에게 또 다른 욕구가 있다는 사실을 알려고도 하지 않았다. 아마 구체제하 부부의 대부분은 서로의 기쁨을 모른 채, 또 결혼생활에서 그들 사이의 성관계는 18세기 독일의 소시민계급의 성관계 그대로를 드러내고 있었다. 남자는 상대방이나 전희에 대해 전혀 신경 쓰지 않고 되도록 빨리 사정하였다. 계몽주의 시대에 결혼의 일상적 관습에 사로잡혔던 대다수 서민계급에 있어서, 동시기의 다소 방종한 일부 엘리트들이 즐기고 있던 비도덕적 성행위는 분명 자신들과는 완전히 상관 없는 영역이었다.

근대에는 세속인이든 성직자이든간에 연대기작가나 재판관이 기록한 부부생활의 어려움에 대한 일람표가 그것을 입증한다. 일반적으로 성적 만족을 빼앗긴 아내는 자신의 바깥주인이 가하는 전제를 자주 한탄하지 않을 수 없었다. 때로 매우 자유로운 여자로 소개된 16세기 프랑스의 여성은, 귀족간에 이루어진 많은 결혼의 경우에서 여성을 학대하거나 위협하는 질투심 많은 남자나 편집광과 살고 있었던 것이다. 그녀가 양가집 딸인 경우 좋은 가격을 붙여 주는 상대에게 보내지게 되지만, 다른 여자의 애무를 원하는 남편에게 수년간 버림받는 경우도 종종 있었던 것이다. 따라서 그녀는 여차한 경우 남편을 독살함으로써 복수할 것을 주저치 않았다. 이것이야말로 그리스도교적 왕국의 배반당한 아내들의 최후무기였다. 이러한 정신상태는, 앙리 3세나 앙리 4세 시대의 파리에서 아내와 원만한 관계를 유지하지 못했던 서민들에게서도 같은 양상을 찾아낼 수 있다. 왜냐하면 상인이나 직인계급은, 귀족만큼 별거나 결혼 취소에 관한 예외조항이라는 혜택을 입지는 않았지만 귀족들과 거의 같은 수준에서 돈이 고려되는 결혼을 체험하고 있었으며, 거기서 생기는 개인적이며 가정적인 증오의 감정을 알고 있었기 때문이다.

피에르 드 레투알(프랑스 연대기작가. 종교전쟁 때 정치범으로 일시 투옥당하였으며, 앙리 3세와 앙리 4세의 치세인 1574-1610년에 대한 《일기》를 남겼다)가 말하는 가십 기사와 마찬가지로, 17세기 전반의 참된 관찰자로서 탈망 데 레오*가 기록한 프랑스 상류 사회의 풍속에 관한 추문에는 결혼에 관한 이러한 불만이 수없이 나타난다. 이러한 불만은 대부분의 경우 이해나 정도를 일탈한 행위로 인해 도리에 어긋난 결혼에서 비롯된 것이며, 그것은 또한 성교육을 받지 않은 순진한 아내들의 심리적 준비 부족에서도 유래하고 있었던 듯싶다. 남편들은 아내에게 질리었거나, 혹은 다른 쾌락에 더욱 빠져들었다. 루이 13세 치세에는 이리하여 지방이나 수도에서도 늘그막에 하는 연애나 여성의 바람기, 남성의 질투나 부부간의 반목 등으로 위험에 빠진 해학적인 결혼을 수없이 발견할 수 있다. 이들 부부들은 세속적으로 최소한 사랑의 희극을 훌륭히 연기하고 있었으나, 실제로는 왕을 모방하면서 좀처럼 그것을 행하지 않았다. 예외적으로 정열적이면서도 신앙심 깊은 충실한 남편들인 경우일지라도 침대 위에서 더욱 아내를 괴롭힐 뿐이었다. 이러한 비관적 묘사는 분명 과장된 것이 아니다. 그러나 그것은 위대한 세기의 부부생활이라는 틀 속에서 제도의 제 원칙과 개인적인 행복 사이에 자주 볼 수 있는 깊은 균열을 보여 준다. 실제 지배계급 사이에서 개인의 행복에 관한 요구는 결혼 그 자체의 발단과, 그러한 결혼에서 볼 수 있는 부부관계라는 구조에 의해 부정되었던 것이다.

* 1619-92. 프랑스의 작가. 재미있고 유익한 《일화집 Historiettes》을 남겼다. 탈망은 위그노파 개신교도인 은행가의 아들로 태어나 파리대학에서 민법 및 교회법으로 학위를 받았다. 그러나 그는 고등법원 판사직을 그만두고 문단에 드나들기 시작했다. 1646년에 조카딸인 엘리자베트 드 랑부예와 결혼한 것을 계기로, 그 당시 세련된 사교계로 이름나 있던 랑부예관館에 출입하게 되었다. 이곳에서 그는 저명한 문인들과 교분을 나누었고, 이때 보고 들은 이야기를 기록한 것이 〈일화집〉이다. 〈일화집〉은 1659년에 완성되었으나 1834-35년에야 책으로 출판되었다. 이 책에는 17세기 전반의 파리 사교계와 프랑스 사회에서 활동한 저명인사들에 관한 방대한 정보가 실려 있다. 랑부예 후작부인은 앙리 4세 및 루이 13세 치하의 역사적 가치가 많은 이야기를 들려 줌으로써 그의 호기심을 채워 주었다. 훌륭한 경청가이자 날카롭고 다소 심술궂은 관찰자였던 탈망은 흥미 있는 것이면 어떤 것이든 기록으로 남겨두겠다는 목적을 가지고 믿을 만한 정보통(예를 들면 리슐리외에 대해서는 부아로베르, 말레르브에 관해서는 라캉)을 직접 찾아보기도 했다. 저명인사들에 관한 새롭고 혼란스러운 정보는 처음에는 의심쩍다는 비난을 받았으나, 그후 밝혀진 자료들에 의해 그 신빙성이 상당히 증명되었다. 실제 사건 가까이에서 기록한 탈망의 자료들은 그 사건에 대한 후세의 해석을 바로잡는 데 바람직하고 유용한 1차 자료로서 충분한 가치가 있다.

일련의 놀라울 만한 결혼의 희생자 명단은 거기서 유래한다. 1700년 무렵 맹트농 부인[프랑스 왕 루이 14세의 두번째 부인. 정식으로 왕비 칭호를 받지는 않았다. 품위 있고 경건한 궁정 분위기를 만드는 데 힘썼으며, 생시르에 귀족 출신의 가난한 소녀들을 위한 교육기관을 세웠다]의 날카로운 성찰에 아직도 그 잔흔이 남아 있다. 그녀도 이같은 비극적인 현실에 관한 분명한 정보를 파악했던 것이다. 그녀가 단언한 바에 따르면, 결혼은 인류를 행복하게 하기는커녕 그 3분의 2를 불행하게 만드는 것이었다. 또 동시기 런던의 별점 보는 손님 대부분이 배우자의 장수를 무엇보다도 원하고 있었다고 단정지을 수 있을 것인가는 알 수 없다. 그들이 배우자의 수명이 단축되기를 원했음은 능히 있을 수 있는 일이었다. 이는 비극적 역설에 의해 부부 사이의 대화가 때로는 막다른 길에 도달해 버린 경우였다. 이같이 불행한 부부에게는 종종 소극적인 아내와 전제적인 남편 사이의 성적 불일치가 있었던 것은 아닌가 하는 생각이 든다. 그같은 아내의 태도는 아마도 서민식으로 폭력을 휘두를 듯한 자세를 취하는, 그리고 본래 자신이 원하지도 않았던 남편에 대한 반감에서 기인하는 것이었다. 처음부터 짝이 맞지 않은 이러한 특권계급의 부부는 이후부터 사이가 더욱 나빠지게 되었던 것이다. 우리들이 탈망의 책을 읽고 자주 부딪히게 되는 것은, 그들의 결혼생활이 자신의 의지로 시작된 것이 아니었기에 여성들은 남편을 배반함으로써 자신의 운명에 대한 복수를 하고 있었다. 분명히 가혹한 운명으로 받아들이고 있었던 이러한 성관계에 종종 어떤 오해가 곁들여지고 있었다. 쾌락의 적이며 자유와 무관했던 결혼제도는, 귀족계급 속에서 부부를 접근시키기보다 오히려 분리시키고 있었다. 17,8세기 이래의 수많은 별거는 추잡한 사건들이나 권태로운 무질서보다는 차라리 나은 것이었다. 앙리 4세, 루이 13세, 루이 14세 시대의 이러한 프랑스의 스캔들이나 난맥상의 예를 기록한 탈망은, 프랑스에서는 대부분의 정식 부부가 이 세상의 지옥을 맛보고 있었다고 증언하는 듯하다. 동시대의 영국에서는, 에드워드 그리핀 경의 부자 미망인은 이리하여 자신의 새로운 남편에게서 특별한 모욕을 당했다. 그는 사람들 앞에 나서면, 그가 얼마에 그녀를 샀는가를 반드시 그녀에게 주지시켰던 것이다.

다소나마 주목의 대상이 된, 그리고 항상 지독한 풍자거리의 대상이 된 이러한 부부 옆에서 가난한 가정 또한 부부의 위기에 직면해 있었다. 근세 초기의 트루아 종교재판소의 서류 한 건이 말해 주는 부부 이야기는, 우선 남편의 애정 결핍과 학대를 강조하고 있다. 그러나 아내측에서도 마찬가지로 결혼 후 15년이 되어 공동주거에서 탈출을 기도한 적이 있었다. 그리고 이 가출은 때로 〈이별〉을 야기하였다. 르네상스 시대 샹파뉴 지방의 농민 여자들은 이러한 경우 종교적 권위에 의해 정숙한 고독이나, 아니면 남편이 원할 때 남편의 욕망에 응할 것을 명령받았다. 왜냐하면 성적 사건을 재판하는 최고 권위를 가진 1500년대의 성직자들은, 평등과 자유에 대한 여성의 동경을 경계하고 있었기 때문이다. 실제로 성직자들이 보아 아내는 구타당하면 그것으로 충분했다. 그러나 그들은 독립을 향한 아내들의 혹심(특히 침실에서—그녀는 자주 난폭한 남자와의 동침을 거절했다)에 부딪힌 남편들의 노여운 발작을 기꺼이 허락하고 있었다.

증인들은 음주나 폭력의 노예가 된 이들 서민 부부 사이에도 같은 폐해가 있었음을 자주 증언한다. 그들의 폭력은 상호적인 것이었다. 그것은 오로지 마멸된 결혼이라는 중압 아래, 정혼할 때를 장식하고 있던 협조심이나 상호간의 매력이 급격히 감소하였음을 의미한다. 게다가 그들의 뒤에는 법률의 제반 규정이 늘어서 있었다. 예를 들면 1782년 영국에서는 1인치 이상 두께의 몽둥이는 사용하지 않는다는 조건하에 남편이 아내를 구타하는 것을 허용하였다. 그러면서 악덕에 의해 뒷받침된 이러한 퇴폐는 지배계급의 정식 부부 사이에서 더욱 급속히 퍼져 나가는 위험이 있었다. 1665년 오베르뉴에서 〈그랑 주르〉(grand jour. 이는 지방에서 열리는 심리로 파리 고등법원에서 온 치안판사들이 주재했다)의 특별법에 의해 시작된 형사소송에 관한 플레셰의 이야기는, 이 점에 관한 탈망의 기술을 확인해 준다. 그는 특히 자신의 영지 농민들보다도 야만스러운 시골귀족이나 영주들의 아내들이 겪었던 고통에 대한 한심스런 리스트를 제공하고 있다. 또한 자신들의 불운을 재빨리 자신의 단정치 못한 품행으로 상쇄하는 여자들의 모습을 보여 준다. 랑그독의 농촌에서는 불행한 여성이 오랜 세월에 걸쳐 남편이나 시어머니로부터 고통을 받은 일이 있었으며, 랑그독 지방 이외에서는 (북프랑스의) 캉브레 종교재판소 고문서가 17,8세기 도시 부르주아 사회의 구체제에서 부부생활이 실패하는 주된 요소가 무엇이었는가를 명확하게 보여 주고 있다. 거기서는 우선 첫번째로, 불행한 결혼으로 남편의 학대나 바람기를 한탄하는 여자들이 발견된다. 여성의 성적·사회적 열세에도 불구하고, 그녀들에게 도리를 인정함으로써 국가의 법보다는 여성에 대해 호의적인 계몽주의 시대 그리스도교 법률은 가족적·종교적 동기에서 언제나 결혼제도를 옹호하고 있었는데, 이것은 생각했던 것보다 더 위험스런 결혼제도였다. 이미 1700년의 파리에서는 부부의 별거를 막지 못한 다수의 예가 있다. 거기에서 교회와 권력으로부터 부분적으로 도움을 받은 여성해방의 일정한 진보가 인정되고 있다.

전통적인 가족은 결혼의 조화로운 발전에 틀로서 사용되었다. 아마 영국은 이 점에 있어서 근대 유럽의 행복한 결혼의 조국이라 할 만하다. 물론 프로테스탄트가 부부애의 필요성에 주의를 그토록 (많이) 기울였다 하더라도, 그것만으로 부부생활의 파탄이 자동적으로 줄어들었던 것은 아니다. 그러나 동시대의 다른 나라에서는 성공한 결혼에 대해 이 정도의 많은 증언을 뽑아낼 수는 없다. 이들 증언들은 우선 노골적인 개인의 일기에서 종종 추출된다. 거기서는 모든 것, 혹은 거의 모든 양상이 언급되고 있다. 일상의 마멸을 비추어 주는 거울에 훌륭하게 저항하는 것은, 영국에서의 합법적인 성생활에 대해 지극히 유리한 증언을 하는 것과 같은 것이다.

같은 시기에 셰익스피어의 《줄리어스 시저》의 히로인인 포샤에 의해 부부의 평등과 화합이라는 이름 아래 크게 칭송된 영국의 합법적인 성생활에는, 역사가들의 시각에서 보자면 그것에 어울리는 영웅이나 성인 들이 존재한다. 그 영웅들 가운데 사이먼 포먼(1552-1611)이라는 런던의 유명한 점성술사가 있었는데, 개인적으로 풍부한 자료를 지니고 있음으로써 그 분야의 일인자로 간주될 수 있는 사람이었다. 그는 열렬한 탐구자로서 뒤늦게 꽃피었지만 열광적인 자신의 성적 모험을 전개하여 나갔다. 이리하여 그는 많은 정부들과 더불어 켄트 주를 상속한 귀족 아가씨와 신속한 관계를 맺는 데 성공하였다. 1599년 그는 3주도 채 안 되어 그녀와 결혼한 것이다. 그의 개인수첩은 진부한 것이었으나 비밀스러운 곳이 거의 없는 문장으로, 30세 연하인 그녀가 결혼의 기쁨에 천천히 눈떠가는 모습이나 부부의 성교 기록을 남기고 있다. 포먼은 (이미 왕년의 정력을 더 이상 갖지 못했지만) 1607년 봄에도 평균 3일에 한 번은 그녀와 동침하였노라고 기록하였다. 그는 시간을 가리지 않고 동침하였으며, 아내는 그로부터 받은 쾌락에 만족하였음을 분명하게 밝히고 있다.

이같은 유형의 관계가 17세기초 영국 지배계급의 합법적인 성생활에서 지배적인 경향을 형성하고 있었다고 여겨진다. 분명 당시의 영국 귀족계급의 상층부에 속하는 상당수의 부부가 별거중이었다는 사실이 나타나 있다. 그 수는 1600년 무렵 실제 부부의 3분의 1 가까이에 달했다. 그러면서 중세 말기 영국 귀족의 일부다처제와 비교해 본다면, 엘리자베스 왕조의 르네상스는 부부관계의 친밀함을 강화시키고 있었던 것이다. 특히 시골의 귀족들은 런던 왕궁의 타락한 생활에 동조하지 않았으며, 전체 여론의 공격을 받은 궁정의 다소 지나친 선정적 행위를 비난하였다. 청교도 혁명 전야에 영국 상류 사회 엘리트들의 대다수는, 궁정과는 달리 개인적 행복의 비밀과 결혼이라는 조화로운 움직임을 결부시키고 있었다. 그러므로 상류 사회 사람들에게 있어서 육체의 완전한 화합이 없는 행복이란 생각할 수 없는 것이었다. 이리하여 육체의 아름다움과 상호간의 사랑이 부부 결합의 근본적인 요소가 되고 있었다. 영국 국교회의 高敎會派(고교회파. 성공회 가톨릭 운동가들은 성례전·전례예배·주교제 형태를 매우 중요하게 여겼기 때문에 이렇게 불리기도 했다) 사람들에게조차 사정은 그러했으니, 그들은 성에 의해 허락된 온갖 쾌락을 가정 안에서 향수하는 일에 이제는 완전히 익숙해져 있었다. 그러한 쾌락은 또한 그토록 빈번히 재혼한 상류 사회의 수많은 미망인들에게 있어서 바람직한 하나의 이상이 되어 있었다. 경험을 쌓은 그녀들은 홀몸인 것을 원하지 않고, 오로지 가정적인 행복만을 추구하고 있었다. 1646년 은밀한 남자친구들의 도움이 없는 괴로움을 고백한 서섹스 백작부인이 그 한 예이다.

우리들은 이미 새뮤얼 피프스나 랠프 조셀린의 예를 통해, 첫눈에 이끌린 가운데 가장 낭만적인 연애에서 비롯된 격렬한 기쁨이나 긴밀한 상호 이해의 묘사를 살펴보았다. 피프스의 경우, 그러한 장면이 길게 이어져 10년에 걸친 사생활이 극히 상세하게 알려져 있다. 원래 그의 사생활을 특징지어 주었던 것은 남편의 부정이나 질투 이외에 아내의 미태나 경솔함, 일상생활을 통해 부각되는 부부간의 성격불일치라는 다양한 실례이다. 피프스는 아내를 상대로 한 성교섭에 관한 속말에서, 포먼보다 말수가 적고 또 너무나도 부르주아답게 이전에 자신이 저렇듯 원하였던 아내에게 질린 듯해 보이지만, 그래도 그의 《일기》에서는 부부간의 깊은 화합에 대한 수많은 증언을 발견할 수 있다. 그는 월경으로 매우 괴로워하는 아내의 고통을 배려하는 남자였으며, 별거 시기(특히 바캉스나 여름의 무더운 시기)가 있는 한편으로는 아내와 함께 부부침대에서 상쾌한 일요일 아침잠을 즐기고 있었다. 또 그의 바람기가 발각된 뒤에 일어난 집안 소동은, 마흔 가까이나 되어 그들의 첫포옹의 정열을 다시 되찾는다는 기쁨을 그에게 가져다 주었다. 조셀린 목사의 관능적인 흥분은 그 표현에서 혹은 그 표현방식에서 더욱 억제되어 있지만, 그렇다고 하더라도 동시대의 에식스 농촌에서도 그러한 흥분이 똑같이 존재하였다는 사실에는 변함이 없다. 경건한 위그노로서 조셀린은, 생리적인 면과 심리적인 모든 면에 있어서 자신의 행복을 부인의 행복으로부터 분리하지 않았다.

육체적인 매력을 중심으로 한 시골의 정혼에서 볼 수 있는 실제적 성격은, 구대륙(유럽)과 마찬가지로 뉴잉글랜드의 청교도 농촌에서도 존재하였다. 이 성격 덕분에 농민 부부에게는 양성의 화합만이 가져다 주는 열정과 조화가 오랜 기간 보존되었음에 틀림없다. 영국의 예술은 18세기의 지배계급에 관해 구현된 이러한 이상의 중요성을 확인한다. 당시 영국에서는 무수한 화가가 시정과 리얼리즘을 함께 갖추면서 부부생활의 행복이라는 매력을 그려내고 있었다. 서로 친밀하게 뒷받침하는 이렇듯 온화한 부부 사이에서, 토머스 게인즈버러(18세기 영국의 가장 뛰어난 초상화가·풍경화가)에 의해 묘사되고 있는 결혼과 성애에 대한 찬가가 솟아오른다. 자신의 가정이나 녹음 짙은 영국을 항상 리드하는 시골귀족들의 가정을

게인즈버러의 《아침 산책》

본 게인즈버러의 눈이 가장 높게 도달한 것은, 1785년의 저 유명한 《아침 산책》에 의해서였을 것이다. 이 그림은 장 자크 마이유의 표현을 빌리자면 「결혼 축가의 화면 가운데…… 묵직하고 거의 명상적이라고 해도 좋을 신뢰감에 가득 찬 평온한…… 두 사람의…… 신혼부부」를 등장시키고 있다. 색채의 마술이 여기서는 기쁨과 빛 가운데 당연히 그래야 할 남녀 결합에서 생겨난 불가사의한 매력을 한층 더 돋보이게 해준다.

영국만이 근대에 그러한 매력을 독점한 것은 아니었다. 이미 보았듯이 좋아하는 사람들끼리 정혼한 피레네 지방이나 코르시카 섬 농민들은, 그들의 결혼에 즈음하여 여성의 사회적 지위가 낮음을 당연한 것으로 인정하는 한편, 서로의 애정과 정절의 의무에 대한 부부의 절대적 평등도 인정하고 있었다. 최근에는 구체제하의 부부들이 공동생활을 이제 막 시작할 무렵이면, 출산 후 아이를 제대로 기르는 것보다도 부부의 성관계의 회복 쪽에 신경을 쓰고 있었다고 여겨질 정도였다. 이리하여 아이는 남편에게 자주 경쟁상대로 간주되었다. 아내가 몇 개월간 아이에게 젖을 먹이는 것을 그다지 보고 싶어하지도 않았으며, 부부 침대에 덤 하나가 더 달려 있다는 것에 화를 내고 싶어하는 처지였다. 게다가

남편은 출산시 성생활의 억제가 가져다 주는 영향에 관한 산파들의 충고나, 때로 임신기간중의 성교를 반대하는 의사들의 충고 속에서 자신들의 두려움을 확인했을지도 모른다. 경제적인 걱정으로 고민한 계몽주의 시대의 노르망디나, 그다지 범속하지도 않으면서 쉽사리 사랑에 빠지는 〈황금 세기〉의 카스티야(스페인)나 근대 서구의 남녀는, 전체적으로 감정생활의 전면적인 완성이라는 명목 아래 그들 생활의 가장 중요한 부분을 합법적인 성생활의 틀 안에 놓아두었다. 약혼자를 〈바보〉 취급하면서 자기 무릎에 앉히는 18세기 랑그독의 말괄량이 아가씨들은, 그러한 관계의 목적은 결혼 약속의 획득이라 결심하고 자신이 무엇을 하고 있는지를 충분히 알고 있었던 것이다. 이러한 약속이 많은 경우 가장 간단하고 가장 현실적인 행복에의 길을 열어 주지 않았을까?

다양한 증언의 사슬 양끝에서 인구통계학자와 미술사가는 진실된 다양한 형태를 이야기한다. 인구통계학자는 1년 가운데 가장 빈번하게 임신에 연결되는 시기를 근거로 하여, 특히 시골에서 우선 봄에 행해지는 부부관계를 그려낸다. 파리의 경우로 판단하건대, 도시는 이런 종류의 자연 숭배적인 왕성함은 보여주지 않는 대신, 사계절을 통해 보다 항시적으로 섹스가 행해졌다는 사실을 보여 주고 있다. 도시에서는 우선 농촌의 성생활에서 그토록 두드러지게 나타나고 있는 시간적인 공동현상을 찾아볼 수 없었다. 농민가족은 이 점에서 보다 동물적인 행동을 취하고 있었으며, 대륙의 근대 화가들이 대량으로 묘사해 낸 상류 사회의 부부는 종종 관능성을 솔직하게 드러내고 있다. 이러한 관능은 예술가가 그 자신의 아내를 옆에 두고 그릴 때 우선적으로 강하게 표현된다. 이에 관해서는 렘브란트와 그의 첫아내 이외에, 바로크 양식의 화가 중에서 가장 경건하며 동시에 가장 에로틱했던 루벤스의 유명한 예가 알려져 있다. 그의 행복한 부부생활에 대한 수많은 묘사 가운데서도 이사벨라와 그의 감미로운 포옹, 혹은 20년 후에 그의 새로운 젊은 아내 엘레나 푸르망이 욕탕에서 나와 나체를 모피로 감싸고 있는 관능적 포즈를 참고로 제시한다면 그것으로 충분할 것이다. 더욱 까다로운 사람이라면, 아마 당연한 욕망에 대한 이런 종류의 열광보다도 혁명 전야의 앙투안 로랑 라부아지에(프랑스의 화학자) 부부의 완전한 화합에 기탁하는 다비드의 조심스러운 송가 쪽을 선택할 것이다. 실제로 거기서는 생 쥐스트(프랑스 혁명 이데올로기의 신봉자. 생 쥐스트는 〈행복〉은 대혁명에 의해 만들어진 새로운 관념이라고 서술하였다)와 그의 이데올로기적인 열광에도 불구하고,

루벤스의 《모피를 걸친 엘레나 푸르망》

온건하고 영속적인 행복이라는 개념의 오래 된 친숙하고도 사적인 성격의 분명한 표시를 발견할 수 있는 것이다.

이같은 행복은 오래 전부터 서구의 온갖 계급에서 결혼생활의 성적 화합을 통해 체험되고 있었다. 제네바의 테오도르 트론샨 목사나 라이프치히의 요한 제바스티안 바흐의 다산으로 만족하는 아내들 특유의 온화한 상냥함 이외에도, 탈망은 이 점에 관해 몇몇 귀중한 일화를 소개하고 있다. 신혼의 정열이 넘쳐흐르는 남편이었던 루이 14세의 어느 사관은, 근무로 인해 헤어져 있던 아내 앞으로 남근의 그림을 가득 그린 연문을 보냈다. 어느 자유사상가 화가는 안 도트리슈 왕비(프랑스 왕 루이 13세의 왕비. 아들 루이 14세(1643 즉위) 통치 초기에 섭정을 행사했다)에게, 그가 자신의 하녀와 재혼한 것은 그녀의 성기가 훌륭했기 때문임을 고백하고, 더군다나 그것을 그려 보이기까지 하였다. 그리스도교적인 색채가 매우 강했던 프랑스의 고상한 데라고는 조금도 찾아볼 수 없는 이러한 부부들을 많이 보아 온 카누아 부인은, 같은 시기에 그녀의 두번째 남편의 애무와 포옹은 마치 천국의 쾌락이나 기쁨과 같다고 리슐리외 추기경(프랑스의 왕 루이 13세 때의 추기경·총리(1624-42 재임))에게 고백하고 있다. 시인 콜르테는 콩라르*의 살롱에서, 클로딘—그녀도 이전에는 하녀였다—의 풍만한 매력과 함께 보낸 밤의 멋스러움을 천연덕스럽게 떠벌리고 있었다. 더욱이 짐짓 고상한 척 행동하는 위그노 계층 사이에서 어떤 때는 뜨겁고, 또 어떤 때는 미지근한 연인이었던 라 밀르티에르는 우선 자신의 전생애를 통해 귀여운 아내를 열렬히 사랑하고 있었다. 한편 오베르탱 목사의 아내는 큰 소리로 웃으면서, 다른 어떤 악기보다 남편의 피리를 고를 것이라고 호언하였다.

* 1603-75. 프랑스의 문학자, 문법과 문체에 관한 권위자. 아카데미 프랑세즈의 창립을 주도함으로써 프랑스 문학사에서 고전주의의 창시자로 알려져 있다. 발랑시엔 출신의 위그노교도인 상인의 아들로 태어나 경건하고 엄격한 가정에서 자랐으며, 라틴어와 그리스어는 배우지 않았지만 아버지의 훈육에서 벗어나자마자 이탈리아어와 스페인어를 배웠다. 그는 1627년에 왕의 고문 겸 비서로 임명되었고, 문단에 들어갔으며, 대형 도서관을 짓기 시작했다. 1629년경부터 작가들은 매주 콩라르의 집에서 모임을 갖게 되었다. 이 모임을 중심으로 1634-35년에 아카데미 프랑세즈가 형성되었고, 당연히 콩라르가 이 단체의 종신 회장으로 임명되었다. 그후 프랑스어의 〈폭군〉이 된 그는 창조적 재능과 상상력이 그보다 훨씬 뛰어난 많은 작가들의 작품 원고와 인쇄업자의 교정쇄를 조사하여, 철자와 문법 및 낱말의 순서를 바로잡았다. 그의 독창적인 저술 가운데 오랫동안 관심의 대상이 된 것은 프롱드 난(마자랭 추기경 정부에 대항하여 일어난 반란) 때 파리에서 일어난 사건들을 솔직하게 기록한 글과 역사·문학적으로 중요한 여러 인물들에 대한 광범위한 인상기뿐이다. 파리의 아르스날 도서관에 보존되어 있는 콩라르의 두툼한 서류철은 그 당시를 연구하는 학생들에게 귀중한 정보를 제공해 준다.

이러한 부부간의 음란한 이야기는, 일화의 영역을 넘어서서 순박하고 안온한 행복을 그려내면서 정신적으로 또한 육체적으로 드물게 보는 건강함을 드러낸다.

같은 예가 루이 14세의 궁정에서 한층 더 높게 발견된다. 모범적인 생 시몽 공작부부의 사례나, 그의 《회고록》에 그려진 부부들—공작은 이들 부부의 광기어린 사랑이 아니라 긴밀한 결합이나 상호간의 애정을 그렸다—의 경우가 그러하다. 푸주한의 아들로 태어나 소위가 된 수비니 백작의 회상은 17세기 중엽의 같은 이야기를 전하고 있다. 1659년 결혼한 지 18년째 되던 해 그의 정숙한 아내가 임신 효과를 꾀하는 약으로 사망하였을 때, 그는 위로받을 길이 없을 만큼 비탄에 잠겼다. 그는 그만큼 있는 그대로의 그녀를 사랑하였으며, 또 아이들은 생각하지도 않았던 것이다. 그리스도교적이지는 않았을지라도 이 완전한 남편은 가정의 잡일이나 외부의 뉴스가 끼어들 수 없는 정열적인 대화를 하면서 부부생활을 영위해 왔던 것이다.

계몽주의 시대의 프랑스에서는, 결혼의 행복에 관해 오로지 여성들만이 뒤늦게 토로한 열광적인 증언들이 발견된다. 자유사상을 자칭하는 이 세기에, 합법적인 부부는 애정과 정신적인 일치를 통해 맺어지면서 동시에 어느 정도 선택의 자유에 근거를 두고 있었으며, 롤랑(장 마리 롤랑(드 라 플라티에르)의 아내)과 데물랭·라 파예트 부인* 등과 같은 다양한 여성들에 의해 그 본연적 모습이 칭송되고 있었다. 상당히 연상인 남자와 결혼한 롤랑 부인은 처음에는 남편에게 전적으로 복종하였지만, 나중에는 남편을 배반하는 유혹에 대하여 원칙적으로 저항할 수 있었다. 데물랭 부인은 대혁명 초기에 남편 데물랭(프랑스 혁명 때 가장 영향력 있는 언론인이자 소책자 저자였던 온건 민주주의자)과 함께 젊고도 아름다운 이상주의적 남녀의 결합이라는 규범을 제공하였다. 라 파예트 부인의 경우도 소녀일 무렵에 결혼하였으나, 그녀의 명민한 정열은 생애를 통해 부부의 헌신과 존경과 보호라는 멋진 기적을 이루었다. 이처럼 약간은 지나치게 아름다운 이야기를 앞에 두고, 독자는 탈망이 언급한 평민 창부의 말을 상기할 필요가 있다. 그녀에 의하면, 정을 주고받으려면 함께 살아야만 하는 것이다. 1760년 쾰른에서 재임중인 시장과 그 아내가 보낸 동거생활은, 카사노바에 따르면 월경기간을 제외하고 부부의 의무를 매일같이 한 것으로 되어 있다. 목가적인 행복과는 다를지라도 합법적인 성생활의 형태는 분명 더할 나위 없이 견고한 끈에 의해 부부를 맺어 주고 있었다.

* 1634-93. 프랑스의 작가. 그녀의 《클레브 공녀 *La Princesse de Clèves*》는 프랑스 소설의 한 이정표라 할 수 있다. 파리에서 프롱드의 난이 일어났을 때 젊은 드 라 베르뉴는 오늘날 서간집으로 유명한, 세비녜 부인과 알게 되었다. 그녀는 또한 유력한 정치선동가도 만났는데, 이 사람이 나중에 레츠 추기경이 되었다. 1655년에

라 파예트 백작인 프랑수아 모티에(1616-83)와 결혼한 그녀는 오베르뉴 지방에 있는 백작 영지에서 얼마 동안 남편과 함께 살았다. 그러나 1659년에 이들 부부는 헤어졌고, 그녀는 파리로 돌아왔다. 1660년대에 라 파예트 부인은 오를레앙 공작 부인인 영국의 헨리에타 앤에게 총애를 받았다. 이 시기에 그녀는 유명한 《잠언집 Maximes》의 저자인 라 로슈푸코 공작과도 친밀한 우정을 맺기 시작했는데, 이 우정은 그후 오랫동안 지속되었다. 공작과 함께 그녀는 탁월한 문학적 그룹을 이루었다. 부인은 전통적인 연애소설 2편을 쓴 뒤, 걸작 《클레브 공녀》를 써서 1678년에 익명으로 발표했다. 16세기 중엽을 무대로 하고 있지만 작가가 살고 있는 시대의 풍속을 다루고 있는 이 소설은 〈영웅적인〉 모험소설과는 전혀 다른 프랑스 최초의 진지한 〈역사〉 소설로 주목할 만하다. 이 소설은 젊은 귀족에 대한 정열을 억제하는 정숙한 젊은 아내의 이야기이다. 이 작품이 지니고 있는 뛰어난 문학적 가치는 대화의 품위 있는 비애감과 이룰 수 없는 사랑, 아니 일부러 이루지 않는 비극적 사랑이라는 주제에 대한 작가의 심리적 통찰이다.

성의 위생

성과학은 현대를 기다리지 않고 탄생되었다. 근대의 서구세계는, 16세기에서 18세기에 걸쳐 현대의 성과학이 다루는 문제들 중 몇몇에 커다란 관심을 보였다. 그러한 문제는 성과학에 관해 오늘날 생각하는 것 이상으로 풍부한 지식과 관심을 가졌던 당시 사람들의 정열을 쏟게 하였다. 고전학자와 의사·법률가, 나아가 신학자 들이 그들의 관심을 만족시키고자 이 문제에 전념하였다. 그러나 그들은 대개 오늘날 그 학문을 지배하는 정신과는 전혀 다른 정신을 지니고서 탐구에 몰두하였다. 그들은 남편과 아내가 서로 경험할 수 있는 쾌락을 깨닫지 못한 것은 아니었으나, 합법적인 성적 결합에 대해 우선 생식의 역할을 부여하고 있었으며, 또한 임신에 있어서의 예기치 않은 방해를 치유하고자 노력하였다.

몽테뉴는 그의 《수상록》에 나타나는 농담 속에서 부부의 성교를, 우선 그의 본래의 역할이라는 각도에서 고찰하였다. 그는 카탈루냐 지방의 중세 외설담에 뒤이어, 남편이 적어도 하룻밤에 여섯 차례나 아내에게 접근하는 일이 가능하다고 했던 것은, 아마 남편에게 그 역할을 보다 잘할 수 있도록 독려하기 위한 것이라고 주장한다. 그 다음 세기의 어느 청명한 여름날의 일로서, 일을 마친 뒤 집에서 동료들과 즐거이 식사를 한 뒤 매우 여자다운 여성들에게 둘러싸인 피프스는 술을 마셔 쾌활해진 부인들에게, 아내의 불임을 치유하려면 어떻게 하면 좋은가 하고 물었다. 그녀들은 음식이나 의복에 관한 다양한 처방을 나열한 뒤, 우선 성교일수를 줄이고 아무튼 욕망이 진짜로 일어났을 때에만 성교하도록 그에게 충고했다. 프랑스의 귀족 몽테뉴나 런던의 부르주아 피프스에게 있어서 부부의 성생활과 생식의 메커니즘과의 관련성은 근본적인 것으로 보였다. 양자 모두 마찬가지로 여성을 쫓아다닐 때는 임신을 꺼리고 피임에 대해 무지했기에 독신보다는 유부녀를 선호했다. 근대에, 아마도 17세기 이래로 우선 〈성교 중절〉이라는 형태로 성교 중단에 의한 산아제한이 분명히 발견되기는 하나, 귀족 부부나 농민 부부도 경제적인 곤란에 직면하여 언제나 부끄럽고 창피한 생각에 빠지게 되는 이러한 대응은, 양성의 결합에 의한 생명 상속에 대한 그들의 자연스러운 기분을 나타낸 것이 아니었다. 오히려 결혼에 관한 충고를 담고 있는 문헌은 모두 합법적 생식을 행하는 데 마땅한 제 조건을 자세히 설명하게 될 것이다.

바로 〈맬서스주의적〉으로 우선 식구를 제한할 것을 생각하는 우리들 시대는 구체제하에서 일어나고 있었던 산아제한의 선구적 발로에 주목했다. 당시는 영국이나 프랑스에서도 경제적 이해나 개인적 형편으로 아이수를 줄일 것을 원하는 귀족이나 그 아내 들이 상당수 있었다. 그러나 사람들은 이들의 증언으로 피임조치를 취하는 일은 드물었고, 또 그것이 너무나 질이 좋지 않은 것이었음은 별도로 치더라도 그 시대의 이데올로기가 다산보다는 오히려 불임을 두려워하였음을 잊고 있다. 그리스도교적인 농업문명에 토대를 두고 있던 근대의 서구 사회는, 당연한 일로서 인간의 행복을 신에게 축복받은 인간의 번식과 결부하였다. 우선 부부의 열망에 대한 충족에 몰두하는 근대 서구의 성과학은, 아이를 만들 수 없다는 최악의 사태를 피할 것을 그들에게 가르치고 있다. 나아가 이론과 권리를 근거로 당대 의학은 부부침대를 다산의 장소로 만드는 것이 첫번째 의무라는 사고를 널리 확대시켰다.

아내들의 대다수는 산후의 일시적인 수유로 인해 생식기능이 저하되었고, 생애를 통해 언제나 임신한 것이 아니었기 때문에 평균하여 한 가족에 6명 이상의 아이가 있는 경우는 드물었다. 어느 종류의 도시노동자와 특권계급이라는 사회적 지위의 양끝에 있는 자들만이 농촌 출신 유모의 도움을 받아 많은 수의 아이들을 낳을 수 있었다. 피임에 대한 배려가 이같은 사회의 짜임틀을 이용할 수 있었던 가장 유복한 가족들 사이에서 나타나고 있었다. 너무나도 빈번한 출산에 대한 여성들의 혐오감은 루이 14세 시대의 프랑스 귀족 사회의 한 특색이었다. 그러나 이러한 부부생활의 전위(avant-garde)를 당시의 지배적 경향으로 간주한다는 것은 경솔한 일이다. 1695년의 런던에서 사람들은 산아제한의 옹호보다는 다산의 정당성을 주장하는 데 몰두하고 있었다. 산아제한에 관한 의사들의 침묵은, 그 침묵이 성의 실제 정황에 관해 대단히 설득력 있는 저자들이었던 만큼 더욱 주목할 만한 것이었다. 합법적인 부부를 위해 조언의 글을 쓴 이들 의사들은, 초경에서 갱년기까지의 임신과 수유기간의 자연스러운 연속밖에 모르던 북아메리카 인디언 여자들을 아직도 여성의 이상으로서 칭송하고 있었다. 나아가 르네상스의 엘리자베스 왕조 이래 위그노 국가로서 영국은, 처녀성을 대죄의 하나로 간주하여 오만과 태만이 가져온 괴로운 열매로서 비유하고 있었다. 생산과 수익이라는 새로운 시대적 가치에 거슬리는 가치로서의 처녀성은, 완전히 유행에서 벗어나 오히려 노처녀와 함께 서서히 부르주아 세계에서 가장 추한 것의 하나가 되어 있었다.

그렇기에 근대에 사용되었던 콘돔은 매춘이나 방탕세계로 국한시킬 필요가 있다. 절대 다수의 부부는 늘상 성교 중단이라는 것을 알지도 못했다. 이것은 특히 18세기까지 임신 중절의 시도와 마찬가지로 임신 중절이 시행되고 있었던 부부관계 이외의 곳에서 이루어지고 있었다. 계몽주의 시대에는 도시에서 아이들을 버린다거나, 시골에서 출산이 감소되는 경향이 동시에 확산되고 있었다. 그러나 이 후자의 예는, 우선 프랑스에서는 특정한 지방에 한정된 것이다. 이에 대해 전자의 예는, 사생아의 증가나 빈곤함의 진행과 더욱 결부되어 있었다. 인류의 증가에 관한 자연법칙이 만혼과 결부되어 공식적인 성과학의 관심을 지배하고 있었다. 이 성과학은 피임방법을 보급시킨다기보다는 아이 만드는 비결을 가르치고자 했다. 부부간의 피임은 비밀스럽게 알려져 실행되었지만 아직 시민권을 획득하지는 못했다. 또 구체제하의 유럽은 성행위와 연애감정을 동일한 것으로 간주하였으므로, 마찬가지로 쾌락과 생식을 과감히 분리시키지는 않았다.

사람들은 逆정신혁명의 중요성을 강조하나, 그것은 현대에 들어서서 겨우 그 진짜 모습을 나타냈다. 사물의 오래 된 질서에 대한 이같은 전복은 성생활을 자연의 지배로부터 떼어냈다. 그리고 이러한 자연지배 그 자체는, 원시적 마술의 농업의식이나 가장 전통적인 그리스도교적 민간전승을 칭송하는 만물에 불가결한 수태와 결부되어 있었던 것이다. 처음에는 지도계급에 한정되어 일어나다가 19세기에 이르러서는 조심조심 진행된 이 변화가, 이윽고 부부의 성교를 세대라는 연쇄의 연장 이외에 목적을 생각할 수 없는 신학의 교의나 종교체계에 정면으로 공격을 가했다. 이는 가톨릭이라는 사상의 틀 안에서 決疑論(결의론, casuistry. 종교상·윤리상의 일반적인 규범과 의무가 충돌하는 것과 같은 특수한 경우에 적용하는 윤리학의 한 분야. 중세의 스콜라 철학에서 이같은 연구가 행해졌다)의 부부에 대한 충고가 어떠한 것이었는가를 조사해 본다면 분명해진다. 그리스도 교적 성과학은, 생식을 신성시함으로써 육체에 허락된 기쁨을 생식과정에만 결부시키는 습관적 방식을 정당화할 수 있을 뿐이었다. 성행위에서 출산을 제한하기 어려운 것을 비난하고 피임을 적대시하는 이런 종류의 가르침은, 결혼을 쾌락으로 향하게 하는 경향에 제동을 거는 아우구스티누스적 결혼관을 따르고 있었다. 중세로부터 이어받은 이러한 결혼관은 구체제하의 고해신부들을 항상 지배하고 있었다. 그들은 성교의 중단 이외에 항문이나 구강의 사용, 나아가 짐마차 위에서의 등뒤에서 하는 성교에 대해 장황하게 늘어놓고 있다. 이들 비난이 어느 정도 실제로 행해진 행위에 근거했는가를 알 바는 없다. 실제로 매춘세계와 매우 근접했던 르네상스의 궁정에서는, 적지 않은 증인에 따르면 부부가 자주 생각지도 않은 방식으로 성교를 했다고 한다. 그러나 신이 바라는 자연스러운 성교에 대한 신학자들의 과학적이며 동시에 종교적인 변명에 따르면, 그들은 의사와 마찬가지로 근대 서구세계에 널리 퍼져 있던 하나의 편견을 쫓고 있었다. 즉 부부간의 성애는 그 목적에서도, 혹은 그 성적 움직임에서도 자각적인 생식과 분리할 수 없다는 사고가 바로 그것이다.

구체제하의 결의론은, 부부의 정신적·신체적 만족에 대한 쾌락의 기여를 조금씩 인정함으로써 드디어 완화되었다. 구체제하의 결의론은 경제적·가정적인 이유로, 때로는 어느 정도의 산하제한을 인정하기까지 하였다. 그러나 가톨릭의 대부분의 고해신부들에게 있어서 오랜 규칙은 변함이 없었다. 자연에 대립되는, 그리고 과도한 관능에 적합한 피임이라는 살인행위는 그리스도교적인 결혼의 목적을 파괴하는 것이었다. 유럽 사회의 대부분이 산아제한의 길을 걷기 시작했을 때, 종교적 권위는 따라서 이에 대해 언제까지나 격렬한 적의를 지속적으로 품고 있었다. 이 점에 있어서 종교적 권위에는 불임에 관한 일반적인 괘념을 공유한다는 구실이 있었다. 예를 들면 이혼의 많은 원인으로써 남성 불능을 여성의 병 가운데 첫번째로 고려한 것이 바로 그것이다.

르네상스 시대 샹파뉴 지방의 농민여자들은 이미 종교재판소의 법관들을 향해 그러한 어려움을 호소하고 있었으며, 법관들은 그녀들의 주장을 확인하고자 정식으로 임명된 전문가를 소집했다. 몇몇 사건을 보게 되면 남편들이 언제나 훌륭하게 제 역할을 했다고는 단정할 수 없으며, 또 무리하게 아내에게 부부의 의무를 다하도록 하는 것이 그들에게 곤란한 경우도 있었던 듯싶다. 그러나 육체상의 결함이나 노령으로 기인했을 이러한 무능력은, 자주 민중들의 결혼을 무효화하는 조건으로서 충분한 구실을 하고 있었다. 더구나 이같은 무능력이 생리학적 메커니즘을 전혀 모르는 사람들 사이에서도 발견되고 있다. 그랑주 쉬르 오브의 사제 빅토르 페랭은, 1515년 초엽에 마르상지스 사제관에서 마침 같이 있던 사제들로부터 여자는 남자와의 단 한번의 육체관계로도 임신할 수 있다는 사실을 알고서는 매우 큰 충격을 받았다.

근대 서구에서 성불능의 사례에 관한 지식이나 세간의 논쟁은 바로 가장 현저한 성교육 장면에서 비롯된 것이다. 당사자들을 별도로 친다 해도 판사와 변호사, 그리고 그 문제를 다룬 작자 들에게서 매우 강한 호기심을 발견할 수 있다. 그리고 이러한 호기심에는 외설은 아닐지라도 불건전한 일종의 강박관념이 포함되어 있었다. 1577년에 레미 벨로처럼, 그 가사 속에서 자주 정절을 바보 취급하는 〈쾌활한 동료들〉의 음탕한 노랫거리가 되는 이들 사건은, 라블레〔프랑스의 작가. 동시대인들에게는 뛰어난 의사이자 인문주의자였으며, 후세 사람들에게는 익살스럽고 풍자적인 걸작 《팡타그뤼엘》과 《가르강튀아》의 저자로 유명하다)의 독자들이 품고 있었던 유부녀에 대한 이미지 그대로를 지니고 있었다. 즉 이 한가한 여자들의 성기는 주의 깊은 정원사에 의해 끊임없이 물을 공급받아야 한다. 때로는 라틴어로 표현되는 이렇듯 대담한 표현은, 실로 카트린 드 메디시스〔프랑스 왕 앙리 2세(1547-59 재위)의 왕비. 앙리 2세의 사후에 섭정을 했다(1560-74). 가톨릭과 위그노의 전쟁에서 가장 큰 영향력을 행사한 사람으로 꼽힌다. 아들 가운데 3명이 프랑수아 2세, 샤를 9세, 앙리 3세로 왕위에 올랐다)나 여수행원들이 성 바르톨로메오 축일의 학살〔프랑스의 가톨릭 귀족과 시민들이 카트린 드 메디시스의 음모에 따라 파리에서 위그노(프로테스탄트)들을 학살한 사건. 1572. 8. 24-25) 다음날 재미삼아 위그노였던 수비즈의 나체를 보러 간 시대의 일을 말해 주는 것이다. 이 귀족은 대단한 미남이었지만 불능이었다. 이같은 환경 가운데 결혼의 현실적 성격은 분명히 다른 온갖 것을 이겨내고 있었다.

17세기에 이루어진 가톨릭 개혁은 처음에는 이같은 상황을 거의 바꾸지 못했다. 전시대와 비교하여 그다지 문명화되지 않은 루이 13세 시대의 프랑스는, 부부간의 성생활에서 일어나는 사고를 가차 없이 조롱하고 있었다. 성생활과 생식과의 정확하고도 과학적인 관계는 잘 알려져 있지 않았으나, 그래도 성불능에 관한 유명한 사건에는 프랑스가 들썩거리며 열중해 있었던 것이다. 플레셰가 방문한 오베르뉴에서는 불쌍한 라로크 마스보라는 사람이 그러한 조롱거리의 대상이 되어 있었다. 이 명문귀족은 불쌍하게도 그 지방에서 가장 유력하고 나쁜 짓만을 골라 하는 노인 카냐크 후작의 딸과 결혼했는데, 그녀는 결혼한 지 5년 만에 남편의 육체적 결함을 고백하고, 남편의 성적 능력을 대중 앞에서 확인하려는 능력조사라는 해학적이고도 수치스런 실험을 통해 그것을 증명했다. 이같이 놀라운 방법은, 랑제 부인의 남편에 대한 별거소송이 있은 후 1677년에야 파리의 고등법원에 의해 폐지되었다.

노르망디의 이 여성 후계자는 성불능에 질투심이 많고 더구나 신앙심으로 엉겨붙은 기묘한 르망의 어느 귀족과 결혼했으나, 곧 싫어져 재판소에 이를 호소하였다. 12명의 전문가—그 가운데 2명은 기혼녀였다—가 민사대리관(lieutenant-civil)에서 그녀를 조사하였다. 왜냐하면 그녀는 위그노였기 때문이다. 그녀는 구경꾼의 야유를 받으며 민사대리관에 도착했다. 그리고 청교도였던 그녀의 남편이 성기 대신 적어도 손가락으로 성행위를 대체했음이 밝혀졌다. 남편이 능력조사를 요구했으므로 그 기회가 주어졌다. 1650년말 파리는 이 비참한 사건으로 떠들썩했다. 그것은 〈사랑의 나라 지도〉보다 더 노골적인 이야깃거리였다. 불쌍한 랑제는 그로 인해 명예를 훼손당했고, 나아가 이 소송의 최종 테스트도 가혹한 결과로 끝이 났다. 원래 이 소송은 적어도 일요일에 샤랑통의 예배식 분위기에 활기를 부여하는 효과는 있었지만. 독자는 이같은 이야기를 듣고 어깨를 으쓱거릴지도 모른다. 그러나 당시 민중들의 읽을거리에는 빠짐 없이 이 이야기가 등장하고 있었으며, 하층민은 그것을 기뻐하거나 혹은 분개하고 있었다. 그리고 사회의 온갖 계급의 사람들은 전통에 뿌리를 내린 이같은 형태의 성재판을 당연시하였다. 첫날밤에 부부침대를 엿보는 것과 마찬가지로 위기에 빠진 부부의 성능력에 관한 입증은 항상 공적인 일로 간주되고 있었다. 따라서 파리의 고등법원은, 풍속의 순화를 꾀한다는 결정을 통해 웃음과 반성의 많은 기회를 박탈했던 것이다.

그러면서도 이 판결은, 이런 종류의 부부의 이별의 묘미와 스캔들을 제거하지 않았다. 예를 들면 1712년, 청원심사관의 유복한 외동딸로서 남편의 가족에게 불만을 품었던 제브르 공작부인은 가출한 뒤 남편을 성불능험의로 고소할 것을 생각했다. 그래서 그녀는 파리 종교재판소에서 특별검진을 받았다. 이 사건에서 가장 불가사의한 것은 남성들 대부분이 이 사건에 열렬한 관심을 가지고 있었으며, 약삭빠른 출판업자가 네덜란드에서 서둘러 인쇄한 구두변론집이 책방에서 놀랄 만한 판매량을 보이고 있었던 것이다. 더군다나 이러한 식의 호기심은 프랑스에서만 볼 수 있는 특별한 현상은 아니었다. 제임스 1세(1603-25 재위) 시대의 영국에서도 또한 마찬가지로서, 17세기의 20년대를 통해 상류귀족 사이에는 처녀성에 대한 위증과 성불능을 들먹이는 허위고발 등이 얽힌 수치스러운 이혼의 예가 몇 가지 발견되고 있다. 왜냐하면 성불능이란 그것이 전문가의 증언에 의해 확인될 경우, 그리스도교의 결혼을 파기하기 위한 결정적 이유의 하나가 되었기 때문이며, 이것은 멀리 매사추세츠에 이르기까지 동일한 것이었다. 결혼은 그리스도교도에게 있어서 무엇보다도 먼저 성행위가 허락되는 유일한 장이었다. 브로스의 고등법원장 또한 18세기의 이탈리아에서 〈가정의 평화를 가져다 주는 아름다운 올리브나무의 가지〉가 자신들의 가정에 결핍되어 있다는 사실을 외과의사나 산파 들에게 애써 증명하려는 여러 쌍의 부부를 만나 보았다.

여기에서 이러한 남녀는 근대를 통해 동물처럼 인간을 취급하려는 의학교육과 합치하고 있었다. 이런 종류의 의학교육은, 우선 구체적인 세부사항으로 가득 찬 어떤 달콤한 음탕함조차도 특히 부부관계의 경우에는 자연스런 욕구의 충족을 통해 인간의 신체적인 만족감을 보증하려는 방향을 지니고 있었다. 그럼에도 르네상스 시대에 매우 현실적으로 광범위하게 퍼진 매독의 출현에 관한 비참한 상황도 이 멋진 낙천주의를 흔들지는 못했다. 구체제하의 의학은, 과학의 진보와 성에 대한 공포의 시대인 18세기에 이르러서야 비로소 성병이 야기하는 개인 및 가족의 황폐화를 그려낸다. 그때까지 사람들은 오히려 진심어린 정열로 부부간의 결합을 대해 왔던 것이다. 사람들은 생식의 정당한 과정에 대해서는 완전히 무지한 채 그렇게 있었다. 원래 당시 이 문제에 관해서는 실로 다양한 이론이 정면으로 대립하고 있었다. 1700년 무렵까지 서구의 최대 생물학자는 여전히 아리스토텔레스였다. 그렇지만 아리스토텔레스의 훌륭한 연구에는 정액의 혼이나 대머리들의 음란함에 관한 정식이 따라붙고 있었다. 1670년대 레벤후크(세균과 원생동물을 최초로 관찰한 네덜란드의 미생물학자. 하등동물을 연구하여 자연발생설을 반박했고, 세균학과 원생동물학의 기초 확립에 도움을 주었다)의 현미경에 의한 정자의 발견이 있었음에도 프랑스 대혁명이 시작되었을 때까지 사람들은 아이가 어떻게 만들어지는지 정확히 알지 못하였다. 의사들도 두꺼운 책들을 써내고 있었지만, 자연적 혹은 초자연적 치료에 의해 불임이라는 불행을 피하는 일에 무엇보다 마음을 빼앗기고 있었던 농민들보다 그렇게 많은 것을 알고 있지는 않았다. 따라서 의사이든 농민이든 모두 생식이라는 공통된 고정관념을 갖고 있었다. 그리고 학자들은 우선 다산의 다양한 원인을 체계적으로 연구하는 일에 전념했던 것이다. 16,7세기의 영국 의학은 이 문제에 대해 욕망을 어느 정도 억제할 것을 역설했으나, 유럽의 가톨릭 국가들에서는 거의 반향이 없었다.

페르넬·파레(일부 의학사학자들에 의해 근대 외과학의 아버지로 간주되는 르네상스 시대의 가장 유명한 외과의사), 혹은 주베르에 의해 프랑스에서 이름을 떨친 르네상스기 의학은, 부부의 성과학에서 특히 임신을 쉽게 하는 방법을 연구하고 있었다. 당시 해부학의 발달에 힘입은 의학은 남녀의 생식기관에 대한 눈부신 지식을 기반으로 삼고 있었다. 그러면서 의학은 그 지식을 일반적으로 종자의 바람직한 결합으로 믿어 왔던 결론에 도달하기 위해, 오로지 부부간의 에로틱한 유희에서 생식기관이 실제로 어떻게 쓰여지는가를 기술하는 일에 매달려 있었다. 과학적으로 충분한 지식을 주지는 않으나, 생식에 관한 정열을 가진 사회는 이 점에서는 신이 바라는 양성의 접근이라는 자연기능에 대해 근본적인 동의를 표명하고 있다. 이같은 확신은 이탈리아인 마리넬로나 프랑스인 리에보의 필치 아래에서 일종의 그리스도교적 에로티시즘에 도달할 수 있었다. 예를 들면 히포크라테스에 열중하여 자궁병을 치료하였던 리에보는 결혼이 최량의 치료법이라고 주장하고 있었다. 그는 나아가 월경주기의 어느 시점, 혹은 1년의 어느 계절의, 하루의 어느 시간에 수태되어야 하는가를 환자들에게 가르치고 있었다. 롱사르나 몽테뉴와 동시대인으로 젊은 부부의 과도한 성교에 반대했던 이 디종의 의사는, 우선 일련의 적절한 치료를 통해 불능이나 불임으로 이어지는 병을 치료할 것을 가르치고 있었다. 이리하여 수태의 조직적 연구를 진전시키는 과정에서 그 근본원칙은 상호간의 쾌락임을 발견함으로써, 그의 논문은 욕망과 성적 만족을 재촉하는 제 요인에 관한 매우 생생한 기술로 일변하게 된다. 그가 이상으로 삼은 커플은, 남자는 사정을 되도록 억제하고 그럼으로써 오르가슴의 동시성을 용이하게 하도록 고환을 가볍게 누르고, 아내가 성기를 적셔 그것을 받아들일 수 있는 커플이었다.

이 르네상스기의 성과학자가 아리스토텔레스를 무시하면서 논란의 여지가 없는 여성의 기쁨과 생식을 위한 바람직한 현실에 큰 가치를 부여했던 것은 주목할 만하다. 그는 남녀의 기질에 대한 검토와 제 기관의 기능 회복을 꾀함으로써 성교를 유익한 것으로 간주하고자 애썼다. 부부의 교섭은 그에게는 하나의 복합적인 메커니즘이었다. 즉 에로틱한 움직임을 정돈하고, 자궁의 욕구에 따라 결실을 거둘 수 있는 일이 중요한 것이다. 자궁의 주요한 사명은 신이 원하는 대로 사람을 위한 밭이 되어야 하므로. 다른 생물학자들도 마찬가지로 거의 서사시적인 시구를 사용하여 생식을 목적으로 한 제 기관을 찬미하고 있었다. 그들은 그들 나름대로의 방법으로 처녀성에 대한 반감을 공유했던 것이다. 이윽고 셰익스피어의 작중인물(《끝이 좋으면 다 좋아》의 펠로레스)이, 처녀성을 자연법칙과 보편적이며 신성한 모성에 적대되는 차갑고도 反사회적인 미덕으로 간주했을 때, 그는 처녀성에 대한 동일한 반감을 표명하게 된다. 위그노 오비녜(16세기말 프랑스의 대표적 시인. 위그노파의 지도자·논쟁가 및 당대의 역사가로 알려져 있다)가 만년의 작품 《창조》에서 생식계기관의 해부도를 그려내고, 몇몇 전형적인 성교 형태를 상세하게 설명하기 이전에도, 같은 위그노 학자 브르톤네이요는 1583년 《인간의 생식》에서 성과학적이라기보다는 훨씬 에로틱한 시를 남겨두고 있었다. 정액의 치료학적인 가치로써 처녀성 상실의 무자비한 신호를 고양시키는 의학적인 이러한 서정시는 골(gaulois)적이라기보다는 오히려 성서적인 것이었다. 그것은 전통적인 사회의 상당 부분이 성적 쾌락에 일종의 신성한 역할을 부여했다는 것, 그리고 관능적인 쾌락의 전달로 생명을 확산시켜야 하는 운명을 짊어진 여성들의 더할 나위 없는 정열을 찬양하고 있었다는 사실을 증명하고 있다. 리에보가 그 마니에리스트적 취향으로 그려낸 것은, 정성들여 영양을 주고 아름답게 가꾼 뒤 좋은 냄새가 나는 침대에서 오랫동안 행해지는 아침성교로 사내아이를 얻고자 애쓰는 부부였다. 욕망은 어느 가족에게도 가장 좋은 지주였으며, 인간은 다양한 동물 가운데 성교에 대한 놀랄 만한 자유를 지니고 있었기에 더한층 부각되는 존재로서, 그 속에서 육체적 아름다움에 대한 배려는 거의 종교적인 의미를 갖기에 이르렀다. 의사들은 그것을 위해 실제적인 조언을 남겼으며, 여자들은 그 책에서 자신의 유방의 모양을 정리하고 엉덩이나 허벅지를 적절한 크기로 만드는 법을 배웠다. 이들 저자 가운데 한 사람인 17세기 초기의 루이 기용의 증언에 따르면, 이러한 비밀스러운 육체적 매력을 향유하는 일이 가장 좋은 결혼을 구축하는 길이었음을 여성들은 충분히 알고 있었다. 여하튼 당시의 도덕가들은 플라톤주의적 전통에 따라 생식이라는 관점에 입각해서, 술 취했을 때나 정신이 지나치게 동요될 때의 성교는 엄히 삼가야 한다는 것을 부부에게 가르치고 있었다.

　이러한 부부에 관한 성과학 전문가들 사이에는 분명히 해석의 차이가 있었을 것이다. 예를 들면 앙리 4세 시대의 의사였던 뒤 로렝스는, 그의 동료들과 달리 남성이 여성보다 성적으로 열등하다고 생각하기는커녕 오히려 그 반대로 남성 정액의 우수한 활력을 높이 평가했다. 마찬가지로 그는 창조주가 욕망의 표현과 종족 보존을 하나로 묶어 버린 그밖의 자연적 기능을 안타까워했다. 그러면서 바로크 시대의 의학은, 부부의 성애에 있어서 더할 나위 없는 쾌락과 관능의 신비를 변함 없이 칭송한다. 1642년 이교적 성격에도 불구하고 어느 추기경에게 바쳐진 이탈리아인 시니발디의 라틴어로 된 기묘한 의학대전은, 이리하여 임신을 용이하게 하는 처방집이 되고 있다. 거기서 성교의 다양한 체위가 장황하게 이야기되는 것이다. 더구나 같은 배려는 당시 결혼에 관한 결의론의 다양한 논의에서도 되풀이되고 있었다. 따라서 부부의 성생활의 실제를 용이하게 하고자 이 세기말에 나타난 베네트 교본은 외설스러운 점에 있어서나 극도의 대담한 점에 있어서나 별다른 주목을 끌지 못했다. 그것은 루이 14세 시대의 프랑스에서 부부를 행복한 출산으로 이끌기 위해 부부의 애무에 주의를 기울이는 서구 의학의 오랜 전통을 이어받은 것에 불과했다.

　고전주의 시대의 호색문학 가운데 상당 부분은 유별난 방종의 기분으로 넘쳐 흐르고 있으며, 아마도 이것은 기혼자들의 성교육 마무리에 도움이 되었을 것이다. 예를 들면 17세기의 이런 종류의 걸작으로 도피네 지방의 유명한 법률가 니콜라 쇼리에가 쓰고, 계몽주의 시대에 《여성 아카데미》라는 제목으로 막대한 재산을 가져다 준 《루이사 시게아》의 라틴어로 씌어진 추잡스런 대화 속에는 상세한 생식기관의 묘사가 들어 있다. 원래 당시의 의학서의 삽화를 보게 되면, 어부인네들에게는 이렇듯 상세한 묘사가 필요하지 않았을 것이다. 동성애와 혼외 성교, 혹은 난잡한 파티 등 다양한 유희에 참가하기 이전에 상류 사회의 정숙한 프랑스 여성들로서, 세상 물정 모르는 처녀들로서, 혹은 중년여성으로서 그 부인네들은 삽화를 보기 이전에 우선 부부생활의 비밀을 경험으로 배우거나 밝히는 데 몰두하고 있었기 때문이다. 이리하여 18세기의 포르노그래픽한 여성용 학문적 안내서가 극히 상세한 성행위의 묘사에 전념하는 경우도 있었다.

그러면서 부부의 성생활을 대상으로 한 의학문헌은 그 무렵에 상황을 바꾸었다. 예를 들면 1770년 무렵에 베네트를 수정할 것을 목표로 씌어진 드 리냑의 저작에서는, 反아프로디테적인 기조가 전통의 수정을 꾀하고 있다. 즉 그 작품에서 쾌락은 사랑을 죽일 염려가 있다는 비난을 받고 있으며, 만혼이 장려되고, 에로틱한 홍분은 격렬한 비난을 받고 있다. 중세신학에 이어 이 진보파 의사는 욕망을 완화하기에 적합한 마약의 사용마저 권하고 있었다. 바타비아(자카르타)의 중국인들이 당당히 행하고 있었던 끊임없는 성교의 이미지를 고민하면서, 화가 난 리냑은 양성의 결합이 동물적인 것으로 왜소화되는 것을 바라지 않았다. 그는 옛날의 능력시험이나 이상체위, 혹은 사정을 지연시키는 방법 등과 더불어 과도한 성교에도 반대하였다. 이 개화된 다산지지자는 자연에서 사회 편으로 방향을 선회하였던 것이다. 그는 지식인들이나 소설을 읽는 독자들에 대항하여, 여름 동안은 성관계를 최대한으로 피하는 정숙한 결혼을 통해 성치료법을 강력하게 추천하였다. 이와 같은 절제는 결혼에서의 금욕을 칭송하는 랍비들의 오랜 격언과 일치하는 것이었다. 시민층 독자를 대상으로 한 계몽주의 시대의 성과학은 여성의 쾌락을 부정하고, 동시에 젊은이들의 성적 억압을 바라고 있었다. 스위스의 위대한 의사 할러(스위스의 생물학자. 생리학·해부학·식물학·발생학·시 및 과학적 문헌 등에 많은 기여를 한 실험생리학의 창시자이다)를 위시한 이 시대의 성과학은, 성애에 대한 열광으로 목숨을 잃기 쉽다는 사실을 젊은이에게 가르치고 있다. 서구의 일부일처제를 극히 자연스럽고 일반적인 능력의 한계 탓으로 여겼던 이 학자는, 1주일에 2회 이상의 성교를 정기적으로 되풀이하는 것은 불가능하다고 단정하였다.

청교도적인 생리학은 다양한 기질 사이의 오랜 구별을 유지하고 있었으며, 또 비라르와 함께 그 속에서도 특히 차디찬 우울질의 내성적 수치를 높이 평가했다. 그러면서 이 생리학은 부부간의 성생활에 이르기까지 인간과 동물 사이의 깊은 친화성을 강조했던 것이다. 우리 인류가 보다 많은 상상력을 움직여 육체적 사랑에 몸을 떠맡긴다 해도 인류의 성교행위는 동물적일 수밖에 없었다. 이미 몽테뉴에 의해 지적되었고, 새로운 생물학에 의해 크게 확장된 이같은 인간과 동물의 동일시와, 역시 결혼을 감정의 기쁨과 연결시키는 전통적 이상주의, 그리고 남녀 교섭에 얽힌 다양한 사회학적 현실과의 틈새에서 도덕적인 신학은 자신의 영역의 유지에 더욱 어려움을 느끼고 있었다.

그리스도교적인 결혼의 이론과 실제

서구 사회질서의 전통적 기반으로서 합법적인 양성의 결합은, 《신약성서》의 메시지나 초기 교회의 가르침을 통해 칭송 또는 멸시당하고 있었다. 예수·바울, 나아가 초기 교회의 교부들이 순결에 이어 정절에 의해 지켜지는 일부일처제의 종교적 가치에 호의적인 의견을 표명한 듯이 보였다 하더라도, 초기 그리스도교는 동시에 자발적인 처녀성과 독신의 정신적인 탁월함을 칭찬하는 강한 경향을 드러내고 있었다. 이러한 금욕적 경향은, 그리스도교적인 결혼에 명확하면서도 애매한 역할을 부여했다. 종족의 존속이라는 정상적인, 그리고 사회적으로 존중된 틀로서 그리스도교적인 결혼은 의연하게 축복받은 자가 천상에서 받는 미래의 지위를 그대로 묘사한 것으로서, 수도사나 성인 들의 생활보다 낮은 지위에 놓여 있었다. 알베르투스와 토마스 아퀴나스, 혹은 보나벤투라가 이룩해낸 부부 사이의 상호 애정이라는 이른바 신학적인 재평가는 중세 말기에 들어서서야 가능했다.

초기 교회의 교부들은, 성적인 목적을 생식과 순결의 유지로 한정한 결혼제도의 이론을 교회가 전개해 온 이래 그 이론을 줄곧 채용하고 있었다. 성 아우구스티누스는 400년에 어느 중요한 텍스트에서 남편과 아내 사이의 상호 원조를 첨부시켰다. ·

그리스도교는 따라서 고대와 중세의 문명 전체에 있어서와 마찬가지로, 이 연장된 결합을 부부의 고유한 성적이며 정서적인 욕구 충족과 연결시킬 것을 거절했다. 스콜라 철학이라는 새로움에도 불구하고, 反개혁적인 도덕신학은 신교의 도전에 직면하여 그리스도교적인 결혼 가운데 육체적 사랑의 위치를 분명히 해두어야 할 필요가 있을 때 특히 이 무기고를 사용하고자 했다.

17,8세기의 프랑스 그리스도교의 주요한 박사들은, 결혼에 있어서 의무의 달성을 우선 필요불가결한 종족 존속에 연결시키고자 했다. 1643년 네덜란드의 예수회 수사 마이야르 신부가 쓴 《훌륭한 결혼》은, 합법적인 성생활에 관한 이런 종류의 트리엔트 공의회 이후의 견해를 반영하는 우수한 한 폭의 그림을 제공한다. 성 아우구스티누스의 후계자인 이 수도사는 위험한 길에 들어선 세속

의 신자용으로 책을 썼으며, 부부의 끈이라는 신성한 본질을 그들에게 보증한다. 그는 또 그러한 독자들을 위해, 교회에 의해 장려된 결혼의 전통적 제 목적을 되풀이해서 강조하고 있다. 그러면서 이 예수회 수사에 따르면, 근년의 관능의 범람과 급속한 진행으로 야기된 여성의 노예상태에 의해 이러한 결혼의 전통적인 제 목적은 약간은 그 실질성이 손상되고 있었다.

그리스도교의 결의론은, 17세기 중반에 이르러 종전과는 달리 결혼관계에 대한 문제를 다루면서 명백한 어려움을 경험하고 있었다. 예를 들면 마이야르는 독신생활의 보다 높은 신성함을 강조하면서, 동시에 이론의 여지가 없는 결혼생활의 가치를 가르쳐야만 했다. 그러나 그 결혼생활에는 실로 많은 관능적인 충동이 포함된다. 이리하여 마이야르는 금욕적 이상이 불러일으키는 전통에의 회귀와, 남녀의 합법적 결합과 깊이 관련된 성애의 새로운 요구 사이에서 머뭇거린다. 기혼자들은 그의 저작에서 그들에게 모든 것이 허락되어 있지 않다는 것, 그리고 우선 육체적인 아름다움의 매력에 주의해야 한다는 것을 배운다. 그러나 동시에 그들은 신이 현명하게도 그들의 행복을 위해 생식의 영위에 쾌락을 첨부했음을 발견한다. 세속적인 고난과 속박의 장으로서, 그런 점에서 플라톤에 의해 칭송된 처녀성에 뒤지는 그리스도교적 결혼은 그렇다 하더라도 생식과 정절의 유일한 사회적 보증인 것은 변함이 없었다. 결혼의 옹호자는 거기서 거의 목가적인 결혼의 이미지를 만들어 낸다. 즉 가톨릭 남편은 자신에게 떠맡겨진 암사슴의 온화하며 상냥한 보호자로서, 아내와 함께 무엇보다도 성적인 혹은 그 이외의 과도한 행위를 피하자는 것이다. 이 중용에 대한 신중한 찬사는 결혼에 들어갈 즈음 사람들이 직면할 자기 구제의 다양한 위험과 아마 대응하고 있을 것이다. 정숙한 숫비둘기를 본떠 재혼을 하지 않고 악마의 유혹을 피했던 경건한 미망인은, 그녀 나름대로의 방식으로 처녀상태의 근본적인 우월성을 증명하고 있었다.

17세기 프랑스의 경건한 휴머니즘의 정신적 창조에 관한 브레몽의 광대한 조사에서 발견된 결혼에 얽힌 신비신학은, 이 부부관계의 종교적 열등성이라는 개념을 없앨 수 있는 것일까? 그것은 아무리 보아도 의심스럽다. 이 신비관은, 프란키스쿠스(1665년 성인으로 추증되었으며, 축일은 1월 24일. 로마 가톨릭 교회 제네바 주교, 교회박사)를 뒤이은 신자들의 눈에는 그리스도교적인 결혼의 가치를 복권시키는 데 도움이 되었을 뿐이다. 이 가톨릭의 대박사는, 자신의 《경건생활

입문서》 가운데 두 장을 부부에의 현명한 조언으로 할애했다. 그는 그 속에서 교회에 의해 성화된 사랑과 상호 신뢰에 기반을 둔 양성 결합의 사회적 유용성을 칭송하고 있었으며, 동시에 부부에게 과도한 쾌락으로 그것을 더럽히지 않도록 권유하기도 했다.

大플리니우스에 따르면, 실천된 부부의 절제를 칭송하고 있었던 이 경건한 사제는 부부의 성생활을 우선 동물적인 필요성과 바람직한 금욕이라는 각도에서 고찰한다. 우선 재혼하지 않은 미망인의 순결함과 정신적 결혼을 뜻하는 처녀들의 순결을 칭송하는 이 인물은, 어떠한 경우에도 관능적 향락의 동물적 추구를 특별히 힘주어 엄하게 단죄한다. 그는 더욱이 기혼·미혼을 불문하고 색정에 빠지는 것을 경계하고, 그리고 난잡한 감각으로부터 정절을 지킬 것을 가르친다. 따라서 이 가톨릭 성직자에게 있어서 가장 강력한 적은 부부침대에서도 가득 채워질 수 있는 기쁨이나 성적인 쾌락의 추구였다. 어디서라도 그리스도교적 이상은 위험한 색욕 형태인 육체적 요구에 대한 저항에 있었다. 프란키스쿠스의 후계자들은, 면밀히 조사된 결혼에 관한 교육서에서 해방의 기반을 찾아내는 브레몽의 낙관적 관점에도 불구하고 프란키스쿠스의 태도를 존중한다. 실제로 그들은 마이야르처럼 십자가의 길이라는 이미지와, 공식적인 기적이나 사회제도가 강요하는 변명 사이에서 동요한다. 축복을 받았으나 버림받은 우리 그리스도교도의 기혼자들은 아마도 경건하게 섹스를 행해야 했을 것이다.

17세기 말엽, 루이 14세의 프랑스에서 경건하면서도 세속적인 하나의 커다란 흐름이 공인된 쾌락을 죄의식 없이 누리기 위한 합법적 기회로써 결혼이 지니고 있는 미덕을 어쩔 수 없이 칭송하고 있었다는 사실은 인정될 만한 것이다. 그러나 종교적이지만 기묘하게 세속화된 이러한 정당화는 음탕함이나 이기주의와 싸울 때에만 이 천국으로 향한 길을 칭송하고 있었기 때문에 정직하게 말해서 약간의 허위적 울림이 없는 것은 아니었다. 새로운 가족예찬적 요소로 변형된 그리스도교적 부부애는 여기서 가정적인 행복의 단순한 하나의 성분이 된다. 그 이후부터 부르주아적인 가치로써 부부간의 성생활은, 많은 부부의 습관적인 역할에 따라 가정에서 일어날 수 있는 부부싸움을 진정시킨다는 목적을 제공한다. 이리하여 높은 곳에서 추락한 가톨릭의 도덕은 그 결혼관 가운데 정신과 육체의 상호적인 매력을 받아들였던 것이다. 가톨릭의 도덕은, 계몽주의의 여명기에 육체를 조심스럽게 서로 사랑하라고 요구하면서도, 상호의 기쁨이 없는 성교환은 이미 고려하지 않고 있었다.

그럼에도 같은 시기에, 엄격한 부르달루는 베르사유 궁정 신하들에게 부부생활의 어려움과 의무·위험 등에 관해 주의를 환기시키고 있었다. 그 시대의 상류 사회에서 결혼은 신비라는 관점보다는 참된 사랑과 전혀 무관한 돈을 위한 거래라는 관점에서 파악되고 있었음을 그는 잘 알고 있었다. 따라서 이 예수회 수사의 설교는 브레몽의 목가적 관점에 대한 뛰어난 해독제였다. 부르달루의 설교는 또한 가톨릭 교회가 난잡하면서도 깨끗하기도 한 성교의 종교적 본질을 항상 곤혹스러운 태도로 보고 있었음을 가르쳐 준다. 결혼을 좌우하는 사회적 조건이 귀족계급에 있어서는 불균형한 부부를 다수 낳고 있었으므로, 이 제도는 전통적 신학이 결혼에 부여했던 음란구제책이라는 역할을 거의 하지 못하고 있었다. 이같은 무질서의 한복판에서 부부의 행복은 이미 우연이라는 기독교적 형태의 은총에 의지할 수밖에 없다고 생각되었다.

가톨릭 진영은, 행복해지기 위해서는 어떻게 행동해야 하는가를 기혼자들에게 설명하는 일을 신에게 몸을 바친 독신자들에게 떠넘김으로써 사태를 더욱 복잡하게 만들었다. 종교논쟁의 급소로써 종교적인 독신생활의 필요성은, 신교 측으로부터 비판을 받고 있던 反개혁파에 의해 강력하게 재확인되었다. 反개혁파는 독일이나 스위스의 상당수 교구의 신자들이, 1580년 무렵에 그 지역 사제들의 동거생활을 정상적으로 간주하고 있었던 상황을 전체적으로 수정하는 데 성공했다.

이러한 성직자의 결혼을 지지하는 사람들 가운데는 생 피에르 신부 다음으로 오라토리오회 수도사, 그리고 국민공회의원인 고댕보다 앞서 교회참사원 데탕프 데포르주라는 기묘한 남자가 있었다. 그는 1758년 브뤼셀에서 신부들의 독신생활을 비난하는 책을 출판하였다. 이 책은 파리에서 야단스럽게 소각되어 버렸지만 곧바로 독일어로 번역되었다. 그는 이 책에서 경망스럽게 서원한 탓으로 동정을 강요당하는 꼴이 되어 버린 가톨릭 성직자들의 절망을 그려내었다.

이 문서는 갈리아니 신부가 루터로부터 루소까지의 내연관계에 있었던 그리스도교도들을 비웃는 한편으로, 카이사르에서 앙리 4세에 이르는 방탕한 영웅들을 칭송함으로써 조소 이상의 가치를 지니고 있었다. 실제로 이 문서는 성에 관한 사상 발전의 좋은 증언이 되고 있다. 결혼은 여기서 단순히 색욕에 대항할 수 있는 최선의 수단이 아니었으며, 불가피한 인간의 동물성에 대한 가장 건전한 무대가 되었다. 사제나 사교는 성서에 의해 성스러운 것으로 인정된 결혼이라는 인연으로 맺어짐으로써, 우선 종족의 보편적 사명에 따라 동시에 수치스러운 방탕을 피할 수도 있을 것이다.

완벽한 선동가로서, 자신이 바람직하다고 생각한 것을 획득하는 데 열중했던 이 교회참사원은 자신의 꿈으로 이 프로그램을 채색했다. 실제로 결혼생활의 현실은 오래 전부터 특히 서구 가톨릭 국가에서는 이미 그가 추구하던 제 항목과 합치되지 않고 있었다. 결혼제도의 위기는, 계몽주의적 시민 시대에 선행하든 하지 않든간에 그리스도교적 결혼제도의 옹호자들이 그것에 대해 구축했던 목가적 정경과는 이미 대조적이었다. 《7일 설화》(나바르의 작품, 1559년)가 보여주듯이, 16세기 초엽 이래로 그리스도교적인 결혼은 참된 인간적 성공보다도 오히려 필요한 성적 기분풀이라는 사회학적이며 법률적인 구도를 만들어 가고 있었다. 사람들이 자신의 내적 생활의 신비를 간파할 수 있는 정도에 따라 그리스도적인 결혼에는 현실성도, 격렬한 감정도 들어 있지 않다는 것이 증명되고 있었다. 그런데 교회는, 교회가 가족의 주요한 존재 이유로써 생식의 실천과 별개의 것으로 간주하던 관능적 사랑에 대한 혐오감을 피력하면서 이러한 심리적 파산을 조장했던 것이다. 거기서 민중들이나 우선 유력자들 사이에서 구색을 맞추기에 급급해 이루어진 결혼들의 수많은 실패와, 나아가 만연되고 있던 중혼의 실패가 유래되고 있었다. 앙리 4세 시대의 파리의 네거리에서는 이같은 나쁜 짓을 한 자들이 채찍질당하고 있었다. 또 1601년 5월에는 세 명의 아내를 거느린 성실한 남자가, 또 그 10년 후에는 새로이 두 개의 혼약을 한 중혼자가 거리에서 교수형에 처해지기도 했다. 이들의 처형을 구경한 피에르 드 레투알이 그의 벗들과 수집한 해학적인 이야기는, 격언 양식의 표현 속에서 결혼에 관한 비관적인 분석이 올바른 것이었다는 바를 증명하고 있었다.

이같은 비관적 결혼관은 탈망이 전해 주는 경구나, 프롱드의 난(프랑스 역사상 루이 14세의 미성년 시절에 발생했던 일련의 내란. 1648-53) 시대에 테오프라스트 르노도 공작*의 재혼—16세의 어린 여성과의—을 언급했던 보잘것 없는 간행물 속에 나타나 있다. 이와 같은 부부의 생태는 당연한 일로서 세간의 조롱을 받았다. 결혼의 배분을 지배하는 사회적 조건과 결부된 이러한 부부 생태는 그 배분에 대한 신용에 상처를 받고, 또 당사자 가족간의 합의가 성립된 경우에는 자주 이혼으로 유도되었다. 이리하여 플레셰는 루이 14세 시대의 오베르뉴 지방에서 결혼에 대한 존경보다도 성애에 대한 관심을 발견한다. 그리고 서구의 마을들이나 도시의 평민 지역에서는 결혼을 통해 홀아비 노인과 갓자란 처녀아이가 맺어지고, 혹은 돈 많은 늙은 여자가 젊은 녀석과 맺어졌을 때 그 지역의 대중들은 매우 노골적인 소란을 일으켜 이 어울리지 않은 부부를 조롱하게 되었다. 이 집단적인 불만의 표명은 신경질적인 아내라든지, 드물게는 난폭한 남편 때문에 성적인 부조화가 너무나도 역연히 드러나는 합법적 부부에게도 제재를 가할 수 있었다. 사회학자나 민족학자는 이 떠들썩한 볼썽 사나운 관습을, 이러한 결혼에 의해 그 지역이나 이웃의 결혼시장의 정상적인 균형을 어지럽히는 것과 연결시키고 있었다. 이 관습이 제도의 정상적인 움직임을 전력으로 복구하고자 시도했음에도, 주지하다시피 결혼이라는 제도의 신성한 성격 에는 거의 눈길을 주지 않았다.

* 1586(?)-1653. 프랑스의 의사·사회사업가. 프랑스 최초의 신문발행인으로서 프랑스 〈언론의 아버지〉로 간주된다. 1631년 리슐리외의 감독과 후원 아래 르노도는 《가제트La Gazette》(나중에 《가제트 드 프랑스La Gazette de France)로 개칭)를 창간했다. 이 신문은 정부에서 인가한 뉴스를 보도하는 주간지였다. 그는 죽을 때까지 이 신문의 편집과 출판에 종사했다. 1635년에 무료진료소를 설립하고 2년 후에는 프랑스 최초의 전당포 사업을 사무소 활동에 추가했다. 그가 벌이는 공공보건사업은 보수파의 의사 기 파탱이 이끄는 파리의 의사단체로부터 반발을 샀다. 1642년에 리슐리외가 죽고 그 이듬해 루이 13세마저 사망하자 1644년 르노도는 파리에서 의료업을 할 권리를 박탈당했다. 1646년에 루이 14세의 총리대신 쥘 마자랭에 의해 왕실 사료편수관으로 임명되었다.

그리스도교적인 결혼의 이론과 실천은 근대 유럽에 있어서 특히 종교개혁의 출현으로 격변하고 있었다. 그것은 동시대의 사람들이 서로에게 던지던 격한 비난의 말을 보면 잘 알 수 있다. 위그노들은 가톨릭 신부들에게 부과된 위선적이며 비인간적인 독신생활, 혹은 부부관계에 따르는 자세에 대한 고해사제들의 건전하지 못한 관심을 비난하였다. 가톨릭교도들은 칼뱅파 사람들이 보여 준 결혼에 대한 기묘한 모욕을 단죄하였다. 칼뱅파교도들은 배우자 중 한쪽이 장기간 부재한 경우 쉽게 그 결혼과 단절해 버렸기 때문이다. 이리하여 분단된 서구의 두 진영은 각기 미덕과 엄격주의를 자기 편으로 삼고자 했다. 로마의 적들이 로마의 성과학자의 대담함이나 로마 사제들의 방탕을 한탄하고 있었던 반면, 로마측은 이혼을 금지하고 이단보다도 훨씬 강력하게 처녀성에 대한 칭송을 떠벌여대고 있었다. 차츰 확대되어 가던 청교도적인 분노의 내면을 넘어서서, 그러면서도 합법적인 성생활에 관한 대립적인 두 가지 개념이 확인된다. 트리엔트 공의회 이후 가톨리시즘은 부부관계의 테크닉에 관해 대단히 수다스러운 언행을 떠벌여대면서, 그 테크닉을 하찮은 악으로만 파악하고자 했다. 반대로 프로테스탄티즘은 그리스도교도 부부의 전적으로 애정이 담긴 결합에 새로운 가치를 부여하였다.

성의 현실에 관해서 엄숙하면서도 대단히 과묵한 태도를 취하면서 대담한 행위에 두려움을 느끼고 있는 듯, 신교의 신학자들은 기본적으로 사도 바울을 찬양하고 있었지만 결혼보다 우월한 독신이라는 전통적 주제를 포기해 버렸다.

사람들은 오래 전부터 루터의 종교개혁이 그리스도교적인 부부 윤리에 가져온 근본적 변화를 강조한다. 자진해서 결혼하고, 그리고 결혼제도를 사랑의 표시로 또한 신자들의 생활의 중심에 위치시킴으로써 그 이전의 비텐베르크의 수도사는 교회 내부의 합법적인 성생활을 부활시켰다. 루터의 교의는 성적인 욕망과 원죄라는 종래의 관계에 충실하면서도 가장 관능적인 가족관계를 기준으로 삼아, 처녀성을 거의 상식 밖의 예외적인 것으로 인정함으로써 교부적이며 중세적인 입장을 역전시켰다. 생식의 신비와 여체의 아름다움에 대해 극히 구약성서적인 찬미자였던 마르틴 루터는, 그리스도교도에 대해 결혼 속에서 자연스러운 그렇기에 신성하며 보편적인 하나의 제도를 보여 주었다. 그러면서 그는 부부에 대해서는 절도 있는 성교를 권장하고, 또 동시대 대부분의 사람들과 마찬가지로 부부생활로부터 순수한 육체적인 사랑을 주저 없이 분리시켰다. 가톨릭 역사가인 어떤 이는, 루터가 본능의 힘을 인정함으로써 관능적인 정열을 해방시키고 정당화했다고 비난하였다. 그들은 이 작센의 박사가, 그 자신의 다산성 숭배에 있어서 당시의 심성이나 아우구스티누스적 형이라는 1천 년에 걸친 사색을 통해 이스라엘의 사라진 어느 전통과 일치시켰다는 것을 이해하지 못했다. 스스로 규범을 보여 주고, 또 스스로 가르침을 전파하는 가운데 순결이야말로 이상한 것이라는 사실을 인정할 용기를 보여 줌으로써, 그는 위그노들에게 양성의 합법적인 결합을 미덕으로 간주하면서 독신을 일종의 악덕으로 고려하도록 유도했던 것이다.

칼뱅주의는, 색욕이라는 관념에서 차츰 멀어져 가고 있었던 부부관계라는 개념을 더욱 합리화함으로써 이러한 경향을 밀고 나갔다. 실제로 제네바의 신학이 가톨릭적인 사고에 반대하면서 성생활이 원죄의 근원에 있다는 사실을 주의 깊게 피해 왔음은 자명한 것이다. 부부들의 기쁨에 있어서 상호 평등이라는 칭송과 결부된 육체의 이러한 反아우구스티누스적 복권은, 결혼의 종교적 의미를 변화시키는 새로운 도덕으로 도달했다. 결혼은 가톨릭교도가 그 결혼에서 원칙적으로 만날 수 있는 것, 즉 인간의 사회적 상태들 가운데 가장 바람직한 상태가 되었던 것이다. 개혁파의 중요 인물로서 취리히의 하인리히 불링거[스위스의 종교개혁자. 로마가톨릭 교회에서 개종한 후 울리히 츠빙글리를 돕다가 나중에 그를 계승했으며, 설교와 저술을 통해 스위스를 종교개혁으로 끌어들인 주요 인물이다]가 이윽고 이러한 생각을 설명하고 있었고, 이어서 1541년 이후에는 그것을 영국으로 소개한 토머스 베이컨이 아직도 사도 바울적이며 거의 중세적인 용어를 사용하면서 최대 다수의 인간에게 양성 결합이라는 태생적인 의무를 강조하게 된다. 그는 결혼을 이기적이며 사회적인 고독과 비교하여 칭송했으며, 성자들의 섬[아일랜드]의 새로운 그리스도교적 공동체에서는 자신의 의지에 의한 성적인 금욕은 이미 끔찍한 불임과 동일시되는 지경에 이르렀다. 영국은 특히 결혼제도에 있어서 이러한 이상화의 국가였다. 그럼에도 불구하고 영국에는 로버트 버턴[영국의 학자·작가·성공회 신부. 그가 쓴 《우울증의 해부》는 문체상의 걸작품인 동시에 진기한 정보의 보고이며, 당시의 철학과 심리학 이론들의 귀중한 색인으로 꼽힌다]과 같은 독신 박사들이 결코 적지 않았다. 그들은 다른 사람들이 부부의 성교에 의해 난음으로 떨어지는 다양한 기회를 지적하고 있었던 반면에, 오히려 결혼제도의 현저한 불편함을 강조했다. 그러나 17세기 초기에 《수상록》 속에서 결혼과 남성의 자유를 굳이 대립시킨 프랜시스 베이컨과 같은 인물이 있었음에도, 그의 동료들 대부분은 윌리엄 가우지처럼 성서적인 언어로 그리스도교도 아내의 매력을 노래했다. 〈연애하는 암사슴〉—그녀의 가슴은 남편이 기뻐하는 소중한 것들 중 하나였는데—은 온 몸이 달아 남편에게 달려가게 되어 있었다. 분명 프란키스쿠스는 신이 그들을 보호해 주었다는 이유로, 크롬웰에게 소중한 성자가 된 저 기묘한 신앙가들의 관능적인 격정을 전면적으로 인정하지는 않았을 것이다. 크롬웰은 청교도 박사들이 가정생활의 의무에 대해 쓴 일반용 제요의 가르침에 따라 부부간의 성교의 효력을 통해 자신의 개인적인 제 문제를 완화시켰다. 문자 그대로 서로 몸을 섞은 부부는 위그노적인 새로운 사고방식에 의해 신앙이라는 이름으로 완전한 애인들로서 행동하도록 요구되었다. 호민관[크롬웰]은 자기 자녀들에게 그리스도가 자신의 교회를 사랑한 것과 같은 정열로 그들의 미래의 아내를 사랑해야 한다는 것을 끊임없이, 그리고 열심히 강조하였다.

17세기 영국의 여러 지방의 합법적 성생활에 관한 최근의 전망은, 실제적 성생활이 겉보기와는 대조적으로 신학적 권고를 제대로 따르지 않았다는 사실을 보여 준다. 그러나 이들 그리스도교 부부들은, 부부간의 관계에서 결혼제도의 천상적 목적보다 부부간의 상호 만족에 신경을 쓴 것이 아니었을까 생각된다. 버지니아 출신 윌리엄 버드(버지니아의 농장주·풍자작가·일기작가. 영국령 미국 남부 식민지의 생활을 그린 작품들을 썼다)의 아내는, 1700년 무렵 그리스어나 이탈리아어의 책에 탐닉해 있던 남편을 성교를 위해 자주 침대로 유혹하곤 했다. 양성평등과 결혼이라는 허락된 쾌락의 성화에 대한 칼뱅주의적인 선교가 영국의 식민지적 결과로서 나타난 것이었다. 그럼에도 청교도의 결혼은 일부일처제로서 해소될 수 없는 것이었으며, 또 아내의 권리는 거기서 극히 한정되어 있었다. 영국의 신학은 근대 유럽의 다른 지역보다 매우 진전되었지만, 그래도 별거나 이혼문제에 관한 몇몇 기억할 만한 대논쟁이 벌어지고 있었다.

성서가 근친결혼을 금지한다는 오랜 해석에 따라, 새삼 국왕인 남편(헨리 8세)이 불행한 아내 아라곤의 캐서린*과 인연을 끊는 단서를 제공했던 영국 국교회는, 특히 간통을 구실로 하는 합법적인 결합의 해소에는 전혀 호의적이지 않았다. 16세기 이래 분리파 설교사들은 그것으로 국교회를 비난했다. 그러나 17세기의 혁명은, 대륙의 여러 가톨릭 국가들과 마찬가지로 이혼을 적대시한 법체제에 어떠한 변경도 허락하지 않았다. 청교도의 제 종파와 그 이론가들은, 이리하여 서구에서는 이미 사랑으로 결합하지 않은 그리스도교도의 부부를 위한 자유주의적 권리의 요구를 떠맡고 있었다. 1640년대의 사람들은 언제나 육체와 정신의 전적인 합치를 얻고 싶어하였으므로, 결혼이 일시적인 것이 될지라도 어쩔 수 없다는 입장을 밀턴(영국의 시인. 장엄문체와 사탄의 묘사로 유명한 대서사시 《실락원》의 저자로서 셰익스피어에 버금가는 대시인이다)의 이름으로 주장하고 있었다. 그럼에도 이 런던의 논객이 휴머니스트적이며 칼뱅파적인 전통 속에 위치해 있었으며, 장대한 성서풍의 시구를 스스로의 주장의 토대로 삼고 있었다는 사실에 관심을 가질 필요가 있다. 게다가 밀턴은 이 문제를 우선 남자로서, 나아가 남편의 이름으로서 다루고 있었다. 아내가 도망 가자 밀턴은 이혼요구서를 제출했으나, 그것은 일가의 주인이나 일족의 가장이 의연하게 살아 있는 가부장제도의 틀 안에서 가지는 강대한 권리가 있어야 비로소 정당화되는 성질의 것이었다. 그의 요구가 실패한 것은, 구체제 사회가 그리스도교적인 결혼 규정과 결부된 다양한 구속을 느슨하게 할 의도가 전혀 없음을 나타내는 것이다. 대부분 자기의 상대를 자유롭게 선택하거나 원할 때, 상대와 헤어질 수 없는 아내로서는 마치 감옥에 있는 듯한 느낌이었을 것이다.

그러면서 근대라는 시대는, 나아가 뻔뻔스럽게도 기혼여성의 해방보다는 오히려 그 남편이 여러 명의 여성을 향유할 수 있는 허락을 고안해 내었다. 16세기에서 19세기에 걸쳐 엘리자베스 왕조의 시나 마니에리스모 양식 그림의 몽상 속에 이미 그려져 있던 그리스도교적인 일부다처제 이론이, 성서의 말로 그럴 듯하게 포장되어 확산되어 가던 흔적을 수없이 발견할 수 있다. 두려운 최초의 혁명가들은 뮌스터의 재세례파* 사람들로서, 그들은 1534년 여러 명의 아내를 거느리는 종교적 가치를 선포했다. 이같은 독창적 견해는 그리스도교를 받드는 유럽 전역으로부터 강한 반발을 자아냈다. 그러나 그것이 절대로 방임주의나 난행으로 흐르는 경향이 되지는 않았다. 이들 장로들은 엄격한 청교도였기 때문이다. 그들에게 있어서 문제는, 그리스도와 함께 지상을 지배하도록 초대된 성인들의 생식을 용이하게 하는 일이었다. 그들의 혁신은 또한 루터파 개혁에 있어서의 고유한 신학적 순환을 통해 포장되고 있었다. 그러나 이것이 루터파 지도자들에게 적합한 것이었다 하더라도, 그들은 《구약성서》에 근거하여 그들의 정치적 우두머리들의 중혼을 정당화했다. 더군다나 1563년에 일부다처제의 옹호를 시도하였던 사람은 자유사상가가 아니라, 카푸치노 수도회(그리스도교 수도회)의 전 교구장으로서 가장 급진적인 프로테스탄트로 개종했던 경건한 베르나르디노 오키노였다. 이혼과 마찬가지로 이 영역에 있어서도 혁신적인 입장에 있었던 존 밀턴은 오키노의 주요한 후계자였다. 그는 17세기 중엽에 에제키엘(고대 이스라엘의 예언자·제사장. 《구약성서》〈에제키엘〉의 주인공이며, 이 책의 일부를 쓴 저자이다. 〈에스겔〉이라고도 한다)의 성구를 좇아 신 자신에게 重婚(중혼)의 경향이 있다고 하였다.

* (再洗禮派, Anabaptist) 16세기 종교개혁의 급진파, 혹은 좌파 운동에 참가했던 집단. 재세례파의 가장 뚜렷한 특징은 성인세례이다. 이 운동의 1세대 개종자들은 세례를 2번 받았는데, 그 당시의 법에 따르면 재세례는 사형에 해당하는 범죄였다. 재세례파 자신들은 세례를 2번 받았다는 사실을 부인했다. 그 이유는 자신들이 받은 유아세례를 신성모독적인 의식으로 보고 부정했기 때문이다. 그들은 죄와 믿음을 공개적으로 고백하고 성인세례를 받는 것만이 유일하게 타당한 세례라고 보았다.

알망 라이제라는 독특한 독일인은, 그 얼마 뒤 이 신성한 대의를 위한 선전에 전생애를 바쳤다. 일부다처에 관한 그의 실로 집착에 가까운 사상이, 1650년의 프랑켄의 사교들로 하여금 사제들의 결혼을 장려하도록 조종했다. 이것은 아마도 인구 위기에서 비롯되었을 것이다. 그의 저작은 벨[프랑스의 철학자·사학자. 그의 저서 《역사와 비판사전》(1697)에는 정통 그리스도교 신앙을 파괴하도록 교묘히 꾸며진 수많은 주석이 달려 있었기 때문에 로테르담의 프랑스 개혁교회와 프랑스 가톨릭 교회로부터 맹렬한 비난을 받았다]이나 몽테스키외의 깊은 관심을 끌어 학문적 논쟁의 불씨가 되었다. 이 부질 없는 기우로 인해 꼽추인 작센인은 독신이면서도 여성을 혐오하였다. 그러나 그는 그 생산적인 정열과 신학적인 엄격주의로서, 남편된 자는 아내가 임신한 것을 알았을 때 다른 여자를 찾아가야 한다고 생각하고 있었다. 물론 사람들은 그에 대해 일처다부의 존재와 함께 동양의 일부다처제가 가져온 심각한 무질서를 지적했다. 실제로 서구의 문명화된 계층은, 근대의 세계 발견과 함께 가장 다양한 제반 문명 속에서 여성들의 공유나 다처제에 대해 깊이 숙고하는 법을 배웠다. 그들은 이러한 매력적인 꿈을 통해 자신들의 이슬람식 유토피아를 가꾸어 나갔고, 그리고 18세기에는 인간의 자유화와 필요한 인구 증가에 관한 자신들의 전망을 키워 나갔다. 연애시인으로서 자유사상가인 대영주의 벗이기도 한 무신론자 베네딕투스 수도회의 수사 데샹은, 예를 들면 성적인 공산제에 찬성했다. 이리하여 계몽주의 시대의 몇몇 문헌에 따르면, 사람들은 일부일처제의 결점이나 내연관계의 이점에 대해 매일처럼 논쟁을 벌이고 있었다. 영국에서는 웨슬리[영국 국교회 성직자·복음전도자]의 오랜 제자들이, 그들의 행복관과 일부다처제적 실제를 결부시키면서 《성서》의 실례를 통해 이론적으로 일부다처제를 정당화하고자 시도했다. 《성서》의 고찰은, 이리하여 모르몬교도들의 놀랄 만한 시도로 끊어지지 않고 이어져 갔다.

전통적인 성질서에 대한 이같은 반항은 그러면서도 매우 소극적이고 개인적이며 한정적인 것으로 머물러 있었다. 구체제의 유럽 사회는 그 도덕적 제반 가치의 기초를 이루는 가족제도를 진지하게 고려하지 않았다. 여러 가지의 사고 방식이 진전됨에 따라 혼란이나 논쟁이 야기되고 있었음에도 불구하고, 근대는 비합법적이라고 간주하는 사랑의 표현이나 고백을 둘러싼 억압적 틀을 강화시키기에 이르렀다. 1650년의 혁명 시대의 영국에서 자유결혼을 지지하던, 이른바 렌터파(Ranters)의 요구는 예외적인 것이었다. 그같은 요구를 수반하는 사회적 동요의 한복판에서, 그밖의 유명한 사상가들 가운데 가장 급진적인 사람들조차도 영속적인 일부일처제에 원칙적으로 충실했다. 마찬가지로 라이프니츠는 그리스도교적인 결혼과 중국의 축첩제도가 하나의 같은 도덕적 평면에 위치한다는 사실을 알고 있었지만, 아시아와 아프리카 혹은 미국에 파견된 예수회의 수사들은 서구의 편견을 따르자면 그리스도교로 개종하는 데 있어서 다양한 장해 가운데 이론적으로 혐오스러운 일부다처제에 대한 원주민들의 애착에 어려움을 겪고 있었다. 가장 견고한 서구적 편견들 중의 하나는 하렘의 방탕이나 다양한 매춘, 혹은 동성애를 조장하는 이방 사회의 고유한 에로티시즘을 마주 대하면서 갖게 되는 일종의 도덕적 혐오감 속에서 드러난다.

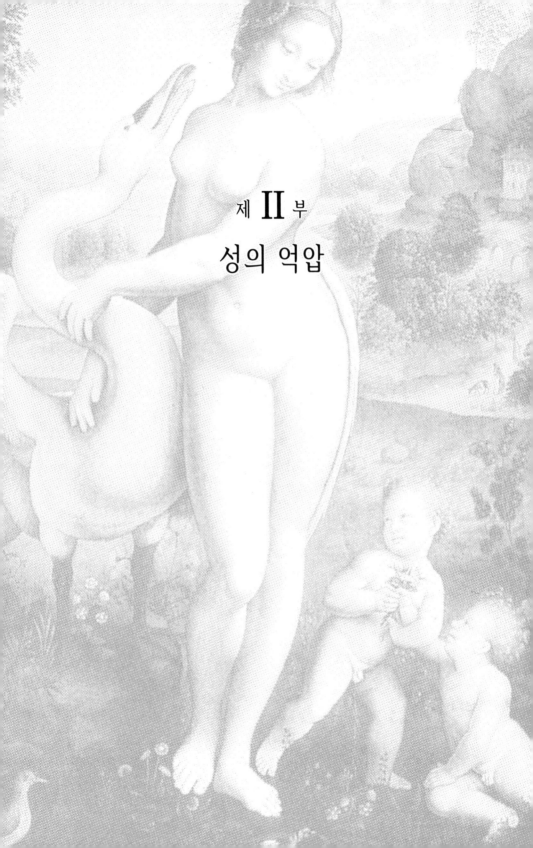

제 **II** 부

성의 억압

3
육체의 단죄

신학의 가르침과 육체 혐오

敎典(교전)의 종교인 그리스도교는, 존재의 의미 그 자체를 만인을 위해 밝힌 몇몇 성스러운 텍스트에 대한 존경심을 근대 유럽인들에게 끊임없이 불어넣어 왔다. 중국 문명이나 이슬람 문명과 마찬가지로 전통에 매인 이들 서구 문명의 고전은, 분명 성서와 그 주석자인 교부들의 결정적인 영향 아래 있었다. 그 성전에 포함된 성에 관한 메시지를 구체제하의 설교사들이 해석한 바로는, 그 성적인 메시지는 해방적인 기쁨보다는 오히려 다양한 금지사항을 강조하고 있다. 이같은 신학적인 경향이 그리스도교 세계의 풍속을 숨막힐 듯이 짓눌렀다. 특히 인도인이나 아프리카의 흑인과는 달리, 그리스도교 세계의 신학자나 신자들은 性(성) 속에서 신성한 것을 보는 경우가 매우 드물었다. 오히려 그들은 거기서 악의 표시를 즐겨 찾아내고 있었던 것이다.

《구약성서》의 서두에 실린 《레위기》의 가르침은, 성적인 교섭을 엄청난 부정의 위협 아래 위치시키고 있다. 부정은 우선 여성의 월경과 관계가 있으며, 그것에서 끊임없이 몸을 지킬 필요가 있었다. 이러한 훈계가 신자들에게 다양한 근친상간의 금기를 가르치고 있었으며, 올바른 신앙생활을 하려면 합법적인 이성간의 결합만이 옳다고 주장하였다. 한편 그 훈계는 간통한 유부녀와 근친상간·동성애·獸姦(수간)을 범한 자에게도 죽음을 약속하고 있었다. 그리스도교의 자비심도 《구약성서》에 있는 가족생활의 개념에 연결된 이 오랜 유습을 결코 제거하려 하지 않았다. 이러한 저주의 한편으로 《신명기》에서는, 이스라엘인과는 무관한 간음의 유혹을 뿌리치고 처녀의 몸으로 결혼한 아가씨에 대한 칭송이 나타나 있다. 《민수기》는 부정한 여인으로 고발된 이들이 〈쓰디쓴 저주의 물〉을 통해 자신의 몸의 결백함을 증명하는 무서운 이야기를 매우 흥미로운 한 장에 할애하고 있다.[민수기 제5장] 또 일단의 소돔인들에게 욕을 당함으로써 죽음에 이르게 된 레위인의 첩에 대한 광경[사사기 제19장]이 장 자크[루소]와 같은 성적 환자에게 제공된다. 이렇게 불타는 듯한 페이지들 여기저기에서는 정당한 정액에 의한 파종을 제외하고, 부정한 면만이 강조되고 있을 뿐이다. 필시 그 결과로서 사드[〈새디즘〉이란 용어를 낳은 성애문학의 저자]라는 용어가 거기에서 비롯되었을 것이다.

그러면서도 《구약성서》의 성윤리는, 서두의 《창세기》부터 인간으로서 여성의 가치를 강조하고 결혼에서의 성애에 대한 가치를 공공연히 인정하고 있다. 正經(정경)의 세번째 부분에 속하는 것으로 《아가》는, 출산을 조금도 고려치 않으면서 오로지 사랑의 기쁨을 노래한 것으로 유명하다. 원래 《구약성서》가 그리는 일부다처의 남존여비 사회에서는, 동시에 노골적인 여성 기피나 설령 정상일지라도 성행위에 대한 경원이 나타나 있다. 예를 들면 《요한계시록》은 여성을 인류 재앙의 주된 요인으로 간주하고 있다. 또 《요한계시록》은 부정을 정화시키는 의식에 관한 간단한 가르침에 덧붙여 욕망과 죄는 끊어낼 수 없다는 사고를 가져다 주었다. 이리하여 그리스도교는 색욕이 더할 나위 없는 악이라는 분위기 속에서 성장했던 것이다.

그리스도교가 그러한 흔적을 남기고 있는 것은 분명하다. 그리스도교는 모세의 율법보다도 사랑에 대한 종교적 성격이 더욱 강함에도 불구하고, 그토록 많이 언급되는 사랑이라는 말을 엄밀하게 정의 내리고자 하지 않는다. 특히 《신약성서》에서 떠오르는 성관은 어느 종류의 성관계를 노골적으로, 또 암묵적으로 책망하려는 태도와 결혼의 신성화가 복잡하게 뒤엉켜 있다. 그리고 여기서 결혼은 예수와 사도들이 찬양한 순결보다도 가치가 낮은 것으로 되어 있다. 천상의 행복으로 향한 길은 금욕주의와 관능의 포기에 이르는 길인 듯하다. 사도 바울은 독신생활의 장점을 분명하게 칭송하고, 이 방향을 더욱 바르게 재단해 보였다. 그렇지만 그리스도교의 신학은 결혼의 가치를 인정하고 있었다. 이 신학은 불법한 남녀관계와 대립시킴으로써 부부관계를 신성화했으나, 그 부부관계를 생식과 밀접하게 연결시키지는 않았다. 원래 이처럼 부부간의 육체적 의무를 인정하는 것은, 첫번째로 다른 온갖 형태의 남녀관계를 비난하는 것이었다. 거기서 〈아담의 타락〉·〈정욕〉·〈성적 범죄〉의 필연적인 연관이 생겨나고, 그것은 역사를 통해 사라지는 법이 없었다.

그 중에서도 초기 교회의 교부들이 이 결합을 조장했다. 그들은 순결의 우월성을 끊임없이 역설하고, 공인된 성생활조차 기껏해야 인류의 존속에 도움이 되는 범위 내에서의 필요악에 불과하다고 생각했다. 또 본능적 충동에 대비하여 순결과 금욕이 지니는 지고한 가치를 역설했다. 이런 점에서는 성 아우구스티누스조차 교부신학의 틀을 벗어나지 못할 것이다. 원래 마니교도(청년시절 오로지 쾌락을 추구하여 11년간 어느 여자와 동거하였다)로서 그의 약간 다른 점은, 성교섭의 신성화를 부정하기 위해 더욱 강한 노력을 했을 정도이다. 그는 부부생활에서도 성교섭을 자손을 남기기 위한 수단으로밖에는 보지 않았다. 그가 최종적으로 정욕의 추구와 연결되는 번뇌를 가차 없이 비난한 것은 이 때문이다. 그리하여 펠라기우스주의*에 대한 그의 논쟁은, 바울의 편지를 근거로 원죄를 성의 관점에서 해석하는 길을 확립하였다. 결국 그리스도교 신학자들 대부분이 채용하였던 이러한 입장에 의하면, 생식기나 성교를 생각하는 것만으로도 그것은 양심의 상처를 의미하는 것이었다. 이같은 태도는 사랑에 따라붙는 육체적 측면을 악의 영역으로 몰아내게 되었다.

* 영국의 수사 펠라기우스와 그의 추종자들이 가르친 그리스도교 이단. 인간 본성의 선함과 인간의 자유의지를 강조했다. 펠라기우스는 그리스도교도들 사이에 만연해 있는 도덕적 태만을 걱정했으며, 자신의 가르침을 통해 그들의 행위가 개선되기를 원했다. 인간이 약하기 때문에 죄를 지을 수밖에 없다고 하는 사람들의 주장을 거부한 이들은 하나님은 인간이 선과 악 사이에서 자유롭게 선택하도록 했다고 주장했고, 따라서 죄란 한 인간이 하나님의 법을 저버리고 자발적으로 범한 행위라고 했다. 펠라기우스의 제자인 켈레스티우스는, 원죄에 대한 교회의 교리와 유아세례의 필요성을 거부했다. 히포의 주교인 아우구스티누스는 펠라기우스주의를 반대했는데, 그는 인간이란 그들 자신의 노력으로는 의에 도달할 수 없고 온전히 하나님의 은총에 의지해야 한다고 주장했다.

이러한 자세는, 예를 들면 서구의 중세 · 근대를 통틀어 굴지의 책으로 군림하였던 《신국》(아우구스티누스의 대표작. 모두 22권으로 되어 있으며, 서구 사상의 금자탑이라 할 수 있다)에서 시종일관 나타나고 있다. 이 책에서는, 정욕이 낙원에는 존재하지 않았던 성교에 대한 수치심과 특히 긴밀하게 연결되어 있다. 아우구스티누스가 상상하여 그린 에덴 동산에서 사람들은 나체로 살았지만, 처음에는 정욕을 알지 못했으므로 죄도 존재하지 않았다. 이 엄격주의적인 총론은 중세를 거쳐 구체제하의 서구 신학자들에게 계승되었다. 이런 점에서 성 아우구스티누스가 해석한 사도 바울은 그들에 대한 고백성사와 설교, 그리고 교육을 통해 16,7세기를 이해하는 데 매우 중요한 인물이 될 것이다. 바로 우리들의 세기를 이해하는 데 있어서 레닌이 해석한 마르크스가 중요한 것과 같은 예이다. 근대 서구인은 성에 대해 비관적이었으며, 그것은 우선 교회가 몇 세기 전부터 신

양심을 인도하면서 금욕주의적 지향에 연결시켜 왔기 때문이다. 교회는 쾌락을 경계하고, 쾌락을 죄의 단서라고 생각하였다. 한편 중세의 박사들은 죄의 전파를 생식기의 탓으로 돌리기조차 하였다. 성에 관한 전통적인 그리스도교의 신학은 성교에서 볼 수 있는 동물성을 적대시하였는데, 이 신학은 동정의 지고한 가치와 영원한 금욕이라는 이상에 사로잡힌 독신 사제들에게 바람직한 것이었다. 이 이상은 로마의 성직자들 스스로가 말하고 있듯이 분명 극히 소수의 선발된 인간만이 가능한 것이었다.

이같이 순결을 칭송하는 한편, 육체적 쾌락에 대한 집착이 그것이라고 생각되는 번뇌를 비난하는 태도가 아우구스티누스의 영향에 의해 파스칼 시대 가톨릭의 나라 프랑스에 다시 나타났다. 파스칼은 육체를 악의 원천으로서 증오했다. 원래 근대의 서구에 부활한 신앙심은, 종교개혁 초기부터 이미 불법적인 성관계에 대한 엄격한 금지를 행하고 있었다. 1530년 샹파뉴의 기록에 나타나 있는 프랑수아즈 아무개라는 여성이 그 좋은 예이다. 그녀는 장 드 리에주의 아내이면서 리샤르 아르눌의 애인이었다. 그렇지만 그녀는 낙태한 네 아이의 부친이었던 남편에게 버림을 당했다. 그녀가 교회에서 돌아오는 길에 애인에게 몸을 맡겼던 것은, 배가 고파 죽을 것 같은 그녀를 단순히 그가 구해 주었기 때문이다. 그러나 냉혹한 교회재판관들은, 그녀에게 리샤르와 마찬가지로 2개월의 징역형과 수 개월의 감식형을 선고했다. 유럽의 북부에서는 르네상스와 함께 성범죄의 두려움과, 그에 대한 불가피한 벌이 새로이 강조되기 시작했다. 네덜란드의 경건하고 청교도적인 환상적 화가 히에로니무스 보스만큼 신교의 폭발적인 발전 이전에 이같은 움직임을 힘차게 표현한 인물은 없다.

《쾌락의 동산》'의 작자는, 나체주의를 신봉하는 이단의 다소 신비로운 대변자 정도의 수준이 아니라 설교나 책에서 죄 많은 인류에게 지옥의 고통을 알리는 종교적인 태도를 정통적으로 대표하고 있었다. 따라서 이 예술가의 나체교 (Adamites. 아담을 본떠 나체를 존숭하는 이단. 2세기, 15세기에 융성했다)와 연결지어 볼 수 있는 특이한 세계 속에서는, 나체교의 성적인 난맥과 관능적인 에로티시즘에 대한 공감을 전혀 찾아볼 수 없다. 자신의 작품이 오늘날 자유방임의 현대 사회에 고유한 성적 치료법과 동일시되고 있다는 것을 알게 된다면, 이 화가는 매우 놀랄 것이다. 실제로 노트르담 신앙회의 경건한 회원이었던 보스는, 정신적인 면의 유무를 불문하고 당시의 온갖 자유사상가들의 견해와는 관계가 없

보스의 《쾌락의 동산》

었으며, 펠리페 2세 등에게까지 그의 작품이 팔려 나가고 있었다. 보스는 리비
도의 변호인이라기보다는 그것을 적대시하는 태도를 보이고 있었다. 그는 그리
스도교의 전통에 충실한 리비도가 원죄의 근원이라고 생각했다. 그에 따르면
악마가 바로 무의식계로 들어가는 입구의 열쇠를 쥐고 있었다. 동시대의 성직
자들과 마찬가지로 보스 또한 악의 최고 모습의 하나로서 성의 황폐화를 그렸
던 것이다.

* 보스의 가장 성숙한 시기의 대표적 작품인 《쾌락의 동산》은 여자의 창조, 최초의 유혹, 그리고 타락으로 이
어지는 세속적 낙원을 보여 주고 있다. 쾌락을 좇는 사람들을 괴롭히는 꿈과 육욕을 아름답고 어지럽게 묘사
하고 있는 이 그림은, 그의 도상학적 독창성을 유감 없이 드러내고 있다. 특히 이 시기의 그의 그림에 나타나
는 주된 특징은 환영적이고 꿈 같은 분위기로서 무게 없는 유령들이 멀리 떨어진 풍경 속에서 떠다니는 것처
럼 보이며, 모든 요소들이 어우러져 완벽하고 조화로운 전체를 이룬다.

귀족적인 사랑의 광기가 색욕의 위험을 상징하는 이 중세적 환상세계는, 욕망

보스의 《쾌락의 동산》(세폭제단화의 중앙 패널)

에 빠진 남녀에 대한 성직자들의 단죄와도 신학적으로 궤를 같이한다. 제바스티안 브란트(독일의 풍자시인. 15세기 독일 문학작품 가운데 가장 유명한 우화 《바보들의 배》로 잘 알려져 있다)에서 에라스무스(네덜란드 출신의 인문주의자. 《우신예찬》)에 이르는 신앙심이 두터운 인문학자들이, 1500년 무렵 쓴 교훈적인 풍자서에도 이러한 남녀가 나타난다. 그래서 개혁파의 그리스도교는 숙연한 분위기 속에 있었다. 거기에서 방탕자를 기다리는 것은 갖가지 지옥의 고통이며, 방탕의 쾌락과 천국의 기쁨은 양립되지 않는다고 생각했다. 그것이 바로 보스가 묘사한 것이다. 그는 교회의 설교를 듣고자 모여드는 사람들의 俗信(속신)을 예리하게 파악하고 있었다. 거기에서 〈최후의 심판〉이 가까워졌고, 반드시 찾아오는 그 심판에서 육욕에 빠진 자는 지옥에 떨어진다고 끊임없이 이야기되고 있었다. 《건초 수레》와 《쾌락의 동산》은, 승리를 뽐내는 죄의 행렬과 함께 악마가 생각해 낸 모독적인 성애와 그 거짓된 매력의 행렬이기도 하다. 그렇기에 〈동산〉의 중앙에서 북적거리는 나체의 연인들은, 성행위와 그것을 에로틱하게 상징하는 것을 찬미한다기보다 단죄하는 역을 맡고 있다. 왜냐하면 일견 목가적인 성의 마력이 인간들을 악마의 품안으로 날아들게 하기 때문이다. 초현실주의적 몽상이 드러난 그의 작품도, 실제로는 성교나 육체의 유혹이라는 최대의 위험을 적대시하는 중세 성직자들의 신학상의 표징을 지니고 있다. 보스와 같이 근대 유럽 전체가 설교단이나 책에서 같은 가르침을 열심히 되풀이할 것이다.

신앙심이 두터운 이 세기들에 행해진 엄청난 설교를 들어도 같은 것을 알 수 있다. 물론 그들이 설교하는 도덕주의가 시대의 사회적 현실을 그리고 있지 않은 것은 분명하다. 그러나 종교개혁의 전후를 불문하고 가톨릭과 프로테스탄트, 유럽의 남북에서 당시 그리스도교 설교사들에게 빠뜨릴 수 없었던 임무의 하나는 욕정에 의한 광란과 색욕의 어리석음을 변함 없이 격렬하게 개탄하는 일이었다. 주지하는 바와 같이 15세기에는 이탈리아의 프란체스코 수도회 수사인 카피스트라노의 성 요한이 독일을 행각하면서, 지롤라모 사보나롤라*는 피렌체에서 이러한 수도승적인 웅변으로 성공을 거두었다. 구체제 문화의 온갖 설교단에서 이러한 종류의 웅변이 지치지도 않고 되풀이되고 있었으며, 당시의 윤리와 종교의 대가들이 이론상으로는 성의 죄를 역시 가장 중요시했음을 알 수 있다. 그들은 사교계의 여자들과 미모와 부의 혜택을 누리면서 요염하게 놀기만 하는, 바로 악마의 불화의 씨인 여자들에게 그 책임을 떠넘기려는 경향이 있었다.

많은 예 가운데서 1643년의 선량한 예수회 수사 마이야르 신부의 경우를 살펴 보자. 원래 그의 교단을 엄격주의와 여성 멸시의 전형으로 볼 수는 없다. 그러 나 이야기가 성의 위험에 미치면 곧장 이 대웅변가는 그것을 멈추는 법이 없었 다. 그는 세상의 모든 여성용 화장분에도 견줄 수 없을 정도로 소중한 여성의 수치심을 옹호하면서, 게으름이나 수다와 함께 여성의 명예를 더럽히는 색욕을 격렬하게 공격한다. 남성의 우월성과 부녀자의 복종의 의무를 확신하는 이 17 세기의 수사는, 역시 성 아우구스티누스로부터 의복에 대한 예찬을 배우고 있 다. 의복은 우리 시조들의 육욕에 대한 반항 이래로, 부끄러운 존재가 되고 만 짐승 같은 우리의 나체를 감싸 주는 것이다. 원래 그는 유행이 가져오는 여성의 의상을 보고 개탄하지 않을 수 없었다.

데콜테

근대 설교사들에게 있어서 사교계의 의상 은 쾌락과 오만의 도구로서 항상 악의 상징 이었다. 우선 음란한 데콜테(décolleté, 가슴 과 어깨를 드러낸 야회복)의 등장으로 숙녀와 창녀와의 구분이 없어졌다. 거기서 교회는 이러한 흐름 가운데 성서의 이름으로 이같 은 나체의 과시를 간통이나 호색과 동일시 했다. 교회를 대표하는 수사들은, 지체 높은 사교계에서 늘상 접하는 사람들의 의상을 가리켜 아주 고지식하게 〈괴물과 같은〉·〈악 마적인〉이라는 표현을 사용하였다. 이러한 태도는, 분명히 과장된 말 저편에 육체에 대 한 공포와 혐오를 간직하고 있었으며, 그 편 린은 타르튀프가 도린느에게 한 충고*에서 도 알 수 있다. 그렇기에 가톨릭 수사들의 책이나 회화에서는 육체를 경계하고, 거기서 발견되는 죽음의 표징으로 육체를 증오할 것을 가르치는 이야기가 온통 다양하게 씌어져 있다. 상류 사회의 시각에서는 죄가 되지 않으나 성직자들의 시각에서는 죄가 되는 화장이나 장신구를 더러운 것으로 공공연하게 비난하면서, 그들은 즉각적으로 보복을 하고 있었다. 전통에 충실한 그들의 도덕지상주의는 여성에게서 가장 위험하기 짝이 없는 뱀을 찾아냈는데, 거기에는 순종하는 암사슴으로 만들고자 하는 性(성)에 대한 교부신학의 사고가 뒤얽혀 있었다. 사교계의 아가씨들과 귀부인들·미망인들의 모습에 대한 그들의 혐오는 거기서 비롯되는 것이다. 남자들과 매우 정답게, 노골적으로 이야기하고 자신들의 요염한 모습을 수치심도 없이 드러내는 숙녀들의 태도는 자연에 반하는 것이 아닌가? 선량한 사제들은 거기에 지옥의 입구가 있다고 진심으로 생각하고 있었다. 그들의 모든 정절관은 우선 실수를 야기하는 최초의 원인으로써 멋부리기에 대한 비난에 집중되었다. 예를 들면 포르루아얄 수도원(17세기의 은총의 교리에 대하여 많은 논란을 불러일으킨 견해(얀센주의)를 내놓은 것으로 유명한 수도원이다)의 수녀들은, 〈모두가 구더기 밥이 될 육체를 장식하는 데〉 시간을 지나치게 허비하지 않도록 되도록 빨리 머리를 빗고 옷을 입어야만 했다. 1701년 4월 6일, 사교 카뮈 추기경을 둘러싼 그르노블의 고해사제들은 역시 성의 퇴폐가 가져다 주는 위험에 대부분의 주의를 쏟았다. 그들은 특히 그 위험을 우스꽝스런 연극에 등장하는 〈음탕한 대사〉나 〈천박한 몸짓〉과 연결시켰으며, 그러한 연극을 요란스럽게 비난하면서, 그 연극에 출연하는 배우들을 파문하고 파렴치한으로 치부하였다. 이러한 도덕기준의 고취자로서 이 얀센주의(Jansénisme)의 사교는, 고리대금업이나 도박과 함께 여성의 드러난 가슴을 그리스도교의 도덕에 있어서 가장 심각한 위협으로 간주하고 있었다.

* 몰리에르의 《타르튀프》 제3막 제2경.
타르튀프 (호주머니에서 손수건을 끄집어 내며) 아아! 원컨대, 이야기를 시작하기 전에 이 손수건을 받아 달라고 하고 싶소
도린느 네?
타르튀프 보기만 해도 숨이 막힐 듯한 그 가슴을 감춰 주시오 그러한 이에게서 영혼은 상처를 입고 죄 깊은 생각이 용감히 일어나는 것이오
·다른 어떤 작품보다도 몰리에르를 곤경에 빠뜨렸던 이 희곡의 주제는, 한 지방의 위선자가 그의 여주인을 유혹하는 것을 보고 얻은 듯하다. 작품의 3가지 형태 중에 마지막 것만이 전해진다. 1664년 왕 앞에서 공연되었던 첫번째 《타르튀프》는 3막으로 구성되었는데, 부르주아 가정에 들어간 철저한 사기꾼에게 주인이 자기 딸을 주고 자신의 아들에게서 상속권을 빼앗는다는 이야기이다. 당시에는 세속의 신앙지도자들이 가정에 자리 잡고 생활을 훈계 지도하는 것이 흔한 일이었다. 이 〈성스러운〉 인물은 고용주의 아내와 정사를 벌이다가 발각되자, 거창한 자기비난으로 위신을 회복하고 주인을 설득해 자기를 용서하게 할 뿐 아니라 가능한 한 자주 아내를 돌볼 수 있게 만든다. 몰리에르는 이 주제에서 훨씬 더 큰 희극적 가능성들을 엿보았던 듯 5막으로 확대했는데, 오늘날 남아 있는 5막짜리 《타르튀프》는 2개의 유혹 장면을 포함하며, 타르튀프 자신의 희극적 역설(비인간적이리만큼 금욕적인 체하면서 실제로는 극히 인간적인 난봉꾼이라는)로 흥미를 옮기고 있다. 신심 깊은

엄격하게 순결을 추구하는 이러한 강박관념은 원칙적으로 근대 서구의 그리스도교를 놀라울 정도로 억압하고 있었다. 그런 의미에서 이 종교가 에로스를 악덕으로 바꾸고, 즐겨 육체를 경멸하고, 육체의 기쁨보다 괴로움을 칭송했다는 니체의 말은 사실이다. 우리들과 나의 몸에 채찍을 가했던 성자들의 존재가 그것을 뒷받침해 주고 있다. 사드의 시대 이전에도 그리스도교의 공식기록은 채찍으로 순교한 자, 고통을 편애하는 자로 흘러넘치고 있었다. 신을 위해 자신을 괴롭힌다는 종교체제를 취한 이러한 히스테리, 신을 위해 자신에게 가하는 이러한 고통에 대한 애호는 아마 성서에 있는 성에 대한 증오심과 결부시켜 생각할 필요가 있을 것이다. 예수가 환관제도를 칭송한 이래, 거세는 경건하고 전통적인 서구 문명에 있어서 일종의 理想(이상)을 나타내는 것이었다. 구체제하의 수많은 그리스도교인들이 이단자를 고문하면서 느꼈던 쾌락 속에, 이러한 병적인 관심이 어느 정도 깃들어 있는 것이 사실이다. 그렇지만 그들의 억압적인 새디즘은 성범죄의 처벌을 수행하는 그들의 열중된 모습에서 더욱 분명하게 나타나고 있다. 그렇다 하더라도 성범죄에 관계된 심문기록에서 볼 수 있는 성에 대한 증오를 과장할 필요는 없다.

그러나 종교의 엄한 가르침이 더욱 엄격한 것으로 왜곡됨으로써, 육체와 극히 자연스러운 그의 움직임에 대해서까지 실로 병적인 증오가 생겨나고 있었다. 예를 들면 17세기의 프랑스에서는, 풍속 개화의 진전이 청결에 대한 우스꽝스럽고 허풍스러운 편집증과 결부되어 있었는데, 이러한 편집증은 불행한 결혼을 한 상류층 여인들에게 있어서 육체와 그 허약함에 대한 강박관념이 뒤섞인 공포를 드러내고 있다. 예수회의 저명한 설교사 부르달루가 루이 14세의 궁정에서 그녀들에게 설교한 것도 그러한 공포에 대해서였다. 좌절과 부정을 경계하는 그의 설교는 사교계의 쾌락 추구 풍조를 격하게 비난하고 있었다. 호색적이고 음란한 탕아들은 끝없는 쾌락을 찾아다니고, 마침내는 악마의 품안으로 뛰어든다. 탕아들의 마음에 드는 상대로서 인기 있는 여자들은 이 예수회 수사의 눈에는 나체와 같은 존재였으며, 그녀들의 극히 천진스러운 몸짓과 말조차도 자신도 모르는 사이에 악마의 노예가 되어 있었다. 이같은 여성 혐오가 근대 가톨릭의 설교를, 귀족의 금욕주의라는 생각조차 할 수 없는 찬사로 바꾸어 놓았다. 이리하여 설교는 단순한 사교상의 놀이조차도 영혼의 타락과 동일시하는 종교적 견해를 충실히 따르고 있었던 것이다.

그렇기에 反종교개혁은, 그것이 성공했을 무렵 교부신학이 말하는 순결이 가지는 우위를 엄밀히 존중하도록 더욱 강하게 요구하고 있었다. 순결을 열렬하게 추구하는 사람들은 남녀의 동석에 뒤따르는 불상사를 경계하도록 부모나 교사에게 가르치고 있었으며, 성애야말로 사회 혼란과 도덕 파탄의 주된 원인이라고 결정했다. 후광으로 둘러싸여 있는 듯한 이들 독신 성직자들에게 있어서 부도덕한 성은 차츰 신의 모독죄의 전형이 되는 지경에 이르렀으며, 그리스도교에 대한 교화의 전망은 특히 여성의 경우 처녀성의 보존과 연결시켜 고려되고 있었다. 또 반대로 그들은 불법적인 성의 쾌락 속에서 소수의 선발된 자들과 함께 지옥으로 떨어지는 무수한 사람들을 발견했다. 육체의 이끌림에 대한 아우구스티누스적인 이러한 증오는, 정열의 유린에 대한 고전적인 비난과 뒤얽혀짐으로써 희극적인 우스꽝스러움을 드러낸다. 1715년 브뤼셀에서 출판되어 남녀 교섭에 깃든 위험을 그리고자 했던 드루에 드 모페르튀의 신학상의 저작이 바로 그 일례이다. 얀센주의적 인생관으로 방향을 바꾸었던 그는, 계몽주의 시대 프랑스 가톨리시즘의 일대 조류를 분명하게 보여 주고 있다. 그것은 결혼, 아니면 남녀의 체계적인 분리 위에 가장 확실한 신앙심을 구축하려는 조류였다. 성서와 교부의 가르침이나 세속적인 유혹의 위력이라는 다양한 예에 근거를 둔, 여성에 대한 이러한 기피적 태도는 남녀의 사사로운 접촉마저도 타락의 계기로 간주하는 것이었다. 남녀의 엄격한 격리가 이루어지지 않은 상태에서 순결한 청춘이나 보증된 정절을 생각할 수는 없었던 것이다. 무엇보다도 독신 성직자를 상대로 한, 교부신학의 전통에 대한 가장 비상식적인 여부사항을 극단적으로 반영하고 있는 이 엄격한 저작은 극히 정숙한 여성신도조차 최악의 마녀와 동렬로 보았던 것이다.

아우구스티누스의 특징을 간직하고 있는 청교도적인 강박관념이 근대의 로마가톨릭의 성격을 규정지었던 것은 아니다. 종교개혁자들은 결혼보다 동정을 칭송한다거나, 독신생활을 지나치게 칭송한다거나, 원죄와 육체의 죄를 밀착시킨다든지 하는 일은 하지 않았지만 그 후계자들은 달랐다. 우선 칼뱅파의 진정한 금욕주의 신학이, 특히 부부의 기쁨에 대해 이론상으로 원시교회에 뒤지지 않을 만큼의 엄격한 도덕을 발달시켰다. 이리하여 재세례파에서 경건파에 이르기까지 신교 제파의 성윤리는, 공인된 관계를 포함하여 성적인 흥분을 강하게 적대시하는 태도를 취하고 있었다. 사회적·종교적인 이들 혁명가들은 에로스를 최대의 악으로 간주하는 것으로 그치지 않았으며, 그것을 모범으로 한 계몽주의 시대의 일부 부르주아지는 육체의 욕구에 대하여 중세의 성직자와 아주 흡사한 인생관을 받아들이고 있었다.

연애결혼의 본고장인 영국 역시 구체제하의 유럽에서 가장 가혹했던 청교주의(puritanisme)의 땅이었다. 가우지와 같은 비교적 관대한 박사마저도 혼전 교섭을 거침 없이 배척했을 것이다. 1600년 무렵에 영국의 칼뱅파 신학자들은, 나라의 치욕이자 지옥의 입구로써 불법적인 성행위를 용서할 수 없는 적으로 간주했다. 그들이 그려내는 가족적이고 그리스도교적인 세계에서는, 순결에 대한 개인이나 부부의 존중과 인류의 도덕적 건전함이나 사회질서의 유지가 동일한 것으로 간주되고 있었다. 따라서 그들은 부정이나 단정치 못한 품행을 조장하는 오락(연회, 수다, 구경거리 등)을 그들의 적 로마가톨릭과 같이 격렬하게 비난했다. 부부간의 행위도 위험을 내포하고 있다고 생각함으로써, 영국의 청교도는 예수회와 마찬가지로 신자들에게 과도한 쾌락에 빠지지 말고 조심스럽게 억제하면서 부부관계를 행하라고 가르치고 있었다. 그렇지 않으면 격정에 빠져 이성을 잃게 된 부부의 음란한 욕망이, 그들을 야수 같은 교접이나 성서가 굳게 금지하는 비도덕적인 성의 유희로 이끌게 된다고 그들은 생각했다. 마찬가지로 당시의 영국 여성들에게 미덕을 역설하던 종교 교육서의 억압적인 양상도 지적되고 있다. 그리하여 그리스도교회 전체가 생식을 직접적인 목적으로 하지 않는 모든 성교섭을 일종의 매춘으로 간주하였다. 교회의 박사들은 제네바나 살라망카, 로마나 런던 어디서도 신도의 결혼을 신자와 신의 결합의 상징으로 생각하고 있었고, 공인된 부부의 신성함을 종교적 의무의 하나로 간주하였다. 부부생활을 그 유례를 찾기 힘들 정도로 신성시하는 이러한 입장에서 본다면, 신성함을 더럽힌다고 간주되는 것은 모두 원죄나 구원의 기회 상실로 연결되었다. 그들은 서구 그리스도교의 각파에 공통된 정신으로서 육체와 욕망·성에는 거듭 주의할 것이며, 요컨대 그러한 것과는 무관할 정도의 정결함 속에서만 참된 사랑이 있음을 가르치고 있었던 것이다.

17세기 프랑스의 위그노도 가톨릭교도와 함께 예로부터의 편견에 대한 새로운 형태를 공유하게 된다. 그들이 탄식하고 있었던 것은, 가톨릭의 결의론자들이 안내서 속에서나 혹은 죄인에 대한 심문에서 지극히 자세하게 열거하고 있었던 음란한 행위였다. 신교의 이러한 수치심은, 종교논쟁의 단순한 수단의 차원을 넘어서 칼뱅파 간부성직자들의 소심하고 왜곡된 성의식에 강한 영향을 주었다. 수사의 적으로서 경건하면서도 세상물정에 밝은 작가였던 호기심 강한 카뮈 사교는, 마리아회 회원들의 신앙을 증명할 때 사용하는 애매하고도 수수께끼 같은 성적 표현을, 신교 목사를 포함한 그리스도교도 부부가 성적 관심이 고조될 때 사용하는 표현을 증거로 삼아 이교도 앞에서 변호한 바 있는데, 이때 그는 논적인 드르렝쿠르 목사로부터 실로 명쾌한 답변을 얻어냈다. 드르렝쿠르 목사에 따르면, 부부란 항상 정결하고 엄숙하게 말없이 서로 사랑해야 하는 것이다.

신학상의 이러한 이상이 실행되었는지의 여부는 파악하기 어렵지만, 그러한 이름이 존재하고는 있었다. 이러한 이상은, 예를 들면 피에르 벨의 저작에서도 찾아볼 수 있다. 자유사상가라기보다 엄격주의자였던 그는, 교육과 기질·환경의 탓으로 종교가 추구하는 바와 성이 추구하는 바의 대립에 매우 집착하고 있었다. 또한 벨은 프랑스에서 매춘의 추궁이 이단의 추궁보다 약한 것을 애석하게 생각하고 있었다. 우선 그의 《사전》은, 지치지도 않고 성서에 이르기까지 애욕의 해로움과 죄를 찾아내고 있다. 악의 인류학적 존재에 누구보다 민감했던 그는, 위그노의 작가로서(그를 계몽철학의 선구자로 여기는 것은 잘못이다) 악을 모든 곳에서 실행되고 있는 육체적인 죄가 지니는 무서움과 동일시했던 것이다. 쓸데없는 설교를 냉정하게 들으면서 그는 리비도가 언제까지나 승리하는 데 분개하고 있었다. 1세기 동안이나 계속해서 도덕주의의 파산을 확인한 비판적인 이러한 통찰력은, 그러나 경건한 여성 혐오에서부터 결혼에 대한 경계와 부정에 대한 공포를 거쳐 번뇌의 단죄에 이르기까지 도덕주의의 본질적인 점을 그대로 유지하고 있었다. 색욕을 격하게 추구한 옛날의 설교사와 마찬가지로 이윽고 음란하다는 비판을 받은 이 솔직한 역사가는, 여주인의 강요로 동침한 하인들을 처형시킨 루이 14세의 재판을 보고 기뻐했다. 그는 독일이나 네덜란드의 프로테스탄트 정부가, 음란한 하녀들에 대해 이같은 엄격한 조처를 행사하지 않는 것을 유감스럽게 생각하고 있었다. 프로테스탄트 목사들의 감미로운 꿈에 반하여, 암스테르담의 길거리가 베네치아의 광장에 뒤지지 않을 만큼 매춘부로 넘쳐나고 있는 것을 그는 한탄하고 있었다. 아우구스티누스식의 너그럽지 못한 태도를 독특한 방식으로 적대시한 피에르 벨도, 대부분의 동시대인과 마찬가지로 가정과 교회에서 배웠던 청교주의에 사로잡혀 있었다.

* 회의주의 철학자이자 백과전서 편찬자인 피에르 벨의 《역사와 비판사전》은 거의 인용문·일화·주석으로 이루어져 있는데, 이 해박한 주석은 각 항목에 포함된 정통성을 교묘히 무너뜨리고 있다. 특히 〈다윗〉 항목, 피론주의적 회의주의, 무신론, 쾌락주의 등에 대한 호의적 태도, 성서를 인용하여 〈외설〉을 소개한 것 등은 맹렬한 비난을 불러일으켰다. 이처럼 정통설에 대해 간접적으로 비판하는 방식은 18세기에 백과전서파에 의해 다시 채택되었다.

근대가 끝날 무렵, 산업혁명을 낳은 영국에서는 프로테스탄티즘(복음주의)의 행동대인 감리교도들에게도 그 강령의 가장 중요한 항목으로서 불법적인 성행위의 억압이 있었음을 알 수 있다. 1800년 무렵 감리교도의 포교사들은 학교나 포교장에서 간통과 음란한 언동, 피부의 노출이라는 가장 심각한 타락이나 단정치 못한 품행과 싸우고 있었다. 이 서민용 청교주의는 서민들로부터 쾌락적인 경향과 반항심을 탈취하는 것을 목표로 하는 것이었다. 새로운 사회질서의 필수조건으로서 노동자 대중의 예속화에는, 그들의 성생활을 진정시키는 것이 급선무라고 전투적인 그리스도교도들은 생각하고 있었다. 그래서 노동자의 성생활을 우선적으로 자극하는 전통적인 제례행사를 완전히 폐지하는 일이 필요했다. 신교의 신학은 이런 점에서 빅토리아 시대의 부르주아지에게 도덕적인 엄격주의와 그리스도교적 여성 혐오라는, 1천 년 전부터 내려오던 메시지를 전해 주고 있을 뿐이었다. 원래 미래의 사회주의 프롤레타리아 지도자의 일부도 마찬가지였지만.

근대 국가와 도덕질서

자유주의적인 역사기술의 전통으로 인해, 중세는 그리스도교의 영향 아래 성적 억압을 격하게 받은 시대로 그려져 왔다. 그 관찰이 신학이론상으로는 진실이었다 하더라도 일상생활의 현실적인 제 조건을 생각해 본다면 상당히 피상적으로 보이는 것이 사실이다. 일상생활의 현실적 제 조건이란 결국 그다지 알려져 있지 않는 공공의 권위라고 하는, 도덕이나 정치적 영역에서의 원격조정에 거의 순응하지 않는 세계와 관계되는 것이었다. 특히 가치관이 전도되는 커다란 징후로써 거의 광기에 버금가는 비정상적인 성행위가 14,5세기 사회의 다양한 계층에서 범람하고 있었는데, 그러한 불법적인 성행위에 대해 공공 교회는 사실상 방임적인 태도를 취하고 있었다. 마녀사냥에서 매춘금지에 이르기까지, 공중욕탕의 폐지에서 호색문학의 검열에 이르는 대규모적인 갖가지 억압현상이 근대 문명의 진전을 꾀하고 있었는데, 그것들의 모든 출발점에는 뿌리 깊은 무질서가 상존해 있음으로써 상층 사람들이나 서민의 방자한 성생활을 조장하고 있었다. 1500년에서 1800년에 걸쳐 관료국가와 군대, 그리고 세제를 고안해 내고 납세자에게 납세의무를 지키게 하는 동시에 성적 규율을 지키게 한 것은 바로 근대 국가였다. 이 규율의 내용은 교회와 가족의, 전통적 도덕의 성에 대한 가르침과 맞아떨어지고 있었다. 그러나 결정적으로 새로운 것은, 이러한 도덕이 이후 국가에 의한 재판권이라는 특별한 수단으로 강제되었다는 것이다.

성의 사항에 관한 이탈리아의 법률사례에서 이러한 경향을 관찰할 수 있다. 원래 이 법률도 억압을 조장하는 극히 오래 된 풍조에서 비롯된 것이었는데, 간통에는 엄한 벌금형이 부과되었고, 16세기에는 중세와 비교하여 벌칙이 더욱 강화되었다. 피렌체 사람들은 간통을 범하면 피사와 리보르노·시에나로 추방되었는데, 거주지 추방형을 어기면 투옥되었다. 이리하여 이 도시의 사법고문서에는, 자주 익명의 밀고자로부터 통보된 성범죄자에 대한 갤리선(옛날 노예나 죄수 들을 실어 노역을 시키거나 노를 젓게 하였던 범선) 추방이라는 판결이 넘쳐흘렀다. 이렇듯 엄격한 조치가 17세기에 들어서도 변함 없이 유지되고 있었으며, 간통한 피렌체 여성은 6개월간 투옥당하였다. 1580년의 로마의 법령은 근친상간과 유괴에 사형을 선고하고 있다. 교황청 경찰로 하여금 수십 쌍의 불법적인 애인들을 아주 가까이서 감시케 하는 것과 같은 종교적 환경 덕분으로, 이러한 규정은 충분히 실행될 기회가 있었다. 이리하여 이탈리아는 르네상스에서 反종교개혁을 거치면서 성의 영역에서 차츰 억압적인 자세를 보여 주고 있었다.

그 증거는 이탈리아 제국의 도시법규 가운데 풍부하게 나타나 있다. 1560년의 피아첸차의 법규는, 간통한 여자는 상반신을 벌거벗겨 태형을 가하도록 명하고 있다. 25년 뒤 볼로냐의 살비아티 추기경은 밧줄로 세 차례 치는 것으로 그치고 있다. 이에 반하여 1610년, 후계자인 주스티니아니는 12세 이하의 어린이 유괴에 대하여 사형을 선고했다. 체세나에서는 자신의 집에서 남편을 배반한 여자도 같은 운명에 처해졌다. 모데나에서는 부정한 여자의 머리카락을 잘랐다. 한편 밀라노에서는 근대를 통해 유부녀의 유괴가 극형에 처해졌다. 페라라에서는 아내의 부정을 묵인하는 남편에 대해 수치스러운 대소동을 공식적으로 조직하여 이채를 띠었다. 이러한 남편은 드물었지만, 오히려 법률은 모욕당한 남편의 손쉬운 복수를 인정하고 있었다. 오명을 씻기 위해 가족의 복수에 대한 의무가, 국가에 의해 공인되고 있었다.

당시 이탈리아는 유괴보다도 키스를 엄하게 처벌했다. 유부녀나 정숙한 미망인에게 키스를 시도하게 되면 막대한 벌금형이 부과되었다. 더군다나 이 형벌이 체형이나 금고형으로 변하는 적도 있었다. 1589년의 페르모에서는 이 경범죄에 참수형을 준비하기에 이르렀다. 1727년의 로마 법률은 갤리선의 종신형으로 한정하고 있었다. 이러한 엄격한 처벌은, 아마도 이 나라에서는 타인들 앞에서의 키스가 부부의 표시로서 유럽의 다른 어느 지방보다도 중시되고 있었기 때문일 것이다. 그렇지만 이렇듯 엄격한 처벌은, 미켈란젤로 시대에 이 죄를 범한 피렌체인을 수년간 투옥하였다가 추방했던 엄격한 집합의지와 결부시킬 필요가 있다. 17세기 초기에 나폴리에 잠시 체재하였던 빌라몽 영주의 증언에 따르면, 이 나라에서는 남 앞에서 유부녀와 키스한 자는 사형을 당했는데, 상대가 매춘부일 경우라 하더라도 최소한 그녀와 강제적으로 결혼을 하여야 했다. 콜베르 시대에는 이탈리아인 여행자들에게 키스하던 프랑스 여성들의 애교스러움이 항상 그 여행자들에게 놀라움을 안겨 주면서, 그들을 매료시키고 있었다. 몇몇 여행자들은 편견에 사로잡혀 리옹에서 저녁 무렵 남녀가 팔짱을 끼고 천진스럽게 산보하는 것을 남녀간의 치정으로 비유하기도 했다. 그 무렵 토리노의 어느 부인이 피에몬테의 방종을 변호하려고 풍기문란을 금제한 탓이었다.

이치상으로는 엄하게 규제되는 경건하고 고풍스런 이탈리아보다 방식에 있어서 훨씬 격의 없는 것이었지만, 르네상스 시대의 프랑스에도 근대 국가의 발전과 결부된 도덕화의 의도가 있었다. 특히 가난한 계층에 있어서 비정상적 형태의 남녀가 매춘가 밖에서 관계를 과시하는 것은 곤란했다. 앙리 2세의 유명한 칙령은, 1556년 1월 이후 미혼여성이 임신하였을 경우 반드시 신고하도록 명하는 것이었다. 영아 살해의 불행을 막기 위한 그리스도교의 정치적 방법으로서, 이 규정은 동시에 불법적인 성관계의 확산을 보다 엄격하게 감시할 것을 목표로 하고 있었다. 레투알의 《일기》는, 앙리 4세 치세하의 불법적인 관계의 극단적인 몇몇 징조에 가해진 형벌을 전하고 있다. 예를 들면 1594년 두번째 아내의 딸을 강간한 파리 출신의 어느 노인이 그레브 광장(현재의 시청 광장. 1310년부터 1830년까지 여기서 교수형이 행해졌다)에서 교수형을 당한 뒤 화형되었다. (그리스도교에서는 화형은 부활을 불가능하게 하는 극형이다.) 한편 1600년에는 하인의 아이를 임신한 여자가 사부아 공작의 재판으로 종신형에 처해졌다. 그 2년 전 라

화 형

로셸에서는, 사생아를 교살한 후 자살한 귀족 미망인의 유해를 사립자리 위에 얹어 거꾸로 매단 채 말로 하여금 길거리를 끌고 다니게 했다. 사법적으로 추궁하기에 적당한 대상이었던 이러한 애욕에 얽힌 범죄에 대해, 이 연대기작가는 당시의 엄격한 세론을 적절하게 보여 주고 있다. 그는 또 1610년 7월에 『세 명의 친딸을 강간한 역겨운 근친상간을 저지른 헌옷장수』의 사례를 들며, 한편으로는 두려워하면서도 또 다른 한편으로는 그것을 감탄해 마지 않았다. 헌옷장수는 그로 인해 중앙시장에서 교수형당한 뒤 불태워졌으며, 그의 서류와 함께 재가 되어 사라졌다. 훨씬 이전부터 대참사에 대한 공포와 이러한 성범죄의 증대를 연결시키는 습관이 있었던 수도의 선량한 민중들은, 국왕 암살의 충격 뒤에도 이러한 처형장으로 달려나가 거기서 풍속퇴폐의 상징과 앞으로 오게 될 재난의 징조를 발견하였던 것이다.

　17,8세기에 프랑스의 군주제가 새로운 의료형무소로의 유명한 대규모 구금에 착수했던 것은, 그 시대의 심성적인 틀 속에서 이루어진 것이었다. 이 의료형무소에는 매춘부와 무신론자·남색가·불구자가 빈민이나 병자, 혹은 정신이상자들 속에 끼어 있었다. 고전 시대의 권력이 갖고 있던 이러한 억압적 태도는, 당시 가족이라는 소단위에 문자 그대로 둘러싸인 성윤리의 변화 탓으로 돌려왔

다. 이러한 해석은 구체제의 성애의 감각과 결혼제도 사이에 갖추어져 있었던 관계를 아마 지나치게 단순화시켰을지도 모르지만, 성병환자의 색욕을 처벌하고 동성애자의 잘못을 증명하기 위해 그들을 용서 없이 감금함으로써 계몽주의 시대 국가의 공상적인 도덕지상주의를 정당하게 강조하고 있는 것이다. 불법적인 성관계에 대한 공적인 억압은 18세기에 가장 강력하고 가장 교묘하게 조직되었던 바, 이러한 억압은 오로지 경찰에 의해 가족을 보호하고 법률과 재판소와 감옥에 의해 허용된 쾌락의 질서를 보호하기 위한 것이었다.

절대왕정의 프랑스에서 이러한 억압은 풍속자유의 긍정성에 대한 훨씬 이전부터 시작된 용서 없는 추궁과 결부되어 있었다. 이 문제에 관해서는 1620년 초기의 시인 테오필 드 비오*와 그의 동료의 소송제기가 알려져 있다. 그러나 1655년이 되어서야 비로소 파리 당국은 焚書(분서)에 돌입하지 않을 수 없었다. 즉 분서의 대상이 되었던 책은 단호하게 프랑스어로 씌어진 최초의 외설본 《여학교》였다. 6년 뒤 푸케[루이 14세 치세 초기 프랑스의 재무장관]의 정부 방에서 그 책이 발견되었다. 한편 1662년 9월 1일 루이 14세 당국은, 나아가 수도에서 《사랑의 대학》·《연인들의 시간》(황혼 무렵)·《뮤즈의 매음굴》의 저자인 자유사상가 클로드 르 프티를 저서와 함께 화형시켰다. 그러나 같은 무렵, 멀리 떨어진 퀘벡에서 행해진 성적 억압을 생각한다면, 굶주린 싸구려 시인의 졸작에 대한 이 정도의 엄격함은 그다지 놀랄 만한 일이 아니다. 퀘벡에서는 성직자와 시민 쌍방의 억압이, 교수형에 처해야 할 품행이 단정치 못한 프랑스계 캐나다인들의 색출방법을 찾아내고 있었다. 경건한 新프랑스에서도 신앙이 두터운 이탈리아와 마찬가지로 성욕의 질서를 가르치기 위해 불쌍한 여자들에게 태형을 가했고, 상대편 남자들을 추방하였다.

* 1590-1626. 프랑스의 시인·극작가. 신고전주의 이전의 시기에 활동했다. 위그노교도인 하급귀족 가정에서 태어난 그는 파리로 가 그곳에서 자유사상가들의 지도자로 명성을 얻었다. 파리에 있는 부르고뉴 극단(Hôtel de Bourgogne)의 전속 극작가로 잠시 일하는 동안 중요한 비극인 《피라모스와 티스베 Pyrame et Thisbé》 (1623)를 썼다. 그러나 그의 이 전성기는 비종교적인 행위를 한 혐의로 고소되면서 끝났다. 그가 도망친 상태에서 열린 궐석재판에서는 사형이 선고되었다. 그는 체포되어 투옥되었고, 1625년에 결국 추방선고를 받고 풀려났다. 그러나 건강이 악화되어 그후 얼마 안 가 죽었다. 그는 다양한 주제의 찬가와 시를 썼다. 그의 시의 특징은 자연에 대한 감수성, 훌륭한 음악성, 독창적이고 창의적인 이미지의 사용, 쾌락주의적인 사고와 거기에 제동을 거는 묵시록적 환상과 죽음에 대한 상념 등이다. 당시의 영향력 있는 시인 프랑수아 드 말레르브가 만들어 놓은 일련의 문학적 규칙들에 반대하고 자발성과 문학적 영감이 가장 우월하다고 주장했다. 그의 명성은 프랑스에 신고전주의가 유행하는 동안 어쩔 수 없이 빛을 잃어갔으나 19세기 낭만주의자들에 의해 다시 그 위치를 찾았다.

이렇게 하여 왕제하의 법률은, 중세로부터 프랑스 혁명에 이르기까지 차츰 엄격주의 일변도로 변해 갔다. 특히 중세 말기에 행해진 방탕에 관한 법규와 근대의 엄격주의가 뒤엉킨 법규는 대단히 대조적이다. 13-15세기의 지배자들은, 그들의 신앙이 두터운 경우 때로 매춘부를 마을에서 단속함으로써 그녀들의 장사에 제한을 가하는 데 주의를 기울였다. 그러나 그들은, 우선 랑그독에서는 매춘도 하나의 직업으로서 그다지 명예롭지는 않지만 보호되어야 한다고 종종 생각하고 있었다. 르네상스 시대에 들어서서 사정이 일변함으로써 16세기 중엽의 프랑스와 동시대 영국에서도 그때까지 특별지구에서 관리되고 있던 매춘이 금지되었다. 중상주의의 신군주제는 국민에게 일을 하고 동시에 품행을 단정히 하도록 권유하는 데 신경을 쓰고 있었다. 불법적인 성관계의 박멸은 개인들의 감시와 관리를 목표로 세운 하나의 요소였다.

　루이 14세 정부는, 교정을 위해 파리나 지방의 감옥에 수용한 매춘부들에 대해 이색적인 조치를 취했다. 1684년 정부는 베르사유 궁 주변에서 병사와 함께 있는 불손한 매춘부는 코와 귀를 베기로 결정했다. 생산과 신앙·성을 동등하게 규제하던 이 전형적인 관료국가는, 치세 최후까지 느슨해진 풍기문란에 결부된 공적인 추문을 방지하는 데 부심했다. 계몽주의 시대의 군주제와 그 관리들도 마찬가지의 배려를 하였다. 원래 졸리 드 플뢰리[프랑스 행정관. 파리 고등법원 검찰총장 역임]의 기록이 보여 주고 있듯이, 18세기에는 파리의 검찰총장도 불법적인 임신을 한 자나 품행이 불량한 자를 추방하는 것을 때로 완화하는 경우도 있었지만, 그런 까닭으로 1770년 루앙의 고등법원은 원내에서 애무에 빠진 댄스 교사와 젊은 아가씨에게 벌금과 투옥을 선고하는 대단히 유연한 자세를 보여 주고 있다. 특히 대혁명 전야에는 방종한 기풍이 극도에 달하면서 완화된 정책을 취하기는커녕 루이 16세의 궁정 대신이나 관리 들은 방탕이나 호객 행위의 단속에 힘썼다. 매춘에 종사하는 여자들은 상인으로부터의 의복 구입을 금지당했으며, 원칙적으로 삭발당한 뒤 의료형무소로 보내졌다. 공포정치 시대 자코뱅클럽의 공화제도 이같은 정책을 취하였으나, 마찬가지로 효과를 거두지 못했다. 熱月[thermidor, 프랑스 공화력의 제11월. 7월 19(20)일-8월 18(19)일에 해당]派[열월파. 1794년 열월 9일(7월 27일)에 로베스피에르를 타도한 파]의 부르주아지는 이 정책을 포기했고, 파리 경찰의 보고서에 따르면 브뤼메르[霧月] 18일[1799년 11월 9일]의 쿠테타가 있은 지 불과 10일 후 마침내 (도심의) 팔레루아얄과 큰길의 매춘부를 제외하고, 옛 수도원이나 저녁 무렵의 그랑 조귀스탱의 상점 사이에 출몰하였던 매춘부를 묵인하게 되었다.

마찬가지로 가톨릭 국가의 계몽전제정치에도 방탕을 예방하기 위해 개인의 사생활을 엄중하고도 편협하게 관리하려는 경향이 있었다. 고야가 활동했을 무렵의 스페인에서는 미혼모가 법률에 의해 추방당했다. 원래 귀족 여자들은 수치심도 없이 평민에게 몸을 맡기고 있었고, 부유한 자들 중 절반은 비밀정부를 두고 있었으므로 이것은 부자연스런 광경은 아니었다. 또 마리아 테레지아(오스트리아의 대공, 헝가리와 보헤미아의 여왕(1740-80 재위), 신성 로마 제국 황제 프란츠 1세(1745-65 재위)의 황후, 신성 로마 제국 황제 요제프 2세(1765-90 재위)의 모후)의 빈에서는 귀여운 창녀들이나 온갖 불법적인 성행위를 적발하는 가혹한 밀정과풍속담당 관리가 있었다. 가톨릭 윤리의 충실한 신봉자였던 여왕이 음란을 최악의 죄로 간주했기 때문이었다. 부르주아적 일부일처제주의자였던 여왕은 매춘부와 그 고객, 독신녀와 그 애인을 경찰을 시켜 단속하였다. 오스트리아 수도에서 18세기 후반에 눈에 띈 이러한 조사도 귀족의 저택은 그냥 지나쳤다. 다만 이러한 단속에서 1766년 12월 26일 카사노바가 정부인 요부 블라장과 아침식사를 하고 있었던 〈붉은 소〉의 한 방으로 두 명의 경관이 난입했다. 남녀는 별도의 방에 들었지만 한 침대에서 밤을 보내고 있었다. 경관들은 두 사람을 거리낌 없이 취조한 후 세심히 현장을 살피면서 여자에게 추방하겠다고 위협했다. 프랑스 대사의 보호를 받은 그녀는 4일 후 겨우 여관을 나왔다. 그 동안에 더 멀리 떨어진 방에 묵었는데, 애인과는 언제나 함께 자는 일에 방해를 받지는 않았다. 관광여행이 시작되고 사람들의 왕래로 밀회가 성행하게 된 구체제 유럽에서도 불법적인 성행위가 공공연한 일이 되기는 어려웠다. 뭇사람들의 감시와 당국의 단속이 그만큼 강했던 것이다.

서구에서 종교개혁 이래로 들려오던 방탕의 끊임없는 확산에 대한 경건한 비난의 소리보다도, 풍속담당 관리들의 이러한 조직강화 쪽에 더욱 주목할 필요가 있다. 이렇듯 틀에 박힌 푸념은 특히 프로테스탄트 나라에서 표현되고 있으며, 또 루터의 가르침이 지배적인 독일에서는 가톨릭 역사가들이 교회의 분열로 인해 일어난 도덕적인 위기의 증거를 루터의 가르침에서 찾고 있었던 것이 분명하다. 이러한 설교가들의 지나친 변설은, 사회의 퇴폐가 아닌 실은 사회 억압의 의지를 증명하는 것이었다. 16세기의 독일 사회에서는 이러한 의지가 강하게 나타나고 있었던 듯하며, 만혼의 형성과 지속의 습관에 주의 깊은 이목을 끌고 있었다. 중혼이나 간통을 적대시한 시나 마을 당국은, 이탈리아에서 볼 수 있는 것과 같은 지극히 엄격한 성의 법규를 첨가시켰다. 1530년 안스바흐 공국에서는 신교 목사가 독신자끼리의 내연관계에 대해, 《구약성서》에서 제시된 벌을 가하도록 게오르크 변경백에게 요구하기까지 했다. 르네상스 시대에는 북부 유럽도 남부와 마찬가지로 불법적인 성행위를 억제할 필요를 예리하게 감지하고 있었다. 작센에서는 이러한 경계태도가 참수형으로까지 이어졌고, 구스타프 1세 바사(스웨덴 왕, 1523-60 재위. 바사 왕조의 시조로 덴마크로부터 독립해 스웨덴 주권을 확립시켰다)는 사업상 덴마크를 빈번히 출입하는 국경의 스웨덴인들에게 〈속옷이나 말을 바꾸듯이〉 연달아 여자를 바꾸는 자는 사형에 처한다고 명하였다.

루터의 교의는, 그것이 승리를 거둔 국가의 어느곳일지라도 성적 억압의 길로 곧장 전진했다. 예를 들면 16세기 종반에 색욕을 눈의 적으로 삼은 브라운슈바이크의 공작들도 역시 그 하나로서, 성직자들을 이용하여 관리들의 사생활을 세세히 감시하도록 했다. 같은 무렵, 독일의 신교를 받드는 제후들은 매춘알선자를 극형으로 다스렸다. 그리스도교의 국가 제네바의 청교주의도 마찬가지로서, 교의의 차이점을 넘어 일치된 종교적 움직임에 가담했다. 주지하는 바와 같이, 칼뱅파 개혁의 성지에서 나타나고 있던 징조는 성에 대한 엄격함을 실행하기 위해 종무국 종교재판소가 제정한 도덕에 관한 공포제도였다. 칼뱅 시대에는 매춘에서부터 동성애와 유괴를 거쳐 간통에 이르는 불법적인 성관계가 심문을 받는 범죄의 중요 부분을 형성하고 있었고, 범인은 파문이라는 무서운 벌을 받아야 했다. 제네바 칼뱅의 직계 후계자들 또한 신의 재판에 대한 존중과 간음의 억제를 결부시키고 있었다. 1580년 무렵 그들 대부분은 세속 기관이 이에 대해 때때로 보여 주던 관대함에 분개하고 있었다. 그들의 성스러운 도시에서는 젊은이가 설교중에 몸종을 꼬집는 짓만으로도 그것은 충분한 파문감이었다.

신교 영국도 최고의 권위자에 이르기까지, 예를 들면 세벤 지방에서 위그노의 종무원들이 지배하고 있었던 엄격한 속박을 모든 사람들에게 열심히 강요하였다. 위그노의 종무원들은 이 점에 있어서 가톨릭 당국보다 덜 관용적이었다. 동성애의 단속에 관해 확인해 보는 것은 매우 흥미로운 일이다. 중세기의 영국은 동성애의 심문에 관심이 없었으므로 그러한 일은 교회의 몫이었다. 교회는 남색이 교리에 어긋나는 일을 거듭해서 저지를 때를 제외하고, 국가의 재판권에 의한 극형을 요구하지는 않았다. 근대의 시작과 함께 사정은 일변하여, 새로운 입법을 통해 위대한 미래를 향한 무서우리만큼 억압적인 정신이 생겨나고 있었다.

새로운 입법의 단서가 된 헨리 8세의 종교개혁은, 1553년의 이 꺼림칙한 악덕을 대역죄와 같은 종류로 간주하고 교수형을 가하기로 하였다. 그것을 고하는 왕의 포고는 너무나도 오랫동안 이러한 소행에 대해 사형으로 다스리지 않았던 것을 유감으로 생각하면서, 종교개혁의 필요성을 보여 주는 표시로 삼았다. 교회의 재판권을 대신하려는 정치권력의 갈망이 정부의 이러한 도덕화의 열의를 설명하고 있다. 그 결과 정부는 다음 세기부터 모든 계층의 영국인에게 성관계가 평상적이 아니라는 이유만으로도 극형을 부과하고 있었다. 오랜 르네상스 시대는 이런 점에서도 중세에 비해 개화되지 못한 시대였으며, 인간존중의 정신이 결여된 시대였다. 여하튼 이 시대에는 어떠한 성해방도 없었다. 1683년에 정해진 덴마크의 법률조항을 보게 되면 이것을 충분히 납득할 수 있다. 이 조항은 《레위기》의 말에 근거하여 부자연스런 성교를 행한 자에게 화형을 약속하고 있는 것이다. 이들 조문이 현실에 적용되는 일이 드물었다 하더라도, 불법적인 성행위에 대한 예로부터의 그리스도교적인 공포심이 근세의 개혁정신의 진전에서 강화되었음을 충분히 드러내고 있다.

이러한 진전으로 런던에서는 16세기 헨리 8세의 치세하에 템스 강의 우안에 남아 있던 16개의 공인창가가 폐쇄되었다. 게다가 창가의 여자들은 그리스도교식의 매장을 금지당했으며, 묘지에서 떨어진 좁은 전용토지에 매장되었다. 영국 국교혁명의 종교적·정치적 진전은 창녀들의 시설을 폐쇄하여 길거리로 쫓아냈다. 거기서 그녀들은 1600년 무렵에 추잡스러운 술집에서 체포되어 태형에 처해졌다. 게다가 접대부들은 치욕으로 속죄를 하도록 짐마차에 묶여 길거리로 끌려다녔다. 1553년에 에드워드 6세(1547-53 재위)가 창설한 브라이드웰 구제원은 매춘부를 가두어 푸른 사지 제복을 입히고, 강제노동의 공덕으로서 정절을 가르쳤다. 영국의 수도 사직당국은 두려운 성의 혼란에 대항하려는 별도의 수단을 강구하였으며, 불법적인 관계의 남녀를 고발하고 애매한 숙박소를 없애버렸다. 숙박소 주인으로서 그들에게 봉사한 성실한 신사들도, 처형대의 희열을 맛보면서 그들의 동료의 머리 위에 치욕의 표시를 얹었다. 공중의 도덕질서를 세우기 위한 방탕에 대한 이러한 공개적인 단속조치에는 대중의 조롱이 언제나 따라다녔다.

스튜어트 왕조(1603-1714)하의 영국 재판소는 본국이나 식민지에서 불법적인 성관계와 혼전 교섭이나 간음죄를 계속 고발하고 있었다. 이 영역에서의 그들의 업무는 18세기에 들어서서 계속 증가되고 있었다. 17세기 중엽은 크롬웰 공화정부에 의한 청교도적인 성의 억압의 전성기였다. 1650년에 정부는 뮌스터의 경건한 재세례파 여신도 시옹의 예를 본떠 간통한 여자들에 대해 냉엄하게 죽음을 선고했다. 2년 뒤 런던에서 우르술라 파웰이라는 불행한 여성이 간통혐의로 처형되었다. 이처럼 개혁파의 지복천년설은 反종교개혁파의 엄격한 도덕이라는 강령을 공유하고 있었다. 내연관계에 있는 남녀의 수색에 몰두하고 있었던 부흥 가톨릭의 포교사업과, 매춘박멸을 위해 관군의 용감한 투사들에게 내려진 크롬웰 정부의 지시는 어딘가 매우 유사해 보였지만. 이 지시의 결과 런던에서는 매춘가가 일시 모습을 감추었고 4천 명의 매춘부가 서인도 제도로 이송되었다. 호민관(크롬웰)은 그것으로 50년 이래의 선임자들보다 악덕에 대한 싸움에 있어서 더 큰 공헌을 했다고 주장하면서 이를 매우 자랑스럽게 생각하고 있었다. 근대 서구의 중심적 정치·사회혁명은 이런 점에서 처음으로 불법적인 성관계와 맞서게 되었던 것이다.

왕정복고기 지도자들의 퇴폐적인 냉소주의가 가져온 방탕의 휴식기간 이후에, 영국의 부르주아지는 변함 없이 교화적인 사회를 만들어 내고 매춘부를 쫓아다녔다. 그들은 중상주의 시대의 정부가 도화선이 되어 성자들의 섬(아일랜드) 구석구석까지 파급되어 있던 공적인 억압의 전통을 자신들의 방식으로 이어받고자 했던 것이다. 예를 들면 17세기의 런던에서는, 그들 책임자들이 블랙리스트를 만들고 수백 명의 닳고닳은 여자들에 대한 사회적 제재를 지시하고 있었다. 지방 사람들도 이 열의를 조심스럽게 흉내내어 이러한 여자들을 수십 명 가량 체포했다. 18세기초부터 75년 사이에 품행이 단정치 못한 혐의로 미국으로 유형된 여자가 무려 1만 명에 달할 정도였다. 1700년 무렵에 뉴잉글랜드의 청교도 지도자들도 런던에서의 풍속 교정과 성적 퇴폐의 근절에 종사했던 몇몇 조직과 긴밀한 협력관계를 유지하고 있었다.

결국 이 싸움은 황금신 맘몬(시리아의 부의 신)보다도 오히려 소돔을 적으로 하는 구체제 사회계획의 요체를 드러내고 있다. 그 계획은 욕구불만에 빠져 있는 대중이 갖는 정화에 대한 꿈, 아우구스티누스식의 설교로 자라난 성직자들의 꿈과, 사회의 평온에 관심을 가진 국가 우두머리들의 위선적인 약간의 갈망을 하나의 공통된 운명 속에서 결탁시키려는 것이었다. 1700년 무렵의 프랑스의 지방도시에서는, 수치스런 밀회를 즐기면서 양복점 점원의 눈에 띄는 지나치게 아름다운 아가씨들의 성적인 방종이 근처 여자들의 강한 빈축을 샀다. 거기서 근처의 여자들은 자주 밀고자나, 혹은 심판관이 되었다. 이 점에 대한 청교도 혁명의 심리적·정신적 원인의 하나는, 궁정의 온갖 아름답게 장식된 파렴치한 소수와 차츰 성적 억압의 길로 나아갔던 지배계층 및 평민 대다수의 대조적인 차이에 있었다고 지적한다. 왕당파 귀족들의 귀족정치는 이리하여 풍속의 방종을 과시하면서 세론 앞에서 실추되어 가고 있었다. 동성애의 본보기를 사람들 앞에서 당당하게 보이며, 극히 불결한 추종자들에게 둘러싸였던 군주(제임스 1세)의 후계자로서 찰스 1세는 미덕을 존중하는 의향을 증명할 필요성이 있다고 생각했다. 1630년 무렵 그는 상당수의 죄목 가운데 남색과 강간죄로 귀족 한 명을 처형시켰다. 그러나 이는 때늦은 일이었다. 재판소가 민중의 불법적인 성관계를 지극히 엄격하게 다루는 것에 익숙해져 있던 국민은, 궁정의 도덕기준이 이후부터 만인의 규범과 합치하지 않는다는 것을 확인했던 것이다. 이 감정은 군주제와 고위 귀족의 권위를 좀먹으면서, 크롬웰의 영국으로 향하는 길을 여는 데 크게 공헌하였다.

혁명 전야의 런던에서 가두 데모의 주요한 조직체는 견습공들에 의해 형성되고 있었는데, 가내노동이라는 방식이 그 도시 청년들에게 가져다 준 욕구불만이라는 슬픈 체험을 지니고 있었기 때문이다. 사실 그들은 나름대로의 고유한 성적 긴장을 모두 이어받고 있었으며, 가정은 그 젊은이들이 일찍 밖으로 나감으로써 이러한 긴장의 성격을 알지 못하고 있었다. 젊은 노동자들은 계약에 의해 순결을 엄격하게 존중하도록 강요받은데다가 종종 여성의 지배를 받고 있었기 때문에, 그들은 이들 남녀간의 공인된 서열에 배치되는 것으로 생각하고 있었다. 그 복수로서 그들은 교황청에 뒤지지 않을 만큼 열광적으로 수도의 매춘가를 공격했다. 예를 들면 1668년 3월에는 그들의 폭동 하나가 찰스 2세의 궁정을 공포상태로 몰아넣었다. 그들은 공공연히 축제일을 이용하여 매춘가를 쳐부숨으로써 하층민들의 갈채를 받았다. 모여든 무리들은 왕정복고의 정부가 사회와 국가에 대한 첫번째 의무에 따라 매춘과 격하게 싸우지 않은 것을 비난했다. 반도들은 병사에게 돌을 던지고, 매춘가 여주인의 자택을 부수고, 국왕의 최대의 매춘가는 화이트홀(런던 중앙부에 있던 옛궁전. 영국 정부라는 뜻)에 있다고 공공연히 주장하기까지 했다.

그런 까닭으로 서구의 근대를 특징짓는 성적 억압의 풍조는, 여론의 자발적인 운동과 그와 보조를 맞춘 공권력의 활동 양방에서 유래하고 있다. 태도의 진지성에 대한 여부를 별도로 치더라도 이들 권력은 광범위한 개혁시도를 목표로 하고 있었기 때문에, 이러한 시도는 권력의 새로운 힘을 이용하면서 그것들을 넘어서 갔다. 그리스도교의 다양한 종파에 존재하던 이러한 노력은 물론 중상주의 국가의 새로운 관심과도 결부되는 것이었다. 계몽주의의 세기는, 다른 많은 악몽 중에서 고독한 쾌락에는 치명적인 위험이 깃든다는 학문적으로 꾸며낸 이야기를 첨가하기에 이르렀다.

부르주아적인 지옥―자위

그리스도교의 성윤리에 앞서서 유대인의 성윤리는 자위를 엄격하게 금지하고 있었다. 이미 5세기부터 《바빌로니아 탈무드》(유대교의 《토세프타》를 포함한 구전 율법 모음과 《미슈나》에 대한 학문적 해설과 주석으로 이루어져 있다)는 자위의 죄로 죽음을 약속하고 있었다. 이렇듯 엄격한 체벌은 정자의 파괴와 살인을 동일시하는 오랜 사고와 연결되어 있었다. 16세기 이스라엘의 카발라 비법도 어느 정도 그 흔적을 남기고 있으며, 이처럼 정액을 헛되이 뿌리는 것은 악마의 꾐에 의한 것으로 여겨지고 있었다. 마찬가지로 도교의 사상도 옛부터 이 귀중한 남성적 에너지의 쓸모없는 방출을 싫어했다. 원래 중국의 정묘한 에로티시즘이 밀실에서의 교섭에서 심오한 기술을 가져왔던 데 반해서, 유대-그리스도교 문명은 다만 단순한 성행위와 출산의 밀접한 관계를 유지하기 위해 오난*의 죄(질외사정)에 대해 고독한 쾌락의 금지를 생각해 냈을 뿐이었다. 800년경 오를레앙의 사교 테오둘프(프랑크 왕국의 고위성직자·시인·주요 신학자)에 의한 교구조례가 지탄할 행위목록에 성교의 중단과 함께 자위행위를 지탄하는 것은 바로 그 때문이다. 자기색정으로 인한 생식기의 자극은, 13세기 알렉산드르 드 아레스(영국의 신학자. 프란체스코 수도회 수사)에 의한 《신학대전》이 문제로 삼고 있는 다양한 간음 가운데에서도 그 모습을 찾아볼 수 있다.

* 《구약성서》에 나오는 남성으로, 유다의 아들. 형이 죽은 후 규칙에 따라 형수를 아내로 삼았는데, 임신되는 것을 두려워하여 정액을 땅에 흘려 신으로부터 사벌을 받았다.(《창세기》 제38장 8-10절)

근대에 이르러 의학이 자위의 금지를 강화하기 훨씬 이전부터, 이렇듯 오랜 전통은 자위의 금지에 종교적 기원을 부여하고 있었다. 근대에는 유명한 루뱅

〔벨기에의 브뤼셀 근교의 도시〕의 예수회 수사 코르넬리우스 아 라피드〔1567-
1637〕와 같은 성서 주석학자들이 들끓고 있었는데, 이들은 자신에 대한 이렇듯
파렴치한 애정을 죄악과 같은 피임의 여러 가지 형태와 비교하고 있었다. 이리
하여 反개혁파의 고해사제들은, 남아도는 정액을 방출한다고 보기에는 지나치
다 싶은 이러한 자위의 쾌락을 체험하고 있는지를 신도들에게 물어보고 싶어하
였던 것이다. 이 조사는 우선 청년들을 상대로 행해졌으며, 신학계에서 이것은
아이들의 성적 행위에 대한 억압의 핵심으로까지 떠올랐다. 이 문제에 대해서
는, 15세기에 제르송〔프랑스의 신학자, 그리스도교 신비주의자. 로마 교황과 아비뇽
교황 사이에 일어난 대분열을 종결지은 교회개혁을 위한 공의회 운동의 지도자이다〕이
이끌었던 운동을 지적할 수 있다. 그는 청년기 초기의 젊은이들 사이에 자위행
위라는 현상이 일반화되고 있다는 사실을 확신하면서, 이 점에 대해 고해자들
에게 죄의식을 불러일으키고 싶다고 생각했다. 왜냐하면 이 엄격한 박사에게
있어서 자위라는 것은 동정을 잃는 중대한 죄이며, 남색에 가까운 행위였기 때
문이다.

물론 제르송은 성적인 활동의 조숙성, 혹은 반대로 해방적인 형태로써 자위
행위에 관한 후의 학설을 예고하려고는 생각지 않았다. 그는 교회의 이름으로
아이들의 성유회나 젊은이들의 혼숙을 적대시하고 있었다. 그는 또 어른들이
침대 위에서 아이들과 발가벗은 채 희롱하는 것에도 반대했다. 이 프랑스 신학
자는 실제로 도처에서 피부 접촉이나 키스를 음탕의 씨앗으로서 규탄했던 것이
다. 피부 접촉에 대해서는 많은 문제가 있었다. 왜냐하면 당시는 연령이나 성별,
가족관계를 불문하고 여러 명이 함께 자는 경우가 흔히 있었기 때문이다. 그러
나 적어도 아이들에 대해서 정숙함을 가장 귀한 보물로 간주하도록 가르치려는
경향이 이미 일어나고 있었다. 오랜 르네상스 시대의 학교는 이미 도덕면에서
의 신성 무구라는 이러한 강제적 가르침을 따르게 될 것이다. 풍속의 교정을 지
향하는 그리스도교의 교조주의자들에게 이러한 가르침은 문자 그대로 순결이
라는 망상으로 도달하게 한다. 이러한 강박관념으로 인해 결혼 이외에는 홀로
잠자야 하는 것뿐만 아니라, 자기 육체에 관한 무지까지도 지고한 이상으로 간
주되었다.

어린 루이 13세의 주치의의, 왕자의 성교육에 얽힌 난잡한 이야기가 생생히
전해지고 있다. 그러나 이것은 분명 국가의 이해와 관련된 장래의 남성 능력의

러시아 궁정화가 짓치의 《사랑》에서

만개가, 직무 그 자체에 의해 요구되는 예외적인 인물들에 관한 사항이었다. 그렇기에 어린 황태자도, 수행인들도, 그의 남근의 성장이나 그것의 발기를 추호의 머뭇거림도 없이 뽐내고 있었던 것이다. 아마도 약간 노골적이고 비열한 이들의 행위는 14세로 결혼한 군주의 자식이었기에 가능했을 것이다. 원래 이러한 행위도 그가 철들기까지의 일이었겠지만. 이러한 난잡한 행위는 전혀 다른 길을 걷는 서민층 아이들에게서는 그다지 볼 수 없는 것이었다. 시대는 나중이지만 어린 농민의 아들 레스티프(드 라 부르톤)의 경우는 예외였다. 친구들 가운데 손위 여자아이가 네 살난 레스티프를 스커트 속에서 애무하고, 성기를 간지르면서 탐내듯이 키스했다고 한다. 이러한 일은 세속적인 사회와, 특히 귀족 사회에서 가톨릭 개혁의 시기에 설교나 교육의 장에서 가르쳐지고 있던 조심스러움과는 극히 이질적인 도덕적 환경이 있었음을 나타내 준다. 잘 알려져 있듯이, 쉴리(프랑스의 정치가, 앙리 4세의 신임을 받은 장관으로서 종교전쟁 이후의 국가재건 사업에 크게 이바지했다)는 언제나의 습관에 따라 나중에 로앙 공작부인(마르그리트 드 베튄)이 될 딸의 궁둥이를 남 앞에서 때린 뒤 질에다 손가락을 넣어 냄새를 맡고는, 침대에서의 그녀의 맛이 매우 좋을 것이라고 예언했다. 이렇듯 노골적인 모습은, 조심스러움을 거의 의식하지 않고 누구라도 매우 일찍부터 있는 그대로의 성을 보여도 조금도 난잡하지 않다고 생각하는 사회에서의 활달한 언동이었던 것이다. 근대의 풍속에 대한 그리스도교화는 있는 그대로의 성, 특히 성의 자기 충족을 금지된 영역에 넣을 것을 곧바로 이 사회에 가르치고 말았다.

다만 1623년에 나온 샤를 소렐의 《프랑송 해학 이야기》 초판에서 판단해 보건대, 17세기 초반의 자유사상가들은 자위문제를 현실적으로 취급하고 있었다. 조금 전부터 학교에 갇히게 된 무수한 학생들을 대변하여, 이 프랑스의 젊은 소설가는 제르송처럼 악덕이 도처에서 행해지고 있음을 증언하면서, 이를 의미심장한 방식으로 귀족의 방탕과 비교하고 있다. 시인 테오필 드 비오의 친구만 보더라도, 정력이 흘러넘치는 청년들이 행하는 이러한 관능 충족은 오로지 남녀공학 학교의 부재와 성의 억압에서 비롯되는 것이었다. 신학자들과 마찬가지로 귀중한 정액의 손실을 한탄하면서도, 그는 우선 그 정액이 마님들에게 제공하는 감미로운 교합을 생각했다. 요컨대 소렐은 자위행위를 죄악으로 보지 않고, 욕망을 충족시킬 수 없는 청년들에게 억압적인 사회가 부과한 참기 어려운 고통으로 파악하고 있었던 것이다. 그는 수많은 젊은 여자들이 자신들의 욕구불만에서 해방될 준비가 되어 있다고 생각했다. 그리고 학령에 있는 청소년층 대학생 남녀가 어떠한 장해도 없이 서로 교섭함으로써, 책에서보다 더 많이 착실한 인생공부를 할 수 있는 세계의 실현을 원하고 있었다. 그리스도교의 금욕적인 강박관념과는 완전히 무관한 이 자유사상가의 유토피아에서는, 성애는 필연적으로 무구한 것이며 자위는 그 불행에 대한 묘약이 될 것이었다.

루이 13세 치세하(1610-43)의 프랑스에서 자위는 종교적·의학적으로 저주받아야 하는 최악의 것은 아니었다. 이 점에 대해 17세기 중반의 르 브렁 드 라 로셰트와 같은 법학자가, 다른 성범죄와 비교하여 자기 몸을 타락시키는 이 죄에 대해 관용을 보이고 있었다는 것은 주목할 만한 사실이다. 수면상태에서의 자위행위를 완전하게 허락해야 하고, 신만이 아는 수수께끼를 범죄로 삼는 것은 무의미하다고 그는 생각했다. 따라서 궁정에서는 1620년대의 국왕이 입욕한 후의 발기상태가 뜻하지 않게 의상담당에게 목격되었는데, 그러한 불편한 경우가 생기지 않도록 의상담당은 서둘러 영국에서 들여온 약의 편법을 가르치게 되는 경우가 있었다. 탈망은 그 당시까지 거의 개화되지 않은 이 세계에서, 남 앞에서 자위하는 귀족이나, 천연두가 완치된 뒤 자신의 기능을 걱정하면서 성기에 연고를 발라 열심히 문지르고 있는 여섯 살난 소년 등을 적나라하게 그려내고 있다.

18세기에 이러한 사태는 일변하여, 주지하는 바와 같이 자위가 지니는 치명적 위험에 대한 과학적 신화가 고안되었다. 장 자크의 강박관념을 분석하자면, 자위의 치명적인 위험이 칼뱅파 시민들에 의해 보급된 청교도의 도덕과 연결되고 있음을 곧장 알 수 있다. 이 도덕은, 당시 제네바 이외의 지방에서 성에 대한 반감과 성에 관한 무지의 공덕을 가르치고 있었다. 성교육을 전혀 받지 않았던 루소는 어릴 적부터 이미 육체에 대한 순결과 혐오의 분위기를 깨닫고 있었으며, 자신의 교육론 속에서도 그러한 분위기를 바람직한 것으로 파악하였다. 실제로《고백》과《에밀》은, 근대 유럽에서의 성의 억압을 오로지 악과 죄의 영역에 관련되어 있으며, 희생자들은 단지 성교를 떠올리는 것만으로도 직접적인 육체적 혐오감을 일으킨다고 기술한다. 정신의 퇴화와 쇠약을 초래한다는 자위에 대한 말할 수 없는 돌연한 공포가 한 요인이 되어, 예로부터의 신학에 의한 단죄가 이제는 세속의 손으로 이루어지게 되었다.

계몽주의 시대의 서구는 여기에서 폭력적인 풍기단속운동의 장으로 변해 가고 있었다. 이 운동에 필적할 만한 것은 성병의 만연을 두려워하는 세인들의 개탄 정도가 고작이었다. 이러한 여론의 움직임은 금지된, 그러나 무해한 행위를 의학적인 드라마와 사회적 위험으로 변화시켰다. 이와 같은 진전은 아마도 매춘의 성행과 함께 독신 시대의 장기화와도 관계 있는 것이었지만, 무엇보다도 먼저 그것은 성적 억압에 대한 시도가 강화되고 있었음을 보여 주는 것이다. 금지되어 발각되면 죄가 되는 본능적인 이러한 행위는, 이윽고 많은 사람들이 지켜보는 대상이 되었던 것이다. 과학적인 교육이 그리스도교의 박사들처럼 그 위험을 과장된 정력 소모에 연결시켜 역설하고, 절약·억제·노동 등을 적대하는 까닭으로 그 과학적 교육은 쾌락을 적대시하는 19세기의 시민도덕의 형성에 공헌하였다. 이 운동은 1710년 베커의 《오나니아》에 의해 선진국 영국에서 시작되었다. 이 저작은 미국이나 유럽에서 널리 팔려 나갔으며, 독일에서는 특별하게 화제를 모았다. 그러나 반세기에 걸쳐 고독한 악덕이라는 신화를 창출한 것은, 50년 뒤 로잔에서 간행된 오나니즘에 관한 논문을 쓴 스위스 의사 티소였다.

의학분야의 권위자들은 이 기간 동안 다소 불명예스런 죽음으로 자위행위를 연결시켰던 이러한 비상식적인 진단에 단 한 번도 이의를 제기하지 않았다. 청소년이 그들의 최초의 성생활 형태를 부끄러워하도록 자극하기 위한 시나리오로서 티소의 논증은, 억압적 기도의 사회적 힘을 상징하고 있다. 문학이 부르주아 가족을 배경으로 어린이를 묘사할 때, 이러한 기도가 결정적인 영향을 미쳤다. 《백과전서》를 비롯하여, 이 문제에 대해 가르침을 주는 사전의 대부분의 기사는 티소의 논증에서 착상을 얻고 있었다. 이러한 결과를 얻기 위한, 스위스 의사의 책은 도덕적인 고찰을 제외하고 완전히 사실에 근거한 과학적인 증명이라는 교묘한 형태를 취하고 있었다. 예로부터 있었던 과도한 섹스나 개인적인 관찰에서, 그는 베커와 마찬가지로 오나니즘은 지력과 체력을 전체적으로 약화시키고, 생식기와 장에 다양한 고통과 중대한 장해를 가져다 준다고 단언했다. 임상실험에 토대를 둔 〈기적의 정원〉(Cour des Miracles, 중세에 파리 등 대도시에서 거지나 도둑 등이 모여들었던 무법지대)이라는 의학세계에서, 자위행위가 만병의 근원으로 여겨지고 있었던 것은 당연한 것이었다.

여기에 이르러 의학은 그리스도교의 신학과 교체되고 있었다. 티소의 저작에 나타나 있는 병의 징후들에 관한 리스트는, 방탕으로 야기된 정액의 고갈로 장수할 수 없다는 전통적인 비난을 답습하고 있다는 점에서 특히 흥미롭다. 그는 수치심에 어찌할 바 모르는 어느 병자의 개인편지를 근거로, 널리 행해지고 있었던 여성의 자위에까지 이러한 견해를 확대하고 있다. 사실 몇몇 여자들은 즐거운 결혼보다도 이렇게 금지된 애무를 더욱 좋아하였다. 요컨대 계몽주의 시대의 성적 억압은 위생교육이라는 개인적이고도 과학적인 방식을 받아들였던 것이다. 하지만 아이들이나 청년들이 체력소모라는 가상적인 악영향을 싫어하도록 주지시키는 것이 최대의 목적이었음에는 변함이 없었고, 거기서 고독한 자위의 서글픔과 절망감을 자연스런 쾌락에서 비롯되는 즐거움과 대조시키고 있었다. 오나니즘에 관한 이들 심리학은 모두가 전형적으로 비사회적인 청소년의 쾌락에 불신감을 표하는 확고한 의지를 공유하고 있었다. 이 스위스 의사는 자위를 건강의 파탄과 동일시하였으며, 그것을 범죄로 간주하고 18세기의 부르주아와 그 후계자들은 특히 그 범죄를 저질러서는 안 된다고 생각하였다. 그의 임상의학은 성적인 이런 악습을 병으로 변화시켜 버렸고, 이에 대한 치료로서 몇몇 물리적인 처방이 제시되어 있었지만, 이미 가톨릭 개혁 본연의 엄격한 금욕주의 특징이었던 낡은 치료법을 답습하고 있었다. 즉 그 치료법이리는 항시적인 감시를 펼치면서, 성행위의 최초의 발로를 평가절하하도록 가르치는 것이다. 바로크 시대의 이론가들이 정열의 유린과 결부시키고 있었던 낡은 연애의 병은, 지나치게 조숙한 청춘의 불가피하고도 치유하기 어려운 결과로 격하당해 버렸다.

계몽주의 시대의 의학은, 이 점에 있어서 그리스도교의 전통과 협력하면서 성애에 관한 온갖 과도한 행위를 일상생활에서 추방했다. 티소와 마찬가지로 계몽주의 시대의 의학은 지나친 순결이 몸에 나쁘다고는 생각하지 않았으나, 책에서는 반대로 몽정을 초래할 위험을 매우 걱정하고 있었다. 이 문제에 대해 이 로잔의 학자(티소)는, 여성에 대한 꿈을 처음 꾸기 시작하는 순간에 곧 눈을 뜨게 되는 심리적 기교를 환자에게 권유하기까지 하였다. 18세기 후반의, 이 분야에 있어서 의학적인 공포가 신학적인 공포와 교대하고 있었음을 보여 주는 것이었다. 자위행위가 초래하는 쇠약이 생리적인 면에서 일으키는 두려운 결과에 대한 상세한 묘사를 통해서 과학 시대의 양식 있는 모든 사람들이 자위로부터 등을 돌린 것은 당연한 일이었다. 그들은 또 무절제한 성행위를 피해야 했다. 《달랑베르의 꿈》에서 시류를 거스르고 청소년의 성적인 자족을 변호한 디드로와 같은 사람은 드물었다. 이러한 상황을 가장 분명하게 나타내는 것으로서 불쌍한 루소는 이처럼 집단적인 성억압의 신화 속으로 잠겨가고 있었다.

사실 그의 출현으로, 수치로서 금지된 자위는 더욱 솔직하게 고백된 다른 도착증들과 함께 바람직한 순결의 슬픈 이면이 되었던 것이다. 제르송의 견해에 따르면, 자위는 성교와 거의 마찬가지로 동정을 잃게 하는 것이었다. 그렇기에 《에밀》에서 모든 교육은 이 꺼림칙한 비도덕과의 대결을 지향하고 있다. 《고백》은 자위와 방탕을 불문하고 성생활 전체를 죽음이나 죽음의 위협적 분위기로 기술한다. 순결한 사랑과 더러운 욕망의 분열 속에서 특별하게 정리되어 온 금지체계의 성과가 충분히 파악되고 있다. 동시대의 티소는 그에게 이론적 기초를 제공하고 있었다. 그러나 이 의사보다도 더욱 합리적이었던 장 자크는 아우구스티누스식의 교육에 따라서 우선 성교 속에서 최악의 죄를 발견하고 있었다. 부르주아지의 이데올로기로서 그는 여타의 신념들과 함께 부르주아지에게 이 신념을 전해 주었다.

사드가 자라나 방종을 자칭하고 있었던 이 시대의 억압적인 분위기 속에서, 티소의 동료들은 남자의 자위와 마찬가지로 여자의 색광증에도 격렬하게 맞섰다. 18세기말 영국의 통속적인 의학 해설서에 앞서서, 예를 들면 비앵빌은 1771년에 티소를 본받아 박애적인 배려로서 여성의 색광증에 대한 끔찍한 결과를 서술하였다. 뛰어난 이 성과학자는, 이러한 수치스런 음탕을 여성 사이에서는 극히 흔한 것으로 인식하고 있었다. 16세기의 그의 선구자들과 마찬가지로 그도 색광증의 원인을 여성의 성욕에 있는 민감한 성질에서 찾아냈으며, 질과 클리토리스에 의한 자위를 묘사하고 있다. 그러나 후자의 특성으로써 문지르고 꼬집고 찌르는 등의 행위는, 티소에 이어 그도 불길한 정욕의 징후이며 미친 짓이고 꺼림칙한 결과를 초래한다고 생각하였다. 그러나 그는 동시에 여성들을 치유하고 고통을 덜어 주는 방법도 터득하고 있었다. 질을 적셔 줄 뿐만 아니라 우선 그녀들을 온갖 음란한 생각으로부터 멀어지게 하면서, 그녀들을 둘러싸는 정신적 수준에 눈길을 돌리도록 하는 것이 그 방법이었다. 이 임상의학자는 자위에 의한 불행이 일상에 어떠한 결과를 가져다 주는가를 그려냈을 뿐만 아니라, 젊은이들에 관한 베르니스 추기경의 요청에 따라서 한가롭고 방탕스런 여성 가정교사들이 상류 사회의 자녀들에게 레스보스*의 위험스런 기교를 가르치지 말도록 하는 배려를 하고 있었다. 17세기의 그리스도교 도덕은, 이미 이 점에 관해 하인들에 의한 나쁜 영향을 경계하고 있었다. 가톨릭의 부흥의 규율에서 형성된 부르주아 세계는 이리하여 성적 상상력의 지나침을 거부했다. 이미 본능의 욕구와 그 자각조차도 신체의 건강을 해치는 타락의 한 요소로밖에 보이지 않았던 것이다. 서적 검열이나 교우관계의 감시를 통해, 특히 청년을 타락으로부터 지킬 필요가 있었다.

*Lesbos. 여성의 동성연애는 흔히 〈레스비어니즘〉이라고 부르는데, 고대 그리스의 여류시인 사포가 그녀의 모임에서 여성간의 동성연애 행위를 한 것으로 여겨졌기 때문에 여성간의 동성연애에 사포의 고향인 이 섬의 이름이 붙게 되었다.

1800년 무렵에 자위를 다룬 문헌이 증가하고 있었던 것은, 자위라는 해방적인 행위가 확산되고 있었다는 것을 나타낸다기보다는 성욕에 대한 근대적 억압이 성공하고 있었다는 표시이다. 실제로 그리스도교와 부르주아가 지배하는 근대 서구에서 성을 적대시하는 증후군의 제 요소를 발견할 수 있다. 우선 18세기에는 교육법의 연구가 커다란 위력을 발휘하고 있었다. 그러나 그 연구는, 그리스도교 본연의 금욕주의 교육의 이론과 실천에 의지하는 바가 컸다.

근대 초기의 에라스무스나 그밖의 인문학자들의 증언에는 생활 전체 속에 완전하게 녹아든 성이 그려져 있다. 프로테스탄티즘과 부흥 가톨리시즘의 발전과 결탁되어 진행된 풍속개혁에 의해 이러한 상태는 끝이 났다. 이 개혁은 성을 인생의 수치스럽고, 저주받은 부분으로 밀어넣었다. 이러한 문명화의 과정은 정숙함을 가장하는 것을 의무로 알고 있는 새로운 인간상을 만들어 냈다. 마침내 부르주아화한 인간은 자신의 육체를 혐오하게 되었다. 육체는 정열-연애라는 새로운 도그마로서 순화되면서, 동시에 가족이라는 틀과 고독한 행위라는 틀 속에 갇혀 버림으로써 쾌락이나 능력이라는 사회적 가치를 포기했다. 욕망을 숨기고 그것을 의무의 희생양으로 삼은 것은, 정형화된 것은 아니었지만 전체의 법칙이 되었다. 이러한 계율은 외부로부터의 강요와 도덕적 내면화에 의해 억압체제를 강화함과 동시에, 성적 금기의 광범한 유포 없이는 생각할 수 없는 에로티시즘을 낳았다. 그러한 상황 속에서 근대의 인간은 존재의 가장 주요한 부분을 훼손당한 상태로 나타나고 있었다.

관능의 충족을 적대시하는 이러한 금기가 서서히 형성되고 있었던 것은 근대 문화사의 중요한 일면이었다. 신구교회가 이 점에서 담당한 역할을 과소평가해서는 안 된다. 성의 도덕화를 지향하는 교회의 교육적 노력이 동시에 서구 사회를 이러한 방향으로 바꾸는 데 공헌하고 있었다. 유럽 문명의 진전을 특징짓는 풍속의 전반적인 부르주아화 가운데 청교도식의 고상한 태도가 포함되어 있었다. 부르주아화는 사람들에게 홀로 무엇인가를 입고 자는 것, 나체를 타인의 눈에 보이지 않도록 언제나 주의하는 것, 성에 대해서는 우선 부끄러운 시늉을 하는 것이 올바르고 위생적이라는 것 등을 차례로 가르쳤다. 그 결과 지배계급에서부터 육체적인 접촉에 관한 명백한 억압과, 생식으로 연결되는 쾌락이나 기관의 비인간화라고 할 만한 경향이 나타나고 있었다.

이러한 결과는, 아마 아이들의 교육과 생활에 있어서 가족이라는 협소한 단위의 역할이 비약적으로 증대한 것과 관계가 있을 터이다. 이는 부르주아적인 현상의 전형이었다. 또 이러한 결과는 연애결혼의 가치가 차츰 높아졌고, 수학기간이 차츰 길어진 것이 원인이 되어 상당수의 청년들이 사회적으로는 어린이와 같은 처지로 퇴행해 버린 것과도 관계가 있다. 이리하여 18세기의 청년들은 학업이라는 인공적인 세계에 차츰 강하게 속박당하면서, 순결의 가치와 필요성에 대해 새롭고도 힘찬 설교를 듣게 되었다. 어린이나 미혼청년의 성적 행위를 극도로 적대시하는 이러한 분위기 속에서, 그러한 성적 행위는 사람을 쇠약하게 만든다고 주장하는 의학이론이 성장하고 있었던 것이다.

이 과학적 환상은 성적 억압이라는 이 시기의 집합적 의지의 절정을 이루고 있다. 칸트는 티소와 시점을 함께 하면서, 자연으로 돌아가는 자위행위를 반드시 금지할 필요가 있다고 생각했다. 한편 칸트와 동시대인으로 견식이 풍부했던 페쉘은 〈자위에 열중하는 광기〉를 방지하는 차원에서 매춘가를 용인하고 있었다. 계몽주의 시대의 부르주아 과학은, 이런 점에서 그리스도교의 금욕주의에 최후의 이론적인 승리를 가져다 주었다. 예전에 오로지 예수회의 수사나 의사로부터 조언을 얻고 있었던 부유한 학생들에 대한 설교가 이제는 서민층에게까지 전해져 온다. 18세기에 시작된 자위를 금하는 이러한 운동은, 이리하여 기묘하게도 더욱 두드러지고 있었다. 이러한 병리학적 현상이, 때로 진보주의적 외관을 드러내고 있었다 하더라도, 쾌락을 금하는 싸움과 결부됨으로써 훨씬 뒤의 빅토리아 왕조 시대의 청교주의를 예고하고 있었다. 예를 들면 독일의 어느 의사는 오로지 성에 대한 반감에서 어린이 복장의 획일화와 남녀공학을 주장했다. 그가 이상으로 삼는 유년기는 천진하고 성별이 없는 아이들로 구성되고 있으며, 아이들은 사춘기가 되기까지 반바지가 아닌 스커트를 입고 있는 것이었다. 그렇게 하면 그들의 생식기는 끊임없이 냉각되고 단련되어 조용히 휴식을 취할 수 있으므로, 아이들도 그것을 만져 보고자 생각하지 않는다. 루소를 신봉하는 이들 교육학자와 위생학자 들은 모두 이상적인 청년과 성인을 만들기 위한 준비로서 아이를 보다 아이답게, 자신의 육체, 다시 말해 우선 자신의 성기를 잊게 해야 한다고 생각하고 있었다.

이보다 전시대에 나타난 성적인 자기 충족에 대한 관대함도 절대적인 것은 아니었다. 그렇지만 공포심을 통해 이를 억제해 보려고 씌어진 계몽주의 시대의 수많은 서적들과 그 성공은, 그때까지 일반 사회에서 널리 행해지면서 무해한 것으로 간주되고 있었던 습관을 무서운 악덕으로 바꾸고자 하는 소망을 드러내고 있었다. 같은 시기에 풍속의 문명화가 실현된 다른 문화를 수용하려는 노력과 병행하여 행해진 이 억압적인 교육은, 베커에서 티소에 이르기까지 다만 의학적인 고발을 확대했을 뿐이다. 금욕주의의 가르침은, 수도회의 전통에 따라 자신의 성기를 자신과는 무관한 것으로 간주하고, 만져도 생각해서도 안 된다고 강조했는데, 이러한 교육은 금욕주의의 가르침을 충실히 따르고 있었다. 시민이면서 동시에 그리스도교도이기도 했던 이들 저자는, 또한 결혼이 자위의 치료법이라는 사실을 지적했다. 교활한 이 돌팔이의사들은 저서의 성공으로 국제적인 명의가 되었다. 그들의 독자나 환자가 넘친 것은 그들의 이론이 정연해서였기 때문은 아니다. 성의 위생과 함께 성교육을 열심히 요구했던 엄청난 수의 대중들을 향해 그 이론들이 내놓은 해답에 대한 흥미 탓이었다.

따라서 대혁명 전야의 프랑스에서는, 영국을 포함한 개화적인 유럽 전역에서와 마찬가지로 억압적인 교육이 바야흐로 승리를 거두고 있었다. 이로 인해 교리문답의 중대한 공백이 메워졌다. 이 교육은 자위가 청년의 우울증과 자살의 원인임을 지적했다. 숨겨진 청년의 악습을 고발한다는 유치한 도덕의 새로운 도그마는, 풍속의 부르주아화를 지향하는 이론가들의 성을 적대시하는 집념이 18세기에 들어서서 병리적 양상을 띠고 있었음을 보여 준다. 그들은 도처에서 가상적인 위험으로 인한 희생자를 수없이 발견했다. 쾌락에 대한 그들의 공포는 우스꽝스러우리만큼 희생자를 증가시키고 있었다. 물론 그들의 비난을 근거로 하여 자위의 실제적 확산을 추정할 길은 없다. 그러나 이후의 공적인 금욕주의가 일치하여 집요하게 추궁하고 있었던 관능의 기쁨을 얼마간이라도 충족시켜 주는 한에서 자위는 금기로 간주되었다. 이로 인해 계몽주의 시대는 성을 최대로 억제하기 시작하고자 했던 것이다. 종교와 음식물, 주거와 수면, 의복과 직업, 감시와 학교, 이 모두가 각각의 조직에서 육체가 빠져드는 악습에 눈빛을 반짝이고 있었다. 조숙한 성교에도 마찬가지의 주의를 기울였다. 순결에 대한 이러한 집착은 예로부터 있었던 그리스도교의 금욕주의를 사실상 계승한 것이었다.

18세기의 성교육을 조사해 보면 그것을 알 수 있다. 자기 충족을 억제하고, 억압을 조장해야 한다고 조심스럽게 주장하는 정보에서 이 교육은 성립되고 있다. 수치심과 침묵의 분위기 속에서 성장한 부르주아 청년들은 이 점에 있어서 양친으로부터 방치됨으로써, 자위와 성행위를 위험시하는 박애주의 교육자들로부터만 지식을 얻고 있었다. 루소가 그 한 예로서, 《에밀》은 이 문제에 대해 무구 즉 무지를 찬양한다. 남녀공학을 혐오하고, 성교를 멀리한 이 철학자는 프랑스나 혹은 독일에 현저한 영향을 미치고 있었다. 특히 독일에서 전문가들은 청년들에게 슬픈 현실을 가르친다기보다는 거기에서 눈길을 돌리도록 하고 있었다. 본능에 대한 공포와 민족의 퇴화에 대한 신화가 순결에 대한 체계적이면서도 억압적인 찬미에 구실을 부여하고 있었다. 이 시대의 청년들은 생식기와 그 움직임의 도해를 통속의학서에서 볼 수 있었다. 그러나 있는 그대로의 성을 수치심의 그림자로 숨기던 부르주아적인 근엄한 태도의 출현은 중요한 의미를 지니고 있었다. 로베스피에르에서 나폴레옹에 이르는 프랑스 혁명의 정신이 보여주듯이 성의 해방은 전혀 뜻하지 않았던 계급의 승리와 결부되었으며, 이 근엄함은 20세기 전반에 이르기까지 서구 문명에 강한 영향을 끼치고 있었다.

4
억압과 히스테리

신성한 사랑

신비신학의 영역을 헤치고 들어가 보면 언제나 전율을 금치 못한다. 또 그리스도교적인 사랑의 형식이나 용어를, 동시기 속세의 연인들이 익숙해 있었던 형식이나 용어로써 취급하는 것이 우선 금지되고 있었던 듯하다. 근대 서구에서의 신비신학의 개화로 먼 옛날부터 뿌리 박혀 있던 전통에 그 토대를 두고 있다. 신자의 영혼과 신의 직접적인 결합을 열광적으로 희구하던 이 신앙에는 원시적인 마술이나 이교에서 차용한 영적 행위가 재현되고 있었으며, 이슬람교의 신비신학과의 공통점도 상당수 관찰되고 있었다. 그 신앙은 16,7세기 종교개혁 시대의 유럽에서 우선 신의 힘을 성서 속에서 지속적으로 찾고 있었다. 이러한 시도는 먼저 《구약성서》 가운데 《아가》가 찬양하는 신비적인 결혼으로 향해졌다. 일견 대단히 육감적이었지만 태고적부터의 성전 속에서 신성화되었던 이 혼례의 노래는, 긴 역사를 통해서 유대-그리스도교적인 신비주의를 완성하려는 욕구 충족을 멈추지 않았다. 그들이 숙고하고 있는 바에 따르면, 그 축혼가에서 신성한 사랑은 양성의 접근에 근거를 두고 있으며, 신에 대한 인식은 육체적 매력을 근거로, 종교적 도취는 인간의 욕망을 근거로 하고 있었다.

그리스도교의 전통은 내재성과 비밀성이 성욕의 승화를 나타내고 있었듯이 이러한 정신적 유산을 육성했다. 교회와 신자들 눈에 그리스도의 모습은 〈아버지〉의 모습과 역할을 분명히 하고 있었다. 한편 정체를 알 수 없는 연금술의 매력에 항거하여, 교부들은 금욕에 의해서만 도달할 수 있는 이 진정한 사랑의 균형적인 정의를 보여 주려고 끊임없는 시도를 하였다. 정욕을 멀리하고 육욕적 타락을 증오한다는 테마는 따라서 순결과 동정이라고 하는 강박관념을 기르고 있었는데, 그 막다른 극한은 사막에서 수행하던 신비주의자들의 싸움이었다. 그리스도교 신비신학의 패러독스와 위력은 그 이후부터 그들을 모델로 순결과 聖德(성덕. 이는 거세의 신성화이다)을 통해서 인간의 모든 열망을 충족시키는 데 있었다. 그래서 중세 성직자의 허식을 벗겨낸 생활이, 근대에 들어서서 강화된 성적 억압에 있어서 신학상의 기원을 이루게 되었다. 그들은 자신들의 언어 속에서 순결한 사랑의 제 단계를 육체의 무질서와 대립시키도록 가르쳤다. 이 순결한 사랑은 1300년의 유럽에서 1700년의 유럽에 이르기까지 지속적으로 수세기를 통해 다른 곳에서는 찾아볼 수 없는 성공을 거두고 있었다. 이 점에 있어서 反종교개혁 시대의 스페인을 구현하는 십자가의 성 요한네스(후안 데 예페스 이 알바레스. 1726년 성인으로 추증되었으며, 축일은 12월 14일. 그리스도교 大신비주의자·시인·교회박사·스페인 수도원 운동 개혁자, 명상수도회인 〈맨발의 카르멜회〉 공동 설립자)와 아빌라의 성녀 테레사(1622년 성인으로 추증되었으며, 축일은 10월 15일. 스페인의 수녀. 로마가톨릭의 대표적인 신비주의자 가운데 하나로서 고전적인 신앙서적을 썼으며, 원시 카르멜회의 엄격하고 명상적인 성격을 강조하고 되살린 〈카르멜회 개혁〉을 시작한 인물이다)는, 그 이상으로 사랑의 대화 속에서 오로지 영혼의 결혼이 이루어지도록 기도한 서구세계의 신비로운 긴장을 구현하고 있다. 이미 플랑드르나 라인 강 연안에 있던 루터의 선구자들은, 훗날의 예수회 수사나 17세기 프랑스 가톨릭의 정신적 모험을 추구한 인물들과 마찬가지로 그러한 긴장을 드러내고 있었으며, 장미십자회*로 이어지면서 프리메이슨단*과 나란히 계몽주의 시대의 祕敎(비교)가 이 종파의 울타리를 넘어서서 공동으로 노력했던 아마 최후의 예를 보여 주게 될 것이다. 또 칼뱅의 《그리스도교 강요》는, 종교를 천직으로 생각하는 것은 육체적인 욕망을 새로운 방향으로 돌리는 것이라고 명료하게 정의하고 있다.

* 장미십자회(Rosicrucian)—고대부터 전해 내려온 비밀스런 지식을 알고 있다고 주장하는 세계적인 단체. 이 명칭은 이 단체의 상징인 장미와 십자가가 결합되어 있는 문양에서 나왔다. 이 회의 가르침은 여러 종교의 신앙과 관행을 연상시키는 신비주의 요소들을 결합하고 있다.
* 프리메이슨단(Freemasonry)—중세의 숙련 석공(Mason) 길드에서 비롯된 세계 최대의 박애주의 비밀결사체. 프리메이슨단은 중세 석공과 성당건축업자 길드에서 그 기원을 찾을 수 있으며, 성당건축업이 쇠퇴하자 석공들의 일부 집회소에서는 사회적 명사들을 회원으로 가입시켜 세력을 강화하기 시작했다. 프리메이슨단은 거의 처음부터 기존의 종교조직들, 특히 로마가톨릭 교회와 여러 국가들로부터 심한 탄압을 받았기 때문에 비밀결사의 성격을 띠는 것이 일반적이었다. 종종 오해를 받는 경우도 있지만 프리메이슨은 그리스도교 조직이 아니다. 그러나 한편으로는 도덕성·박애 및 준법을 강조하는 등 종교적 요소를 많이 포함하고 있다. 회원자격은 절대자의 존재와 영혼의 불멸을 믿는 성인 남자에게만 주어진다. 실제 일부 지부들은 유대인·가톨릭교도·유색인종을 기피하는 편견을 갖고 있다고 비난받아 왔다. 일반적으로 라틴 국가에서는 성직자들의 간섭에 반대하는 사람들이나 자유사상가들이 많이 가입해 있는 반면, 앵글로색슨계 국가에서는 회원들이 주로 백인 프로테스탄트들이다. 대부분의 나라에서 지부에는 프리메이슨 회원들이 크게 3등급인 도제·직인·숙련석공(3급)으로 구분되어 있다.

마르가리타 드 나바라(나바라 왕 엔리케 2세의 왕비. 인문주의자와 종교개혁가들의 후원자로, 그리고 작가로서 프랑스 르네상스에서 가장 뛰어난 인물 중 한 사람이었다)의 특수한 예는, 기나긴 르네상스 시대에 있어서 아름다운 영혼의 소유자들이 하나의 유행으로써 성스런 사랑에 유혹을 받고 있었다는 사실을 보여 준다. 사람들은 자신의 행복에 대한 실현이 일상생활로 방해받는다는 환멸감을 성스런 사랑 속에서 잊어가면서, 인종과 자기 멸각에 의해 존재의 지복에 도달했다. 16세기에는 세속의 신도 상당수가 이 성스러운 사랑을 추적하는 매력을 체험하고 있었다. 특히 프랑스의 종교개혁은 적극적인 상당수 귀족 여성들의 강력한 원조를 받고 있었다. 프로테스탄트 혁명에서의 루터의 행보는, 신비주의 전통을 이어받은 정적주의*와 활동주의의 역설적인 모습을 보여 주고 있다. 그런데 이 전통은 가톨릭 세계에서 수도사들을 지속적으로 모이게 하는 힘이 되었다. 수도원에서 종종 경건한 귀족 여성들은 성스러운 〈남편〉을 위해 현세와 그 현세가 가져다 주는 기쁨과 쾌락, 그리고 망상을 포기하고 있었다.

* (Quietism) 그리스도교 영성에 대한 교리. 대개 영혼의 소극적 상태(정적), 즉 인간의 노력을 억제하여 신의 활동이 온전하게 펼쳐질 수 있는 상태에서 완전함에 이를 수 있다고 주장한다. 정적주의의 요소는 그리스도교와 비그리스도교 운동을 망라하여 여러 종교운동에서 찾아볼 수 있으나, 정적주의라는 용어는 보통 미겔 데 몰리노스의 교리를 말한다. 스페인의 사제였던 몰리노스는 17세기 후반에 로마에서 존경받는 영적 지도자였으나, 로마가톨릭 교회는 그의 가르침을 이단으로 정죄했다.

이같은 움직임은 조금도 이교적이지 않은 근대의 이탈리아에서도 인정되고 있었다. 이탈리아에서는 강요에 의해 수도사가 된 사람들과는 달리, 신앙이 두터운 사람들이 개혁의 임무에 열성을 다하고 있었다. 규범적인 금욕주의자 빅토리아 콜론나*가 바로 하나의 상징이었다. 이 귀족 미망인은 친구인 미켈란젤로와 마찬가지로 다스리기 어려운 육체의 퇴폐를 굳게 믿고 있었다. 이미 아빌라의 테레사가 경험했던 신비적인 체험에는 보다 차원 높은 에로티시즘이 있었다. 주지하는 바와 같이, 그녀는 수많은 천사들 가운데서 케루빔(제2위의 천사, 智品天使)의 방문을 받고서 불반점이 들어 있는 길다란 황금 화살을 맞는다. 천사가 사라질 무렵 온 몸이 찢어지는 듯했지만, 신음하는 가운데 고통이라고도 할 수 없는 어떤 쾌감을 느낀다. 즉 그 고통은 정신적인 것에 불과한 것이며, 신성한 포옹이 만들어 낸 것이다. 反종교개혁기의 프랑스 수도원은, 덩달아 그녀를 흉내내면서 영혼의 환희를 추구하는 수녀들로 넘치게 될 것이다. 청춘 특유의 까다로움과 시대의 도덕적·정신적 분위기, 그리고 성스러운 사랑에 유일하게 어울린다고 생각되는 지극히 엄격한 서원을 통해 그녀들은 영혼의 기쁨을 찾아내고 있었던 것이다.

* 1492-1547. 이탈리아의 시인. 그녀의 시보다는 그녀의 개성과 당대 유명인사들, 특히 미켈란젤로와 맺은 친분으로 더욱 유명하다. 귀족 가문에서 태어나 1509년 페스카라의 후작 페르디난도 프란체스코 다발로스와 결혼했다. 결혼생활의 대부분을 남편이 군사출정 등으로 보냈음에도 1525년에 남편이 죽었을 때 콜론나는 남편을 추모하는 일련의 시를 쓰기 시작했다. 그 중 가장 탁월한 작품은 《정신적인 시 *Rime spirituali*》(1882)이다. 또한 많은 종교시를 썼으나 작품보다는 그녀의 인생이 더 많은 흥미를 끌었다. 종교적·감정적 성격의 학식 있고 지성적이었던 콜론나는 시인 루도비코 아리오스토의 존경을 받았으며 시인 자코포 산나차로, 인문주의자 피에트로 뱀보, 예의범절을 다룬 소책자 《조신론朝臣論》의 유명한 저자 발다사레 카스틸리오네 등 여러 문학계 인사들뿐만 아니라 당대의 몇몇 종교 개혁가들과 두터운 교분을 맺었다. 그러나 콜론나와 가장 유명한 정신적 관계를 가졌던 인물은 미켈란젤로였다. 그들은 1538년 로마에서 만났는데 그녀는 많은 서신과 철학적인 소네트를 미켈란젤로와 교환했다. 그녀의 임종을 지켜본 미켈란젤로는 그의 감동적인 추모 소네트(통펠로가 번역함)에서 콜론나의 죽음에 관해 다음과 같이 썼다. 『그토록 아름다운 얼굴을 결코 빚지 못했던 자연이 부끄러워하고, 모든 사람들의 눈에는 눈물이 고였도다.』

그것에 덧붙여, 이렇듯 정결한 소녀들의 교도자들은 그녀들에게 처녀성을 신성화시키고 관능의 행복을 혐오하도록 했다. 그들 가운데서 가장 위대했던 프란키스쿠스는 루이 13세 치세(1610-43)의 초기에, 세속신도로서의 몸치장에 신경 쓰는 귀족 여성들을 향해 결혼의 인연 속에서 신앙을 갖도록 권유했으며, 뿐만 아니라 자신의 저작 《神愛論》(신애론) 속에서 명상을 좋아하든 좋아하지 않든간에 모든 그리스도교도들에게 완전한 덕으로 가는 길을 교시하였다. 그런데 이 완전한 덕이란, 인정의 미묘한 움직임에 관한 깊은 지식을 토대로 하는 것이기 때문에 마음속으로 성스러운 것에 대한 매력을 발견하도록 신자들에게 가르치는 것이 그의 심리학의 요체였다. 따라서 이러한 정신성은, 영혼을 육체로부터 하늘로 상승시키기 위해 오로지 연애의 말만을 사용하고 있었다. 그러나 그러한 구도는 남성의 매력에 있어서의 위험스러움이나 사랑의 성스런 대상에 대한 절대적 복종을 강조하고 있다. 영혼의 결혼이라는 고전적 표현과 궁정문학의 용어가 여기서 합체되어 인간의 욕망을 〈성령〉 쪽으로 이끌어 간다.

그 세기 말엽에 페넬롱(프랑스의 대주교·신학자·저술가. 정치와 교육에 관한 자유주의적 시각과 신비적 기도의 본질에 관한 논쟁에의 개입으로 국가 및 교회의 공격을 받았다)도 이와 유사한 이야기를 하게 된다. 프란키스쿠스와 마찬가지로 그도 심각한 내적 위기에 사로잡혀 있었으며, 성스러운 것을 추구하는 어려움에서 기인한 불안과 혼란으로 오랫동안 괴로워하였다. 타자의 발견이라는 바꿀 수 없는 경험을 그에게 가져다 준 마담 기용*과 만나게 됨으로써, 그는 그러한 불안과 혼란에서 치유되었다. 주지하는 바와 같이, 그는 거기서 순애와 무관심과 수동성의 신학을 끌어내어 죄로 묻는다. 그러나 이 영혼의 인도자에게서 신학은 육체에 대한 깊은 공포와 결부되고 있었다. 그는 이러한 공포를 신자들 사이에서 찾아내어, 그것을 열거했다. 인종과 체념, 고행과 헐벗음을 역설하는 이 종교지도자는, 자신의 서신 상대자들에게 신을 향해 자신을 더욱 잘 열어 보이기 위해서는 어떻게 현실과 자기 자신을 무시해야 하는가를 가르치고 있었다. 동시대의 가톨릭 신앙과 공통된 행복관을 갖고 있었던 그는, 자신의 몸을 깎아내지 않는 행복을 생각할 수 없었다. 그에게 영감을 준 여성과 나누었던 신앙심 가득한 난해한 편지의 왕래에서, 그는 우선 그들에게 공통된 천진스러움을 칭송하고 있었다.

* 1648-1717. 프랑스의 신비주의자·작가. 17세기 프랑스 신학논쟁의 중심 인물로 靜寂主義(정적주의)의 주장자이다. 영원한 구원에 이르기 위해서 영혼의 극단적인 수동성과 중립을 주장했으며, 그 안에서 사람은 하나님의 대리자가 된다고 믿었다. 16세에 세스누아의 자크 기용 경과 결혼해서 가정생활을 하다가 1676년 남편이 죽은 뒤 오랫동안 느껴왔던 신비체험에 몰두하게 되었다. 바르나비트 프리아 프랑수아 라콩브를 통해 오랜 기간 내적 신앙의 성숙을 거치면서, 자녀들을 떠나 라콩브와 함께 제네바·투린·그르노블을 여행했다(1681-86). 여느 때와 마찬가지로 그녀가 가르친 내용의 이단적인 성향(세상과 교회의 기구들을 배척하는 경향)은 지방 주교들의 의혹을 샀으며, 그 지방을 떠나라는 압력을 받았다. 이 시기에 기용은 자신의 여러 저술들 중에서도 가장 중요한 《간략하고 가장 쉬운 기도방법 Moyen court et très facile de faire oraison》(1685)을 출판했다. 1687년 라 콩브는 투옥되어 감옥에서 죽었고, 기용은 1688년에 체포되었으나 몇 개월 만에 맹트농 부인의 중재로 석방되었다. 맹트농은 루이 14세의 후처로 기용을 궁정사회에 소개한 부인이었다. 석방된 후 기용은 유력한 가문 출신의 아베 드 페늘롱(1651-1715)을 그녀의 수제자로 삼았다. 페늘롱은 기용의 가르침 속에서 자신의 영적 의문에 대한 몇 가지 해답을 얻게 되었다. 1694년 정적주의 색채가 강한 페늘롱의 저술은 사람들을 경악시켰고, 복잡한 정치적·종교적 책략이 난무한 이시에서 열린 총회(1695)에서 페늘롱은 기용의 가르침을 옹호했다. 그럼에도 불구하고 로마가톨릭 교회는 정적주의를 공식적으로 정죄했다. 기용은 체포되어 수감되었고, 페늘롱은 소책자를 통해 로마가톨릭 교회에 맞서 싸움을 계속했다. 1703년 석방된 후 기용은 블루아에 은거하면서 집필에 몰두했다. 그녀의 저술들은 1712-20년에 출판되었다(45년, 재판 1767-90).

그들보다 앞서 신의 사랑을 추구한 정신적 모험자인 장 조셉 쉬렝은, 아마도 17세기의 프랑스에 있어서 최대의 신비주의자일 것이다. 당시의 신학적 상상력으로 고민하면서 공포에 전율하던 이 예수회 수사를 소개하는 저자들은, 육체적 유혹과 들끓는 정열에 관한 그의 지식을 역설하고 있었다. 이러한 지식의 덕분으로 그는, 그와 같은 고민을 감내하면서 해방을 갈구하고 있었던 어느 여성에게 일련의 놀라운 편지들을 쓰게 되었다. 이 해방이란 정신병과 영적 고양의 혼연일체 속에서 그가 찾아낸 신성한 사랑에 의한 해방을 의미한다. 그가 동료 수녀들과 교환한 편지는 우선 일종의 신비주의적인 갈망을 그려내고 있었으며, 그것은 1630년대 루당 특유의 망상적인 분위기로 가득 차 있었다. 이러한 갈망이 그의 정신적 균형을 끊임없이 어지럽혔겠지만, 바로 이러한 갈망을 통해서 그는 잔 데 상주라는 그에게는 약간 어울리지 않은 상대를 만날 수 있었다. 우르술라 수도회[로마가톨릭 수녀회]의 수도원장은 사랑의 불가사의함과 속세의 위험, 그리고 육체의 매혹적인 위험에 대해 쉬렝과 거의 같은 수준으로 교묘하게 논할 수 있었다. 1664년이 되어 이 예수회의 수사는 언젠가 〈남편〉의 애무가 있을 것임을 그녀에게 고지하였고, 그녀는 밤이 가져다 주는 욕망의 악마적인 유혹을 물리치면서 이미 그것에 대비하고 있었다. 아빌라의 테레사와 마찬가지로 그녀도 아름다운 천사의 방문을 받았다. 꿈 속에서 그녀의 의복을 벗기고 피가 나올 때까지 채찍질한, 악취를 풍기는 두 명의 비열한 남자들로부터 이 천사가 그녀를 구해 주었다. 불쌍한 위르뱅 그랑디에를 화형대로 보낸 그녀의 환각은 전형적인 히스테리적 환각으로서, 거기서는 억압된 성욕을 수녀의 고해사제나 악마 탓으로 돌리고 있었다. 여하튼 그 환각에 의해 그녀의 몸에는 성스러운 흔적이 나타나고, 그 성스러운 흔적은 1638년에 정신적 균형을 잃은 또 한 사람의 신앙가 루이 13세의 신앙을 강화시켰다.*

* 페스트가 유행했던 1632년 프랑스 중서부에 있는 루당의 우르술라 수도회 수녀원에서 일어난 사건. 원장 잔데 상주와 몇 명의 수녀들이 악마에 씌어 마을 소녀들 사이로 퍼져가고 있었다. 수많은 이상한 발작을 일으킨 후, 그녀들은 잔의 고해사제인 생 피에르의 사제 위르뱅 그랑디에가 주문을 걸었다고 주장했다. 그랑디에는 이전부터 이 마을에서 몇 차례 연애사건을 저질러 원한을 사 소송에 말려들었는데, 바로 전해에 소송이 막 반려되었을 무렵이었다. 그에게 행해진 특별재판은 온 나라의 평판을 받게 되었으며, 사람들이 몰려들었다. 결국 그가 악마와 주고받았다는 계약서(재판관의 창작이라고도 하는데, 파리국립박물관에 현존해 있다)가 증거가 되어 그랑디에는 산 채로 화형당했다. 이어 악마 퇴치가 행해졌으며, 세번째의 악마 퇴치 성직자 예수회 수사인 쉬렝 신부는 자신도 악마에게 씌었으나 이를 극복하면서 신들림의 현상을 연구했다. 또한 잔의 손에 나타난 성스러운 흔적은 조작된 것이라고도 한다.[미슐레]

이제 사람들은 신비주의의 남용이나 정신착란, 에로티시즘의 함정을 자신의 취향대로 감탄할 수 있다. 여기서는 이러한 현상을 일반화할 의도도, 부분적인 해석을 가할 의도도 없지만, 근대 서구의 성적 억압의 진전은 신비주의의 긴장이 취하고 있던 제 형태와 어떤 연관성이 있는 듯하다. 종교상의 금지사항의 확대로 이루어진 이러한 결과는 무엇보다 그리스도교만으로 한정된 것은 아니었다. 유대인 사회에 있어서도 16세기 정신생활의 기축이 된 카발라(Kabbala, 유대교의 비의적 신비주의)가 성의 영역에서 차용한 상징이나 조응을 칭송하고 있었고, 《아가》와 《창세기》에 그려진 육체적 합일의 환희를 노래하고 있었다. 《조하르》(Zohar, 유대교 경전)는 먼저 교합을 통해 이 세계를 창조한 남성으로서 아담을 칭송하도록 신자들에게 가르치고 있었다. 1660년대에는, 이스라엘이 체험한 역사상의 가장 강력한 메시아 운동은 이러한 성애의 보편적인 가치부여에서 비롯된 것이다. 그 중심 인물인 샤베타이 체비(유럽과 중동에서 많은 추종자를 거느리고 랍비들의 권위를 위협한 거짓 메시아. 청년시절 카발라라는 유대교 신비주의 문헌을 탐독했다. 오랫동안의 황홀경 체험과 강한 개성이 결합되어 많은 제자들을 끌어모을 수 있었으며, 22세 때 자신이 메시아라고 선포했다)는 당시 대다수의 그리스도교와 마찬가지로 카스티야의 연가를 성가로서 가장 좋아하였고, 그 가운데 성에 관련된 용어들을 신비주의적인 우의로 바꾸었다. 그는 폴란드 태생의 유대인 매춘부와 카이로에서 결혼하게 되는데, 이 여자는 《구약성서》의 예언을 보다 잘 실현하기 위해 유럽을 편력해 왔던 여자였다.

신비학의 현혹적인 매력 또한 聖(성)과 俗(속)의 이러한 성적 외관을 띠고 있던 수상한 결합을 보여 주고 있다. 악의 관능적인 매력에서 비롯되는 매혹적인 불안으로부터 해방을 지향하는 연금술적인 학문의 치료상·종교상의 가치가 역설되고 있었다. 그런데 이 비교적인 학문은 동시에 관능적인 결합의 감미로운 묘사와 그 쾌락, 그리고 그 매력을 상징으로 삼고 있었던 것이다. 그 성만능주의는 신비신학보다도 더욱 분명한 태도로 성에 관한 용어들을 사용하고 있었다. 카발라와 마찬가지로 이 학문은 우선 모든 창조의 근원으로서 교합을 칭송한다. 같은 시기의 연금술과 싸우고 있을 때조차도 이와 매우 가까웠던 플레야드파(피에르 드 롱사르를 필두로 하는 7명의 16세기 프랑스 작가들의 모임)의 시인들은, 하늘과 별의 파종에 의한 대지의 수태를 대단히 사실적으로 그려내고 있었다. 특히 장미십자회의 화학상의 결혼은 《아가》와 마찬가지로 여체의 각부분을 떠벌리게 될 것이다. 1610년대의 독일에 흘러넘치고 있었던 연금술 입문서 속의 삽화는, 오비디우스의 《변형담》*이 르네상스 시대의 인문주의에 전해 준 이교적 신화에서 착상을 얻고 있다. 이들 삽화는 완전히 자연스럽게 축복받는 방법으로써 교합이라는 형태를 통해 그 신비주의적 동경을 즐겨 표현했다.

* 이 작품은 신화나 전설 중에서 변형(변신)의 모티프가 담겨 있는 이야기들을 집대성한 것으로, 이 이야기들은 천지창조(혼돈이 질서로 변한 최초의 변형) 때부터 율리우스 카이사르가 죽어서 신으로 격상되기까지(이것도 역시 내전이라는 혼돈이 아우구스투스의 평화라는 질서로 바뀐 마지막 변형임) 연대순으로 나열되어 있다.

미학적·신학적 관점에서 약간 유사하다 해도, 물론 이들 비교적인 사색과 동시대의 그리스도교적인 신비신학을 동일시할 수는 없다. 스페인의 신비가들에 대한 유물론적 해석도 거부하여야 한다. 궁정문학에서 차용한 연애용어가 있었다 해서 그들의 감정에 대해 정확한 고찰을 시도한다는 것은 부당한 일이다. 그러나 이러한 일치로, 16세기말의 파리에서 갈리아주의[Gallicanism, 프랑스 민족교회는 교황의 절대권력에서 독립한 존재라는 입장] 의원들이 선량하고 경건한 그리스도교도였음에도 불구하고, 反종교개혁적인 정신의 침투에 그들이 맹렬한 적의를 보이고 있었다는 사실은 의미심장한 것이다. 그들의 한 사람이 사건을 고백한 바로는, 광신자들 사이에서 그처럼 명성을 떨친 아빌라의 테레사에게 파리의 매춘가 여주인보다 더 많은 태형을 가해야 하지 않았을까?

프랑스 바로크 詩(시)의 제 테마에서, 이 시대의 특징인 신의 사랑과 인간의 사랑 사이의 혼란스런 가치가 뒤엉켜 있음을 확인할 수 있다. 인간의 변덕에 비해 신의 사랑이 감정의 영원성이라는 유일하고도 확고한 기반이 되었다는 것은 사실이다. 예를 들면 1629년의 클로드 오필의 영가는, 솔로몬의 약혼자로서의 두터운 연정을 담아 신에게 이야기한다. 마담 기용은 통소가락에 실어 정적주의식의 진부한 사랑을 노래한다. 무게 있는 논설과 마찬가지로 그녀는 이 노래에서 〈왕〉의 환희에 다만 비천한 도구로서 사용되는 행복을 언명한다. 고전주의 시대의 종교시는 종종 세속시에 뒤지지 않을 만큼 풍부하고 섬세한 면을 지니고 있었지만, 그 초기에는 〈애인과 연인을〉 모두 약삭빠르게 갈아치운 〈미모의 부인〉 막달라 마리아라는 여주인공을 특히 선호하고 즐겨 찬미하였다.

교훈적인 의도를 담은 이러한 어휘적 일치는 특히 사교계에서 어떤 장르의 혼동이 있었음을 뒷받침해 준다. 신을 사랑한다는 것은, 사랑의 심리적 이점을 확보하면서 성욕의 위험에서 벗어나는 수단이 된다. 이리하여 오필은 관능의 안개 속에서 지복의 사랑의 불꽃을 생각한다. 원래 이 정신의 고양은 《아가》 속에서 친밀한 애무나 키스의 노골적인 상징체계로 항상 싸여져 있었다. 마담 기용 이전에, 유행가 가락에 실어 신에 대한 절대적 복종과 행복한 고통을 칭송하던 쉬렝처럼, 17세기 그리스도교의 시인들도 모두 그러한 용어를 무한히 되풀이하게 될 것이다. 신비로운 결혼[영혼과 예수 그리스도와의 결혼]이 아무리 순결하다 해도, 위그노인 오비네가 칭찬했던 황홀 끝의 실신과도 같은 진짜 쾌락을 가져온다는 사실에는 변함이 없다. 성스러운 사랑은 태동하는 성적 억압의 분위기 속에서 단죄되거나, 경멸된 육체관계의 대체물을 형성한다. 이 점에 대해서는 예수회 수사 모완의 이야기를 경청하는 것만으로도 충분하다. 그는 무수한 송가 속에서 환희가 희생과, 행복이 열정과 운을 밟으며 각기 〈계피껍질 침대에 올라〉 〈性(성)이 없는 새〉에게 운반된다는, 타오르는 듯한 이미지를 되풀이해서 사용하고 있었다.

경건한 독신자에 의한 이러한 승화작용은, 바로크 시대의 서구에 다소나마 이단적인 대부분의 신비주의에서 나타나고 있다. 거기에 히스테릭이 있었는지 없었는지의 문제는 별도로 친다 해도 성적 욕구불만의 흔적이 종종 엿보인다. 물론 이러한 사실을 끝까지 확인하려 해도, 이들 내공적인 사람들의 종교상의 메시지의 의미를 다 파악할 수는 없다. 성애의 강박관념에서 비롯된 조숙한 반발로 인해 지속적으로 희생되고 있었던 그들은, 처녀성과 금욕주의·성충동을 정신적 영역으로 이전시킴으로써 나타나는 내면화 등을 부분적으로 신성시하고 있었다. 특히 지배계급에서 그들은 이것을 시대적 정신으로 따르고 있었다.

그들의 성직자로서의 일탈은 왕왕 단죄되고 있었지만, 그들의 용기 있는 신학상의 발걸음은 근대의 선량들이 가장 강하게 동경하고 있었던 것들 중의 하나를 드러낸다. 17세기 종반에 이 점에 대해 두 명의 여성이 모범을 보이게 될 것이다. 16세에 불행한 결혼을 했던, 마담 기용은 부부관계에서 생겨나는 필요성에 대한 혐오를 달래는 수단을 신과의 신비로운 결혼에서 찾아냈다. 이리하여 그녀는 간단히 말해서, 좌절의 연속인 듯한 자신의 생활을 신경질적인 외견을 드러낸 정신적 모험으로 변화시켰다. 미모였으나 불감증으로, 그리고 아마도 동성애 경향이 있었던 그녀는 불안스러운 라콩브 선생과 함께 기묘한 예언자의 한 쌍을 이루었다. 앙투아네트 부리뇽*은 추하고 신앙에 빠져 있는 노처녀였는데, 제 종파가 흘러 들어간 네덜란드를 거쳐 북구로 망명하여 그리스도의 연인으로 자칭하면서 성에 대한 증오와 순결에 대한 망집을 운반하였다. 그녀는 결혼을 악마의 탓으로 돌리고 양성구유의 꿈과 거세의 신성시를 뒤섞은 하나의 이상을 동경했는데, 평범하고도 용렬한 이러한 여성 혐오증에도 찬미자가 있었다. 그들은 다른 많은 그리스도교도들과 마찬가지로 체념과 고뇌·희생, 혹은 분골쇄신 내지는 뜻밖의 사랑의 개념을 그녀와 공유하고 있었다.

* 1616-80. 신비주의자·광신자. 스스로를 《요한계시록》 12장에 나오는 〈해(태양)를 입은 여자〉라고 생각했다. 로마가톨릭교도였으나 자발적으로 은둔·고행·금욕 생활을 했다. 나중에 수녀가 되어 고아원을 운영했으나 인간의 본성에 대한 불신과 거칠고 독단적인 성격 때문에 모두 실패했다. 하나님이 자신에게 세속생활과 영성생활을 개혁하라는 계시를 내렸다고 확신하고 모든 형태의 종교조직을 비판했는데, 그녀를 찬양하는 사람들도 있었고 비난하는 사람들도 있었다. 네덜란드·프랑스·영국, 특히 스코틀랜드에서 많은 추종자를 얻었으나, 스코틀랜드에서는 부리뇽이 죽은 뒤 1701·1709·1710년에 열린 장로교 총회에서 그녀의 교리를 단죄했다. 제자인 피에르 푸아레는 여러 가지 기발한 생각이 들어 있는 부리뇽의 저술들을 수집했고(1679), 같은 해 그녀의 전기를 쓰기도 했다.

성애에 대한 갈망과 신비주의에 대한 갈망의 이러한 연결은 신교에도 있었다. 크롬웰 시대 에식스의 조셀린 가의 가정처럼 대부분의 목사 가정에서는 지배자로서 부친이 일가의 가장과 가정의 성직자를 겸하였고, 에로틱하면서도 종교적인 꿈을 아이들에게 불어넣었다. 그들의 꿈은, 다섯 살난 소녀에게 지복천년설이 있는 것과 마찬가지로 그리스도가 교회나 자신의 침대로 방문해 올 것이라는 형태를 취하는 경우도 있었다. 게다가 위그노의 가족에는 부친과 자식 사이에 실로 성적인 라이벌의 경향이 많이 나타나고 있었으며, 이러한 관계는 모친의 개입에 의해 종교적인 승화로 각자의 문제점을 해결하고 있었다. 동일한 정신적 경향이 있었던 프랑스의 가톨릭계에서도 포르루아얄의 대수녀원장이 된 자클린 마리 앙젤리크 아르노의 부친은, 그녀가 그리스도와 결혼할 때 딸에게 품고 있었던 근친상간의 욕망을 거의 공공연하게 입 밖에 낼 수 있었다. 카미자르(Camisard, 18세기초 루이 14세의 프로테스탄트 박해에 맞서 무장반란을 일으킨 세벤 지방의 칼뱅파 위그노) 문제에 관해서 랑그독의 얀센주의자의 광신적인 히스테리가 역설되고 있었는데, 이것은 신경쇠약에 걸린 어느 젊은 아가씨의 성적 욕구불만과 연결되고 있었다. 결혼은 성적인 본능을 억제한 아이들을 진정시키고, 젊은 여성 예언자들의 영감을 고갈시킬 것이다. 신학의 영역에서 이 운동에 박차를 가했던 쥐리외는, 반대로 정적주의의 광기에 대해서는 정통적인 적대자임을 자인했다. 그러나 반세기가 지나기도 전에 18세기의 파리에서 다른 청교도들의 까다롭고 엄격한 도덕률이 비슷한 열광에 휩싸여 있었다. 얀센주의자인 파리스 副祭(부제)의 제자들은, 그리스도교 가운데 에로티시즘과 신성한 것을 밀접하게 연결시키는 오랜 전통을 이어받아, 그 속에서 자신들에게 가장 엄한 학대를 가하고 있었다. 그 이후 볼테르는 이러한 고행을 비웃었다. 툴롱의 예수회 수사 지라르가 경건한 카트린 카디에르를 사랑하게 되었을 때, 그것이 사교계 사람들의 조롱거리밖에 될 수 없었던 것은 이미 예수회가 쇠퇴하고 있었다는 슬픈 증거를 나타낸다.

근대 서구에서 예술의 영역은 성적인 긴장과 정신성과의 연결을 가장 잘 표현하고 있었다. 마로(프랑스 르네상스 시대의 가장 위대한 시인 가운데 한 사람) 시대의 프로테스탄트에 이어 루이 14세 시대의 프랑스 가톨릭교도들은, 사도전승의 시대로 거슬러 올라가는 관습에 근거하여 그들의 천국에 대한 동경을 유행하는 대로 난잡한 가락에 실어 불렀다. 선율에 의해 歌詩(가시)가 받아들여졌다. 다만 음악에는 원래 무게 있는 가락에도 훨씬 이전부터 이러한 재미있는 변신의 관습이 있었다. 예를 들면 反종교개혁의 엄숙한 이해에 더할 나위 없이 충실했던 팔레스트리나(이탈리아의 르네상스 시대 작곡가. 105곡 이상의 미사곡과 250여곡 이상의 모테트를 작곡한 대위법 음악의 대가이다. 팔레스티나는 가톨릭의 反종교개혁이 진행중이던 시대에 살았으며, 16세기 교회음악의 보수적인 경향을 대표하는 작곡가였다)는, 1584년 로마에서 그의 모테트(mottete, 교회 예배에서 노래되는 다성악곡)의 최고 걸작을 《아가》의 삽화를 붙여 출판하게 된다. 세속적인 남녀관계의 환희를 터득한 이 종교예술의 거장은, 신성한 전율이라는 형식 아래 극히 인간적인 애정이나 정열을 칭송할 수 있었다. 매력 있는 신비로 가득 찬 대본은 이 걸작을 실로 지중해적인 서정으로까지 드높였는데, 이를 엄격하게 비판한 것은 反에로티시즘의 완고한 전사였던 베네치아의 한 성직자뿐이었다. 오라토리오(oratorio)의 창시자이며 육체와 현세, 쾌락과 성애의 단호한 적이었던 에밀리오 델 카발리에레*의 매저키스트적 작품에도 불구하고, 가톨릭의 이러한 전통은 17세기에도 이어져 내려간다. 몬테베르디는 만도〔vespers, 일몰시 저녁기도〕에서 (변함 없이 솔로몬에 의해) 여성미를 실로 열렬하게 칭송한다. 한편 그의 교회음악은, 그의 오페라나 마드리갈(madrigal) 멜로디와 보칼리즈〔vocalises, 모음창법〕에서 그 감동적인 장면을 주저 없이 차용하고 있다. 카리시미〔이탈리아의 대작곡가. 오라토리오와 세속 칸타타로 유명했다〕에서 바흐에 이르는 가장 위대한 후계자들도 같은 방향으로 나아가게 된다. 1640년 《윤리적·종교적인 숲》〔몬테베르디의 기악반주를 붙인 미사, 종교적 마드리갈 및 모테트집〕에 등장하는 성모 마리아가 십자가 아래에서 연인에게 버림받은 아리아드네〔테세우스에게 버림받고 목매어 죽었음〕의 비통한 탄식을 되풀이하는〔《아리안나》의 〈라멘토〉〕 것과 같이, 모차르트는 1779년 《대관식 미사》에서는 〈신비의 어린 양〉(예수 그리스도)의 고통에 대한 동정을 표현한 가락을 노래했으며, 《피가로의 결혼》에서는 백작부인의 언어를 통해 지나가 버린 청춘의 탄식을 노래한다.

* 1550경-1602. 이탈리아의 작곡가. 극음악을 작곡한 초기 작곡가들 가운데 한 사람이다. 귀족 출신인 그는 토스카나 대공 페르디난도 1세 궁정의 예술·오락 감독이 되었다. 그는 최초의 오페라를 탄생시킨 이론을 주창했던 피렌체 카메라타의 일원이었다. 그가 작곡한 인테르메초와 목가극은 가면극류의 인테르메초와 본격적인 오페라의 중간에 위치했다. 역사적으로 그의 가장 중요한 작품은 우화적인 도덕극인 《영혼과 육체의 극 La rappresentazione di anima e di corpo》인데, 이 작품은 오페라와 오라토리오의 선구적 작품으로도 중요하며 양쪽의 특성을 모두 가지고 있다. 1600년에 출판되었으며 최초로 인쇄된 계속저음을 포함하고 있다. 비록 음악적·극적 강도에 있어 최초의 진정한 오페라들(페리와 카치니의 오페라)에는 못 미치지만 초기 오페라를 꽃피운 모노디 레치타티보 양식의 최초의 예이다.

조형예술도 에로티시즘과 신앙의 이러한 조응을 알고 있었다. 먼저 로마의 조각가 베르니니〔이탈리아 바로크 시대의 가장 위대한 조각가·건축가·화가·극작가. 바로크 조각양식을 창조하고 크게 발전시켜 미술사에서 바로크 조각의 독보적인 존재로 거론된다〕에 의해 이 작용이 유명해졌다. 바로크 예술의 거장인 그는, 산타마리아다비토리아 교회에 있는 코르나로 예배당에 천사를 맞이하는 아빌라의 테레사를 조각했다. 이 작품에서는 조각가의 극적인 리얼리즘이 성녀의 상에서 황홀경의 묘사를 극명하게 추구하고 있다. 이 경건한 예술가의 작품은 육체와

베르니니의 《성녀 테레사의 법열》(부분)

정신 사이의 대조와 연루됨을 남김 없이 파악한다.* 이 예술가는 또한 만년인 1674년에 독실한 성도 〈루도비카 알베르토니〉의 신비체험을 대리석에 묘사하였다. 산프란체스코아리파 교회의 알티에리 예배당에 있는 그녀의 조상은, 反종교개혁의 신앙과 신들린 여체의 감동적인 조망을 더욱 분명하게 연결시킨다. 가톨릭의 신비주의가 자족하고 있었던, 누워 있는 순교 여성들이나 기절한 처녀들의 긴 행렬 속에 이 조각도 더해졌던 것이다.

* 성녀 테레사의 진술을 토대로 한 이 조각은, 한 천사가 나타나 신성한 사랑의 불화살로 자신의 심장을 찔렀다는 테레사의 환영을 묘사하고 있는데, 성녀는 요동치는 물결 모양의 옷주름으로 온통 휩싸인 채 무아상태에서 황홀경에 빠진 모습으로 천사와 함께 더할 나위 없이 아름다운 빛에 싸여 건축과 장식 요소들로 호화롭게 꾸며져 있는 제단 너머의 벽감 안에 들어 있다.

에로티시즘은 근대에 들어서서 종교예술과 애매한 관계를 유지하고 있었다. 순결·참회·유혹·순교를 그림으로 나타내면서, 화가들은 숨기는 편이 바람직할지도 모르는 여체미를 극명하게 그려낸다는, 다소 방탕한 쾌락을 거의 거부하지 않았다. 이 문제에 있어서 16,7세기의 국제적인 마니에리스모 양식의 회화에서 강한 새디즘의 경향이 나타나고 있다는 사실이 오래 전부터 지적되어 왔다. 재판방식이나 종교전쟁에 관련하여 무서운 고문이 행해진 이 시대는, 그리스도교도나 정의로운 사람들에게 가해진 고통을 극히 세밀하게 그려내는 것에 기묘한 기쁨을 느끼고 있었다. 고문에 관한 이러한 강박관념은, 여체의 고뇌를 상기시킨다는 점에서 분명 퇴폐적인 성격을 띠었다. 가톨릭 예술가들의 신앙심으로 가득 차 있는 곳곳의 미술관에서, 사람들이 감상할 수 있는, 결박되어 화형에 처해지거나 목이 잘려 나가고, 혹은 태형을 받고 유방이 잘려 나간 성녀들의 자극적인 그림에는, 성적 억압의 모든 것이 우선 의심할 바 없는 잔인함과 함께 분명히 발견되고 있다. 대의명분을 위해 태형을 당하고 고문당했다는 것으로 공인된 이러한 누드화를 제작하고 구경함으로써, 그들의 천진스러운 호색함은 충족되었을 것이다. 자칭 위대한 예술가였던 피렌체의 성직자 프란체스코 푸리니는, 순교한 젊은 여성의 가슴이나 옆얼굴의 매혹적인 윤곽을 특별히 공들여 묘사하고 있었다.

거기서 이 방면의 전문가들은 구체제의 신앙과 퇴폐와의 관계에 관한 놀라울 정도로 풍부한 도상학을 주창한다. 이 시대의 에로티시즘이 억압적인 문명건설의 당연한 결과인 것과 마찬가지로, 그 종교예술은 미덕이 악덕에게 바친 찬가로 보지 않아도 좋다. 이 테마의 무수한 변이 가운데 프라도에 있는 푸리니의 《롯과 그 딸들》은 청색의 그림자에서 훌륭한 여체가 떠오르고 있으며, 성서의 신화를 배경으로 근친상간의 신비라고 할 만한 것을 훌륭하게 표현하고 있다. 죄에 관한 이러한 아우구스티누스의 신학은, 이리하여 서구의 미학 가운데 호색과 성교·나체에 대한 독특한 망집을 만들어 냈다. 성녀들이 북적거리는 이 공상적인 미술관에서는 에로티시즘이 여왕이다. 그 덕분에 여체의 관상은 선행이 되었다. 왜냐하면 그것들은 참회하는 여자들과 헛되이 유혹하는 여자들, 나아가 성모 마리아와 성녀들의 육체였기 때문이다. 이 성녀들 사이에 몽펠리에에 있는 수르바란*의 유명한 그림이 나온다. 접시에 놓인 유방을 상냥하게 내미는 아가타*가, 차바퀴에 묶인 카트린이, 그리고 태형당하는 마르가리타가 얼마나 있었던가!

* 수르바란—1598-1664. 스페인 바로크 미술의 주요 화가. 특히 종교적인 주제를 다룬 그림으로 유명한 그의

작품은 카라바조풍 자연주의와 테네브리즘이 특징이다. 테네브리즘이란 대부분의 형상을 어둠 속에 가려진 듯이 묘사하고 일부만 극적으로 밝게 그리는 기법이다. 그의 화풍은 초상화와 정물화에 적합한 것이었지만 종교화에서 가장 독특한 표현을 이룩했다. 그는 강렬한 종교적 신앙심을 표현하기 위해 다른 어느 화가들보다도 더욱 설득력 있게 자연주의를 이용했다. 그가 그린 사도·성인·수사 들은 거의 조각적인 형태를 지니고 있으며 의상의 사소한 부분들까지도 모두 강조됨으로써 그들이 겪는 기적·환상·황홀경이 사실처럼 다가온다. 그의 그림에 나타난 이러한 사실주의와 종교적 감수성의 독특한 결합은 트리엔트 공의회(1545-63)에서 예술가들에게 명한 反종교개혁 지침에 따른 것이다. 수르바란의 예술은 세비야와 주변 지방의 수도회의 인기를 얻어 대규모 연작을 무수히 주문받았다. 그 가운데 과달루페의 히에로니무스 수도회 예배당과 성소를 장식한 성 히에로니무스와 히에로니무스회 수사들의 전설을 그린 그림들(1638-39)만이 원래 자리에 남아 있다. 1640년대에 제작된 그의 작품에 관해서는 자프라에 있는 제단화(1643-44)와 1647년에 페루의 리마로 보낸 다수의 회화작품에 관한 기록들을 제외하고는 거의 알려진 것이 없다. 1658년에 이르러 수르바란의 그림은 양식과 내용의 면에서 바르톨로메 에스테반 무리요에게 영향을 받아 변화를 겪었다. 〈성 가족 Holy Family〉(1659, 부다페스트 미술관)·〈동정 수태〉(1661, 부다페스트 미술관) 같은 후기의 봉헌 그림들에서 인물은 더욱 이상화되고 형태의 견고성이 약화되며 종교적 정서의 표현에 감상이 개입되어 있다. 수르바란에게는 몇 명의 추종자들이 있어서 그의 작품은 종종 이들의 것과 혼동되곤 한다.

* 아가타―축일은 2월 5일. 3세기경 시칠리아에서 활동한 전설상의 그리스도교 성인이자 순교자. 성 히에로니무스(제롬)의 순교 이야기와 카르타고의 달력(530경), 그외의 저서들에 인용된다. 사람들에 따라 팔레르모와 카타니아가 모두 그녀의 출생지라고 한다. 아가타의 순교에 관한 구체적인 전승 내용들은 역사적인 가치가 전혀 없지만, 그 내용에 따르면 그녀는 황제 데키우스가 시칠리아를 통치하기 위해 파견한 로마인 장관이 접근해 오자 거절했고, 그 대가로 유방이 잘리는 잔인한 고문을 당했다고 한다(그녀의 성상에는 이 점이 반영되어 있음). 그뒤 화형장으로 끌려갔으나, 몇몇 판본에 따르면 불을 붙이자마자 지진이 일어나 이 현상에 놀란 사람들의 요구로 화형을 면한 뒤 감옥에서 죽었다고 한다.

《구약성서》에 실려 있는 외설스럽고 파렴치한 이야기의 목록은, 예술가들에게 지극히 대담한 성적 이미지를 나열할 수 있는 구실이 되었다. 수많은 동류의 작품들 중에서 육체의 풍만함을 표현한 것으로 빈미술사박물관에서 제일가는 틴토레토의 《목욕하는 수산나》(이 그림에서는 신선한 시적 감각을 자아내는 배경을 바탕으로 빛이 수산나의 형태를 맑고 선명하게 드러내고 있다)는 아마도 순결 이상의 쾌락을 그려냈던 듯하다. 다른 수많은 화가들과 함께 루벤스도 베네치아식의 이러한 테마를 다룬다. 밧세바(구약성서 《열왕기》에 나오는 솔로몬의 어머니. 목욕하는 그림이 많아 회화·조각의 테마가 되었다)의 테마도 나타나고 있으며, 이윽고 예배식의 긴 나체행렬이 표현된다. 이미 지적해 왔듯이 그들 나체에는 이집트의 마리아와 막달라의 마리아, 어쩔 수 없이 베일이 벗겨진 성녀들, 그리고 순교한 여성들 등, 실로 다양한 무리의 부풀림과 곡선의 온갖 종류가 포함되어 있었다.

전문가들의 기술을 뒤쫓는 것은 무용하다. 그렇지만 경건한 기도나 기원, 천국에 대한 동경이나 죽음 등 모든 장면에서 나체의 이러한 엄청난 여자들의 모습이 신자들의 명상에 제공되고 있었다는 것은 인상적이다. 예수 자신조차 〈그〉의 다리를 서둘러 씻고 있는, 피부를 드러낸 동행의 여자들에게 둘러싸인 모습으로 그려지고 있었다. 그리스도의 신비적인 결혼과 순교자나 성인 들의 육체적인 고통을 눈에 보일 듯이 환기시키고자 할 때, 관능적 이미지나 새디즘은 아닐지라도 에로틱한 자극이 신자들을 도와 주고 있었다. 성스러운 사랑과 사랑 그 자체, 경건한 쾌락과 매우 행복한 고통을 연결시키는 것이 그들의 관습이었다. 그들의 도상학과 마찬가지로 근대의 聖者傳(성자전)이나 신앙은 육체와 정신, 세속과 성직의 구별을 생각해 내지 못했다. 그 애매한 결합이 19세기의 한복판에 이르기까지 그리스도교적인 낭만주의를 형성하는 모순의 특징이었다. 이러한 모순은 계시록식의 혼란에서 시작되었지만, 그러한 혼란은 처음으로 나폴레옹의 모험을 간직하고 있는 것이었다. 이는 가장 저속한 메시아 신앙의 개화에 어울리는 것이었다.

마성의 사랑

1630년대의 루당은 쉬렝 선생과 그 애인 잔 데 상주에 의해 근대 초기의 마물 신들림의 메카가 되었다. 이 유명한 신들림 소동은, 시골에서 대유행한 마술에 이어 당시 도시에서 일어난 일련의 사건들 가운데 하나였다. 그 사건들은 모두 마왕을 〈역사〉의 주역으로 하는 마술-종교적인 세계관에 뿌리를 두고 있다. 악마 퇴치자의 말과 마물에 홀린 여자들의 음란한 언동은 육체적 고발에 쉽게 연결되는 수세기 이래의 강박관념을 나타내는 것이다. 이 사건으로 악마의 대리인이 바람둥이 사제 위르뱅 그랑디에로서 나타났던 것은 우연한 일이 아니다. 그는 사제의 독신생활을 혐오하고, 스스로 설교의 규범을 보이던 여자를 범한 성직자였다. 그에게 희생된 신들린 여성들과 정신적인 모험을 추구하는 젊고 용감한 여성들은 고발이나 고백, 단정치 못한 성적인 품행을 통해서 숨겨진 욕망을 표현하고 있었다. 아무튼 박식한 자유사상가 노데의 친구로서, 시농의 의사였던 클로드 퀴유의 견해는 바로 이것이었다. 또 한 사람의 신비적인 처녀 앙투아네트 부리뇽의 신변에도 쉬렝이나 잔의 주변에 있었던 정도의 많은 악마가 있다는 것을 알 수 있다. 마녀들이 마왕은 없다는 신화를 보급하는 것은, 자신들의 욕망을 위한 것이라고 그녀는 생각하고 있었다.

16,7세기의 마왕의 편재라는 관념은 신학자들의 전형적인 테마로서, 대중들이 쉽게 머리에 떠올릴 수 있는 속신이었다. 그들은 그 흔적을 찾을 수도 있던 성의 일탈을 몹시 싫어했는데, 마왕의 편재라는 생각으로 이러한 성의 일탈은 충분히 설명될 수 있다. 이리하여 근대의 억압과 정신적 거세를 시도하게 된

원인은 악에 대한 증오였지만, 그 증오는 동시에 여러 가지 종교를 만들어서 여러 가지 미학에 생기를 불어넣었다. 예를 들면 루터의 사상은 틀림없는 악마 중심주의를 증명한다. 그의 논설이나 설교는 별도로 하고, 이 비텐베르크 종교개혁자의 담화가 전하는 바로는 매일 밤 그와 아내 사이에 악마가 잠들어 있다고 그는 믿고 있었다. 마왕은 공상이나 망령의 형태로 육체의 유혹을 부부 사이에 불어넣음으로써 부부를 멀어지게 하고, 자살의 유행을 독촉하거나, 목욕하는 여자를 임신시키고, 아이를 뒤바꾼다. 가호의 세례식이나 교회의 기도에도 불구하고 마왕의 변신은 문자 그대로 마물의 신들림을 기하급수적으로 증대시키고 있었다. 그렇기에 마왕과 결탁한 마녀들을, 닭장에서 알을 훔치는 정도의 가벼운 죄에도 불구하고 화형에 처해야만 했던 것이다.

17세기 전반에 이르기까지, 이러한 속신은 적어도 가톨릭계에서도 프로테스탄트계와 유사한 수준으로 강력했다. 1620년 무렵에는 루벤스가 이 속신의 힘을 훌륭하게 그려내었다. 플랑드르의 이 위대한 화가는, 무시무시하리만큼 미친 듯이 떠들어대는 속신의 모습을 계속해서 그리고 있었던 것이다. 독일의 예수회, 스페인의 카르멜 수도회, 안트웨르펜의 교회 등을 위해 그린 루벤스의 제단화와 태피스트리의 밑그림 및 천장화의 밑그림이 될 유화 스케치 등은, 모두 마왕의 동료를 지상 마왕의 염탐꾼으로 보는 계시록적인 악마학의 말을 이야기한다. 그 그림들의 주요 테마 가운데 하나는, 깊은 죄로 은총을 잃은 육체에 대한 영원한 벌칙이었다. 뮌헨에 있는 그의 《최후의 심판》이나 《전락》은, 당시의 유럽을 본떠 괴물의 소리에 주의 깊게 귀를 기울인다. 귀에 들려오는 것은 우선 나락으로 뛰어 들어가는 이들 〈섹스의 大波(대파), 무수한 가슴, 엉덩이의 대무리〉(R. L. Delevoy)의 울림이다. 욕망에 의한 환각으로 보이는 이 성의 大海(대해) 대부분을 차지하는 것은 생식기나 온갖 성적 흥분의 신화 같은 그림이다. 그렇기에 조금 뒤에 루당의 우르술라 수도회 수녀들이, 이러한 그림을 악의 정신과 연결시킨 것은 오해가 아니었다.

바로크 회화보다 훨씬 이전에, 독일에서 르네상스 무렵부터 마술의 매혹을 격하게 고발하고 있었던 것은 마니에리스모 양식의 회화였다. 발둥 그린*이라는 화가의 작품도 그 하나라고 생각하는데, 이러한 회화에는 반드시 여체미가 묘사되어 있다. 그런 까닭으로 마성의 사랑은, 사회적인 현실이며 대죄이자 동시에 호색미술이 맡아 놓은 테마이기도 했다. 애욕의 폭발적인 고양으로서 마성의 사랑은, 먼저 사람을 가차 없이 지옥으로 몰아내는 색욕의 힘을 나타내고 있었다. 근대 그리스도교의 신학과 마찬가지로, 그 회화는 복음서에도 나타나 있는 그리스도를 수행하는 데 있어서 적합치 않는 품행이 방정치 못한 소녀들로 지옥을 가득 채우고 있었다. 그리스도교의 회화는 분별심 없는 미녀들에게 영원한 죽음(영혼의 죽음, 지옥에 떨어지는 것)을 약속하고, 그녀들은 이 세상을 살아가면서 늙어가야 하는 공포로부터 죽음의 장소를 발견하고 있었다. 회화에 나타나는 이러한 여성 혐오주의적인 엄격주의는 포용하는 여자에게조차도 미래의 해골의 모습을 암시해 주고 있었다.

* 1484경-1545. 화가·판화가. 북부 르네상스 미술의 가장 뛰어난 인물 가운데 한 사람이다. 알브레히트 뒤러의 도제였으며, 초기작품에 그의 영향이 뚜렷이 보이지만 악마적인 활력을 지닌 후기 양식은 오히려 마티아스 그뤼네발트에 더 가깝다. 그의 작품은 종교화와 초상화에서 태피스트리와 스테인드글라스 도안에 이르기까지 광범위하고 다양하다. 풍경과 인물·빛·색채를 고요함과 결합시킨 동정녀 마리아의 그림이 특히 주목을 끈다. 반면에 원숙기의 초상화는 불길한 느낌을 담고 있으며 세련된 대가의 솜씨를 보여 준다. 가장 유명한 회화작품은 독일의 프라이부르크 임 브라이스가우 대성당에 있는 중앙제단화로서 이것은 성가대석 스테인드글라스의 도안으로도 쓰였다. 많이 남아 있는 생기 넘치는 소묘와 동판화·목판화 등도 회화에 못지 않게 주목할 만하다. 그의 판화작품에는 〈죽음의 무도〉 및 〈죽음과 소녀〉라는 주제가 빈번하게 등장한다. 종교개혁의 초기 지지자로서 마르틴 루터가 비둘기 형상을 한 성령의 보호를 받는 내용의 목판화를 제작했다. 발등 그린은 스트라스부르 시의회 의원이었으며 주교관구의 공식적인 전속화가였다. 그의 작품은 엘자흐교회와 바젤·카를스루에·쾰른·프라이부르크·뉘른베르크 등지의 박물관에도 소장되어 있다.

많은 작가가 마성의 사랑이라는 실재에 있어서 근대 초기의 사람들을 사로잡은 미신을 다투어 윤색했다. 이러한 미신은 사람들이 억제하려고 시도했던 성의 힘에 관해 당시의 강화된 불안과 연결된 것이 아니었을까? 먼 르네상스 시대로부터 내려온 과거의 마성의 에로스 미학은, 언제나 미술작품에 호색적인 꿈이나 매혹적인 서큐버스(succubus. 아름다운 여인의 모습으로 나타나서 잠자는 남자와 성관계를 맺어 무시무시한 악몽을 꾸게 하고, 남자를 탈진시켜 버리는 마녀)를 범람시키고 있었다. 그러나 당시 사회는 회화 이상으로 마녀 사냥을 통해 성을 악의 힘과 결부시키는 데 공헌하였다. 육체를 지옥에서 구제하는 것—16세기에서 18세기에 걸쳐 경건한 사람이든 강박관념에 사로잡힌 사람이든 화가나 관리나 의사 들의 염두에서 벗어나기 어려웠던 관심사를 이렇게 요약할 수 있다.

따라서 사람들이 신들린 물건이나 마녀 소동을 학대자나 희생의 에로티시즘에 연결시킨 것은 당연한 일이었다. 미약이나 통상적인 성관계를 방해하는 인연맺기의 주술(남성을 불능으로 만드는 주술)을 통한 사랑이나 증오의 주술은 불평으로 추궁당한 저주행위 중에서 수위를 차지하고 있었다. 1660년대의 오베르뉴에서 플레셰는 이러한 방법을 사용하여, 열정적이고 순수했던 마을의 어느 청춘 남녀를 묘사했다. 이 농부는 오리나무와 나무못과 마법의 기도로써 그들의 결혼 첫날밤을 매우 불쾌한 것으로 만들었다. 후에 님의 사교(플레셰)는 이 문제에 대해, 이미 카롤링거 왕조 시대의 고위 성직자 힝크마르가 교회의 이름으로 성서 속에서 죽음을 약속하는 마법 사용의 죄상을 조사하도록 요청했다고 상기한다. 마녀들의 연회에 얽힌 신화를 지금까지 다소간 지나치게 화제로 삼은 듯한데, 이 신화는 신학자들이 변함 없이 관여했던 속신의 오랜 층과 분명히 연결되고 있었다. 거기서는 성의 발로에 초자연적인 힘이 개입하는 것을 쉽사리 상상할 수 있었다.

심문관들이 항상 공들여 기록하던 때로 쾌활하고 음란한 마녀들의 증언에서, 극히 호색적인 연인으로서의 마왕에 대한 상세한 묘사를 쉽사리 차용해

마 녀

볼 수 있다. 성애에 관한 이러한 민간의 전승은, 풍요의 관념에 사로잡혀 있던 중세의 이교가 근세에 전해 준 남근 숭배와 다소간 분명하게 연결되어 있었다. 여하튼 로렌 지방의 마술에 관한 고문서를 찾아다니면서, 피고의 자백이나 재판관의 확신에 근거한 마성의 사랑이라는 실태를 될 수 있는 한 정확하게 복원할 필요성이 있다. 피고와 재판관 모두는, 신입마녀의 악마와의 매춘 속에서 흑마술 고유의 입문의례에 필수적인 요소가 되었다. 그런 이유로 많은 소송기록이 1600년 무렵의 유럽 전원지대를 무대로 한 악마와의 성관계를 증언하고 있다. 이러한 성관계를 통해 악마는 천성이 약한 여자들을 확실히 지배하게 되었다. 빈번히 되풀이되고 있었던 이러한 교접은 희생된 여자들의 의식 속에서 집단적인 방탕이라기보다는 소유의 상징으로 연결되고 있었다. 이 두려운 유혹자에 굴한 마녀들의 말에 의하면, 마왕의 사랑은 때로 감정적인 기쁨을 가져다 주고 그것이 남편들의 질투를 불러일으켰다. 마성의 사랑이 숲이나 자신의 침대 속에서 가공적인 돈 후안을 발견한 불쌍한 여자들의 성적인 복수였음에도 불구하고, 대개의 경우 그녀들은 비천한 여자들이 알선하는 조잡한 남성들의 노리개였다. 악마의 정액은 얼음과 같이 차고 언제나 정자가 없었으며, 그 성기는 이상할 정도로 딱딱했다.

마녀들은 남프랑스식의 상상력으로 노골적으로 지껄여대든지, 아니면 북방의 아가씨들처럼 점잖은 호색가의 모습을 띠고 있었기에 그녀들의 이야기는 서로가 달랐다. 모두가 한결같이 증언하는 것은, 정상적인 성행위에서 볼 수 있는 영묘한 조화와는 정반대의 무참한 교접이었다. 타락한 지배자로서 마왕은 첫번째로 무질서의 대리인이었으며, 성교를 통하여 보통 쾌락보다도 고통을 주었다. 상대 여자는 피투성이가 되었고, 이것은 처형인을 연상시키고 있었다. 이러한 마성의 사랑에 대한 환상은 신비주의 에로티시즘의 안티테제와 비슷한 것으로서, 그와 마찬가지로 부정한 죄를 가장 어두운 색채로 그려내고 있었다. 악마와 결혼한 로렌 지방이나 알자스 지방의 몇몇 평민 여자들은, 안식일의 미사를 뒤집어 놓은 듯한 진짜 혼례를 모방한 의식에 참여하고 있었다.

이러한 백일몽을 성의 정신병리나 색정의 환각에 관여된 히스테리 현상으로 보는 시도가 행해지고 있었다. 그러나 별도로 색광증이 유럽의 확대체제에 편입되었던 동부 프랑스의 농촌에서 우선적으로 발견되고 있었던 것은 속신과 그리스도교 신학의 결합이었다. 쌍방 모두 오래 전부터 마물과의 성관계의 가능성을 믿고 있었다. 16세기 종반에는 심령결혼이라는 신비적인 명제와 악마와의 결혼이라는 생각이 완전히 완성된 형태로 동시에 출현하고 있었는데, 그것은 성직자라는 공통적인 기원을 통해서 양자의 유사성을 설명할 수 있을 듯하다. 신성한 사랑과 반대되는 개념이면서도 신성한 사랑과 같이 종교적 언어로 표현되는 저주받은 성은, 부정의 죄에 대한 호악의 감정이 뒤섞인 애매한 태도에 있어서도 신성한 사랑과 마찬가지로 간주되고 있었다. 수도원을 방문하는 지복의 천사이든 불쌍한 여자들에게 달라붙은 악마이든 모두가 신에서 유래하고 있었다는 것은 확실하다. 소식에 정통한 성직자들은 미리 그것을 설명하고 있었다.

15세기 종반 무렵에 이러한 성직자들의 필두에 있었던 이가 쾰른의 도미니쿠스 수도회 수사로 유명했던 야콥 슈프렝거와 하인리히 인스티토리스였다. 그들이 쓴 《마녀의 망치》는 악마학에 관해 인쇄된 최초의 대전으로서 이단심문정신의 걸작이었으며, 오랜 르네상스 시대의 유럽에서 수만 권의 포켓판이 유포되었다. 풍속의 교정을 시도하던 두 신학자 가운데 후자가 주로 쓴 이 책은, 집단적 불안에 떨면서 교회의 협력을 통해 성의 억압을 꾀하던 독일 사회를 표적으로 삼고 있었다. 이 책은 먼저 정신이 살아남을 수 있도록 악마와의 교합이나 부정한 여자들을 태워 버려야 하는 부정의 죄를 토벌하고자 한다. 여성 혐오의 이 저술가들은 민간신앙과 성직자의 심성이 뒤섞여 생긴 민간전승에 사로잡혀 있었다. 무질서의 요인이 된 성에 관한 그리스도교의 증오는, 거세나 불능의 위기에 대한 남성들의 두려움과 함께 민간전승에 강한 영향을 주었던 것이다. 이러한 강박관념에 사로잡힌 수사들은 서큐버스에서 주술사에 이르는 조직된 제5열로서, 악마와 같은 여성 족속이 존재하는 것을 믿고 있었다. 이같은 억압적인 이데올로기가 중세 말엽의 교회 당국의 입장에서 본다면, 이단과 파괴분자의 특권적인 형태로서 성적 퇴폐라는 강박관념에 근거하고 있다는 것은 분명하다. 그런 점에서 근대 초기의 서구에서 시작된 마녀사냥은, 당시의 다른 많은 문화운동과 마찬가지로 다양한 위협을 구실로 새로운 도덕질서를 강요하는 의도적인 노력을 드러내고 있었다.

1484년에 슈프렝거와 인스티토리스의 저작과 행동을 보호하고 있었던 교황 인노켄티우스 8세(1484년의 한 교서에서 마술에 대한 신앙을 인정한다고 해놓고 그것을 단죄했으며, 종교재판관을 독일에 보내 마녀들을 재판하였다)는, 독일의 도처에서 악마의 앞잡이가 자신의 몸을 악마에게 넘겨 부부의 정상적인 성생활을 방해한다고 믿고 있었다. 《마녀의 망치》도 여성들의 악의가 여성들을 악마의 호색으로 추방하고 있었다는 사실을 주장하면서 이를 되풀이하고 있었다. 이들 경건한 도미니쿠스 수도회 수사들의 지적에 따르면, 토마스 아퀴나스 자신이 이브와 뱀 이래로 어떻게 생식기가 마력의 최상의 활동수단이 될 수 있었던가를 교묘히 설명하고 있었다. 이러한 박사들에게 있어서 성적인 욕구불만은 타락된 성으로 변화되고 있었던 것이다. 게다가 그들은 성서에 나타나 있는 다양한 종류의 간음을 망라한 목록을 구비하고 있었으며, 교부들의 경우와 마찬가지로 마녀 소동에 있어서도 부정의 죄를 독촉하는 행위의 처벌을 우선 염두에 두고 있었다. 게다가 그들이 상세하게 언급한 중세 스콜라 철학은, 연분맺기 주술사가 방해하고 있었던 신성한 결혼에 대해 엄청난 논란거리를 남겨두었다. 발기에 관한 이들 전문가들은 성에서 드러나는 악에 사로잡혀 있는 듯했다. 그들은 마녀가 노리는 남근에 우스꽝스러운 도구를 달아 교합할 때의 마녀의 행동을 상세히 기록하였다. 이 점에 대해 인스티토리스는, 레겐스부르크 교외의 한 시골에서 하반신을 드러낸 채 통행인에게 육체를 보여 주던 여자들을 목격한 증인에 대해서까지 언급하고 있다.

이처럼 두려운 광경을 보고, 이단심문관은 퇴폐로 위협받는 사회를 마녀 박멸작전으로 지키고자 애썼다. 그들은 되도록 출산을 유지하면서, 품행이 단정치 못한 성을 억지하기 위해 싸우고 있었다. 이 쾰른의 도미니쿠스 수도회 수사들의 언동은, 거세의 공포와 불능이라는 마음의 병에 대한 의구심에 사로잡힌 민간남자들의 의식을 반영하고 있었다. 1세기 후에도, 즉위 전의 루이 13세 옆에는 왕의 친구이며 숨겨진 위협의 표시로써 애꾸눈의 군인이 있었으며, 어린 왕태자의 유모는 남근을 자르려고 다가오는 자가 있는가를 이 군인으로 하여금 경계토록 하였다. 이처럼 마녀라는 여성 혐오의 신화는, 성애와 그 수상쩍은 힘이 상상력의 불가사의한 효과와 주문으로 지배당하고 있었다고 생각되는 세계에서 성장했다. 따라서 그 세계에서는 선량한 그리스도교도들은 거리낌 없이 고문의 주창자로 변해 가면서, 잔인할 정도로 가차 없는 공공안녕의 수단을 추구하고 있었다. 그들은 경험을 통해서 악마에게 몸을 판 여자들의 눈물과 눈물의 위험한 힘을 알고 있었으며, 그녀들이 붙잡힐 때에는 온몸의 털을 모조리 깎아 버리고, 호신부를 숨기고 있지는 않는지 〈가장 비밀스러운 곳〉에 이르기까지 검사하도록 요구하고 있었다. 슈프렝거와 인스티토리스는 조사관의 이러한 거리낌 없는 접촉을 허용하면서, 이를 신앙의 표시로서 간주하고 있었다. 마녀와의 접촉을 통해서 〈성호를 긋는 것〉이 〈노회한 뱀의 힘〉을 분쇄한다고 생각하고 있었기 때문이다.

근대 초기의 대부분의 유럽인들은, 성에 대한 강박관념과 성을 억압하려 드는 의지가 뒤섞인 이렇듯 이상한 사색에 감복하고 있었다. 특히 종교개혁의 무대가 된 16,7세기의 독일에서 마녀는 지속적인 고발의 대상이었다. 때로 희생자가 10만 명 가까이에 달했던 이러한 大체포극은, 불쌍한 노파나 젊은 미녀를 닥치는 대로 붙잡아 그들의 시체를 불미스럽게 보이도록 시의 문에 매달아 놓았다. 왜냐하면 이러한 유혈제는 현저한 교육적 효과를 거두고 있었기 때문이다. 당시의 종말론적인 기대와도 연결되어 있던 이러한 유혈제는 시대의 대규모적인 성의 억압을 드러내고 있었다. 무질서를 방지하기 위해 마녀를 화형시켰던 루터 세기의 독일의 여성 혐오증은 그칠 줄을 몰랐다. 종교재판소에 고발된 여자들을 의심할 여지 없이 악의 근원으로서 처형한 르네상스 시대의 프랑스에서도, 불가사의하고 공포스러운 힘을 가진 음란한 동물의 종류로서 마녀와 싸운 엘리자베스 왕조의 영국에서도 같은 광경이 목격되고 있었다.

주목할 만한 일로서 이러한 편견이 이탈리아에는 미치지 않았으며, 1611년에 악마와의 동침을 인정했던 두 명의 밀라노 여자가 단기간의 투옥형에 처해졌다는 사실이 그것을 입증한다. 스페인에서도 종교재판소는 마녀 사건에 대해서는 대단히 회의적이어서 관대한 태도를 취하고 있었다. 그렇지만 그러한 영향은, 16세기의 시류에 대항하면서 주문의 성취에 있어서 마녀들 개인의 책임을 모두 불문에 부치고자 했던 소수의 사람들에게까지 미치지는 않았다. 하이델베르크의 칼뱅파 의사로서 가장 존경할 만한 신학자이기도 했던 에라스투스와 같은 인물이 장 보댕(프랑스 정치가·사회사상가. 대표적인 저작으로는 《국가론》이 있다)처럼 마녀들의 음란함을 주장하고, 그녀들이 고령인 것은 노인의 음욕이 더욱 강한 탓이라고 생각했을지라도 이러한 생각이 의외는 아니었다. 그는 자연스럽게 당시의 통념을 옹호하고 있었다. 다만 그의 논적인 클레베의 의사이며 자유로운 식자인 요한 위어나, 동시대 이탈리아의 고관으로 마술이라는 환상에 대하여 준엄한 태도를 취하였던 레지날드 스콧이, 그들 스스로가 비방해 마지 않았던 도미니쿠스 수도회의 이단심문관들과 같은 말을 하고 있었다는 사실은 자못 시사적이다. 스콧은 인연맺기의 현실적인 마력을 확신하고 있었으며, 한편 위어는 여자의 연약성에 관한 일화를 별다른 비판 없이 수집하고 있었다. 그의 책은 마성의 매춘이나 악마와의 결혼을 부정하는 양식을 지니고 있으며, 동시에 이 책은 그러한 존재를 의심하려 들지 않는 사람들의 논의를 장황하게 다루고 있다.

1560년 당시에, 주문의 마력이 생식기에는 아무런 효과도 미치지 않는다고 단언할 수 있기 위해서는 커다란 용기와 특이한 개성이 필요했다. 원래 위어는 악마가 성행위에 간섭하는 태생적인 가능성을 인정하고 있었다. 이 에라스무스류의 인문학자에게 있어서, 성행위는 흑마술의 적당한 활동영역이었던 것이다. 오랜 르네상스 시대는 이 점에 있어서 마성의 사랑, 즉 악마와 마녀, 특히 마왕과 여자들의 성관계를 나타내 주는 부동의 증거를 모아 중세의 이단심문을 계승하고 있었다. 악마의 연구가들은 세 유모의 젖을 태연스럽게 먹을 수 있는 유아들에게서 마성의 사랑의 과실을 인정하고 있었다. 퇴폐적 이단에 대한 전통적인 축출의 희생양이 된 사람들의 증언이, 고문이나 발광 등으로 인한 피의자들의 고백을 경계해야 하는 입장에 있는 역사가들에 의해 충분한 회의주의를 통해서 이용되고 있지 않았던 적도 있다. 1600년 무렵의 랑그독 지방에서의 마녀에 관한 묘사는 착취당하고 버림받은 민중의 반항이라는 이상한 형태를 전하고 있는데, 특히 꿈의 부분과 현실 부분을 분명히 구별하지 않고 있다.

그러나 이러한 묘사가 악마의 손끝이나, 그들을 고문한 사람들의 언동에 나타나는 성과 거세에 대한 강박관념 및 새디즘적 퇴폐를 강조하고 있었던 것도 당연한 사실이다. 사회적·종교적 질서 전복에 대한 의지로서 도시나 농촌의 이러한 마술은, 동시에 진행되고 있었던 성의 억압 및 억압의 대상이었던 다소나마 방탕한 욕망의 존재를 증명한다. 영국에서는 민중의 악마 숭배적 신앙이나 그 실천이 유럽의 다른 지역과는 명확한 대조를 보이고 있었다. 마녀도 재판관도 정상의 유무를 불문하고 성의 표현에는 거의 작위적이지 않았던 듯싶은 이 성자의 섬에서, 대륙의 신학자들에게 익숙해 있었던 여성 혐오증의 악마학은 그다지 발견되지 않는다. 원래 여기서는 악마 숭배의 유행이 경제발전에 의한 촌락공동체의 동요에 더욱 깊이 관련되어 있었다. 이 유행은 또한 여성의 음탕함이라는 종교계의 신화에 의해 양육되었다는 지적도 있다. 나중에 빅토리아 왕조시대의 청교주의에 고유한 수치심이나 억제가 중요시되었던 것과 나란히, 영국에서는 악마와의 교합이나 마왕과의 결혼을 믿는 것이 성억압의 최초 형태였다. 18세기에 이르러서 성의 억압이 강화되고 있었을 때, 도덕가나 설교사 들은 공격목표로서 죄의 고발을 그 이전만큼 분방하게 행하고 있지는 않았다. 그들은 잉큐버스(incubus. 잠자는 여성과 성교하기 위해 돌아다니는 남자 악마. 그와 유사한 여자 악마는 서큐버스이다)와 서큐버스에 대해 장황하게 이야기한 뒤, 회화의 적당한 주제로부터 성을 배제하는 것으로 만족해하였던 것이다.

16,7세기 유럽의 마술을 전체적으로 설명하는 최근의 시도는 남독일에서의 마술의 전개를 근거로 하고 있었다. 관찰된 바에 따르면, 악마와의 싸움을 통한 反악마적인 공포는 음탕한 성격이 여자의 고유한 속성으로 간주되고 있었으므로 항상 여성들을 공격하는 것으로 시작되었다. 세평에서는 여자들은 교합에서 특별한 쾌락을 얻고, 관능의 충족을 생활의 최대 목표로 삼는다고 하였다. 마왕을 유혹하는 힘은, 항상 만지면 떨어지는 것이 여자라고 생각하는 재판관들에 의한 여성 본성의 심리적인 해석에서 유래하고 있었다. 이러한 형태의 여성 혐오는 아마 만혼의 영향으로 인한 독신 여성의 증가를 통해 강화된, 성에 대한 강박관념과 뒤섞인 공포와 분명히 연결되고 있었다. 당시 서구에서는 독신 여성이 납세자의 5퍼센트에서 때로는 20퍼센트까지 이르고 있었다. 식민지 시대의 리마와 닮은 르네상스 시대의 로마나 베네치아 등의 이른바 예외적인 사례를 제외하고, 남성 부족에 의한 양성간의 숫자적 불균형은 유럽 전역의 특징을 이루고 있었으며, 18세기의 대도시에서 20세에서 30세까지의 층이 더욱 두드러졌다. 배우자를 모집중인 아가씨들은 별도로 하고, 이렇게 고립되고 근심에 잠긴 의지할 데 없는 여자들의 범람은 선조 전래의 가부장제적인 가족질서에 대한 도전이며, 전통적인 태도를 동요시키고 특히 억압의 시대에는 성의 굶주림이나 불안을 증대시키는 요인이 되었다. 이 성의 억압이 근대에 마녀와 마녀를 처형시킨 사람들의 존재를 설명하는 이유들 중의 하나이다. 마녀들은 다소라도 환각에 사로잡힌 정신병자로서, 이러한 전승과 신앙이 혼합된 속에서 자신들의 개인적인 문제를 표현하는 데 있어서 적합한 사회적 원형을 찾아내고 있었다는 사실이 지적된다.

이단심문관들의 열광도 그들 희생자의 그것에 뒤지지 않았다. 17세기 초기

대서양 쪽 피레네 지방에서 사람들은 마녀들을 무도회로 보내듯이 화형대로 보내고 있었다. 순수하고 쾌활하여 너무나도 이 시대다운 관리의 모습을 보이고 있었던 피에르 드 랑크르가 그 좋은 예이다. 그가 마녀의 수많은 패거리 속에서보았던 것은 놀기 좋아하고 방탕하고 난잡한 이브의 후예들이었다. 이리하여 근대 유럽의 전원지대에서는 성의 억압이 마녀 사냥의 형태를 취하면서, 당국과 민중의 공범관계 속에서 맹위를 떨쳤다. 마녀 사냥은 이단심문관들에게 즐거운 부수입을 가져다 주었다. 왜냐하면 피고의 몸에 달라붙은 악마의 표시를 끈질기게 찾는 것이 항상 심문의 중요한 작업들 중 하나였기 때문이다. 그리스도교하의 서구에서는 상당한 재능에 풍부한 창의력을 소유한 많은 拷問(고문) 관리들이 있었는데, 그들에게 넘겨진 여자들이 자신의 유방과 엉덩이·성기 근처에 통증을 느끼지 않는다는 것으로서 마왕에의 귀의를 증명하는, 통증을 느끼지 않는 부분을 찾고자 시도했다는 것을 상상해 볼 필요가 있다.

이러한 새디즘적인 행위나 구경거리는, 당시의 가장 훌륭한 학자나 가장 양심적인 재판관조차도 피할 수 없는 숙명이었다. 이같은 상황 아래, 1600년 무렵의 유럽 대도시가 마술에 관한 몇몇 관습에 있어서 지방의 민중이 갖는 강박관념을 모방하고 있었다 해도 놀라운 일은 아니다. 1587년 초기의 파리에서, 교외의 생 제르맹 거리에 사는 70세의 이탈리아 남자가 화형에 처해졌다. 어느 공주의 옛날 집사로 있었던 이 노인은, 새로운 장모의 도움을 빌어 마술을 사용하여 〈사람 좋은 살찐 노파〉인 첫아내를 살해한 혐의로 고발당하였다. 이 때늦은 마술신봉자가 마술에 의해 금전과 여색의 행복을 찾아내고 싶어했던 것은 분명하다. 수많은 정열로 들끓던 프롱드당의 브르타뉴에서, 렌의 고등법원 요원의 마님들이나 신분이 더 낮은 아가씨들을 상대로 점을 치고 있었던 낭트 출신의 어느 근위사단의 졸병은, 그에게 피가 날 정도로 채찍질을 가하고 또 그를 채찍질하면 거기서 생기는 마력이 기적을 불러 그녀들을 부자로 만든다는 교묘한 믿음을 퍼뜨리고 있었다. 물욕이나 행복한 결혼생활에 대한 전망은, 이들 후작이나 자작부인 들의 눈에는 악마 숭배를 통해 성스러운 사랑의 법칙을 만나고 있었던 하나의 脫衣(탈의)나 도착을 정당화시키고 있었다. 같은 무렵 아미앵에서는, 주문의 기술이나 마법을 통한 낙태의 테크닉이 서민 사이의 매춘을 비약적으로 증대시키고 있었다.

25년 후, 겨우 편성된 파리 경찰은 독살사건* 주모자들의 무수한 야망이나 악마적인 행위를 폭로하고 있었다. 나체로 참가한 부인들에게 사랑이나 불임을 마음대로 할 수 있도록 보장해 주고 있었던 미사에 관한 묘사를 사람들은 아마도 싫증나도록 알고 있었을 것이다. 그럼에도 수많은 의뢰인들과 탄압을 피해 은밀하게 행해지고 있었던 방탕에 연루된 수많은 실례들에 다시 놀라게 된다. 사회의 모든 계층에서 수많은 남성들과 특히 여성들은 자기의 생활을 속박하는 배우자나 자신의 애인을 둘러싼 라이벌로 인해 고통을 겪고 있었으므로, 그러한 재앙으로부터의 탈출을 꿈꾸고 있었다. 특히 여자들은 남편을 제거하거나, 자신의 애인을 붙잡아두기 위해 흑마술을 잘하는 호색한 성직자에게 그것을 부탁하곤 했다. 그런데 문화적 측면에서 말하자면 17,8세기는 마왕의 상이 변모한 시기이기도 하다. 중세의 추악한 생물은, 밀턴의 시의 비법을 통해서 매력을 칭송하고 마음을 빼앗는 악의 천사상으로 변해 가고 있었던 것이다.

* 1670년에서 80년에 걸쳐 파리에서 일어난 일련의 독살사건. 부친과 두 명의 동생을 독살하고, 남편을 독살하려던 브랭빌리에 후작부인의 재판을 계기로 밝혀졌다. 화학자·산파·여점쟁이·마녀·마술사 및 그 손님들이 3백 명 이상 체포되고, 화형법정에 의한 조사를 한 결과 30여 명이 화형에 처해졌다.

바로크의 지옥—수간

근대에 獸姦(수간)이라는 성의 대죄가 실제로 상당히 확산되고 있었다는 것은 분명한 사실이다. 이 죄는 때로 신화적인 의미를 띠고 있었던 태고로부터의 전통과 연결된다. 그렇지만 용인될 수 없는 인간과 동물의 이러한 결합은 단순한 문학적 착상이나 그림의 테마는 아니다. 그것은 르네상스 시대의 유럽의 농촌에 실제로 존속하고 있었던 것으로서, 몸종이나 양치기 혹은 병사 들이 가축 우리와 들판, 그리고 마구간에서 암산양이나 돼지 혹은 소를 통해서 조상 전래의 정욕을 채우고 있었던 것이다. 여기에는 닭장의 주민도 포함되는 경우가 있었다. 일상적으로 흔히 벌어지던 이러한 형태의 성애를 특히 즐기고 있었던 남성들은, 종종 암당나귀와 암양·암캐 등과 함께 이단심문의 화형대에서 죽어갔다. 처형된 사람들 중에는 무고한 이들도 많았지만, 그 시대의 정신은 아직은 고대적인 분위기 속에서 수간을 변질적인 성행위의 전형으로 간주하고 있었다.

이 도착은 食人(식인)을 허용해 마지 않는 문명과, 본질적으로 사람과 짐승이

미분화된 신화와 연결된 것으로서, 편견과 무지·공포가 그것을 성적 억압과 결부시키면서 추궁하고 있었던 것은 논리적으로 당연한 귀결이었다. 이는 16,7세기의 파리 고등법원이 이런 종류의 성범죄자에 대해 기록한 형사소추 서류를 훑어보는 것만으로도 충분하다. 시골을 포함하여 농업에 기반을 둔 세계에서, 여자가 특히 부족함으로써 가축으로 욕망을 충족하는 불쌍한 사람들이 그 서류 속에 등장하고 있다. 서민들 사이에서 이러한 고발이 이웃들이나 배우자에 대해 행해지고 있었다. 그러한 고발을 통해서 마녀와 마찬가지로 강박관념이나 환상 때문에, 그리고 어쩌면 과거의 어느 시대에 보통으로 간주되고 있었던 성행위로 인해 다수의 사람들이 살해당하고 있었다. 겨울에 조금이라도 따뜻한 밤을 보내기 위해 가축과 함께 잠을 잤던 노동자나 농민들 가운데에는, 지나치게 추한 용모 때문에 아가씨들이 상대를 해주지 않음으로써 가축의 암컷에게 위로를 구하는 자도 있었다. 이러한 남자들의 고용주나 동료는 그들의 죄악의 성정을 알고 처벌에 일역을 담당했는데, 있지도 않은 성교의 죄를 간단히 뒤집어쓰게 된 정신박약자의 처벌도 흔한 일이었다.

여자들도 수간의 죄를 범하는 경우가 있었으니, 그 예가 1601년 10월 생뤼벵드크르방에서 성대하게 화형에 처해진 클로딘 드 퀼랑이라는 아가씨였다. 그녀는 브리 지방의 정원사의 딸로서 小수도원장의 심부름을 하고 있었다. 이 아가씨에게 거절당한 적이 있는 한 남자가, 그녀가 주인의 객실에서 붉은 반점이 있는 흰 개와 성행위를 하였다고 증언했던 것이다. 조사하라는 명령을 받은 산파들이 그녀를 발가벗기자 그 개가 그녀에게 달려들었으므로, 그의 증언은 더욱 신빙성 있는 증언이 되었다. 이 절박한 사건을 재빨리 알게 된 反교권주의자 피에르 드 레투알은, 불쌍한 그 여자는 언제나 성직자들을 상대해 왔다고 기록하였다. 또한 이 연대기작가의 생각으로는 그 개의 성기는 말도 못하리만큼 장대한 것이었으며, 그의 확신에 따르면 상대 아가씨는 원만한 교접을 위해 자신의 성기에 적당한 약을 발랐다고 한다. 분별력 있는 인간들까지도 믿고 있었던 이렇듯 한심스럽게 꾸며낸 이야기는, 나아가서 이야기의 적당한 무대를 이러한 마을들에서 찾아내었다. 이리하여 루이 14세 치세(1643-1715)의 종반에 이르기까지, 마녀 소동의 경우와 마찬가지로 수간에 대한 무수한 고발을 사람들은 복수의 수단으로 사용하고 있었다. 이러한 고발들은 정욕이 솟구칠 때 종속을 바꾸어 성행위를 벌이던 약간은 난폭한 하인들이나 그 노동자들을 대상으로 한 것이었다. 수간의 억압은, 이렇듯 성적으로 단정치 못한 품행이나 악마의 유혹과 싸우는 종교활동의 일부를 이루고 있다.

몽테뉴는 인간성과 동물성을 엄밀하게 동격으로 간주하고 있었으며, 혹은 동물성을 인간보다 고급하다고까지 생각함으로써 이 범죄를 이른바 공공연한 것으로 만들었다. 그러나 이같은 문화적인 분위기 속에서, 예로부터 신화에 뿌리박고 있었던 이러한 생식상의 기이한 상상이 악마학적인 사고와 관련된 것으로 간주되고 있었다. 1600년 무렵에는 유례 없는 관능의 원천으로서, 식인의 행위까지 범하는 늑대인간(프랑스 민간전승에서는 루가루(loup-garou)라고 부른다. 프랑스는 특히 16세기에 이 늑대인간이 나타났다는 소문으로 시끄러웠고, 루가루에 대한 재판과 처형이 많았다)이라는 돌연변이에 대한 믿음이 쉽사리 퍼져 나가고 있었다. 마녀나 마술사도 친숙한 동물을 데리고 있으면서, 거기서 쾌락을 얻고 있었다. 변신담에 친숙해 있던 인문학자들에게 있어서 공기의 정령과 목신(숲·사냥·목축을 맡아보는 반인반수의 형상을 한 신. 그리스 신화에서의 판에 해당함. 목양신), 사티로스(그리스 신화에 나오는 괴인. 상반신은 사람이고, 아래는 양의 다리를 가졌으며, 술과 여색을 즐기고 춤을 잘 추었다. 로마 신화에 나오는 파우누스에 해당함)는 그들이 즐겨 언급하던 동물들이었다. 이 기괴한 동물들의 이야기 중에서, 동물과의 성관계 문제는 18세기에 접어들어서도 이 시대의 가장 고상한 사람들을 열광시키고 있었을 정도로 희극작가들을 기쁘게 해주는 주제였다. 17세기 종반까지, 이 문제는 당국의 생각으로는 악마에 적합한 활동 형태와 관계가 있었다. 수간의 용의자와 상대의 동물에 대해서는 거창한 재판을 행함으로써 사람들은 이 죄로부터 몸을 지켰다.

성병리학에서 잘 알려진 이러한 유형은, 근대의 열렬한 실행자들과 함께 그것을 추적하는 심문관을 동시에 대동하고 있었다. 이 유형은 서구 상상력의 세계에서 가장 중요한 신화의 하나와 결부되어 있음으로써, 예를 들면 시인들의 작품에 질릴 정도로 자주 나타나고 있었다. 이리하여 수간에 얽힌 농촌의 민화는 악마학의 학문적 사색을 뒷받침해 주고 있었다. 수소가 사람을 유혹한다고 민중들은 때로 믿고 있었고, 장 보댕은 개와 여자의 성적 화합의 증거를 무조건적으로 받아들이고 있었다. 구체제 유럽에서의 형벌을 모은 바로크식 지옥에는, 1649년 가축에게서 정욕을 채우려고 어리석게 시도하다 화형을 당한 비종이라는 불행한 남자도 첨가되어 있었다. 종교전쟁으로 프랑스에 와서도 자신들의 산양을 놓으려 하지 않았던 이탈리아 병사도 있었다고 한다. 레투알의 《일기》 가운데 1593년의 진기한 이야기가 오비녜의 이러한 비난을 방증하고 있다. 나폴리 출신의 어느 병사가 파리 구두집의 아내를 연모한 나머지, 그녀에게 젖먹이가 있음을 알아차리고 구실로 그 젖 세 방울을 원했다. 용병은 그녀에게 마법을 걸어 끌어당기고자 했던 것이다. 그런데 빈틈 없는 남편이 아내의 젖을 산양의 젖과 바꿔 주었으므로 산양이 이 외국인에게 반해 버렸다. 결국 산양은 죽었고, 이탈리아인은 화형을 피하기 위해 어쩔 수 없이 도망쳤다고 한다.

이것이 도회적 환경에서조차 정열이나 마술이, 그리고 일상생활이 그러했듯이 인간과 동물을 결합시킬 수 있었던 시대적 분위기이다. 사촌 피에르를 기쁘게 해준 광신적인 기적을 단연코 믿지 않았던 피에르 드 레투알조차도, 말이나 원숭이가 인간을 잉태한다는 이야기를 아무런 주저 없이 인정하고 있었다. 이는 소르본 신학교가 고찰대상으로 한 사항으로서, 당시의 퇴폐적 풍조의 여러 가지 징후들 가운데 하나인 것이다. 1607년 11월 〔파리의〕 투르넬 다리에서 그는 한 소년이 이 죄로 인하여 교수형에 처해지고, 교수대 밑에 그와 교접한 동물이 죽어 있는 것을 구경하며 흡족해하고 있었다. 이 연대기작가는 때때로 파리의 서점 앞에서 중앙유럽이나 이탈리아에서 온 이와 유사한 불미스러운 그림이나 추잡한 그림책을 보았던 것이다. 이러한 사실을 극히 자세하게 기록해 두면서, 이 파리의 선량한 부르주아는 정신정화에 필요한 사업의 일익을 담당하는 것이라고 진지하게 생각하고 있었다.

그리스도교하의 서구에서, 성서의 전통과 근대의 그 강화를 도외시하고서 수간이라는 문제의 행방을 확인하기는 어렵다. 동성애와 함께 수간에도 화형을 가하기로 결정한 1683년의 덴마크 법률은, 예를 들면 《레위기》의 오랜 규율을 근거로 삼고 있다. 이 나라의 성적인 억압을 조사해 보면, 17,8세기에는 이들 범죄 가운데 동성애보다 수간에 대한 심문이 훨씬 많았음을 발견할 수 있다. 루이 14세 치세하의 프랑스 법학자들은 동물과의 계간행위를 사형으로 벌하고, 상대 동물을 소각하여 그러한 죄를 흉내내는 자가 늘어나지 않도록 하는 것이 당연하다고 생각하고 있었다.

구체제하의 유럽은, 그 성전 속에서 이러한 종류의 성관계를 수치심이나 결혼의 신성함을 적대시하는 최악의 추행과 결부시키는 법을 배웠다. 2천 년 이상 거슬러 올라가는 유대 법률의 명문에 의해, 이 죄를 범한 인간과 동물은 사형에 처해졌다. 이 시대의 그리스도교도는, 성서에서 단죄하는 간음의 제 형태 가운데 동물을 상대로 하는 여성의 간음이 큰 위치를 차지하는 것을 알고 있었다. 색욕에서 빚어지는 악덕의 여러 형태 가운데, 자위나 동성애와 함께 수간이 나열되어 있는 고대의 법규를 경건하게 주석한 것이 성 토마스 아퀴나스에 이르는 중세의 전통이었다. 이 도미니쿠스 수도회 대박사의 독일인 후계자들은, 15세기말의 《마녀의 망치》에서 그에 의해 도래된 커다란 진보를 인정하고 있다.

슈프렝거와 인스티토리스는, 그들이 추적하고 있는 불길한 존재에는 인간을 동물로 바꾸는 힘이 있다고 믿었다. 그들은 그것을 위해 알베르투스(도미니쿠스 수도회의 주교이자 철학자. 성 토마스 아퀴나스의 스승이자 파리대학교에서 아리스토텔레스주의를 주창한 사람으로 가장 잘 알려져 있다)와 기욤(13세기초 프랑스의 저명한 철학자·신학자이며, 그리스와 아라비아의 고전 철학을 그리스도 교리에 통합하려 했던 최초의 서양학자. 그의 기념비적인 대작은 《신의 가르침》이다)·뱅상(프랑스의 학자, 백과사전 편집자. 그의 저서 《거대한 거울》은 18세기까지 가장 훌륭한 백과사전이었다)의 새로운 학문을 이용했다. 이들은 그들과 동시대에 살면서, 그리고 사람들 바로 옆에 거주하면서 번잡하게 인간을 방문하는 늑대를 상세하게 논하고 있었다. 스콜라파와 교부신학의 가르침이, 동물과 인간의 관계를 밀접하게 하여 문명의 사회적·물질적 상태와 뒤얽혀 루가루증(자신이 늑대라고 생각하는 정신병)이나 그와 유사한 행위의 실재를 완전하게 믿게 했다. 이러한 미신은 아름답기 짝이 없는 사교계의 귀부인이 신의 이름을 빙자한 악마에게 교살당해, 그녀의 시체가 군중이 보는 앞에서 검은 고양이로 바뀌었다는 이야기가 16세기의 통속본에만 있었던 것은 아니다. 마녀들의 사나운 적으로서, 마녀의 동물들로의 변신을 확신했던 에라스투스 이외에 박식한 인문학자들도 같은 생각을 하고 있었다.

에라스투스의 논적인 요한 위어의 경우도 그러했다. 그는 그러한 자유사상에도 불구하고 오랜 이교적인 환경과 결부됨으로써, 그리스도교적인 이러한 강박관념에서 벗어날 수는 없었다. 수간을 범한 자를 교수형에 처해 화장시키던 1711년의 덴마크에서는, 이러한 종류의 성적 억압과 신앙이 그것을 대신하여 미신을 대하는 교회의 오랜 싸움과의 사이에서 나타난다. 계몽주의 시대에 이렇듯 이상한 엄격함과 열의가 표적이 되었던 것은, 인간이 신심 깊게 동물과 교합한 선조 전래의 신앙을 기억하고 있었기 때문이다. 따라서 근대 초기의 성직자들은 노여움을 더하면서 먼저 신앙 주변지역의 신자들에게, 그들의 선조가 이러한 종류의 의식이나 희생의식에 참가한 것을 잊게 하기 위해 혐오나 증오를 가르쳤다. 물론 중요한 것은 두 번 다시 되풀이하지 않는다는 것이었다.

위어 자신도 악마가 인간의 피를 빨아먹는다거나, 인간과 동물의 친숙한 관계를 고집할 것이다. 성자의 권한으로 광견병을 치료하려는 구체제하의 민중이나 학자들의 마음속에서, 악마의 속임수는 저절로 동물의 형태를 취하고 있었다. 이 결속에 의해 어째서 르네상스 시대의 사람들이, 음란한 마법사 정부에 의해 여자가 말(馬)로 변하는 중세의 콩트를 오랫동안 믿었는가를 알게 된다. 숲의 요정이나 목신이 우리들의 성적인 쾌락에 가담하는 경우가 있다고 믿고 있던 교부들 이래, 신화의 동물 이야기는 항상 상상력에 따라다녔다. 극히 사려 깊은 의사들도, 지중해의 불가사의한 섬들에 붉은 머리에 말 꼬리를 가진 야만스러운 사티로스가 살고 있어 여체의 온갖 곳을 부끄러움도 모른 채 탐식하고자 기다린다고 생각했다. 풍문의 과학적인 지배와 결부된 16세기의 그럴 듯한 객담들은, 재판소에서 수간사건을 증가시키던 강박관념과 유사한 강박관념을 나타내고 있다. 기괴함과 마술은 여전히 흔해 빠진 세상사의 일면이었다. 이탈리아의 몇몇 지역에서, 여행자들은 그들을 손쉽게 당나귀로 바꾸어 일을 시키는 마력을 가진 여자 양치기를 만날 위험이 도사리고 있다는 경고를 받았다. 이처럼 살아 있는 신화를 통해, 인간과 동물의 성적 결합의 위험이 실제로 있는 듯이 생각되었던 것이다. 서구에서 라틴아메리카까지 가장 널리 전해진 민화 가운데 하나는, 곰에게 붙잡힌 여자에게서 태어난 반인반수 남자의 슬프고도 영롱한 운명에 대한 것이었다.

르네상스 시대의 여성 멸시가 확대되면서 여성의 본성에 대한 관점이 강조되고 있었던 것은, 그리스도교 사회가 적어도 공식적으로 찬탄하는 여성의 신성과 순결·금욕주의와는 반대로 그 동물적인 측면 때문이었다. 이 사회에서는, 약한 성품인 여성은 끊임없이 그 불길한 유혹을 떨쳐내야 한다는 내적인 용의 화신을 구현하고 있었다. 영국에서는 헨리 8세 시대(1509-49)의 설교사들이, 대륙과 마찬가지로 언제나 여자들을 동물계에서 가장 고만하고 잔인하며 호색적이고 심술궂고 거짓말쟁이인 동물들과 비교하고 있었다. 설교사들에게 있어서 여자는 종종 사자·원숭이·살무사·세이렌(Seiren. 그리스 신화에 나오는 반은 새이며, 반은 사람인 마녀)이었으며, 인간세계보다도 오히려 마물세계에 속해 있었다. 여자는 끝없는 욕망과 불안의 원천이며, 예로부터 변하지 않는 종족 멸망의 원인이었다. 이러한 관점이 중세의 종교와 일체되어 성적 억압과 연결되고 있었을 것은 명백한 사실이다. 성직자들은 미모와 에로티시즘에서 생기는 위험의 표징으로서, 여성에게 보다 무거운 죄를 부여키 위해 무서운 수간의 죄와 결부시켰다. 종교개혁은 여성의 이러한 특징을 강조했다. 왜냐하면 메리 1세(적법한 왕위계승자의 자격으로 왕위에 오른 잉글랜드 최초의 여왕, 1553-58. 잉글랜드를 다시 로마가톨릭 국가로 만들려 했으나 실패했고, 이 과정에서 프로테스탄트들을 박해해 〈피의 메리〉라는 별칭을 얻었다)에게 추방당한 존 녹스(스코틀랜드 종교개혁의 선구적인 지도자)가, 그 박해자에게서 미덕의 원수인 새로운 이세벨*을 발견했기 때문이다. 1618년 마녀 마거릿 플라워는 친숙한 두 마리의 요정을 쥐의 모습으로 화현시켜 사용하였다. 한 마리는 백색으로 왼쪽 유방 밑에 두고, 또 한 마리는 검은 반점이 있어 그녀의 비밀스러운 곳에 숨겨두었다. 이러한 악덕의 도구는, 여성의 본성에 고유한 위험하기 짝이 없는 타락을 자주 보여 주는 것이었다. 이 타락에서 모면하는 것은, 엘리자베스 여왕과 같이 얼음으로 변하여 獸性(수성)과는 분명히 대극적인 차디찬 처녀로 있는 이외에는 없었다.

* (Jezebel) 《구약성서》(열왕기)에서 이스라엘 왕국을 다스린 아합 왕의 아내. 히브리 신 야훼에 대한 절대적인 숭배를 가로막고, 평민들의 권리를 무시했으며, 엘리야와 엘리사 같은 위대한 예언자들을 박해한 이세벨은 피비린내나는 분쟁을 일으켜 수십 년 동안 이스라엘의 국력을 소모하게 했다. 그녀는 사악한 여자의 원형으로 알려져 있다.

근대에 성행하고 있었던 성적 억압의 논리를 통해 수성은 이리하여 인류에게 끊임없는 위협의 전형을 이루고 있었다. 이것은 궁극적으로 과학이나 종교의 지배적인 이데올로기에 의한다라기보다는, 우리들 인류의 본성과 동물의 본성 사이에 분명한 경계가 없는 사회상태나 정신상태를 통해 이해될 수 있다. 1580년 로망(프랑스 남동부 마을)의 사육제가 이러한 상황을 확증하고 있다. 가난뱅이가 기세를 올리는 데 적합한 이 장소에서, 두목은 스파르타쿠스(고대 로마의 노예 검객·반란자)식으로 곰의 모피를 입고 주인들을 위협했다. 미사 후 당나귀를 탄 앞잡이에 이은 부하들은, 이제부터 부자들을 물어죽이고 마님들을 내 것으로 삼겠다고 언급하고 있는 듯했다. 이윽고 마을의 온갖 경계 밖의 주민들이 그룹으로 나뉘어 토템동물의 뒤에 모여든다. 빈민들은 양과 산토끼와 거칠고 거세된 수탉을 고르고, 부자는 반대로 얌전한 산메추라기를 제외하고 수탉이나 매와 같은 늠름한 동물을 선택한다. 후일 이 일단의 귀족들은, 이 가면무도회에서 대담하게 양가의 아내를 위협한 괘씸한 패거리를 돼지처럼 학살하게 된다.

민중의 반란이라는 이러한 심리극은, 당시 사람들의 불안에 깃든 食人(식인)이나 부부 교환의 테마를 포함하고 있었다. 이 불안은 부호들이 짐승의 먹이가되고, 빈민들이 침대에서 남편의 역할을 하는 형태로서 용이하게 혁명을 마음속으로 그려냈다. 구체제하의 걱정은 여기서 원시공산제의 기억과 연결되고 있었음에도, 동시에 봉기한 군중이나 동물에 의한 인육식 광경을 제공하고 있었다. 우리들이 이미 그러한 징후를 수없이 보아 왔는데, 거세에 대한 히스테릭한 공포에 가까운 이러한 현상은 1600년 무렵의 집단적인 심리현상에서 항상 보여진다. 로데즈에서는 위그노의 약탈이 있었고, 아쟁에서는 뱃사람들의 반란이 있었던 남프랑스에서 이것을 확인할 수 있다. 이런 점에서는 1610년 5월 27일 목요일에 파리에서 행해진 프랑수아 라바야크(앙리 4세의 암살자)의 사지를 찢는 형벌은, 근심을 떨쳐 버릴 수 있어 신분 고하를 막론하고 즐겼던 축제가 되었을 것이다. 사형집행인이 죽은 자의 손발을 불 속에 던지기도 전에 구경꾼들이 재빨리 이를 가로챘다. 길거리 모퉁이에서 아이들이 그것을 불태우고, 근교의 촌사람들은 내장을 자기 마을로 가지고 돌아가 불태웠다. 또 7년 뒤, 루이 13세의 왕실 호위대가 콘치니*를 저격한 다음날, 군중들은 오랫동안 증오의 대상이었던 이 총신의 유체를 무덤에서 파내 매달고 수족을 절단하였으며 코와 귀와 성기를 잘라냈다. 유체 조각은 판매되어 공들여 불태워졌으며, 개의 먹이가 되기도 했다. 열광한 남자가 사체에서 피투성이 손가락을 끊어내 입에 넣고 우물거리는 한쪽에서, 다른 남자가 이 프랑스 지배자의 심장을 식초에 찍어먹는 것을 볼 수 있었다.

* 루이 13세 통치 초기 7년 동안 프랑스 정부를 지배했던 이탈리아 출신의 정치가. 피렌체에서 공증인의 아들로 태어난 그는, 마리 드 메디치(역사적으로는 프랑스 왕비 마리 드 메디시스로 알려져 있음)가 프랑스 왕 앙리 4세와 결혼하기 위해 이탈리아를 떠나기 직전 그녀의 수행원으로 들어갔다. 앙리 4세가 암살된 후, 마리 드 메디시스가 어린 아들 루이 13세를 대신해서 섭정을 했고, 당크르 후작이 된 콘치니와 그의 아내는 마리의 주요 고문으로 행세했다. 그들은 루이에게 모욕을 가했으며, 재산을 끌어모았다. 또한 전투에 한번도 참가한 적이 없었음에도 불구하고 1613년 프랑스 육군원수로 임명되었다. 그의 평판이 좋지 못하다는 사실을 이용, 대귀족들이 2차례 반란을 일으키기도 하였다.

양식 있는 사람들은 이러한 광경에 눈살을 찌푸리고, 참가한 하층민들을 분노에 찬 맹렬한 소로 비유했다. 그러나 루이 14세의 빛나는 시대에서도 〈독살사건〉에 연루된 악덕 성직자들은, 공범자나 신자 들을 위해 순결의 상징인 유아나 동물을 마음대로 희생시키고 있었다. 구체제 최후의 세기에 프랑스의 수도에서 이러한 마술의 범죄는 유력자들을 뒤집어씌우는 피의 목욕이라는 끈질긴 신화를 낳고 있었다. 여하튼 라 보와젱의 공범자들은 희생자들의 내장과 성체 빵조각을 섞어 특제 밀가루를 만들고 있었다. 이리하여 그들은 신성 모독행위에 의해, 말(馬)을 희생으로 바친 후 먹는다는 형태로 북부 유럽에 남겨진 오랜 이교의 제례 식사작법을 재현했던 것이다. 17세기 초기에 페론 추기경에게도 뒤지지 않은 학식 있는 어느 가톨릭 신학자가, 신이나 사람을 먹는 일에 정통하다고 하여 로마 교회의 영성체 폐지를 행했던 적도 있다. 사실상 이 시기는 본능에 대한 과거로부터의 위력에 더욱 접근해 있었던 시기로서, 이제 그 본능을 폐지하려 시도하고 있었다. 1789년의 대혁명을 특징짓는 자연발생적이거나 공식적인 대학살 속에 이러한 공포심에 대한 것들이 남아 있다. 상스런 석공을 거쳐 혁명분자들로부터 멋쟁이 왕당파 사람들에 이르기까지, 적나라한 여성 혐오증에 대한 공포심이 유지되고 있었다.

인간과 동물의 극히 밀접한 관계는, 특히 농촌에서는 오랜 정신구조의 한 요소를 형성하고 있었다. 이는 동시대인 모두와 마찬가지로 일찍부터 야생동물과의 사투에 익숙한 루이 13세의 유년기에서도 보여진다. 민중의 상상력 세계와 마찬가지로 그의 꿈도 다양한 상황에서의 인간과 동물의 조우로 가득 차 있었다. 그리고 사냥은 궁정의 신하들이나 농민들과 마찬가지로 그에게 있어서도 무상의 즐거움이었다. 이 심신 양면에 걸치는 근친성이 아마 수간의 확대와 엄한 억제의 원인이 되었을 것이다. 일을 처리하는 사람들은, 필요하다면 화형에 의해서도 이상 성욕으로 무궤도한 신장의 위협을 저지해야 한다는 것을 잘 분별하고 있었다.

근세에 실로 빈번하게 행해져 상당한 인기를 구가하고 있었던 무서운 구경거리로서, 공개처형이 본능을 해방시킬 수 있는 기회를 제공하고 있었다는 사실은 확실하다. 예를 들면 다미앵*은, 루이 15세의 살해를 시도했다는 이유로 라바야크의 1세기 반 후에 그와 같은 형을 받았다. 1757년 3월 28일, 선량한 프랑스인과 외국인 여행자들이 빠짐 없이 그레브 광장에 모였다. 카사노바는 동국인인 어느 남자와 그들의 여자친구 3명을 위해 처형대 정면이 내려다보이는 창을 3루이를 주고 빌렸다. 여자들은 앞에 서서 축제 소동을 창 너머로 빠짐 없이 볼 수 있도록, 그리고 등뒤의 낮은 곳에 있는 동료들도 그것을 볼 수 있도록 약간 앞으로 몸을 기울이고 있었다. 소동은 4시간 동안이나 계속되었고, 그 시간의 반 동안 그 불행한 남자는 끝없이 울부짖고 있었으며 한쪽에서 한 여자가 그것을 정신 없이 구경하고 있었다. 그녀는 그 베네치아의 친구가 그녀의 스커트를 완전히, 그리고 능숙하게 들어올린 상태로 그렇게 있었다.

* 1757년에 프랑스의 루이 15세를 암살하려다가 실패한 정신병자. 그는 대역죄로 기소되어 그레브 광장에서 4마리 말에 몸이 묶인 채 갈기갈기 찢겨 죽는 능지처참형을 선고받았다. 처형에 앞서 4시간 동안 그는 시뻘겋게 달군 집게로 야만적인 고문을 당했고, 그 상처에는 녹인 밀랍·납·펄펄 끓는 기름을 쏟아부었다.

마지막으로 수간을 주제로 하는 조형예술이, 꿈 속에서 추구하면서도 현실적으로 금지하고 있었던 관능의 칭송에 스스로 가담했다. 사실 구체제하의 유럽 회화는 오랜 전통을 가진 半獸神(반수신)의 신화를 매우 좋아하였다. 미술관은 차츰 함정으로 사용되는, 나무가 우거진 남근 형태의 우물을 주관하는 물의 요정이나 목신 들로 혼잡을 이루게 되었다. 이리하여 티치아노에서 프라고나르에 이르는 서구의 화가들은, 사티로스에게 몸을 바친 여자들을 그려내고 있었다. 마니에리스모 양식의 걸작인 이탈리아 만토바 근처에 있는 테 궁전의 프레스코 화에서 줄리오 로마노(이탈리아 르네상스 후기의 화가·건축가. 라파엘로의 주요한 후계자이자 마니에리스모 양식의 창시자이다)는, 용의 모습을 한 제우스(로마 신화의 주피터에 상당함)가 남근을 발기시킨 채 올림포스 산으로 향하는 모습을 보여 주고 있다.

이렇듯 의기양양한 獸性(수성)의 도상은, 그것이 우상을 파괴한다는 예상된 비난을 피할 수 있었을 때, 16,7세기의 이탈리아나 플랑드르 회화에서 일단의 음란한 여자들의 모습으로 나타나고 있었다. 억압적인 도덕을 가진 사회가 유일하게 향수할 수 있는 헛된 보상으로서 근대 에로티시즘의 미술은, 귀족 문화에 친숙한 인문주의와 본능의 혼란스런 상승이 동시에 이야기해 주고 있었던 半獸(반수)인 제우스의 여복에 의미 깊은 호의를 보내고 있었다. 이러한 흐름 가운데 압도적으로 많았던 것은 다양한 레다*의 그림이었다. 거기서는 비너스의 새로서 백조가 수간을 어느 정도 신성시하는 데 일조한다. 마니에리스모 양식의 예술가들이 끊임없이 되풀이하고 있었고, 먼저 미켈란젤로가 보기 드물 정도로 격하게 묘사한 바 있는 이 테마는, 동물이라는 형태를 통해 욕망의 마력과 황홀경의 추구를 과시하고 있다.

* (Leda) 그리스 전설에 나오는 인물. 제우스가 백조의 모습으로 레다에게 접근하여 그녀가 2개의 알을 낳게 되었는데, 거기서 하늘의 쌍둥이 중 1명인 폴리데우케스와 트로이의 헬레네가 나왔다고 한다. 또 다른 형태의 전설에 따르면, 헬레네는 레다와 제우스 사이에서 난 것이 아니라 제우스가 백조의 모습으로 네메시스에게 접근하여 그 사이에서 낳은 알을 레다가 품고 있다가 생겼다는 설이 있다. 어느 경우이건, 신성한 백조와 레다의 만남은 고대 그리스인들뿐만 아니라 이탈리아 르네상스 시대 예술가들이 즐겨 묘사한 주제였다.

탄식하는 모습이든 기뻐하는 모습이든 미술관에 소중히 보존된 방대한 근대의 화상은, 수간에서 억압된 성을 가진 인류의 다양한 갈망의 하나를 그리고 있

미켈란젤로의 《레다와 스완》

프리마티초의 《발기한 사티로스에게 들려가는 여인》(1547)

는 것이다. 이리하여 경건한 르네상스 시대의 사람들은, 수소에게 납치된 에우로파*의 신화에 의해 여성의 통상적인 운명을 상냥하고 엄하게 그렸던 것이다. 덧붙여 문명화가 진행되지 않았던 이 바로크의 사회에서 많은 결혼이 약간은 야만적인 강간으로 시작되고 있었다. 신화의 세계는, 이러한 사회에서는 아마 켄타우로스(그리스 신화에 나오는 상반신은 인간이고, 하반신은 말의 형상인 괴물 족속)나 백조, 용이나 뱀꿈에 의해 성에 얽힌 위험한 현실을 청결케 하기 위해 존속하고 있었을 것이다.

* (Europa) 그리스 신화에 나오는 인물. 포이닉스의 딸 혹은 페니키아 왕 아게노르의 딸이다. 제우스는 에우로파의 아름다움에 반해 흰 소로 변해서 그녀에게 접근하여 포이닉스에서 크레타로 데려갔다. 거기에서 그녀는 크레타 왕 미노스와 키클라데스 제도의 왕 라다만투스를 낳았으며, 어떤 전설에 따르면 리키아의 사르페논 왕자도 낳았다고 한다. 후에 크레타 왕과 결혼하였으며, 왕은 그녀의 아들들을 양자로 삼았다. 크레타에서 헬로티스라는 이름으로 숭배되었으며, 그곳에서는 그녀를 기리는 헬로티아 축제가 열렸다.

예를 들면 베네치아의 팔라초 두칼레(도제의 궁전)에서 베로네세(16세기 베네치아화파의 주요 화가들 가운데 한 사람. 우의적 주제 또는 성경이나 역사에서 따온 주제를 화려한 색채로 그린 거대한 캔버스화가 그의 전형적인 작품으로, 거기에는 고전시대의 건축물을 배경으로 수많은 인물이 등장한다)의 관능성이 보여 주는 것이 바로 그것이다. 반면에 이탈리아파 화가들은 근대에 요사스러운 동물들에게 둘러싸인 여자의 성을 진력나도록 그려내었다. 소박한 푸생(프랑스의 화가. 17세기 바로크 시기에 회화 분야에서 고전주의를 이끌었다. 2년 동안 프랑스에서 루이 13세의 궁정 화가로 보낸 기간을 제외하고는 전생애를 로마에서 보냈다)에게서도 이러한 테마를 찾아볼 수 있다. 그는 님에 있는 로마 시대의 원형기둥보다도 그 앞을 달리는 아름다운 아가씨들을 즐겨 모델로 삼고 있었다. 그러면서 부셰(프랑스의 화가·판화가·도안가. 프랑스풍의 로코코 양식을 완벽하게 표현한 작품들을 제작했다)에 이르러서는, 남근 형태를 한 백조의 호색스러운 방문에 임하여 쾌락적인 매력이 젊은 두 미녀의 몸에서 일어나고 있다. 그리스도교하의 서구의 숨겨진 강박관념을 이렇게 충족시키고 있었던 수간예술의 순교사에서, 남자들의 요구에 응한 희생은 얼마나 많았던 것일까! 만토바의 파시파이*에서 보스나 브뢰헬의 악마의 희생물에 이르기까지, 그리고 인문학자들의 초기 간행본에 있는 통속적인 삽화에서 전기낭만주의의 악몽에 이르기까지 그녀들의 수없는 행렬이 이어지고 있었으며, 인간의 쾌락은 동물들과 끊어낼 수 없는 듯이 보이고 있었다.

* (Pasiphai) 크레타 섬의 전설적인 지배자 미노스의 아내. 해신 포세이돈이 제물로 쓰라고 눈처럼 흰 소를 보내왔으나 미노스가 약속을 지키지 않고 수소를 살려두자, 포세이돈은 그 벌로 왕비 파시파이를 이 수소와 사랑에 빠지게 했고, 그 결과 괴물 미노타우로스가 태어났다.

근대 미술에 친숙한 이런 형태의 회화는, 당시의 성적 억압의 고유한 도덕적인 단죄와 분명히 연결되고 있었다. 이중으로 저주받은 금단의 성애는 악마나 괴물의 세계로 가담해 들어갔다. 님프(그리스 신화에 나오는 하위의 많은 여성신)를 습격하는 사티로스로 응집된 성애는 방탕스런 귀족을 기쁘게 해주는 음란한 놀이밖에 환기시켜 주지 않는다. 그러나 동시에 감미로운 모호성을 통해 구체제하의 유럽 조형문화의 온갖 부분이 디오니소스(그리스 로마 종교에서 풍작과 식물의 성장을 담당하는 자연신)나 판(그리스 신화에 나오는 짐승의 모습에 가까운 다산의 신), 그리고 그들의 여자들을 빙자하여 수간의 기쁨을 구가했다. 경건한 루벤스조차 미켈란젤로를 이어 프라고나르에 앞서 그 기쁨을 칭송했던 것이다. 구종(16세기 중엽 프랑스의 르네상스 시대 조각가)의 디아나(로마 종교에서 들짐승과 사냥의 여신)가 사슴 가까이 달라붙어 있고, 18세기 젊은 여자들이 작은 개와 노닐고 있는 이들 동물을 둘러싼 흥미 깊은 갖가지 회화는, 개탄하기 위해 그려졌든가 아니면 꿈꾸기 위해 그려졌든가 의심해 보고 싶은 기분이 든다.

이러한 갖가지 회화는, 본능의 강한 힘에 대하여 스스로에게 가하는 숭배와 본능의 억제를 그 나름대로의 방식으로 나타내고 있다. 르네상스의 민중들은 악과 몸을 접하는 위험을 보았으며, 1800년의 영국에서 셰익스피어의 다의적인 작품 《한여름밤의 꿈》(주지하는 바와 같이, 요정들의 아름다운 여왕 티타니아가 당나귀를 사랑한다)에 삽화를 그린 바 있는 괴팍한 푸젤리*는 이러한 신화를 더욱 칭송하게 될 것이다. 그러나 사람을 해방시키거나 공포를 느끼게 하는가는 차치하더라도, 동물들과 그 변신에 관한 이야기는 근대에서의 性(성)의 견인력을 의미 깊게 부상시키고 있다. 사실 이 시대의 사람들은 불쾌감을 드러낸든가 숨겨진 욕망을 느끼지 않고서는 성에 대해 생각할 수 없었다. 그 결과 사람들은 종종 사회로부터 비난을 당하고 죄악감을 느끼면서 살아가게 되었고, 선량들은 문화적 창조라는 기만적인 기쁨을 통해 거기서 도망치고자 했다. 나체의 상태로 짐승의 머리를 하고 있는 연인을 애무하는 셰익스피어의 관능적인 여주인공은, 따라서 그녀가 계몽주의 시대의 에로스 화가들에 의해 그려졌을 때, 성에 대해 구체제하의 서구가 겪고 있었던 자유와 꿈을 향해 접근할 수 있었다.

* 1741-1825. 스위스 태생의 화가. 당대에 가장 이색적이고 독창적이며 감각적인 유형의 작품들을 그렸다. 지적이고 예술적인 환경에서 성장했으며 처음에는 신학을 공부했다. 정치적 혼란 때문에 취리히를 떠나야만 했던 그는 처음에 베를린으로 갔다가 그뒤 1764년 런던에 정착했다. 조슈아 레이놀즈 경으로부터 화가가 되라는 권유를 받고 1768년 영국을 떠나 이탈리아로 가서 1778년까지 그곳에서 미술을 공부했다. 로마에 머무는 동안 미켈란젤로의 작품과 고전미술을 연구했으며 이것이 그의 양식에 상당한 영향을 미쳤고, 그의 주제는 주

로 문학적인 것이었다. 특히 강렬한 감정을 함축한 채 긴장되고 격렬한 자세를 취하고 있는 누드 인물들을 그린 회화와 소묘로 유명하다. 또한 〈악몽 *The Nightmare*〉(1781)에서 볼 수 있듯이 섬뜩한 분위기의 환상을 자아내는 경향이 있었다. 그는 그보다 젊은 동시대의 미술가인 윌리엄 블레이크의 양식에 두드러진 영향을 미쳤다. 1788년 왕립 아카데미의 준회원으로 선출되었으며 2년 뒤 정회원이 되었다. 1799-1805년과 1810년 이후로 왕립 아카데미의 회화교수로 있었고, 1804년 왕립 아카데미 원장으로 임명되었다.

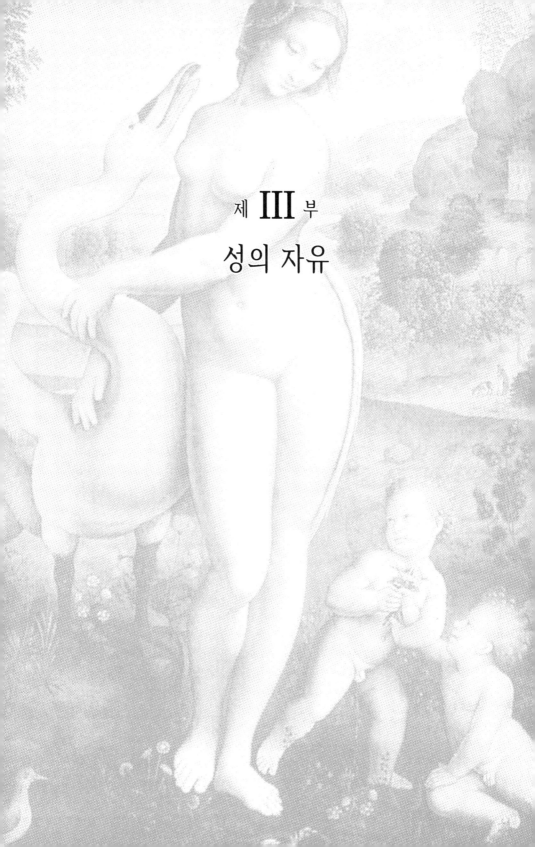

제 III 부
성의 자유

5

귀족의 특권인가?

왕공의 난행, 빈민의 치정

1500년부터 1800년 사이, 일부 지배계급은 그리스도교 사회에서 존중되는 성의 질서와 억압의 극도로 엄한 구속에서 벗어나고 있었다. 거기서는 법을 초월한 성애가 귀족계급의 독점이 되어 있었고, 적어도 사회나 종교의 새로운 규범의 영향을 거의 받지 않은 방종스런 이 계층만의 전유물인 것처럼 보였다. 그러나 자유분방한 성의 도취와 미망은 엘리트만의 것은 아니었다. 민중에게서도 엘리트만큼은 아닐지라도 미친 짓과도 같은 정념이 금지사항에도 불구하고 육체를 끌어당기고 있었다.

이러한 성적 무질서는 때로 복수를 상대로 하는 행위의 형태를 취하고 있었으며, 이것은 신경질적인 형태의 성적 결합이 형이상학적인 고민—이는 오로지 문학작품용이다—과 결합되어 있는 모양과는 대조적인 양상을 보이고 있다. 구체제하의 난행은, 소설이나 영화에서 에로티시즘을 파는 집단의 절호의 먹이감이 되기 이전에 사실로서 존재하였다. 이리하여 서구의 상상활동은 오랫만에 보르자 가*의 화려한 무훈의 강한 영향 아래 놓여 있었다. (특히 라이프니츠, 그리고 스탕달이 로마를 거역하면서 계속 이 사실을 이용하고 있다.) 애첩들이나 사생아들에게 둘러싸여, 극히 관능적인 기질을 지니고 있었던 르네상스의 귀인 알렉산데르 6세[교황, 1492-1503 재위. 부패하고 세속적이며 야심에 가득 찼던 교황으로, 교회의 영적인 유산을 소홀히 함으로써 프로테스탄트 종교개혁이 발전하는 데 이바지했다]의 재위기간 동안 창부들은 밤낮 없이 바티칸 궁전[바티칸에서 성베드로 대성당 북쪽에 있는 교황의 거주지]을 오가고 있었다. 그리스도의 위력은 물론이거니와 그것과 동등한 본능의 힘을 숭배하던 이 교황은 1501년의 萬聖祭[만성제. 가톨릭에서 이 세상을 떠난 여러 성인을 기념하기 위하여 해마다 11월 1일에 행하는 축제. 제성도제) 전야에 유명한 향연을 지휘하였는데, 잔치가 끝날 무렵 뛰어난 매춘부 50여 명이 나체가 되어 참가자들이 던진 과실을 네 발로 기어다니며 줍고 있었다. 줄지어 앉아 있는 사람들 앞에서, 이 여자들에게 늠름한 최상의 표시를 가한 남자들에 대해 포상을 하고 그 밤의 향연은 막을 내렸다.

* 15-16세기 이탈리아에서 번창했던 귀족가문. 스페인의 발렌시아에 기원을 두고 있는 이 가문은 이탈리아에 뿌리를 내려 1400-1500년대 교회와 정계에서 두각을 나타냈으며, 2명의 교황을 비롯해 정치·종교 지도자들을 여러 명 배출했다. 이 가문 출신 가운데 몇 명은 반역행위로 유명하다. 이 가문에서는 특히 4명이 역사적으로 중요한 인물이다. 알폰소 데 보르자(1378-1458)는 이탈리아에서 가문의 영향력을 확립했으며, 1455년 교황 칼리스투스 3세가 되었다. 로드리고 보르자는 로마가톨릭 교회의 추기경이 되었다가 1492년 교황 알렉산데르 6세가 되었다. 로드리고는 추기경과 교황의 자리에 있으면서도 情婦(정부) 반노차 카타네이와의 사이에 여러 명의 자녀를 두었다. 로드리고의 아들인 체사레 보르자(1475/76경-1507)는 중부 이탈리아에 세속왕국을 건설하기 위해 무자비한 시도를 하면서 정치권력을 획득했다. 로드리고의 딸 루크레치아 보르자(1480-1519)는 예술의 후원자였으며 능수능란한 정치적 음모로 유명했다. 그밖에도 여러 사람들을 배출했는데, 로드리고의 증손자인 성 프란키스쿠스(프란체스코) 보르자(1510-72)는 예수회의 3번째 총회장을 지냈으며 성인으로 추앙받았다. 이 가문은 1500년대말 쇠퇴하기 시작해 18세기 중엽에 소멸했다.

로드리고 보르자(알렉산데르 6세)의 아들인 체사레의 저택에서 개최된 이 치정 소동에 로드리고의 딸 루크레치아도 참석해 있었다. 그들은 당시의 풍조에서 이러한 배교적인 의식을 극히 당연스럽게 여기고 있었는데, 르네상스기 귀족계급의 삶은 이러한 의식 속에서 생식력에 대한 칭송과 함께 이전의 스승들이 맛보았던 과거의 환락을 추구하고 있었다. 열흘 남짓하여 교황과 딸은, 궁전의 네 마리 종마가 들에서 끌고 들어온 두 마리의 암말과 맹렬하게 교미하는 모습을 창 너머로 내다보면서 깔깔거리기까지 하였다. 거기서 유연함으로 가득 찬 재력과 권력의 이 특권자는, 새로운 도덕질서의 금기에 아직 거의 물들지 않은 집단적 심리와 공통된 점을 갖고 있었다. 더군다나 그들이 당시의 다수의 이탈리아 귀족들과 함께 외설과 난맥상을 권하고, 방탕스런 성행위를 실천하거나 그것을 설명하면서 구경까지 하기에 이르렀다는 사실은 대단히 중요한 것이다. 게다가 이렇듯 공들인 치정 소동의 풍습은, 다른 유럽 제국의 엘리트들이나 민중들에게 있어서도 찬부의 양론을 불문하고 문화적 진보의 한 표현으로 받아들여지고 있었던 것이다.

이러한 풍습은 프랑스 궁정이 알프스 저쪽의 경이로움에 대한 개척전진부대에 불과했던 프랑수아 1세(1515-47 재위)의 시대가 아니라, 그 왕국이 진정한 의미에서 이탈리아화되기 시작한 종교전쟁의 시대에 프랑스를 침투하였다. 이러한 풍조에서 앙리 3세(1574-89 재위) 치하의 파리에서, 코르테스(스페인의 정복자. 아스텍 제국을 멸망시키고(1519-21) 멕시코를 스페인 왕의 영토로 만들었다) 지배하의 멕시코 시처럼 특히 결혼잔치에서의 가면무도회가 유행되었음을 알 수 있다.

잔치가 끝날 즈음이 되면, 비단이나 보석을 휘두른 분별 없는 귀족 아가씨들이나 상인의 딸들이 술잔이 홍청대는 가운데 얼굴을 더럽히는 꼴을 당하고 있었다. 수도의 선량한 부르주아들은 그들이 싫어하는 높으신 어른들의 이러한 놀이에서 따돌림을 받았으며, 남의 눈에 들키지 않는 것을 뜻밖의 행운으로 생각하는 이러한 일들에 분개하고 있었다. 그들은 또한 루브르 궁전에서 매우 인기를 누렸던 연극 관람이 노골적으로 에로틱한 대사를 노렸던 것도 알고 있었다. 이러한 궁정의 남녀는 나날이 정사에 치닫고 있었으므로, 서로 **모여들어** 한결같이 무언가 재미있는 것이 없을까 하고 밤마다 거리를 어슬렁거리고 있었다. 까다롭고 의심 많은 피에르 드 레투알은 구교동맹군의 행진이 바로 이와 같은 것이라고까지 말하고 있었다. 거기에는 〈젊은 여자나 남자 모두가 어수선하게 뒤섞여 거의 벌거벗은 채 걷고〉 있었으며, 〈희고 부드러운 맨발〉의 아름다운 회개자들의 신앙심이 때로 예기치 않은 결과를 낳고 있었다. 가톨릭 국왕군은 이러한 의식을 조장하는 한편, 세기초의 이탈리아 체사레 보르자의 군대에 필적하는 격렬함으로 위그노의 제 도시에서 여자들을 능욕하였던 것이다.

앙리 4세(1589-1610 재위) 시대의 프랑스 일부 엘리트는, 유럽의 귀족계급을 휩쓸었던 성의 광란에 넋을 잃고 있었다. 다른 궁정도 마찬가지였지만, 관능적이고 난잡함이 두드러지던 프랑스 궁정은 휘황찬란한 매춘가라는 취미를 노정시키고 있었다. 붙잡혀 온 여자들에 대한 강간에서 귀족들은 더할 나위 없는 열락을 느끼고 있었으며, 사람들은 그렇듯 잔인한 전투에서 겨우 **빠져** 나오고 있었다. 이러한 환경에서 자란 대단히 그리스도교적인 왕국의 귀족들은 당시 외국에서 악명을 떨치고 있었다. 그들은 왕에 이르기까지 방탕과 혼숙·악행이 자행되고 있었고, 공적인 무도회에서 여성들의 끊임없는 교합이 행해지던 한 나라를 지배하고 있었다. 이러한 정도를 벗어난 정열의 화신으로서 풍류가 귀족의 자제들은, 호박유를 마신 뒤 한 사람 또 한 사람 문자 그대로 매춘부의 팔속에서 숨이 끊어지는 것을 영광으로 생각하고 있었다. 이러한 음욕은 1610년 초기에는 발을 씻으려는 매춘부를 상대한다는 소문난 도련님들에게는 다반사의 일처럼 여겨지고 있었으며, 마침 그 이전에 바람기로 유명한 여자들이 불로뉴 숲을 휩쓸고 다니던 젊은이들에게 능욕을 당함으로써 그에 상응한 벌을 받고 있었다.

종말을 예고하는 당시의 긴박한 분위기 덕분에, 가증스럽고 끈질진 치정 소동은 세상의 종말을 고하는 것으로 여겨졌다. 1600년 무렵에 마니에리스모 양식의 화가들은, 초대되어 나체로 있던 손님들의 에로틱한 모습을 노아 시대에 있었던 최초의 세계 파괴와 연결시킴으로써 문화적·종교적인 이러한 강박관념을 훌륭하게 표현하였다. 그 시대의 복덕을 얻은 자들은 신들의 것이라고 볼 수밖에 없는 향연에서 이러한 방탕, 이러한 환락에 대한 벌을 받지 않으면서 해방될 수 있을 것이라고 믿었다. 그러나 곧 불의 피나 물의 홍수가 그러한 방탕과 환락에 종지부를 찍을 것이다. 또한 이러한 허위의 황금 시대 다음에 틀림없는 철의 시대가 기다리고 있었을 것이다. 그러나 궁정 화가들은, 자신들이 그려내는 단죄의 광경을 통하여 오히려 귀족의 생활양식의 매력을 미화하는 결과를 초래하고 있었다. 허다한 헤로데 왕의 식사 풍경을 그리면서, 몸치장한 발루아 왕조의 밤의 향연 장면을 그리면서 궁정 예술은 화려하게 몸치장한 귀부인들 사이에서, 그리고 악사들의 연주에 미친 듯이 춤추는 무용수들 사이에서, 훗날 사랑의 신하로서의 자신들의 역할을 드높이 고하고 있었던 것이다.

성애는 17세기 전반의 프랑스 특권계급에서 분명히 방탕한 양상을 띠고 있었다. 가장 고귀한 집안에서도 근친상간이나 성적인 난잡함을 충분히 찾아볼 수 있다. 로앙 가°는 고명한 로앙 공작(프랑스의 군인, 작가, 프랑스 종교전쟁 때 위그노의 지도자. 1603년 공작작위를 받았다)의 아내가 된 쉴리 공작의 딸(마르그리트 드 베튄)로 유명하다. 그녀는 애인들이 막대기로 자기를 때리는 것을 매우 좋아하였으며, 애인이나 여자친구들을 데리고 들에 나가 치정 소동을 벌였다. 사람들은 귀부인들에 대한 불경의 주된 책임과 프롱드파 귀족들의 특징이라 할 수 있는 추잡스런 방종의 주된 책임을 그녀의 탓으로 돌리고 있었는데, 그만큼 그녀는 밤옷차림의 젊은이들에게 둘러싸여 있기를 좋아하여 이들을 저택에 머물도록 하면서 양육해 왔던 것이다. 호기심 많은 귀족들은 그들에게 어울리는 길거리를 지나가는 아름다운 아가씨들을 갈고랑이 2개, 바구니 1개, 거기다 1개의 도르래로 헛간에 끌어들여 그들식의 접대를 하고 있었다. 야영생활과 매춘부의 공유에 익숙해 있던 그 호전적인 남자들은, 설령 지체 높은 성직자의 옷을 걸치고 있었다 해도 매춘부와 뒤섞여 소일하는 그들의 종들에게 훈계를 내리는 일 등은 거의 생각할 수조차도 없었다. 그들은 앙리 4세 당시와 마찬가지로 루이 13세(1610-43 재위)의 치세하에서도 성의 결투에 익숙해 있었고, 약물사용의 습관을 지니고 있음으로써 그러한 결투를 더욱 원활히 수행하고 있었다. 방탕 속에서 벌거숭이가 되는 일이 그들의 눈에는 항상 지고의 순간으로 비추어졌던 것이다.

* 유럽의 유명한 귀족가문. 브르타뉴 공국 직계자손의 가문이라고 한다. 그 기원은 12세기 로앙의 영주 또는 자작들 시대에까지 거슬러 올라가며, 이들의 후손은 15세기말경에는 로앙 가의 영지뿐만 아니라 브르타뉴 지방 여러 곳의 넓은 땅을 소유했다. 프랑스의 작위인 로앙 공작위(1603 창시)는 1648년 샤보 가문으로 넘어가 로앙 샤보 가문이 되었다. 그러나 게므네 公位(공위, 1570경 창시)와 몽바종 공작위(1588)는 로앙 가문에 남아 있었다. 로앙 가문은 나중에 수비즈 公位(1667), 로앙로앙 공작위(1714)를 얻었다. 19세기에 들어와 로앙 가는 1808년 오스트리아의 公(공, Fürst) 서열에 올랐고, 1816년에 부용 공작위 후계자로 인정받았다.

그들과 함께 사는 여자들이 유부녀인 경우, 그녀들은 건달 2명을 포함한 몇 명과 함께 한 대의 마차로 제멋대로 멀리 나가는 것을 두려워하지 않았지만, 이러한 행동이 사려 있는 행위라고 할 수 없어 당연히 풍자의 대상이 되었다. 그러한 여자들 중 어느 여자는, 상대 남자들 가운데 가장 멋진 엉덩이를 가진 남자에게 돈으로 보답하기도 했다. 프롱드의 난 전야는 군인과 법복의 구별이 없었던 바, 일부 귀족 청년들의 풍습은 바로 그러한 것이었다. 콩데 공(프롱드의 난(1648-53)으로 알려진 일련의 귀족 봉기 가운데 마지막으로 일어난 봉기의 지도자. 나중에는 루이 14세의 가장 훌륭한 장군이 되었다)이 애지중지하던 이 젊은 도련님들은 그 난의 병사로 보충되었지만, 알고 있는 것처럼 그들은 그 대공을 본떠 한 잔 하는 기분으로 불로뉴 숲의 마차 사고로 발이 묶인 아름다운 여자들을 습관적으로 먹어치우고 있었다. 당시의 방탕함이란, 사실상 그 어느것에도 묶이지 않은 박식함만을 의미하는 것은 아니다. 궁정의 요염한 여시종관에게 있어서 그것은 구경꾼의 눈을 피해 포창마차 속에서 불쾌한 젊은이들의 애무를 받는 것을 의미했다. 마차는 이러한 행위로 바쁜 남녀를 태우고 있었다. 이렇듯 집단적인 무례한 분위기 때문에 그녀들은 자신들의 거주지에서 불과 15분 만에 남자를 갈아치우고 있었다. 심지어 당시에는 사람들이 북적거리는 곳에서 아가씨들에게 성기를 드러내는 귀족 노출광들도 있었다.

탈망이 본 17세기는, 이처럼 더욱 노골적이며 더욱 거친 성이 영위되고 있었던 세기였다. 규율이 없는 본능에 따라 그대로 움직이는 귀족을 묘사한 (탈망의) 그림을 일반화시킬 의도는 없다. 그러나 이 그림의 모양은 그 세부가 다양하고 명료한 점에서 눈에 띄며, 특히 이 그림을 싫어한 겉보기만 그럴 듯한 여자들은 그것을 현실로 받아들이지 않고 있었다. 그러나 현실적으로 구체제의 귀족 사회 일부는 그대로 성의 자유를 극히 제멋대로 추구하는 가치관을 따르고 있었다. 프롱드파의 젊은 기사들에게 있어서 약간 얼빠진 창녀의 약점을 찔러 지독하게 다루는 것은 그들이 선호하는 오락거리였다. 그래서 성교의 그림은 그들이 가장 좋아하는 놀이 가운데 하나였던 것이다.

때로 너무나 자유분방하고 지나치게 외설스럽던 루이 13세 시대의 문학은 이러한 욕망을 표현해 내고 있었다. 예를 들면 1611년부터 베로알드는, 한 무리의 시골귀족들 앞에서 분을 바른 아가씨가 옷을 벗고 그 대가로 은화를 받는, 그럴싸한 정경을 탐욕스러운 패거리에게 자세히 제공하고 있었다. 특히 12년 후에 등장하는 놀라운 《프랑송 해학 이야기》는, 프랑스 문학에 있어서 가장 아름답고 찬란한 난행으로 끝을 맺고 있다. 소렐은 저 가공의 성곽에서, 당시의 방탕한 귀족 패거리들 사이에서 회자되고 있던 몇몇 제재를 수집한 것이다. 그 작품에서는 여성의 아름다운 엉덩이를 장엄하게 찬양한다. 그리고 성직자나 법을 경멸하면서, 진정한 공산제의 첫번째 요소로써 연애 상대자의 갈아치우기나 성적인 자유를 칭송한다. 이러한 육체와 감각의 향연 속에서, 그것을 주관하는 귀족들은 자신들의 지고의 쾌락을 명명하기 위한 특별 용어를 지니지 못한 것을 애석하게 생각하고 있었다. 난교를 지지하는 그들은, 또한 이러한 특권을 자신들 계급만의 것으로 향유하고 있었다.

프랑스 이외의 당시 유럽 귀족 사회에 있어서도 이러한 난행의 풍습이 이어지고 있었다. 이리하여 1570년 무렵의 드레스덴(독일 작센 주의 주도)에서 젊은 귀족들이 나체가 되어 춤추는 모습을 볼 수 있다. 서민의 무도회에서는 도회나 시골의 모든 건달들이 그러한 흉내를 내고 있었다. 그것은 마침내 묘지의 무덤으로까지 확산되어, 건달들은 거기서 외설스런 모임에 열중하고 있었다. 약간 뒤에 헝가리에서는 피비린내나는 바토리 백작부인의 손으로 이른바 여성판 질르 드 레*가 펼쳐졌으며, 이후 이 사건의 그 엄청난 희생자들은 호사가들의 관심을 끊임없이 모아왔다. 나아가 영국에서는 1698년에 시골에서의 난잡한 생활의 결과로 마침내 남편이 아내를 공공연하게 팔아넘기는 사건이 벌어지기까지 하였다. 1631년에는 세간의 빈축을 산 캐슬헤이븐 사건에 대한 재판이 상원에서 행해졌다. 이 귀족은 여러 가지 동기들 중에서 하인들에게 자기 아내와 의붓딸을 강간케 한 혐의로 참수당했다. 그 자신도 사건 현장에 있으면서 두 희생자의 몸을 밀어붙이는 도움을 주었던 것이다.

* 15세기 프랑스 명가 출신이었는데, 11세 때 부모와 사별한 이래 길러 준 외할아버지의 욕심, 비도덕적인 면이 나쁜 영향을 끼쳤다. 처음 샤를 7세의 원수로서 잔 다르크와 함께 출전했는데, 후에 궁정에서 물러나 연금술이나 흑마술에 열중했다. 은둔 장소로 미목이 수려한 소년들을 유괴해서 성적 도착이나 새디즘을 따르게 하

고는 목숨을 빼앗았다. 사탄 숭배와 유아의 유괴 및 살해 혐의로 재판을 받고 처형당했으며, 후대에 그의 이름은 〈푸른 수염〉 이야기와 연결되었다.

따라서 계몽주의 시대의 방탕함에는 많은 선구자들이 있었다. 프랑스 루이 14세 시대는 명확하게 구속력을 지닌 규칙에 매여 있는 말 그대로의 진정한 궁정 사회를 창설함으로써, 변함 없는 난륜의 풍조를 위선적으로 내리누르는 방향으로만 나아가고 있을 뿐이었다. 절대왕권은 프롱드당의 패배에서 기인한 것으로서 이전에 그 난의 지도자들은 능욕하는 일을 자신들의 전과에 첨가했거나, 혹은 1649년 봄에 열린 나체무도회에 참가하기도 했었다. 베르사유 궁정은 거의 공공연하게 행해지던 이러한 난행을, 남의 눈을 피해 숨어서 아가씨들과 밀회를 즐기는 단정치 못한 품행으로 대체해 버렸다. 《프랑숑 해학 이야기》의 대담한 모험담 대신에, 그 에로틱한 감흥을 《루이사 시게아》에 할당된 라틴어의 문장(루이사 시게아는 포르투갈의 여류작가) 속에서 추구해야만 했던 것이다.

그렇기에 파리의 젊은 귀족들은 모두가 섭정 시대(1715-23)의 변혁을 진정한 성해방으로서 환영하였다. 어린 루이 15세(1715-74 재위)가 그 옆에서 성장한 이렇듯 독특한 야유회는 대부분 오래 가지 못했고, 그 일시적인 폭발은 신체제의 시대적 열광과 함께 사라져 갔다. 플뢰리(프랑스의 추기경·총리. 1726-43년 루이 15세 정부를 이끌었다) 시대에는, 용모가 아름다운 궁정의 부인들이 당연한 일로서 서로를 창부로 부르는 경우도 있었다. 그러나 1731년 6월의 어느 날 밤, 오페라좌의 지배인이 생 니케즈 거리의 자택에서 고명한 〔오페라〕 작곡가 캉프라와 함께 평판이 별로 좋지 않은 세 명의 여배우를 만찬에 불러들여 술을 마시고 있었다. 그 여배우들은 때마침의 더위로 의상을 지나치게 벗어던진 나머지 이 집 주인의 셔츠를 입고 있었다. 창을 열어둔 방에서 일어난 이러한 난잡함으로 인해 그들은 벌을 받지 않을 수 없게 되었다. 이 집의 주인은 요직에 있었으나, 이것이 원인이 되어 2개월 후 면직되었다. 18세기의 프랑스 경찰은 하찮은 매춘이나 간통에는 어느 정도 관용적인 태도를 취하고 있었으나, 지배층 사이의 난행에 대해서는 탄압을 가하지는 않았지만 여론에 밀려 적어도 그것을 조심스럽에 억누르는 경향을 보이고 있었다.

조직적인 난교의 분명한 중심지로서 계몽주의 시대의 런던에서는 사정이 달랐다. 호가스가 1733년경, 그 훌륭한 《탕아의 편력》(1732년에 시작했으며, 8개의 장면으로 이루어져 있음)의 한 삽화 〈술집〉에서 그려낸 난교의 장면이 눈길을 끈다. 탕아는 그를 억지로 빼앗으려는 두 명의 아가씨 사이에 끼여서, 술에 취한

호가스의 《탕아의 편력》

상태로 화면에 나타난다. 이외에도 테이블을 둘러싸고 실컷 음식을 먹어치우는 자와 바쁘게 돌아다니는 자, 또 애무를 받고 있는 자의 모습도 보인다. 매우 풍만한 몸매에 가장 아름다운 여자가 당장이라도 옷을 벗을 듯한 모습으로 그 자랑스러운 나체를 그 자리에서 과시하고자 한다. 그 나체를 종업원이 받침대에 올려 운반하고 있다. 부르주아 신분의 이 화가는, 여기서 파괴와 폭력에 굳게 결부되어 있던 귀족계급의 퇴폐적인 난행을 공격대상으로 삼고 있다. 그러나 보다 많은 정보를 얻기 위해 이렇듯 유해한 장소를 열심히 섭렵하고 있었던 이 관능의 탐구자는, 분석대상이 된 집단적 음행의 어두운 매력에도 둔감하지 않았다.

외지와 하층민 노동자에 대한 착취를 시작으로 윤택한 생활을 누리고 있었던 18세기의 영국은, 금권정치에 지배되고 있었으므로 당연히 난행을 세련된 것으로 만드는 데 열중해 있었다. 이윽고 프랑스 혁명이 발발하자, 악행의 끝없는 가능성에 사로잡힌 롤런드슨*의 삽화가 그 착상에서 사드의 꿈과 겹치게 된다. 그 사이에, 예를 들면 보스월(스코틀랜드 여왕 메리의 세번째 남편)과 같은 호사가 패거리들은 런던의 매춘시설에서 창부들을 차례차례 먹어치우고 있었다. 동시대의 히키는, 그러한 장소에서 때로 취한 상태로 펼쳐졌던 역겨운 광경을 그리고 있다. 경우에 따라서 오로지 유색인종들만이 일꾼으로 있었던 이러한 유곽—당시 그 삽화가 들어간 안내서를 입수할 수 있었는데—에서는 채찍질이나 미성년자 매춘 혹은 동성애를 전문으로 하고 있었다.

* 1756-1827. 영국의 화가·풍자만화가. 18세기의 영국 생활을 묘사하면서 골동품 수집가, 노처녀, 술집 여급, 그러브 거리의 삼류 문필가 등, 그 당시의 낯익은 사회적 유형을 익살스러운 모습으로 표현했다. 그의 주인공들 중에는 공들여 다듬은 머리 모양에 넓은 장식끈이 달린 정장을 차려입고 거대한 가슴과 엉덩이를 과시하며 우스꽝스러울 만큼 잘난 체하는 여자들도 있고, 길게 늘어진 손수건으로 우울한 기분을 나타내며 감상에만 젖어 있는 여자들도 있다.

계몽시대의 런던은, 이른바 공중목욕탕에서부터 들떠서 소동을 벌이는 모임에 안성맞춤인 귀족의 저택 거실에 이르기까지, 또 하인용의 무도클럽에서부터 성범죄자인 파괴적인 젊은이 집단에 이르기까지 18세기 유럽에서의 치정 소동의 일대 메카였다. 에로틱한 성격을 지닌 다양한 악마 결사, 혹은 적어도 비합법적인 집회가 온 나라에 퍼져 나갔음을 목격할 수 있었다. 같은 시기의 프랑스에서도 이와 비슷한 집회가 벌써부터 조직되어 특권 신분을 지닌 남녀들이 모여들고 있었다. 이러한 모임을 위해 때로는 회원을 모집하거나 매춘부를 특별히 징집하는 집단적인 음탕이 관례화되고 있었다. 그러한 모임에 대한 반향은 종종 세기말의 도색문학에서 발견될 수 있다. 독신의 부자들에게 개방되어 있던 당시 런던의 그러한 호색클럽에서는, 연간 5천 파운드를 적립하면 한 귀족 여성이 20년간 무려 5천 명의 상대, 그것도 거의 최상류급 인사와 만날 수 있었던 것이다.

당시의 지배계급이 추구하였던 複數(복수)를 상대로 하는 성생활은, 특별한 입문서나 숨겨진 장소에서 남의 눈을 피할 필요가 없었다. 러시아의 귀족들은 서구 귀족을 그대로 흉내내는 수입문화만을 지니고 있었으므로 그러한 음탕한 취미를 아무런 거리낌 없이 드러내고 있었다. 그 증거는(다수의 애인을 만족시키기 위해 복용해야만 했던 일상의 약 덕분에 1762년 50세로 쓰러진 표트르 스바로프라는 정치가가 군림한다) 궁정의 염문에 관계된 수많은 이야기 외에도, 1744년 여제 엘리자베타(1741-62 재위)가 모스크바에서 개최한 놀랄 만한 가장무도회에서 볼 수 있다. 남자는 모두 여장을 하고, 여자는 남장을 하였으며, 가면을 쓰지 않

수아지의 여장

은 자는 아무도 없었다. 수많은 궁정 신하들이 몰두하였던 이러한 신체에 의한 표현행위는, 변장(남자가 여자로, 여자가 남자로)과 성적 자유 사이의 연결이 오랫동안 구체제하의 유럽과 특히 이탈리아를 지배하고 있었다는 사실을 상기시킨다. 사육제의 소극 외에도 무슨 일이 있을 때마다 남자들은 자진해서 여장을 하였다. 루이 14세 시대의 괴짜였던 수아지는 실로 바람직한 회상록의 작자로서 동성애와는 완전히 무관한 인물이었는데, 그는 이러한 변장을 하지 않으면 오르가슴에 도달할 수 없었다.

카사노바의 〈회고록〉(《나의 인생 이야기》라는 제목으로 출판되었다)은 역사가에 의해 지나치게 소홀히 취급되고 있지만, 계몽기 유럽의 난행에 대한 거의 완벽한 기록을 담고 있다. 이러한 종류의 책에 있을 수 있는 과장이나 윤색은 별도로 하고, 큰 줄거리는 대개 사실로서 허구적인 장은 하나도 없다. 이 베네치아의 호색가는, 그 자신의 말에 따르면 매우 좋아하는 어린 아가씨들의 마음을 끌려면 두 사람을 상대로 동시에 자야 한다는 사실을 알고 있었다. 이탈리아에서 시작된 세 사람의 이러한 사랑의 행위는 나체로 잠자리에 드는 다양한 의식으로서, 서로 눈짓하면서 누군가가 몰래 엿보게 하거나 여자들끼리 희롱하는 것이었다. 이런 방식은 그후에도 좋은 성적을 올려 해부학적 비교를 구실삼아 스위스의 베른이나 제네바의 목욕탕에서 더욱 발전하였다. 다수를 상대로 하는 이러한 성행위는 주정뱅이에다 허리가 구부러진 창부들과 상대할 때에는 약간 추악한 느낌을 부여했지만, 한창 아리따운 주변인들일 경우에는 더한층 매력적인 것이었다. 이 허풍쟁이는 이러한 행위가 근친상간에까지 미치고 있었다고 단언한다. 〈회고록〉의 작자와 그의 상대들이, 현대를 기다리지 않고도 난교와 그 쾌락을 발견할 수 있었다는 사실만으로도 그것을 충분히 알 수 있다.

여공이든 수녀이든 하녀이든 상인의 아내이든 또 여배우이든 신학에 면려하는 여자이든, 이러한 치정 소동에 가담한 여자들은 희생자가 아니다. 오히려 그녀들은 숙달된 스승의 덕택으로 신체적 표현에 눈을 뜬 제자들로서, 스승에게 사랑의 신비로움에 어울리는 자세를 그대로 전수해 준 것에 감사하고 있다. 이 집단교육이 규방에서 행해지고 있었으며, 강의실에서 이루어지는 것이 아니었기에 나아가 더욱 커다란 임상적 효과를 거두었을 것이다. 늙은 이 유혹자는, 이탈리아에서 최후의 제자들을 맞이할 무렵에는 약간 장난기 섞인 어린이 놀이로 행위를 완화시킬 것이다. 그러면서 이들 대부분의 경험은 귀족 본래의 환경에서 벗어난 곳에 있었다. 카사노바는 귀족간의 狂宴(광연)에 환영을 받았지만 로마에서처럼 어느 영국 귀족의 집에서 있었던 굉장한 방탕의 향연에는 참석하지 않았으며, 런던에서처럼 맹인 악사를 여러 명 거느리고 있었던 세 사람의 나체를 마주하면서 두 쌍의 남녀들의 놀이에는 끼어들지 않았다. 러시아에서도, 스페인에서도, 또 이탈리아에서도 찾아볼 수 없는 이 호색한은 대개는 혐오의 정에 사로잡힌 관객으로서 난교의 장에 참석하였지만, 그 자신은 거기에 참가하지 않는다. 다수의 교섭을 좋아하는 그의 성향은, 푸리에[프랑스의 사회이론가]의 전조로서 퇴폐적인 성의 증거라기보다 시민계급의 상냥한 감정을 표현하고 있다. 따라서 이러한 성향은 사드적인 난행에 대한 꿈의 대극에 자리한다. 사드는 근친상간의 관능적인 변면에 의해 가련한 레스티프가 이름을 늘어놓고 있는 호색문학 전통의 정점에 선다. 세간의 악평을 모은 이 후작은, 극히 사사로운 성범죄와 실로 빈약한 방탕의 실행자였지만 오래 계속된 구치생활을 보상하고자 당대의 방탕과 그 갈망을 상상력에 의해 놀랄 정도로 파고 들어갔다. 이러한 노력은 허구의, 그것도 귀족계급의 허구영역과 관계되는 것으로 역사적 사실의 영역과는 관계가 없다.

그렇다고는 하지만, 근대 서민계급이 치정 소동과 관계가 전혀 없는 것은 아니었다. 이미 지적된 바와 같이, 종교라든가 놀이라든가 집안끼리의 일에 한정되지 않고 다양한 기회를 구실로 치정 소동이 일어나는 일은 있을 수 있었다. 학생과 군인·노동자 들도 또한 귀하신 분들의 성적인 경망스러움이나 음란한 행위에 가담하고 있었다. 거기에다 시골에서 행해진 마술은 난륜에 대한 대중의 욕망을 그대로 표현하고 있었다. 이단심문의 추적은 중세 이래로 탐색자들의 편견이나 피의자들의 자백에 근거하고 있었으며, 남의 눈을 피해 행해진 마법사들의 광연이라는 주제를 조립해 왔다. 관리 앞에서 줄줄 지껄여대는 가련한 여자들의 말을 믿는다면, 폐쇄적인 이러한 집단에서는 상식을 벗어난 행위와 보복이 관례화되어 있었고, 춤인지 무엇인지 알 수 없을 정도로 야단법석이었던 빈민들의 연회는 비도덕적인 풍조의 일단으로서 권력자들의 향연을 모방하고 있었다. 전세기 독일의 역사가는, 악마의 향연이란 〈다양한 부랑자 무리들 중에서 잠자리 없는 학생들과 용병들, 뚜쟁이들, 창부들〉이라는 식의 패거리들이 모여 밤의 집회를 본떠 만든 것으로 생각하고 있다.

트루아 주교 관구에 있는 종교재판소의 고문서에서, 르네상스 시대 백성들의 치정 소동에 얽힌 관습에 대한 자료들이 발견되었다. 15,6세기의 샹파뉴 지방에서 가장 보편적인 관습은, 이 지방의 많은 사제들이 두고 있는 첩들을 일요일 밤에 데리고 나와 모두의 위안거리로 삼고 있었다는 것이다. 전혀 거리낌 없이 행해지고 있었던 이러한 행동은 아마도 유용성과 쾌락을 겸하였을 것이다. 성직자들의 이러한 행위의 대상은, 하녀인 정부가 아니라 종종 신에게 불경한 태도를 취한다고 생각되는 여자들이었다. 난행과 집단적인 엄격주의가 뒤범벅이 되어 있었던 이러한 소행은, 종종 폭력행위로 또한 오로지 순수한 징벌행위로 여겨지고 있었다. 왜냐하면 이 지방에서 성직자들은 자신이 소지하는 성직자 의상 한 벌을 아가씨에게 빌려 준 다음 그녀를 데리고 들어왔으며, 겁도 없이 여관에서 하룻밤을 지내는 그러한 호색적인 성직자들은 대개 혐오의 대상이었다. 교구의 주민들은 질투로 인해, 또 아마 얼큰하게 취한 상태로 틀림없이 대중에게 해를 끼치는 여도둑들에게 원한을 품고 있었던 것이다. 아마 그들은 축제일에는 이 성직자들이 데리고 있는 여자에게 가장 심한 보복을 가했을 것이며, 신의 재판을 행하고자 하였을 것이다.

이같이 그들은 징벌을 꾀하고, 사제관에 지나치게 빈번히 출입하는 여자들을 문자 그대로 매복하고 기다렸던 것이다. 게다가 성직자들의 첩을 내쫓으려는 취지는, 카미자르의 반란*의 원인에서 찾아볼 수 있다. 16세기의 샹파뉴 지방은 또한 아내의 침대에 젊은 패거리를 들어가게 하거나, 돈으로 매수하여 성직자에게 아내를 범하게 하는 비열한 남편으로 들끓었다. 그 중에서도 가장 괴짜였던 남편 장 르멜르는 퐁텐 마콩에서, 1529년의 어느 일요일 저녁기도 때 잔뜩 취한 나머지 술집 주인의 꾐에 빠져 그 자리의 구경꾼들이 야지를 놓는 가운데 아내의 몸을 탐하고자 덤벼들었다. 또한 한데 모여든 패거리가 단신의 여성에게 달려드는 성적인 행동은, 힘 있는 포도원 주인이 알고 있는 여자친구라든가 소문이 나도는 아가씨라든가 길거리에서 살고 있는 독신녀들을 결국 그 대상으로 삼고 있었다. 아내를 가진 성직자나 젊은이 집단이 자행하던 이러한 행동은, 통상 다양한 학대를 수반하면서 집단적인 폭행의 형태를 띠고 있었다.

* (Camisard) 프랑스 남부의 바랑그독과 세벤 지방에 근거지를 둔 호전적인 프로테스탄트교도 이들은 루이 14세의 프로테스탄트 박해에 맞서 18세기초 무장반란을 일으켰다. 카미자르라는 이름은 이들이 야간 전투에서 서로를 식별하기 위해 입었던 흰색 셔츠에서 유래한 것으로 보인다. 1685년 낭트 칙령의 폐지로 종교적 관용정책을 마감한 루이 14세는 자신의 모든 신민들에게 가톨릭 신앙을 강제했다. 수천 명의 프로테스탄트들이 해외로 이주했으며 국내에 남아 있던 사람들은 극심한 탄압을 받았다. 18세기에 들어 처음 몇 동안 열광적인 종교적 분위기가 프로테스탄트 세력이 강력했던 세벤 지역을 휩쓸었다. 예언자들은 박해의 종언을 예고했으며, 많은 사람들은 가톨릭을 파멸시킬 때가 왔다고 느꼈다. 1702년 7월 가톨릭교도로서 가혹한 박해를 일삼던 인물로 지목된 아베 뒤 샤일라가 살해된 사건은 반란의 시작을 알리는 것이었다. 카미자르들의 계획은 교회를 약탈해 불을 지르고 가톨릭 사제들을 추방하거나 심지어는 죽이는 것이었다. 이들의 공격은 일반대중 지도자들에 의해 주도되었는데 그들 가운데 장 카발리에는 제빵소 도제였으며, 롤랑으로 불렸던 피에르 라포르트는 양을 거세하는 일을 하던 사람이었다. 카미자르는 승승장구했으며 국왕군의 공격을 차단하기까지 했다. 낮에는 숨어 있다가 밤에 공격하는 전술과 이들이 활동한 산악지형에 대한 정확한 지식, 그리고 지방의 일반대중들로부터 받은 지원 등은 모두 카미자르들에게 유리한 점들이었다. 정부측은 대응책으로 말살정책을 취했는데, 수백 개의 마을이 불탔으며 마을 주민들은 학살당했다. 1704년 정부는 기꺼이 사면령을 내릴 수 있으나 프로테스탄트교도에게 종교적 관용을 베풀 수는 없다는 입장을 내세워 협상이 결렬되었다. 이러한 조건은 대부분의 카미자르에 의해 거부되었으며 전쟁은 계속되었다. 1705년 무렵 카미자르의 지도자 다수가 체포되어 처형당했으며, 반란은 그 위세가 꺾였으나 1710년까지 산발적인 전투가 지속되었다. 프로테스탄트를 근절시키려는 정부의 노력은 18세기 전반기 내내 계속되었다.

1세기 후 루벤스는 루브르 박물관에 소장되어 있는 《플랑드르의 축제》―실제로는 마을의 결혼이었는데―에서, 그렇게 범죄적이지는 않았지만 열광적인 농민의 무리들을 그려내었다. 이러한 서민들의 관능적인 묘사 속에서, 춤과 음악에 빠져 있는 시골의 남녀가 찾아보기 힘든 활기로 뒤엉켜 있다. 육감은 여기서 실로 육체의 기쁨을 이른바 집단적인 발정으로 찬양하고자 특별히 모여든 사회 집단 전체에서 발산되고 있다. 그것은 이미 라블레나 노엘 뒤 파이[프랑스의 법학자·작가. 《13개의 시골 기록》이라는 문집은, 그 당시 사회와 언어에 대한 훌륭한 자료이다]라는 르네상스 시대 프랑스의 콩트작가들이 그려내고 있었던 육체의 기쁨이다. 그것은 또 17세기 독일의 소설가 그리멜스하우젠이, 그의 작중인물 짐플리시무스*에게 더할 나위 없는 감각의 희열을 맛보게 해주고 싶어했던 조잡한 쾌락이다. 이 주인공이 파리에서 만난 비너스의 언덕은, 짙은 화장의 아름다운 세 여인이 그에게 퍼부어댄 1주일간의 사나운 키스로 구성되어 있다. 덧붙여 계몽시대의 네덜란드에서는, 선원들의 더할 나위 없는 행복을 위해서 이렇듯 추악하고 비열한 장소가 은밀히 존재하고 있었다. 거기서 이 불쌍한 패거리는,

담배나 트림이나 창녀와 뒤섞여 있으면서 모두 다 천국(16,7세기의 옛뜻은 선박이 안전하게 정박하는 것으로서, 항내 피난용 독을 의미한다)에서 만날 수 있을 거라고 생각하고 있었다.

> * 작품 〈짐플리시무스〉 시리즈는 독일 문학의 걸작으로 꼽힌다. 풍자적이며 어느 정도 자전적인 이 시리즈는 때로 그로테스크하기까지 한 30년 전쟁(1618-48)의 사회상을 그린 빼어난 작품이다. 16세기 스페인 악한소설을 기초로 한 《짐플리시무스》는 주민 절멸과 부패·공포·미신으로 찢겨진 당시 독일의 상황 속에서 한 인간의 영혼의 성숙을 추적하고 있다. 이 작품에는 사실적인 요소와 지속한 유머가 풍부하다. 또한 농부들이 돼지처럼 취급받는 극도의 잔인한 광경은 사실을 토대로 한 듯하다.

귀족의 간통, 시민의 간통

그리스도교적인 결혼의 확고한 특질은 서구 사회의 질서를 기반으로 하고 있었기 때문에, 근대에 들어서서 부부 중 한 사람에 의한 혼인의 위반을 원칙적으로 죽을 죄(死罪)나 중죄로 간주하고 있었다. 설교성직자나 법관 들은, 두려운 모세의 율법이 간통을 저지른 부인들에게 죽을 죄를 내리고 있음에 끊임없이 주의를 촉구하고 있었다. 그들에 따르면, 율법은 복음서나 교부들의 가르침을 추인하는 것처럼 여겨지고 있었다. 18세기말에 이르러 당시의 가톨릭 고해자들이 비로소 규범으로 받들게 되는 이탈리아의 성자 리구오리(1839년 성인으로 시성되었으며 축일은 8월 1일. 이탈리아의 교회학자·윤리신학자. 주로 교구전도와 외국전도에 힘을 쏟은 구세주회의 창설자이다)라는 사상가는, 악행에 대해 놀라울 만한 관용을 보이고 있었다. 그에 의하면 농민들이란 악의를 모르는 존재들이기 때문에 그들을 교정할 수도 없고, 또 그럴 필요도 없다는 것이다. 이 사상가의 출현 이전에 악행은 이와는 반대로 〈십계〉의 도덕률에 의해 분명히 금지되어 있었고, 이론적으로 유럽 사회에서 추방되어 있었다. 바로 거기에서 이 사회의 문학이나 고문서는 어느 정도의 영향을 받고 있었다. 아내를 빼앗긴 장광설로 전통적인 성공을 거두었던 문학은, 그럼에도 불구하고 너무나 빈번했던 무질서를 그려내는 일에 지극히 절도를 지키면서 방탕함보다는 정열적인 연애에서 볼 수 있는 과도한 세련됨을 선호하고 있었다. 선배 역사가들과 같은 신중한 자세를 견지하면서 지금은 숫자로 무장한 오늘날의 역사가들은, 통계자료나 공문서 가운데 언제나 흔적을 남겼다고는 볼 수 없는 단정치 못한 품행을 과소평가한다.

간통이라는 불쾌한 현실을 작품 속에 묘사하고자 애쓴 사람들은 우선 구체제 하의 민중작가들이나 시민층 작가들이었다. 예를 들면 17세기 스페인의 풍자작가 케베도 이 비예가스는, 자진해서 아내를 빼앗긴 남자에 얽힌 우스꽝스런 유머를 끊임없이 써내려가고 있었다. 1백 년 전의 이탈리아 시골에서는, 루찬테의 농촌극이 우스꽝스런 호인이던 어느 남편의 잔꾀를 묘사하고 있었다. 그러나 이러한 가정극을 재치 있게 그려내고, 사랑과 쾌락과 삶의 예찬을 강요된 도덕의 틀과 화려하게 대치하는 것은 몰리에르(프랑스의 가장 위대한 희극작가·배우)의 작업이 될 것이다. 가정질서의 기초로서 종교의 정당화에 대한 엄격한 풍자를 동시에 포함하고 있는 그의 이러한 태도가 허용되는 데는 그후에도 오랜 기간이 필요했다. 계몽기의 유럽 소설에는 결혼의 파탄이나 부정행위, 혹은 부부 간의 균열이 많이 그려져 있지만 간통은 변함 없는 금단의 주제였다. 작가들은 악한소설(건달소설이라고도 한다. 보통 1인칭 서술체로, 악한이나 태생이 천한 투기꾼이 생존을 위해 무작정 떠돌아다니고 되는 대로 살아가면서 겪는 모험을 다룬다)의 세계에서 자주 볼 수 있는 경망스러움으로 간통을 가볍게 취급하지는 않았으며, 오히려 금기를 범하지 않을 수 없는 완전한 비극으로 간주하고 있었다. 이러한 보수적 편견은 사교계의 색정의 실태와 기묘한 대조를 이루고 있었다.

근대 서구 지배계급의 생활은, 이처럼 일부일처제를 강요하는 그리스도교의 규범과 부정행위 사이에서 자주 행복의 단서를 엿보게 하는 감정적·사회적 습성과의 양단으로 나뉘어져 있는 것처럼 보인다. 16,7세기 청교주의의 영국이 간통에 대해 더할 나위 없이 엄격한 경고를 빈번히 내리고 있었던 것은, 아마 궁정생활의 발전에 따라 틀림없이 증대되고 있었을 이러한 모순을 피해 보고자 하는 의도에서였을 것이다. 무리하게 이루어진 결혼의 인연에 얽매임으로써 이러한 죄 때문에 얼마나 많은 여성들이 자신들의 명예나 재산을 상실할 위험에 처해 있었는가는 이미 익히 알려져 있는 바이다. 제임스 1세(1603-25 재위) 신하의 아우와 마음에도 없는 결혼을 하여야 했던 귀족의 딸 프랜시스 쿡은, 정부를 두었다는 혐의로 맨발과 속옷차림으로 대중들 앞에서 자신의 죄를 참회하여야 했다. 덧붙여 당시의 법률학자들은, 끊임없이 집을 비우면서 〈바람 여행〉을 할 수 있는 남성들에 비해 여성들이 불리하다는 사실을 지적하고 있었다. 분명히 말할 수 있는 것은, 신학자라는 존재는 사악한 궁정인들이나 지나치게 정열적인 바람둥이들에 대한 모방을 단념케 하기 위해 존재하였다는 사실이다. 엘리자베스 1세(1558-1603 재위) 및 제임스 1세 시대의 연극은, 대체로 실제로 일어났던 고십을 소재로 삼아 가정의 붕괴나, 여성의 전락을 초래하는 원인으로써 간통의 참극을 대상으로 삼는 데 열심이었으며, 중세의 성사극(聖史劇, Mystères)의 전통에 따라 무엇보다도 교훈적인 의도를 지니고 있었다. 이 작품들은 한자리에 모인 관중들, 즉 모든 귀족이나 서민 들에게 설령 육체의 기쁨을 가져다 줄지라도 치명적인 부부간의 부정은 위험하다는 사실을 경고하고 있었다. 셰익스피어도 자신의 비극이나 희극에서 가정의 방탕함에 대한 강박관념에 관해 같은 의견을 피력했으며, 이러한 가정의 방탕을 하늘을 진동시키는 난동과 결부시켰다. 그런데 가정의 방탕 원인은 현실적으로도 가상적으로도 단지 성적으로 상궤를 벗어난 것에 불과한 것이었다. 왜냐하면 이러한 상궤의 일탈은, 단지 런던을 무대로 하여 볼 수 있는 것만은 아니었기 때문이다.

이처럼 르네상스 귀족 세계에서는 열정과 격정이 그 후광으로 간통을 둘러싸고 있었다. 이탈리아라는 근대 유럽의 스승만큼 그 후광이 현저한 곳은 아마 어디에도 없었을 것이다. 거기서 모욕을 당한 남편은 간통을 저지른 남녀를 심하게 괴롭히면서, 마음대로 그들의 수족을 비틀어 대고 있었다. 간통죄의 원인은 때로 사악하고 음란한 여자측에 있었는데, 그녀들은 떨쳐 버리고 싶은 남자를 돈으로 해결하거나, 또는 사랑에 눈이 먼 살인청부업자들의 손으로 남편을 떠넘겼던 것이다. 그럼에도 부부간의 부정행위는 변함 없이 16세기 반도의 귀족들의 삶을 두드러지게 하는 것이었다. 여자의 미모 때문에 재앙을 초래하는 부정행위는 살인과 살육·고문을 끊임없이 추구하는 이야기나, 콩트작가들에게 사랑의 드라마에 대한 소재를 제공하고 있었다. 색정과 보복으로 얼룩진 이 귀족 사회에서, 저명한 하나의 사례에 대해 도대체 얼마나 많은 사건들이 알려지지 않은 채 은폐되어 있었던가! 귀족 사회에서 여성은 나폴리의 여자와 같이 감미로운 사랑이나 사치를 너무나도 좋아하였고, 남성은 스스로 나서서 부정을 저지르면서도 (여자가) 배반하면 피를 볼 때까지 노여워하였던 것이다.

르네상스 시대 이탈리아의 상당수 가문의 역사는 사실상 여성의 사회적 지위 향상에 결부되어 있지 않았으며, 종종 일련의 격정적인 살인으로 귀착되고 있었다. 불가사의하게도 동시대 프랑스 귀족계급의 간통에 관한 전형적인 기록자로서 브랑톰*은, 이 정도로 피비린내를 풍기지는 않았다. 그에게는 친구인 르 구아스트의 거친 면이 없었다. 이 남자는 냉소적인 놀이꾼으로 나중에 암살당하지만, 오로지 복수를 좋아하고 얼빠진 남편을 여기저기에 만드는 것 이외에는 아무것도 생각지 않으면서 결혼을 〈바로 매춘행위〉로 보고 있었다. 《숙녀들의

生活)의 작자(브랑톰)는, 외면적인 관찰자였지만 자신이 속해 있던 엘리트계급의 성생활에 대한 풍부한 지식을 가지고 있었다. 그 작품은 여성의 부정을 찬양하면서 남성의 질투심을 빈정거리고, 남성의 그러한 경향을 한탄하기 위해 수많은 사실에 근거를 두고 있다. 그 어조는 단 한번의 행운도 누리지 못한 어느 남자가, 호색한으로부터 들은 체험담을 대단히 상세하게 말하는 어투를 지니고 있다. 그는 성교와 다양한 성교의 양상, 그리고 여체의 매력이나 그 소유에 따르는 위험을 그려내고 있으며, 상류 사회에서는 결국 부부의 정절에 거의 가치를 인정하지 않는다는 사실을 쓰고 있다. 따라서 이 증인(브랑톰)에 따르면, 발루아의 궁정에는 남편보다 애인을 더 좋아하는 여자들이 많았고, 많은 남성들이 자신의 정부를 위해 행동하고 있었다. 이러한 호색가나 아내의 바람기를 신경 쓰지 않은 남편들과 색욕의 노예나 육욕의 모든 화신들이 설령 한줌밖에 안되는 사회층의 인간들에 불과하더라도, 역시 이들은 이 시기 이후의 상류 사회에 규범을 내리는 데 있어서 영향력을 지니고 있었다. 그것은 바로 자유스럽게, 그리고 미치도록 관능의 만족을 추구하는 규범이었다.

* 1540경-1614. 프랑스의 군인 · 연대기작가. 자신의 생활과 그 시대에 대해 많은 정보를 알려 주는 귀중한 기록을 남겼다. 솔직하고 소박한 것이 특징인 그의 작품은 주로 전투에 대한 기술이나 기사도 이야기로 이루어져 있다. 그는 대체로 믿을 만한 역사가로는 여겨지지 않지만, 대담하고 변덕스러운 성격은 16세기의 연대기작가가 되기에 적합한 것이었다. 부르데유 남작의 셋째아들로 태어났고, 어머니와 외할머니가 나바라의 왕족이었기 때문에 어린시절을 나바라 왕비 마르가리타 드 발루아의 궁정에서 보냈다. 1549년에 마르가리타가 죽자 파리로 가서 공부를 계속했고, 1555년 푸아티에대학교에서 공부를 마쳤다. 그후 그는 앙리 2세의 궁정을 찾아가 브랑톰 수도원에 일자리를 얻었다. 그러나 다른 성직도 여러 개 갖고 있었지만, 성직에서 나오는 수입을 누릴 뿐 종교적 생활과는 거리가 멀었다. 궁정 신하이자 군인으로서 이탈리아 · 스페인 · 포르투갈 · 영국을 여행하며 모험으로 가득 찬 생애를 보냈다. 나중에 말에서 떨어져 불구가 되었기 때문에 비로소 글을 쓸 여가를 얻게 되었다. 그의 작품은 《피에르 드 부르데유 씨의 회고록 *Mémoires de Messire Pierre de Bourdeilles*》(1665-66)이라는 제목으로 사후 출판되었다. 이 회고록은 〈유명한 여성들의 생활 *Les Vies des dames illustres*〉·〈숙녀들의 생활 *Les Vies des dames galantes*〉·〈프랑스의 유명인물 및 위대한 지도자들의 생활 *Les Vies des hommes illustres et grands capitaines français*〉·〈외국의 유명인물 및 위대한 지도자들의 생활 *Les Vies des hommes illustres et des grands capitaines étrangers*〉 등으로 이루어져 있다.

앙리 4세와 그의 첫아내 마르가리타*의 결합은, 분별 없는 남자와 분방한 여자 사이에서 당시 대단히 유행하던 사랑에 의한 결합의 상징으로 간주될 수 있다. 브랑톰과 그의 동료들의 페미니즘은 막연한 것이었다. 그들 부인들에게서 남자들의 쾌락의 원천을 발견하고 이를 찬양하고 감탄했다. 1600년 무렵에 대단히 확산되어 있던 이러한 태도는, 부부의 일상적 관습과 걸맞지 않은 성의 가르침을 상당수의 지배계층에 불어넣었다. 당시의 회고록들이 은밀한 것이었다 해도, 그 회고록들은 대공들의 궁정에서의 간통을 종종 기록한다. 일상생활의 비극에 누구보다도 민감했던 피에르 드 레투알과 같은 뛰어난 관찰자는, 정열적인 연애가 초래하는 反사회적이거나 범죄적인 결과를 충분히 지적했다.

* 1553-1615. 나바라의 왕비. 방탕한 생활로 유명하며 당대 프랑스의 모습을 생생하게 묘사한 《회고록 Mémoires》으로 잘 알려져 있다. 프랑스 앙리 2세와 카트린 드 메디시스 사이에서 태어난 그녀는, 1569년 궁전에서 자리잡은 순간부터 종교전쟁(1562-98)에서 제2인자 역할을 했다. 동생인 샤를 9세와 앙리 3세가 된 앙주 백작과는 사이가 좋지 않았으며, 극우 가톨릭파의 지도자인 기즈 백작 앙리와 간통사건을 일으켰다. 1572년 8월 18일 가톨릭과 프로테스탄트 사이에 평화를 성립시키기 위해 프로테스탄트이며 나바라 왕인 엔리케 3세(뒤에 프랑스 왕 앙리 4세)와 파리에서 결혼했다. 그러나 5일 후인 성 바르톨로메오 축일에 프로테스탄트 대학살이 시작되었다. 나바라의 엔리케는 임시개종으로 간신히 학살을 모면할 수 있었다. 그녀는 끊임없는 간통사실에도 불구하고 남편 엔리케와 헤어지는 것은 거부했다. 알랑송 백작이며 가톨릭의 온건파 지도자인 막내동생 프랑수아와 남편이 서로 이해의 폭을 넓히는 데 영향력을 발휘했다. 잇달은 음모사건에 그녀가 연루된 까닭으로 1574년 연인인 라 몰(조제프 드 보니파스)이 희생되기도 했다. 그뒤 1586년 앙리 3세에 의해 오베르뉴의 우손 城(성)으로 유배되었으나 기즈 백작의 도움으로 그 일대를 장악할 수 있었다. 남편의 세력이 커지고 왕위를 이어야 할 필요 때문에 자녀가 없는 두 사람의 결혼이 무효가 될 가능성이 있었으나, 그녀는 남편의 情婦(정부)인 가브리엘리 데스트레가 살아 있는 한 이에 동의하지 않았다. 데스트레가 죽자 1600년 그녀는 남편이 마리 드 메디시스와 재혼하도록 해주었으나 자신의 왕비 칭호는 그대로 보유했다. 5년 후 파리로 돌아올 수 있게 된 그녀는 매우 호화롭게 살면서 마음껏 애정행각을 즐겼다. 《회고록》 외에 시집과 서간집도 남겼다.

그에 따르면 이러한 사항이 모든 대귀족층에서 나타나고 있었으며, 이탈리아에서는 배신당한 남편들이 그 복수로써 살인을 감행하고 있었다. 훗날 브랑톰의 기술에 의하면, 앙리 3세 이래로 항간의 문서들은 남녀 모두에게서 나타나던 엘리트층의 방탕한 이미지를 배가시키고 있었다. 기즈 공작(프랑스 종교전쟁 때 가톨릭 진영과 신성동맹을 이끈 프랑스의 귀족)은 블루아에서 한 여성과 지나치게 방탕스런 밤을 보내다가 사망하였다. 구교동맹의 개혁의 불길이 오르자, 앙리 4세의 궁정은 때마침 간통에 적당한 어떤 분위기를 다시 도입하고 있었다. 아름다운 귀부인들은 설교가 끝난 뒤 연인의 팔에 매달려 돌아오면서, 그 죄를 격하게 공격하던 성직자들의 설교를 웃음거리로 만들고 있었다. 분명 정부나 매춘부라는 알맞은 상대가 나라의 정상에 있어서도 가장 높은 지위를 차지하고 있었다. 여자들의 부정은 상투적인 것이 되어 버렸고, 방탕이 때로 신앙과 잘 뒤섞여 있던 매우 그리스도적인 이 왕국에서 노경에 들어선 국왕은 평정한 마음을 잃고, 이윽고 유부녀의 뒤를 쫓아다니다가 목숨을 잃는다. 이 점에 있어서 그는, 17세기 초기의 문자 그대로 쾌락의 와중에 휩쓸려 있었던 유럽 귀족들의 가장 익숙한 풍습들 중의 하나를 추구하고 있었음에 불과하다.

루이 13세와 마자랭(프랑스의 총리. 1642년 리슐리외 추기경의 사망 이후 총리에 올랐으며, 루이 14세 집권초 유럽 열강들 가운데 프랑스의 우위를 확립하고 국내적으로는 반대세력을 무력화해 왕권에 복속시키려 했던 리슐리외의 과업을 완수했다)의 프랑스 귀족 사회 또한 간통을 위한 안성맞춤의 장소였을 것이다. 지도층 사람들 사이에서 이러한 성적 자유가 확산되어 가는 와중에 어려운 가톨릭의 개혁이 수행되어야 했다. 가톨릭의 개혁은 왕의 축첩이 흔하게 벌어지고 있었고, 궁정의 여시종들이 방탕스런 염문에 늘상 연루되어 있었던 상류층 사회를 겨냥한 것이었다. 대귀족에 대한 정당한 불신감을 구실로, 이런 환경에서 아내나 남편에 대한 배신이 대개의 경우 사소한 잘못에 불과하다는 것을 무시하는 일은 잘못이다. 이같은 잘못은 다수의 기분풀이의 하나로서 귀족생활에 양념을 더해주는 것이었으며, 귀족생활의 가장 커다란 관심은 말할 것도 없이 육체의 교섭이었다. 리슐리외의 지휘하에 있던 왕국의 가장 외진 시골지역에서도, 크레키〔프랑스의 육군 원수. 상속전쟁과 제3차 네덜란드 전쟁 때 루이 14세 밑에서 가장 성공적으로 활약한 군사령관〕나 몽모랑시〔랑그독의 지방장관과 프랑스의 궁정장관. 리슐리외에 대한 반기 혐의로 툴루즈에서 처형됨〕라는 인물들을 위시하여 권세를 자랑하던 사람들의 사생활이 공공연한 추문에 뒤얽히고 있었다. 이 점에서 그들은 性(성)의 무훈을 성공의 표시로 삼고 있었으며, 바로크 詩(시)가 변덕의 매력을 칭송하는 시대풍조를 따르고 있었다. 모든 사람의 눈에 띄는 비합법적인 관계를 지속하던 남녀들에 대한 역사가로서 탈망은, 당시 귀족계급의 공식적이면서도 그리스도교적인 부부생활의 이면을 보고하는 것으로 만족해하였다. 그러한 사실 때문에 그는 아직도 세상의 용서를 받지 못하고 있다.

따라서 프롱드의 난〔추기경 마자랭 총리의 정부에 반대한 반란〕 이전의 프랑스 구체제는 금단의 관계로 넘쳐 흐르고 있었으며, 이렇듯 금지된 관계로 맺어진 남녀의 수는 정식 결혼의 수치에 버금가는 것이었다. 그들은 고해사제의 가르침에 쉽게 승복하지 않았으며, 닳고닳은 여자나 소문난 姦婦(간부) 특유의 광태로서 상류 사회의 간판이 되어 있었다. 그들은 종종 나라의 요직에 있는 사람들의 태도를 모방하였고, 부부관계는 거의 안중에 없었으며, 오히려 정부나 애인의 숫자를 자랑삼고 있었다. 이러한 정사가 아르노 가〔프랑스의 하급귀족 가문. 이 가문은 16세기 오베르뉴에서 파리로 이주해 왔으며, 특히 얀센주의(자유의지와 예정설의 본질에 관한 이단적 교리를 제기한 가톨릭의 한 종파)와 밀접한 관련을 맺은 것으로 유명하다〕에 이르기까지 모습을 보이고 있었던 것이 아닐까? 이 정사로 인해, 자작부인의 어느 손자는 밤마다 여장을 하고서 사블레 후작부인을 찾아가곤 하였다. 때로 바송피에르 원수 같은 사람은 몸집이 큰 여자를 편애한다고 공언하기도 했다. 왜냐하면 〈작은 여자들은 너무나도 정이 두텁고 쾌활〉하지만, 〈큰 여자와 키스하면 두 명의 작은 여자와 키스한 듯한 기분이 들었기〉 때문이다. 〈위대한 세기〉의 담화란 바로 그러한 것이었다. 얼굴은 뛰어나지 못했으나 신앙심이 돈독했던 세기에〔프랑스의 정치가. 절대군주의 권력이 강화되던 루이 13세와 루이 14세 치하에서 대법관을 지냈다〕 대법관의 부인까지도 돈으로 백작의 몸을 사거나 교회참사원들을 애무하고 있었다. 사실 이 시대의 아름다운 귀부인들은 방정치 못한 품행을 일삼고 있었고, 〈간통이 허용되고 있었던 듯한 나라〉가 아니었다면 그 귀부인들은 틀림없이 제대로 된 여자로 간주되지 못했을 것이다. 당시 간통은 허용되지 않고 있었다. 따라서 오늘날에는 간통의 확산에 대한 실정을 간접적인 자료에서 찾을 수밖에 없다. 그러한 자료들의 덕분으로 당시의 일을 되살려 볼 수 있다. 루이 13세 시대의 상당수 귀족 여자들이 창녀 흉내를 내고 있었으며, 고위 성직자나 원수 및 남자운이 없는 백작부인들과 세금관리인의 아내들도 이익을 따지기보다는 정열에 몸을 맡기면서, 세상의 규율에는 조금도 개의치 않고 되는 대로 자신들의 쾌락을 추구하고 있었다. 그렇게 함으로써 그들은 종종 가정의 우울로부터 해방되었고, 때로는 노골적인 편지를 주고받으면서 남의 눈을 피해 만날 수 있는 은밀한 장소를 정했다. 재정가들이나 고등법원의 법관들도 포함된 극히 자유분방한 환경에서, 특히 이러한 情交(정교)가 빈번히 행해지고 있었던 듯하다. 법관들에 관해서는 탈망도 서술한 바 있지만, 콜베르〔프랑스의 왕 루이 14세 시대의 재무장관(1665-)·해군장관(1668-). 그가 실행한 경제 재건 계획은 프랑스를 유럽의 강대국으로 만드는 데 이바지했다〕가 자신의 임무를 시작하면서 그들에 관해 행한 품행조사도 그것을 증명하고 있다. 당시 단지 플라토닉한 수다를 떨기 위해 규방으로 서둘러 들어갔던 것은 아니었다. 1640년대 샹파뉴 지방에서 드 시 후작부인은 벼락부자인 뇌샤텔과 한패가 되어 남편을 배반했고, 마침내는 자신의 침대에서 남편을 공공연히 내쫓았다. 또한 자신의 딸을 애인에게 시집보냄으로써 두 사람은 제각기 1주일에 3일씩 남자를 취하고 있었다.

이러한 기행은 극소수 비행자들의 행동이었다. 그러나 그들의 사례가 미치는 범위를 낮게 가늠하는 것은 잘못이다. 이러한 사례는, 루이 14세의 친정 이전에는 결혼보다는 성적 만족의 무궤도한 추구가 지배계급의 일부를 그대로 지배하고 있었다는 증거이다. 도회나 시골에서도 지배계급의 바람기 소동은, 바이올린의 리듬에 맞추어 부정과 변덕의 맛을 더욱 연마하고 있었으므로 죄 없는 자는 한 사람도 없었다. 상류층의 귀부인들은 불륜적인 육체 교섭 속에서도 애인에게서만은 소중하게 취급받기를 원했다. 그녀들은 남편의 애인관계에서 도움을 얻은 적도 있었다. 플레셰도 1660년대의 오베르뉴 지방에서 근친상간적인 간통을 목격한 바 있다.

　이 점에 있어서 17세기 중엽의 프랑스는 유럽의 귀족 사회를 본받고 있었다. 국왕 펠리페 4세〔스페인의 왕(1621-65 재위)이며 포르투갈의 왕(1621-40 재위). 그의 통치기는 스페인이 세계적인 강국으로서의 지위를 점차 상실해 가던 시기였다〕가 솔선하여 모범을 보였던 스페인에서 주목할 수 있는 것은, 궁전에서 정사가 횡행하고 있었다는 것과 1658년 기혼 여성 1백43명이 애인과 관계를 맺고 있었다는 것, 게다가 귀족들 사이에 접객업 소위 여자를 정부로 두는 일이 묵인되고 있었다는 사실이다. 귀족들은 이러한 여배우나 매춘부를 서로 격렬하게 빼앗는 일을 벌임으로써, 파멸에 이르기도 하였다. 마찬가지로 크롬웰의 혁명이 실패한 뒤, 영국의 복고왕조 상층에는 극히 품행이 나쁜 일단의 남녀 놀이꾼들이 저명한 여러 증거들 속에 얼굴을 내밀고 있다. 방자하기 짝이 없는 습성을 지닌 이들 젊은 귀족들은, 민중들 전체 속에 융합되지 못한 상태에서 청교도주의의 조국에서 선정문학의 전통을 개척하고자 했다. 이러한 전통은, 예를 들면 뷔시 라뷔탱*의 프랑스에서는 특권을 지니고 태어난 사람들이나 부나 권력을 지니고 있는 사람들이 사교계의 관습(야무진 소묘, 통쾌한 촌침, 게다가 사랑의 도피행)에서 우선 소재를 얻었다. 끊이지 않는 이러한 문학의 흐름은, 드 로베스펭 백작부인에 대한 왕의 정욕이라는 완전한 사실에 의해 육성되고 있었다. 이 여성은 1674년 파리 경찰에 검거되었다. 그녀의 연인은 날씬하게 뻗은 장신에다 새까만 눈썹을 가진 미남 성직자였는데, 그녀는 이 남자의 늠름한 그곳을 하녀에게 모조리 감상시켰던 것이다. 이러한 풍자문학은, 결국 맹트농 부인이나 라 셰즈 신부에 이르기까지 대중들의 가장 커다란 즐거움을 형성하고 있었다. 이렇듯 중상적인 글을 물리치고자 했던 베르사유 당국의 강제책도 귀족의 성행동을 억제치 못했던 듯하다. 그때부터 귀족의 성행동은 새롭게 격리되면서 낭만적인 에로스 신화로 귀착하게 된다. 이렇듯 금지된 세계의 탁월한 묘사가로서 생 시몽은, 이 점에 관해 절도를 지니고 있으면서도 귀족 상층부의 엄청난 간통 모습에 《회고록》의 상당 부분을 할애했다. 간통의 성행은 다양한 형태의 교제를 통해 조장되고 있었고, 무도회나 각종 유흥으로 부부 사이의 배신행위가 끊임없이 이어지고 있었다.

* 1618-93. 프랑스의 자유사상가. 딱딱하지 않은 고전 산문체로 쓴 추문 모음집으로 당시 귀족들에게 오락거리를 제공했다. 유명한 서간문 작가인 세비네 후작부인의 친척이자 친구이기도 했다. 프롱드의 난 때 처음에는 반란군을 돕다가 나중에는 정부 쪽에 가담했다. 저속하고 엉뚱한 행동 때문에 곤경에 빠지기도 했지만 1653년 경기병 중령이라는 높은 지위를 매수했고, 1665년 아카데미 프랑세즈 회원으로 선출되었다. 궁녀들에 관한 4편의 재미있는 이야기를 쓴 《갈리아 풍속사 Histoire amoureuse des Gaules》는 가장 잘 알려진 작품이지만 출판이 허용되지 않았고, 1665년 이 책 때문에 파멸의 길을 걷게 되었다. 13개월 동안 감옥에 갇혀 있다가 파리에서 고향 부르고뉴로 추방되었다. 그의 적들이 《풍속사》 부록으로 위장된 터무니없는 소책자들을 발간함으로써 그는 더욱 수모를 겪었다. 그러나 유형생활을 하면서 유명한 세비네 후작부인의 서간집이 출판되기 전까지 높은 평가를 받았던 방대한 서한집을 남겼다.

18세기 유럽 각국의 궁정은, 전시대의 궁정에 비해 도덕적이라고 할 수는 없지만 올바른 가정교육에도 불구하고 이 길을 변함 없이 지속하였다. 가톨릭의 포르투갈에서 독일의 여러 군소 공국을 거쳐 루터파의 작센에 이르기까지 종종 궁전의 선두에는 분명 하렘(harem, 後宮)의 소유자가 있었으며, 이 하렘에는 여배우와 무용수 그리고 이탈리아의 가희들이 계속해서 투입되고 있었다. 이 조직적인 방탕의 소굴에서, 아무리 별볼일 없는 귀족들이라 하더라도 그들은 국왕을 흉내내고 싶은 열망을 지니고 있었다. 가극단 아가씨들의 인기가 왕의 애첩들을 능가하고 있었던 루이 15세(1715-74 재위, 1726-74 친정) 시대의 프랑스에서, 귀족들은 국왕을 앞질러 나갔다. 그러나 친애왕 루이(루이 15세의 별칭)가 더 이상 왕비와 잠자리를 함께 하지 않고 사냥을 사랑으로 바꾸고자 결의하였을 때, 연대기작가 바르비에는 그 시대의 평균적인 의견을 보여 준 좋은 증인으로서 이 새로운 삶을 바람직한 것으로 여기고 있었다. 이 목적을 위해 프리에 부인에서 퐁파두르 부인(장 앙투아네트 푸아송. 프랑스 왕 루이 15세의 정부. 왕에게 영향력을 행사했으며, 문학과 예술의 후원자로도 유명하다)까지, 재정가들은 재색을 겸비한 자신들의 딸들을 오래 전부터 손수 기르고 있었다. 1750년경의 파리에서 4명의 궁정 신하 중에서 3명이 정부를 두고 있었으며, 이 풍습을 따르지 않는 자는 더욱더 경멸의 대상이 되었을 뿐이다. 따라서 국왕의 거듭되는 간통은, 계몽기의 프랑스에서 처음에는 환영을 받았다. 그리고 다소 이상한 모습의 간통에 대한 반대는 이 세기가 다 지나간 후에야 나타났다. 이 점에 있어서 국왕은, 성직자들의 모든 탄식에도 불구하고 자신의 계급과 지위에 합당한 행동을 취하고 있었다. 영국의 왕 조지 2세(1727-60 재위)의 왕비는, 죽음을 눈앞에 두고서 국왕이 재혼으로 몇 명의 애인을 둘 것인가를 지극히 당연스럽게 자문하였다. 1782년 자신의 아내와 간통했던 장교들 중 한 사람을 취조하던 영국의 어느 귀족 대령은, 목욕하는 아내의 요염함을 타인들에게 보이고 있었다는 사실을 깨달아야 했다. 머나먼 러시아로 독일 태생의 예카테리나 2세(러시아 여제. 1762-96

〈예카테리나의 갓치나 궁전의 호색 프레스코화〉

재위)가 16세의 나이로 왕위계승권자[홀슈타인 고토르프 공작 카를 울리히]와 결혼하러 왔을 당시, 그녀는 그때까지도 남녀의 차이가 무엇인지 알지 못했다. 그러나 그녀는 궁정 사회가 그 구성원들에게 베풀고 있던 성교육을 통해 그러한 차이를 지겹도록 깨닫게 되었다. 고야의 스페인에서 궁정 사회를 상징하고 있었던 것은, 카를로스 4세*의 왕비의 퇴폐적인 기호와, 그녀의 전능한 애인 고도이[스페인 왕실의 총신으로 두 번이나 총리를 지낸 인물]의 침대로 스페인 제일의 미녀들이 서둘러 달려드는 정경이었다.

* 1748-1819. 스페인의 왕, 1788-1808 재위. 1788년 부왕 카를로스 3세를 계승하여 프랑스 혁명이 일어나던 격동기에 스페인을 통치했다. 지도자로서의 자질이 부족해 왕비 파르마 출신의 마리아 루이사의 심복인 마누엘 데 고도이에게 정부를 위임했다(1792). 이들은 프랑스 혁명정부에 대항하는 제1차 대프랑스 동맹을 고수해 프랑스의 침공을 불러일으켰으며(1794), 스페인을 프랑스의 일개 위성국으로 전락시켰다. 1807년 나폴레옹이 북부 스페인을 다시 점령하자 카를로스는 쿠데타 위협에 직면해 미국으로 도망하려 했으나 저지당하고 아들 페르난도의 지지자들에 의해 강제로 퇴위했다(1808. 3). 그해 5월 나폴레옹은 카를로스와 페르난도를 모두 폐위시키고 자신의 형 조제프 보나파르트를 스페인의 왕으로 앉혔다. 카를로스는 여생을 망명지에서 보냈다.

그러나 구체제의 세계에서 간통이 지배계급에만 국한되어 있었던 것은 아니다. 그것은 또한 농촌에서도 확산되고 있었으며, 리구오리에 따르면 근대 말기의 이탈리아 남성들은 간통을 죄로 간주할 수 없었다. 이것은 벌써부터 르네상스기의 상파뉴 지방 농민들에게서 받을 수 있는 인상으로서, 그들은 결혼에도 불구하고 떳떳치 못한 관계에 매우 강하게 집착하고 있었다. 그 가운데 한 사람은 1457년 자신의 아내를 상당수의 술값으로 어느 직인에게 양도한 혐의로 고발당하였다. 방앗간집 주인이든 구두쟁이든 서생이든 교사이든간에 그들이 여자와 내연관계를 맺는다든가, 그렇지 않으면 성직자와 한패가 되어 남편을 배반하거나 평판을 떨어뜨리는 유부녀들을 흔히 볼 수 있었으며, 그래서 그들은 늘상 멍청이 남편이 될 위험에 처해 있었다. 15세기말에는 한 미망인이 인척인 父子(부자)를 시종일관 한꺼번에 만족시키고 있었다. 1501년 어느 마콩인의 아내는, 남편 깡뗑이 페티코트 하나만을 걸친 채 하녀와 정사를 나누는 현장을 덮쳤다. 이외에도 하녀와의 육체관계가 원인이 되어 아내가 죽고, 자식이 잔인하게 그 원수를 갚는 경우도 있었다.

이처럼 농촌 사회는 일반적으로 생각되는 것 이상으로 높으신 양반들의 풍습을 빈번히 복습하고 있었다. 프랑수아 1세 치하의 샹트메를르 마을(오트잘프 주 브리앙송 지방의 산촌)에서는, 자신의 아내가 있었음에도 남의 아내까지 낚아채는 경우가 자주 있었다. 이 가난한 마을에서 행해지던 남녀의 간통은 귀족의 음탕한 행위에 버금가는 것이었다. 16세기의 카스티야에서는 비합법적인 관계에 대한 수많은 증거를 찾아볼 수 있다. 중혼자 가운데는 이발사들이나 구두쟁이들이 있었다. 브랑톰의 지적에 따르면, 동시대의 음란한 행동에는 평민들도 가담해 있었고, 반면에 앙리 3세나 앙리 4세 당시의 파리에서는 수위나 상인들의 어여쁜 아내들이 더욱 큰 위험을 무릅쓰면서 높은 분의 마님들을 흉내내어 애무를 받고 있었을 것이다. 당시 프랑스의 수도는, 변호사들이나 약조제상의 아들들에 이르기까지 비정상적인 방탕의 시대를 겪고 있었던 것이다. 또 귀족들의 사회와 마찬가지로 직인이나 상인층에서도 버릇 없는 아내의 품행을 용서하고 있었으며, 방탕의 경우 부르주아층이나 귀족층의 여자들이나 마찬가지 경향을 보이고 있었다.

탈망은 사회적으로 가장 높은 지위에 있는 인간들의 일화를 열거하면서, 그리고 보르도의 상인들이나 집사들 및 파리의 음식점 주인들의 아낙네들, 혹은 양초집 과부들의 하인들과의 정사를 열거하면서, 성의 자유를 통하여 계급간의 접근이 있었음을 기록하였다. 그의 관찰에 따르면 우아하고 맵시 있던 퐁 토 샹쥬의 금은세공사 아내는, 품성이 헤픈 여자여서 마음이 쾌활해질 때면 회계검

사관들이나 귀족 남자들, 혹은 대법원장과도 쉽사리 어울리고 있었다. 재정감독 총감 코르뉘엘의 서기는, 아내가 자신의 주인과 동침하였기에 자신도 주인의 딸과 동침할 권리가 있다고 착각하였다. 플레셰는 간통으로 기소당한 남녀들 속에서 석공이나 마을의 가난한 패거리들의 아내를 자주 목격하였다. 루이 14세 시대의 그르노블과 같은 지방도시의 재판문서를 잘 조사해 보면, 근대 초기에 흔적을 남긴 이러한 순식간의 교섭에서 우선 유부남에 길들여진 하녀들 혹은 유혹된 젊은 아가씨들과의 비정상적인 관계가 존재하였음을 알 수 있다. 같은 시기의 파리에서 타락한 상인의 아내들은 추문에 휩싸인 백작부인들에 못지 않은 난잡한 생활을 하고 있었다. 볼로냐의 수사 로카텔리가 콜베르 시대의 프랑스를 방문하였을 당시, 그는 가게에서 일하는 흥미를 자아내는 아가씨들이나 세련되고 대담한 하녀들로부터 가면을 쓴 아름다운 말 위의 부인네들에 이르기까지, 부르주아 남녀의 간통에 관한 수많은 증거를 발견할 수 있었다.

그러나 구체제하의 간통은, 영국인의 경우에 특별히 더 잘 알려져 있다. 1600년의 런던에서 간통죄로 기소당한 이들은 가장 수치스러운 죄를 범한 사람들로 세간의 웃음거리가 되었다. 그러나 이러한 행위는, 관료 사회의 주위로 크게 확산되어 장기에 걸쳐 행해지고 있었다는 사실이 개인기록에서도 확인될 수 있다. 점성술사 포먼의 개인문서에 의하면, 16세기 말엽 엘리자베스 여왕의 수도에서는 완전히 배우자를 배반한 상인들이나 성직자들·선원들의 부부가 수없이 발견된다. 경우에 따라 다르지만, 우선 여자 쪽이 자신의 기호대로 육체적 만족을 추구하려 들었다. 포먼은 과학적 처방을 통해서 이렇듯 품행이 단정치 못한 심리적·생리적 후유증을 치유하고자 시도하였으며, 가톨릭 신자인 어느 부르주아의 정숙한 아내와 실로 격렬한 정사를 경험하였다. 이어 어느 부유한 아가씨와 결혼한 그는, 건강이 좋을 때면 정식 아내 및 다른 여자들과 번갈아 정사를 벌이면서 나날의 즐거움을 맛보고 있었다. 그 여자들은 때로 그와 사귀게 된 단골손님들이나 하녀들 또는 조수들이었는데, 그녀들은 모두가 이 야바위꾼의 자자했던 사회적 명성에 이끌려 온 여자들이었다. 이리하여 그는 제임스 1세의 궁정에서 그 무게를 더하고 있던 성의 자유를 본받고 있었다.

약간 특이한 이 대가 이후 50년이 지나서 고관인 새뮤얼 피프스는 보다 정상적인 환경에서 착실히 성장하였다. 그렇지만 그는 왕성한 체질로 인해 10년에 걸쳐 자주 자신의 아내를 배신하고 있었다. 이 기간 동안 그의 행동은, 그 자신의 《일기》에 의하면 관청에 청원하러 온 여자 의뢰인들이나 부하들의 아내들, 혹은 상류계급의 공기에 물들어 자기의 생활을 바꾸려 하는 신분 낮은 여자들, 그리고 속옷가게 주인의 아내들을 상대로 하고 있었다. 그는 매춘부의 달콤한 말을 두려워했고, 여배우들이 내미는 유혹의 손길에는 주저했으며, 귀족들의 공공연한 불륜에 대해서는 엄한 태도를 보이고 있었다. 동시에 남몰래 호색본을 읽는 것은, 오로지 더욱 나쁜 악행의 확산을 깨닫기 위해서일 뿐이라고 믿고 있었다. 포먼이 여왕과 잠자리를 같이하는 꿈을 꾸고 있었던 데 반해, 피프스는 왕의 애첩들과의 동침을 몽상하는 것만으로 만족하였다. 17세기의 간통에 있어서 사람들이 종종 언급하던 이러한 섹스의 수단을 그는 놀랍도록 훌륭하게 구현하고 있었다. 이같은 수단은 성실한 부르주아들의 특징이었다. 자신들의 사회적 역량에 자부심을 지니고 있던 그들은, 그 수단을 타인들이 아닌 자신들에게 증명하고자 했다. 그 수단은 다른 방도가 없이 그들에게 접근하는 여자들을 자신들의 노리개로 삼는 것이었다. 이러한 놀이는 타인의 눈을 의식해야 하는 것이었고, 털끝만큼의 애정도 없이 이루어지는 것이었다.

계몽시대는 이러한 불륜 외에도 다른 형태의 부정행위를 겪고 있었다. 18세기의 파리에서 부르주아층이 대두함에 따라 이 계급의 아내들이 정숙치 못한 정사에 가담하는 경우가 늘고 있었다. 카사노바는 아내의 부정에 관대한 나폴리의 변호사들이나 베네치아의 관리들, 파리의 가게주인들이나 독일의 유명인사들을 항상 만날 수 있었다. 메르시에는 혁명 직전 지배계층 사이에서 가정을 붕괴시켰던 간통의 확산을 적절히 묘사하고 있다. 그러한 간통의 확산을 고문서에 남겨져 있는 그 흔적만으로 국한시킨다는 것은 경솔한 일일지도 모른다. 스윈번이나 타운센드와 같은 영국의 견실한 관찰자들은 1780년경 스페인을 방문한 바 있는데, 그들은 그러한 모습을 싫증이 날 정도로 목격하였다. 원래 대단히 점잖은 리옹의 부르주아층 사이에서 어느 도매상인은 자신의 아내를 이웃집의 침대에서 발견하곤 했다. 대도시 노동자의 세계에는 방랑생활로 인해 중혼한 패거리들이 있었고, 처첩이 모두 한집에서 살면서 본처나 주위의 참을성으로 가정생활이 일단 유지되는 경우도 있었다.

광기어린 사랑

근대 초기의 신학자들이나 의사들은 상궤를 벗어난 연정에서 광기의 주된 양상의 하나가 생겨난다고 생각하고 있었지만, 이러한 정념은 지배계급 및 그 성적 분방함에만 부수된 것으로 보지 않는 일면이 있다. 예를 들면 쾰른에 있는 도미니쿠스 수도회의 이단심문 수사들〔슈프렝거와 인스티토리스〕은, 15세기 말엽에 그 《마녀의 망치》에서 대단히 선정적인 유혹이 두루 행해지고 있음을 고발하였다. 그들은 이러한 유혹을 악마의 마력 탓으로 돌리고 있었다. 따라서 이러한 편견에 사로잡힌 성직자들에게 있어서, 악마의 미치광이 짓과 연애하는 남자들에게 따라붙는 상상력의 광란은 동일한 것이었다. 이 남자들은 증오스러운 여자들 때문에 애를 태우고, 급기야는 목숨을 끊게 되는 경우도 종종 있었다. 슈프렝거나 인스티토리스는 신부들을 욕망에 사로잡히게 하고, 유부녀들을 〈길이 멀다 하지 않고 밤의 정적을 뚫고 정부에게 달려가게〉 만드는 마법의 힘의 발현을 특히 두려워했다. 따라서 악마의 퇴치나 악마의 억압의 밑바탕에는, 아내들에게 돌연히 남편의 포옹을 싫어하게 하는 에로스의 마력에 대한 여성 혐오증적인 공포감이 깃들어 있었다. 마법사의 화형은, 어떤 점에서는 이러한 마법의 힘을 불로 태워 없애기 위한 것이었다. 성서에서 연인 세겜에게 유괴되어 강간당한 디나〔《창세기》 제34장〕나, 더할 나위 없이 아름다운 그 누이 다말에게 느끼는 암논의 근친상간적 색욕〔《사무엘하》 제13장〕이나, 사도 바울이 자기 몸에 대해 말한 〈육체에 가시〉〔곧 사탄의 사자〕 이야기〔《고린도후서》 제12장〕에 이르기까지 분명히 보이는 정욕과 죄의 저주받은 모습에 대해, 그리스도교 박사들은 다시 설명할 필요를 느끼지 못했다. 사막의 교부들에게 있어서, 왕들의 궁정에서, 그리고 남부 독일의 촌락이나 부유한 마을들에서 의사들이 완전히 단념하고 있었던 정욕에 대한 이러한 유혹이 맹위를 떨치고 있었다.

이리하여 르네상스 시대의 모든 계급과 정신의 난맥상에 관한 가장 뛰어난 전문가들에게 있어서, 안식일은 광기어린 사랑이 펼쳐지는 특별한 장소의 하나가 되었다. 서구의 악마학은 전통적으로 사랑의 격정을 아마도 악마적이라고 생각되는 미약의 탓으로 돌리고 있었다. (로마의 정통파 신학자조차 굳이 성체의 작용을 저 음료에다 비교하고 있었던 시대이다.) 악마학은 이 미약에, 금단의 육욕을 이 세상에 불러들이는 전율할 만한 힘을 갖추고 있다고 간주하였다. 이 미약과 육욕과의 연결은 변함 없이 루이 14세의 파리에서도 발견할 수 있다. 라 레니〔파리 경찰부총감. 시의 보안과 위생 향상을 담당했다〕 수사관이나 볼테르에 따르면, 거기서는 색정으로 인해 미약을 만드는 여자의 가게에 들르는 고객들은 상류계급의 여성이든 비천한 신분의 여성이든 모두가 몽마르트르에 9일 기도를 바치고 잘 드는 물약을 사용하는 등, 이를 통하여 남몰래 남편의 죽음을 바라는 기도를 올리고 있었다. 애욕을 둘러싼 마찬가지의 마술이 16,7세기 영국의 도회나 시골에서, 실로 다양한 계층의 아내들이 일반에게 그처럼 범죄적이지 않은 감정면에서의 욕구를 채우고 있었다. 구체제하의 〈그리스도교 세계〉는 여행자들이 만난 〈미개〉 사회와 같은 주술과 마법의 문명으로서, 많은 사람들에게 있어서 선정성은 우선 채찍과 분리할 수 없는 일면을 간직하고 있었다. 16세기의 왕비들은 시녀에게 채찍을 가하고, 이를 크게 즐기고 있었다. 사드 이전에 바토리 사건이나 런던의 매춘가에 감돌던 혐오스러운 이야기는 별도로 하고, 18세기의 호색적인 프랑스는 情婦(정부)를 채찍질하는 위안거리를 가르쳤다. 광기어린 사랑은 종교적인 열광과 이러한 양극단에서 서로 연결되고 있었다. 종교적 열광은, 채찍이나 그밖의 가해 도구의 사용을 앞에 두고 한 걸음도 후퇴하지 않았기 때문이다. 에로스의 배덕자와 신의 광신자는, 고문하는 자와 고문당하는 자에 관계 없이 모두 이러한 고전주의 시대의 한 측면을 이루고 있었다. 고전주의 시대는 리비도의 환각이 마음껏 미친 듯이 날뛰는 표현과 신비주의를 자주 동일시하고 있었던 것이다.

따라서 제임스 1세〔1603-25 재위〕 및 찰스 1세〔1625-49 재위〕 치하의 옥스퍼드 대학교에 있던 영국의 국교도 신학자 로버트 버턴은, 박학다식한 자신의 연구서에서 사랑의 우울증을 종교적 광기의 여러 특징들, 특히 사이비 신심의 특징과 완전히 결부시킬 수 있다고 믿었다. 사랑과 종교를 잇는 이러한 광기는 햄릿 시대의 유행이었으며, 그 점에 관한 의학상·문학상·법률상의 증거가 교회 특유의 권위를 통해 집중되고 있었다. 이러한 증거를 통해 역사적으로 매우 널리 퍼져 있던 영웅적 사랑 속에서, 편집이며 품성이 결여된 신을 능멸하는 심상치 않은 정념으로부터의 일탈을 발견할 수 있다. 자연의 보편적인 교합과도, 또 자연스러운 교합을 휘젓는 악마의 힘과도 동일시되던 이렇듯 이상한 정념이, 가난한 마을들에까지 확산됨으로써 여성을 색에 미치게 하고, 남자들의 고통의 원인이 되고 있었다. 16세기의 모든 의사들은 진찰실에서 이렇듯 이상한 정념을 발견하고 있었으며, 그것에 대한 임상관찰과 증상일람 및 병의 경과와 진단을 안배하고 있었다. 일반적으로 의사들은 이러한 분방함을 사교생활에서 빈번히 발생하는 에로티시즘과 결부짓고 있었으며, 이러한 에로티시즘은 예를 들면 눈이 아찔한 복장이라든가 무도회 속에서, 혹은 식탁이나 음악의 환락 속에서, 그리고 지나치게 친숙한 대화나 만남 속에서 발견되고 있었다. 성적으로 자유로운 분위기 속에서는, 마법과 비교가 되지 않을 정도로 약간의 접촉으로도 마음이 동요되고 짐승과 같은 기분에 휩싸이고 있었는데, 예를 들면 사랑에 번뇌하는 불행한 자들의 경우가 그것이었다. 그들에게는 직위나 식사요법을 바꾸거나 여행을 떠나거나 결혼하라는 충고를 하여 보살필 필요가 있었다. 그러나 부부 모두가 매우 치료하기 어려운 뿌리 깊은 질투심에 사로잡히는 경우도 있었다.

근대의 특유한 성에 대한 억압 풍조에서 근대 의학과 신학은 끊임없이 성애를 하나의 병으로 치부하려 들었다. 버턴은 자신의 양식을 통해, 이렇듯 호기심 왕성한 환자들의 병을 치유하는 가장 좋은 방법은 그들의 욕망을 채워 주는 것임을 겨우 인정할 수 있었다. 이러한 환자들은 특히 지배계급에 많았는데, 그것은 사교생활에서 키운 정념이 그 뼈아픈 결과를 귀족층에 확신시키고 있었기 때문이다. 그같은 정념은 이렇게 르네상스의 이탈리아에 나타나고 있었던 것이다.

이탈리아에서는 높으신 분들의 치정사태에 수반되는 유혈과 격정의 분위기기가 알려져 있었다. 우선 16세기 초기의 나폴리에서 귀족들은 아름다운 아가씨들을 빈번히 납치하였다. 가톨릭 개혁의 시대에도 간통한 여자, 혹은 간통한 것으로 간주된 여자를 살해한다는 것은 반도 전체를 통틀어 정상적이며 개인적인 보복행위로 여겨지고 있었다. 종종 친척이나 부하의 도움을 빌어 수행되는 이러한 보복은, 세간의 동의를 바탕으로 당국으로부터도 승인받고 있었다. 보복행위는 유괴나 강간과 같이 억제할 수 없는 격정의 발현으로서, 이러한 감정은 천하무법인 귀족의 특권과 다름없었다. 예를 들면 1598년에 고명한 시인 구아리니[이탈리아 문예부흥기의 궁정시인. 토르콰토 타소와 함께 새로운 문학 장르인 목가극을 확립한 것으로 평가된다]의 딸은 이러한 사태의 희생양이 되었다. 바로 8년 전에 베노사의 영주였던 돈 카를로 제수알도[이탈리아의 작곡가·류트 연주자]에게 시집가 곧 마리아 다발로스와 함께 살해된 사건이다. 제수알도는 1600년 당시, 유럽 마드리갈[실내 성악곡] 작곡가 가운데 가장 독창적인 작곡가였다.

그의 아내는 매우 아름답고 정열적이어서 수많은 남자들의 정력을 소진시킬 수 있었고, 그래서 그녀는 공공연히 남편을 배반하였다. 남편은 설욕을 하고자 하인들에게 명하여 연적인 남자와 아내가 밀통하는 현장을 덮칠 수밖에 없었다. 두 사람은 학살당한 뒤 잔혹하게 참수되었다. 세간에서는 대개 두 사람의 말로를 불쌍하게 여기고 있었다. 왜냐하면 나폴리의 대귀족은 체질이 허약했기 때문에 심지가 뒤틀려 있었고, 기사들에게 어울리는 세평을 얻지 못했기 때문이다. 그렇지만 그는 현묘한 예술의 힘으로 자신의 운명을 바꾸는 데 성공했다. 사실 6권으로 된 그의 마드리갈 전집은, 또 한 사람의 병적인 성의 희생자인 토르콰토 타소〔르네상스 후기의 가장 위대한 이탈리아의 시인. 제1차 십자군 원정 당시의 예루살렘 점령과정을 다룬 영웅 서사시 《해방된 예루살렘》으로 유명하다〕로부터 빈번히 시구를 빌려온 것으로, 감각의 싸움과 사랑의 도취를 칭송하는 것이었다. 아름다움에 현혹되어, 대부분 그 환각에 사로잡힌 이 오만한 귀족은 에로스를 죽음과 완전히 중복시키고 있었다. 그는 그후에도 끊임없이 열정과 고뇌가, 또 우아함과 속취가 뒤섞인 이 노래를 심도 있게 만들고 있었으며, 그것은 시대의 감성을 반영하고 있었다. 그것은 무엇보다도 존재의 의의를 키우고, 그 존재를 만끽하고자 하였다. 또한 탄생되고 있던 유럽 〈바로크〉의 늠름하고도 장렬한 감성 그것이었다.

이러한 에로티시즘의 격하고도 극적인 탐구는 한 계급으로 국한되었다기보다는 하나의 문화 전체에 걸쳐 나타나고 있었다. 카스티야의 고문서나 종교재판소 자료에 기록되어 있는 사람들의 행동에서 그것을 분명하게 볼 수 있다. 사람들의 행동은 종종 정절과는 전혀 관계가 없었으며, 오히려 소유욕에 완전히 눈이 멀어 있는 상태였다. 엘리자베스 시대의 런던에서 순결한 여왕 숭배도 탄식할 만한 흔적을 남기지 않은 것은 아니었다. 사이먼 포먼 자신은, 그 생애 속에서 수없이 경험했던 정사로부터 불타는 정열에 대한 갈등을 겪었다. 이러한 감정의 싹은, 가톨릭 신자로서 런던의 상인 알렌의 정숙한 아내였던 아비스를 만나고 난 후부터 피어나고 있었다. 이 점성술사의 《일기》를 펼쳐 보면, 1593년에서 1597년에 걸쳐 하나의 관계가 단계마다 불화의 노여움과 화해의 기쁨으로 새겨져 가는 모습을 더듬어 볼 수 있다. 이 불륜관계가 자주 되풀이되면서, 격앙된 여자는 사이먼에게 덤벼들어 악태를 저지르고 헤어지자는 이야기로 위협하는가 하면, 그 다음에는 다시 그를 보러 오는 것이었다. 원래 이러한 광태가 부르주아의 정원이나 실내의 조용한 장소에서 지속되고 있었다. 그 조용한 그늘에서 때로 죽음을 부르는 경우도 있었으며, 셰익스피어나 라신의 작품이 그려내는 치정사태가 분명히 그 속에 숨겨져 있는 것이다.

이러한 광란의 사태는 르네상스 시대 초기의 샹파뉴 지방의 시골에서까지 목격된다. 그 지방에서는 세상이 어찌되었든 성충동에 휩싸인 주민들이, 빻은 밀가루를 가지고 방앗간에서 돌아오는 중류층의 시골 아가씨들을 길거리나 수풀속에서 덮치고 있었다. 가정을 가진 남편들은 남의 말만 듣고 간단히 자기의 아내를 음탕한 여자로 단정하여, 아내에게 엄한 벌을 주었다. 심지어 시골 사람들은 들 한복판에서 자신의 처제를 범하기까지 하였다. 물론 이같은 짐승적인 행동은 귀족들의 수법은 아니었지만, 루이 12세(1498-1515 재위) 치하의 트루아에서 흡사 1세기 후의 런던처럼 정원은 많은 밀회의 은밀한 장소였음이 분명했다. 종교전쟁 시대의 프랑스에서 상류 사회가 보여 주던 성애의 격렬함은, 앞서 언급한 시골의 음탕함에 비해 잔혹함에 있어서 그 수단이 더욱 정교해진 것에 불과하였다.

브랑톰의 증언에 따르면, 프랑스에서는 이탈리아를 본떠 질투에 사로잡힌 남자들이나 배반한 남편들이 상대를 보복 살해하는 풍습이 만연하고 있었다. 레투알은 뛰어난 기록자로서, 수도나 그 주변에 얽힌 귀족 사이의 그러한 소문들이 갖는 인상적인 광경을 써내려가고 있다. 이 엄청난 소문들은 내란의 재화를 능욕으로 맛을 내고, 적어도 그 점에 있어서 교황파와 위그노가 융합되던 시기의 성의 광란을 증명하는 것이었다. 이리하여 앙리 3세는, 1577년 푸아티에 성에서 자신을 배반한 아내를 독살했던 그의 어느 부하의 행동을 방관하고 있었다. 많은 소네트(14행의 시)들은, 매우 젊고 아름다운 파리 귀족의 애인이었던 이 여성의 죽음을 애도하고 있었다. 궁정에서는 왕비를 수행하는 궁녀들의 배가 순식간에 불룩해질 지경으로 집단적인 성의 습격이 〈부인들을 위해〉 개최되고 있었다. 이러한 궁정 내의 즐거움과 함께, 고등법원의 어느 법관은 어느 검사의 아내에게 버림받은 나머지 수하로 부리는 건달을 시켜 여자를 붙잡아 오게 한 후 그녀의 얼굴에 상처를 입혔고, 때마침 어느 식료품가게의 딸은 남편의 수프에 비소를 섞고 있었다. 따라서 사회 전체의 모든 계층에 걸쳐 격렬하기 짝이 없었던 남녀관계 속에서 빈번히 살인의 기도가 행해지고 있었다.

앙리 4세 치하의 파리는 범죄와 섹스가 항상 함께 하는 수도였다. 구교동맹이 수도를 제압했을 때 갖가지 포학을 저지른 고관들은 능욕자로서 교수형에 처해졌고, 주인에게 겁탈당한 하녀들의 시체가 곳곳에 나뒹굴었으며, 근친상간을 저지른 귀족의 머리가 잘려 나갔다. 열 살난 소녀를 젊은이의 손에 넘겼던 매춘가의 여주인마저 처단되어야 했다. 1605년 6월 〈극히 사랑스런 방식으로〉, 그러나 지나친 노출벽을 지닌 시의 어느 참사관은 생제르맹의 어느 부인을 향해 창 너머로 성기를 드러내 보인 적이 있었다. 그것을 목표로 이 부인이 화살을 쏘았고, 이 사건으로 수도 전체가 들끓었다. 이같은 일화는, 아마도 여론이나 사회 일부에서만 알려진 중대한 사건이었을 것이다. 이것은 육욕과 생명과 재화에 의한 〈삼위일체〉 중에서, 육욕이 그 중핵인 〈신〉이라는 시대를 보여 주는 것이다. 예를 들면 레투알의 《일기》는 1606년 봄의 어느 달에 일어난 사건들을 차례로 기록하고 있다. 그의 일기는 간통을 한 빵집 여주인의 자살사건과 근친상간을 의도하고서 어느 우두머리가 행한 고문, 어느 무뢰한이 주인을 살해하여 주부를 가로챈 사건, 그리고 어느 모피상에게 한 상인의 정부가 자기 딸을 파는 일화, 마지막으로 퐁텐블로의 생토노레 거리에 있는 술집 아들이 스페인 귀족의 부인을 범한 사건 등을 기술하고 있다. 이러한 상황 속에서 출판된 《현대 애정사》(이삭 드 라프마 작, 1607년)가 당시 대성공을 거둔 것은 당연한 일이었다.

덧붙여 에페르농 공작(앙리 3세의 총신)은, 메스의 어느 목사의 딸을 강간한 뒤 살해하고, 시체를 토막내어 강에다 던진 혐의로 명성이 떨어진 부하를 그 자신이 왕에게 변호해 주는 것은 당연하다고 생각하고 있었다. 이 남자는 그때까지도 아홉 살난 한 소녀를 범하고 있었다. 1610년 직전에 프랑스 수도나 영국 수도에서는 빈번한 폭행사건들이 목격되고 있었는데, 양식 있는 자들은 그러한 현상 때문에 말세의 분위기를 접하고 있다는 생각을 하였다. 바로 이러한 분위기 속에서 성직자들은 비밀을 지키는 약속의 대가로 부유한 부인들의 사랑을 얻고 있었고, 루앙의 위그노들은 그리스도교 신앙을 버리면서 알제리에서 유대 여자의 매력에 굴복하고 있었다. 정열에 대한 광기와 격정은 프랑수아 라바야크(앙리 4세의 암살자)의 범행 직후, 그 거무칙칙한 핏빛으로 국민 전체의 슬픔과 불안을 동반하고 있었다. 메리 스튜어트(스코틀랜드의 여왕. 재위 1542-67. 두번째 남편인 단리 경 헨리 스튜어트 살해사건을 조종한 보스월 백작 4세 제임스 헵번과 결혼. 여왕 엘리자베스 1세의 암살 음모가 적발되어 처형당함)에서 마르가리타 드 발루아에 이르는 전세기의 가장 유명한 몇몇 여성들이 두려움도 없이 살육을 사랑과 결부시키고 있었다거나, 혹은 사랑을 이 세상의 유일한 가치로서 칭송하고 있었다는 사실에서 이러한 열광이 오래 전부터 계속되었다는 것을 알 수 있다.

17세기 전반은 오히려 서구에서, 특히 프랑스에서 이러한 행동의 절정기를 맞이하였다. 가장 확실한 관찰자가 본 바로는, 1640년 무렵에는 바로크 시대의 독특한 욕망이 고조됨으로써 파리에서 사람들은 상류층 아가씨들에 대한 빈번한 유혹을 떠벌리고 있었다. 루벤스는 이미 20년 전에 억누를 수 없는 이러한 열망을 화폭에 담으려고,《레우키푸스 딸들의 약탈》속에서 기사들이 나체의 두 미녀를 잡고서 한시라도 빨리 자신들의 야욕을 채우려는 광경을 격렬한 화필로 묘사하였다. 그는 이 그림 속에서, 여자를 향해 갑옷을 입은 남자가 보이는 공격적인 움직임을 통해 열광적인 사랑에 대한 노래를 찬미하고 있다. 따라서 성의 투쟁과 동일시되는 에로티시즘의 다양한 실례는, 단지 화가의 몽상 속에서뿐만 아니라 힘에 대한 의지와 활력과 육욕이 승마와 약탈로써 상징적으로 나타나고 있으며, 탈망은 루이 13세와 마자랭의 왕국에서 그러한 실례를 얼마든

루벤스의 《레우키푸스 딸들의 약탈》

지 기록으로 남길 수 있었다.

  마르가리타와 앙리 4세의 애정행각이 그 발단이 된 리슐리외의 시대는, 1613년 르 아브르에서 선량한 카푸치노 수도회 수사의 빌라르 공작부인에 대한 강간사건이 그 흔적을 이어받는다. 그 3년 후 몽토방 근교에서 위그노인 폴랑 자작은, 유부남이었음에도 르니에 남작부인의 진짜 남편으로 여겨지고 있었을 정도였다. 그는 때때로 부인을 만나러 와서는 욕조에 몸을 숨기고 있었다. 아내를 빼앗긴 남편은 오랫동안 아내에게 채찍질을 해대면서 인내해 왔었는데, 마침내 아내의 애인 및 두 사람의 정사를 주선한 아내의 형제 모두를 학살하고 말았다. 이처럼 이탈리아 외의 지역에서 격양된 에로스는 범죄나 폭력으로 치닫고 있었다. 필리핀 주재 스페인 총독부의 어느 관리의 아내는 남편과 일단의 병사들 손에 처형당했다. 그녀가 1621년 5월 11일 남장을 하고서 애인의 집을 찾아갔던 것이 그 이유였다. 루이 13세 당시의 프랑스에서는, 이러한 열광에 휩쓸린 상류층 귀부인들이 비천한 평민들과 정사를 벌임으로써 타락의 길을 가고 있었다. 라 쿠튀르(서남부 샤랑트 주에 있는 마을)의 사제 크로지유는, 완전히 여자에 미쳐 1633년 사람들 눈을 피해 14세의 소녀와 결혼하였다. 이렇듯 미래의 성직자들이나 두려운 자객들 모두가 청춘 시대의 불가사의한 정욕의 격발을 경험하고 있었다. 《일화집》(탈망의 작품)은 때로 해학적이며 비극적인 광기어린 사랑의 백태에 관한 저속한, 그러나 세부에 걸쳐 정확한 일화로 가득 차 있다. 광기어린 사랑은, 당시의 아름답고 경건한 부인들이나 엄격한 고등법원의 법관들에게 있어서 신앙이나 교양과 함께 틀림없는 생존의 매력을 형성하고 있었다. 방탕에 열중하는 남녀는 때로 몇 주간이나 치정에 빠져 날을 새우고 있었다. 이들에 못지 않게 지위 높은 관리들이나 가난한 직인들, 그리고 아가씨들이나 신부들은 치정 끝에 목숨을 잃었다. 격렬한 사랑을 영위하던 세기에 루이 14세가 뒤를 이은 바로크 왕국에서는, 농부의 아낙네들을 능욕하고 그 남편들의 유혈 보복을 당한 일이 빈번하였으며, 연인들은 끊임없이 사랑에 도취되어 있었다. 국외에서 특히 걱정스러웠던 것은, 심지어 여성들에게서 노년의 정열에 대한 현기증을 겪고 있었던 이 나라의 상궤를 벗어난 행동이었다. 사실 17세기 전반 전체는 이른바 에로티시즘의 절정과 일치하고 있었다. 습격과 유괴, 부적합한 결혼으로 야기된 이러한 풍조에서 상류 사회의 필수불가결한 부분으로써 고급매춘부들—스케일이 큰 니농 드 랑클로*와 같은—이 광채를 띠고 있었다. 상류 사회는 그 손으로 당시 의료형무소에 가두기 시작한 불행한 패거리들의 광란에 결코 뒤지지 않는 행동을 하고 있었다.

* 프랑스의 유명한 사교계 여성. 아버지가 살인을 하고 다른 나라로 도망친 후 그녀는 파리에 남아 살롱을 개업했는데, 그 살롱에는 당대의 가장 이름난 문인·정치가 등이 출입했다. 랑클로의 反종교적인 태도 때문에 루이 14세의 어머니 오스트리아 출신 안은 1656년 그녀를 수녀원에 감금했다. 그러나 그녀를 동정한 사람들이 그녀가 빨리 풀려나도록 주선했다. 그녀는 자신이 쓴 책 《보복당한 요부》에서 자신의 철학과 행위를 변호했다. 1670년대에는 뒤에 맹트농 여후작 작위를 받고 루이 14세의 두번째 부인이 된 스카롱 미망인의 보호를 받았다.

따라서 고전주의 시대는 단지 연극이나 소설에서 뿐만 아니라, 일상적인 사건들 속에서도 사실상 해학적 연인들이나 대담한 여걸들로 넘치고 있었다. 이 패거리들은, 1600년 당시 의사들의 진단에 따르면 언제나 사랑의 우울상태에 빠져 있었다. 때로 근친상간을 저지른 부친들이자 형제들인 이 상식 밖의 비극적인 연인들은 수도나 시골에서 소문의 대상이었으며, 그들의 광태는 일상생활의 일면에 색채를 더하고 있었다. 이러한 것은 말할 것도 없이 어느 종류의 환경들(예를 들면 대귀족이라든가 대귀족에 의존하는 작가나 배우)에서 더욱 현저했으며, 그 당사자나 희생자 모두가 노골적인 회고록을 몇 자 써두었다면 그것에 대해 보다 많은 흔적이 남아 있었을 것이다. 1660년대의 오베르뉴 지방에서 있은 그랑 주르에는, 자신의 집안에서 왜 남자가 죽어 있는지를 설명하려 들지 않는 미심쩍은 여자 살인범들을 추방시켰다. 루이 14세 치세하의 파리와 그르노블에서도 귀족 마님의 하인들은, 고용주의 저택에서 도가 지나친 정사를 문자 그대로 목격할 수 있었다. 전총리의 조카딸인 마자랭 여공작이 당시 런던에서 물의를 일으켰던 거듭된 정사는 모두가 아는 바였다. 남편과 헤어진 그녀의 추종자들은 결투광이나 도박꾼 들이었으나, 그러한 패거리가 모두 노련한 생 테브르몽*의 섬세함과 〈자제심〉을 다 갖추고 있지는 못했다. 뉴프랑스(북아메리카 대륙에 있는 프랑스 식민지)에서는 미약이나 자살, 능욕이나 유괴, 근친상간, 중혼, 그리고 마술 등이 나란히 등장하면서 가톨릭 식민지 사회의 단조로운 생활에 에로티시즘의 약효를 더하고 있었다. 이탈리아에서는 스트라델라*와 같은 작곡가의 생애가 선배인 제수알도의 생애와 나란히 파란만장한 성격을 지니고 있었으며, 또 그 이상으로 불행하였다. 그는 정부의 남편인 베네치아의 어느 귀족이 고용한 청부살인자의 추격을 받고 로마에서 토리노까지 달아나야 했으며, 마침내 1682년 제노바에서 같은 정사로 인해 칼에 찔려 살해당하였다. 1700년의 파리에서 상테르 같은 인기 화가나 르냐르* 같은 평판을 갖춘 극작가 들은 각기 틀림없이 하렘을 갖추고 있었으며, 그들은 거기서 작품의 착상을 얻고 있었다.

한편 같은 무렵 같은 장소에서 어느 귀족의 젊은 딸은 자신이 부리는 하인에게 푹 빠져 있었는데, 남자는 그 아가씨를 채찍질하면서 〈그녀에게 억지로 그의 음란한 행위를 만족시킬 수〉 있도록 강요하였다. 남자 쪽은 비세트르 정신병원(파리의 남성 수용소)에 수용되었는데, 여자는 수년 동안 밤이면 밤마다 남자를 찾아와서 문 입구에 쭈그리고 앉아 그의 석방을 탄원하였다. 그녀는 자기의 소원이 이루어지지 않았다면 〈피 한 방울도 남기지 않고…… 가지고 있는 것 모두를 남김 없이〉 기꺼이 내놓았을 것이다.

* 생 테브르몽—1613-1703. 프랑스의 문필가, 아마추어 도덕가. 프롱드의 난중에 루이 14세의 총리 마자랭 추기경에 대한 충성을 인정받아 승진했다. 그러나 1661년 故마자랭의 피레네 조약을 비웃는 그의 편지가 우연히 발각됨에 따라 체포를 피해 프랑스를 떠났다. 런던으로 망명하였다가 거기서 마자랭의 조카딸 오르탕스 만치니의 살롱에 출입하였으며, 그녀의 추종자 가운데 한 사람이 되었다.

* 스트라델라—1642-82. 이탈리아의 작곡가, 가수, 바이올린 연주자. 얼마간 모데나 · 베네치아 · 로마 · 피렌체에서 살았다. 1677년 토리노에서 그에 대한 살해기도가 있었는데, 이유는 알려져 있지 않지만 그가 베네치아에 있는 한 의원의 애인을 빼앗았기 때문인 것으로 추측된다. 1682년 제노바에서 그가 살해당했다는 문서가 이를 뒷받침하고 있다. 스트라델라는 최고의 실내 칸타타 작곡가 가운데 한 사람이었다. 그는 종교적 행사(예를 들면 〈크리스마스 칸타타〉)를 위해 2백 곡 이상의 칸타타를 썼다. 신선하고 감미로운 선율이 그당시 음악에서는 흔하지 않았던 대담한 화성 위에서 흘러 나왔다. 기악곡에서 특히 흥미 있는 점은 무대음악과 오라토리오의 아리아 반주에서 합주 협주곡의 짜임새를 새롭게 응용하고 있다는 것이다. 그의 전설적인 삶은 추측과 여러 개의 확인되지 않은 사실들이 맞물려 19세기 오페라와 적어도 소설 1편의 주제가 되었다.

* 르냐르—1655-1709. 프랑스의 극작가. 몰리에르의 후계자들 가운데 가장 성공한 사람으로 몰리에르의 재치와 문체를 공공연히 모방했다. 부유한 집안에서 태어난 르냐르는 젊은 시절에 여러 곳을 널리 여행했다. 1679년에는 여행중에 알제리 해적들에게 붙잡혀 7개월 동안 감금되어 있다가 몸값을 내고 풀려나기도 했다. 여행 경험과 여행에서 받은 인상은 그 일련의 책들의 자료가 되었다. 1683년 프랑스 출납관으로 임명되어, 그후 20년 동안 많은 이익이 남는 이 일을 지켰다. 그러나 1688년부터 그는 글쓰는 일에 대부분의 시간을 바쳐, 처음에는 파리에서 이탈리아 희극 배우들을 위한 희곡을 썼고 그후에는 코메디 프랑세즈를 위한 작품을 썼다. 그는 화려하지만 퇴폐적인 상류사회를 훈계가 아닌, 가볍고 경박한 문체로 묘사했다. 그의 주요 관심사는 관객을 되도록 자주 웃기는 것이었다. 가장 알려진 그의 희곡으로는 〈노름꾼 Le Joueur〉(1696) · 〈보편적 유산 상속자 Le Légataire universel〉(1708) · 〈세레나데La Sérénade〉(1694) 등이 있다. 그는 르냐르 가문의 성에 머물다가 많은 의문을 남긴 채 갑자기 죽었다.

당연히 16,7세기의 유럽 문학에서도 극단적인 성애의 표현과 연결된 약탈이나 범죄가 반영되고 있었다. 몰리에르 이전에 셰익스피어는 자주 이렇듯 이상한 정열을 묘사하고 있었는데, 이는 아내를 빼앗겼다고 굳게 믿은 남자들의 살인적인 충동이 종종 그 중핵을 이루고 있다. 그는 칼데론 데 라 바르카나 라신과 마찬가지로 당시의 세상을 본보기로 하여 간통한 여자들, 혹은 그 혐의를 받고 있는 여자들에 대한 정당한 살해나 질투가 원인이 된 무참한 광란을 표현하고 있다. 이외에 〈엘리자베스 왕조 시대〉의 극작가들은, 더욱 격한 어조로서 관능의 폭발에 대한 무섭고도 공포스러운 과정을 집요하게 그리고 있다. 이러한 사실적인 풍조는 1623년 미들턴(영국의 극작가. 엘리자베스 시대 후기의 극작가이며, 희극적인 활기와 날카로운 아이러니를 구사해 인간을 사실적으로 그렸다)의 〈바뀐 아이〉에서 그 절정에 달한다. 이 작품에서 여주인공인 베아트리체는, 이른바 오욕과 피어린 탐색 속에서 가장 강한 성적인 연결을 통해 살인자인 애인과 결부되어 있다. 청교도혁명의 바람이 휘몰아치는 전야의 이야기로서, 존 포드*는 결혼이 깨어짐으로써 유혹자들에게 몸을 내맡기게 되고, 자신의 형제들에게까지 몸을 내맡기는 여자들을 무대 위에서 그려내고 있었다.

* 칼데론 데 라 바르카—1600-81. 스페인의 극작가·시인. 로페 데 베가의 뒤를 이어 스페인 황금시대의 가장 위대한 극작가가 되었다. 유명한 세속극으로는 《명예를 고치는 의사 El médico de su honra》(1635)·《인생은 일장춘몽 La vida es sueño》(1635)·《살라메아의 市長(시장) El alcalde de Zalamea》(1640경) 외에 그의 대표작으로 평가되는 《대기의 딸 La hija del aire》(1653)이 있다. 그는 종교적·신화적·철학적·역사적 주제의 가극과 희곡도 썼다.

* 포드—1586-1639(?). 셰익스피어 이후에 활동한 영국의 극작가. 그의 복수 비극은 인간의 격정에 대한 예리한 통찰력과 꾸밈없는 아름다움, 고도로 세련된 시어를 보여 준다. 1602년 미들 템플이라는 일종의 법률 교육 기관에 입학했으며 휴학기간(1606-08)을 제외하고는 적어도 1617년까지 그곳에 다녔다. 그는 토머스 데커와 함께 《태양의 총아 The Sun's Darling》(1624)와 《웰시 대사 The Welsh Ambassador》(1623), 지금은 남아 있지 않은 3편의 희곡 등을 비슷한 시기에 집필했다. 또한 토머스 미들턴과 새뮤얼 롤리의 《스페인 집시 Spanish Gypsy》(1623), 존 플레처의 《인 江(강)의 미녀 Fair Maid of the Inn》(1626) 등 프랜시스 보몬트와 플레처의 희곡작품에서도 그가 집필에 관여한 흔적을 확인할 수 있다. 공동작이 아닌 포드의 독자적인 희곡은 1627-38년경에 씌어졌는데, 그 중 연대를 확실하게 추정할 수 있는 것은 2편뿐이다. 《실연 The Broken Heart》·《연인의 슬픔 The Lover's Melancholy》(1628)·《불행히도 그녀는 창녀였다. 'Tis Pity She's a Whore》·《퍼킨 와벡Perkin Warbeck》·《여왕 The Queen》·《순결하고 고결한 환상 The Fancies, Chaste and Noble》·《사랑의 희생 Love's Sacrifice》·《부인의 시련 The Lady's Trial》(1638) 등이 그가 남긴 독자적인 작품이며, 그는 주로 앞의 네 작품으로 명성을 얻었다.

정념의 시적인 측면, 혹은 그 실생활에서 나타나는 바로크적 시대의 지나친 경향은 바로 그러한 것이었다. 17세기 아미앵의 옛기록 속에서도, 일개의 서민 아가씨가 어느 후작의 애인에서부터 별로 선량하지도 않은 어느 이발사의 아내로, 그리고 뤽상부르[프랑스 국왕 루이 14세 때, 네덜란드 전쟁(1672-78)과 팔츠 계승 전쟁(1689-97)에서 가장 큰 활약을 보여 준 장군 가운데 한 사람] 원수가 군대 주보로 전락해 가는 악한소설식의 파란만장한 운명을 볼 수 있다. 어느 정도의 시간을 거치면서, 이런 종류의 자료에 통상 더해지는 작위라든가 파기를 모면한 적지 않은 진짜 연애편지들 속에서 이렇듯 소용돌이치는 격정이 그 흔적을 남긴다. 예를 들면 1580년경, 마르가리타 드 발루아가 빛나는 태양과도 같이 아름답던 미남자 샹발롱에게 키스를 바치고 있었을 때의 열정적인 항의들이나, 그녀에 못지 않게 열정적이었던 앙리 4세가 수많은 자신의 정부들에게 보냈던 주옥 같은 자료들이 바로 그러한 흔적을 지니고 있다. 이러한 증언들은, 수많은 여자들이 금지된 쾌락에 대한 가치를 두려움 없이 당당하게 칭송하던 시대를 보여 준다. 후의 〈대세기〉[루이 14세 시대]의 세련된 귀부인들이나 귀여운 아가씨들의 편지는 훨씬 더 부자연스러웠고, 여자의 진심을 드러낸 걸작으로 오랫동안 존중해 왔던 《포르투갈 수녀의 편지》가, 금후는 솜씨 뛰어난 남자의 작품으로 보여질 것을 문학사는 바라고 있었다. 그렇지만 이같은 정념이 한 저작의 체재로써 언급되고 있었다기보다는 종종 재판기록으로 보존되어 온 신중한 문서들을 통해서 언급되었다는 사실이 더욱 적합할 것이다. 여자들의 서투른 연애편지들은 관능적인 꿈과 상대 남자의 황홀한 사랑의 언어를 그려내고 있었다. 연애편지가 사교생활에서 공인된 지위를 차지하고 있었다면, 세비네* 부인이 딸에게 보낸 편지는 열정에 대한 자연스러운 토로의 가장 좋은 증언이 되고 있다. 사실 순진무구하면서도 도가 지나쳐서 풍파를 일으켰던 이러한 모녀간의 끈이, 애정과 그 애정의 미쳐가는 과정을 남김 없이 보여 주었다.

* 《포르투갈 수녀의 편지》—어느 포르투갈의 수녀가 그녀를 버리고 떠난 프랑스 육군 사관에게 보낸 5통의 편지를 프랑스어로 번역한 것으로, 역자 규라 백작의 이름으로 1926년 파리의 국립도서관에서 발견되었다. 그렇지만 지나치게 문학적인 내용인 것으로 보아 역자 자신의 창작으로 늘리지 않았나 싶다.

* 세비네—1626-96. 프랑스의 작가. 그녀의 편지는 서간체 문학의 획기적인 모델이 되었다. 부르고뉴 귀족의 후예로, 6세에 고아가 되어 삼촌은 쿨랑주의 필리프 2세의 보살핌을 받으며 자랐다. 행복한 어린 시절을 보냈고, 장 샤플랭과 질 메나주 같은 유명한 가정교사들에게 훌륭한 교육을 받았다. 1644년 앙리 드 세비네와 결혼한 뒤 파리의 랑부에 호텔에서 열리는 사교 모임과 궁정사회에 나갔다. 남편은 브르타뉴의 오래 된 귀족가문 출신으로 대부분의 그녀의 재산을 탕진하다가 1651년 결투로 죽었고, 두 자녀 프랑수아즈 마르그리트(1646 태어남)와 샤를(1648 태어남)을 남겼다. 그뒤 몇 년간 세비네는 아이들을 돌보는 한편 파리 사교계의 상류생활도 계속했다. 1669년 그녀의 아름다운 딸 프랑수아즈 마르그리트는 그리냥 백작과 결혼했고, 남편이 프로방스의 중장으로 임명되자 그곳으로 이사했다. 딸의 결혼으로 헤어져 있게 된 세비네는 심한 외로움을 느꼈고, 이런 외로움 속에서 딸에게 쓴 편지들은 문학작품을 쓰려는 의도나 야망이 없었음에도 불구하고 훗날 불후의 걸작이 되었다. 딸에게 보낸 1천7백 통의 편지는 대부분 1671년 딸과 헤어진 뒤 7년 동안에 쓴 것으로, 사교계의 소식과 사건들, 유명인사들에 대한 이야기, 당시의 화젯거리에 대한 견해, 그리고 일상생활에서 일어난 작은 일들, 즉 집안일, 방문한 곳, 독서 취향에 관한 것 등을 담고 있다. 그녀의 글은 특별히 새로운 역사적 사실을 담고 있지는 않지만, 당시의 사건이나 소문 들에 대한 서술방식이 독특하여 결코 잊을 수 없는 것이 되게 한다. 그녀는 자기 작품을 위한 어떤 문학적 규범도 갖지 않았다. 그녀의 글이 나오기 전에 비평가들은 서간체 문학은 특정 작법에 따르고, 어조를 통일시켜야 한다고 주장했지만, 이와는 반대로 그녀의 편지들은 아주 재미있는 이야기의 말투 그대로 자연스럽고 즉흥적이다.

18세기에 들어서서 온갖 영역에서 에로스에 대한 맹목적인 관심이 애매해지고 있던 징후가 수없이 발견된다. 그렇지만 특히 아이세(노예시장에서 팔려온 카프카스 왕족 출신의 여성. 미모와 상냥함으로 섭정의 사교계를 매료시켰다)나 아드리엔 르쿠브뢰르* 혹은 레스피나스*라는, 죽을 때까지 열정에 들떠 있던 여자들 사이에서 전시대의 열광파의 잔흔을 보게 된다. 이러한 잔흔은 또한 사브랑 백작부인이나 샤틀레 후작부인과 같이 두터운 애정으로 살다간 여성들에게서도 관찰된다. 샤틀레 후작부인의 수많은 애인 가운데 한 사람이었던 볼테르는 후작부인의 죽음에 심한 충격을 받았으나, 그럼에도 불구하고 그는 과부가 된 조카딸 드니 부인과 불륜관계를 맺기 시작했다. 인생과 쾌락을 사랑하는 40대의 늠름한 미망인이었던 그녀에게, 육순이 지난 이 노인은 순진한 젊은이처럼 이탈리아어로 편지를 써보냈는데, 거기서 그는 부인의 유방에 엉덩이에 그리고 그를 〈수차례 발기시켜 환희의 늪에 빠뜨린〉 것 모두에 진심으로 키스를 보내고 있었다.

1780년 무렵 미라보[프랑스의 정치가·연설가]와 그의 사랑하는 소피가 그 파란 만장한 정사로 인해 감옥으로 끌려갔을 때, 두 사람이 나누었던 불타오르는 편지 속에서도 외설스럽거나 저속한 문구가 암호로 씌어져 있었다. [뱅센의 성에서 《소피에게 보내는 편지》와 사랑을 다룬 몇몇 작품들 및 수기를 쓴 바 있다.]

* 르쿠브뢰르—1692-1730. 프랑스의 대표적인 배우. 사후 1백 년 뒤 그녀의 일생이 1편의 비극으로 극화되었다. 14세 때 아마추어 배우들이 공연한 피에르 코르네유의 《폴리에우크테Polyeucte》에 참여했고, 그뒤 배우 겸 매니저인 폴 레그랑에게 연기를 배웠다. 전문배우로서는 릴에서 처음 무대에 섰고, 1717년 5월 14일 프로스페르 졸리오 크레비용의 《엘렉트르Electre》로 정식 데뷔했다. 이 역과 장 라신 작 《미트리다트Mithridate》의 모님 역, 몰리에르 작 《조르주 당댕George Dandin》의 앙젤리크 역에서 당시의 연기양식과는 다른 자연스럽고 소박한 연기를 보여 주었고, 여기에 그녀 자신의 아름다움과 매력을 더해 대단한 인기를 끌었다. 1720년 67세로 무대에 다시 선 저명한 배우 미셸 바롱과 우정을 나누면서 그의 연기지도를 받기도 했고, 볼테르에게 찬사를 받기도 했다. 1721년 이후 모리스 삭스의 애인이 되었으나, 죽기 얼마 전에 버림받았다. 한창 나이에 사망했으며, 직업으로서의 연기를 포기하지 않았기 때문에 敎會葬(교회장)을 거절당했다. 생기와 지성이 충만한 희극배역을 해냈지만, 그녀의 역량이 진정으로 돋보인 분야는 비극적인 연기였다. 외젠 스크리브와 에르네스트 르구베는 그녀의 생애 가운데 세상을 떠들썩하게 했던 부분들을 들추어내어 연극 《아드리엔 르쿠브뢰르 Adrienne Lecouvreur》(1849)를 만들었다. 이 연극은 傳記(전기)로서는 미흡한 것이었지만 라셀과, 후일 사라 베르나르에게 주인공 역을 마련해 주었다. 잭 리트먼이 쓴 《아드리엔 르쿠브뢰르: 여배우와 그 시대 Adrienne Lecouvreur: The Actress and the Age》(1971)는 그녀의 죽음을 재조명한 저서이다.

* 레스피나스—1732-76. 파리에서 가장 화려하고 자유로운 살롱의 주최자. 나중에 출판된 여러 권의 서간집은 그녀의 낭만적인 감수성과 진정한 문학적 재능을 보여 준다. 알봉 백작 부인의 사생아로 태어난 그녀는 수녀원에서 운영하는 학교로 보내져 어머니의 합법적 딸인 비시 후작 영애의 가정교사가 되었다. 파리에서 살롱을 열어 세력을 떨치던 유력한 귀부인 가운데 한 사람인 데팡 부인은 레스피나스의 지성과 매력을 알아차리고 그녀를 설득해 파리로 데려와 1754-64년 문학 살롱의 운영을 거들게 했다. 그러나 자신보다 젊은 친구의 인기가 높아지는 데 질투를 느낀 데팡 부인은 1764년에 그녀를 해고했다. 레스피나스는 생도미니크 거리에 자신의 살롱을 열었고, 철학자이자 수학자인 달랑베르도 이 살롱에서 그녀를 만났다. 그녀는 달랑베르가 중병에 걸렸을 때 그를 간호해 주었지만, 그의 깊은 사랑에는 끝내 보답하지 않았고 그대신 상류사회의 쓸모없는 남자들(모라 후작과 기베르 백작)에게 연정을 품어, 두 남자 사이에서 갈피를 잡지 못했다. 그녀의 《서간집 Lettres》(1809)은 격렬한 사랑과 후회, 절망의 감정들을 보여 준다. 그녀는 기베르에 대한 짝사랑으로 상심한 나머지 기베르에게 보내려던 편지를 달랑베르에게 남기고 세상을 떠났다. 디드로는 발표하지 말아 달라는 그녀의 부탁을 무시하고 《달랑베르의 꿈 Rêve de d'Alembert》에서 레스피나스에 대해 썼다.

6

불법적인 남녀관계

불법적인 성관계의 규모와 실태

주지하는 바와 같이 근대 서구의 불법적인 성관계의 실태가 목하 소개되고 있다. 주로 인구통계학자들의 작업에 근거하여 오로지 출생기록에서 수집한 자료를 토대로 한 이러한 안내서들은, 정상적인 부부관계에 의하지 않은 출생이 적어도 구체제하의 프랑스 대부분의 농촌지대에서는 극히 소수의 비율(평균 3퍼센트 이하)을 차지하고 있다고 본다. 도시는 농촌보다 어느 정도의 높은 사생아 출산율을 보이고 있지만, 그것은 오로지 주민들의 비난을 받으면서 마을에서 쫓겨난 많은 수의 미혼모들에게 도시가 피난처로서의 기능을 해주었기 때문이다. 따라서 그리스도적인 이 왕국(프랑스)이나 다른 가톨릭 나라에서, 농촌 사람들의 엄격한 통제가 극히 정상적인 성행위를 뒷받침하고 있었던 듯이 보인다. 성에 관해 보다 관용적이었던 유럽의 프로테스탄트 국가들도 이 정도의 수준은 아니었으며, 예를 들면 17,8세기의 영국은 프랑스를 웃도는 사생아 출산율을 보이고 있었다. 그런데 전시대의 인구통계를 연구하는 역사가들 또한 선조들의 미덕을 강조하고 있었다. 그들도 똑같이 교구의 기록이 보여 주는 바에 따라 불법적인 성행위를 최소화시키고 있었으며, 더욱이 금욕적이었던 이 왕국의 미혼모들이 도시의 출생률을 높이지 않았다는 관점을 조장하고 있었다.

불법적 성행위라는 현상의 시대적 전개에는 양국 사이의 유사점이 존재한다. 프랑스의 전문가들이 그 현상을 발견한 후, 곧장 영국 학자들은 그러한 성행위가 16세기 말엽에는 17세기 중엽에 비해 더한층 빈번하게 일어나고 있었다는 것을 증명했다. 이리하여 체셔 주의 교구 페즈베리에서는, 1581년에서 1600년에 걸쳐 세례를 받은 유아 8백76명 가운데 1백35명이 사생아였다. 여러 가지 자료를 대조해 보면, 이와 같이 성적 난맥상을 표시하는 곡선이 근대 유럽의 도처에서 1600년 무렵에 최초의 절정을 맞이한 뒤 급락하는 일변도를 걸었다고 할 수 있다. 곡선은 1700년 부근에서 제자리걸음을 한 뒤, 18세기 후반에 이르러서야 겨우 분명한 상승을 보이고 있다. 그리고 1760년대가 되어서야 영국은 거의 5 퍼센트에 이르는 사생아의 출생률선으로 되돌아갈 수 있었다. 그러나 크롬웰 체제는 그 사이에 마을로부터 품행이 방정치 못한 아가씨들을 내쫓고, 정조에 대한 그리스도교적인 이상을 거의 실현하고 있었다. 그 결과 사생아의 감소 현상이 통계상 확실하게 나타나고 있었는데, 그러한 감소 현상은 전체적으로 보자면 루이 14세 시대의 특유한 인구 저하와 경제 쇠퇴의 장기적 단계에 있었기 때문이다. 그것은 또한 계몽기 말기에 도달된 사생아의 기록적인 출생률이, 무엇보다도 르네상스의 전형적인 상황을 재현하는 것 이외에 아무것도 아니었음을 가르쳐 주는 것이다. 이러한 것을 근거로 유럽 구체제의 중추에 대해 말하자면, 성생활은 거의 무제약에 가까운 부분을 포함하여 극히 얌전하게 행해졌다고 정의될 만하다. 만혼의 관습에 의해 본능의 충족이 크게 방해를 받고 있었음에도, 정상적인 부부생활 이외의 곳에서 성생활은 거의 열매를 맺지 못하고 있었던 것처럼 보인다.

이러한 관점은 지역마다의 차를 충분히 고려하지 않은 것으로서 당연히 검토할 필요가 있다. 거기서는 혼전 교섭의 중요성이 가볍게 다루어져 있다. 덧붙여 18세기 말엽은, 서구의 각 도시에서 부정한 행위가 현저히 증가하였던 시기에 해당된다. 파리에서의 사생아 출산은, 예를 들면 1789년 직전에는 파리 시 출산 수의 30퍼센트에 달한 것으로 추정되는데, 뉴잉글랜드의 몇몇 도시들에서도 이와 동등한 비율 혹은 훨씬 웃도는 비율을 볼 수 있다. 프랑스의 지방에서, 예를 들면 그르노블이나 낭트와 같은 도시에서조차도 그 비율은 종종 10퍼센트 가까이에 달하고 있었다. 이러한 곡선의 상승은 거의 전유럽을 통틀어 볼 수 있는 것으로서, 이러한 현상은 불법적인 남녀관계가 증가됨으로써 성해방이 이루어지고 있었다는 것을 보여 주고 있다. 요컨대 그들에 의하면, 남녀관계는 주인계급에 의한 하인계급의 착취와 연결된 완전한 음모의 오랜 시대로부터 벗어나 근대 말기에는 마침내 참된 사랑의 표현에 도달했다고 한다. 우선 이러한 혁명은, 시민계급이 대두되는 한복판에서 분명하게 등장하는 참된 여성 해방과 연결되고 있었다.

이 견해는 앞서의 관점과 함께 커다란 난점을 지니고 있다.

이것은 순결과 방탕이 통계수치에서 분명히 나타나야 하고, 출생란의 통계가 완전히 공백상태라 하더라도 당장에 가설적인 평균적 성행동이 추론될 수 있어야 한다는 것을 전제로 한다. 이러한 수량주의적 환상으로 말미암아, 산아제한이 거의 보급되지 않았던 시대의 다양한 성의 형태를 충분히 되돌아볼 수 없다. 특히 이러한 관점으로는 불법적인 남녀관계의 구성과 동기·추이가 간과되기 쉽다. 이같은 성관계가 구체제하에서 소수를 점하고 있었다 해도, 그것은 그 나름대로의 일반적인 규칙과 마찬가지로 검토되어야 하는 함축적인 사회학적 예외라고 할 수 있다. 실제로, 수치로 증명되는 다수의 동향만을 가지고 과거를 파악하는 방식은 참으로 빈약한 것이 될 수밖에 없다. 특히 성을 다루는 역사로서는 다수와 함께 소수의 입장에도 관심을 두어야 하기 때문이다.

게다가 질적인 방법과 수량적 자료가 갖추어진 균형잡힌 한 연구를 통해, 17세기 영국의 세력권에 있어서 우선 청교도의 영향을 더욱 정면으로 받고 있던 미국 식민지에서 불법적인 결합이 비교적 적었다는 사실이 입증되고 있다. 이 연구가 역설하는 바에 따르면, 본국에서는 그와 같은 남녀관계의 실태가 여전히 여성의 낮은 지위와 그것을 이용하는 남자들의 착취와 주로 결부되고 있었다. 실제 적어도 1750년 무렵까지 프랑스에서 행해지던 임신 신고가 그것을 알려 주고 있다. 그르노블에서 릴에 이르기까지, 또 낭트에서 랑그독에 이르기까지 힘든 일을 싫어하여 도시로 도망쳐 온 가련한 시골 아가씨들과 홀로 사는 하녀들이 제일 먼저 직면하였던 것은 이러한 임신 신고였다. 그녀들이 매춘 등을 하지 않고 무사히 살아가기 위해서는 부르주아 주인이든 작업 동료이든 남자들의 욕망을 충족시켜 주어야 했다. 그리하여 이와 같은 하인과의 성관계는, 병사나 종복과의 관계보다 직인과의 관계로 임신하는 경우가 훨씬 많은 무산계급 여자들의 사회적이며 성적인 노예상태를 나타내고 있다. 그렇지만 주변에 있는 이러한 애인들과 그녀들과의 관계는 수개월, 아니면 수년 동안 지속되고 있었고, 그들이 나누는 사랑의 언어는 17세기 말엽에서 18세기 중엽까지 때로 상냥한 호의적 표현에서 열애의 그것으로 변해가고 있었던 듯했다. 그러나 성생활이 우선 계급에 의해 좌우되는 형태의 이러한 구색이 맞지 않은 관계의 결착으로 대개 폭력과 좌절이 유발되고 있었다. 그때 여성은 처녀의 체면과 함께 모든 것을 잃거나 거의 모든 것을 상실하는 수동적인 존재로 나타난다.

낭트의 사례를 통해서 18세기의 프랑스에서 불법적으로 이루어지던 남녀관계의 변천에 대한 극히 상세한 분석이 가능해졌다. 그 사례가 보여 주는 바에 따르면, 도시지역에서의 하인들과의 정사에 있어서 근교의 시골에서 상경한 여공들이나 하녀들은, 예로부터 전해 오는 성적인 손장난의 습관에 따라 자신들의 주인이나 동료들과 성교섭을 벌이고 있었다. 그러나 이러한 습관이 쇠퇴하면서, 이어서 가정생활의 발전에 따른 결혼에 의한 결합과 맞서는 두 가지 형태의 새로운 관계가 등장하기 시작했다. 우선 정서를 구하는 새로운 움직임에 응하여 아가씨를 둘러싼 풍습이 나타나면서, 이어서 진실로 민중적인 환경에서는 좀처럼 도시와 동화될 수 없었던 이주노동자들 사이에서 전혀 새로운 내연관계가 작든크든 뿌리를 내리면서 그 테두리를 넓혀가고 있었다. 이러한 관계는 일반 주민의 제한된 환경 속에서 사회적인 계층이나 종교적인 도덕, 그리고 양친의 권위에서 가해지는 전통적인 가정교육으로부터 벗어나려는 여성들의 새로운 정신의 발전과 합치되고 있었다.

이리하여 근대의 불법적인 성관계에는, 크게 나누어 의존관계 위에 성립된 부적합한 관계와 건실하지 못한 최하층의 남녀관계가 공존하고 있었음을 알 수 있다. 전자에서는 전체적인 쇠퇴를 보이기 이전에, 오랫동안 시골의 성직자와 묶인된 아내와의 결합이 지배적이었다. 이같은 사실은 1400년 무렵의 포르투갈과 같은 나라에서는 실지로 많은 성직자들이 그들의 서자를 적장자로서 인지하고 있었고, 이것은 종교개혁 이전에 널리 알려진 사실이었다. 예를 들면 트루아 종교재판소의 옛기록 등에서 그 증거를 계속해서 발견할 수 있다. 사실상 그 증거에 등장하는 주요한 인물로서 간통을 저지르거나 여자와 동거중인 성직자들과, 호색가로서 때로는 유부녀의 가정까지 꽁무니를 따라다니던 사제들을 볼 수 있다. 사실 이렇듯 타락한 성직자들에게 있어서 성직자의 결혼금지법률을 지킨다는 것은 매우 어려운 일이었다. 오히려 그들은 르네상스 시대 시골에서 유행하던 지극히 방자한 풍습에 물들어 있었고, 수행이나 교구순회를 부지런히 수행하면서 매춘부나 하녀 들의 궁둥이를 쫓아다니고 있었다. 세간의 빈축을 산 이 사제들의 여성 관계가 오래 지속됨으로써 그들의 관계는 거의 공적으로 인정되다시피 하였다. 그들은 무엇보다도 시골에서 고용된 여자와 보호자를 결부시키는 통상적인 형태의 불법행위를 행하고 있었다. 그러나 성직자들이 종종 피력하는 너무나도 그리스도교도답지 않은 색정을 목격하면서 신자들은 몹시 놀라고 있었다. 그들과의 교섭을 통해 하녀들이 누리고 있던 총애 속에서 보복적인 소란이 야기됨으로써, 때로 그러한 행위에 대한 비싼 대가를 치러야 했다.

이러한 총애는, 바람둥이 성직자에게서 성적으로 두려운 경쟁상대를 발견하여 증오를 터뜨리던 마을 전체 주민들의 질투를 사고 있었다. 아이들에게까지 놀림을 받고, 또한 희생된 여자들에게 쫓겨다니면서 언제나 반드시 죄인으로 간주되었던 이러한 성직자들도 따지고 보면 지나치게 정상적인 남자였음에도, 그 신분으로 인해 방탕하다는 낙인이 찍혀 있었던 것이다. 지니 오 브와[쥐라 지방의 마을]의 주민 프랑수아 궤동이 1530년 봄에 다음과 같이 선언한 것은 야비하면서도 당연한 일이었다. 〈이 성직자들이 저 계집들과 헛간에 있을 때의 모습을 보노라면, 마치 천사 그대로의 모습을 하고 있다.〉 사람들은 이를 신학적으로 천국에 대한 불완전한 개념이라고 그를 비난했지만, 지상의 일에 관한 그의 판단은 올바른 것으로 정당화되었을 것이다. 이같은 정황은 트리엔트 개혁〔反종교개혁〕의 발전에 따라 변화한 것이었을까? 단지 전원지대의 방문으로 얻어낸 결과만을 근거로 하여 지나치게 서둘러 변화를 판정하는 것은 위험할 터이다. 이 점에 관해서 그것만으로는 잘못될 경우도 있을 수 있다. 이들의 증언을 종교재판소의 증거과 대조해 볼 필요가 있다. 수십년 이래로 가톨릭의 부흥에 순응하던 루이 14세 치하의 프랑스에서, 그러한 재판권은 변함 없이 많은 부사제[가톨릭에서의 사제 다음 위치]들이 자신들의 하녀나 다른 여자들과 정당치 못한 관계를 맺고 있었음을 보여 준다. 1700년 무렵 비행자들의 이상적인 은신처였던 파리에서는, 왕궁경찰의 옛기록에 의하면 여자들과 관계하는 수사와 고위성직자·사제 들이 엄청난 수에 이르고 있었다. 마침 개종자이면서 심미가였던 스웨덴의 크리스티나 여왕[1644-54 재위]은, 로마에서의 방랑의 여정에서 한 추기경[데초 아촐리노] 덕분에 사랑에 눈을 떴다.

엄격한 주교 르 카뮈가 1672년에 그르노블 사교구에서 스스로 개혁적인 포교를 시작했을 때, 그는 반수 이상의 사제들이 이러한 관계를 맺고 있는 사실을 목격했던 듯하다. 실제 이 지방에서는 대단히 화려한 순례행위나 기적을 미끼로 하는 저속한 전도사로서 사기꾼 성직자들이 여기저기를 돌아다니고 있었다. 지극히 성실한 가장으로서, 또한 성체와 두 명의 수사를 앞에 두고서 성 베드로를 자처하면서 공식적으로 결혼한 이 산악지역의 사제는 교구 아가씨들의 참회를 들으면서 쾌락의 참맛을 설파하고 있었다. 춤을 잘 추는 멋쟁이로서 여자들로부터 겨울에 야영하는 병사처럼 두려움의 대상이었던 이 건달은, 전리품을 모아서 남자로서의 자신의 역량을 뽐내고 있었다. 이와 같이 도피네 지방에서는 재빠르고 음탕한, 또 때로 여러 명의 아내를 거느리고 있는 성직자가 수십 명을 헤아리고 있었으며, 마을 사람들은 이러한 성직자들의 약점을 잘 알고 있었으므로 때로는 그들의 약점을 이용하거나 지지하고 있었다. 이러한 약점은 유명한 추기경(레츠 추기경)*의 재임중에는 간단히 사라지지 않고 있었다. 그는 대체로 부하 성직자들 가운데 여자와 내연관계에 있는 자들이 있음을 묵인해야만 했다. 덧붙여 그의 저택 근처에는 호모 성직자들이 있었고, 한편으로는 당시 퍼져 있던 여관에서 오랫동안 여자와 몰래 정을 통할 정도였고, 정도가 지나친 사제와 후작부인의 하녀가 서로 만나는 일이 벌어지고 있었다. 같은 무렵 스페인에서는 바람둥이 성직자들이, 비행그룹의 하나를 형성하여 종교재판소의 심문을 받고 있었다.

* 1613-79. 프롱드의 난(1648-53)으로 알려진 귀족반란의 지도자 가운데 한 사람. 그의 회고록은 17세기 프랑스 문학의 고전으로 남아 있다. 그가 태어난 공디 가문은 피렌체에 뿌리를 두고 있으며 16세기 프랑스 왕실에서 세력을 떨쳤다. 집안의 권유로 성직자의 길을 걷게 된 그는 어린시절 예수회 교육을 받았으며, 1638년 소르본대학에서 신학공부를 마쳤다. 학생시절부터 그는 귀족세력을 약화시키려고 하는 추기경 리슐리외(루이 13세 밑에서 1624-42년 총리를 지냄)에 반감을 가지고 있었다. 1643년 사제 서품을 받고 파리 대주교인 삼촌 장 프랑수아 드 공디의 보좌신부로 임명되었다. 루이 14세의 섭정을 맡고 있는 오스트리아 출신 안과 이탈리아 출신의 추기경 겸 총리인 마자랭에 대한 반란인 프롱드의 난이 일어나면서 레츠는 중요한 정치적 역할을 수행할 기회를 잡았다. 그는 프롱드의 난 전기간에 걸쳐 반란파와 정부측을 오가면서 자신의 이익을 추구했다. 내란중인 1650년 1월 콩데 공을 체포하는 데 협력해 달라는 정부의 요청을 받아 이를 수락했으나, 뒤에 입장을 바꿔 콩데 공을 석방시키고 마자랭을 일시적으로 추방(1651. 2)하기 위해 힘썼다. 공디를 자기편으로 끌어들이기 위해 섭정 안은 1651년 9월 22일 그를 추기경으로 지명했고, 1652년 2월 19일 교황 인노켄티우스 4세가 이를 승인했다. 이때부터 공디는 자칭 드 레츠 추기경으로 행세했다. 그러나 정치적 술수가 정도를 벗어나자 파리에서의 그의 인기는 떨어졌고, 정부는 그를 불신하고 보복할 기회만을 노렸다. 반란이 진압되자 그는 1652년 12월 19일 체포되어 뱅센 감옥에 갇혔다. 1654년 3월 삼촌이 사망한 뒤 바로 파리 대주교로 임명되었으나 며칠 뒤 사임 압력을 받았다. 그러나 교황 인노켄티우스는 레츠의 사임을 승인하지 않았고, 1654년 8월 감옥을 탈출한 레츠는 망명해 있으면서 교구 통제권을 되찾으려 했다. 1661년 마자랭이 죽고난 뒤에 프랑스로 돌아왔으며, 1662년 1월 생드니 수도원장직과 많은 수입을 보장받는 대신, 파리 대주교직을 사임했다. 루이 14세의 총애를 받지 못한 그는 왕실을 떠나 자신의 영지나 수도원에서 살았으며, 만년을 참회 속에서 보냈다. 은퇴한 후에 쓴 《회고록 Mémoires》은 1655년까지의 삶을 기록한 것인데, 프롱드의 난에서 자신이 맡은 역할, 동시대인들에 대한 묘사, 경험에서 얻은 격언 등을 담고 있다.

고문서 자료에서 인용한 이상의 정보는, 16세기 이래로 유럽의 반수 이상이 알지 못하였던 로마 교회의 교의와 결부되어 있다. 근대에서의 불법적인 성행위 실태를 탐색하기 위해서는 이상의 정보와 함께 우선 연대기작가가 제공하는 정보를 입수할 수 있다. 이러한 정보를 지나치게 중시하는 것도, 그것을 철저하게 무시하는 것도 잘못이다. 예를 들면 부르크하르트(스위스의 역사가. 예술사와 문화사를 최초로 연구한 사람 중의 하나이다. 그가 쓴 《이탈리아의 르네상스 문명》(1860)은 문화사 연구방법의 귀감이 되었다)는, 르네상스인들의 방탕을 지나치게 일반화시키는 잘못을 범하고 있다. 그러나 레투알의 증언에 따르면, 16세기 프랑스의 수도원이나 연일 북적거리는 여관에는 상궤를 벗어난 남녀의 정사가 적지 않았다. 1582년 9월 파리에서, 어느 회계검사원장의 부하가 상사의 딸을 꾀어 동침한 죄로 그레브 광장에서 교수형에 처해질 뻔하였는데, 그는 민중봉기의 덕택으로 젊은이들에 의해 위험한 궁지에서 벗어날 수 있었다. 피는 어쩔 수 없는 것이어서, 그녀는 밤마다 자택에서 한 하녀가 부친에게로 가는 광경을 목격하였던 것이다. 앙리 4세의 치세기에 한층 더 노골적인 성직자들의 내연관계나 그들에 대한 아가씨들의 복종이 이 나라의 항시적인 모습이 되었으며, 매춘부가 성직자와의 관계에서 생긴 영아를 남몰래 처치하는 것이 보통이었다. 이러한 추문은 단지 첩들이 우글거리는 궁정이나 수도뿐만 아니라 지방에서도 마찬가지였다.

같은 시기, 엘리자베스 여왕 치하의 런던에서 점성술사 포먼은 30세에 이르러 극히 파란만장한 성생활을 맛보고 있었는데, 이는 만혼이 반드시 진정한 순결과 일치하지 않는다는 사실을 입증한다. 그는 오랫동안 계집질로 밤을 지새웠으며, 본디 정부 없이는 살아갈 수 없었던 여자들에게 종종 아이를 점지해 준 적도 있었다. 유부남이었던 그는, 아내와 애인이 모두 그의 아이를 원하고 있다는 사실을 알고 매우 기뻐하였다. 게다가 내연관계에 있어서 빼놓을 수 없는 인물로서 트윅큰엄의 윌리엄 마틴은 자신의 처제와 동침하기도 했다. 근대에 행해졌던 대발견의 여행이나 식민지 모험은, 서구 남성들의 이러한 일부다처제에 대한 성향에 유리한 장을 제공하고 있었다. 공정한 판단에 따르면, 정복자의 대여정은 선정적인 망상으로 가득 차 있었다. 그들은 신세계에서 만난 이국 여성들에게 이상한 호기심을 보였다. 이 호기심은 현지 여성들과의 관계에서 생긴 아이들에게 둘러싸여, 성서의 족장을 가장하면서 살았던 아메리카에서의 루지타니아(포르투갈의 옛이름) 식민자들에 의해 구현되고 있었다. 게다가 유럽의 젊은이들은 식민지의 대저택에 살면서 그 요령을 서서히 터득하였고, 이윽고 새로운 힘을 행사하는 술책을 손쉽게 익혀 혼혈아들을 차례로 만들어 낮은 신분에 놓아두었다. 그들은 구체제하의 포르투갈령 브라질에서 스페인령 아메리카의 경우와 마찬가지로 노예제도를 통해 손쉽게 성교의 기회를 얻을 수 있었고, 이렇듯 혼혈아의 출산이 용이해짐으로써 나이에 걸맞지 않는 방탕에 빠진 젊은 주인들이 생겨나고 있었다. 혼혈은 또한 동지역에서 신중치 못한 성적 흥분의 풍조가 만연되어 가면서, 매독의 창궐과 축첩이나 새디즘의 횡행을 재촉하였다.

한편 보어의 식민자들은 고국 여성들과의 결혼을 바라면서도 토착 여성을 첩으로 두거나, 음란한 혼혈 아가씨를 상대로 기쁨을 누리는 것을 좋아하였다. 현재 다카르 만의 고래섬에 정착한 서양인들은 노예 판매 당시 종종 노예 신분의 여자들을 첩으로 사들였는데, 〈그 지방의 풍속〉적인 이러한 결합은 남자의 본토 귀환 때까지 끊이지 않았다. 이 모범적인 식민지에서 지위가 가장 높은 고관들은, 가장 아름다운 혼혈 아가씨를 정부로 두고 있었다. 이에 놀란 라치부슈(폴란드 중남부 카토비체 주 남서부에 있는 도시)의 실레지아 여성 도로타 팔라크는, 노예로 넘쳐흐르던 회교국과 유럽의 경계에서 금전에 의한 인신매매와 자기 성욕을 충족하고 있었다. 그녀는 원래 외과의사의 가정부였으나 간호사가 되어 1670년대 수십 명의 포로를 따라 부다페스트에서 홍해로 건너가게 되었다. 그녀는 오랫동안 이 포로들 사이에서 가장 잘생긴 황제군의 젊은이를 자신을 위해 남겨두고, 낮에는 젊은이를 그녀의 침대 다리에 사슬로 묶어 말하는 대로 하도록 소금물에 적신 채찍을 휘둘러댔다. 이 억센 여자는 수단의 매춘가에 오스트리아의 백인 아가씨들이나 환관들을 공급하고 있었는데, 마침내 자신의 정부를 이스탄불(옛이름은 콘스탄티노플)에서 팔아치우고 대신 〈매우 어른스럽고 스타일이 좋은 그루지야인 두 명〉을 사들였다.

그리스도적 색채가 강하면서도 가문을 중시하는 세계인 17세기의 영국에서는, 다른 나라와 마찬가지로 저택의 하녀들이 주인이나 남자친구들의 유혹에 연달아 몸을 내맡기고 있었다. 직인이나 상인으로 더욱 붐비었던 런던에서는 피프스의 《일기》와 같은 솔직하고도 완벽한 자료가 있는가 하면, 귀족의 방탕한 생활을 본떠 부르주아나 민중 사이의 불륜이 실로 당양하게 모습을 드러내고 있었다. 고귀한 상인이었던 백부가, 피프스의 아내에게 남편 대신 자신의 아이를 낳아 달라고 진지하게 신청하던 그러한 가정생활을 어떻게 생각해야 할까? 훗날 레츠 추기경이 사랑의 쾌락을 추구하면서 청춘을 보낸 1640년경의 파리에서, 그는 냉담한 여자들을 거의 만나지 못했다. 그 점에 관해 그의 《회고록》이 완전한 채 남아 있었다면 더욱 많은 것이 알려져 있었을 것이다. 그의 친구인 탈망이 확증하는 바에 따르면, 상류 사회에서는 관계를 맺은 하녀들이 훗날 본처가 되듯이 내연관계는 흔한 일이었다. 매우 박식한 이 관찰자에 의하면, 일견 덕망 있는 소르본의 박사들도 남몰래 귀여운 여자를 빈번히 찾아다니면서 그녀들에게 크게 돈을 탕진하고 있었던 것이다.

이러한 이야기들을 모두 악의의 탓으로 돌리는 것은 신성한 것에 대한 지나치게 협소한 개념과, 모든 것에는 대개 숨겨진 이면이 있음을 이해하려 들지 않는 어리석음을 증명한다. 리슐리외와 마자랭 치하의 프랑스에서 참사원의 청원위원들의 세계는 별다른 위선을 떠지도 않으면서 성적인 약점을 드러내고 있었고, 한편으로 수도기사·재무관·검찰관·관리 및 그밖의 귀족들 사이에서는 빨래하는 여자들이 공공연히 교환되고 있었다. 그녀들도 마지막에는 결혼의 꽃가마를 탈 수 있었던 것이다. 이리하여 때로는 심심풀이 수단으로써, 때로는 입신출세의 도구로써 불륜의 정교가 한 시대의 온갖 계급을 포섭하고 있었으며, 그 시대에는 맹트농 부인의 사례 속에서 정사를 거듭하는 가운데 어느 사이엔가 그것의 은덕을 입는다고 하는 사고의 풍조가 생겨나고 있었다. 이러한 정사는 사람들의 생애에 있어서 고비로 간주되는 결혼이라는 공인된 계약만큼 빈번하지는 않았지만, 그 방식에 있어서 더욱 화려하였으며 그만큼 시대적인 심성을 명백하게 드러내고 있었다. 예를 들면 1660년경 일 드 프랑스의 괴팍한 행정관 프티 퓨이는, 아내를 내쫓고 공공연히 또 태연히 시농에 살고 있던 어느 직인의 딸을 후처로 맞이하였다. 훗날 인기 있는 규수작가로서 정열적이었던데 자르댕 양은 파리에서의 무도회가 있은 뒤 자신의 침대를 어느 유부남에게 제공하였는데, 남자는 주위의 시선 속에서 수개월이나 그곳에 머물러 있었다. 게다가 방년 20세의 여류시인은, 실생활에서 두터운 정을 배양하였던 관능적인 기쁨의 매력을 시를 통하여 노래하고 있었다. 같은 무렵 오베르뉴에서 플레셰는, 고해를 악용하여 자기집 헛간을 규방으로 삼아 정사에 빠진 사제들이나 어쩔 수 없이 영아 살해를 범한 불행한 여자들, 게다가 너무나도 방탕스럽고 정열적이며 자유분방한 지체 높은 아가씨들을 만나고 있었다.

　따라서 18세기는 정상적이지 않은 성관계를 완고하게 추구하고 있었으며, 그 한도에서 18세기는 이러한 관계를 다양한 계층으로 진전시켜 온 르네상스나 바로크나 고전주의 시대를 직접적으로 계승하고 있었다. 당시의 프랑스 귀족계급의 상층부 사람들에 대해서, 그들의 무분별한 행동이 때로 야기했던 비판문서나 경찰의 보고서를 보게 되면, 정숙과는 거의 거리가 먼 경망스런 오페라좌의 무용수들에게 곧장 제정신을 잃은 신사들만 있었다는 느낌이 든다. 거기다 무용수들을 좋아하는 추종자들이 많았으며, 그에 못지 않은 남편을 가진 자도 있었으므로 세간은 그들에게 부녀자처럼 꾸미도록 요구하는 경우도 있었다. 그렇지만 그녀들이 남편을 걱정하는 일 등은 거의 없었다. 유복한 평민들로서 징세청부인 집단의 정상 부분에는 평민들과 국가의 돈을 허비하면서 고급창부의 사치를 부채질하는 계몽주의 시대의 일부 엘리트들이 있었고, 그들은 엄청난 풍기문란을 조장하고 있었다. 루이 15세가 군림하던 개화된 왕국에서 모범적인 남녀관계가 수없이 이루어지고 있었다 해도 재정가들이나 계몽사상가들, 혹은 고등법원의 법관들에게 있어서 늘상 이러한 풍기문란이 행해지고 있었다. 그렇지만 이렇듯 비공식적인 성관계는 더욱 감정적이거나 부르주아적인 정사를 추구하고 있었다. 이러한 도덕적 양식과 솔직한 쾌락의 뒤섞임이 디드로의 편지에서도 반영되고 있는데, 그는 소피에 대한 청순한 애정에 열중하면서도 정열을 가진 육욕적인 측면을 음미할 줄 알았다. 1760년경 궁정과 항구에서 벌어졌던 수많은 어리석은 이야기들이나 염문에서 그가 흥겹게 그려내었던 것은, 재무감독총감 베르탱과 그 멋진 애인 사이의 성사되지 못한 정사와 그랑발의 올바크 저택에서의 떠들썩한 어느 밤의 사건이었다. 실제로 올바크 남작*의 의붓어머니이면서 부자인 덴느 부인은 수행중인 신부를 자기 것으로 만들고 싶었던 적이 있었다.

* 1723-89. 프랑스의 백과전서파 철학자. 무신론과 유물론의 대표적 인물이며 상속받은 재산으로 당시의 이름난 철학자들을 환대했다. 콩트 드 뷔퐁·J. J. 루소·달랑베르 등 몇 사람의 경우 그 철학자들의 대담한 사변에 놀라 모임에서 빠져 나갔다고 한다. 원래 독일 사람이었으나 재산을 헌납하고 프랑스 시민이 된 삼촌 F. A. 올바크를 따라서 디트리히(프랑스어로는 〈티리〉로 번역되기도 함)라는 성에 〈올바크〉를 붙였고 그 자신도 1749년 프랑스 시민으로 귀화했다. 올바크는 디드로의 《백과전서 Encyclopédie》 중 376항목(독일판에서 번역한 것임)을 집필했는데, 대부분 화학을 비롯한 과학에 관한 것이었다. J. B. 미라보라는 이름으로 출판되어 가장 널리 알려진 책 《자연의 체계 Système de la nature》(1770)에서는 종교를 신랄하게 비웃고 무신론적·결정론적 유물론을 지지했다. 이 책에서 인과관계는 단순히 운동의 관계, 사람은 자유의지 없는 일종의 기계가 되었으며 종교는 해롭고 거짓된 것으로 통렬히 비난했다. 죽은 친구 N. A. 불랑제의 이름으로 출판한 《가면 벗은 그리스도교 Le Christianisme dévoilé》(1761)에서는 그리스도교를 이성과 자연에 모순되는 것이라고 공격했다. 《사회체계 Système social》(1773)에서는 의무를 자기 이익으로 여기는 공리주의의 틀 안에 도덕과 정치를 놓았다. 올바크의 저작들은 단지 그와 함께 탁자에 앉아 있는 사람이 말한 의견의 메아리로 여겨질 만큼 비논리적이고 모순이 많았다. 볼테르는 이에 대해 응수할 필요를 느꼈지만, 괴테와 셸리는 이 저작들의 영향을 받았다. 천성적으로 자비심 많은 올바크는 1762년 추방된 예수회원들에게 자기 집을 제공함으로써 자신에 대한 개인적 반감을 없애기도 했다.

카사노바의 불륜행위는 거의 공적이며, 그럼에도 조용한 방법을 보존하게 될 것이다. 거기서는 농가의 아가씨들이 달변의 유혹자들에게 신뢰를 보이면서 몸을 내맡기고 있으며, 한편으로 베네치아의 도박장에서는 세간의 마님으로 단장한 귀족 수녀들이 펀치(럼주에 홍차·설탕·레몬즙·계피 따위를 섞어 만든 음료)와 굴(貝)을 앞에 놓고 음탕한 유희에 빠져 있었다. 그녀들은 조심스럽게 자신의 책상 속에 소중한 피임도구를 간직해 둔다. 거기서 그리 멀지 않은 에르베리아 운하의 언덕에서는, 술을 마시며 걷는 남자들과 음란한 여자들이 새벽에 추태를 부리는 광경을 볼 수 있었다. 그러나 우선 카사노바의 《회고록》은, 연극하는 약장수나 악대 순례꾼, 그리고 온천도시나 대공들의 각 궁정에서 맺어지던 비정상적인 관계 중에서 온건하고 행복한 느낌을 주는 장면을 써두고자 하였다. 개방적이거나 혹은 천진스러운 여자들이 사랑하는 남자의 성기에 리본을 달아매는가 하면, 첩인 아가씨가 치장을 하고 사랑으로 애가 타는 남자의 욕망을 불러일으킴으로써 자만에 차 있다. 거기서는 부르주아 아가씨도, 거센 여자도, 여배우도 모두 외설스러운 기분에서 육체의 기쁨은 규율을 벗어난 곳에서 얻어진다는 생각을 지니고 있다.

　보잘것 없는 성직자들에게 걸려든 숫처녀들은 각지를 돌아다니는 사이에 가장 매력적인 돈 후안을 만나 행복을 발견한다. 카사노바가 들른 스페인 또한 17세기의 스페인에 그대로 머물러 있었다. 스페인에서 가장 정숙한 귀부인들은, 사랑에 있어서 최후의 증거를 요구하지 않는 남성들을 지독하게 원망하고 있었다. 마드리드를 방문했을 당시 많은 여성들이 열광적인 가면무도회로 모여드는 광경을 접하면서, 그녀들이 연인에게 몸을 맡기고자 하는 순간에 눈 위의 십자가나 성상을 덮어 감추는 것을 보고 그는 탄복했다. 다른 곳에서와 마찬가지로 신앙심 깊은 여자들은 관능적인 기쁨을 앞에 두고 머뭇거리지 않았으며, 때로는 열광적으로 색정광에게 달려드는 경우도 있었다. 당시의 한 견해에 따르면 이러한 방탕은 더더욱 죄가 아니며, 불법적인 성행위와 함께 만물의 조화의 일부를 이루는 것이었다. 특히 이탈리아에서는 몇몇 귀족이나 배우의 아내 들이 남편과 별거하거나 남편에게서 완전히 해방되어 숭배자에게 둘러싸인 채 자유로운 여자로서의 생애를 보내고 있었는데, 이러한 생활이 소설의 세계에서만 가능한 것은 아니었다. 가난한 미망인들이나 소녀들도 엄청난 수의 호사가들로부터 그러한 생활로 연명할 수 있는 수단을 찾아내고 있었다.

　영국에서는 남편을 동반하지 않고서 대륙을 방문하는 귀부인들도 있었으며, 18세기에는 상식을 벗어난 이러한 성행위가 유행되고 있었음을 알 수 있다. 그러한 행위는 그 지방의 불순한 일기에도 불구하고 대낮부터 수풀의 그늘에서나, 또 공원이나 묘지에서 전개되고 있었다. 예를 들면 보즈웰[영국의 전기작가. 스코틀랜드 출신으로 새뮤얼 존슨의 친구이다. 전기 《새뮤얼 존슨의 생애》(1791)를 썼으며, 그의 일기가 20세기에 출판되어 위대한 일기작가로 꼽히게 되었다]은 자신의 일기 속에서, 1760년경 런던의 풀밭에서 연달아 시도했던 봄날의 무훈을 이야기한다. 사회적·물질적인 장해에도 불구하고, 많은 불륜의 시도가 그 목적을 달성하고 있었다. 상대 여자가 창부로 한정되지는 않았다. 많은 양가에서는 젊은 주인에 대한 하녀의 성교육이 거의 공공연하게 행해지고 있었다. 거기다 젊은 주인은 코벤트 가든(영국 런던에 있는 광장. 3백 년 이상 런던의 중요한 과일·화초·야채 시장이 이곳에 있었다)의 아케이드 아래에서, 지나가는 여성으로부터 상냥하게 그것도 무료로 첫 성경험을 가질 수 있었다. 그러한 특별대우의 은혜를 입었던 한 사람인 윌리엄 히키의 지적에 따르면, 성실하기 짝이 없는 60대 노인들까지도 부족할 것이 없는 부부관계를 유지하고 있으면서도 공인된 정부를 가져야 한다는 귀족의 풍습을 추종하고 있었다. 아마 그들은 규격적이지 않은 사랑의 쾌감에는 그 나름대로의 매력

호가스의 《전》과 《후》(동판화)

이 갖추어져 있다고 생각하였을 것이다. 계몽주의 시대의 리옹에서는, 어느 점원이 14세에 시작하여 그 횟수가 25회를 넘는 자신의 정사를 기록하였다. 스탕달은 그르노블의 중앙학교 시절에 레스티프 드 라 부르톤을 읽은 젊은 자유사상가로서 여자를 사기도 했지만, 저널리스트로서 공화파 활동가이기도 한 역사교사를 갖게 될 것이다.

이런 종류의 증언에 대한 무조건적인 일반화에 주의를 기울여야 한다. 18세기의 이탈리아 여성들 모두가 카사노바를 만난 것은 아니다. 우선 부르주아나 민중들 사이에서 그녀들은 일반적으로 남녀의 구별이나 엄격한 금지규정에 복종하고 있었다. 몽테스키외와 브로스는, 아마도 그녀들의 정사를 지나치게 중요시한 듯하다. 그럼에도 그와 같은 여자들 가운데 귀족 사회의 시지스베이즘*의 기묘한 습관이 오랫동안 지속되고 있었다는 것은 특필할 만하다. 신분과 재산의 균형을 고려한 결과로 결혼의 증가를 가져온 이 풍습은, 여성의 품행에 대한 보호와 결부되어 있었다. 베네치아가 수많은 여자들을 오랫동안 중압적이며 집요하도록 깊은 창 안에 가두어 온 것과는 달리, 이 풍습은 여성의 덕을 보호한다는 귀찮은 일과 질투심 깊은 이면에서 애정이 없는 남편보다 행실이 좋은 애인으로부터 이루어지고 있었던 것이다. 바로크 시대의 이탈리아로 들어온 이러한 스페인의 풍습 덕분에 이탈리아에서는 배신에 대한 보복이 쇠퇴를 보이고 있었다. 그것은 또한 부부간의 도덕을 옹호하는 기풍에 있어서 특이한 방법이라고 할 수 있는 것이었다. 여하튼 오로지 여성들을 섬기는 이 기사들은 마님들을 언제나 가까이에서 모시면서도, 그리고 조심성스럽게 마님의 화장하는 장소에 있으면서도 노골적인 흥분을 느끼지 않는다. 그들 자신들만이 마님의 일상을 좌우할 수 있었음에도 밤만은 남편에게 양보해 버렸던 것이다. 그러나 우아하면서도 동시에 해학적인 이러한 습관은 유혹자의 역할에 공식적인 성격을 부여함과 동시에, 거기서 독을 제거하고 엘리트 집단 가운데 부부간의 성생활의 매력을 높이는 데 그다지 도움이 되어 주지 못했다.

* (sigisbéisme) 18세기 이탈리아에서 귀부인을 모시고 다니는 젊은 기사나 애인으로서 신변을 보살피거나 배려하는 풍습. 스탕달의 《파름의 수도원》 제1장에 그것에 대한 기술이 보인다.

매춘부와 손님

근대 매춘의 역사는, 대략적인 개관이나 단편적인 연구의 단계를 거의 넘어서지 못하고 있다. 게다가 매춘의 역사에는 사회적이거나 성적인 면에서 그에 합당한 중요성이 부여되어 있지 않은 듯하다. 중세 문명은 그 말기에 도시와 시골에서 우범지역에 대한 조직정비를 행하였는데, 중세 문명의 유산으로서 매춘 제도는 관헌의 강화된 탄압에도 불구하고 구체제하에서 그 명맥을 유지하고 있었다. 실제로 종교개혁의 시대와 등을 돌린 이면의 세계에서, 마르세유와 디종의

코레조의 《목욕탕》(뒤러와 동시대의 화가)

관리들은 매춘부의 주거를 행정관들이 보살펴 주도록 배려하였고, 또 1528년 아미앵 대성당의 종루에 화재가 발생했을 당시 매춘부들이 화재 진압에 가담함으로써 모든 이들이 이 사실에 만족하고 있었다. 확실히 가톨릭의 지도자들은, 항상 매춘가나 공중탕 등에서 볼 수 있는 필요악을 절대적인 죄로 금지하지 않도록 하고 있었다. 게다가 몸을 망친 여자들이 있는 다소 비합법적인 이러한 매춘가를 완전히 소멸시키는 일은 결코 할 수 없었다. 그러나 이러한 장소에 대해서는 정부의 엄한 단속이 있었다. 예를 들면 프랑스는 1560년의 칙령 이래 매춘가의 영업을 엄금하고 있었다.

아마도 이같은 법적 조치는, 그 무렵에 창궐하던 매독에 대항하여 풍기단속을 꾀하려는 의도와 연결되어 있었을 것이다. 이같은 조치가 강구되었음에도 불구하고 16세기의 어르신네들과 17세기의 사교계 인사들은 지속적으로 매춘부들의 색향에 빠져 있었고, 매춘부들은 자신의 집에서나 혹은 기타의 특별한 장소에서 몸을 팔고 있었다. 몽테뉴나 브랑톰이나 벨레*가 베네치아나 로마를 언급할 때면, 그녀들에 대해 거침 없이 이야기하고 있을 정도로 르네상스 시대 이탈리아의 매춘부들은 명성을 떨치고 있었다. 매춘부들은 각기 종류에 따라 두 그룹으로 나뉘어진다. 한쪽은 〈고상한〉 여자들로, 다른 한쪽은 〈거리의 여자들〉로 불려지고 있었으며, 이들은 매춘가의 술집에 출입하는 여자들이었다. 후자는 때로 오스만 제국에서 흘러 들어온 여자들이었거나 전란으로 도시가 약탈되었다든가, 혹은 단지 도시의 빈곤 탓으로 몸을 버린 여자들이었다. 역대 교황의 도시에서 1600년경 매춘부의 정확한 숫자가 1천여 명에 달하였고, 이 숫자는 주변의 농촌이 경제적인 위기를 맞이하면서 더욱 증가하고 있었다. 그들은 대낮부터 정화의 대상이 되었고, 이러한 움직임은 비단 프랑스에만 국한된 일은 아니었다.

* 1522-60. 프랑스의 시인. 피에르 드 롱사르와 함께 〈플레야드〉로 알려진 문학동인을 이끌었다. 플레야드파의 선언문 《프랑스어의 옹호와 선양 La Défense et illustration de la langue française》(1549) 을 써서, 프랑스어가 적어도 이탈리아어와 동등한 수준의 근대문학을 낳을 수 있다고 주장했다. 루아르 계곡의 귀족가문에서 태어났고 사촌인 장은 유명한 추기경이자 외교관이었다. 푸아티에와 파리에서 법률과 고전문학을 공부했고, 이탈리아 시인인 페트라르카의 시에서 영감을 얻어 1549-50년에 최초의 소네트를 발표했다. 1553년 외교사절이 되어 장과 함께 로마로 갔다. 이 무렵에는 이미 종교를 주제로 한 시를 쓰기 시작했지만, 바티칸에서 경험한 궁정생활은 그에게 환멸을 안겨 준 것 같다. 그는 《로마의 고적 Antiquités de Rome》에서 종교적 주제 대신 고대 로마의 사라진 영광을 읊었고, 가장 훌륭한 작품인 《회한 Regrets》은 우울한 풍자시대이 두 작품은 그가 프랑스로 돌아온 뒤 1558년에 발표됨). 평생 동안 건강이 나빠서 고생했고 이따금 귀머거리가 되곤 했다. 내향적이고 근엄한 표정을 짓고 있는 그의 초상화는 오로지 예술에만 헌신하는 사람이라는 인상을 강하게 풍긴다. 조국을 진정으로 사랑하여, 프랑스가 어떤 나라와도 견줄 수 있는 훌륭한 문학을 가져야 한다고 결심했다. 프랑스어로 최초의 송가집과 최초의 연애 소네트를 씀으로써 프랑스 문학에 새로운 형식을 도입했다. 대외적으로는 16세기 영국의 서정시인들에게 영향을 주었고, 에드먼드 스펜서는 그의 일부 작품을 번역

하여 《슬픔 *Complaints*……》(1591)이라는 제목으로 출판했다.

프랑스는 귀족들의 성적 방종에도 불구하고 실제로는 더욱 강화된 탄압이 철저히 행해지고 있었다. 연극이나 혼욕탕이나 사우나가 차례로 습격당하였다. 프랑스는 이른바 제네바(칼뱅주의)의 엄격한 방침에 대한 응답이라고 할 만한 1560년의 법령을 토대로, 클레멘스 7세(1523-34 재위) 이래의 역대 교황들의 시도를 뒤쫓고자 하였다. 이러한 시도는 매춘부들에게 더욱 많은 조세를 부과한다든가, 그렇지 않으면 거룩한 도시에서 그녀들을 내쫓는 것을 목표로 하고 있었다. 하지만 트리엔트 개혁은, 그녀들을 일정한 구역으로 수용하는 것조차 성공시키지 못했다. 그만큼 로마의 수많은 시민들이 다양한 이유로 그녀들과 연

중세 프랑스 娼家(창가)의 목욕탕 풍경

류되어 있었던 것이다. 이에 반해 오를레앙에서 소집된 삼부회가 왕정에 결의를 요구한 결과, 파리에서 매춘가는 폐쇄되었다. 매춘가의 여주인과 매춘부 들의 반대에도 불구하고 수도의 매춘가는 모습을 감추었고, 따라서 매춘은 지하로 숨어 들어갔다. 그렇지만 매춘은 예를 들면 군대에서 존속하고 있었기 때문에, 1579년의 법령은 아무런 효과를 거두지 못하였다. 공식적으로 추방된 매춘은 엄한 추궁을 받았지만, 실로 다양한 환경과 장소에서 더욱더 확산되어 가고 있었다. 이를 목격한 당시의 사람들 대부분은 로마에서는 매춘이 지속되고 있고, 개혁중인 베를린에서도 매춘을 묵인한다는 방침을 세워 놓고 있었던 반면에 프랑스에서 매춘이 폐지되었다는 사실을 유감으로 여기고 있었다.

주지하는 바와 같이 성에 대한 근대의 탄압은 매춘부의 사냥으로 조장되고 있었다. 예를 들면 17세기의 프랑스에서, 매춘부들은 다른 질나쁜 여자들과 함께 여자 감화원에 수감되었다. 주로 갱생용인 이들 시설은 오히려 감옥과 흡사하였다. 이어서 매춘부들은 거지와 함께 일반 의료형무소로 들어가야 했다. 이리하여 아메리카행 빈방이라 불리던 살페트리에르 병원(루이 14세에 의해 〈가난한 자의 종합병원〉으로 세워졌으나, 훗날 매춘부나 여성 범죄자를 강제 수용하는 시설이 부가되었다)은 파리 매춘부들에게 있어서 공포의 대상이 되었다. 계몽주의 시대에는 매춘부들이나 우범지역들, 그리고 매춘이나 사치스러운 시설이 증가 추세를 보이고 있었음에도 불구하고 경찰은 변함 없이 시대에 뒤떨어진 각종 금지사항을 형식적으로 강요하고 있었다. 그것은 선술집에서부터 가구가 딸린 방에 이르기까지, 또한 도회의 주연에서부터 시골의 축제 소동에 이르기까지, 구체제하의 도처에서 행해지던 방탕의 구조적 성격에 대한 무지를 드러내고 있다. 실제 이러한 매춘의 확산을 각지의 왕후 궁정이나 그 수도만으로 한정시키는 것은 적절치 못한 것이다.

르네상스 시대의 프랑스에서 매춘은 샹파뉴 지방의 전역에 걸쳐 나타나고 있었다. 근대 유럽의 다른 곳에서와 마찬가지로, 이 지방에서도 닥치는 대로 손님을 끌어들여 하루벌이를 하는 여자들이 있었다. 그녀들은 아마도 시골의 사생아 탄생에 상당한 원인을 제공하였을 것이다. 또한 이 여자들은 욕거리를 제공하고 있었을 뿐만 아니라, 음란성에 있어서 확실한 평판을 얻고 있었다. 거기서 일반인들은 이러한 여자들을 습격해도 벌을 받지 않는다고 생각했다. 게다가 트루아의 매춘가는 변함 없이 평민들 생활권에 친숙한 장소들 중의 하나였다.

도시의 매춘가는 그 근처에 가구가 딸린 방이 비치되어 있었고, 거기서 예배당의 관리사제들은 흔한 이름의 매춘부들과 끊임없이 동침하고 있었다. 매춘부들은 또 아내에게 질린 시골 사람들을 맞이하고 있었다. 16세기 초기에, 이상에서 살펴본 매춘부는 하나의 사회적 기능을 담당하였다고 할 수 있다. 서구의 도시가 변함 없이 상당수의 독신 남성을 껴안고 있는 이상 매춘부는 그 역할을 계속할 것이다.

시골의 매춘부는 때로 명백한 첩의 역할을 하고 있었다. 예를 들면 잔이라는 이름의 여자는 1515년경 샤방주(샹파뉴 지방 오브 주의 마을)에 있던 은그릇 직인의 하녀였는데, 그후 샤플렌(샹파뉴 지방 마른 주의 마을. 오브 주의 경계와 가깝다)의 영주 애인이 되었고, 마지막에는 앙쿠르(마른 주의 마을)의 예배당 관리사제의 정부가 되었다. 그녀의 이같은 남성 편력은, 그 성직자의 성적인 위력을 과시함으로써 많은 여자들이 그에게 빠지게 되었고, 드디어 이 매춘부를 둘러싸고 크게 난투극이 벌어지는 지경까지 발전했던 것이다. 15년 후에는 다른 매춘부가, 라동빌리에 사제와 봄의 한 주일을 수도원의 어느 방에서 보내고 있었다. 이 방에는 트루아의 사교가 때때로 놀러와 머물고 있었다. 여자는 장난이 지나쳐 침대의 비단 커튼을 한 조각 잘라 가지고 가버렸다. 그리하여 프랑수아 1세(1515-47 재위) 시대에는 시골이든 도시든 매춘은 일상생활에 항상 수반되는 것이었다. 트루아의 창가나 도시 사람들의 왕래가 잦은 감독교회원 성벽 부근에서 매료된 샹파뉴의 젊은이들은 용감히 뛰어와 쾌락을 추구하고 있었다. 1499년, 남부럽지 않은 피혁제조 직인으로서 유부남이었던 어느 남자가 한 매춘부를 유괴하기에 이르렀고, 푸줏간집 주인은 줄지어 늘어선 조잡한 화장실에서 여자를 능욕하고 가지고 있던 물건마저 빼앗아 버렸다.

이렇듯 혐오스러운 이야기는, 일반적으로 르네상스 시대의 매춘을 지나치게 미화시키려는 진부한 두루마리 그림을 올바르게 보여 주는 효과가 있다. 실로 대중적인 현상으로서 엄청난 매춘부들은, 빈곤으로 인해 다양한 금기사항을 위반하면서 어쩔 수 없이 밤마다 길거리에서 남자들의 소매를 끌어당기고 있었지만, 세련된 남자들만을 상대하는 것이 그녀들의 첫번째 일은 아니었다. 이탈리아에서는 그녀들의 생활을 둘러싸고 문학적인 신화가 다양하게 취급되는 사태에 이르렀다. 거기서도 역시 그녀들은 매춘가의 창녀나 길거리 창녀의 애처로운 처지에 괴로워하고 있었다. 그녀들은 포주나 여주인에게 경멸당하고, 두들겨

맞거나 목을 졸리면서 뚜쟁이 여자가 되는 이외에는 비참한 노경에서 피할 수 있는 방도가 없었다. 사실상 몽테뉴에 의하면, 베네치아에서 베로니카 프랑코라는 앙리 3세를 상대한 바 있는 여자와 키스를 하는 데는 5에퀴, 동침하는 데는 50에퀴가 필요하였다. 그보다 50년 전에 피렌체에서는, 어느 독일인이 유명한 튈리아 다라고나를 하룻밤 독점하는 데 1백 에퀴가 필요하였다. 분명 그 계산이라면, 단 한번의 키스로 한 하녀의 6개월분 급여를 벌 수 있었던 그 여자는, 호화스러운 주택에서 화려한 생활을 하면서 10명 정도의 하인에게 둘러싸여 산보할 수 있었다.

하지만 그러한 여자들은 대개 다양한 모욕의 대상이 되어 있었다. 때로는 노란색 베일이라든가 표시된 의상을 입도록 강요당하였다. 피우스 5세(1566-72 재위)* 당시, 로마나 베네치아의 매춘부들은 긴 비단 의상으로 사람들의 눈길을 끌고 있었다. 그러나 그녀들은 고루한 패거리로부터 크게 욕을 얻어먹으면서 양가의 자녀식으로 몸을 단장하고, 이러한 격리생활에서 도망치는 방법을 터득하고 있었다. 진주의 착용은 변함 없이 그녀들에게 금지되었지만, 수단 의상과 자수가 곁들인 속옷으로 그 나름대로의 멋을 부릴 수 있었다. 특히 겨울에는 겉에다 길고 입기 편한 모피를 보란 듯이 걸치고 있었으므로 매우 멋스럽기까지 하였다. 당시 사람들은 그녀들의 몸단장에서 고급창부와 일반적인 창부 사이의 사회적 지위의 차이를 발견하고 있었다. 사람들은 남성용 웃옷에 짧은 바지를 입은 자유분방한 이들 여성들을 보고 두려움을 느끼고 있었다.

* 1504-72. 1712년 5월 22일 성인으로 추증되었으며, 축일은 5월 5일. 교황. 금욕주의자·개혁자로서 이단자들을 가차없이 박해했다. 그가 교황으로 재위한 기간은 로마가톨릭 교회사에서 냉혹했던 시기로 손꼽힌다. 그는 종교재판소를 통해 이탈리아에서 일어난 프로테스탄트 사상을 뿌리뽑는 데 성공했고, 트리엔트 공의회(1545-63)의 법령들을 실행에 옮겼다.

16세기의 유럽에서 이러한 여자들을 볼 수 있는 곳은 이탈리아뿐만이 아니었다. 예를 들면 외국 여행객들은 바야돌리드(스페인의 카스티야 라 비에하 지방의 주)에서 이렇듯 많은 여자들을 볼 수 있었고, 매춘부의 활동을 공식적으로 규제하거나 뚜쟁이 여자들의 행동을 제한하려는 여러 가지 노력이 그 여행객들의 기록에 나타나고 있다. 카스티야의 모든 매춘부들은 집에서나 길거리에서 첩이나 경찰의 끄나풀이 되었고, 펠리페 2세(1556-98 재위)의 시대 이래로 악한소설식 세계의 일익을 담당하고 있었다. 프랑스에서는 매춘부들이 지하에서 살아남을 수밖에 없었지만, 앙리 3세 시대는 프랑수아 1세 때와 마찬가지로 종종 보스들에게 지배받는 파리의 매춘가들이 북적거리고 있었고, 거기서 매춘부들과 난봉꾼들이 거리낌 없이 뒤엉켜 있었다. 1580년에는 옛 탕플(왕실 감옥으로 사용되었던 파리의 건물) 거리 밖에 있었던 이런 종류의 건물 벽에, 금칠된 나무 십자가상이 불쌍하게도 물받이 가까이에 붙여져서 〈기둥서방〉이라 불리고 있었다. 이러한 풍조 속에서 구교동맹파의 어느 추기경은 태연히 이단을 창부라고 일컬었으며, 정치에 민감한 레투알은 위그노의 종교보다 매춘부를 방문하는 쪽이 숫자적으로 훨씬 앞선다고 보았다. 실제로 접대업이 앙리 4세의 궁정에 뿌리를 내렸고, 세간에는 이에 대한 옹호자들이 충분히 존재하였기 때문에 신자들이 창부들의 회개를 상대하지 말아야 한다고 그는 생각했다. 1611년 봄에 고등법원장은 매춘의 공공연한 용인에 대한 그의 올바른 태도를 비난하였지만, 그러한 비난은 별다른 효과를 거두지 못하였다. 이렇듯 매춘은 수도 당국의 최상층으로부터 보호를 받고 있었다.

당시의 영국도 같은 추세를 보이고 있었으며, 탄압 시도로 시작되어 방임이라는 승리로 끝나고 있었다. 프로테스탄트가 승리를 거두고 있던 열기 속에서 런던의 창가와 여자 포주들에 대해 어떠한 조치가 내려졌는가는 누구나 다 알고 있는 사실이다. 때로 사람들의 눈길을 끌기 위해 성직이라는 간판을 내걸었던 매춘시설들은 원칙적으로 이러한 방식으로 폐지되지 않았다. 한편 당시의 도시 주변에서 번지고 있던 미증유의 부패로 인해 한번 몸을 버린 아가씨들은 곧장 나쁜 곳으로 전락해 갔다. 17세기 초기의 브라이드웰 감화원에 수용된 여자들은, 귀족이나 관리자와 결탁하여 매춘시설을 호사스러운 무허가 매춘가로 감쪽같이 바꾸었다. 따라서 엘리자베스 왕정은 수도에서 정식으로 인정받지 않은 매춘에 탄압을 가하고 있었지만, 그 확산을 저지시키지 못했다. 1600년의 유럽에서 매춘이 비약적으로 발전한 증거로서, 유방을 드러낸 창부의 색기나 뚜쟁이 여자의 기쁨을 그려내던 르네상스 시대의 이탈리아나 프랑스, 혹은 플랑드르나 독일의 많은 그림에 이어서 안트웨르펜의 헤메센과 같은 마니에리스모 양식의 화가들은 오로지 매춘가만을 작업의 대상으로 삼고 있었다. 이 작품들 속에는 사실주의와 가라앉은 슬픔이 드러나 있으며, 이러한 인상은 음란한 노인이나 노예상의 그림에서도 나타난다. 다시 말해 그 화가들은, 이른바 성서에서 제재를 빌려 성의 비열함을 표현하고 있다.

그러나 17세기에 있어서 이렇듯 비열한 행위는, 다양한 신학자들의 매도와 규탄의 대상이었음에도 불구하고 성관계의 상당 부분을 지배하고 있었다. 카라

바조(그가 주로 사용한 혁신적인 명암법은 바로크 회화의 주요 특징이 되었다. 그는 종교적인 주제를 이상적으로 표현하는 전통을 경멸하고, 거리에서 소재를 취해 그것들을 사실적으로 그렸다)로부터 스트라델라에 이르기까지 이탈리아의 많은 예술가들이 도박이나 가무·매춘을 전업으로 하는 시설에 드나들고 있었다. 먼 폴란드에서조차 높으신 양반들의 첩이나 부르주아와 정을 통하고 있는 상당수의 귀부인 들이 문자 그대로 거리의 집으로 줄을 서서 들어가고 있었다. 그곳에서 속옷 차림의 여자들이 증류주를 들이키는 남자들 사이를 태연한 얼굴로 돌아다니고 있었다. 이러한 광경은 자연스럽게 루이 14세 시대의 네덜란드로 확산되어, 항구라는 항구는 선원을 상대하는 접대업에 알맞은 술집으로 흘러넘치고 있었다. 헤이그에서는 매춘부들이 대낮부터 삼림공원에서 일을 하고 있었고, 때마침 암스테르담에서는 손님 고르는 취미가 시작됨으로써 경찰의 암묵적인 동의로 매춘시설의 조짐이 엿보이기 시작했다. 이러한 매춘가는 1680년대의 음란한 몽상 속에서도 대단히 커다란 비중을 차지하고 있었다. 따라서 셰익스피어 시대의 런던에서는 현실적으로 매춘이 만연하고 있었다. 대극작가는 이러한 현실을, 코르네유가 1646년 《테오도루스》에서 행한 방식보다 훨씬 대담하고 솔직하게 무대 위에 올린 바 있다. 게다가 《법에는 법으로》나 《페리클레스》의 매춘가 남녀 포주의 방식은 역겹기는 하지만, 귀족들의 음란한 거래와 별다른 차이가 없었다. 데커(극작가·산문논평가. 런던 생활을 생생하게 묘사하였다)나 미들턴의 연극은 매춘부들의 농간을 애써 비난하고 있지만, 그것은 오히려 16세기 이탈리아의 희극이나 플레야드파 작가들(조아생 뒤 벨레·장 도라·장 앙투안 드 바이프·레미 벨로·피에르 롱사르·퐁튀스 드 티야르·에티엔 조델)이 이미 취급하고 있던 주제로서의 인기를 보여 주는 것이다.

여기서는 성인군자의 섬나라에서 그러한 주제가 사회적으로 인기를 끌면서 확산되고 있었다는 사실을 확인할 수 있으며, 매춘가가 그 군자들의 손으로 파괴되지 않는 한에서 런던의 견습공 패거리들이 그곳을 뻔질나게 출입하고 있었다. 견습공 패거리들은 또한 자신들의 급료를 털어 매춘부를 데리고 수도의 가설극장을 드나들었는데, 이 가설극장은 청교도 당국의 손으로 1642년 폐쇄당했다. 흥행주들은 재허가를 얻기 위해, 이후부터 매춘부들에게 6펜스 되는 좌석의 착석을 금지하겠노라고 엄숙히 약속하고 말았다. 사실 그녀들이 연극을 보러 온 것은 오로지 방탕한 젊은 직인들을 우려내기 위한 것이었다. 여행자들이나 오랜 재판기록들은 수도에 있던 몇몇 매춘시설에 대한 평판을 기록하고 있는데, 그곳에 있는 스타와의 단 한번의 만찬 비용이 1600년 무렵에는 신사 1인당 20파운드에 달하였다. 시골에서 볼 수 있었던 이러한 악습은, 청교도 혁명 후에도 살아남아서 1664년 여름 피프스는 창부를 사러 달려가고 싶다는 기분을 억제키 어려울 정도였다. 그녀들은 너무나 예쁘면서도 남자에 대해 지나치게 약삭빠르고 계산에 밝았으며, 플리트 골목길을 지나가는 통행인들에게 실로 상스럽게 몸을 제공하고 있었다. 가톨릭 색채가 매우 짙은 스페인에서, 적어도 마드리드에서 이같은 광경을 볼 수 있었다. 스페인에서 매춘가는 원칙적으로 1632년에 금지되어 있었지만 20년 후에는 무려 1천 곳에 달하였고, 1661년에는 창가의 매춘부를 투옥하는 일은 단 한 차례도 실행되지 않았다. 당시 이 나라에서 힘을 지닌 매춘업의 여주인들이 관리하는 세계의 폭은 잘 알려져 있는 바이다. 게다가 악한소설적인 세계의 이러한 요소에 대한 메커니즘이 커다란 기능을 발휘하고 있었다. 메커니즘의 핵심은, 펠리페 2세의 통제를 받으면서 정기적으로 의사의 진찰을 받았던 창가의 여자들이었다. 그녀들은 특별한 몸치장을 하고 있었으며, 부활제 前주간은 돈벌이를 할 수 없었고, 사순절 설교에도 참석할 수 없었다. 본디 그것으로 그녀들이 참회하는 경우는 좀처럼 없었지만. 아라곤에서는 이러한 여자들과의 동침료가 두 배에 달하였다. 그녀들이 모여 있던 세비야와 발렌시아의 특별지구가 유명했다. 그곳은 교회보다 더욱 붐비었고, 사람들은 맨 앞줄에 서고자 재판소에서와 마찬가지로 창가 입구로 우르르 몰려들었다. 요금이 싼 만큼 이러한 매춘가는 번영을 보증받고 있었다. 1560년 톨레도에서는, 매춘가에 뻔질나게 드나들어도 직인 한 사람당 기껏해야 그날 벌이의 5분의 1밖에 들지 않았다.

이와 같이 특수한 환경은 별도로 치고서도, 길게 옷자락을 끄는 여자들로부터 고용된 노파나 분명히 기둥서방을 대동하고 걸으면서 상인의 마님이라든가 양가의 마님이라고 자칭하는 여자들에 이르기까지, 수많은 자료에서 그들 사이의 하나의 서열이 나타난다. 스페인의 소설이 하이힐을 신고 상쾌하게 활보하면서 사람들의 눈길을 끄는 바람난 여자들을 한층 뛰어난 매력으로 감싸고 있는 것도 납득할 만한 것이다. 여성 혐오자였던 케베도 이 비예가스는 사랑의 풍자에서 가장 눈에 띄는 확증을 보고 있었다. 동시기 생 타망*이나 렝장드와 같은 시인들이 있었던 프랑스의 바로크 詩(시)는, 나쁜 곳은 나쁜 곳 나름대로 의의가 있다는 존엄성과 창부들의 추문을 노래하고 있었다. 이 시인들은 엘리트의 일부분이 이러한 여자들과 함께 살고 있었던 어느 사회의 현실과 소망을 표현하고 있었다. 리슐리외 시대(1624-42)의 아카데미 회원들은, 문자 그대로 처녀를 보여 준다는 대가로 창가의 여주인에게 금화 한 냥을 약속하고 있었고, 더욱 비참했던 시인들은 결혼에 이르기 전에 건달들과 다투면서 그라빌리에 거리의 街娼(가창)을 상대로 자신들의 욕구를 채우고 있었다. 1635년부터 1665년에 걸쳐 파리 시장의 형사대리관이었던 자크 타르디외는 매춘부들을 보호하는 역할을 담당하면서, 그 매춘부들과의 불가피한 관계를 지속하고 있었다. 1640년 무렵, 어느 유력한 법률가 가문의 시조로서 대재산가였던 카뮈 노인은 80세가 되어서도 변함 없이 처녀들의 뒤를 쫓아다녔다. 그 노인은 미술관보다도 매춘부들을 만나러 갔던 귀족들을 모방하고 있었으며, 한편 파리에서는 고급창녀들이 세도를 누리면서 재산을 쌓아 이름을 날리고 있었다. 예외적인 이러한 성공은 적어도 지배계급 속에서 매춘이 뿌리를 뻗어가고 있었다는 것을 증명한다.

* 1594-1661. 프랑스의 시인. 17세기초에 활동한 가장 독창적이고 흥미로운 시인 가운데 한 사람이며, 아카데미 프랑세즈의 초대 회원이었다. 초기 시는 식탁과 술집에서의 즐거움을 사실적으로 유쾌하게 묘사한 것이 많다. 후원자인 다르쿠르 백작과 함께 오랫동안 해외여행을 한 경험은 《알비옹 Albion》(1643)과 같은 작품에 반영되는데 영웅시를 모방한 이 작품은 영국을 방문한 뒤 환상에서 깨어난 경험을 이야기하며, 런던의 극장들을 자세히 묘사하여 유익한 정보를 제공하고 있다. 그의 《우스꽝스러운 로마 Rome ridicule》(1649)는 나중에 폴 스카롱이 발전시킨 익살시(burlesque poems. 진지한 주제를 익살스럽게 다루는 풍자시의 일종)의 양식을 처음으로 보여 주었다. 개신교도였지만 말년에 로마가톨릭으로 개종했다. 성서를 주제로 한 서사시 《구원받은 모세 Moïse Sauvé》(1653)는 전반적으로 수준이 고르지 못하지만 힘차고 생생한 구절들을 포함하고 있다. 그는 평생 동안 호의적인 평판을 누렸는데, 뒤늦게 영향력 있는 평론가 니콜라 부알로의 조롱을 받았고, 그뒤 그의 작품은 2세기가 넘도록 무관심 속에 묻혀 있었다. 오늘날의 학자들은 그를 17세기 전반에 활동한 바로크 시인 가운데 가장 숙달된 솜씨를 보인 대표자의 한 사람으로 평가한다.

매춘은 수도뿐만 아니라 지방에서도 볼 수 있었다. 루이 14세 시대에는, 신앙이나 공중질서를 염려한 나머지 사법경찰 당국은 거리의 여자들에게 탄압을 가하지 않을 수 없었다. 간단한 방법으로 돈벌이를 하였던 사람들은, 교외의 생탕투안에 살던 집시여성들 외에도 자택에서나 끽연 클럽, 나아가 흔한 장소로 평민 동네의 사람들이 모이는 곳에서 독자적으로 매춘을 하였던 여자들이나 조직의 여자들이었다. 여자들을 둘러싼 그물과 같은 일당 조직이나 애호자 조직은, 당국이 풍속 교정을 이유로 매춘을 억압하던 시기에 성적인 방종의 은연한 위력을 과시하고 있었다. 당시 외진 마을과 거지들의 증대로 성풍속은 더욱더 어지러워져 가고 있었던 것이다. 일할 곳이 없던 여자들은 빈곤으로부터의 탈출을 위해 반드시 성적인 분방함을 추구하면서, 자신들의 거처를 환락시설로 바꾸었다. 예를 들면 1660년의 아미앵에서 그러한 여자들을 볼 수 있는데, 거기서는 직인이 기둥서방으로서 아내에게 피할 수 없는 운명에 대해 체념하도록 설득하면서 주인님들의 무료함을 달래 주고 있었으며, 그러한 단정치 못한 품행에 높은 가격을 매기고 있었다. 같은 시기 노르망디 지방에서 위그노파의 종교회의가 열리는 동안 구교측의 여인숙에 뛰어든 마부가 제일 먼저 하는 일은, 근처에 있는 어린 성직자를 불러 손쉽게 다룰 수 있는 여자를 데려오도록 부탁하는 것이었다. 17세기 말엽에는, 크든작든 교묘하게 조직된 이러한 매춘이 퀘벡의 병영 주변이나 몬트리올의 싸구려 술집에서 번성하고 있었다. 물론 베르사유 주변도 예외는 아니었다. 궁정의 대귀족들, 즉 뤽상부르 공작으로부터 방돔 공작에 이르기까지, 그리고 오를레앙 공작으로부터 루이 14세의 왕자에 이르기까지, 그들은 관청이나 항구에서의 기분풀이를 위해 창부를 거느리고 있었으며, 그 창부들은 그들로부터 받은 대가로 만족해하고 있었다. 따라서 1700년 무렵 파리 경찰의 조서나 보고서 속에는 창부들의 난잡한 행위나 기둥서방과 고객들 사이의 분쟁, 그리고 화류계 여성들의 모험담이나 단골고객 등에 대한 글이 가득 차 있었다. 게다가 이러한 활동을 어느 정도 묵인해 주는 고등법원도 있었다. 왕정복고기[1660-88]의 런던에서부터 18세기의 프랑스 지방도시에 이르기까지, 가설극장의 아래층 뒷자리는 자주 깃털장식을 단 여자들에게 손님을 찾는 절호의 장소가 되었을 것이다.

계몽주의 시대에는 실제로 도회에서 매춘이 확산되어 공공연히 행해지고 있었다. 당시의 사회에 대한 훌륭한 기록자로서 메르시에는, 1780년대의 파리의 모습 중에서 오페라좌의 무용수들이나 창부들의 잡다한 양상을 잊지 않았다. 그 천한 직업은 길거리 매춘부에서 고급매춘부와 첩까지의 등급을 거느리고 있었다. 거기에는 〈번쩍거리는 마차를 타고 상쾌하게 롱샹으로 달려가는 거만한 창녀들〉이나, 〈밤이면 밤마다 길거리 모퉁이에서 기다렸다는 듯이 소매를 끄는 여자들〉이 포함되어 있었다. 메르시에에 따르면 매춘부 숫자는 수도의 경우 3만 명에 이르고 있었고, 고급매춘부는 그 수치가 1만 명에 달하였다. 그는 그녀들의 수입과 유흥에 드는 비용이 연간 5천만을 웃도는 한편, 이 고귀한 무리들이 경찰에게 귀중한 밀고자의 원천이 되고 있다는 사실을 지적하였다. 피프스와 거의 비슷한 부르주아로서 디드로는, 이미 20년 전에 길거리에 늘어서 있던 이러한 여자들을 매도하고 있었는데, 그는 밤거리 매춘부로부터 청년시절에 위험한 매독에 감염되어 건강을 해쳤던 것이다. 18세기의 파리는, 매춘가를 운영하는 직인의 아내들에게 사회적 제재를 가하고자 체형과 추방형을 연달아 행하였음에도 불구하고, 매춘은 공전의 번영을 이루고 있었다. 이는 아마도 인구의 추이와 연관되었기 때문일 것이다. 바르비에 또한 1750년의 매춘에 대한 등급화를 기록하면서, 사실상의 묵인에 대해서 언급하였다. 우범지역의 여자들이 건강하고, 또 독자적으로 활동하는 여자들이 자기 방에서 조용히 자신의 직업을 수행하는 한에서 매춘을 묵인하여 주고 있었던 것이다. 당시 이러한 양상을 더욱 장식하고 있었던 것은, 상류 사회에 군림하는 화려한 정부들이나 여배우들과 함께 파리스 부인이 시작한 유명한 매춘시설이었다. 산전수전 다 겪은 이 여자는, 교외 생제르맹의 바뉴 가에 있는 대저택에서 12명이나 되는 젊은 아가씨들을 거느리고 상류층 인사를 맞이하고 있었다. 연극이 끝날 무렵, 사륜마차는 차례로 외국인 손님들을 그곳으로 안내하고 있었으며, 그들은 4리브라를 지불하고서 예쁘장한 아가씨를 상대로 프랑스의 영광을 칭송하며 야찬을 즐길 수 있었다.

계몽주의 시대의 유럽에서, 프랑스의 수도는 사실상 특권계급의 찌꺼기와 같은 사람들에게 있어서 환락의 도시라는 지위를 차지하기 시작하였다. 거기서는 귀공자들과 관계를 나누던 여자들이나, 재정가들이 쟁탈전을 벌이면서 교환하던 무용수들을 선망의 눈으로 주시하고 있었다. 이 가련한 여자들 가운데에서 가장 타락한 패거리들은 때로 일제 검거를 통하여 식민지로 방출되었고, 근처의 샹보르에서는 삭스 장군(오스트리아 왕위계승전쟁 때 프랑스군을 성공적으로 지휘한 장군·군사이론가)이 호화스런 창부들의 팔 속에서 숨을 거두었다. 1760년 어느 징세청부인의 정부이자 접대부였던 데샹은, 비치해 둔 가재도구의 일부를 생니케즈 가의 호사스러운 저택에서 경매하는 데 1주일이나 걸렸다. 게다가 오래 전부터 지배자들의 상당 부분의 생활은, 화폐의 사회적 상승과 매춘의 확산 사이에서의 관계로 확정되고 있었다. 매춘가의 감시에 관계된 풍부한 자료를 갖추고 있는 18세기 파리 경찰의 기록을 보면, 몸을 파는 미인들이나 기타 첩들의 행동으로 비추어 카사노바의 《회고록》이 전혀 환상은 아니었음을 알 수 있다. 리옹의 시중으로 모여들었던 이러한 여성들과 함께, 셀레스틴의 부둣가에 살았던 어느 목공의 딸은 지나가는 부유한 스페인 사관에게 14프랑에 자진하여 몸을 맡겼다. 그녀는 단 한번의 만남으로 직공 한 사람의 반달치 급여를 벌었다. 그러나 그러한 여자들이 있는가 하면, 매춘의 주된 인적 자원은 특히 일자리를 얻지 못한 여공들이나 하녀들이었다. 한편 매춘업자들이나 기둥서방들이 무시할 수 없는 도시의 폭력집단의 일부분을 형성하고 있었다.

이 시대에 있어서 지방의 매춘, 그것도 특히 낭트의 사례에서 볼 수 있는 사회적 고찰은 더욱 잘 알려져 있다. 루이 14세 치하와 마찬가지로 루이 15세의 치하에서도 그르노블이나 앙제와 같은 조용한 도시에서는 항상 매춘부에 대한 수요가 잠재되어 있었고, 이로 인해 남자 손님들이나 매춘의 중개조직이 존속하였다는 사실이 증명되고 있다. 낭트는 프랑스의 축소판으로서, 유력한 상인들에게 주거의 보살핌을 받는 첩에서부터 가난한 매춘부들에 이르기까지 전국적인 서열을 본받고 있었다. 이 제2서열에서 제1서열로 올라가는 일이 가능하였음에도, 잦은 임신으로 여주인에게 약점을 잡힌 젊은 매춘부들에게 있어서 이러한 형태의 신분 상승은 금지되어 있었다. 대부분이 시골 출신인 이들은 방정치 못한 품행 때문에 길거리로 방출되었지만, 해외를 향해 개방된 서부 지방의 이 대항구를 무대로 떳떳하지 못한 관계 속에서 1750년 이래로 도시 지역에서의 매춘의 번영을 몸소 보여 주고 있었다. 이러한 매춘의 번영은 부자의 부유화와 대중의 빈곤화가 야기하던 당연한 추세였으며, 이러한 경향은 우선 파리에서 대혁명의 초기에 현저하게 나타나고 있었다. 게다가 계속하여 자코뱅 클럽의 무익한 탄압의 시대와, 총재정부의 입안으로 나폴레옹이 성문화한 공인 창가의 조직화 시대가 도래하고 있었다.

매춘의 진전과 자본주의의 발달 사이의 이러한 결합(탄압과 자유의 영원함이라는 결착을 볼 수 없는 요인)을 기록하는 것은, 계몽기의 이탈리아에서 과거의 영광을 완전히 잃어버린 창부들의 교활한 모습을 기록하는 것 이상으로 흥미로운 일이다. 특히 베네치아에서 나폴리에 이르기까지, 이들은 옛날의 매력에 이끌려 변함 없이 찾아들던 외국인 여행객들을 완전히 실망시켰고, 그래서 여배우들의 방정치 못한 품행과 그 정사에 대한 평판이 매춘부들의 그것을 대체하고 있었다. 몽테스키외는 이와 같은 너무나도 약삭빠르게 닳고닳은 여자들보다도, 사교계 여자들의 마음을 돋구는 방탕함이 더 낫다고 생각하였다. 이에 비해 세계경제의 최첨단을 걷고 있던 18세기의 영국은 매춘에서도 선두를 달리고 있었다. 이러한 사실은 런던 생활의 어두운 부분을 알고 있던 사람들에 의해 1700년에 이미 지적된 바 있으며, 1770년에 수도 당국은 매춘부의 총수를 5만 명으로 산출하였다. 평민 아가씨들이 마땅히 일거리를 찾지 못하고 결국 매춘가로 흘러

들어가는 상황 속에서, 이 수치는 증가 추세를 보이고 있었다. 여기서도 매춘가의 여자들과 화류계의 스타들 사이에는 거리가 있었다. 전자의 여자들은 역겹고 음탕한 장소나, 쾌적한 전용시설로 모여들고 있었다. 다만 그녀들은 대륙의 경우와 비교해서 더한층의 대담함과 매력을 갖추고 있었다. 그러나 그녀들은 일거리를 찾지 못한 젊은이들과 함께 명백한 비행그룹을 형성하는 경우도 있었다. 후자로는 고급매춘부들과 공인된 정부들, 혹은 인기 있는 어여쁜 여자들이 완전히 귀족 사회의 일부를 형성하고 있었다. 그런 유명한 여자들 가운데 한 사람인 키티 피셔는, 남자나 금전에 대한 모욕적인 생각을 표명하기 위해 1천 파운드의 수표를 샌드위치에 집어넣어 먹는 행위를 펼쳐 보였고, 1766년에는 시골귀족과의 결혼을 통해 자선사업에 힘쓰는 등 그 품행을 고치게 된다. 그러나 그 조금 전에 레이놀즈(영국의 초상화가·미학자)는 피셔와 겨루었던 《넬리 오브 라이언》을 그려내면서, 잊기 어려운 방식으로 그 모습에 가라앉은 우수와 인간성을 남김 없이 쏟을 수가 있었다. 에머 해밀턴*의 전형적인 생애는, 프랑스 혁명기의 예술가들이나 문예보호자들, 그리고 권력자들이 얼마나 친밀하게 그녀들을 맞아들였는가를 보여 주고 있다. 이러한 태도는 혁명력 2년의 긴장과 결핍 속에서 파리 민중들이 그녀들에게 보여 준 혐오와는 대조적이었다.

* 1761경-1815. 영국 해군의 영웅인 호레이쇼(나중에 작작) 넬슨 제독의 정부. 대장장이의 딸로 1781년 찰스 프랜시스 그렌빌과 동거를 시작하고 스스로를 에밀리 하트라고 불렸다. 1786년 그렌빌은 나폴리 왕국 주재 영국공사인 삼촌 윌리엄 해밀턴이 자신의 부채를 갚아 준 데 대한 보답으로 그녀를 나폴리로 보냈다. 1791년 9월 6일 그녀는 해밀턴과 결혼했다. 종종 조지 롬니의 초상화 모델이 되기도 했던 아름다운 여인 에머는 이미 나폴리 사교계의 가장 매력적인 인물이 되어 있었으며, 해밀턴과 자신의 가까운 친구인 나폴리의 마리아 카롤리나 여왕 사이에서 외교 중재인으로까지 활약했다. 그녀는 넬슨의 함대가 시칠리아에서 물자와 식수를 얻기 위해 진입하자 이에 대해 나폴리의 허가를 받아냄으로써 나일 강 전투(1798. 8. 1)에서 넬슨이 프랑스군에 대승을 거두는 데 도움을 준 것으로 전해지고 있다. 그녀는 넬슨과 1793년에 만난 적이 있으나 나일 강 승리 이후 연인이 되었다. 1800년 영국 정부가 해밀턴을 소환하자 넬슨도 해밀턴 부부와 함께 영국으로 돌아왔으며, 영국에서 에머는 넬슨에 대한 자신의 영향력을 과시했다. 두 사람 사이에는 딸이 2명 있었는데, 그 중 1명은 어릴 때 죽었다. 해밀턴의 죽음(1803. 4. 6) 후에 그녀는 서리 주 머턴에서 넬슨과 함께 살았다. 그녀는 두 사람으로부터(넬슨은 1805년 10월 21일 트라팔가 해전에서 전사했음) 돈을 상속받았지만 대부분 탕진하고 빚 때문에 감옥에 가기도 했으며(1813-14), 무일푼 신세가 되어 망명중에 객사했다.

남색가(sodomiste)와 동성애자(homosexuel)

그리스도교 신학의 용어법이 고대와 중세를 통틀어 소도미(sodomy. 이 용어는 소돔이라는 도시의 이름에서 온 것인데, 그것은 소돔 사람들이 그렇게 성행위를 했으리라고 생각되었기 때문이다)라는 하나의 용어로서, 다양하기 짝이 없는 성행위를 구분하고 있었던 데에는 그럴 만한 이유가 있다. 사실 이 말은 부부간에서든 아니든간에 항문, 혹은 입으로 행해지는 교섭이나 동성끼리의 성교를 가리키는 것이다. 이러한 행위는 모두가 생식을 바탕으로 한 성의 유일한 목적에 어긋나는 것이었기 때문에, 이 죄를 범한 자는 화형에 처해지고 있었다. 예외적으로 자유롭게 자주 거론되는 것은, 15세기 소르본의 전문가였던 마르탱 르 메트르의 생각이다. 그는 괴팍한 이러한 취미를 단지 심신의 병으로 치부하였다. 주지하는 바와 같이 이러한 취미는, 어떤 세상에서든 상당수의 사람들에게 내재되어 있는 특유의 종류의 욕망으로 간주해도 틀림이 없다. 소도미에 물든 일단의 사람들은, 억압과 비웃음 속에서도 구체제하에서 색정의 지옥이라는 다양한 영역을 끊임없이 펼쳐가고 있었다.

정도를 벗어난 이와 같은 행위를, 악마에게 사로잡힌 탓으로 간주하는 설명으로 오랫동안 종교재판관들과 그 희생자들을 납득시켜 왔다. 예를 들면 13세기 이래로 이러한 성범죄는, 각 당파의 마술 탓으로서 카타르파*나 성전기사단(Templar. 십자군원정 때 생긴 종교기사단. 기사단원들은 청빈과 순결을 맹세했다)의 소행으로 이단에 그 이름이 열거되고 있었으며, 당시의 정황으로 보아 이것은 당연한 일이었다. 자백과 심문의 결과로부터 그려낸 악마의 夜宴(야연) 장면에서, 남색의 대주연은 곧 주요한 역할을 하게 된다. 그래서 마녀들은, 베아른이나 로렌에서 악마가 배후에서 자신들을 붙잡고 있다는 사실을 사형집행인들에게 고하고 있었다. 이러한 행위는 이따금 구체제하의 지방에서 존속하고 있었다. 17세기말에 물랭의 일개 포도주상이었던 세바스티앙 바리에는, 이 거리의 지인들 사이에서 추잡스런 명성을 획득하고 있었다. 그는 자연에 어긋나는 이러한 교섭을 강요한 혐의로 아내로부터 고소당했다. 그녀는 카푸치노 수도회의 고해사제로부터 사주를 받고 소송을 제기하였던 것이다. 이 소송사건은 이에 흥미를 느끼던 이웃들에게서 확인되었고, 그 결과 절름발이 암말까지도 성교에 이용하였던 남편은 이 암말과 함께 시장 광장에서 화형에 처해졌다.

* (Cathari) 12,3세기 서유럽에서 번성한 그리스도교 이단 종파. 카타르파는 新마니교의 이원론(세상에는 선과 악이라는 두 가지 원칙이 있으며, 물질세계는 악하다는 이론)을 믿었다. 그들은 사람이 악한 세상의 이방인이며 체류자라고 했다. 또한 사람의 목표는 본질상 선한 영혼을 자유롭게 하고, 하나님과 교감을 할 수 있도록 영혼을 회복하는 것이라고 했다. 고기를 전혀 먹지 않는 등 금식에 대한 규율이 엄격했고, 성관계를 금했으며, 세상의 것을 금욕적으로 철저히 포기해야 한다고 주장했다. 카타르파는 극단적인 금욕주의 때문에 특별한 사람들의 교회가 되었다.

전통적인 서구 문명은 이런 종류의 치외법권적인 행위에 대해 매우 엄격한 태도를 취함으로써, 아메리카 인디언의 신세계나 가장 앞선 동양 사회의 상층부에서 그러한 행위를 만나 혐오감을 느끼면, 그것을 악마의 소행으로서 엄히 처단하고 있었다. 그런데 그 서구 문명도 예술 속에서는 동성애를 찬미하고 있었다. 고전고대(고대 그리스·로마의 시대)가 전하는 소년에 대한 신들의 사랑 이야기에는 모두 동성애가 표현되어 있다. 가니메데스*의 아름다움은, 미켈란젤로나 루벤스에 의해 그 방면 애호가들의 눈에 보여지고 있었고, 한편 레오나르도 다 빈치의 뒤를 이은 카라바조가 세례 요한으로 분장한 남녀들을 성별의 구별이 어려울 정도로 뛰어나게 잘 그려내었다. 그러나 이러한 문화적 자료가 지니는 의미에 지나치게 매달려서는 안 된다.

* (Ganymedes) 그리스 전설에 나오는 트로이 왕 트로스(또는 라오메돈)의 아들. 뛰어난 미모 때문에 신들이나 독수리로 가장한 제우스, 또는 크레타 전설에 따르면 미노스에게 납치되어 술시중을 들게 되었다. 제우스는 그 보상으로 그의 아버지에게 죽지 않는 종마 1필(또는 황금 포도나무 1그루)을 주었다고 한다. 예로부터 그를 유괴한 사람은 그에게 강한 동성애 감정을 가졌던 것으로 생각되었다. 동성애 상대의 소년을 뜻하는 〈catamite〉라는 말은 그의 라틴식 이름(catamitus)에서 생겨났다.

16세기 남성 의상에서 볼 수 있는 코드피스*라는 남근을 두드러지게 하던 기묘한 풍습은, 異性愛(이성애)의 가장 솔직한 주장과 일치하는 것으로 여겨지고 있었다. 르네상스의 대귀족은 발기한 페니스를 상징으로 과시하면서, 여자의 목표를 무엇보다도 그 늠름한 힘으로 향하게 하고 있었다. 이 야성 그대로의 모습이 서서히 우스꽝스런 느낌을 부여하였던 것은, 플라톤의 가르침이 널리 행해진 것과 세련된 사교 모임 덕분이었다.

* (Codpiece) 15세기에 남성용 반바지의 가랑이 부분에 댔던 작은 주머니 모양의 부착물. 타이츠를 닮은 반바지에 다는 것이 보편화되었고, 승마용 바지나 일상복 바지와 함께 계속 착용되었다. 보다 일찍이 청동 시대에에게 해 지역의 남성들은 반바지나 타이츠 대신 벨트나 로인클로드에 좁은 코드피스 모양의 부착물을 달았다. 16세기에는 코드피스에 심을 대고, 보석류로 장식하기도 했다. 그러나 1580년에 이르러서부터 이를 착용하는 것이 비웃음거리가 되어 점잖지 못한 짓으로까지 여겨졌다. 이것이 사라진 뒤에 18세기까지도 승마용 바지의 앞잠그개에 코드피스라는 명칭이 붙었다.

그러나 그 사이에도 마니에리스모 양식의 미술은 동성애에 대해서 보다 솔직한 송가를 바치고 있었다. 예를 들면 전서구에서 모방하였던 알프스 저쪽의 예술은, 1500년경에 우선 남성의 성적 도착에 뒤얽힌 육체 묘사에 집요한 붓놀림을 시작하고 있었다. 이 반도의 문화는 또 문학에 있어서도 남색의 사회적인 실태를 표현하고 있었다. 레오나르도 다 빈치의 특수한 교우 몇몇은 그 방면에 있어서 유명한 사람들이었다. 자신의 특이한 생애에서 때때로 모델이 되어 주던, 남자인지 여자인지 알 수 없는 젊은이들에게 끊임없이 둘러싸여 있었던 그는, 풍기단속 당국으로부터 종종 감사의 표적이 되었다. 같은 나라 사람 첼리니(피렌체파의 조각가·금세공인·작가. 매우 뛰어난 마니에리스모 미술가이며, 자신과 당대의 이야기를 생생하게 묘사한 자서전으로 가장 주목받는 르네상스기의 인물 가운데 한 사람이다)는, 언젠가 예술가들의 제전에서 각각 한 명의 창녀를 바쳐야만 했던 장소에서, 소녀로 분장한 미소년을 데리고 들어가 자신의 정부라고 득의양양하게 과시한 바 있다. 또 그는 프랑스에서 애인 카트린과 이탈리아식의 통정을 했다는 혐의로 고발당하였다. 그녀는 그로부터 채찍질당하는 일에 열중해 있었다.

조르조 바사리[이탈리아의 마니에리스모 화가·건축가·작가)는 소도마*를 둘러싸고 있는, 아직 채 수염도 나지 않은 한 무리의 소년들에 대하여 쓰고 있다. 소도마는 소년들에게 〈예사롭지 않은 공감〉을 느끼고 있었으며, 그러한 추종자들이 원인이 되어 의미 심장한 별명[일 소도마(소돔 사람이라는 뜻)]이 붙여졌는데, 화가자신이 그 별명을 받아들였으므로 지금은 일반적으로 알려진 이름이 되었다. 그의 작품은 레오나르도 다 빈치의 그것과 같이 종종 라 조콘다[La Gioconda. 레오나르도 다 빈치의 작품 《모나 리자》를 일컬음)적인 양

코드피스를 착용한 남성
(하: 티치아노의 《펠리페 2세》 전신상)

성구유적 성격을 칭송하고 있다. 피사의 대성당에는 그가 신자의 교화를 위해 그린, 이삭을 나타내는 가련한 젊은이의 그림이 있다. 마찬가지로 엉거주춤한 동성애적 기호를 피렌체에 있는 폰토르모의 《십자가에서 내려지는 예수》의 천사에서, 베를린에 있는 로토의 《세바스티아누스》에서, 또 스프랑게르의 분장으로 빈에 안치되어 있는 《헤라클레스》와 《옴팔로스》'에서 엿볼 수 있다. 남자들이 자주 고모라(소돔과 함께 신에 의해 멸망당한 악명 높은 죄악의 도시)를 꿈꾸는 브랑톰의 나라에서, 이런 종류의 그림으로 정평이 난 것은 루브르 박물관에 소장된 어느 무명화가의 그림일 것이다. 이 그림은 〈두 젊은 여성이 욕조에서 나체의 상반신을 드러내며, 한쪽이 다른 한쪽의 유방을 살짝 집고 있는〉 것을 보여 준다. 어떤 이는 이 그림을 앙리 4세의 애인 가운데 한 사람이 임신한 것을 우의적으로 나타낸 것이라고 한다. 그러나 그러한 겉보기의 궤변을 넘어서서 이 화가는 천진하다고는 할 수 없는 〈레스보스(입증된 것은 아니지만, 오래 전부터 고대 그리스의 여류시인 사포와 그녀의 모임에서 여성간의 동성연애 행위를 한 것으로 여겨지기 때문에 여성간의 동성연애(lesbianism)에 사포의 고향인 이 섬의 이름이 붙게 되

가브리엘 데스트레(앙리 4세의 정부)와 그 아우

었다]의 그림〉(자크 보스케)을 제공하고 있다.

* 소도마—1477-1549. 이탈리아의 화가. 그의 작품은 전성기 르네상스 양식에서 마니에리스모 양식으로 이행하는 과정을 보여 준다. 그는 1490-97년에 피에몬테의 이름 없는 미술가 G. M. 스판초티에게 도제수업을 받았다. 그러나 이후에 레오나르도 다 빈치와 라파엘로에게 많은 영향을 받았는데, 특히 라파엘로는 그의 원숙한 화풍을 확립하는 데 결정적인 역할을 했다. 그는 1501년에 시에나로 초청받아 간 후 대부분의 작업을 그곳에서 했다. 소도마는 1508년에 유명한 시에나 출신 은행가 아고스티노 키지의 초청으로 로마에 가서, 교황 율리우스 2세가 의뢰한 바티칸 궁전 내 스탄차 델라 세냐투라의 장식을 맡게 되었다. 이 작업은 1509년에 라파엘로에게 인계되었지만 그가 그린 일부분이 남아 있다. 로마의 빌라 파르네시나에 있는 그의 가장 성공적인 프레스코 《알렉산드로스와 록사나의 결혼 Marriage of Alexander and Roxane》(1511경-12)은 흔히 라파엘로파 화가들이 같은 저택에 그린 프레스코들에 필적하는 작품으로 손꼽힌다. 소도마는 인체의 관능적인 아름다움과 바로크 미술의 일면을 예고하는 과장되고 거의 신비적이기까지 한 감정표현에 두드러진 재능을 발휘했다. 그는 생전에 동성연애자로 널리 소문이 나 있었다. 그를 싫어했던 G. 바사리는 1512년부터 그의 별명이 된 〈일 소도마〉라는 명칭을 자주 사용했다.

* 옴팔로스—바이틸루스(baetylus)라고 한다. 그리스 종교에 나오는 신성한 돌이나 기둥. 고대에는 신성한 돌이나 주술적인 돌들이 많이 존재했는데 일반적으로 이 돌들은 특정한 신의 의식에 관련되었으며, 그 신이 머무는 장소 또는 그 신의 상징으로 생각되었다. 가장 유명한 예로는 아폴론 신전에 안치되어 우주의 정확한 중심을 나타냈던 델포이의 신성한 돌 옴팔로스(〈배꼽〉이라는 뜻)를 들 수 있다. 델포이에 있는 또 하나의 돌은 거인 크로노스가 삼켰던 돌이라는 전설과 함께 상징적인 또는 신성한 돌의 형상을 한 제우스 자신이라고 생각되었다. 이 돌들은 종종 1개의 기둥이나 3개씩 짝지어진 기둥으로 만들어 좀더 규칙적인 형태로 신전 앞에 세워졌다. 또는 이정표로 쓰이거나 사람의 모습으로 조각되기도 했다. 바이틸루스는 제단이나 성상 조각의 모체가 되었다.

각 시대를 제패한 미켈란젤로와 셰익스피어가 어쩌면 남성을 사랑하였으리라고 사람들이 생각하고 있었던 것도 당연한 일이었다. 강한 동성애적 경향을 지닌 전자에게 있어서 그것은 분명한 사실이었다. 그는 60세 가까이에 이르러 용모가 아름다운 로마의 젊은 귀족 톰마소 카발리에리에게 열을 올리면서 훌륭한 소네트를 바치고 있었다. 그것이 정욕과 같은 격정이라는 사실을 보기 드문 이 예술가는 잘 알고 있었다. 이처럼 그는 르네상스 이탈리아의 귀족적이거나, 혹은 탐미적인 최첨단의 특유한 에로티시즘관을 추종하고 있었다. 알프스 저쪽의 문화를 모범으로 우러러보는 일에 익숙한 엘리자베스 왕조의 영국이 이러한 성의 관념을 알지 못했을 리가 없다. 영국 연극의 창시자 말로[영국 엘리자베스 시대의 시인·극작가. 극 장르에서 셰익스피어에 중요한 영향을 주었으며, 특히 무운시로 된 극의 개척으로 유명하다]는 고대 신들의 남색을 찬양하는 시를 쓰고, 자신의 작품 《에드워드 2세》 속에서 왕과 그 왕이 총애하는 가베스턴 사이의 열렬한 사랑의 정경을 그렸다. 물론 셰익스피어의 기호를 이러한 형태의 성애만으로 국한해서는 안 된다. 그러나 후원자이던 사우샘프턴 백작에게서 착상을 얻은 그의 대부분의 서정적인 작품에서는, 역시 신플라톤주의적인 주제가 주요한 자리를 점유하고 있다.

16세기의 프랑스는, 미술과 문학을 통해 우선 여성의 동성애를 찬미하였다는 점에서 특이한 현상을 보이고 있다. 예를 들면 브랑톰은, 아도니스[그리스 신화에 나오는 미소년으로 아프로디테 여신의 애인)와 같은 젊은이에게 지나치게 빠져든 나머지 자신들의 아내를 그의 손에 떠넘겨 버린 이탈리아 남성들을 그다지 높게 평가하지 않았다. 그는 마찬가지로 율리우스 카이사르를 역사상 유일한 남색가로 간주하였으며, 이 소돔의 유희가 유부남 사이에서 매우 널리 행해지고 있었다는 사실을 인정하면서도, 그것을 신학자와 마찬가지로 엄히 단죄하였다. 그에 비해 로마의 창녀이든 상류 사회 귀부인이든, 남편들을 본보기로 삼아서 그대로 좇아 행한 레스비어니즘(lesbianism, 여성간의 동성연애)에 대해서는 매우 관대한 태도를 취하였다. 이리하여 《숙녀들의 생활》의 작자(브랑톰)가 가르쳐 주는 것은, 발루아 가의 왕국에서 궁정 여자들이 때때로 그러한 관계 속에서 비할 바 없는 쾌락을 추구하고 있었으며, 그녀들은 자주 그것을 남성과의 사랑에 대한 준비로서 행하였다는 것이다. 롱사르는 이를 극도로 혐오하고 있었지만, 브랑톰은 이러한 쾌락의 다양한 기교를 밝혀 주었다. 거기에는 시녀들의 궤에서도 얼마든지 발견되는 〈환희근〉*의 사용도 포함되어 있었다. 플레야드파의 시인으로서 훗날 샬롱쉬르손의 주교가 된 티아르는, 한 편의 비가를 그대로 사포식의 유희와 흥분으로 채우고 있었다.

* (歡喜根) godemichi, 또는 godemichet. 가죽 또는 빌로도로 만들며, 경우에 따라서는 용수철 장치가 된 남근 모양의 여성용 성기구. 1세기의 로마 사회를 묘사한 페트로니우스 아르비테르의 《사티리콘》에 로마의 부인들이 사용하였다는 일화가 실려 있다. 어원은 라틴어의 gaude mihi.

사회의 현실 속에 새겨진 이러한 예외적인 행위는, 재판기록이나 연대기작가의 흔치 않은 자료로서 겨우 그 흔적이 눈에 띌 정도이다. 그렇다면 15세기 중엽 샹파뉴 지방의 아봉라페즈 마을의 사제가 밤마다 여장을 하고 마을을 배회하였던 사실을 어떻게 생각해야 할까? 앙리 3세의 어느 신하에 관한 더욱 친숙한 이야기도 그다지 실태가 알려져 있는 것은 아니다. 그 이야기는 아마 동성애를 포함한 알프스 저쪽의 신기한 문물이 프랑스에 한꺼번에 밀어닥친 것과 관계되는 듯하다. 예로부터 전해 오는 습관을 준수하던 자들은, 이러한 이국적 취미에 당황하여 종종 정치적인 혼란 속에서 권력층에 있는 자들이 이국풍을 흉내낸다고 비난하면서 소동을 벌이곤 하였다. 권력자들은 마키아벨리즘(프랑스인들은 이탈리아적인 것이라면 무엇이든 부정하려는 경향으로부터 〈마키아벨리즘〉이라는 경멸적인 표현을 창출해 냈다)에서 독극물에 이르는 일체의 특출난 수입품과 함께 이러한 취미를 맛보고 있었던 것이다. 게다가 이렇듯 엄청난 풍자 속에서 중상과 실제를 가리는 일은 무척 어려웠다.

1576년 이래로 민중들은 머리를 지지고 흰분을 바르거나 사내답지 못하면서도 음란하고, 왕의 총애를 바라면서도 여자를 싫어한다고 할 수 없는 그 신하들에게 증오를 품고 있었다. 머리를 지나치게 손질하고 향수 냄새를 풍겨대는 이 젊은이들의 나긋나긋한 몸짓은, 그들의 장점으로 작용하고 있었다. 그렇지만 그들은 술이 잔뜩 올라 있는 가운데 보란 듯이 애무를 나누면서도 때로는 칼날로 상처를 입히는 일도 있었다. 이렇듯 무뢰하고 욕심 많고 무책임한 궁정의 신하들은, 특정한 성적 기호를 공유하고 있었다기보다는 귀족 사회의 풍습을 그대로 따르고 있었다. 이성애의 문명에 있어서는, 그들의 장점이나 그들의 도발적인 몸짓은 타락의 표시로 완고하게 인식됨으로써 이해를 얻지 못하고 있었다. 궁정에 퍼져 있던 여성의 동성애 풍습을 보면서, 양식 있는 사람들은 1580년초에 《로마서》에서 사도 바울이 이미 네로 황제 시대에 비난한 바 있던 소돔과 고모라의 시대로 되돌아간 듯한 기분을 느끼고 있었다.

이 시대의 진정한 동성애자들은 물론 자신들이 거느리는 젊은 시종을 강간함으로써, 구교동맹측의 인간들이었음에도 불구하고 그르노블 광장에서 참수당하고 있었다. 앙리 3세(권력의 실질적인 면보다 허식에 더 주의를 쏟았던 인물이었다. 궁정을 멀리하고 미소년들의 무리인 미뇽들을 총애한 나머지 세력가들로부터 공감을 얻지 못했으며, 무엇보다도 그는 지나치게 사치를 일삼아 왕국을 파탄 직전으로 몰고 갔다)는 미소년들에 대한 옛 정열을 뒤페롱*이 받아들여 주었다는 사실에 만족해하고 있었다. 실제로 총신들과 그 국왕 특유의 분위기 속으로 고대식의 탐미적 취미가 자주 도입되고 있었던 것이다. 그들에게 있어서 불행이란, 나라가 분열됨으로써 그같은 쾌락을 맛볼 여유도 없는 상태에서 그것이 도입되고 있었다는 것이다. 여하튼 1589년의 파리에서 최상층의 귀족 마님들은 남편의 남색을 비난하고 있었고, 민중들의 국왕에 대한 비난 속에서도 이렇듯 이상한 취미가 언급되고 있었다. 이러한 비난의 대상에는, 비단 국왕의 주변 귀족뿐만 아니라 왕에게 칼날을 들이대던 성직자들도 포함되어 있었다. 레투알은 앙리 4세 시대에 남색 혐의로 심문당한 예수회의 신부들이나, 카르멜회의 수사들 및 그밖의 성직자들과 경전 제본업자들을 기꺼이 받아들여 그들의 행위를 기록하고 있었다. 따라서 오비녜의 공격 대상이었음에도 불구하고, 이러한 악습이 왕조의 퇴폐를 나타내지는 않았다. 청렴한 사람들의 악평을 받아가면서도 부르봉 가 초대(앙리 4세) 궁정에서 변함 없이 코드피스가 성행하였던 것은, 아마도 귀족계급

이 시골 젊은이들만의 것이 아닌 모든 사람들의 성의 자유를 주장하기 위해서
였을 것이다.

성적 자유에 관해서는, 타국이나 다른 환경에 있어서도 눈에 띄는 일이었다. 그
렇지만 펠리페 2세의 카스티야에서는 대중의 여론이 성적인 자유에 대해 격한
적의를 품고 있었으며, 남색가의 말로는 종종 갤리선에 의한 추방보다는 화형
대에서 사라지는 경우로 귀착되고 있었다. 그러나 최상층의 사회에서는, 이렇듯
꺼림칙한 죄를 신봉하는 자들이 결코 끊이지 않았다. 근대 유럽에서의 남색의
사회적 성격에 관한 연구는, 금기사항들이 오랫동안 역사가들로부터 경원시되
고 있었다는 이유에서 겨우 그 단서를 얻는다. 그리스도교 각 방면의 권위자들
이 이러한 악습에 대한 일소를 검토하고 있었다는 것은, 프로테스탄트나 가톨
릭 모두가 그 악습의 일소에 집착하고 있었다는 사실을 보여 준다. 악습을 제거
해야 하는 상대는 귀족들이나 선원들, 혹은 가톨릭 성직자들만이 아니었다. 예
를 들면 칼뱅과 그 후계자들이 지배하던 제네바는, 그 초기 시절의 포로들과 고
관들 및 프랑스인 망명자 등 수십 명의 동성애자를 처형하였다. 이러한 탄압의
원인으로서는 학생들이 많았고, 이탈리아가 가깝다는 것과 수간의 습성이 이어
지고 있었다는 것 등이 있지만, 종교적인 열광에 의한 탄압이 훨씬 컸다. 이러
한 탄압에 있어서 1568년, 격분한 판사들의 선동으로 한 여성 동성애자를 익사
시킨 사건이 눈에 띈다. 그곳에서 가까운 프리부르 지방은 교황측의, 더군다나
주교지구였는데, 30년전쟁 때 타락한 백성들이 마을에 옛부터 전해 온 마녀 사
냥의 관습에 따라 화형을 당하고 있었다.

구체제하의 서구에서 섹스 상대로 동물을 이용하거나 남색을 행하고 있었다
하더라도, 누구도 문제삼지 않게 되기까지는 오랜 기간이 필요하였다. 17세기의
남색에 대한 각국의 태도를 보면 그것을 알 수 있다. 영국에서는 동성애의 기질

을 지닌 일부 예외적인 인텔리 여성들이 존재하기도 했다. 특히 거기에는 제임스 1세라는 왕관을 쓴 그 방면의 애호자가 있었는데, 전통을 토대로 한 사회에서도 때로 그 최상부에 이러한 인물이 존재할 수 있었던 것이다. 스코틀랜드의 여왕 메리(1542-67 재위)와 그녀의 두번째 남편인 단리 경 헨리 스튜어트 사이에 태어난 이 아들은 여자에게는 별다른 관심을 보이지 않았고, 그 왕비와도 사실상 별거하면서 언제나 미소년에게 열렬한 사랑을 바치고 있었다. 그는 궁정에서 젊은이들을 신하의 자리에 앉혔고, 아무에게나 거리낌 없이 공공연하게 그들을 포옹하거나 애무하였다. 그 중에서도 가장 유명한 젊은이는 버킹엄 공작(조지 빌러스. 1614년 8월에 제임스 1세를 알현한 매력적이고 잘생긴 버킹엄은, 곧 스코틀랜드 출신의 서머싯 백작 로버트 카를 밀어내고 국왕의 총애를 독차지하게 되었다)으로서, 왕은 그에게 수많은 연서를 보내고 있었다. 1617년 주위의 간언으로 왕은 두 사람을 맺고 있는 관능의 끈을 인정하면서도, 겁도 없이 그것을 성 요한에 대한 예수의 애정으로 비유하고 있었다.

그러나 천천히 모자를 쓰고 짧은 머리와 옆구리에 단검을 찬 말괄량이 귀족 여성들을 연달아 휩쓸어가던 동성애의 괄목할 만한 확산에 이 나라는 혐오감을 나타내고 있었다. 날마다 청교화를 추진하던 국민들과 그 국민들로부터 타락했다는 비난을 받던 엘리트 사이의 이러한 분열은, 찰스 1세(1625-49 재위) 시대의 캐슬헤이븐 사건과 관련됨으로써 보다 분명해졌다. 이 사건은 성적으로 이상한 행동에 대한 그 시대의 엄격한 사고를 그대로 드러내 준다. 이러한 자세는 네덜란드에서도 볼 수 있는 것으로서, 남색으로 판정된 자들은 부대에 넣어 바다로 내던져지고 있었다. 스페인에서는, 이단이 아니더라도 마녀로 판정된 자들보다 훨씬 많은 남색가들이 죄인으로서 이단심문소로 보내지고 있었다. 케베도 이 비예가스는 여성의 동성애라는 대표적인 금기에는 함부로 손을 대지 않았지만, 그 대신 이탈리아를 발상으로 하는 이 꺼림칙한 악습의 폐해를 당시의 도덕적인 통념에 따라 자세히 기록하고 있다.

매우 기묘하게도 고전주의 시대의 프랑스는, 이 점에 관해서 다른 곳보다 더욱 대범한 태도를 취하고 있었다. 예를 들면 탈망에게 있어서 동성애는, 당시에 떠도는 추문 속에서도 비교적 작은 자리를 차지하였다. 동성애에 대한 기호는, 당시의 편견에 따르면 문화 수입이라는 현실에서 볼 때 알프스 저쪽에서 이입된 것으로 간주되고 있었다. 이 연대기작가는 조심스럽고도 솔직하게, 훌륭한 남성들의 여성 혐오증과 앙리 3세 시대 이래로 그들이 이어받을 수 있었던 남색의 전통을 지적하였다. 그는 루이 13세의 특이한 취미를 숨김 없이 기록해 두었으며, 생 마르 후작*이 왕과 잠자리를 같이하기 전에 〈발끝에서 머리 꼭대기까지 자스민 향유를 발라 주는〉 모습을 싣고 있었다. 또한 니농 드 랑클로[프랑스의 유명한 사교계 여성]와 교제한 부아로베르*가 매우 아름다운 젊은 몸종들이나 소년들에게 둘러싸인 모습이나, 大콩데 공의 아버지[콩데 공 3세인 앙리 2세 드 부르봉]가 자신을 가장 가까이에서 섬기는 자들의 짧은 바지 속에 태연히 손을 집어넣는 광경이 묘사되어 있다. 그리고 때때로 대주교를 돕는 대단한 미남 하인들이나 시인들끼리의 성교가 공격 대상이 되고 있었다. 1640년대에 마르슈[1789년 프랑스 혁명 이전에 있었던 프랑스의 옛 지방. 이 지역 대부분이 오늘날의 크뢰즈 주와 일치했으며, 앵드르 주 일부와 오트비엔 주 북부의 상당 부분도 포함하고 있다]의 총독 생 제르맹 뒤프레의 아내는, 불쾌하게도 유방이 아니라 엉덩이에 애착을 보인다는 구실로 남편을 고발하여 수다스러운 패거리들을 즐겁게 해주었다.

* 생 마르—1620-42. 프랑스의 왕 루이 13세의 총신. 막강한 권력을 행사하던 총리 리슐리외를 제거할 음모를 꾸민 것으로 유명하다. 에피라 후작 앙투안 쿠아페르 뤼제 원수의 아들인 그는 1632년 아버지가 죽은 뒤에는 아버지의 절친한 친구였던 리슐리외 추기경의 보호를 받으며 자랐다. 리슐리외의 소개로 루이 13세를 알현한 뒤 1639년에는 왕실 의상 관리인의 직책에 있으면서 왕의 총애를 받았다. 루이는 그에게 잘해 주었지만 때때로 언쟁을 벌였다가는 결국 그는 왕의 비위를 맞추며 화해를 하곤 했다. 그의 사치와 오만, 방종한 생활태도는 결국 리슐리외를 당혹스럽게 했다. 그는 리슐리외가 자신이 정치적 영향력을 얻지 못하게 하려 한다는 것을 깨닫고 그를 제거하기로 결심했다. 1641년 수아송 백작이 시도했다가 실패로 돌아간 反리슐리외 음모에 가담했으나 발각되지는 않았다. 그뒤 그는 직접 음모를 꾸몄는데 왕의 동생인 오를레앙 공 가스통 및 다른 고위 귀족들과 결탁해 반란을 일으키고 프랑스와 전쟁중이던 스페인에 국경을 열어 줄 계획을 짰다. 1642년 3월 13일 그는 스페인의 펠리페 4세와 비밀협정을 체결했고, 이에 따라 펠리페는 반란군에게 무기·군사 원조를 약조했다. 그러나 6월 11일 조약문서의 사본이 리슐리외의 손에 들어가 2일 후 그는 체포되었으며 반역죄로 기소되어 참수당했다.

* 부아로베르—1589-1662. 프랑스의 극작가·성직자. 많은 희곡 작품을 썼으며 반종교적인 성직자로서 프랑스 문단의 실제 후원자였고 아카데미 프랑세즈의 창립 회원이었다. 위그노교도인 노르망디 법률가의 아들로 태어나, 1620년대에 가톨릭교도가 되었고 성직을 맡기 시작했다. 재치와 담대함으로 리슐리외 추기경의 총애를 얻어, 루앙 대성당 참사회원(1634)과 부르고뉴 대수도원장(1638)으로 임명되었다. 그러나 임지에는 별로 가지 않았고, 어쩌다 갈 때는 그 직위를 모욕하는 일만 했다. 그러면서 《구약성서》의 〈시편〉을 의역하여 출판했고(1627), 《아낙산드로스와 오라지의 인도 이야기 Histoire indienne d'Anaxandre et d'Orazie》(1627)라는 소설과 《피랑드르와 지시멘 Pyrandre et Zysimène》(1633)이라는 희비극을 썼으며, 루이 13세와 리슐리외를 칭송하는 시선집(1634-35)을 출판하기도 했다. 리슐리외에 대한 자신의 영향력을 이용하여 다른 작가들에게 장려금을 주었을 뿐 아니라, 아카데미 프랑세즈 창설을 추진하기도 했다. 루이 13세는 교활한 총신 생 마르 후작으로부터 부아로베르가 리슐리외의 시중을 드는 소년들에게 접근하여 동성애를 즐겼다는 말을 듣고, 그를 해임하라고 리슐리외한테 명령했다(1641). 리슐리외가 죽은 뒤 정권을 잡은 마자랭 추기경은 그의 재치에 거의 매력을 느끼지 못했고, 그의 신성모독적인 태도는 오스트리아의 황태후 안네의 측근인 예수회 수도사들을 화나게 했다. 그래서 그는 생애의 마지막 20년 동안 주로 희곡을 쓰면서 시간을 보냈다. 17세기 프랑스 연극을 공부하는 학생들을 제외하면 오늘날 그의 희곡을 기억하는 사람은 거의 없다.

프랑스인은 이탈리아 남자들이 서로 껴안는 것을 보고 놀라움을 보였지만, 이후 그들도 이탈리아인 특유의 이러한 성벽에 가담하게 되었다. 그들 가운데는 아내를 상대하기보다는 고위 성직자들이나 하인들을 비롯하여 근처의 남자들, 때로는 보헤미안들을 더욱 선호하는 시골귀족들도 있었다. 그래서 일부 귀족들을 위한 명백한 남창조직의 우두머리를 연행하여야만 했다. 레츠 수도원장(추기경)의 저택에서 노르망디의 성직자 될로는, 그가 매우 마음에 들어하는 하인의 말에 그대로 따랐다. 이탈리아에서는 자유사상가 부샤르가 이와 같은 모습을 보이고 있었다. 게다가 그 세기와 함께 태어난 이 남색가는, 자신의 전기 속에서 열 살 무렵에 벌였던 어느 여자아이와의 희롱에서 남색의 기쁨을 발견하였노라고 고백했다. 동성애 여성에 대해 말하자면, 상류층 마님을 섬기면서 주인과 그 연인 양쪽의 애무에 응하고 있었던 하녀들과 함께, 1660년대 초기에 매우 젊은 스카롱(프랑스의 작가)의 미망인(맹트농 부인)과 연애에 빠진 꽃집 아가씨로서 카르도를 열거할 수 있다. 세기 중반에는 미르프와 후작부인이 아름답고 요염한 브로스 공작부인을 유괴하여, 그녀와 거의 완벽한 동거생활을 영위하고 있었다.

올리버 크롬웰(영국의 정치가·군인)이 국가보다 자기 쾌락에 마음을 빼앗기는 적이 많은 유약한 젊은 아들 리처드 크롬웰을 후계자로 임명하였을 무렵, 루이 14세 시대의 프랑스 궁정은 이른바 남성의 동성애로 그 절정기를 맞이하고 있었다. 태양왕(루이 14세)의 아우인 〈화사한 다리에 배가 나온 작은 남자〉 오를레앙 공작 필리프 1세*는, 저 기묘한 베르사유 귀족의 전형으로서 향수를 뿌리고 곳곳에 리본을 묶었으며, 머리에 분을 뿌리는가 하면 높은 굽의 신발을 신고 여자처럼 반지나 팔찌·보석으로 장식하였으며, 마침내는 머리가 긴 가발을 쓰고 얼굴에는 엷은 화장을 하기까지 하였다. 그는 1701년까지도 자기의 남색에 관계된 변덕과 편애, 질투와 격앙의 장면을 남김 없이 보여 주고 있었다. 수비즈 공위 프랑수아 드 로앙 몽바종의 신상에도, 만년에 이르기까지 이렇듯 이상한 취미가 따라다녔다. 그는 하층민에게 있어서 더할 나위 없는 힐난의 대상이었던 이 취미를 자랑스럽게 여기고 있었다. 게다가 더욱 용감한 장군집단에서도 이 취미를 볼 수 있다. 그 가운데 大방돔 공작(프랑스의 장군. 스페인 왕위계승전쟁 때 루이 14세 휘하에서 활약했다)은, 눈부신 자신의 생애 속에서 단 한번도 남색에 대한 성벽을 숨긴 적이 없었다. 생 시몽에 의하면, 그는 〈하인과 부하〉 덕분에 이 성벽을 충족시킬 수가 있었다. 또 한 사람의 국왕군 부사령관으로서 뚱뚱하고 게으르며 호색적이던 윅셀은 치세기의 만년에 일어난 두 전쟁 동안 알자스를 지배하고 있었는데, 방돔 공작을 좇아 막료와 측근자 몇을 〈그리스식 방탕〉으로 조금도 거리낌 없이 유혹하고 있었다.

* 1640-1701. 프랑스의 귀족. 부르봉 왕조의 마지막 왕을 배출한 오를레앙 공작가문의 시조이며, 국왕 루이 14세(1643-1715 재위)의 아우였다. 루이 14세는 오를레앙이 정치적 영향력을 행사하지 못하게 막았으나 궁정에서 겉으로는 존경받고 속으로는 경멸당하는 인물이라고 보고 관대하게 대했다. 루이 13세와 오스트리아의 안나 사이에 태어난 아들로서 앙주 공작 칭호를 갖고 있었으나 1660년 삼촌인 가스통 드 프랑스를 계승하여 오를레앙 공작이 되었다. 영국 왕 찰스 2세의 누이인 사촌 헨리에타와 결혼했으나(1661. 3) 곧 그녀를 멀리하면서 동성연애에 빠져들었다. 1670년 추문을 일으키던 부인이 갑작스럽게 죽자 이듬해 오를레앙은 팔츠선제후의 딸인 엘리자베트 샤를로테와 결혼했다. 오를레앙은 용감한 군인이었으며 왕위계승전쟁(1667-68) 당시 스페인령 네덜란드에서 싸워 두각을 나타냈다. 네덜란드 전쟁(1672-78) 동안에는 카셀에서 오라네 공 빌렘을 상대로 중요한 승리를 거두었다(1677. 4. 11). 전하는 바로는 루이는 아우의 군사적 성공을 질투하여 그에게 더 이상 지휘권을 주지 않았다 한다. 첫번째 결혼에서 태어난 2명의 딸은 왕비가 되었다. 2번째 결혼에서 태어난 아들 필리프가 오를레앙 공작령을 물려받고, 1715-23년에 어린 왕 루이 15세의 섭정으로 일했다.

따라서 지배계급의 대다수가 파렴치한 소수의 방자함을 변함 없이 적대시하고 있었지만, 가발의 유행 속에서 남자다움의 고전적 개념은 즉시 여성 無用論(무용론)으로 정착하고 있었다. 네덜란드의 정보통들은 루이 14세 시대의 프랑스 궁정의 난맥상을 대상으로 많은 비판문서를 내고 있었는데, 그 가운데 하나가 이러한 상황을 재료로 삼고 있었다. 상류 사회의 염문에 관한 특종을 기록한 이 문서는, 제목도 일목요연하게 〈이탈리아화한 프랑스〉라고 이름짓고 있었다. 니콜라 쇼리에가 훗날 몽테스키외를 매료시킨 《루이자 시게아의 대화》 속에서 여성 동성애의 매력을 칭송하였을 때부터, 캐나다의 세인트 로렌스 해안의 식민지에서조차 특별한 교우관계가 펼쳐지고 있었다. 적어도 섭정(오를레앙 공작 필리프 2세. 태양왕 루이 14세의 아우 오를레앙 공작 필리프 1세의 아들. 어린 왕 루이 15세의 섭정(1715-23)으로 활약했다)의 어머니(팔츠 선제후의 딸인 엘리자베트 샤를로테)는, 신체제의 도래를 통해 드디어 동성애의 유행에 고민하지 않는 시대를 맞이할 수 있었다. 실제로 이전의 시대에 빌라르(프랑스의 군인. 루이 14세의 지휘관으로 스페인 왕위계승전쟁에서 혁혁한 공을 세웠다)는, 동성애의 유행에 빠져들어 미소년이라면 누구든지 상관치 않고 접근하였다. 이 시골귀족은 또한 몸소 데리고 있던 젊은 남자를 팔려고 내놓고, 거래를 위해 오페라좌의 아래층 뒷좌석에 앉아 있기도 하였다. 루이 14세 시대의 경찰기록에는, 수도의 경찰이 남색에 안성맞춤인 저택에 대해 주의 깊은 감시의 눈길을 주고 있는 모습이 나타나 있다. 1708년부터 1710년에 걸쳐 비세트르 정신병원에 수용되어 있었던 르뇨 아무개는, 〈먼저 생자크 구역의 싸구려 여관이나 특수한 술집에 모여 있던〉(J. 생제르맹) 하인들이나 학생들과 마찬가지로 튈르리 부근에서 몸을 팔고 있었다. 게다가 계몽주의 시대의 귀족 교육이나 풍습의 일부에는 어딘가 이러한 분위기를 조성하는 부분이 있었다. 섭정 시대의 지배자들 사이에는 옛부터의 광란스런 연회와 함께 그리스식의 방탕이 퍼져 있었고, 연회의 참가자들은 나이가 어린데다 신분이 매우 높은 대귀족들이었으므로 당국은 대부분 이를 묵인하고 있었다.

그러나 예외적 특권을 지닌 귀족들을 제외하고, 18세기의 프랑스는 변함 없이 남색에 대한 적의를 보이고 있었다. 이러한 사건으로는 1726년 3월 24일 그레브 광장에서 행해진 로렌의 귀족 에티엔 데쇼후르의 처형을 들 수 있다. 이 처형이 이런 종류의 적의에 있어서 최후의 사건이었던 것은 아니다. 24년 후에는 남색을 행했다는 죄목으로 두 명의 파리 직인, 즉 18세의 목수와 25세의 돈육점상이 시중에서 현행범으로 체포되어 화형에 처해졌다. 평복 차림의 관헌이 도취중인 그들을 덮쳤으며, 당국은 수용소가 만원이 될 정도로 만연되었던 이러한 추잡스런 행위를 박멸키 위해 그런 조치가 필요하다고 생각했던 것이다. 계몽주의 시대의 장기 감금과 수형자 사회를 연구하면서, 미셸 푸코*는 그 중에서도 아스날 도서관에 있던 14개 조서에 주의를 기울였다. 그 조서들은 루이 14세와 특히 루이 15세의 야경대가 수도에서 취조한 4천여 건의 동성애 사건을 기록하고 있다. 부르주아나 민중들 사이에서 청년의 매력을 편애하는 이러한 패거리들에 대한 심리학적·사회학적 연구는, 아마도 심도 있게 연구할 만한 가치가 있을 것이다.

* 1926-84. 프랑스의 구조주의 철학자. 사회를 움직이는 여러 개념과 略號(약호), 특히 정상인과 비정상인을 구분하는 것처럼 사회를 규정하는 〈배타 원리〉에 대한 연구로 유명하다. 외과의사의 아들로 태어나 파리 고등사범학교를 졸업한 뒤, 1960-68년 클레르몽페랑대학교와 독일(당시의 서독)·스웨덴 등지에서 강의했다. 그후 파리 뱅센대학교에서 2년을 보냈고, 1970년부터 죽을 때까지 콜레주 드 프랑스에서 사상사 교수를 지냈다. 초기에는 주로 정신병과 그 치료의 역사에 관해 연구했다.《광기와 문명 Folie et Déraison: Histoire de la folie à l'âge classique》(1961)은 17세기에 정신병이 어떻게 분류되었는지를 다루고 있다.《감시와 처벌 Surveiller et punir: Naissance de la prison》(1975)에서는 현대 형벌체계의 기원에 대해 탐구했다. 이런 여러 저작에서 푸코는 정신병원·병원·감옥 등은 배타를 실행하기 위한 사회적 장치라고 주장했고 이들 장치에 대한 사회적 태도를 관찰함으로써 권력의 발달과 行使(행사)를 엿볼 수 있다고 보았다. 푸코의 또 다른 주요 저작으로는 《사물의 질서: 인문과학의 고고학 Une Archéologie des sciences humaines》(1966)·《지식의 고고학 L'Archéologie du savoir》(1969) 등이 있다.《性(성)의 역사 Histoire de la sexualité》(3권, 1976-84)에서는 고대 그리스 이래 서양인이 성에 대해 어떤 태도를 취해 왔는가를 추적했는데, 이 책으로 프랑스 지식인의 선두주자 가운데 한 사람으로 명성을 굳혔다.

실제로 그러한 연구를 통해서, 런던에서 베네치아에 이르기까지 당시 유럽에서 항상 엄하게 억제당하고 있었던 성애의 윤곽이 올바르게 떠오를지도 모른다. 그렇지만 이러한 사랑은 스위스에서의 카사노바의 경우처럼 실제로 존재하고 있었다. 이 회고록의 작가는, 또한 전직 장교인 외교관의 아들로서 프로방스 지방의 총독이자 프랑스 아카데미 회원이었던 빌라르 공작이라는 인물을 온화하고 우아하며 상냥한 노인으로 묘사하고 있는데, 이 인물은 많은 여자를 사랑한 뒤 부친의 취미로 되돌아갔던 것이다. 그는 〈데리고 있던 서너 명의 美童(미동)〉을 차례차례 침대 속으로 맞아들였다. 분을 바르고, 머리를 염색한 뒤 포머드를 발랐으며, 또한 틀니와 가발을 쓴 그는 〈웃옷의 맨위 단추구멍에 어깨까지 오는 커다란 꽃을〉 보란 듯이 꽂고 있었다. 베네치아 공화국은 성직자들은 별도로 하고, 파도바의 귀족들을 소돔의 무리로 여겨 심문을 하고 있었다. 그들은 금기시된 방탕을 추구하면서 베네치아의 카지노로 남몰래 모여들고 있었던 것이다. 계몽주의 시대의 런던에서도 죽을 죄에 해당하는 남색의 추종자들이 끊이지 않았다. 1760년대에 스위스의 여행가 피에르 그레슬리가 라넬라 유원지〔1742년 라넬라 경의 별장 부지에 개설한 공원. 유흥시설도 갖춰져 있어 남녀가 자유로이 모이던 명소〕에서 본 것은, 어느 청년과 연로한 군인 커플이었다. 이밖에도 그다지 행복하지 못했던 동성애 집단은, 자신들의 정열에 대한 비난 때문에 유형이나 고립 속에서 살아갈 수밖에 없었다. 세기말에 영국의 수도는 떠들썩한 수많은 추문에 말려들었다. 남자들의 밀회를 위한 집들이 격분한 하층민들의 증오를 불러일으키고 있었는데, 이는 사회의 온갖 계급의 대표가 그곳에 출입하고 있었기 때문이다.

그러나 이 시대의 개화적인 세론은, 계몽사상가들의 영향 아래 금지된 사랑을 보다 관대하게 바라보는 경향으로 발전되어 갔다. 이러한 사랑에 대해 벨의 《역사와 비판사전》은 이교 시대의 남색과, 그 흔적을 잇는 자유사상가에 관해 그리스도교가 전통적으로 안고 있던 진부한 사고방식으로 파악하고 있었다. 그는 종교 논쟁을 의식하면서, 이러한 악습을 성직자의 아내 소유를 금하는 어리석은 로마의 교의와 관련짓고 있었다. 몽테스키외는 자연법과 종교의 이름으로 남색의 죄를 배척하고 있었으며, 이 죄에 관한 엄격한 과거의 법규에 경탄하고 있었다. 그가 기록한 바에 따르면, 모든 사람들이 그러한 사랑에 익숙해 있었다. 그 가운데 볼테르는 《철학사전》에서 소크라테스의 사랑〔동성애〕을 특이하게 설명하고 있으며, 젊은이의 성의 자각을 철학적으로 분석함으로써 이 사랑을 대부분 시인하고 있다. 적어도 그는 당국의 관대한 태도를 원하고 있었다. 그보다 앞서 계몽기 덴마크의 최대 지식인이었던 홀베르〔계몽주의 시대의 뛰어난 스칸디나비아의 문학가. 노르웨이와 덴마크가 서로 자국 문학의 창시자 가운데 한 사람이라고 주장한다. 볼테르를 예외로 한다면, 홀베르는 당대 최초의 범유럽적인 작가였다〕는 역사가이자 희극작가로서 윤리학을 전문으로 하고 있었는데, 국민 대부분의 습관

속에 뿌리 박혀 있는 개인적인 잘못에 대하여 정부와 사회는 무관심한 것이 좋다고 여기고 있었다.

드디어 문학과 예술의 영역에서 이와 같은 자유주의의 사소한 진보를 볼 수 있다. 디드로가 여성의 동성애에 관한 그 저명한 예를 보여 줄 것이다. 그는 〈수녀〉와 함께 레즈비언의 사랑을 둘러싼 당대의 관심사로 달려나갔던 것이다. 이러한 동성애는 당시 크게 유행하던 동방의 유한부인들의 성적 특권으로서, 선정적이라기보다는 훨씬 비밀스런 스캔들이었다. 여성들이 서로 의상을 벗어던지고 특유한 애무를 나누는 정경을 당시 유럽 소설은 은밀하게 묘사하고 있었는데, 여성의 마음 깊은 곳의 실상을 주시하는 이 프랑스 작가의 심리묘사는 그러한 묘사방식을 넘어서는 것이었다. 그의 작품은 형식의 우아함과, 이런 종류의 성행위에 항상 따라붙는 수수께끼와 같은 암시를 제시하고 있다. 그러나 디드로는 이 작품에 비극의 맛을 한껏 가져다 줄 수 있었다. 그는 음악으로 일깨워진 관능적 감동을 넘어서서, 분명 수도원의 폐쇄생활과 결부된 정열적 드라마의 야성적 위대함을 도입했다. 동성애라는 테두리 속에 결연히 위치시킴으로써 근대의 성애의 주제를 다양하게 보여 주는 이 작품에서, 여자 수도원장은 남녀 역을 병행하면서 오르가슴의 온갖 흥분을 맛보고 있다.

같은 무렵 이같은 성적 도착은, 서구의 로마네스크한 작품에 나타나는 배신 행위나 중부 유럽의 여자 목욕탕을 새기는 판화가들에 의해 노골적으로 묘사되고 있었다. 남성측의 미켈란젤로나 빙켈만(독일의 고고학자·미술사가. 그의 저작은 대중들이 고전예술, 특히 고대 그리스 예술에 관심을 갖게 해주었으며, 서구의 회화와 조각만이 아니라 문학과 철학에도 영향을 미쳤다. 두 사람 모두 남색가였다)에 이어 늠름한 육체를 찬미하던 푸젤리는, 런던의 화류계에 관한 신랄한 스케치나 음란한 데생을 통해서 아마도 비열한 이성애나 천박함을 강조하고 싶었을 것이다. 타락한데다가, 또한 남자를 남자로 생각지 않는 이러한 여자들은 실제로 남녀간의 〈정상적인〉 부부관계를 맺을 수 없었다. 그녀들은 경찰의 보고서에 따르면, 총재정부하의 파리에서 볼 수 있던 남색과 여성 동성애의 수많은 신봉자를 추종하고 있었다. 게다가 혁명기의 사람들은 마리 앙투아네트(루이 16세의 왕비. 경박하고 무분별하고 방탕했으며 개혁에 적대적이었다. 프랑스 혁명과 1792년 8월 왕정 타도로 이어진 민중 소요사태가 일어나도록 자극한 장본인이기도 했다)와 그 언니인 나폴리 왕비(마리아 카롤리나)*가 동성애에 빠져 방탕의 삼매경을 헤맨다는 비난을 쏟아내고 있었다. 이러한 편견을 이어받은 19세기의 부르주아적 기질은, 동성애의 자유를 인정하고자 하는 사고에 대해서 법률 이상의 엄격한 태도를 취하게 된다.

* 1752-1814. 나폴리 왕 페르디난도 4세의 왕비. 나폴리의 실재 권력을 잡고 있었으며, 애인이라는 소문이 자자했던 총신 준남작 6세 존 액턴 경의 영향으로 영국을 가까이하고 프랑스를 멀리하는 정책을 폈다. 오스트리아의 여제 마리아 테레지아의 딸로 1768년 페르디난도 4세와 결혼했다. 왕은 권력의 상당부분을 아내에게 떠맡겼는데 혼인계약에 따라 마리아는 남아 상속자를 출산하면서(1777) 왕국의 통치기구인 국무위원회에 들어갔다. 그녀는 곧 자유주의 총리 베르나르도 타누치를 실각시키고 親스페인 정책을 친영정책으로 바꾸었다. 액턴의 영향을 받고 있었던 그녀는 프랑스인들이 동생인 마리 앙투아네트를 처형한 사건이 일어나자 프랑스 혁명에 대항하는 제1차 오스트리아-영국 동맹에 나폴리를 가입시켰고 나폴리 군함들을 파견해 툴롱 근처에 정박중인 영국함대에 합류하게 했다(1793). 나폴리는 제2차 동맹에도 가입했으나 프랑스군이 나폴리를 점령해 이를 파르테노페 공화국으로 선포하자(1798. 12) 마리아 카롤리나와 페르디난도는 피신해야 하는 신세가 되었다. 두 사람은 1799년 6월 공화국이 무너진 뒤 나폴리로 돌아왔으나 평화조약을 어기면서 공화국 지지자들을 대량학살하는 사건이 일어나 이 사건에 대해 적어도 부분적인 책임을 져야 했다. 1805년 영국과 러시아 함대에 지원을 요청하면서 다시 한 번 대프랑스 전쟁에 참전했으나 프랑스 군대가 또 왕국을 점령하자 왕의 가족은 다시 시칠리아로 도망갔다(1806. 1). 전하는 바로는 마리아 카롤리나는 프랑스에 대항하는 유격대 지도자 프라 디아볼로에게 연금과 토지를 주었으며, 그의 뒤를 이어 유격대를 이끈 루포 추기경을 부추겨 칼라브리아를 약탈하도록 했다고 한다. 그녀는 마침내 영국 대사 조지 벤딩크 경과 불화를 일으켰고, 벤딩크에게 설득당한 페르디난도에 의해 시칠리아에서 추방되었다(1811). 그후 오스트리아로 돌아가 3년 뒤 죽었다.

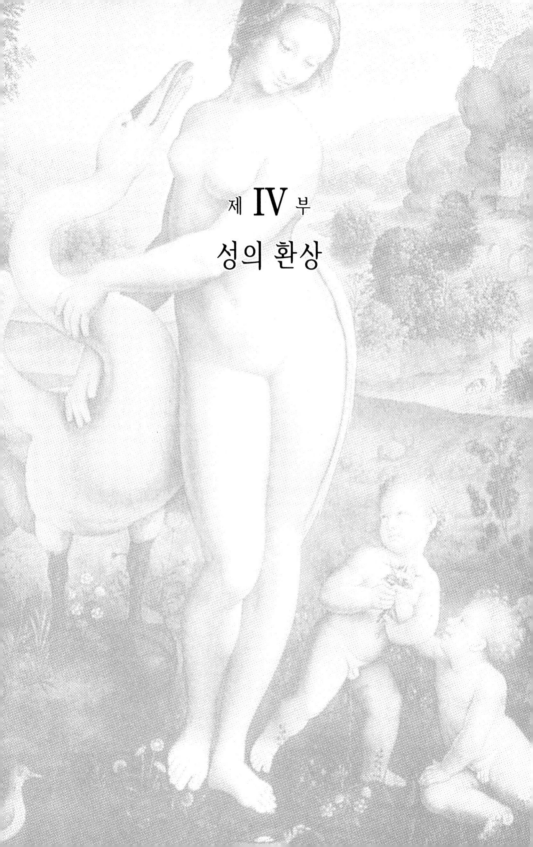

제 IV 부

성의 환상

7

사랑의 미학

성의 과시 – 유행과 그 변천

근대 서구에 있어서 의상이 지니는 사회적 중요성은 두말할 나위가 없다. 다양한 계급에서 행해지던 남녀를 불문한 사치도, 그 상승에 대한 정열과 영화로움을 나타내 주고 있다. 그러나 새로이 구입한 사치스런 의상을 항상 드러내 보이는 일은 극히 부유한 자들만이 할 수 있는 일이었다. 신분을 구별하는 최대의 표시로써 이러한 외관상의 계급제는, 통치자의 지혜라고 할 만한 사치단속령으로 그 보호를 받기에 이르고 있었다. 가난한 자는 시민층이나 귀족들과 달리 유행의 광란적인 힘에는 좀처럼 흔들리지 않았다. 통치하는 측은 이렇듯 변하지 않는 의상의 세계를 원하고 있었던 것이다. 유행을 뒤쫓는 일은 귀족계급의 특징이었으며, 유행을 통해 각 개인들은 변덕이나 사치를 즐길 수 있었다. 스페인이 패권을 장악한 시대부터 그 패권이 계몽주의 시대의 프랑스로 옮겨가기까지, 이러한 의상의 유행은 모든 나라로 이식되어 구체제하의 문명을 최상층에서 균일한 성질의 것으로 만들고 있었다. 이러한 유행의 기복이 되풀이됨으로써, 따라서 언뜻 보기에 경박해 보이는 문화의 메커니즘은 그러나 하나의 진보적 실체를 나타내고 있었다. 지적이고 예술적인 운동의 다른 측면과 함께 여성의 가벼운 복장이나 고급스러운 우아함에서도 그러한 진보를 엿볼 수 있다. 변화의 본질은 대중과의 사이에 울타리를 치려 드는 특권계급의 소망에서, 혹은 부를 축적하면서 그들을 흉내내려는 추종자들의 정열에서 그 원인을 찾을 수 있다. 그러나 동시에 각 세대를 특징짓는 의상이라는 표현수단이 노리는 것은, 몸을 장식한다기보다는 육체를 아름답게 드러냄으로써 모두 다가오는 성의 대결을 준비하는 데에 있었다.

이러한 의상의 역할에 관해서는, 한 나라의 유행의 역사를 좇아가는 편이 특정 시기의 여러 나라 의상을 두루 편람하는 일—예를 들면 15세기말의 네덜란드나 이탈리아에서 간행된 의상 도록—보다 더욱 이해하기 쉽다. 그럼에도 동시대의 회화에 있어서와 마찬가지로 이러한 아름다운 도록의 삽화들에서도 의상은 계급이나 신분을 특정화하고, 특히 한 개인이 사회의 어느 계층에 속하는가를 보여 주는 움직임을 간파할 수 있다. 사회의 규범은 당연히 이 의상 조감도에도 영향을 미치고 있었다. 공적으로 성공을 거둔 작가들은 지난날을 되돌아보면서, 젊은이가 경건한 성직자를 본받아 긴 머리를 보란 듯이 흩날리며 30세까지 동정으로 있었던 옛날을 그리워하면서 눈물을 흘리고 있었고, 반면에 풍기단속관은 여자가 몸을 지나치게 졸라매는 옷을 입는 것을 금지하거나, 그녀들이 머리를 가볍게 빗고자 골몰하는 것에 곤혹스러움을 느끼고 있었다. 르네상스 시대에 남자들은 극단적으로 신체에 달라붙은 반바지를 입고 있었지만, 그 아내들은 어깨나 얼굴은 드러내면서도 그밖의 부분은 여지없이 부풀린 옷으로 뒤덮고 있었다. 특이한 이 의상을 통한 성의 과시는, 근대 초기의 서구 특권층에게서 더욱 기승을 부리고 있었다. 그 의상은 국제적인 고딕 양식으로 독특했던, 금실로 누빈 기발한 차림새와는 약간 달랐다. 여자들은 가녀린 난잡스러운 인형이라기보다는 조상처럼 아니 우상과도 같이 접근하기 어려운 존재가 되어 버렸으며, 육체적인 매력으로 도발적 모습을 보이던 저속한 특권을 남자들에게 떠넘겨 버렸다.

구체제하의 프랑스에서 의상의 변화는 지금까지의 대조적인 묘사가 올바른 것이었음을 뒷받침하고 있다. 모든 것은 양복장이가 장식물가게 주인들과 마찬가지로 남녀 모두에게 서비스를 베풀던 시대에서 시작된다. 16세기에는 교회의 벽기둥처럼 보이는 코드피스가 사람들의 눈길을 끌고자 보석 같은 장식으로 지극히 무례한 겉모습을 하고 있었다. 코드피스는 주머니 역할을 하였으며, 사람들은 그 속에다 손수건과 손장갑이나 때로는 과일을 넣어두었다가 그것을 따뜻이 하여 부인들에게 권하고 있었다. 부인들은 되도록 옷깃을 크게 파거나 속옷에 감춰진 벨트로 허리를 세게 졸라매고 있었다. 그러나 성직자들의 탄식에도 불구하고, 불룩하기도 하고 착 달라붙기도 하는 짧은 바지나 몸에 꼭 끼는 저고리의 천박한 사치는 남자들의 전매품이었다. 앙리 3세(1574-89 재위)는 코드피스에 심을 대는 것을 고안해 내었고 코르셋을 착용하였으며, 여자 옷차림에다 이것저것 맞춘 몸차림을 하여 사람들의 눈길을 끌었다. 그리고 궁정의 귀족들은 30벌 이상의 옷을 마련하여, 그것을 매일같이 갈아입었다. 고전주의 시대에도 사람들은 퍼프한 반바지에다 리본을 남용하는 같은 길을 더듬고 있었다. 베르사유에서는 쾌남 빌르와 등의 멋쟁이들이 유행이나 사교생활을 이끌어가고 있었고, 그 치세 말기까지 왕과 신하들의 의상은 금은보석의 무게로 휘청거리고 있었다.

여성의 의상에 있어서 해방이 시작된 시기는 17세기 후반이라 할 수 있다. 용어를 보면 그것을 알 수 있다. 별볼일 없는 파딩게일(farthingale)* 치마 대신 잇달아 등장하고 있었던 것은 모데스트(modeste, 정숙한)·프리폰느(friponne, 장난꾸러기)·세크레트(secrète, 비밀) 등의 이름을 한 스커트였다. 또한 구르강딘느(gourgandine, 매춘부)라고 부르는 앞을 끈으로 여미는 속옷과 트랑스빠랑(transparent, 투명한) 장식, 넉넉한 벨트에 졸라매지 않는 침실용 드레스 이노쌍(innocent, 순결한), 따떼지(tâtez-y, 만져 보세요)라고 일컫는 가슴에 다는 브릴리언트형 다이아몬드, 아름다운 팔을 드러내는 옷소매 앙가장뜨(engageante, 마음을 끄는), 레스투페르(laisse-tout-faire, 제멋대로)라는 짧은 에이프런 등이 있었으며, 마지막으로 귀가 보일 수 있도록 뒤쪽으로 넘겨 가다듬은 에프롱떼(effrontée, 뻔뻔스러운)라고 일컫는 머리 모양이 있었다. 1664년 5월 제노바에서 온 세바스티아노 로카텔리는, 사부아 지방에서 말을 타고 있던 어느 여성을 만났다. 여성은 깃털모자와 흰 베일로 얼굴을 가리고 리본으로 뒤덮인 슈즈와 연분홍빛 비단 양말을 신고 있었다. 〈사랑의 전투에 출정하는 아름다운 아마존 여성족〉을 바라보면서 그는, 자신이 미의 나라에 와 있음을 깨달았다. 이 무렵부터 제멋대로인 이 젊은 아가씨들이 본보기가 되기 시작하였다. 아가씨들이 머리를 짧게 하고서 건달들과 시시덕거린다고 사람들은 생각하고 있었으며, 상대는 언제나 근위기병으로 한정되지 않았다. 이러한 여자들을 위해, 루이 14세 시대의 정부는 1675년 양장점 여직공들의 일대 조직을 공인하였다. 그러나 18세기에는 조끼와 반바지라는 눈에 띄는 멋이 남자들을 상징하는 것이 되었고, 반면에 여자들은 버팀살을 넣은 페티코트(petticoat)*나 장식한 정장 대신 더욱 우스꽝스런 〈노리개감이 된 여자들〉로 변모해 가고 있었다. 여자들은 단지 그 리본이나 옷, 그리고 신발에다 유행하는 감상적인 용어를 붙이고 있을 뿐이었다. 용감하게 뀌(Cu, 꼬리. 부인복의 끌리는 자락)라고 명명되던 한 조각의 천이, 프랑스 혁명 직전에는 여자들의 스커트를 더욱 부풀려 주고 있었다. 혁명기간의 의상은 신체에 꼭 끼는 것으로서 프록 코트(frock coat, 남성용 예복)에 조끼, 복사뼈까지 오는 낮은 구두와 모자, 지팡이, 그리고 후에는 긴 바지라는 식의 몸차림이 보급되고 있었으며, 그 결과 드디어 여성의 의상도 잠시나마 단순화되면서 남녀가 서로 접근하게 되었다.

* 파딩게일—여러 개의 원형 버팀살로 스커트를 퍼지게 하는 속치마. 단 쪽으로 내려갈수록 넓어지며, 버팀살을 속치마에 꿰매어 만들었다. 파딩게일은 1545년 이후 스페인에서 나머지 유럽 국가들로 전해졌다. 버팀살은 고래수염·나무·철사 등으로 만들었고, 처음에는 반구형, 원추형, 종 모양이었으나 후에 물통형이나 원통형이 되었다. 둥그런 심을 댄 지지대에서 유래한 프랑스식 파딩게일이나 뒷부분이 위쪽으로 올라간 바퀴형의 이탈리아식 파딩게일 등으로 변형되어 1620년까지 대부분의 궁정에서 사용되었다. 파딩게일 치마는 자수·단추·보석으로 장식한, 문양을 넣은 견직물·태피터·퍼스티언·모직물 등을 더욱 넓게 펼쳐보이도록 했다. 이 치마는 춤출 때는 움직임이 자유스러웠지만, 너무 넓은 형태인 경우 소규모 주택이나 마차에서는 상당히 불편했다. 일반시민의 아내나 시골여인들은 궁정의 양식을 수정하여 받아들였다. 최초의 스페인 파딩게일은 색상이 어두웠지만, 다른 곳에서는 호화롭고 지나치게 사치스러워졌다. 치마의 버팀살은 18세기의 의상과 빅토리아 시대의 크리놀린·버슬 스타일에서 다시 나타났다.

* 페티코트—스커트 밑에 받쳐 입는 여성용 속치마. 페티코트라는 용어는 15세기에 남성들이 보온을 위해 셔츠 위에 입었던. 속을 넣은 조끼나 외투 안에 입는 옷을 가리키는 말로서 문학에 등장했다. 이러한 페티코트가 중세말에는 드레스 안에 받쳐 입는 여성용 복장의 하나로 발전했다. 16세기초 드레스의 앞이 역V자 모양으로 터지게 되어 페티코트가 밖으로 보이게 되자, 비단으로 만들거나 수를 놓은 것이 등장하게 되었다. 17세기에는 스커트를 고리 모양으로 높게 들어올려서 안에 입은 페티코트를 드러나게 했고, 18세기에는 역V자 모양으로 앞이 터진 폴로네즈 드레스가 유행하여 페티코트가 더욱 두드러지게 되었다. 19세기초에 여성들은 여러 개의 페티코트를 입어 치마가 크게 부풀어보이도록 했다. 그러나 1850년대에 간편한 크리놀린이 등장함으로써 여러 개의 페티코트를 입는 습관은 사라지게 되었다. 스커트를 부풀어보이게 하던 유행이 쇠퇴한 1900년경에 페티코트는 여성들이 거리를 건너기 위해 드레스를 들어올릴 때만 보이게 되었다. 그 이후로 점차 중요성을 상실하게 되었고, 단지 속옷으로만 착용되었다.

영국의 풍속에 대한 이러한 모방은 하나의 의상 문명에 종지부를 찍고 있었다. 그때까지는 남자들이 의상을 리드하고 있었고, 여자와 마찬가지로 옷차림에 신경을 씀으로써 1600년 무렵의 유럽 귀족 사회에서는 남자들이 용연향의 향수를 뿌린 손장갑을 끼는 것이 보편화되어 있었다. 18세기에 이르러서야 도에 넘친 표시로써 비단을 두르거나 흰 분을 바른 멋쟁이 프랑스 여성들이 눈에 띈다. 그때까지 색의 기호학은 남성의 의상과 관련되어 있었고, 루이 13세(1610-43 재위) 무렵에는 터번형이나 (모자테가) 위로 잦혀진 형이나 피라미드형으로 유행하던 딱딱한 남성용 모자 사이에서 자신이 어디에 있는지조차 알 수 없을 정도였다. 그런데 여기서도 17세기 종반에 특이함을 추구하는 여자들이 나타나기 시작하였다. 퐁탕주 부인류의 거대한 머리형(코모드, commode)*은, 루이 14세조차도 그것이 만연되는 것을 막을 수 없을 정도였다. 그리하여 미국의 독립전쟁 당시까지 연달아 새로운 우의적인 머리형으로 유행이 바뀌고 있었다. 사람을 놀라게 하기에 충분한 그러한 머리형의 명칭들이, 루이 16세(1774-92 재위) 시대에 변덕스런 귀부인들의 치장에 있어서 결정적인 성공을 거두었음을 시사해 준다. 이 점에 있어서, 마리 앙투아네트의 이름은 미용사 레오나르 오티에 및 의상 담당 여성 베르탱과 함께 기억할 만한 가치가 있다. 이 유명한 여성 트리오는, 복식 미학의 주도자가 르네상스 대귀족에서 근대의 미인으로, 남자에서 여자로 옮겨가는 경계를 나타낸다. 굽들인 구두를 신는 특권을 손에 쥔 그녀들은 유행을 정교하게 지시하는 위치를 장악하고 있**었**던 것이다.

* 1690-1710년경 프랑스와 영국에서는 이것을 머리에 착용하여 리본, 풀 먹인 리넨, 레이스 등의 머리장식을 받쳤다. 보다 완전한 형태의 머리장식을 〈퐁탕주〉라고 한다. 이 머리장식은 루이 14세의 연인인 퐁탕주 부인의 이름에서 따온 것이다. 전해 오는 말에 따르면 사냥 도중에 머리가 흩어진 부인이 양말대님으로 이를 묶었는데, 이것이 왕의 칭찬을 받게 되자 프랑스와 영국 궁정의 여성들 사이에서 유행하게 되었다는 것이다. 단순한 형태였던 나비매듭은 큰 부채꼴 모양으로 복잡하게 발전하여 철사 버팀대(코모드), 인조 곱슬머리, 늘어뜨린 장식 리본을 필요로 하게 되었다.

코모드를 착용한 여성

이에 반해 오랫동안 지배계급의 사회적 습관은, 여성용 의상의 상대적인 엄격성을 남자나 창부 들의 호사스러움과 대비시켰다. 영국 엘리자베스 1세가 도입한 스페인풍의 의상은, 예를 들면 그것을 입는 인간을 마치 철제 테두리로 둘러 경직되어 보이는 여신상의 모습으로 변모시키고 있었다. 17세기 중엽에 이르러서야 여성들은 가슴을 살짝 드러냄으로써, 바보처럼 큰 원형의 주름 칼라(ruff)*에 목이 파묻힌 형태로부터 해방될 수 있었다. 그런데 루이 14세의 치세는 바로크 시대의 특권계급을 지닌 성직자에게 그 시대다운 특질을 부여함으로써, 우선 남자들은 큰 돈을 들여 수염을 가꿀 필요가 있었다. 남자들의 의상 또한 테두리에 레이스가 장식된 소매와 가슴장식·색양말이라는 형태로 대단한 변화를 겪고 있었다. 이처럼 굽들여 몸을 치장하던 특권자들은, 1600년 무렵부터 여자의 뺨에 나타난 검은 비단으로 된 점—매력을 돋보이게 하는 것으로서, 보는 사람에게 미치는 효과에서 아사

주름 칼라를 두른 여인

신(assassine, 뇌쇄자)이라고 불렀다—을 분명 부러운 듯이 바라보고 있었을 것이다. 여하튼 18세기에는 귀족들의 미의 경쟁에 있어서, 문명놀음의 한복판에서 여성용 의상은 세련미를 지니면서 남성용 의상을 앞지르고 있었다. 그것은 미슐레(프랑스의 역사가)가 그 아름다움을 훌륭히 찬미한 바 있는 로코코식의 섬세한 드레스에서 의거한다. 느슨한 목선과 부풀어오른 스커트, 몸에 꼭 달라붙는 상반신과 대조를 이루던 이 의상은 어디까지나 스페인풍의 의상과도 모양이 달랐다. 이것은 그대로의 자유로운 프랑스 사회를 반영하면서 그 아름다움을 다른 곳에 가르쳐 줌으로써, 계몽주의 시대의 프랑스적 취미에 물들은 유럽을 순식간에 정복하고 있었다.

* 16세기 중반에서 17세기까지 유럽의 남녀가 모두 착용하던 주름 잡은 칼라 또는 주름장식. 보통 넓고 풍성했던 주름 칼라의 시초는 16세기초 남성들이 셔츠의 윗부분을 바깥으로 나오게 하여 입던 것으로 거슬러 올라간다. 셔츠 목 부분에 달린 끈으로 팽팽하게 잡아당겨서 만들었던 주름이 주름 칼라의 초기 형태였으며, 이것은 크기가 점차 커지면서 귀족의 상징이 되었다. 여성들의 옷이 사회적 지위를 나타내고 가슴이 드러나는 형태로 바뀌면서 주름 칼라는 앞면이 열리고 뒤쪽이 올라가는 반원형으로 발전했다. 보조 철사골격을 이용하여 착용하던 주름 칼라에 나중에는 풀을 먹였고 색깔은 대개 흰색이었다. 16세기말 다른 형태의 칼라로 대부분 대체되었으나 19세기초 부분적으로 변형된 주름 칼라가 여성들의 일상복에 다시 유행했다.

이리하여 근대의 발전 속에서 의복의 역사는, 남녀 모두의 육체미를 사치스럽게 꾸미는 것으로부터 남자는 멋부리기에서 멀어지고 여자는 더욱 그것에 빠져드는 상황으로 이행되어 가고 있었다. 반 데이크(루벤스 이후 가장 뛰어난 17세기 플랑드르의 화가. 유럽 귀족층의 초상화와 종교적·신화적 주제를 많이 그린 화가이자 섬세한 도안가이며 동판화가였다)나 부르동(프랑스의 화가. 주로 역사화나 종교화의 배경에 그린 자연 풍경으로 상당한 명성을 얻었으며, 다채로운 풍자화와 생동감 있는 초상화로 유명하다)이 그려낸 미남 기사들이나, 루이 13세 시대의 로렌의 멋진 귀족 신사들은 몸에 꼭 끼는 저고리와 방패 문양으로 장식한 반바지에 레이스가 달린 장화 차림을 하고 있었지만, 18세기에 접어들어 기발한 옷차림이 여자들만의 전용물이 되면서 남성 실루엣은 급속히 위축되어 간편하고 단순한 형태로 변모해 가고 있었다. 의상이 오랫동안 남자를 여자에 뒤지지 않게 하였던, 아니 그 이상으로 성적인 대상으로 삼아 온 사회에 있어서 이성간의 의상 형태의 교환은 상대를 이끄는 보조수단으로 당연스럽게 통용되고 있었다. 이러한 변장은, 셰익스피어나 마리보의 문학을 통해서 잘 알려져 있다. 여주인공들은 지나치게 사랑스러운 侍童(시동)으로 변장하고 있었는데, 로마네스크하며 섬세한 젊은 아가씨들은 그녀들을 진짜 남자로 생각하여 사랑에 빠지곤 하였다. 이 테마는 르네상스와 바로크 시대 프랑스 시인들의 몇몇 걸작을 창조하였으며, 계몽주의 시대에서도 청춘기의 성의 양성구유적 표현이나 남장한 〈강한 여자〉에 대한 묘사들이 남아 있다. 그러나 성바꿈, 예를 들면 《포블라스》(18세기말의 프랑스 소설. 저자는 루베 드 쿠베레. 기사 포블라스라는 젊은이의 사랑의 편력을 이야기한다)에 잔뜩 실려 있는 듯한 에로틱한 이야기는, 이야기로 머무르는 것이 아니라 이전에는 현실로 존재하고 있었던 것이다.

종교재판소의 문서에는, 이미 프랑수아 1세(1515-47 재위) 시대 초반에 트루아의 성직자 애인으로 카트린이라는 아가씨가 등장하는데, 그 지역에서 두 사람이 나들이를 할 경우에는 언제나 남장을 하였다. 르네상스 시대 샹파뉴 지방의 서민 아가씨들 가운데는, 금지령에도 불구하고 남장을 매우 좋아하는 여자들이 있었다. 로마의 창부처럼, 그다지 천진스럽다고 할 수 없는 이러한 취미에 많은 여자들이 물들어 있었다. 그녀들이 가장 좋아하였던 것은 기사의 옷차림(긴 바지에 짧은 코트라든가, 나사로 감싸인 망토에 장식용 깃털을 꽂은 차양 없는 모자)에 단검을 찬 모양새로서, 17세기 초반까지 수녀들이나 고지식한 여자들도 상당수가 이러한 분장에 몰두하여 그 흉내를 내고 있었다. 이 풍습은 그후에도 지속되었고, 계몽주의 시대에도 이탈리아로 한정되지 않고 각지에서 발견되고 있었다. 예를 들면 루이 14세 시대의 그르노블에서, 젊은 창부들 가운데 가장 맵시가 나는 것은 소년의 옷차림이었다. 반면에 귀부인들은 애인을 젊은 아가씨의 모습으로 만들어 즐기고 있었다. 이에 관해서는 카사노바의 《회고록》에 양성의 의복과 그 신체에 대한 비교가 실려 있는데, 그 비교에는 형이상학적인 측면이란 조금도 없다.

복식과 그 변화를 추적하면, 근대 서구의 특권계급에서 성적 과시라고 할 만한 윤곽이 저절로 떠오른다. 이러한 성적 과시의 흔적을 우선적으로 볼 수 있는 곳은 미의 나라, 르네상스의 이탈리아였다. 그 호칭에 어울리게끔 이탈리아는 여성들의 이상적인 체형에 관한 헤아릴 수 없이 많은 논의의 대상에 열중해 있었다. 문학이나 예술은 의복이 숨기고 있는 것과 흰 분이나 머리 염색약을 지켜 울 정도로 탐색하고 있었다. 허풍스러운 화장술과 함께 여성 의상의 사치스러 움도 심해져, 반도의 여러 지방총독관구는 거듭해서 사치금지령을 내렸으나 아무런 소용이 없었다. 그것이 어느 정도로 효과를 거두지 못했는가는 로브와 스커트·소매·벨트·손장갑, 그리고 구두의 엄청난 수를 보면 알 수 있다. 이는 서민층 가정에서도 발견되고 있었다. 이탈리아 풍속의 매력은, 16세기 초엽에 인문주의의 발상지로서 다른 유럽 제국을 문화적으로 지배하는 요소의 하나였지만, 그 풍속의 유행으로 모든 것이 쇠퇴하는 조짐을 보이고 있었다.

여체의 매력에 대한 묘사와 교묘한 멋으로 그러한 매력을 더욱 증가시키려는 방법의 추구는, 르네상스 시대의 이탈리아에서 엄청난 논의의 씨앗이 되고 있었다. 이러한 논의는 종종 남녀에게 있어서 공통된 동경을 나타내는 것이었다. 그 시기는 카스틸리오네*가 그 귀족적 세련미의 이상을 도처로 확산시키고 있을 때였다. 멋에 대한 담론은 이탈리아 반도 밖으로 확산되어, 사랑의 행위와 사랑으로 가는 길을 새로이 연마하는 데 영향을 주고 있었다. 16세기의 프랑스에서는, 사교 석상에서의 장식이 지배계급에게 있어서 일종의 사회적 의무였다. 브랑톰이 묘사한 귀부인들은, 그 화장하는 공간이 화장술의 최고 아뜰리에였던 것은 아닐지라도 알프스 저편에서 온 새로운 장신구를 이용하면서 그것을 무엇보다도 자신들의 쾌락의 도구로 사용하였다. 소매가 긴 의상을 입고 있었음에도 부인들은 여하튼 다리를 드러낼 수 있었으므로, 덕분에 그 전기작가(브랑톰)—남장도 하이힐도 좋아하지 않았지만, 미니 스커트였다면 좋아하였을지도 모른다—는 자신의 가장 감미로운 한 章(장)을 신체의 일부분과 그에 못지 않은 매력에 할애하였던 것이다.

* 1478-1529. 이탈리아의 외교관·궁정인. 《궁정인 Il cortegiano》이라는 책을 통해 르네상스 시대 귀족들의 예의범절을 규정했다. 자신은 부인했지만, 그가 이상적인 궁정신하로 생각한 교양 있는 귀족의 생활과 소양은 자신의 생활이나 소양과 일치했다. 대화 형식으로 되어 있는 《궁정인》(1513-18 저술, 1528 출판)은 완벽한 궁정인과 귀부인, 그리고 궁정인과 군주의 관계를 다루고 있다. 16세기의 뛰어난 책 가운데 하나인 《궁정인》은 이탈리아 밖에서 당장 호평을 받아, 수많은 언어로 번역되었다.

이리하여 의복의 문제는 근대 프랑스의 철학적 사고의 중심에 자리잡고 있었다. 몽테뉴는 의복을 둘러싼 매혹과 광기에 관한 몇 귀절을 《수상록》에 남기고 있다. 그의 《수상록》은 내란이 계속되던 시기에 멋쟁이 여자들이 몸에 달았던 철사슬이나 목장식을 자주 풍자하고 있었다. 또 사려 깊은 사람들은, 사교계의 요염한 여자들이 과시하듯 거리낌 없이 드러낸 가슴을 거북스럽게 여기고 있었다. 앙리 3세 시대의 파리나 로마에서도 남장을 한 젊은 아가씨에게는 채찍질이 가해졌고, 마르가리타(앙리 4세의 비)의 지나친 화장은 사람들 사이에서 지탄의 대상이 되었다. 이렇듯 경박한 변덕에 대해 전통을 존중하던 사람들의 분노를 공표하는 파스캉(pasquin, 그 초석 위에 써붙이는 풍자적인 글)이 나타났고, 설교단 위에서도 노트르담의 예수회 설교사는 앙리 4세(1589-1610 재위)의 사망 2개월 전에 왕의 첫번째 아내 마르가리타를 모방하여 가슴을 드러내는 파리의 멋쟁이 여성들을 비난하고 있었다.

이같은 교회측의 탄핵에도 불구하고, 새로운 풍속은 성의 자유에 대한 분명한 자극이 되어 16세기의 호색적인 유럽에 이미 그 왕국이 구축되고 있었다. 베나사르(스페인을 전공하는 프랑스의 사회사가)의 저작이 나온 지금으로서는, 그 왕국에 카스티야를 포함시키지 않을 수 없다. 거기서는 법률가와 군인·귀족 들이 믿기 어려울 정도로 엄청난 보석을 아내에게 주었거나, 그렇지 않으면 자신들이 직접 장식하고 있었다. 똑같은 호사와 사치, 그 과시가 남녀를 불문하고 귀족이나 부유한 시민들의 복장에 나타나고 있었던 것이다. 여성의 복장은 보다 선명해짐으로써, 1580년경 파딩게일 치마가 등장하기 전에는 다양한 실루엣을 만들고 있었다. 이러한 의상 가운데 비교적 수수한 결혼 의상의 한 벌 가격은 오늘날의 1만 프랑스 프랑을 호가하고 있었다. 바야돌리드(스페인 북서부 카스티야레온 지방 바야돌리드 주의 주도) 미인들은 펠리페 2세의 치세(1556-98)하에서 속옷이나 장갑, 머리장식이나 향수, 향유나 보석상자, 그밖의 것, 그리고 (마차를 타고 도는 하인을 이끄는 경우가 아닐지라도) 〈이목을 끌기 위한 온갖 수단〉을 몸에 지니고 있었다. 르네상스기의 독일에서도 상류계급에서 이러한 의상 도락의 징조가 나타나고 있었는데, 이것이 설교가나 통치자의 노여움을 샀다. 이러한 징조는 남녀 모두에게 공통적인 것으로서, 때로는 그것이 상식을 벗어날 정도로 미화됨으로써 인간을 마치 사치스러운 완구처럼 변화시키고 있었다.

화장 혹은 의복으로 여성이 아름다움을 추구하는 것은, 엘리자베스 왕조의 영국에서는 약한 성(여성)의 이른바 본성에 대한 상반된 태도에 부응하는 것이었다. 몸을 장식하는 것은, 우선 여왕에게서 볼 수 있듯이 어느 면에서는 경직된 긍지와 두터운 화장이라는 가면으로 동물성의 흔적을 완전히 없애 버리는 역할을 하면서, 한편으로 그것은 또한 오로지 기교와 장식만으로 욕망을 불러 일으킴으로써 방탕을 조장하는 데에도 한몫을 하고 있었다. 정욕으로 유도하는 것, 이것이 르네상스 무렵 남녀 모두의 새로운 풍속에 가해지는 설명이었다. 그 다음 세기에도 이러한 상태의 상징으로서 미남 버킹엄은, 1627년 한 해의 의복 비로 3천 파운드를 소비하고 있었다. 그를 발탁한 제임스 1세가 그 얼마 전에 화장과 의복에 있어서 정도를 넘어선 여성들을 탄핵했음에도 말이다. 1660년대, 피프스 일가와 같은 부르주아 세대에 있어서도 새로운 의복을 구매하는 일은 대사업이었다. 이 연대가 끝나감에 따라 새뮤얼은 부를 축적하고 있었지만, 그러면서도 아내를 위해서는 연간 30파운드밖에 소비하지 않았다. 프랑스에서는 요염한 귀부인들이 자신들의 매력으로 설교하는 수도사의 관심을 끌고 있었으며, 그래서 大미용사 샹파뉴는 몰려드는 귀부인 고객들에게 오만스레 군림할 수 있었다. 또 호색적이고 특이한 행동을 일삼던 포르투갈 대사는 〈애인의 비단 양말을 내 모자에 묶으라〉는 둥, 마음에 든 여자들에게 〈장갑을 넣은 작은 상자〉를 보내고, 마차의 창을 가리고 그 배후에서 시종 옷을 갈아입었다. 그것은 마치 〈구름 사이에서 나타나는 태양처럼 모습을 드러내기〉 위해서였다.

상류층 사람들이 열중하던 이러한 모습들에 대해 도덕가들이 훨씬 전부터 공공연한 비난을 퍼붓고 있었음에도 불구하고, 열광은 유행의 유럽을 바꾸어 흰 분을 바르거나 안경이나 굽 높은 구두로 차마 볼 수 없는 괴물들의 집합체를 만들어 내고 있었다. 여성들의 이러한 퇴폐에는 사치금지령도, 풍자작가의 매도도 효과가 없었다. 이러한 상황이 근대에까지 지속되고 있었고, 멀리 폴란드에 서까지 가슴과 어깨를 드러낸 데콜테가 더욱더 유행하고 있었다. 와토(프랑스의 화가. 서정적인 매력과 우아함을 풍기는 로코코 양식으로 유명하다)의 나라는—지방 보다 파리에서의 일이지만—구체제 말기 유럽의 우아함과 세련됨에 모범을 보이고 있었다. 한편 그 철학자들은, 사치에 대해 근엄하게 논하면서도 남작부인의 요염한 모습에서 볼 수 있는 위험성을 좀처럼 거절하지 못했다. 프랑스 여성들이나 동시기의 영국 부인들만큼 흰 분과 포머드를 바르지는 않았지만, 18세기 베네치아의 귀족 여성들도 가슴 부근을 유난히 선정적으로 만드는 복식미학을 그 세기의 모든 귀족 여성들과 공유하고 있었다. 그 당시 설교 성직자들의 집요한 탄핵을 뒷받침이나 하듯이, 당시의 소설류는 이렇듯 특권적인 유혹 수단을 분명히 보여 주고 있다. 조지 3세(1760-1820 재위)의 런던은 파리와 마찬가지로 의상점이 집중됨으로써 사람들을 설레이게 하는 중심지가 되었고, 손님들에게 깃을 크게 판 옷을 판매하고 있었다. 이 옷은 프랑스 혁명 시대에는 투명하고 짧은 모슬린으로 만들어지고 있었다. 이 의상은 곧 국제적으로 확산됨으로써 공화국이나 나폴레옹의 군대보다도 빨리 유럽을 정복하였다. 그만큼 이 의상은 정사에 알맞은 것이었던 까닭이다. 생각지도 않은 이러한 나체의 승리나, 그밖의 다양한 복식의 기교가 외국에 유해한 영향을 미치도록 하기 위해서는 영국의 위선적 통념이 총동원될 필요가 있었다. 이리하여 대도시에서, 겨울에 웃음을 파는 부인들은 불쌍하게도 추위에 떨면서 극장의 출구나 공공건물의 입구에서 손님을 기다려야 했다. 돈이 없는 미인들은 대담한 몸차림에 필요한 쾌적함을 물론 향유하고 있었지만. 이러한 장식에도 의사들의 마음에 드는 부분은 있었다. 의사들은 훨씬 이전부터 위생상의 이유로 허리나 가슴을 졸라매거나 굽은 구두에 반대해 왔던 것이다.

푸젤리(스위스 태생의 화가. 강렬한 감정을 함축한 채 긴장되고 격렬한 자세를 취하고 있는 누드 인물들을 그린 회화와 소묘로 유명하다)나 롤런드슨(영국 화가·풍자만화가)과 같은 화가는 신체의 선에 꼭 맞게 드러난 몸차림을 묘사하고 있는데, 이는 화가가 심심풀이삼아 붓을 놀렸던 것이 아니라 집정관 시대(1795-99)의 파리 거리나 불로뉴 숲이 다리를 경쾌하게 드러낸 새로운 칼리피즈(Callipyge, 엉덩이가 아름다운 여자)들로 북적거렸기 때문이다. 예기치 않았던 혁명의 부산물로서, 자코뱅 클럽의 법령에도 불구하고 살아남은 피부를 드러낸 이 슈미즈는, 부인용 신문에서 이름을 날림으로써 바람둥이 여자들만의 전유물이라기보다는 수십년 동안 최상류층 부인들의 공식적인 몸치장으로 사용되고 있었다. 1830년경 발자크가 애석해하는 이 제정의 황금시대에, 이러한 여자들은 유행이나 도덕에 의해 공공연히 인정을 받으면서 거의 나체에 가까운 모습으로 늠름한 사관들의 팔에 안겨 춤을 추고 있었던 것이다. 1797년 샹젤리제에서 사람들이 쫓아다녔던 메르베유즈(Merveilleuse, 기괴한 몸차림을 한 멋쟁이)들은 상당히 도발적이어서, 그 매력을 조금도 숨기지 않은 채 인파 속을 유유히 걸어다녔다. 영국의 풍자화가들에 의하면, 그 가운데에는 웃옷 아래에 손바닥만한 작은 것만을 착용한 여자들도 있었던 듯하다. 여성의 역사에서 볼 때 예외적인 이러한 삽화는, 서구에서 유행한 의복을 통한 성의 과시에 있어서 지배계급의 여성들이 결정적으로 획득한 승리를 나타내는 것이며, 또 그러한 삽화를 통해 그녀들은 신고전주의 풍조와 혁명의 동란이라는 영향 아래 일시적으로 구체제의 전통과 단절하게 되었다. 이러한 전통 자체도 새로운 풍속에 밀려나면서 금단의 나체를 드러내는 것에 차츰 적의를 드러내게 되었던 것이다. 이러한 까닭으로 이 삽화에 나타난 여성의 속옷이라는 미묘한 문제로 접근해야 한다. 아무튼 전쟁에 관한 이야기에서 포크의 출현 운운으로 역사가의 임무가 바뀌었음에도, 어째서 속옷의 출현에 대해 정당한 위치를 부여치 않고 있는가?

속옷은 원래 중세에는 존재하지 않았다. 따라서 18세기말의 사교계 미녀들이 때로 속옷을 착용치 않고서 사람들의 눈길을 끌고 있었다 하더라도, 그것은 놀랄 만한 일도 괘씸한 일도 아니다. 그녀들은 자신들의 계급만이 그때까지 경원하고 있었던 구체제의 유럽 선조들의 관습을 되살리고 있었을 뿐이다. 르네상스기의 특권계급은 16세기에 이르러서야 팬티를 착용하는 것을 알았다. 이는 남자들에게 있어서 넉넉한 바지로, 그리고 반바지로 변모되고 있었다. 여자는 원칙적으로 수치심을 지켜야 한다고 하여 이를 받아들였다. 물론 이는 논의의 표적이 되었으며, 근세의 풍자문학가나 도덕과 사회를 논하는 사람들 가운데에는 반대로 이를 포머드나 연지와 마찬가지로 이탈리아에서 온 마성의 신제품으로 간주하는 이들도 있었다. 여하튼 이 물건을 통해 귀족들은, 그 부분에 속옷을 착용하는 것을 알지 못했던 서민들과 자신들을 구별하고 있었다.

이 문제에 관해 18세기의 성학자들 사이에서 기묘한 논쟁이 일고 있었다. 어떤 이는 속옷 착용의 보급을 권장함으로써 아가씨들을 〈더욱 씩씩하고 용감하고 자유스럽게〉 만들고자 하였으며, 다른 사람들 예를 들면 브라운슈바이크(서독일 작센 지방의 도시)의 명석한 의사 파우스트(1755-1842, 어린이의 건강교육에 관한 저작으로 알려져 있다)는 혼기에 이를 때까지 아무것도 착용하지 않는 것이 좋다고 주장하였다. 이 뛰어난 과학자는 맬서스처럼 스코틀랜드인의 늠름함과 절개를 칭송하고 있었는데, 그 이유는 그들의 특이한 복장 때문이었다. 그는 성기를 의복으로 압박하는 것은 정액의 분비에 해가 되며, 자위를 조장한다고 생각했던 것이다. 대단히 중대한 이러한 논의는 1789년 당시 독일 프로테스탄트의 각 파의 의견을 분열시켰으며, 그것은 이후 지배계급이 채용한 속옷 모드와 결부되어 있었다.

카사노바의 어느 삽화에 따르면, 40여 년 전 프랑스의 서민계급은 동일한 상황에 처해 있지 않았다. 그가 리옹에서 파리로 어느 상인과 그의 딸을 자신의 마차로 데려갈 때, 아가씨가 무엇인가 두려움을 느끼면서 속옷을 입는 광경을 그는 개탄의 눈길로 바라보고 있었다. 이것으로 알 수 있는 것은, 루이 15세 치하의 프랑스에서 이러한 여자의 속옷은 귀족이 아니고서는 〈건방진〉 행위로 여겨지고 있었고, 서민 여자는 말을 탈 때 스커트 자락이 엉키지 않도록 신경을 쓰고 있었다는 사실이다. 동시기 바르셀로나에서는 발레리나가 드로즈를 노출시키면 벌금을 부과하고 있었고, 무용가의 경망스런 행동에 관객들은 자신의 취향에 따라 환호하거나 분개, 혹은 찬탄으로 흥분하고 있었다. 속옷이 있다는 것을 알지도 못한 채 넘어지면서 자신의 치부를 드러내는 서민 여성들은, 그러나 거드름을 피우지는 않았다. 중세와 르네상스의 후대보다 나체와 기질에 더욱 적합한 문명을 천진스럽게 살려 나가고 있었던 것에, 그녀들은 일역을 담당하고 있었던 것이다.

나체의 이념적 승리

디드로는 1761년 자신의 살롱 비평 속에서, 나체를 그릴 것을 강요하는 미술 교육의 관례에 대해 언젠가 이의를 제기한 바 있다. 이러한 관례는, 그에 따르면 그리스도교나 서양의 풍토와 서로 용납될 수 없다는 것이다. 反교권주의에 열중한 이 철학자는, 자신의 투쟁 상대로서 종교가 주문하는 교회의 예술작품들은 그의 비평과는 달리, 여체의 아름다움을 무수히 제작하고 있는 사실을 망각하고 있다. 하지만 그가 비난하고 있었던 것은 물론 구체제의 미학과 사회 사이에 개입된 몇몇 커다란 모순들 중 하나였으며, 나체가 미학에 의해 예찬되면서도 사회에서는 업신당하고 있었기 때문에 허벅지는 가리워지고 발은 이그러져 있다고 지적하였다. 오랜 기간 성적인 억압을 받으면서 〈미〉를 만들어 냄으로써 유럽의 지배계급은 환상적인 대가를 얻은 것이다.

르네상스, 혹은 그 이후 계속되는 시대와는 반대로 중세는 나체 속에서 살고 있었다. 여자들은 그러한 모습으로 아이를 낳았으며, 가족 모두 아담과 이브의 모습으로 마을의 공중목욕탕을 찾았다. 이 위생시설은 중세 사회를 계몽주의 시대보다 훨씬 고대 사회와 가까운 것으로 만들었으며, 근대 초기까지 존속하고 있었다. 예를 들면 독일에서는 대부분의 마을이 공중목욕탕을 하나 정도는 갖추고 있었으며, 울름에서만도 1489년에 1백68곳을 헤아렸다. 이들 시설은 하루 종일 개방되어 있었고, 남녀는 보통 따로 목욕을 하고 있었다. 남녀 모두 허리에 천을 두른 정도가 고작이었고, 큰 욕조가 두 사람 정도 들어갈 수 있는 욕실에 설비되어 있었다. 이처럼 별실이 생김으로써 물론 이곳은 남녀의 만남의 장소가 되었고, 기록에 의하면 1530년 아우크스부르크[이 해 신성 로마 제국 황제 카를 5세가 종교적 항쟁을 종식시키고자 제국의회를 소집하였다]에서 작센 공작[독일 중부 공국의 수장]은 신학적·정치적 논쟁이 벌어지는 동안 어느 쾌활한 변방의 총독 및 그 딸과 함께 욕탕으로 몸을 풀러 나갔다고 한다. 하지만 종교개혁 무렵에 이르러 이들 욕탕의 대부분은 매독을 확산시키는 매춘숙으로 간주되어 폐쇄당하고 말았다. 그러나 욕탕은 근대 청교주의 이전, 오랫동안 서구가 잃어버린 황금시대의 꿈을 현실로 만들어 낸 드문 장소의 하나로서, 그밖에 남녀의 욕객들이 〈아마로 된 작은 속옷만을 걸친 채〉 희롱하면서 노닐던 장소였다.

16세기에 성취한 종교혁명과 도덕질서는, 신체의 위생이나 이러한 혼욕 장소(몽테뉴가 방문한 로마에서는 남자만이 아니라 여자도 이곳에서 몸을 씻었다)를 쇠퇴시켰다. 그것은 이발소에 대한 의사들의 질투에서도 유래하였다. 이발소가 욕장을 갖추고서, 오리엔트에서 들여온 미용품을 팔기도 하면서 대성공을 거두고 있었기 때문이다. 이러한 장소는 여러 가지 폐해들 중에서 매춘의 온상이 되기가 쉬웠기 때문에, 스위스 같은 나라를 제외하고 고지식한 여자들은 더 이상 그곳을 찾지 않았으며, 몸을 씻는 습관을 남편들과 함께 모두 잃어가고 있었다. 생활사의 연구가들은 이렇듯 놀랄 만한 청결함의 후퇴를 특필한 바 있으며, 옷다운 옷을 입지 않은 빈민들은 속이 메슥거릴 정도로 더러움이 극심하였다고 한다. 청결함에 대한 후퇴가 구체제하에서 유럽의 궁정인들이 향수를 선호하였던 이유이며, 그들은 이렇게 하여 주변의 악취와 자신들의 악취를 잊고자 했던 것이다. 서민들의 세계에 관하여 말하자면, 목욕중인 여자를 보는 것은 언제나 저속한 광경을 떠올리는 것과 결부되어 있었다. 1660년대의 토리노에서는 여자들이 자신의 목욕하는 모습을 애인에게 보였다 하더라도, 〈목욕물이 목까지 차오를〉 때까지도 〈타프타를 두르고〉 있었다. 여자들이 이 무렵부터 이미 음부를 씻는 데 신경을 쓰지 않게 되었음은 더 이상 말할 나위가 없다.

나체로 자는 일도 근대에는 볼 수 없게 되고 말았다. 이 습관은 1500년 무렵까지 존재하였으나, 그후 신혼 첫날밤을 제외하고는 사라져 버렸다. 속옷은 그 이후 잠옷으로서, 혼수용품 가운데 소중한 물품으로 자리잡았다. 속옷은 또 특히 겨울철에 의사들이 권장하는 것이기도 했다. 17세기에는 이를 잊고 입지 않으면 예의에 어긋나는 일로 간주되었고, 루이 14세의 경우에는 소매가 달린 속옷을 껴입었다. 그런데 1501년의 샹파뉴 지방에서 어느 성직자의 애인과 사촌 누이는, 아무것도 걸치지 않은 채 성직자가 있는 방에서 술을 마시다가 잠이 들었다. 앙리 4세(1589-1610 . 재위)에 관한 레투알의 기술에 따르면, 16세기 후반 이후 어린이들만이 그러한 흉내를 내고 있을 뿐이었다.

구체제하의 서구 사회에서 나체가 실제적으로 후퇴하고 있었다는 사실에 그 중요성을 부여해야 한다. 에라스무스에 따르면, 수도원이나 루터 시대의 독일 여관에서 잠을 잘 때 이러한 모습은 당연히 저속한 것이 아니었으며, 또한 자주 남녀가 뒤섞여 잠들곤 하였는데, 이것은 의학과 의상에 대한 특권층의 거드름 앞에서 급속히 사라져 버렸다. 이러한 밤옷의 풍미는 일대 변화로 이어지고 있었다. 속옷을 착용한 결과, 근대 유럽에서는 서서히 벌거벗은 채로 목욕을 하거나 그 지역의 마을 축제 때 의복을 벗어 피부를 드러내는 아가씨들의 모습이 자취를 감추었다. 나체를 보았을 때 느끼는 기쁨을 숨기는 것이 교리가 됨으로써, 침실은 곧 엄숙한 신전으로 변해 가고 있었다. 이전에는 대가족 특유의 뒤섞임 속에서 성적인 정숙함의 유풍이 남아 있었다. 우선 서민들 사이에서 젊은 이들은 자연스러운 접촉에 적합한 다수의 중세풍 습관을 보존하고 있었다. 18세기말에는 학교에서조차도 잠옷의 착용이 거부되고 있었다. 그 무렵 교사들은 자위방지용 속옷을 학생들에게 강요하거나, 오늘날의 파자마와 같은 잠옷의 제작을 주장하고 있었다.

서양으로 침투한 나체에 대한 터부는, 청교도의 눈에 그 속옷이 마치 제2의 정조와 같은 것으로 여겨지게 하였다. 한창 정을 나누는 중에도 결코 속옷을 벗어서는 안 되었던 것이다. 근대의 사회적 발명으로서 이러한 터부는, 정조에 대한 새로운 윤리적·종교적 숭배와 어우러지면서 가정 내에서나 공공장소에서 나체의 전시를 금지시키려는 것이었다. 그 결과 그토록 조심스럽게 숨기고 있었던 것에 대한 부자연스럽고 병적인 호기심이 생겨났다. 지배계급이 나체와 성행위를 결부시키고 있었기 때문에 나체가 거의 모습을 감추었던 결과로, 억압적 교육이 조장되고 있었던 것만은 아니다. 그것은 또 때로는 귀찮은 심리적 결과를 수반하였지만, 그 유례를 찾아볼 수 없는 성적 자극을 불러일으키기도 하였다. 젊은 시절의 괴테에게서 그 예를 찾아볼 수 있다. 그는 맨 처음 본 나체의 여성을 마물로 여기고 있었다. 아무튼 나체의 예술적 범람과 그 실생활에서의 희소성 사이의 큰 대조를 발견할 수 있다. 있는 그대로의 나체에 점점 더 흥미를 잃어가고 있던 근대에 있어서, 예술은 환영에 의한 도피처로서의 역할을 더욱 증대시키고 있었다.

이 영역에 있어서 공상적인 열망과 사회적 행동을 혼동해서는 안 된다. 예를 들면 발라(15세기 이탈리아의 인문주의자·철학자·문예비평가. 중세 전통을 공격했으며, 프로테스탄트 종교개혁가들의 견해를 앞서 보여 주었다)가 보카치오에 이어 다른 사람들보다 먼저 여성의 육체미를 완전히 노출시켜야 한다고 주장했음에도 이에 놀랄 일은 아니다. 이탈리아 화가들 가운데 이렇듯 지적인 계획을 실행으로 옮긴 사람들이 있었음에도, 그 누드화는 현실 생활과 연결되지 않는 머릿속에서 맴돌던 산물에 불과한 것이었다. 따라서 이른바 나체미의 재발견 속에서, 1500년 유럽의 멋진 공적의 하나를 찬탄하던 역사기술의 전통을 경계해야 한다. 이러한 재발견은 미학 분야에만 국한된 것으로서, 그때의 현실은 남녀 모두가 자신의 신체를 부끄럽게 여기도록 조장하였던 것이다. 르네상스의 에로티시즘은 쾌락적인 신화와 정신상의 엘리트에게만 어울리는 신화로 머물고 있었다.

아레티노(1492-1556. 이탈리아의 시인·산문작가·극작가. 대담한 필치로 거리낌 없이 권력층을 공격하여 당시 전유럽에서 이름을 떨쳤다) 시대의 가장 음란한 누드화가 때로 산처럼 쌓여 있음으로써, 이러한 유혹적인 그림들이 넘쳐 흐르고 있었던 듯하다. 그런데 이와는 달리 청교도의 압박으로 그 누드화는 사람들 앞에서 추방되면서, 서서히 근대 서구의 채워지지 않는 꿈의 장소인 미술관으로 쫓겨나고 있었다. 분명 사람들은 자신의 시대를 표현하려는 한 계급의 바람이 담겨진 이같은 예술작품을 사용하고 있었기 때문에, 거기서 집단적인 상상력의 주요한 제반 특징을 파악할 수 있다. 그러나 결론을 일반화하는 것은 위험한 일이며, 또 몇몇 선택된 애호가들을 위해서 새로이 만들어진 금기사항을 범하여 억압 제거의 기능을 확립하는 갖가지 주제를 사회적 차원으로 옮기는 일은 특히 위험한 것이다. 16세기의 화가들이 그 문명에 부분적으로는 이교적인 색조를 부여하는 역할을 했다 하더라도, 기껏해야 나체의 이념적 승리를 배가시키는 정도의 수준에 머물러 있었다.

뤼시앵 페브르는, 르네상스 시대의 사람들이 대항해를 하면서 나체와 마주쳤을 당시의 거북스러움을 다음과 같이 기록한 바 있다. 〈옷을 입었다기보다 천

속에 파묻혀 종교에 따라 엄격한 옷차림으로 몸을 가다듬는 여자들의 형제들이며 약혼자이자 남편이던〉 정복자 패거리가, 음란하며 몸에다 천을 두르지 않은 인디언 여자를 보았을 때의 당혹감을 그는 전하고 있다. 르네상스 시대의 항해자들과 그들의 탐험을 보고하는 사람들은 〈야만인들〉이나 흑인들의 태연한 나체 모습이나, 풍속에 구애됨이 없는 것을 보고(설령 그 은혜를 입었다 하더라도) 너무나도 놀라 때로는 전율을 느끼고 있었다. 욕구불만에 싸인 선원들은, 검은 머리를 길게 늘어뜨린 채 부드럽게 채색된 음부를 부끄러움 없이 사람들 앞에 드러내는 젊고도 귀여운 야성의 여자들을 처음으로 보았는데, 그러한 흥분은 그러나 그다지 오래 가지 않았다. 종교적이라기보다 사회적인 이러한 반응은, 그때부터 예로부터의 작법에 대한 새로운 기준이 퍼져 있었다는 것을 증명한다. 그 기준에 따라 옷을 입지 않는 것은 성에 관계된 범죄로서, 당연히 부끄러운 일로 간주되고 있었다. 식민시대 열대의 나라 브라질에서, 바이아 주의 부인들은 유럽처럼 번쩍거리는 새틴 스커트를 입고 사교장을 방문하였으며, 성인들은 가정에서나 약간 가벼운 차림으로 쉴 수 있었다. 베네치아의 의상 도록에는 1600년 무렵의 안달루시아와 말루쿠·플로리다, 그리고 남쪽 나라 아가씨들의 가슴이 그려져 있지만, 그 속에서는 역시 타국의 육체에 대한 극히 정숙하고 대단히 불분명한 어떤 찬탄을 파악할 수 있다. 멀리 떨어진 문명들 가운데, 그리스도교 세계에서 존경받던 위선적이고 선정적이며 꾸며낸 듯한 것들과 좋은 대조를 이루는 자연스러운 모습을 찾아내려면 몽테뉴의 유별난 독창적 견해가 필요할 것이다.

그리스도교 세계에서도 근대의 나체 애호가들이 분명 없지는 않았다. 16세기 이탈리아의 젊은 남녀들의 연애 유희는, 목욕과 피부 손질이라는 주제에 있어서 약간 노골적인 도발을 행하고 있었다. 그들은 실제로 나체가 되어 서로의 신체를 바라보고 있었다. 우선 브랑톰은, 프랑스의 일부 귀족의 나체에 대한 태도를 흥미롭게 증언하고 있다. 그는 여성미의 30개 필수조건을 숙지하고 있었다. 이는 유럽의 궁정 연애 이야기에서 수없이 되풀이된 화제로서, 그 시대의 아름다움에 대한 미학적인 이상은 그러나 그것으로만 한정되었던 것은 아니다. 한 시대의 아름다움에 대한 이상은 개인이나 나라, 혹은 계층에 따라 다양한 형태를 지니고 있으며, 연대를 거슬러 올라가는 추적은 제쳐두고라도 화가들의 작품만 보아도 날씬함과 풍만함, 금발과 갈색 머리 등 여러 가지 형을 항상 공존시켜 왔음을 알 수 있다. 몰래 들여다본 정경을 기록한 것도 아니고, 아마 타인의 염문을 듣고 기록하였을 듯한 《숙녀들의 생활》의 작가(브랑톰)는 그러한 이야기에 간직되어 있는 육체적 매력을 그렸던 것이다. 당대의 가장 음란스런 성의 농간에 대한 그의 고찰에서, 예를 들면 쿠닐링구스(구강 성교의 하나)나 채찍질하기 그리고 남근의 아름다움에 대한 변호를 발견할 수 있다. 그는 또한 다리나 허벅지의 매력이나, 그것이 돋구는 연애의 고뇌에 대해 끝없이 이야기하고 있다. 그리고 마지막으로 스페인의 어느 귀족 여성이 들려 준 이야기와 함께, 귀부인들은 허리띠 위쪽보다 아래쪽이 훨씬 젊어서, 바로 거기에서 질리지도 않는 쾌락의 추구가 생겨난다고 그는 생각하였다.

이러한 이야기들이 떠돌던 시대에, 왕후는 〈팽팽한 검은 타프타 깔개 위에 정부들의 몸을 벗겨 희고 섬세한 몸이 두드러지도록〉 누이면서 절정에 도달하기 위해, 눈앞에서 시녀의 엉덩이를 때리고 있었다. 방종스런 17세기는, 이러한 발루아 왕조의 왕후풍 환락을 이어받고 있었다. 앙리 4세의 궁정은, 궁정 발레를 개최하여 싱싱하고 젊은 안젤리끄 뽈레가 보여 주는 나신을 즐기고 있었다. 그녀는 유명한 세금제도 발안자의 딸로서, 그 〈희고 부드러우며 날씬하고 귀여운 신체는 올이 극히 가는 크레이프만을 두르고 있을 뿐이어서, 그것을 통해 더욱 섬세하고 은밀한 부분의 곡선을 드러냄으로써 사람들의 마음을 크게 설레이게 하였다.〉 왕비의 지위를 박탈당한 마르가리타의 가슴도 당시는 경건한 찬탄의 대상이었다. 프롱드의 난(1648-53) 바로 얼마 전, 미래의 레츠 추기경은 (몸에 두른 것이라고는) 부끄럽게도 얼굴을 덮은 손수건뿐이었던 게메네 부인의 육체를 고대 비너스의 신체와 비교하고 있었다. 그밖에 탈망이 그려낸 세계에서도, 나체로 누운 사람이나 멋진 가슴을 어루만지는 사람이 빠놓지 않고 등장하였다.

그러나 이러한 기술이 관여하는 것은, 금단의 정경을 구경하는 제한된 장에서일 뿐이었다. 사실 어느 영국의 미녀가 루이 13세(1610-43 재위) 시대의 파리 거리에서 가슴과 어깨를 드러낸 채 걸어다님으로써 군중이 모여들었고, 하마터면 동행한 남자와 함께 목이 졸려 살해될 뻔하였다. 가톨릭의 反종교개혁기의 구경꾼들은 새로운 예법에 속박당하면서, 이처럼 자랑삼아 내보이던 가슴을 더할 나위 없이 귀한 보물로 여기고 있었다. 옛 궁정의 귀부인들이 드러내던 가슴에 대해 공격을 퍼부었던 설교가들은, 근대의 성적 스캔들을 높으신 분들의 침실로만 한정시키는 승리를 거두고 있었다. 왕정복고 시대(1660-1702)의 런던에서, 하녀와의 성교에서 금세 절정을 느꼈던 피프스도, 여성의 나체를 앞에 두고 다리를 언뜻 보는 것만으로도 황홀감을 느끼는 부르주아적 염탐꾼의 태도를 지니고 있었을 뿐이다.

따라서 그러한 사실에 속아서는 안 된다. 루이 14세 시대에는 그르노블의 여자 클레르 프리에(1680년 15세로 생 마르슬랑에서 와 신세를 망쳤다)처럼, 단지 창부들만이 〈신체의 온갖 부분을 자신들의 이름으로〉 명명하면서 자기 신체의 훌륭함을 자랑할 수 있었고, 또 자신들의 훌륭한 육체 덕분에 남성들이 치정으로 우쭐거릴 수 있노라고 떠벌리고 있었다. 클레르 프리에의 이러한 언동은, 남자와 대담하게 나체로 자는 행위와 함께 동료들의 눈살을 찌푸리게 만들었다. 동료들은 사회적 금기를 이런 식으로 깨뜨리는 그녀의 행위에 대하여 깜짝 놀라지 않을 수 없었으며, 또한 그녀를 〈유럽 제일의 매춘부〉로 간주하고 있었다. 보통의 바람둥이 여자들은, 여름에 사교관의 정원을 거닐면서 남자에게 스커트를 벗어 보이는 것으로 만족하고 있었다. 이같은 대담한 행위의 한정된 성격은, 결국 근대 그리스도교 세계에서 의복이 전략적 성공을 거두고 있었다는 사실을 보여 준다. 윤리적이며 종교적인 내용을 지닌 이러한 의복관은, 서구의 대부분의 인간들에게 나체에 대해 부끄러움을 지니도록 가르치고 있었던 것이다.

겉보기와는 달리 나체는 18세기에 승리를 거두지 못하였다. 18세기는 육체를 해방시켰다기보다는, 현대의 육체의 부르주아적 유폐를 향한 길을 분명하게 준비하고 있었던 것이다. 파리의 여자들이 〈뺨을 붉게 바르듯이, 허리와 엉덩이를 짙은 푸른색으로 바른다〉는 타히티 미인에 대한 부갱빌*의 관찰은 카사노바의 비밀스러운 모임과 유사하지만, 그것은 어디까지나 고립된 사건으로 머물러 있었다. 이 점에 있어서는, 그 대여행가의 주석자로서 디드로(그의 《부갱빌 여행기 부록》은 대화형식의 문명비평서로서, 관용과 성해방에 바탕을 둔 자유사회에 관한 그의 생각을 밝혔다)의 말을 들어 보는 것으로도 충분하다. 1768년 그는 딸의 성교육으로서 남자의 달콤한 말이 지니는 위험을 가르치면서, 나아가 〈단정함의 근본으로 자신의 음부를 가릴 필요가 있으며, 그것을 드러내는 것은 행실이 나쁜 것〉으로 설명하였다. 그의 벗인 올바크는, 그 장모에게 도박에서 이기는 비결로서 〈엉덩이를 드러낼〉 것을 가르치고 있었으나, 디드로는 그 벗에게 경의를 표하는 것으로 족하였다.

* 1729-1811. 프랑스의 항해가. 해군 지휘관으로서 남태평양을 탐험했으며, 프랑스인으로서는 최초로 세계 일

주 항해(1766-69)를 했다. 그의 보고서 《세계 일주 항해 *Voyage autor du monde*》(1771, 영역판 1772)는 자연상태에 있는 인간의 도덕적 가치에 대한 신념을 유포시키는 데 기여했으며, 이 개념은 당시 프랑스 사상계에서 매우 중요한 것이었다.

조지 3세 치하(1760-1820)의 영국에서는 아무리 음란한 사회라 하더라도 남녀 교합은 속옷을 입은 채 행해지고 있었으며, 방탕의 본거지로서 이 나라의 호색 판화를 보게 되면 렘브란트 시대의 네덜란드와 마찬가지로 일반적으로 옷자락을 들어올려 사랑을 나누었음을 분명히 알 수 있다. 한편 18세기의 유럽 소설은, 그 여주인공의 외적인 묘사에 있어서 매우 어색한 면을 보이고 있었다. 여주인공들에게 있어서 아름다움은 운명의 각인으로서 그녀들에게 위험한 숙명을 나타내 주고 있었으며, 그 아름다움에 대한 묘사는 거의 얼굴에 한정되어 있었다. 그밖에도 이러한 묘사는 분명한 외설작가들을 제외하고 〈많은 터부〉(P. Fauchery)의 대상이 되고 있었다. 생리적 고찰에 익숙하지 않은 18세기 문학은 나체를 고민이나 불행과 즐겨 연결시키고 있었다. 실제의 모델과 마찬가지로 파딩게일에 갇힌 그녀들은 도발적이라기보다는, 예를 들면 목욕할 때와 같이 은밀하고도 정숙한 매력을 내비친다. 명백한 조각으로서, 그녀들은 극히 조심스러운 애무를 받을 수 있을 뿐이었다. 프랑스 혁명 무렵, 메르베유즈들에게 도입된 신고전주의풍 의상의 유행에 힘입어 공원 이곳저곳에서 남녀가 희롱하는 광경이 확산되고 있었을 때, 가정도덕과 젊은이들의 순결을 지키려는 사람들은 음란한 엉덩이들의 증가를 격렬하게 항의했다. 집정관 시대의 논객들도 퇴폐의 근원이 [신고전주의라고 하는] 예술을 구실로 침입해 들어오고 있다는 사실을 유감스럽게 생각하면서, 살을 내보이는 것을 요염한 여성 의복으로부터 배척하고, 살의 공공연한 과시를 새로운 제도인 미술관에 한정시키도록 요구하고 있었다. 〈그곳은 부친이 자식을 데리고 가지 않고, 모친이 딸 없이도 들어갈 수 있는〉 곳이기 때문이다. 새로운 지배계급은 이처럼 오랜 그리스도교에서, 처녀의 깨끗함(원래는 무지하였기 때문이지만)과 의복의 단정함을 동일시하는 것을 차용하고 있었다.

혁명시대의 시민들은 튈르리 공원에서 단정치 못한 조각상을 없애 버리고, 루브르에는 누드화가 적어도 미성년자에게는 금지되어야 한다는 이러한 타협책을 바라고 있었다. 젊은이는 〈육체의 어떠한 숨겨진 아름다움도, 또한 눈에 보이는 아름다움도 위험 없이〉 바라볼 수 없었으며, 우선 〈조숙한 욕망을 불러 일으켜서는〉 안 된다고 시민들은 확신하고 있었다. 비너스나 아폴론이 아니라 광장에는 카토[로마의 정치가·웅변가]나 아르키메데스[고대 그리스의 학자·발명가] 등의 상을 세우고 싶다는 이러한 〈공화주의적 존엄성〉에 대한 사고는, 사람들을 즐겁게 해주는 면모가 있다. 마치 조각가의 작품을 본받아 바라스[프랑스의 정치가. 프랑스 혁명 당시 총재정부에서 세력을 떨쳤다. 1795년에서 99년까지 집정관] 시대의 파리 주민들 모두가 조만간 무엇이든 옷을 벗어던지지 않을까를 우려하였던 듯하다. 메르시에의 이러한 도덕적 견해의 일부분은, 피부를 드러내는 당시의 여성 풍속에 대한 그의 비난으로 정당화된다. 그 견해는 이런 점에서 그리스풍 튜닉(tunic)*이라는 대담한 모습으로 산보하는 여자들에 대한, 지방이나 수도에서의 도시 군중의 공격적인 태도와 중첩된다. 그러나 무엇보다 이러한 견해가 보여 주는 것은, 1800년의 부르주아들 사이의 성적 억압의 진행에 일치하는 루소적 사상과, 매혹적이고 상반신 전체를 벗은 사비니 여인들[로마사에서 소재를 취한 이 대작은 루브르 박물관에 소장되어 있다]을 다비드에게 그리게 했던 신고전주의적 경향 사이에서 존재하고 있던 모순의 크기였다. 이들 사비니 여인들의 畵想(화상)은 18세기말의 요염한 사교계 부인들로부터 유래하고 있었으며, 그녀들은 20년 이상에 걸쳐 유럽 상류 사회에서 신체를 밀착시키고 가슴을 드러내면서 가볍고도 투명한 여성의 의상을 보급하는 데 성공을 거두었다. 나체의 절반 정도의 승리는, 그러면서도 정치질서의 회복을 거스를 수는 없었다. 육체미의 과시가 길거리와 집안의 모든 곳에서 축출당함으로써 새로운 미학의 영역으로 달아나고 있었다. 이리하여 19세기 중반의 어느 창부는 보들레르*에게, 미술관의 작품들이 보여 주는 믿지 못할 부도덕한 광경을 마주했을 때의 당혹감을 서술케 했던 것이다. 그 작품들은 상당수의 문화적 신화들 사이에서 다만 나체의 상상적 승리를 나타내고 있을 뿐이며, 이러한 승리는 근대 서구 사회의 몽상이 남긴 흔적을 깊이 간직하고 있을 뿐이다.

* 튜닉—고대 지중해 연안 국가들의 남녀가 입던 기본 의복. 리넨 2조각을 머리와 팔을 내밀 구멍을 남기고 옆솔기와 위를 가로질러 꿰매어 만들었다. 길이는 무릎까지 내려오거나 더 길었고, 소매가 없는 경우도 있었다. 허리에는 띠를 했고, 어깨는 걸쇠로 고정시켰다. 원래는 속옷이었으며, 보통 망토를 덧입었지만, 젊은이나 노동자들은 튜닉만 입기도 했다. 어둡거나 밝은 색상의 리넨과 흰 모직물로 만들었으나, 로마의 원로원 의원들과 고관들이 입는 튜닉은 넓은 자주색 줄무늬로 장식했으며 어린이용 튜닉도 다양한 색으로 장식했다. 14세기에 몸에 꼭 맞는 의복이 보편화될 때까지 중세에는 일반인과 성직자들이 함께 입었다. 세속적인 유행이 변한 뒤에도 튜닉은 알브와 달마티카 같은 성직자의 예복으로 남아 있었다. 오늘날에는 튜닉이라는 말이 고대 형태를 본뜬 여성 의류를 지칭하는 데 사용된다.

* 보들레르—프랑스의 시인. 외설과 신성모독으로 기소당했고, 죽은 지 오래 된 오늘날에도 여전히 대중의 마음 속에서 타락과 악덕의 존재로 동일시되는 보들레르는, 19세기보다는 20세기 사람들에게 직접 이야기하고 있는 듯 여겨질 만큼 당대의 어느 누구보다도 현대 문명에 가까이 접근한 시인이었다. 그는 낭만주의의 부자연스러운 꾸밈을 거부하고, 대부분 내성적인 시 속에서 종교적 믿음 없이 신을 추구하는 탐구자로 모습을 드러냈다. 그는 생명의 모든 징후(한 송이 꽃의 빛깔, 창녀의 찡그린 얼굴)에서 진정한 의미를 찾고자 했다. 시인이

자 비평가로서 그는 현대 세계의 인간 조건에 호소하고 있으며, 주제 선택의 제약을 거부하고 상징의 시적 힘을 강력히 주장한 점에서도 역시 현대적이다.

이같은 예술적 전통은 우선 지적인 의미를 지니고 있었다. 실체가 아닌 형태로서 화가들이 추구하던 나체는, 원칙적으로 신중하고 정숙한 17세기의 스페인에서 벨라스케스의 《로케비 비너스》(거울 앞의 비너스)*를 낳았다. 구체제하의 문명은 에로티시즘과는 무관하여 성의 영역이 더욱 억제되는 경향을 보이고 있었으며, 그리스에서 시작되어 르네상스 시대에 재발견된 관념상의 미에 대한 이러한 鑽仰(찬앙)은 이 문명에 강하게 맴돌고 있었다. 디드로가 지적한 풍속과 문화의 일탈은 1500년의 이탈리아에서 시작되고 있었다. 유럽의 교화자로서 이탈리아는 새로운 형상을 거듭하면서 중세풍 상징체계에 대항하고 있었고, 그 형상들 가운데 나체가 정신적으로 확산되고 있었다. 그것은 바로 베로네세가 자기 변호를 위해 끌어들인 미켈란젤로의 작품에 대해, 베네치아의 종교재판소 판사들이 설명한 것과 같은 예이다. 그러나 근대의 온갖 나체 예술작품들이 이러한 종교적 역할을 담당한 것은 아니었다.

* 《로케비 비너스》는 19세기 이전의 스페인 회화에서는 희귀한 여인 누드화 중 하나이다. 비너스의 몸단장에 관한 주제와 화려한 채색 및 선정적인 피부 색조는 주로 티치아노 등의 베네치아파 화가들에게 영향을 받은 것이다. 그러나 벨라스케스는 독특하게 모델을 꾸미거나 이성적으로 나타내려고 하지는 않았으며, 그의 훌륭한 비너스 그림은 당대로서는 예외적으로 실재 여자의 누드를 살아 있는 것처럼 생생하게 묘사한 것이었다.

이리하여 인체는 솔직하게 칭송하는 작품으로서, 고전주의적이라고 일컫는 방식으로 순수한 남성의 육체미를 표현하고 있었다. 裸婦(나부)의 묘사는 미술사의 통설에 따르면 17세기부터 나타나고 있었으며, 보티첼리의 피렌체나 라파엘로의 로마에서 볼 수 있는 것처럼 영감에 의해 공상계에서 이상미를 추구하려는 인문주의적인 움직임을 통해 시작되었다. 그러나 이러한 탐구는 곧 관능적인 자태에 대한 예찬으로 치닫게 되었다. 우선 르네상스의 베네치아에서 그러한 상황이 시작되었고, 조르조네나 티치아노의 손에 의해 만들어진 근대의 비너스, 다시 말해 여자로서 천상적인 것이 아니라 (산문적이지는 않더라도) 더욱 자연스런 상태의 비너스가 바로 그것이었다. 이런 유형의 나체 예술은, 곧 생식과 성·정열이라는 주제의 대상으로 즐겨 애용되고 있었다. 따라서 나부에 대한 이미지는, 그때부터 세속적인 사랑과 충족된 욕망으로부터 기인하는 관대함과 평온함을 상징하고 있었다. 이러한 시적인 목가와 쾌락적인 우화 속에서 노골적인 육체적 향락에 대한 소망을 읽어볼 수 있다. 코레조*와 허물 없이 생생한 묘사에서 시작되는 마니에리스모 양식의 미술이 그 뒤를 잇고 있었고, 화가와 조각가 들은 자신들의 고객에게 보다 섬세하고 보다 여성적인 시각을 제시하게 되었다.

> * 1494-1534. 이탈리아의 르네상스 화가. 파르마파의 가장 중요한 화가로, 그의 후기 작품은 많은 바로크 및 로코코 미술가들에게 영향을 미쳤다. 최초의 주요 작품으로는 파르마에 있는 산파올로 수도원의 천장에 그린 인문주의적 주제의 우의화들(1519경) 및 파르마의 산조반니에반젤리스타 교회(1520-23)와 파르마 대성당 (1526-30)에 있는 프레스코들이 있다. 시적인 느낌을 주는 후기의 뛰어난 유화 작품으로는 《성녀 카타리나의 신비한 결혼 Mystic Marriage of St. Catherine》(1526경)이 있다.

이와는 달리 루벤스는, 1600년 이후 바로크풍의 종교성과 육감성 사이의 범신론적인 조화를 구현하였다. 게다가 이러한 조화에 대한 소망은, 성에 대한 시대적 정신에 합치되는 것이었다. 그러나 루벤스는 건장한 북구 여성들의 명랑한 얼굴을 통해 그 정신에 하나의 상을 부여함으로써, 그것은 만인의 뇌리에 남게 되었다. 그 흔적을 잇는 계몽주의 시대의 프랑스 화가들은, 거기에 단지 육체적 미화에서의 세련미와 자태를 추가하고 있을 뿐이었다. 비너스가 또 한번 규방에서 나오는 것을 보려면, 앵그르*의 차디찬 방종을 기다려야 할 것이다.

> * 1780-1867. 프랑스의 화가. 자크 루이 다비드가 죽은 뒤 프랑스의 신고전주의 회화를 이끈 지도자이다. 차분하고 투명하며 정교하게 균형잡힌 그의 작품들은 당대 낭만주의 작품과 대조를 이루었다. 특히 초상화(《오송빌 부인 Mme d'Haussonville》, 1845)에 뛰어났는데 《그랑드 오달리스크The Grand Odalisque》(1819)에서 볼 수 있듯이 선과 윤곽을 강조하는 그의 화풍은 신고전주의 미술에서는 유일한 관능성을 보여 준다.

근대의 예술적인 나체화는 따라서 경기자들이나 투사들, 지옥에 떨어진 자들이 지니는 정력, 혹은 정신이나 인간 고뇌의 비창함보다도 오히려 사랑의 쾌락이나 괴이한 사랑의 모습과 결부되어 있었다. 이러한 종류의 작품을 구매하여 방에서 그것을 바라보던 혜택받은 계층은, 그것을 통해 공식적인 장소에서의 엄격주의에 대한 미적 대상작용을 찾아내고 있었다. 이같은 욕망의 분출은 16세기 이후에 중세 문화를 벗어나면서, 곧 르네상스의 눈부신 문물을 만나는 중부 유럽에서 현저한 성공을 거두게 될 것이다. 뒤러(독일 르네상스 시대의 가장 위대한 화가·판화가. 수많은 그의 작품에는 제단화와 종교화, 많은 초상화와 자화상, 동판화 등이 있다)는 처음 얼마 동안 여체에 대한 혐오감으로 여체를 그려내다가, 이윽고 이탈리아 고전주의의 제 규범을 채택하였다. 특히 뒤러의 동향인 화가들은 흔치 않은 활력으로 극히 야비한 나체 모습을 강조하고 있었다. 독일 세계에서는 미술을 애호하는 수백 명의 루터파 제후들이 여성 나체를 주문하고 있었고, 그것이 또한 목판 민중판화로 그 수를 더해 갔다. 또 1519년에 나온 에라스무스의 《신약성서》에서조차 그 첫장에 여체가 그려져 있었다. 독일에서 이러한 장식에 새로운 방향을 부여한 것은, 작센의 크라나흐*의 공방 작업이었다. 그가 몽상하는 음란하고 도발적인 이브는, 몸에 두른 것이라고는 목걸이와 넓은 차양의 모자나 투명한 베일뿐이지만 예술품이 가진 에로티시즘을 충분히 보여 주고 있으며, 이것만으로도 훗날 마니에리스모 양식의 연원이 되기에 충분할 것이다.

* 1472-1553. 독일의 대표적인 화가. 독일 회화의 전성기인 16세기에 가장 중요하고 영향력 있는 예술가 가운데 한 사람이었다. 수많은 그림·목판화·장식예술품을 제작했는데, 그 중에서 가장 중요한 것은 제단화, 궁정초상화, 종교개혁가의 초상화, 수많은 여인화이다. 신체를 실제보다 길게 늘여 그린 여인 누드와 당시 유행하는 옷차림의 귀부인을 그린 여인화는 성서나 신화에서 따온 제목을 붙였다.

그러나 환상적 畵題(화제)나 플랑드르 화가들이 추구하던 눈부신 동물 모습을 이어받아 렘브란트가 여체를 사실과 정감을 갖고 묘사했을 때, 거기서 그가 표현해 낸 것은 무엇보다도 꿈과 회한이었다. 루브르의 《바쎄바》는, 예를 들면 화가 자신의 하녀이며 애인인 여성을 모델로 목욕을 막 끝낸 모습을 애정 깊게 그리고 있는데, 그것은 분명 상념의 세계로 국한되어 있다. 이 그림은, 그러한 성격을 통해 근대의 다른 호색적 미술작품들과 함께 구체제하의 사회적 특징으로서 성의 억압을 반증하는 것이다.

* 솔로몬의 어머니 바쎄바는 다윗과 혼인하기 전에는 히타이트족 출신 장군 우리야의 아내였다. 바쎄바는 궁정에서 벌어진 음모에서 노련한 수완을 발휘했는데, 그녀는 왕비가 되기 전에 장군의 아내에서 왕비가 되려는 목적으로 감수성이 예민한 다윗 앞에 의도적으로 자신을 노출시켰을 수도 있다.

예술에 있어서의 에로티시즘

동시대 중국 明(명) 왕조의 사람들과 마찬가지로 발루아 왕조의 방탕스런 귀족들은, 미학의 위력을 자신들의 음란스런 행위와 결부시키고 있었다. 앙리 3세의 아우 알랑송 공작(앙주)*은, 인간과 동물이 교접하는 갖가지 모습을 정묘하게 표현한 금도금 은잔으로 여자친구들에게 술을 마시도록 하였다. 각지에 있던 영주들의 회화실에서도 여성의 수치심이 소중히 다루어졌던 것은 아니다. 퐁텐블로파(16세기 중반과 후반 퐁텐블로에서 프랑수아 1세의 궁정과 관계 있는 작품들을 만든 프랑스와 외국의 미술가 집단)는 레스보스 그림들을 잔뜩 나열하고 있었으며, 그것을 본 귀부인들은 정욕이 일어나면 곧장 마차에 올라 하인들을 데리고 열기를 식히러 가고 싶은 기분을 맛보았다. 브랑톰의 기록에 따르면, 16세기의 호색예술이 책이나 회화에서 비너스와 레다 그리고 아레티노식의 체위를 연쇄적으로 나열함으로써, 귀족 사회의 성의 자유화에 도움을 주었다고 여겨진다. 흥분제로서의 이러한 역할은, 파리의 생자크 거리에 자리잡은 몇몇 이탈리아 서점에서도 마찬가지로 조장되고 있었고, 그 어느 가게는 때로 1년 동안 1백 권

이상의 호색본을 남녀 동반객들이나 큰돈을 내는 각별한 귀부인에게 판매하고 있었다. 선량한 피에르 레투알은 신앙심이 돈독하면서도 호색적인 수집가로서, 1608년 8월에 60여 장의 작은 초상화를 14장의 외설적인 판화와 교환하였다. 그 판화들은 《신들의 사랑》을 주제로 로마에서 제작된 것으로서, 당시 사람들에게 널리 음미되고 있었다.

* 1554-84. 프랑스 왕 앙리 2세와 카트린 드 메디시스의 4번째 자식이자 막내아들. 그를 제외한 3형제는 프랑수아 2세, 샤를 9세, 앙리 3세로 모두 프랑스 왕이 되었다. 그도 30세의 젊은 나이에 죽지 않았다면 역시 왕이 되었을 것이다. 카트린 드 메디시스가 1566년 그에게 알랑송 영지를 주어 1576년까지 알랑송 공작작위를 지녔다. 그는 작은 체구에 가무잡잡한 피부를 지녔으며 야심차였고 이상성격의 소유자였으나 이른바 〈폴리티크〉라는 온건 가톨릭 파당의 지도자로서 불뢰 조약(1576. 5. 6)을 체결하여 영토를 확보했고 이를 통해 앙주 공작작위를 획득했다. 또한 잉글랜드 여왕 엘리자베스 1세에게 구혼했으며 1579년 그녀와 결혼계약을 협상하는 데까지 이르렀으나 1579년, 1581-82년 런던까지 가서 구혼했음에도 결혼협상은 체결되지는 않았다.

르네상스의 호색예술은 이리하여 지배계급의 즐거움 중 하나로 통합되었다. 예를 들면 앙리 3세 시대(1574-89)에, 어느 프랑스 귀족은 자신의 애인에게 한 권의 비싼 채색삽화본을 보냈다. 1천 에퀴의 가격에 이르는 그 책에는 1백40쪽 이상의 삽화가 실려 있었으며, 32명의 궁중 부인들의 교접 모습이 여기저기 묘사되어 있었는데 모두가 썩 잘 그려진 것들이었다. 사람들은 친한 여자들끼리 이렇듯 선정적인 그림들을 돌려보고, 또 돌려봄으로써 난행으로 치닫는 경우도 있었다. 때로는 애호가들이 음욕이 끓어올라 정신을 잃는 경우도 있었다고 한다. 1602년 2월 6일, 앙리 4세는 왕비와 동행하여 파리 시장에서 네덜란드인으로부터 6장의 그림을 샀다. 아레티노식의 갖가지 체위를 그린 것으로, 왕은 웃으면서 그 그림들을 주변 귀족들에게 펼쳐 보였다. 루이 13세(1610-43 재위) 시대의 파리에서, 다니엘 뒤 몽스티에(뒤 몽스티에는 16,7세기의 유명한 화가의 일족. 다니엘은 그 최후의 유력한 한 사람. 진품 수집과 기지로 알려져 있다)와 같은 화가는 이러한 그림 제작을 위한 작은 별실을 소유하고 있었고, 그러한 그림을 그는 농담삼아 〈창 끝을 쑤시는 암호〉로 부르고 있었다. 호색미술이 가져온 이러한 운명은 18세기에도 계속된다. 이 시대의 방탕스런 여자들은 관능어린 향연을 위한 이러한 화상을 규방에 갖추고 있었으며, 호색적인 모험가들의 도서실에서도 그러한 화집들이 발견되었다. 여행 도구에 빼놓을 수 없는 물건으로서, 가장 잘 양육된 아가씨들조차도 그 화집들로부터 경쾌한 자위방식을 배우고 있었다. 그 같은 선정적인 예술품이 실제로 어느 정도까지 보급되었는가는 문서기록만으로는 충분히 알 수 없다. 특별한 인물들의 여러 가지 《회고록》에 씌어져 있는 것을 일반화시킬 수는 없지만, 거기에는 분명 구체제 시대의 육체 교섭의 장에서

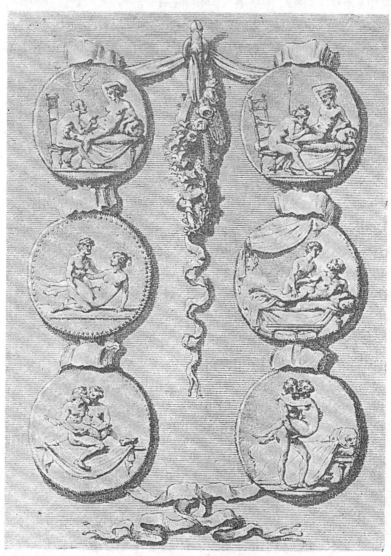

줄리오 로마노의 《에로틱한 메달》

줄리오 로마노 그림의 동판화(1525)

가장 산업화된 예술의 (지금은 잃어버리고 만) 흔적을 찾을 수 있다.

성교로 연결되는 이러한 사회적 용도 이외에, 근대의 성의 도상은 3개의 시점에서 우선적으로 검토가 가능하다. 즉 서구의 성적 환영의 목록, 그 무의식적인 욕망의 표현, 혹은 그 문화적 발전의 조형상의 결과가 그것이다. 이들 회화와 판화에 등장하는 인물이나 장면은, 현실 세계를 반영한다기보다는 없어서는 안될 환영을 드러내고 있다. 그것은 르네상스 시대나 자유사상 시대 예술가들의 여러 가지 외설스런 표현 속에서 자주 찾아볼 수 있다. 의학적인 치료나 쾌락의 여러 장면들 속에서, 이러한 일시적 염탐꾼들은 자신의 색정의 경우처럼 몽상과 금지의 영역에 계속 머무르고 있었다. 화장이나 한창 잠자는 도중에 엿보게 되는 음란한 모습에 대해서도 마찬가지이다. 성충동의 畵題(화제)는 신화나 성서, 혹은 호색적인 일이나 사교계를 주제로 삼는 장식화가들에게 있어서 더욱 흥미로운 것이었다. 그러한 화제의 주체는, 물론 프라고나르류의 빼앗긴 입술이나 엉덩이였다. 구체제하의 유럽 화가들은, 우선 목욕할 때의 모습을 통해서 새에서부터 뱀에 이르기까지, 그리고 나무에서부터 무기에 이르기까지 관능과 다양한 상징의 위력을 칭송하고 있었다. 우화와 도색적인 고고학은, 인간 불행의 위험스런 원천으로서 관능적인 사랑을 두려워하는 문명으로부터 기인한다.

이 사람에서 저 사람으로 은밀하게 건네지던 이러한 판화류의 문명은 말로 형용하기 어려운 메시지를 전달하고 있으며, 판화에 담겨 있는 가슴과 머리형에 대한 맹목적인 숭배는 18세기말의 服飾(복식) 신문들에서처럼 관능의 기쁨보다는 오히려 거북살스러움을 나타내고 있었다. 만족을 느끼고 있다기보다는 신경질적으로 사람들의 눈을 피하려는 이 연인들, 무지한 이 젊은이들, 그리고 아내라기보다는 모친으로서의 이 여성들은 모두가 성적인 억압을 나타내고 있다. 성적인 억압은 매춘과 난교 그리고 음란함에 대한 기피로 묘사되고 있었고, 결혼이 행복에 이르는 유일한 길이라는 칭송을 통해서도 그것을 분명하게 알 수 있다. 왜냐하면 서구의 인간교육은 性愛術(성애술)을 가르치지 않았기 때문이며, 이것이 서구의 교양과 미학을 예를 들면 동아시아의 그것과 구별해 준다. 서구의 호색미술은 르네상스가 고대의 그림을 전하고 있음에도 불구하고, 다양한 도착증을 더욱 섬세하고 단조롭게 그리는 데 그쳤다. 그 결과 이러한 도착증은 사드나 레스티프 시대의 환희를 만들고 있었다.

그러므로 근대 그리스도교 세계의 육욕에 대한 몽상의 역사적 의의를 지나치

18세기의 호색판화 《여성철학자 테레즈》에서

게 과장해서는 안 된다. 성이 관리되는 문명에 있어서 극히 자유로운 구체제하의 미술 속에 나타나던 에로티시즘은, 서로가 더욱더 구속되려는 관능의 축전이었다. 서로가 껴안은 형태로 사람들의 이목을 끄는 남녀의 교합 모습은, 결국 의복과 장막의 그늘로 갇혀 버린 시대의 몽상으로 되돌아가는 것이었다. 이 시대가 육체를 멸시하고 또한 숨기고자 할수록, 그만큼 육체의 형태적 매력에 대한 이상이 칭송을 받고 있었다. 미술관에 있는 미술품들은, 이처럼 과거 유럽의 가상적인 영역을 나타내는 것일 뿐 현실 그 자체를 나타내는 것은 아니었다. 과거의 유럽 사회는 이렇게 드러난 가슴이나 행복에 도취해 있는 나체를 단지 화폭에서만 능숙하게 그려내고 있었던 것이다. 문화적 보상현상이라는 식의, 신들의 정교나 애무를 바람직한 것으로 그려내는 태도는 우선 아름다움에 대한 마니에리스모적 사고에서 나온다. 그러나 대부분의 인간에게 있어서, 아름다움은 성의 금지와 억압이 승리를 차지했다는 것과 표리관계에 놓여 있었다.

근대의 호색적 예술은 쾌락을 자신들의 특징의 하나로 삼고 있었던 귀족계급의 사치로서, 극히 일부의 인간들만이 누리고 있던 육체적 기쁨의 비밀을 밝혀준 것에 불과하다. 그 중에서도 르네상스의 새로운 육욕의 예찬은, 이미 보았던 것처럼 이른바 육체의 재발견을 완전히 관념적으로 해석한 것에 불과하다. 16세기말, 유럽의 각지에서 화가들은 후원자들의 주문에 응해 에로스적인 그림을 연달아 제작해 내고 있었을 뿐이다. 일상생활의 현실과는 무관한 이 시대 궁정의 마니에리스모는, 바로크 시대에 들어서서 게르만 문명의 영향 아래 훨씬 분명한 성의 묘사로 대치되고 있었다. 이러한 묘사는 처음에는 플랑드르 혹은 네덜란드의 시민층을 대상으로 하고 있었으나, 18세기 프랑스에서는 로코코풍의 장식이라는 반쯤은 천진스럽고 반쯤은 배덕적인 요염함으로 바뀌고 있었다. 이 로코코풍의 장식에 대한 지배계급의 선호는 파리나 리옹, 그르노블이나 아미앵에서의 사생활을 반영하는 재산목록에서 그대로 나타나고 있다. 그러나 이 시대에도 왕의 애첩들의 사진 역할을 하던 초상화가(당연히 특별한 소모품이며, 완상을 목적으로 한 그림이지만), 신화적인 몽상과 연결된 오랜 이상주의적 전통을 어느 정도 간직하고 있었다. 프라고나르가 귀족 주문자의 방종한 환상을 우아하게 그려내는 수요에 응하여 오르가슴의 폭발을 솔직하게 묘사하고 있는 데 반해서, 1800년 무렵의 영국 풍자화가들은 고귀한 사람들이나 부자들의 비도덕적이며 그칠 줄 모르는 타성이라고 할 방탕으로 에로티시즘을 표현하고 있었다. 이를 서술하자면, 신고전파의 나체를 차치하더라도 푸젤리의 잔혹한 환상을 표현하는 공상적인 분위기 속에서 낭만주의가 생겨났다는 것이다.

이러한 연대기적 통찰에서 알 수 있듯이, 주제별 분석을 통해서도 근대 서구의 성애미술에 있어서 다양한 마니에리스모적 신화가 우위를 점하고 있었다는 사실을 알 수 있다. 관능의 향연의 상징으로서 나체미는, 예외적인 애호가들에게 있어서 무엇보다도 현실을 엿볼 수 있는 하나의 소일거리였다. 이러한 그림을 구하는 사람은, 자주 그림에 묘사되어 있던 수산나(《구약성서》 제2경전에 실린 일화 속의 인물. 틴토레토나 렘브란트 작품이 잘 알려져 있다)를 바라보는 노인이나, 세 명의 여신으로부터 선택을 강요당하는 젊은이*들과도 닮아 있었다. 이들 모습에서 성적 긴장이 고조되고, 성행위 그 자체가 역설적으로 묘사되는 경우는 드물었다. 성행위는 서구의 상상력에 있어서 어디까지나 잘못과 회오의 주제와 연결되어 있었으며, 여자는 거기에 몸을 내던지기는커녕 강요를 거부하며 몸을 지키는 것이 보통이었다. 비도덕을 묘사하는 미술목록 중에서 여성의 동성애는 분명히 사람들의 기호의 대상이 되었으며, 그것은 아마도 거세당하는 벌을 항상 두려워하던 염탐꾼들이 마음 편히 즐길 수 있는 장면이었을 것이다. 남성의 동성애(우라니즘)는 훨씬 큰 예술상의 금기에 부딪혔다(미켈란젤로의 고정관념이나 몇몇 화가들의 감칠맛나는 나르키소스를 제외한다면). 한편 롯의 이야기(제2부 139쪽)와 자비를 그린 작품의 주제는, 부친에게 나신을 맡기는 딸들의 불륜행위에 대한 문학적 묘사의 종교적 구실을 제공해 주었다.

* 《파리스의 심판》은 예술에서 즐겨 다룬 인기 있는 주제였다. 전설에 따르면, 제우스는 헤라·아테나·아프로디테 3명의 여신 가운데 누가 가장 아름다운가를 결정할 사람으로 파리스를 선택했다. 헤라 여신은 그에게 왕의 권력을 주겠다고 제의했고 아테나 여신은 군사적인 능력을 주겠다고 제의했지만, 그는 이 두 여신의 제의를 거부하고 이 세상에 살아 있는 가장 아름다운 여인을 얻도록 도와 주겠다는 아프로디테의 제의를 받아들여 아프로디테를 가장 아름다운 여신으로 선정했다.

이렇게 어떤 식으로도 해석되는 작품 속에서, 사람들은 대가로서의 몽상이라는 신화적 영역에서 그다지 떨어져 있지는 않았다. 이 영역은 곧장 사슬에 묶여 거칠게 다루어졌으며, 참수형을 하는 관리 앞에서 몸을 지킬 방도도 없이 꿇어앉은 여자들로 가득 차 있었다. 같은 상황 아래에서, 상징적인 화살에 맞은 헤아릴 수 없는 (반음양의) 세바스티아누스*도 거기에 포함될 수 있다. 프로메테우스*나 삼손*으로부터 부풀려진 이 새디즘의 일람은 피학적 경향을 만족시켜 주는 것으로서, 아마도 염탐꾼의 자기 체벌을 구상화하고 있었을 것이다. 그것은 남성의 거세에 대한 두려움과 연결되는 것이었다. 홀로페르네스의 목을 베고자 하는 헤아릴 수 없이 많은 유딧의 상이나, 또 사티로스의 수족을 비트는 님프들의 경우가 우선 그러하였다. 이 동성애자와 시대를 같이하는 피렌체인 크리스토파노 앨로리(부친인 알렉산더 밑에서 수업. 피티 미술관의 《유딧》이 대표작)는, 여걸에게 붙잡힌 두목으로 자신을 그려내고 있었다. 그 여걸을 위해 그녀의 애인은 유대인 매춘부의 포즈를 취했고, 그녀의 냉정하고 의기양양한 모습은 자헤르 마조흐를 연상시킨다. 이 여성군들의 공격에 대한 공포를 보상하고도 남음이 있는 남성의 성충동적 힘이 근대 화가들에게 착상을 제공해 주었고, 그것은 루크레티아*나 클레오파트라 7세*의 자해를 통해서 주문자들에게 더할 나위 없는 즐거움을 안겨 주었으며, 양물의 상징으로서 단검이나 뱀은 분명 이들 나체 여자들의 몸의 허약함을 보여 주고 있었다. 이같은 성적 상징에 의해 관능적으로 고양된 구체제 유럽의 성적 감각은, 카셀(서독일의 중부 소도시)에 있는 루벤스의 《성체의 승리》에서도 볼 수 있어 호기심을 자아낸다. 그 작품에서 승리한 전사는 튼튼한 갑옷을 입은 채 다리로 적병들을 짓밟고 있으며, 나아가 반라의 여인들이 그를 말끄러미 바라보고 있다. 언제나 자랑스럽게 늠름한 페니스를 상기시키는 기분 좋은 이러한 묘사가, 이미 북유럽 미술에 있어서 최초의 누드화 대작에 나타나고 있었던 것이다. 사실 플랑드르의 화가 마뷔즈(이탈리아 르네상스 양식을 북해 연안의 저지대 국가들에게 처음으로 소개한 예술가의 한 사람이었다)는 1516년, 그의 넵투누스(로마 종교에 나오는 바다의 신)상에 생식기를 훌륭하게 보여 주는 남근의 집을 달아두었다.

* 세바스티아누스—전설에 따르면, 갈리아에서 태어난 그는 로마로 가서 283년경 카리누스 황제의 군대에 들어갔다가 나중에 디오클레티아누스 밑에서 지휘관이 되었다. 그가 많은 군인을 개종시킨 그리스도교도로 판명되자, 그를 화살로 쏘아 죽이라는 명령이 떨어졌다. 궁수들이 그에게 활을 쏘아 상처를 낸 후 그를 죽도록 버려두고 떠났을 때, 그리스도교도 과부가 그를 간호해서 살렸다. 르네상스의 화가들은 그의 순교를 주제삼아 즐겨 그렸는데, 이들은 대개 젊고 잘생긴 세바스티아누스가 화살에 맞은 모습을 그렸다.
* 프로메테우스—프로메테우스에 대한 복수로 제우스가 그를 카프카스의 바위에 사슬로 묶고 독수리를 보내서 영원한 생명을 가진 간을 쪼아먹게 하는데, 그 간은 끊임없이 다시 회복되곤 한다. 프로메테우스는 아이스킬로스의 《묶인 프로메테우스》에서 구체화되는데, 아이스킬로스는 프로메테우스를 인간에게 불과 문명을 가져다 주었을 뿐만 아니라 생존수단 이외의 모든 예술과 과학을 줌으로써 불과 문명을 보호하는 존재로 표현했다.
* 삼손—삼손은 소렉 골짜기에 사는 들릴라라는 여자를 사랑하게 되었으나, 결국 이 때문에 원수들의 제물이 되고 말았다. 들릴라는 삼손을 속여서 그 힘의 비밀이 나지르인으로서 길게 기른 머리털에 있음을 알아내고 필리스티아 사람들에게 이를 일러바쳤다. 삼손이 잠든 사이에 들릴라는 그의 머리털을 잘라 버렸다. 삼손은 사로잡혀 두 눈이 뽑히고 필리스티아 사람들 밑에서 노예생활을 하게 되었으나, 결국은 복수를 하고 만다.
* 루크레티아—전설에 따르면, 그녀는 루키우스 타르퀴니우스 콜라티누스라는 귀족의 아내로 아름답고 덕망이 있었다고 한다. 그녀의 비극은 로마의 폭군적인 에트루리아 왕 루키우스 타르퀴니우스 수페르부스의 아들인 섹스투스 타르퀴니우스에게 능욕당하면서 시작되었다. 그녀는 아버지와 남편으로부터 타르퀴니우스 가문에게 복수해 주겠다는 약속을 받아낸 뒤 칼로 자살한다.
* 클레오파트라 7세—이집트의 유명한 여왕. 율리우스 카이사르의 정부였으며, 뒤에는 마르쿠스 안토니우스의 아내가 되었다. 그녀는 부왕이 죽은 뒤 왕위에 올라 남동생인 프톨레마이오스 13세와 14세 및 자기 아들인 15

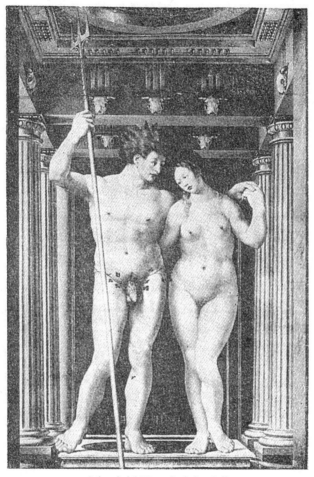

마뷔즈의 《넵투누스와 암피트리테》

세 카이사르와 함께 나라를 다스렸다. 옥타비아누스가 이끄는 로마군에게 패배한 뒤에 안토니우스와 함께 자살했고, 이집트는 로마의 지배를 받게 되었다. 매력적이며 야심만만했던 그녀는 로마의 중대한 시기에 크나큰 영향을 미쳤다. 또한 미인의 대명사로 불려 고대의 다른 어떤 여성도 얻지 못한 명성을 누렸다.

서구 근세의 미술에서 보는 에로티시즘은, 그 전개의 처음부터 끝까지 이와 같은 지배계급 남성들의 가슴속에 있던 형언할 수 없는 것들을 표현해 왔다. 정신분석학이라는 이러한 새로운 견해를 통해, 오랜 기간 이 점에 있어서 미학자들이나 비평가들이 전개해 왔던 애매한 시적 정조는 더 이상 쓸모가 없어지게 되었다. 그것을 대신하여 이러한 관점 덕분에, 유럽 귀족 사회에서의 여성과 사랑의 모습을 가장 칭송하고 있었던 16세기의 국제적 마니에리스모에 최근 그 관심이 다시 집중됨으로써, 그런 사실이 올바른 것이었음을 증명하고 있다. 프 랑스에서는 퐁텐블로파가 다양한 육체적 매력을 노래하며 이를 구현했다. 이 시대의 회화는 모두가 시의 주제와 서로 힘을 합쳐 도발적인 나신을 묘사하는 데 열중하고 있었다. 이러한 도피적 미술과 문예는 쾌락에 싫증난 귀공자들이 나 사치를 즐기는 귀족들의 것으로, 그들은 갑작스러운 개성의 추구나 우수에 대한 예찬을 통해서만 위안거리를 찾고 있었다. 마니에리스모 양식의 미학은 국경을 넘어서까지 확대되고 있었고, 가늘고 긴 허리를 뒤튼 인물상을 그려냄 으로써 귀족들의 소망의 일부분을 충족시키고 있었다. 어두운 배경에서 떠오르 는 것은 나신이며 꽃마차로서, 거만스럽고 차가우며 기묘한 자태를 보여 주고 있었다.

감각적이라기보다 지적인 이렇듯 선택된 사람들은, 그들의 성적 환상을 달래 주는 그림에서 차디찬 기품을 즐기고 있었기 때문에 거만함과 기교 없는 아름 다움이란 생각할 수 없는 것이었다. 거기서 생겨나는 것은, 여자에게 특권을 주 어 하나의 미술품으로 취급하는 에로티시즘이었다. 목욕한 다음의 장면이라든 가 주르륵 흘러내린 옷을 주워들 때, 여자에게 뒤지지 않을 정도로 화려한 침대 위에 호사스러운 상아처럼 길게 누워 있는 미술품들이 바로 그것이었다. 그러 한 예술 속에서 나이나 피부색이 다양하게 나타나고 있었고, 옷을 입고 있는 것 조차 미안할 정도로 용감한 모습이나 속이 비치는 모습도 존재하였으므로, 여 러 가지 대조가 새디즘이라고는 할 수 없어도 비도덕의 일관된 추구에 색정을 돋우고 있었다. 오랜 르네상스의 하강기에서 이러한 예술적 지향의 중요한 위 치는 잘 알려져 있으며, 그리고 이 시기는 짧은 절정기에서 아마도 훨씬 깊은 의미를 지니고 있었을 것이다. 그러면서 비너스의 음탕함으로 인하여 이 시대 에 정절이 없었다고 결론지을 수는 없다. 이 시대는 육체적 쾌락에 대한 예찬과 천상적 지복의 희구 사이에서 타협에 능숙했으며, 예술에 있어서는 실태보다 오히려 소망을 나타냈던 것이다. 앙리 2세(1547-59 재위) 시대의 프랑스에서, 왕 의 애첩인 디안 드 푸아티에*의 나체에 현혹된 사람들은 우선 궁중의 몇몇 소 수에 불과하였다.

---

* 1499-1566. 프랑스 왕 앙리 2세의 정부. 앙리 2세의 치세 동안 이름만 왕비가 아니었을 뿐 사실상 프랑스의 왕비로서 궁정을 장악하고 있었으며, 정식 왕비인 카트린 드 메디시스는 그 그늘에서 지내야 했다. 그녀는 공 적인 문제에 관심을 쏟기보다는 자신의 수입을 늘리고 가족들과 자신의 후원을 받고 있는 사람들에게 많은

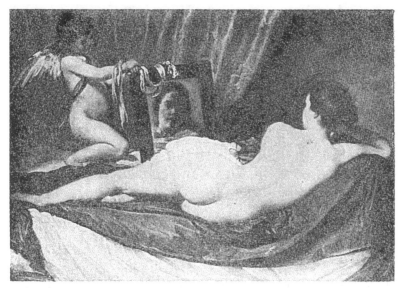

벨라스케스의 《로케비 비너스》(거울 앞의 여자)

재물을 제공하는 데 관심을 기울인 것으로 보인다. 아름다운 외모에 생기 발랄하고 교양을 두루 갖추고 있었던 그녀는, 피에르 드 롱사르를 포함해 당대의 여러 시인·예술가 들과 교분을 맺고 그들의 후원자가 되었다. 르네상스 시대의 위대한 건축가인 필리베르 들로름은 아네에 그녀의 성을 건축했으며, 매너리즘풍의 조각가인 장 구종은 그 성을 자신의 조각품으로 장식했다. 디안은 처음 프랑수아 1세의 어머니 사보이의 루이즈를 모시는 시종으로 궁정에 들어갔고, 뒤에는 클로드 왕비의 시종이 되었다. 그녀의 남편 몰리브리에 백작 루이 드 브레제가 1531년 사망한 직후 그녀보다 20세 연하인 당시 오를레앙 공 앙리 왕자와 열광적인 사랑에 빠져 그의 정부가 되었다. 그들의 생존 당시에도 두 사람의 소문은 널리 퍼졌다. 앙리 2세가 1559년 사망하자 왕비 카트린 드 메디시스는 디안으로 하여금 앙리 2세가 준 보석들을 모두 내놓도록 했으며, 슈농소 성을 포기하고 그 대신 요새같이 생긴 쇼몽 성을 갖도록 했다. 디안은 아네로 물러나 은둔생활을 했다. 1866년 G. 기프리가 《디안 드 푸아티에의 미공개 서간집 Lettres inédites de Diane de Poitiers》을 출간했다.

바로크 세계는 아마도 가장 현실적이었을 것이다. 삶을 온갖 모습으로 그려낸 화가 루벤스는, 그러한 바로크의 정점에서 당세풍의 이야기들을 관능적인 사랑의 정원으로 변모시켰다. 그러나 가장 즐겨 다룬 것은, 서로 도발하는 남녀라는 예로부터의 신화와 관련된 우화였다. 이에 대해서는 벨라스케스의 탁월한 《로케비 비너스》의 에로티시즘—사진과 똑같이 극히 개인적인 것이므로 아마도 탁월한 에로티시즘—에 주목할 필요가 있다. 이 그림은 실제 〈등뒤에서 본⋯⋯ 갈색머리의 비할 데 없는⋯⋯ 활처럼 휘어진 신체를 지닌 마드리드 미인의 초상〉(P. Guinard)으로서, 자신의 모습에 도취해 있는 새로운 기쁨을 창시한 것이다. 새로운 도시와 가까스로 쾌적해진 귀족의 저택에서는, 건축술 덕분에 육체적 쾌락을 세련된 것으로 만들어 주는 장식품의 설치가 용이해졌다. 방이 처음으로 적당히 난방된 개인 방으로 바뀌었고, 각기 용도가 정해지는 등, 이러한 변화 속에서 성교는 실로 개인적인 사항이 되어 이미 계절이나 시간과도 관계 없이 이루어지고 있었다. 또 다양한 자극을 통해 나체를 추구하는 것이 사생활에 있어서도, 그림 속에서도 거의 빼놓을 수 없는 것으로 여겨지고 있었다. 이런 까닭으로 루이 15세 양식의 미술품 덕분에 요염한 가구들에서부터 여름 별장과 의복에 이르기까지, 유럽의 지배계급은 매우 강한 선정적 자극의 영향하에 놓이게 되었다.

그러나 시적인 와토나 약간 재주가 뒤떨어지는 그 모방자들의 화려한 향연이나, 전원 풍경에서의 《클레오파트라의 연회》를 묘사한 티에폴로[이탈리아의 화가. 그가 그린 밝고 시적인 분위기의 프레스코들은, 바로크풍 천장 장식의 전통을 따르고 있으면서도 로코코 양식의 밝고 우아한 분위기를 함축하고 있다]의 베네치아 팔라초 라비아에 있는 프레스코에 이르기까지, 이러한 선정적 자극이 부유한 향락주의자들의 주문을 받아 만들어지고 있었던 것은, 주문자의 〈살아 있는 기쁨〉을 향한 동경에 환상의 모습을 제공하고 있는 것에 불과하였다. 끊임없이 이상화시키고 있던 나체상을 차례로 작품 속에 투영시킨 것에서 알 수 있듯이, 동경은 마침내 세브르 자기[프랑스 도자기]처럼 여성에 대한 가공적인 예찬으로 전락해 갔다. 1760년의 《회화 시론》에서, 선량한 디드로가 부셰의 그림에서 분개하고 있었던 가슴이나 엉덩이 들의 방정치 못한 행동의 확산은 청교도의 나라인 미국에까지 이르고 있었으나, 그럼에도 18세기에 관능미학은 헤아릴 수 없이 제시되고 있었다. 유례를 찾아볼 수 없을 정도의 쾌락의 치세라는 증거는 모두가 애매모호한 것이다. 쾌락의 치세는 실제 이상으로 화제가 되고 있었고, 이 〈전설적인 묘사〉(J. Starobinski)는 정복 도중에 있던 부르주아지의 낙천주의보다도 오히려 지배자인 귀족계급의 허무주의를 보여 주는 것이다. 귀족계급이 여체를 규방의 일락으로 칭송함으로써 유지했던 것은, 현실 생활을 참아내는 데 있어서 인내를 제공하는 편리한 모방의 하나였다. 〈환상극〉인 귀족계급의 색정적 문화는, 미술이든 문학이든 감상적이든 신화적이든간에 그 성원 대다수의 눈에서 그들의 연애감정의 공허함과, 그들을 구속하고 있었던 강한 성적 억압을 은폐하고 있었던 것이다.

미슐레나 뤼시앵 페브르의 주장에도 불구하고, 근대의 인간 소망에 대한 표현에서 음악이 차지하는 주요한 역할은 기묘하게도 과소평가되는 듯하다. 그러한 예증으로 역사가가 사용하는 산더미 같은 자료들 속에서 음악이 나타나는 경우는 회화나 조각에 비해 훨씬 적다. 그런데 엘리트의 상상력에 있어서 에로스나 성과 음악의 관계는 근본적인 것이었다. 이것은 이탈리아에서는 잘 알려져 있는 사실로서, 여러 가지 악기가 여자 수도원 수녀들의 주된 기분풀이의 도구가 되고 있었다. 르네상스기를 통틀어 선율은 무용과 함께 타인의 애정을 얻어 그것을 연결할 수 있는 가장 확실한 방법이었다. 파리나 리옹, 그리고 안트웨르펜의 인쇄업자들로부터 보급된 부르고뉴의 민속춤 브랑르(branle)*나 궁정의 발레에서 유행하던 곡은, 육체가 접근할 때의 반주로서 안성맞춤이었다. 프랑스 가요보감 또한 마찬가지로서, 구체제하의 호색적인 서정시를 가장 훌륭하게 집대성한 것들 중 하나가 되고 있다. 이렇듯 소박하면서도 정묘한 훌륭한 작품들 이외에 셰익스피어처럼 극작가들도 자신들의 희곡에 사랑의 노래를 첨가하고 있었고, 이것들 또한 당대의 가장 우수한 음악가들, 즉 클레망 잔캥(16세기 프랑스의 대표적인 샹송 작곡가)에서부터 오를란도 디 라소(플랑드르의 작곡가. 그의 음악은 르네상스 시대의 유럽 음악을 풍미했던 프랑코-네덜란드 악파의 최정상에 위치해 있다)에 이르는 작품들 가운데 최고의 것으로 간주되고 있다. 롱사르의 《연애시집》도 곡이 첨가됨으로써 유행과 성공을 거두었고, 1570년대 종반의 민감하고 대담한 앙투안 드 베르트랑이 바로 그 대표적인 예가 될 것이다.

* 1450경-1650년경에 유럽, 특히 프랑스와 영국의 귀족들이 전수받은 12세기 프랑스의 사슬춤. 영국에서는 브랑르라는 말이 〈brawl〉로 바뀌어 사용되었다. 좌우로 움직이는 독특한 춤동작 때문에 브랑르(프랑스어로 〈좌우로 움직인다〉는 뜻의 〈branler〉에서 유래)라는 이름이 붙었는데, 춤추는 사람들은 사슬을 이루어 대개 4스텝쯤 큰 옆걸음으로 왼쪽으로 가다가 다시 똑같은 수만큼 작은 옆걸음으로 오른쪽으로 가기를 번갈아 한다. 그러므로 보통 서로 팔을 끼거나 손을 잡은 여러 쌍의 남녀로 이루어지는 이 사슬은 원이나 구불구불한 모양을 그리며 왼쪽으로 돌아가게 된다. 4/4박자 음악에 맞추어 걷고 달리고 미끄러지고 뛰면서 춘다. 귀족들은 흔히 빨래하는 여자들처럼 손짓으로 서로 욕하거나 유혹(미뉴에트의 원형으로 여겨지는 〈브랑르 드 푸아투〉에서 볼 수 있음)하는 무언극과 흡사한 브랑르를 추었다. 특히 프랑스에서는 최연소자들이 추는 활발한 〈브랑르 드 부르고뉴〉처럼 특정한 연령집단이 추는 브랑르가 따로 있었다.

그것은 바로 이탈리아에서는 마드리갈(실내 성악곡)의 전성기로 나타나고 있었다. 극히 양식화되어 있으며, 거의 정신화되어 있지 않은 이 쾌락을 칭송하던 예술이 어떠한 관능적 풍토에 보급되고 있었던가는 이미 살펴본 바와 같다. 팔레스트리나로부터 마렌치오(16세기 후기 이탈리아의 작곡가. 그의 마드리갈은 이탈리아 마드리갈 중에서 가장 훌륭한 것으로 간주된다)와 제수알도를 거쳐 몬테베르디에 이르는 마드리갈의 창시자와, 영국이나 독일의 모방자들이 페트라르카(이탈리아의 학자 · 시인 · 인문주의자. 이상적인 연인 라우라에게 바치는 시들을 써서 르네상스 서정시의 개화에 기여했다)와 그 추종자들을 통해 보급한 소네트 형식으로 칭송한 것은 사랑하는 남자들의 싸움과 연인들의 갖가지 매력, 그리고 사랑의 힘이었다. 이 노래는 유럽 전역에서 세레나데를 연주하는 남자들과 그것을 듣는 여자들의 무용으로 보존되어 힘을 지니고 있었다. 품위와 세련됨의 증거로서 음악의 에로티시즘은 전문가에 의해 보다 많이 양산됨으로써 애호가들에게 이익을 가져다 주는 일이 흔했고, 지배계급에게만 허락되던 성적 과시의 수단 속에서 그것을 사용하는 방법을 터득한 자들에게는 더욱 커다란 성공이 보장되어 있었다.

소리와 음과 귀를 다른 감각기관보다도 중시하는 이러한 경향은, 아마도 17세기 서구의 첫번째 문화적인 발명인 오페라의 승리를 통해 보다 분명해졌을 것이다. 베네치아에서만 해도 1637년부터 1700년 사이에 16개의 극장에서 3백 50회 이상의 오페라가 공연되었다. 이러한 총수치가 다음 세기에는 거의 3배에 이르게 된다. 그런데 연극과 악기의 요람기에 에우리디케(오르페우스의 아내)와 오르페우스(고대 그리스 전설에 나오는 인물. 초인적인 음악적 재능을 갖고 있었다)의 상냥하고 감동적인 주제*가 야코포 페리*나 몬테베르디에게 악상을 제공하였다. 후자의 《포페아의 대관식》은 1642년에 제작되어 바로크 음악의 정점에 이르고 있었는데, 그가 청중인 베네치아의 귀족들을 위해 곡을 붙인 대본은 결혼을 웃음거리로 만들고 정식 아내를 바보 취급하는 것과는 달리, 권세 있는 자들의 바람기나 쾌락을 일삼는 行狀(행장)을 축사처럼 칭송하고 있었다. 이탈리아의 그 후계자들이, 즉 카발리로부터 나폴리인 스카를라티(555곡에 달하는 건반악기 소나타로 유명한데, 그의 건반 소나타는 하프시코드의 기술적·음악적 가능성들을 확대시켰다)에 이르기까지 교황의 도시와 그 나머지 유럽 전역의 귀족들에게 과시하고 있었던 것은, 음탕스럽고 동시에 신화적인 범주 속에서의 정열에 대한 인습적이면서도 절대적인 지배였다.

* 전설에 따르면 아폴론은 오르페우스에게 그의 첫번째 리라를 주었으며, 그의 노래와 연주가 너무나 아름다워서 동물들뿐만 아니라 나무와 바위 들까지도 춤을 추었다고 한다. 오르페우스는 또한 아르고 호의 원정에 참가해 자신의 리라 연주로 마녀 세이렌들의 노래를 물리쳐 배의 안전을 도왔다고 한다. 돌아와서는 에우리디케와 결혼하지만 그녀는 독사에게 물려 죽는다. 슬픔에 겨워하던 그는 위험을 무릅쓰고 에우리디케를 되살리려 지하세계로 내려간다. 그는 노래와 연주로 지옥의 강 스틱스를 지키는 사공 카론과 개 케르베로스를 매혹시켰다. 그의 음악과 슬픔에 감동한 지하세계의 왕 하데스는 오르페우스가 아내 에우리디케를 데리고 생명과 빛의 세상으로 다시 돌아가도록 허락했다. 그러나 하데스는 둘 중 누구도 돌아가는 길에 뒤를 돌아보아서는 안 된다는 조건을 제시했는데, 생명의 땅을 향해 올라가 다시 태양을 본 오르페우스는 그 기쁨을 에우리디케와 나누기 위해 그만 뒤를 돌아보고 말았고, 그 순간 그녀는 사라지고 만다.
* 1561-1633. 이탈리아의 작곡가. 초기 바로크 시대에 극음악 양식(오페라)의 발달에 기여했고 일찍이 피렌체 악파의 크리스토파노 말베치의 후원을 받았으며, 1583년까지 기악작품과 마드리갈을 발표했다. 초기에는 오르간 연주자와 가수로 일하다가 1588년 메디치 가에 고용되었으며 1600년 이후에는 만토바 궁정과도 관련을 맺게 되었다. 당대 그의 추천장은 가수, 키타로네 연주가로서 그가 지녔던 기량을 잘 말해 주고 있다. 첫 오페

라는 오타비오 리누치니의 대본에 의한 《다프네*Dafne*》(1598)로 알려져 있으며, 줄리오 카치니, 리누치니와 함께 만든 《에우리디케*Eurydice*》(1600)는 현존하는 가장 오래 된 오페라로 알려져 있다. 극적인 요소를 살린 새로운 노래 양식인 모노디는 복잡한 다성음악에 바탕을 둔 전통적인 르네상스 음악과 크게 구별되며 페리가 관계되었던 피렌체의 시인·음악가·지식인 들의 모임인 〈카메라타〉에서 태동되었다. 이 모임에는 조반니 바르디, 빈첸초 갈릴레이 등이 속해 있었으며, 그들은 고대 그리스 극음악이 지녔던 단순함을 재현하고자 힘썼다.

부유한 자를 위한 이 새로운 미사는 전격적으로 성공을 거두었다. 마자랭[총리, 1653-61]과 루이 14세 시대[1661-1715 친정]의 프랑스의 융성함은 잘 알려져 있지만, 그 유행은 고전비극의 인기를 훨씬 넘어서는 것이었다. 야심가 륄리[이탈리아 태생의 프랑스 궁중음악 및 오페라 작곡가. 1662년부터 프랑스 궁중음악을 완전히 장악했으며, 그의 작곡 양식은 전유럽에서 널리 모방되었다]는, 1677년의 《이시스》에서 1686년의 《아르미드》까지 방자한 성과 성적 감각의 섬세한 연마를 다룬 상연 종목을 궁정인들에게 제공했다. 영국에서는 청교도이면서 상당한 음악 애호가였던 크롬웰의 호민관 정치시대[1653-59]에 오페라가 도입되었다. 퍼셀[바로크 초기 영국의 작곡가]은 1690년경 첼시의 한 여학교 학생들에게 《디도와 아이네아스》[네디험 테이트의 대본]의 감동적인 사랑으로 인한 불행을 노래하게 했다. 25년 후 헨델[후기 바로크 시대 독일 태생의 영국 작곡가]은 연이어 가극을 발표했는데, 가장 유명한 것은 클레오파트라의 율리우스 카이사르에 대한 유혹과 폼페이우스[로마 공화정 말기의 위대한 정치가·장군이며, 3두정의 한 사람. 율리우스 카이사르의 친구였으나 후에는 정적이었다]의 미망인을 에워싸고 춤추는 남성들의 음탕한 윤무를 제재로 삼고 있다. 이탈리아는 시종일관 이러한 예술의 중심이었으며, 오페라는 귀족의 사교생활에 있어서 가장 잘 어울리는 장소를 제공하고 있었다. 1778년 밀라노의 스칼라좌가 창립될 때까지 이탈리아에서는 오랫동안 가난한 소년들에 대한 거세가 인정되고 있었으며, 따라서 거세된 소년들이 부족한 수치의 여가수를 대신하여 노래를 하고 있었다.

1730년경에 일종의 풍자적인 오페라가 출현함으로써, 게이[영국의 시인·극작가. 유머 넘치는 풍자와 탁월한 기교가 두드러지는 작품 《거지 오페라》로 유명하다]의 런던에서부터 페르골레시[이탈리아의 작곡가. 그의 막간극인 《마님이 된 하녀》는 18세기의 가장 뛰어난 극음악 중 하나로 꼽힌다]의 나폴리를 거쳐 텔레만[후기 바로크 시대 독일의 작곡가. 세속음악과 종교음악을 모두 작곡했지만, 독창자·합창단·관현악단을 위한 소규모 칸타타로부터 대규모 작품에 이르는 교회음악 분야에서 뛰어난 작곡가이다]의 함부르크에 이르기까지, 보다 민중적인 청중들을 상대로 귀족적인 경직된 의식과 다투게 된다. 이러한 희극적인 장르 역시 결혼생활의 알력을 제재로 하고 있었다. 프랑스에서는 라모(바로크 말기 작곡가. 오늘날에는 하프시코드 음악으로 가장 잘 알려져 있으나, 생전에는 음악이론가와 오페라 작곡가로서 명성을 떨쳤다)가 륄리에 의해 창시된 전통을 충실히 추구하면서 행복한 사랑과 충족된 욕망을 제재로 삼은, 섭정시대(1715-23)의 칸타타에서부터 윤색한 오페라에 이르기까지 이러한 주제를 끊임없이 세상에 내놓았다. 세기말, 낭만주의 이전의 유럽에서 특히 중요한 예술상의 몇 가지 혁신을 꼽는다면, 그것은 역시 글루크(독일 고전 오페라 작곡가)의 간소한 詩情(시정)이나 이탈리아의 오페라 부파(opera buffa)*의 활기, 그리고 우선 모차르트가 창시한 음악극의 걸작군이 될 것이다. 이 최후의 장르는 귀족층의 성적 환상을 토대로 하는 기둥으로 간주될 수 있다. 이런 점에서 1787년의 《돈 조반니》는, 풍속의 자유에 대한 욕구라는 1640·1680·1720년(즉 루이 13·14·15세 치하)의 관객들을 이미 열광시킨 바 있는 제재를 이어받은 것이다. 이것은 공포정치에서 살아남은 사람들이 피부를 드러내며 뛰어들던 희생자들의 무도회에 파리가 열광하고 있었던 뒤의 일이었으며, 1800년에 탈리앵 부인(즉 카바뤼 부인. 〈테르미도르의 노트르담〉이라고 불렸던 재녀로서 집정시대의 유행을 좌우했다. 정치가인 남편과는 후에 이혼하였다)은 사냥의 여신 디아나로 분장하고 보석류만을 몸에 두른 채, 빛나는 나체를 과시하면서 오페라좌에 나타나고 있었다. 이 사교계의 우상이 사람들의 눈에 드러낸 모습은, 그녀가 보았던 무대의 모습과 무섭도록 닮아 있었다.

> * 18세기 중반 나폴리에서 시작된 희가극. 오페라 세리아(정가극)의 막 사이에 상연되던 인테르메초에서 발전했다. 오페라 부파의 줄거리는 남성·여성에 의한 5명 정도의 희극적 인물과 1쌍의 연인이라는 두 부류에 집중하여 만들어졌고, 대화체 대사도 노래에 실어 불렀다. 오페라 부파 이외의 다른 희가극 장르들, 예를 들면 프랑스의 오페라 코미크, 독일의 징슈필, 영국의 발라드 오페라 등에서는 대화체 대사를 노래가 아닌 일상의 말로 부른다. 오페라 각 막의 끝에 위치한 〈피날레〉(또는 앙상블 피날레)는 모든 등장인물들이 등장해 노래를 부르는 부분으로 형식적 구성감이 있으며 길이가 긴 것이 특징이다. 초기 오페라 부파로 오늘날까지도 상연되는 작품으로는 조반니 바티스타 페르골레시의 《마님이 된 하녀 La serva padrona》(1733)를 들 수 있다. 오페라 부파는 가벼운 성격의 오페라를 총칭하는 프랑스의 〈오페라 부프〉와는 달리 특정 오페라 장르를 나타내는 용어이다.

16세기의 칼뱅파 설교가들은, 무도의 즐거움이나 그것과 유사한 것 모두를 분명히 청교주의의 첫번째 적으로 간주하고 있었다. 1688년, 보쉬에(프랑스의 주교. 교황권에 맞서 프랑스 교회의 권리를 변호한 웅변적이고 영향력 있는 인물로, 특히 유명인사들을 위한 弔文(조문)을 포함한 문학작품으로 유명하다)와 마찬가지로 세속극의 비도덕성을 파헤치고 있었던 영국인 콜리어(영국의 주교. 충성서약 거부자들(1689년 윌리엄 3세와 메리 2세에 대한 충성서약을 거부한 성직자들) 중 한 사람이며, 당대 연극의 비도덕성을 공격하는 유명한 글을 썼다)는, 음악에 대해서도 정당한 적의를 품고 있었다. 음악은 정념을 불러일으킴으로써 쾌락을 자각시키는 것을 그 목적으로 삼고 있기 때문에 유해한 산물이라고 하였다. 또한 섭정시대는 오페라좌를 장으로 하여 이탈리아를 본뜬 가면무도회의 즐거움과 방탕에 휩쓸려 있었다. 이리하여 전체의 행복에 대한 지지자와 개인의 개화에 대한 지지자가 대립하는 계몽주의 시대의 대논쟁에 있어서, 전자가 오페라와 무용을 타락한 것으로 비방하고 있었다면 후자는 그것을 칭송하고 있었다. 종교적 오페라의 창시에 의해 약간은 그 위치가 승화되었음에도, 소리와 육체와 악기라는 관능적인 합체는 다른 어떠한 예술형식보다도 구체제하의 남녀를 크게 움직이고 있었고, 사람들은 그것을 통해 욕망의 충족을 추구하거나 혹은 그것을 후회하고 있었다. 그것은 카사노바의 《회고록》을 보면 알 수 있다. 그 《회고록》은 사랑에 관한 백과사전이었고, 동시에 어느 의미에서는 유행 잡지나 요리 입문서, 혹은 도박장에 있어서의 필수적인 서적이었으며, 또한 일종의 음악 연감으로서 발레나 음악회 및 (소프라노 유지를 위해 어릴 때) 거세된 가수에 대한 기사로 가득 차 있었다. 오페라가 사교계 사람들 사이에서 당시 유행하던 문학이나 미술과 힘을 합쳐 확산되던 성적 억압을 상상력 속에서 망각시키고자 하였던 데 반해, 새로이 생겨난 기악의 에로티시즘은 이러한 역할을 더욱 원만하게 담당하기 시작했다. 그 에로티시즘은 이미 비발디에게서 분명하게 나타나고 있었고, 쾌락에 할당된 협주곡들 속에서 그는 육체의 온갖 향락을 묘사해 내고 있었다. 라모와 먼저 쿠프랭(프랑스의 작곡가, 하프시코드 연주가. 17,8세기에 이르는 쿠프랭 가문의 음악가들 중에서 가장 명성이 높았으며, 루이 쿠프랭의 조카이다)의 하프시코드(클라브생)가 훨씬 섬세하고 우수로 가득 찬 곡 속에 실어넣었던 것은 섭정시대와 떼어 놓을 수 없는 감정의 우아함과 경쾌한 나른함, 혹은 여러 가지 형태의 거드름과 마음 졸임, 그리고 광태의 분출이었다. 영원한 여성을 정열적으로 추구하고 있었던 모차르트는, 우선 욕망의 모든 움직임을 기악곡으로 표현하는 데 뛰어난 재능을 발휘하였다. 서구의 음악은 따라서 시에서도 갖지 못했던 높은 환기력과 선정적 효과의 영역에 도달할 수 있었으며, 그 높이가 음악시대의 사회적 역할을 영원히 각인해 놓았던 것이다.

8
그리고 남은 것은 문학

정열의 신화

수사본이든 간행본이든간에 근대의 성애와 여성을 주제로 한 수많은 저작들 앞에서 사람들은 혼란스러움을 느낄 수밖에 없다. 세속적 문학의 주요한 관심 사를 보여 주는 이런 서책류의 홍수 앞에서 문자 그대로 숨겨진 의미를 해독할 용기를 갖지 못하는 사람은 슬그머니 물러서지 않으면 안 된다. 문자에 대한 근 대적 신앙에도 불구하고, 우울한 햄릿의 탄식처럼 결코 바뀌어질 것 같지 않은 이 무수한 자료 더미들을 너무나도 간단하게 〈헛된 말〉로 치부해 버리기 쉽다. 그렇지만 이러한 수다스러운 의미들을 깨닫기 위해 상기해야 할 것은, 성애를 대신한다든지, 또는 성애를 다른 형태로 지속하기 위해서 성애를 언급하고자 한다는 것이다. 구체제하 작가들의 성에 관련된 언어 표현은, 환상과 망각의 기 능을 문화에 부여하는 전통 속에 위치해 있었다. 그래서 그들의 기술 속에서 보 상책으로서의 꿈의 요소를 찾아내야 하는 것이다.

이렇듯 복잡한 언어적 표현을, 1499년 부르고스[스페인 북부 도시]에서 출판된 유대계인 로하스*의 독특한 걸작 《라 셀레스티나》에서 엿볼 수 있다. 대화체 소 설이면서 동시에 상연 불가능한 희곡으로서, 훗날 르네상스 문학에 커다란 영 향을 끼쳤던 이 작품은 세 개의 주제로 뒤엉켜 있다. 젊은 주인공들의 연정, 뚜 쟁이 여자들이나 창부들에게 미끼로 던져졌던 욕정이 가져다 준 불행한 결말, 그리고 처녀가 남편을 둠으로써 창부로밖에 생각할 수 없는 사회에서 여자가 갖게 되는 비극적인 운명이 바로 그러한 주제들이다. 근대의 작가들은 모두가 궁정시인에서 민중적인 도덕주의자에 이르기까지, 밀접하게 서로 뒤엉켜 있는 이들 흐름을 따라 여러 가지 모양을 추출하게 될 것이다. 그들이 말을 꾸미거나 혹은 직접 그려내는 것은 때로는 사랑의 힘이나, 또는 육체가 서로를 매혹시키는 마력, 혹은 여자의 매력이 가져다 주는 재앙이었다. 비도덕적이며 자멸적이고, 결혼을 눈앞의 적으로 하는 제반 가치를 신장하려 드는 이 에로스가 저지르는 종교적 배반은, 결국 풍속을 어지럽히고 부부의 기반을 위태롭게 할 것이다. 그러나 이러한 생각은, 문학의 사회적인 힘을 설령 오늘날의 〈매스미디어〉로 인해 대중화된 문학을 염두에 둔다 하더라도 지나치게 중요시하고 있었던 듯하다. 또 고대나 동양의 어두운 혼돈으로 미루어 볼 때, 그것은 중세나 근대 서양의 독자성을 과장하고 있었을 것이다. 본디 이러한 해석은, 문학의 한 주제에 깃든 질서파괴적 성격을 상기시킬 만한 것이었다. 그 성격은 훗날 초현실주의자들의 광기어린 사랑에 의해 다시 찾아볼 수 있다. 규정이나 관습에 얽매이지 않고 이상적인 사람과 그 사람에 대한 헌신을 칭송하는 이러한 관점을 통해서, 이미 르네상스기의 귀족들은 실제로 엉덩이가 가벼운 여자들을 이론적으로 다시 평가하기에 이르렀다. 억눌려져 있던 만큼 더욱 능숙한 에로티시즘으로부터 로마네스크는, 트루바두르(troubadour)*나 페트라르카의 숭배자들로 이어져, 1500년경 신플라톤파적 경향을 지닌 새로운 유행의 철학에서 착상을 얻게 된다.

* 로하스—1465경-1541. 스페인의 작가. 유일한 작품 《라 셀레스티나La Celestina》는 대화체로 된 장편 산문 희곡으로 스페인과 유럽에서 산문소설의 발전에 크게 기여했다. 유대계인 그는 1490년경 살라만카대학교에서 법학으로 학사학위를 받았다. 후에 탈라베라에 정착하여 결혼하고 변호사로 개업했으며 잠시 시장을 지내기도 했다. 《라 셀레스티나》의 초판은 16막으로 된 《칼리스토와 멜리베아의 이야기 La comedia de Calisto y Melibea》로 발표되었고, 나중에는 21막으로 된 《칼리스토와 멜리베아의 희비극 Tragicomedia de Calisto y Melibea》(1502)으로 발표되었다. 이탈리아어(1519)와 프랑스어(1527)로 번역되면서부터 《라 셀레스티나》로 불리기 시작한 이 작품은 일상생활 속에서의 로맨스를 최초로 표현한 작품 중의 하나로, 비극적 사랑 이야기에 조연들이 펼치는 음란함과 악한을 소재로 한 장면들을 결합시켰다.
* 트루바두르—프랑스 남부와 스페인 북부, 그리고 이탈리아 북부지역에서 활동하며 당시 프로방스 지방에서 사용하던 오크어(langue d'oc)로 작품을 쓴 서정시인. 트루바두르는 11세기말에서 13세기말 사이에 번성했다. 이들의 사회적 영향력은 중세 시의 역사에서 볼 때 유례 없는 것이었다. 여러 궁정에서 총애를 받았으므로 자유롭게 자신의 생각을 말할 수 있었고 때로는 정치적인 문제에 관여하는 경우도 있었다. 그러나 이들이 이룩한 가장 큰 업적은 그때까지 나온 어떤 작품보다도 뛰어나게 궁정의 귀부인들을 고상하고 예의바른 존재로 묘사한 데 있다. 이들의 시는 일찍이 번성했던 가장 훌륭한 문학 유파의 하나를 형성했으며, 그뒤에 나온 유럽의 모든 서정시에 영향을 주었다. 트루바두르란 새로운 시를 짓는 사람, 즉 새로운 운문을 찾아내어 정교한 사랑의 서정시를 써내는 사람을 뜻한다. 이들의 작품은 상당수가 남아 있으며 〈샹소니에〉(노래책)라는 이름으로 알려진 필사본으로 보존되어 있다.

실제로 근엄한 신학자인 마르실리오 피치노〔이탈리아의 철학자·신학자·언어학자. 플라톤과 그리스 고전작가의 저서를 번역·해설해 2세기 동안 유럽 사상에 영향을 끼쳤던 피렌체 지방의 플라톤 부흥을 일으킨 인물이다〕는, 16세기 유럽의 사교계에 〔플라톤의〕《향연》의 우화에서 나온 자신의 모든 사색을 강요해 버렸던 것이다. 그 절충적인 이론은, 사교계풍의 〈아름다움〉의 숭배와 연인들의 경건한 욕망을 이 세상의 질서적 원리 그 자체로, 그리고 신을 향한 영혼의 비상과 동일시하는 것이었다. 이렇듯 기묘한 인문주의적 형이상학은, 궁정풍의 소망과 매우 가까이 있던 신비가들에게 생각지도 않은 논거를 제공함으로써, 이윽고 궁정문인들의 주목을 받게 되었다. 그들은 이러한 형이상학 내에서 자신들의 세련된 사교계의 이야깃거리를 찾아냈던 것이다. 페라라(이탈리아 북부)에서는 1500년경, 자신의 추한 용모에도 불구하고 추종자들로부터 아부를 받으면서 이사벨라 데스테가, 음란한 비너스에게 조종되는 디아나의 승리에 대한 칭송의 장면을 그려내도록 고용화가들에게 명령하였다. 카스틸리오네·벰보·니포 (등과 같은 인문주의자) 시대의 이탈리아에서 일어났던 커다란 사건은, 1530년대의 로마에서 간행된 레온 에브레오의 《사랑의 대화록》이라는 저작이었다. 미남미녀들은 이 책에서 비참한 육욕적인 사랑과 조심스럽게 구별되는 천상적인 정열의 보편적 가치에 대해 논하는 술법을 배웠던 것이다. 물질이나 인간을 다양한 친화력과 반발심으로 순응시키는 세계의 마술적 개념과 연결됨으로써, 알프스 저쪽에서 비롯된 이러한 문화적 도래품은 멀리 누에바 에스파냐(멕시코의 식민시대의 명칭)에까지 영향을 미치고 있었으며, 다른 작품들과 마찬가지로 르네상스 시대의 프랑스에도 그 영향을 확산시키고 있었다. 프랑스의 철학자나 시인 들은, 육체적 쾌락이 지니는 열광적인 칭찬을 이상주의로 완화시키고 있었다. 루도비코 아리오스토의 《성난 오를란도》와 타소의 작품을 정점으로 하는 사랑의 서정에서, 지극히 정교한 관능의 환기와 에로스에서 유래하는 격정과 고혹스러움의 대부분을 종교적인 정경과 함께 번갈아 보여 주면서 이탈리아 문학은 여기서도 규범을 보이고 있었다.

16세기의 프랑스 작가들로서 페트라르카나 플라톤을 추종하던 열렬한 신봉자들은 이루 헤아릴 수 없이 많다. 피치노를 좇아 그들은, 그리스 철학의 갖가지 것들에서 읽히는 의미를 그리스도교화함으로써 죄를 회개해야 하고, 연애하는 부인들의 정절에 경의를 표해야 한다는 것을 강하게 주장했다. 그러나 마르가리타(나바라 왕 엔리케 2세의 왕비)는 《엡타메롱》'에서, 이 순화된 관념과 남녀가 격전을 벌이는 현실 사이의 모순을 싣고 있다. 궁정풍 연애의 예찬과 《향연》의 양성구유 신화에 대한 종교적 해석을 연결하는 이 책의 호교적 통합은, 정결한 이상을 모르던 당시의 귀족 사회에 그것을 권유하려는 절망적 시도였던 것이다. 프랑수아 1세의 손윗누이(마르가리타)의 작중인물들이 행했던 사랑의 고백들 속에서 현실세계의 반영을 찾아서는 안 된다. 현실은 오히려 거의 지적이지 않은 광기에 가까운 정욕으로 넘쳐 흐르고 있다는 사실을 그녀는 잘 터득하고 있었다.

* (1558-59. 사후 출판) 이 책의 구성은 보카치오의 《데카메론》과 비슷하며, 내용은 피레네 온천에서 돌아오다가 홍수를 만나 발이 묶인 여행자들이 나눈 72가지 이야기로 미덕·명예·재치의 승리와 악·위선의 패배를 예로 들면서 방탕하고 욕심 많은 수사와 성직자 들을 신랄하게 풍자하고 있다.

연애라는 신화를 더욱 잘 구현한 사람들은 플레야드파 시인들이었다. 트루바두르의 전통에 뿌리를 두고 있는 그 신화는, 이탈리아적 취미의 영향 아래 새로운 광채를 더해 가고 있었다. 우선 이러한 신화를, 1550년 이전 리옹파(리옹에 조직화된 문학단체가 있었다는 확실한 증거는 없지만, 당시 북유럽과 남유럽 사이의 통상로였던 리옹은 인문주의의 중심지였다. 세브는 페르네트 뒤 기예·루이즈 라베 등을 포함하는 이른바 리옹파 작가들의 지도자였다고 알려져 있다)의 한복판에 세워진 기념비에서 찾을 수 있다. 이 기념비는 품격 높은 모리스 세브와 페르네트 뒤 기예가, 자신들의 정신적 교제에 바쳤던 것이다. 세브가 그 《델리》(오랫동안 상상 속의 이상형으로 여겨졌으며, 아마도 페르네트 뒤 기예였을 것으로 추측된다. 그녀의 죽음은 은퇴한 뒤 시골에서 쓴 작품 《버드나무 거리, 외로운 삶의 목가》(1547)에도 다소 영향을 준 것으로 보인다)에서 디아나와 자기 애인의 모습을 빌어 칭송한 것은 영원한 여성이라는 불가사의한 주제였으며, 이 주제는 정열로써 시간을 극복해 낸 연인들의 죽음과 재생을 소재로 삼고 있었다. 알베르 마리 슈미트(16세기 문학의 연구가)에 따르면, 페르네트는 〈확실치 않은 정절〉과 〈위험스런 상냥함〉의 매력을 찬양하고 있었고, 사교계 인사들의 현명한 지적 연애를 지나치게 더럽고 위험스런 성교와 대치시키고 있었다.

그밖에 기타의 수많은 페트라르카 찬양자들에 이어, 퐁튀스 드 티아르의 《사랑의 실수》는 〈완벽하게 파악할 수 없는 인간의 훌륭함〉을 노래하였다. 아름다움을 육체로부터 분리하여 칭송하려는 이러한 플라톤적인 시작 태도는, 훗날 바로크 시대의 주정적인 미사법에서 감정의 난해함이라는 위험한 견본을 만들게 될 것이다. 같은 시기에 조아생 뒤 벨레는, 《올리브》 및 《이상적인 연인》이라는 13개의 소네트 속에서 〈양성간의 순결한 교제의 도덕적 분석〉에 전념한다. 이 작업은, 그 이념적 순수함으로 숭고한 힘을 가지면서 〈실천적인 현실적 가치〉를 지니고 있었다. 그에 이어 레미 벨로는 신이 미소년에 대해 지녔던 정열을 찬양하는 데 주저하지 않았으며, 에티엔 드 라 보에티(언어학자이자 문필가로서 가톨릭 금욕주의의 확고한 신념을 지녔으며, 몽테뉴와 독특한 우정을 나누었다)는 사랑의 노예가 되는 환희와 고통을(몽테뉴가 크게 기뻐한 것처럼) 칭송하고 있었고, 에티엔 조델(프랑스의 극작가·시인)은 냉정하고 영원한 디아나라는 주제의 〈위험한 영적 인식〉을 추구했다. 이 모티프는 남성의 매저키즘(피학성향)적 표현에 매우 적당하며 여성의 새디즘(가학성음란증)에 굶주려 있는데, 이 세기의 후반에 필리프 데포르트*가 그 중에서도 가장 즐겨 이를 다루었다. 그렇지만 그는 품격이 올바른 시인으로서 색욕에 등을 돌리고, 1570년대의 시작 무렵에는 마르가리타 드 발루아를 짝사랑하는 귀족으로부터 그 펜을 빌었다. 귀족의 정체는 의미 깊은 이폴리트(Hippolyte는 Philippe Desportes에서 만들어졌다)라는 이름으로 감추어져 있었다. 오비녜는 그 무렵 《봄》에서, 가슴의 불과 죽음을 노래하는 이 연애시의 진부한 문구를 극히 독창적인 방식으로 모방하였다. 거기에는 아마도 가장 격렬하고 거친 고뇌의 경쾌함이 서술되어 있을 것이다. 그의 바람은, 연인인 여성이 그의 〈피부로 장갑을 만들고, 신경섬유로 류트의 현을 만들고, 심장을 바늘겨레로 만드는〉(H. Weber) 것이었다.

* 1546-1606. 프랑스의 궁정시인. 경쾌하고 평이한 시로 17세기 프랑스에 새로운 취향의 길을 열어 주었고, 그가 쓴 소네트는 후기 엘리자베스 시대 시인들에게 한 전형이 되었다. 그의 문체는 이탈리아 시인들, 주로 페트라르카와 루도비코 아리오스토 및 피에트로 뱀보의 표현방식에 토대를 두고 있다. 1567년경 피에르 드 롱사르를 밀어내고 앙주의 공작 앙리의 총애를 받았다. 앙리가 폴란드 국왕으로 선출되자 그를 따라 폴란드 크라코프로 갔다가 이듬해에 프랑스 샤를 9세가 죽자 앙리와 함께 다시 프랑스로 돌아왔다. 그는 《첫 작품집 *Premières Oeuvres*》(1573)으로 롱사르의 경쟁자가 되었으며, 앙리 3세와 귀족들이 애인들에게 바칠 소네트와 비가를 우아한 알렉산더 격으로 대신 써주기도 했다. 1583년 티롱 수도원과 조자파 수도원을 상으로 받았을 뿐 아니라 그밖에도 수입이 좋은 성직을 맡아 부귀영화를 누렸으며 지식인들을 후하게 대접했다. 그는 1583년 《마지막 사랑 *Dernières amours*》(《클레오니스*Cléonice*》라고도 함)이라는 시집을 끝으로 세속적인 시에 작별을 고했다. 그가 번역한 《시편》(1591, 1598, 1603)은 프랑수아 드 말레르브의 비난을 받았지만, 시인이자 그의 조카인 마튀랭 레니에의 호평을 받았다. 그는 개인의 감정을 노래한 시인이 아니다. 그의 우아한 시들은 자기 애인에게 바치는 것인지 귀족의 애인에게 바치는 것인지 구별할 수 없을 만큼 똑같다. 그러나 명료하고 짜임새 있는 문체는 영국의 에드먼드 스펜서와 마이클 드레이턴 및 새뮤얼 다니얼을 비롯한 여러 시인들의 찬사를 받고 있다.

롱사르(플레야드파 시인들의 우두머리)는 이보다 덜 음울한 어조로 그의 연정을 표현한다. 젊은 시절에 불구가 되어 자신의 꿈이 깨어져 버렸기 때문에, 그의 정욕관에는 언제나 신플라톤파적 언사나 유심론류의 탐색이 따라붙는다. 그는 주위의 귀족 사회를 본떠서 연애를 마르실리오 피치노와 같은 개념(피치노는 플라톤과 그리스도교의 사랑 개념이 비슷하다고 보면서, 인간의 사랑과 우정의 최고 형태는 결국 신을 향한 영혼의 사랑에 기초한 만남이라고 하였다)으로 파악하고 있었다. 그에 따르면, 관능의 황홀경이면서 성속이 뒤섞인 신비의 도취로서, 그리고 현세의 영화의 추구임과 동시에 종교에의 지향이기도 한 이러한 정념은 정신을 움직이고, 형이하학적인 것을 깎아 천상계를 가득 채우는 것을 목표로 하고 있었다. 시인은 자기가 느꼈던 것을 전하는 것으로 만족하지 않고, 오히려 그것을 기회로 삼아 《향연》의 양성구유적 신화를 구현하고자 했다. 이 신화란 현실적인 것이고 동시에 형식화된 것으로서, 롱사르는 불행하게도 그 신화를 실생활에서 실현할 수 없었던 것이다. 그는 자신의 〈마음 깊은 곳에 있는 끊임없는 생각〉을 통해 〈예술의 비법〉으로 그러한 정념을 몰아내었으며, 소네트에 〈가공적인 사랑의 천국〉(G. Gadoffre)를 만들어 냈던 것이다. 따라서 그의 시상의 원천이 된 여성의 이름을 찾는다는 것은 무익한 일이다. 롱사르는 페트라르카류의 전통을 추구하면서도, 그것을 거의 완전하게 새로운 것으로 만드는 눈부신 기법을 구사하고 있었다. 그의 연애시편들 가운데서 박식한 사람들은 1569년 《시집》의 제7부에 담겨 있는 감동적인 비가 《카산드라에게 바친다》를 고를 것이다. 의기양양했던 젊은 시절을 회상하면서 떠오르는 그리운 여인의 얼굴은, 거기서 빛의 심상으로 바뀐다.

엘리자베스 왕조의 영국도 이탈리아의 가르침에 대해 동일한 반응을 보였다. 그 중에서도 에드먼드 스펜서[영국의 시인]의 서정은, 《요정 여왕》[가상의 이야기를 통해 개신교와 청교도 정신을 옹호하고, 영국과 엘리자베스 여왕을 찬양한 긴 우화시]에서 비너스로 상징된 사랑과 아름다움을 노래한다. 그에 이어 말로와 셰익스피어가 사랑하는 궁정인들을 위한 시에서, 다만 홀로 이 세상과 인간에게 활기를 부여하는 여신을 조금도 다름없이 칭송한다. 오비디우스조차 이러한 상황에서 플라톤에 극히 가까운 가르침을 내리는 스승이 되어 있었다. 그것은 셰익스피어의 《소네트집》에서 볼 수 있는 것으로, 이들 소네트는 페트라르카 숭배의 전통을 잇고 있으며, 신플라톤주의자들의 혼동하기 쉬운 우정철학과 결부되어 있던 미남 젊은이들에게 보내는 작품들이었다. 〈정념으로서의 사랑〉의 신화는, 이 대시인에게 세 가지 주제를 취급케 하였다. 예를 들면 초기 《소네트집》에서는 〈흑발의 여인〉이라 불리는 미모의 여성이나 육욕에 대한 극히 생생한 표현이 나타나 있으며, 나아가 셰익스피어의 희곡은 그 〈희극〉의 대체적인 특징을 이루고 있었고, 《로미오와 줄리엣》에서 《안토니와 클레오파트라》까지 〈비극〉이라는 음울한 낭만주의로 가득 차 있었다.

몇몇 현대적인 해석에도 불구하고 셰익스피어의 작품에는, 과도한 염세적 경향에 빠지지 않으면서 광기어린 사랑을 다루고 있는 감정적인 희곡들이 많다. 당시의 의사에게도 잘 알려져 있던 이러한 병은, 사랑하는 대상을 보게 되면 일

어나는 병으로서 환자는 완전히 정신을 잃는다. 그러나 필요한 시련의 기간이
지나면 이러한 순식간의 열중은 〈보편적인 아름다움〉으로 행복한 한 쌍의 남녀
에게 균형감을 가져다 주며, 그것은 이미 음탕과는 무관한 것으로서 종족을 보
존시켜 사회를 안심시키는 것이 될 수 있었다. 스펜서도 이미 이 진부하기 짝이
없는 결말에 궁정풍 연애의 공상적인 바람을 읊조리고 있었다. 그의 방대한 시
는, 훗날 《템페스트》나 《겨울 이야기》처럼 색욕의 경향에 대한 사회적 승인을
노래하고 있었다. 1600년 무렵 토머스 데커와 헤이우드〔영국의 배우·극작가. 연
극의 전성기를 이루었던 엘리자베스 여왕 시대와 제임스 1세 시대에 활약했다. 토머스
데커와 함께 솜씨 좋은 匠人(장인) 극작가를 대표할 만한 인물로 평가받고 있다〕또한
마찬가지로서, 자신들의 희곡에서 정열의 힘과 그 당연한 결말을 칭송하고 있
었다. 베로나의 젊은 연인들이나 나일 강가의 연상의 연인들을 기다리는 파국
의 정감을 담고 있는 그들의 묘사는, 이러한 부드럽고도 거의 가벼운 관점과는
대조를 이루고 있다. 로미오와 줄리엣의 서정은 귀중한 은유법으로 가득 차 있
어, 그것을 통해 그들은 육감의 감동으로부터 고뇌를 떨치고 자살로 치닫는다.
또한 클레오파트라는, 처음에는 우아하고 아름다운 암코양이로서 나른한 눈물
에 여린 여성이었지만, 사랑의 힘을 통해 안토니우스〔율리우스 카이사르 휘하의
로마 장군이며, 제2차 삼두정 때의 실력자들 중 한 사람. 로마 공화정을 무너뜨린 최후
의 내전에서 이집트 여왕 클레오파트라와 옥타비아누스에게 패배했다〕와 맺어져 불가
사의한 모습으로 변해 가고 있었다. 그 최후의 장에서 사랑에 의해 그녀의 삶은
정화되고, 그녀의 운명은 예찬된다. 이러한 마법은 항상 에로틱한 서정의 르네
상스적 영역에 속한다. 동시기 이 사랑의 서정은 던〔영국의 시인. 대표적인 형이상
학파 시인이며, 런던 세인트폴 성당의 참사원장(1612-31)을 지내기도 했다. 사제 서품을
받기(1615) 전에 주로 쓴 세속적인 시뿐 아니라 종교적 운문과 논문 및 17세기의 가장
뛰어난 것으로 꼽히는 설교들로 유명하다〕에 의해 추구되어, 자진해서 사랑의 노예
가 되는 행복을 기꺼이 그려내고 있다. 17세기 후반의 영국 시인들 역시 이러한
주제에 손을 대고 있었다. 그것은 신이 바라는 곳에서 사람과 사람을 결합시키
는 옛날의 단란함을 돌이키고자 하는 주제였다. 다시 찾고 싶은 바람이 담긴 실
락원, 그것은 우선 소박한 남녀 양성애의 세계였다.

그런 의미에서 르네상스 시대를 관통하는 신플라톤주의는, 지배계급에게 있
어서 도덕질서와 내키지 않는 결혼에서 참아야 했던 성적 억압을 잊을 수 있는

수단이 되었다. 그것은 셰익스피어 이외의 엘리자베스 왕조 및 제임스 왕조의 극작가를 보면 잘 알 수 있다. 그들은 시인들이나 철학자들에 비하면 양성구유의 신화를 통해 감화를 받는 경우가 보다 적었을 터이지만, (말로가 《포스터스 박사의 비극》*을 통해 미녀 헬렌을 비텐베르크 학생들에게 보였듯이) 사랑의 절대적인 힘을 강조하고 있었다. 그러나 육욕적이면서 영적이어서 나누기 어려운 이러한 정념은, 위대한 시대의 영국의 연극에서 고뇌와 죽음의 주제에 더욱더 결부되어 가고 있었다. 이러한 경향은 존 포드의 작품에서 정점에 달한다. 그에게 있어서 사랑에 의한 결합은 신성하고 영원한 것으로 운명에 의해 결정되는 것이었으며, 심한 쓰라림에도 불구하고 그것은 모든 인간의 법도를 초월하는 것이다. 그 최후의 작품 《불행히도 그녀는 창녀였다》의 주인공은 자신의 누이에 대한 사랑을 당연한 것으로 여겼으며, 또한 누이가 도망가려 하자 그녀를 죽이고 자신도 살해당한다. 두 사람은 언젠가는 맺어질 것이라고 생각하면서 행복하게 죽어간다. 비참하고 대단히 야만스럽고 고통으로 가득 차 있는 이러한 근친상간을 변호하는 글은, 마르실리오 피치노와 그의 제자들에게서 비롯된 과학적이고 동시에 종교적인 사랑의 해석으로 연결되고 있었다. 1640년의 혁명 전야에 퇴폐의 길을 달리던 귀족층은 또한 이러한 해석에 만족해하고 있었다.

* 이 작품은 유혹, 몰락과 지옥에 빠지는 이야기 속에 선한 천사, 악한 천사, 악마 루시퍼, 메피스토펠레스, 7가지 대죄 등의 도덕적 인물들을 자유롭게 등장시켜 도덕극을 극적으로 전개시킨다. 이 작품은 지식과 힘을 얻기 위해 악마에게 영혼을 팔아 의사에서 마법사로 변한 포스터스의 이야기를 다룬다. 이 극에서 악마의 중개자인 메피스토펠레스는 악마적 자부심과 암울한 절망 사이에서 갈등하는 타락한 천사로서, 스스로 비극적 숭고함을 성취하고 있다. 이 극에서는 지옥에 떨어진다는 개념이, 포스터스가 자신의 영혼을 악마에게 저당잡히기 직전에 예수에게 구원을 요청하는 최후의 간절한 애원과 잃어버린 천국에 대한 메피스토펠레스의 감동적인 애도로 설득력 있게 표현된다.

신플라톤주의의 명제는, 마찬가지로 17세기 유럽 본토의 문학에서도 수없이 볼 수 있는 것으로, 연애감정의 신화적 표현에 있어서도 대세를 이루고 있었다. 그 상황은 스페인에서는 프랑스만큼 선명하지 않다.

분명 칼데론 데 라 바르카와 함께 〈황금시대〉 연극의 정점에 있던 로페 데 베가(스페인의 극작가. 1천8백 편에 달하는 희곡과 수백 편의 짧은 극작품을 썼다)는, 연애를 묘사하는 수많은 희극 속에서 신플라톤주의를 그 나름대로 중시하고 있었다. 그러나 그것이 모습을 보이는 것은, 그의 시대의 사회에서 으레 따라붙는 쾌락의 추구와 병행되고 있으며, 이 쾌락의 추구를 통해서 사랑의 성취를 방해하는 온갖 법적·사회적 장해를 뛰어넘어 남녀는 그 사랑을 이루게 되는 것이다. 그렇기에 이러한 극작법은, 바로크 시대 유럽 문명의 강한 특징으로써 실락원의 탐구에 독자적인 기여를 하고 있는 셈이다. 악한소설 가운데 끼어 들어와 자포자기적인 염세주의에 사교의 기쁨을 첨가한, 지나치게 아름다운 사랑의 이야기에 있어서도 상황은 마찬가지였다. 1613년 아마도 세르반테스(스페인이 낳은 가장 위대한 소설가·극작가·시인)의 걸작이라 해도 좋을 《모범 소설집》에서, 이 작가는 설령 상대가 집시의 딸이건 하숙집 하녀이건간에 성실하고 얌전한 연인을 즐겨 칭송하였다.

고전주의 시대의 프랑스는, 더욱 중요한 〈정념으로서의 사랑〉의 신화를 지속적으로 만들어 내고 있었다. 그 시작은 감상적인 시의 연약함을 보여 주는 테오필 드 비오(시인·극작가)류의 비가이다. 그는 사랑하는 남자가 보여 주는 정성을 강조하였다. 그러나 페트라르카적 정신이 가장 잘 스며든 곳은 산문소설이었다. 오노레 뒤르페의 《아스트레》는, 목가풍의 싸구려 치장으로 이루어지는 사랑의 철학은 까다롭고 고결하며 지적인 것이라고 가르치고 있으며, 이러한 철학이 17세기 대부분의 작가에게 영향을 미치고 있었다. 섬세하다기보다는 더욱 관대했던 리슐리외의 시대는, 이러한 가르침을 호색적인 감성의 요구에 일치시키고 있었다. 특히 이 시대를 열광시켰던 코르네유의 희곡은, 드라마나 그 등장인물의 지위와 요구에 따라서 오로지 인간적인 정을 찬미하고 있었다. 동시대의 데카르트는 (편지 속에서 보헤미아의) 아름다운 엘리자베스 여왕에게 욕망의 소용돌이와 면밀히 구별되어야 하는, 영혼의 감응이라는 사랑의 정확한 본성을 정중히 타이르고 있었다.

참신한 살롱은 이러한 사고방식에 매료되었다. 사람들은 육감적인 시에서 지나치게 칭송되는 관능의 위력에 정감어린 정애를 대치시킴으로써, 사랑에 저항할 수 없는 인간에 대해 사랑이 절대적인 지배력을 지닌다는 사실을 인정하고 있다. 스델리 양의 소설들은 모두가 사랑이라는 감정의 옹호에 할당되어 있으며, 이러한 사랑의 옹호가 1650년 무렵의 상류 사회에 널리 확산됨으로써 파스칼도 아마 이에 무관심하지는 않았을 것이다. (《사랑의 정념에 관한 설》은 파스칼의 저서라고도 한다.) 이 무렵 코르네유의 사랑의 형이상학은, 영웅담을 포기하고 유력한 사람들의 연애심리를 추구하고 있었다. 그것은 분명 그때까지 이상으로 상냥한 감정으로 남아 있었지만, 역시 마찬가지로 꿈이나 환상 그리고 고뇌와 죽음으로 이끌려 가고 있었다. 귀족에게만 허용되던 이 궁정풍 연애의 전통이, 나아가 라 퐁텐(프랑스의 시인. 그의 《우화 Fables》는 프랑스 문학의 위대한 걸작 중

하나로 꼽는다)의 (《콩트집》에서) 눈부심으로 가득 찬 대범하고도 투명한 에로스의 세계를 만들어 내고 있었다. 라 파예트 부인의 작품은, 연인들의 정결에 대한 이상화와 관능의 불결한 헛됨에 대한 거부와 성실과 체념에 대한 숭배로서, 궁정 사회의 새로운 예절을 통한 신플라톤주의적 영향의 깊이를 보여 주고 있었다.

이 사교계의 베일을 잡아찢는 일은 극히 한정된 사람들의 일이었다. 예를 들면 라 로슈푸코(프랑스의 고전작가. 프롱드의 난 때는 가장 적극적으로 참가하였으며, 뒤에는 〈잠언〉의 대표적인 작가가 되었다)와 같이 정열의 자기 본위성에 대한 예리한 분석에 전념하는 사람들이나, 혹은 라신처럼 프레시오지테(préciosité)*의 시세 아래 달콤한 무미건조함 가운데로 지금까지 없었던 비장함을 가진 공격성과 노여움을 유도하던 사람들이 바로 그들이었다. 그러나 라신의 잔혹한 비극은—귀족계급 관객에게는 훨씬 이전부터 익숙한—애욕의 운명에 대한 전통적인 신화에 충실한 것에는 변함이 없었다. 분명 라신의 비극은 사실주의 혁명으로의 길을 연 것이었지만, 귀족계급은 이 혁명을 완전히 자신들의 문화 속으로 받아들이고 있었다. 1700년경에는 여러 부인들을 둘러싼 사교계나 참신한 살롱들, 그리고 요정에 관한 이야기들은 지배계급의 성적 환상의 표현에 필요한 이상주의를 되풀이하고 있었다.

* 17세기 프랑스 사교계에서 유행한 취향과 감정의 섬세함을 과시하는 사교 및 표현의 한 양식. 상류 귀족 사회에서 천박한 언행에 대한 반발로 나타난 이 풍조는, 랑부예 후작부인의 살롱에서 처음 시작되어 점점 문학으로 파급되었다. 〈신사〉(honnête homme)의 세련된 재치와 고상한 태도는 사회적 이상이 되었고, 그 본보기는 뱅상 부아튀르의 시와 편지 및 장 루이 게 드 발자크의 산문작품에 표현되었다. 이러한 이상은 중세 궁정 연애의 전통을 되살린 것으로, 오노레 뒤르페의 《아스트레L'Astrée》(1607-27)는 그 이상을 소설화한 작품이다. 5세기를 배경으로 한 이 전원소설이 큰 성공을 거둔 까닭은 당시의 사교계 인물들을 그리고 있을 뿐만 아니라, 연애의 여러 양상(기사도 사랑, 영적 사랑 등)과 거기에 대응하는 모험과 복잡하게 뒤얽힌 사건들을 매력적으로 분석하고 있기 때문이다. 프레시외즈(précieuses)의 꾸민 말투나 에두른 표현은 많은 사람들로부터 칭송을 받았지만, 그들의 현학적 취미와 허세를 비웃는 사람들도 있었다. 가령 몰리에르는 희극 《재치를 뽐내는 여인들 Les Précieuses ridicules》(1659)에서 그들을 웃음거리로 삼았다. 프랑스에서 프레시오지테는 결국 도가 지나쳐 과정과 허세로 나아가는 결과를 낳았다(특히 벌레스크 작가들에 의해). 이는 다른 나라에서도 마찬가지로 예컨대 스페인에서는 〈공고리스모〉, 이탈리아에서는 마리니즘, 영국에서는 유퓌즘으로 흘렀다.

사랑에 대한 18세기 문학적 표현의 정확한 의미는 정의하기 어려운 것이다. 진부한 면에 있어서는 마찬가지일지라도 때로 노골적으로 감상적인 서정시의 시대에서, 유럽의 사교계는 이러한 문학적 표현에 더욱더 커다란 위치를 부여하고자 했다. 작가들도 무수한 에세이 속에서 남녀관계에 대한 고찰을 행하고 있었다. 특권계급의 변천을 반영하는 이 세기의 연애희극의 추이는, 마리보(아마 자주 언급될 정도로는 깨끗하지도 공들이지도 않았지만)와 보마르셰(온갖 활동의 원천을 항상 사랑 속에서 찾아낸다)로 대표되고 있었다.

소설은 먼저 연애를 제재로 삼는 경우가 많았다. 1730년경 대단히 시민적인 내용을 지니고 있던 프레보 데그릴(프랑스의 소설가)의 소설(《마농 레스꼬》, 화류계 여성과의 사랑으로 파멸하게 되는 한 귀족 청년의 이야기를 다룬 것으로 18세기 감정소설의 전형적인 예이다)은, 궁정 연애의 전통적인 심리와 비교해서 보다 현실적인 심리로 향하고 있었다. 그러나 이러한 심리가 〈정념으로서의 사랑〉 가운데서 집요하게 묘사되고 있었던 것은, 주인공 남자의 매저키스트적인 경향을 충족시키기 위한 하나의 파국과 병이었다. 마리보의 작품은 그다지 양식화되어 있지 않았지만, 애정과 자기애의 모순된 경향 사이에서의 끊임없는 망설임을 보여 준다. 그에 이어 필딩(영국의 소설가·극작가. 새뮤얼 리처드슨과 함께 영국 소설의 창시자로 평가된다)은 《톰 존스》에서, 성의 노예가 되는 것이 아니라 성을 노예로 삼는 감성이라는 착상을 자랑한다. 또 레스티프나 라클로*나 사드의 소설은—라신 비극의 귀중한 유산을 간직하고 있는 그들 최고의 작품을 제외하고—그 세기말에도 관능과 감정, 죄악과 미덕 사이의 예의 변증법에 매달리고 있었다. 이러한 작품이 욕망을 불러일으키고 있었던 반면에, 더욱더 사랑의 언어에만 집착하는 이러한 문학에 대해 주석자들은 당혹감을 느끼게 된다. 이 해석상의 난해함을 설명하고자 예문을 들지만 감수성이라는 애매한 개념으로서, 이것에 의해 18세기를 통틀어 성에 대한 노골적인 표현이 서서히 오랜 이상주의를 대신하면서 군림하는 것을 추적할 수 있다. 18세기의 프랑스 작가들은 이처럼 정열을 변용시키는 새로운 방법을 가져왔다고 말할 수 있다. 그 방법은 변함 없이 귀족적인 것이었지만, 자연이나 꿈과 열광이라는 새로운 가치에 더욱 개방화된 것이었다. 비합리주의의 완만한 승리는, 장 자크 루소에 의해 창시된 눈물에 여리고 신비로우며 도덕적인 격앙상태를 통해 이루어졌다. 방탕스런 패거리의 반대에도 불구하고, 프랑스 혁명은 이런 의미에서 정열에 대한 낭만파적 예찬을 문학 속에서 확립하는 획기점이 될 것이다. 그리고 그 정열은 행복보다도 고뇌와 굳게 결부되어 있다.

* 1741-1803. 프랑스의 군인·작가. 최초의 심리소설 가운데 하나인 《위험한 관계 Les Liaisons danger-euses》라는 고전주의적 소설을 썼다. 라클로는 군인이라는 직업을 선택했지만 곧 군대를 떠나 작가가 되었다. 그의 첫번째 장편소설인 《위험한 관계》(1782)는 당장 세상을 들끓게 했다. 서간 형식으로 쓴 이 소설은 난봉꾼 발몽과 그의 공범자인 메르퇴유 부인을 다루고 있는데, 메르퇴유 부인은 희생자의 불행을 보고 비양심적인 즐거움을 얻는다. 라클로의 2번째 장편소설 《여성 교육에 대하여 De l'éducation des femmes》(1785)는, 첫번째 소설의 심리학을 해명해 준다는 점을 제외하고는 별로 중요하지 않다. 그의 《보방 원수를 찬양하여 아카데미 프랑세즈 회원들에게 쓴 편지 Lettre à MM. de l'Académie Française sur l'éloge de M. le Maréchal

de Vauban)(1786)는 프랑스 군대와 시대에 뒤떨어진 방어 방법들을 조롱했으며, 이 소설 때문에 그는 장교의 지위를 잃었다. 그후 정계에 들어가 오를레앙 공의 비서로 잠시 일했으나, 1792년에 다시 군대에 들어갔고, 나폴레옹 시대에는 결국 장군까지 진급하여 라인 강과 이탈리아 원정에 참여했다.

로베르 모지는 이러한 조감도에 상당한 수정을 가함과 동시에, 그 시대의 작가들이 사랑의 신화를 언급할 때면 곧장 따라붙는 애매함을 지적하였다. 정념이라는 말의 의미가 격렬하게 외곬적인 감정만을 가리키는 시대에 있었기 때문에, 작가들은 새로운 의미를 첨가하자는 생각과 그 지나침을 나무라는 생각으로 양분되어 있었다. 그러면서 이러한 영혼의 약동에 대한 전통적인 이상화를 피할 수 있었던 작가는 극히 드물었다. 프레보 데그릴이나 스탈 부인*을 제외하고, 대부분의 작가들이 행복과 연애를 결탁시키고 있었던 시대에서 이상화는 강화되기까지 하였다. 그러나 계몽주의 시대에 연애는 개운치 않은 문학적 열중의 대상이 되었다. 연애는 이전만큼 미화되거나 공격의 대상이 되지 않았으며, 더욱 명확한 관심을 끄는 주제로서 환멸의 대상까지는 아닐지라도 그다지 신비스럽지 않은 대상이 됨으로써, 그 결과 연애는 기껏해야 사람을 괴롭히는 정체를 알 수 없는 것으로 치부되고 말았다. 누구의 눈에도 분명한 그 복잡함에도 불구하고, 정열에 대한 이러한 사고방식은 서구 사회의 감성과 합치된 새로운 신화의 구축으로 귀착한다.

* 1766-1817. 프랑스계 스위스의 작가·정치선전가·사교계의 좌담가. 유럽 사상사에서 신고전주의로부터 낭만주의로 넘어가는 당시의 유럽 문화를 한 몸에 집약하고 있는 인물이다. 또한 중요한 지식인들을 위한 살롱을 운영하여 명성을 얻었고 소설과 희곡, 교훈적이며 정치적인 평론, 문학비평, 역사, 자전적 회고록, 그리고 많은 시를 남겼다. 그러나 가장 중요한 문학적 업적은 낭만주의 이론가로서 이바지한 것을 들 수 있다.

이 노력의 정점에 루소가 있다. 루소의 고결한 낙관주의는, 상류 사회의 독자층에 있어서 연애의 이념상의 정당성을 충분히 바로잡을 수 있었기 때문이다. 18세기 후반의 베스트셀러였던 《新엘로이즈》는, 궁정문학에서 떼어 놓을 수 없는 갖가지 모순을 제시하고 있다. 성충동은 거스르기 어려운 본능이지만, 채워지지 않은 채 있는 것만이 진실로 그러한 것이 될 수 있으며, 이러한 충동이 자신의 남편과 애인에게 충실했던 줄리에게 간통을 물리치고 죽음을 선택하게 한다. 이 소설의 문장으로 보건대, 페트라르카나 라 파예트 부인이 사용한 신플라톤주의적 주제를 거기서 찾는 것 또한 용이하다. 이 소설은 순결이나 정절이나 상념상의 기쁨을 욕정보다도 우수한 것으로 만들면서, 욕정은 항상 정신적인 것이어야 한다고 주장하고 있지만, 다른 한편으로는 연애와 도덕의 필연적인 결합이나 체념에서 오는 역설적인 마음의 안락을 앞장 세워 사랑이 죽음을 이긴다는 사실을 칭송하기도 한다. 다양한 계급에서 버젓이 통용되던 명예로운 성의 억압과 동시에, 몽상을 통해 그 억압에서 벗어날 수 있다는 메시지에 그 시대의 모든 사람들은 존경을 표하고 있었다. 시민시대의 관념론자로서 장 자크 루소는, 좌절과 추억의 원천으로써 애인끼리의 행복을 접근할 수 없는 낙원으로 만들었던 것이다. 사랑의 막다른 골목으로 쫓기면서 루소의 주인공들은 훌륭한 결혼을 통해 구제되든가, 혹은 그것에 가까운 양상을 보이고 있다. 루소는 플라톤에 힘입은 바가 있음에도, 이 점에 있어서 가정의 가치에 대한 플라톤의 몰이해를 비난하고 있었다.

* 《新엘로이즈》는 국가나 공적 생활이 아닌 가정생활에서 행복을 찾는 사람들에 관한 소설이다. 이 소설에서 주인공인 중류계급의 교사 생 프뢰와 상류계급의 학생 줄리가 신분법상 금지된 사랑에 빠지는 이야기는 루소 자신의 경험을 반영한다. 이 책은 그러한 사회질서를 승인하지만 자유로운 감정 표현과 극단적인 감수성을 나타낸 점에서 혁명적이었으며, 문학 발전에 큰 영향을 미쳤다. 서간체 장편소설로서 〈알프스 산기슭의 자그마한 도시에 사는 두 연인의 편지〉라는 부제가 붙어 있는데, 이것은 중세의 신학자 아벨라르와 엘로이즈가 정신적 사랑을 주고받았던 편지에서 딴 것이다.

궁정문학류의 신화에 이어서, 1774년 괴테의 《젊은 베르터의 슬픔》에서 그려진 전기 낭만주의의 사랑도 성이 관여된 필연적인 파탄 위에서 성립된다. 제재의 묘미도 실은 젊은 괴테에게서 보이는 매우 미묘하고도 까다로운 에로티시즘에서 생겨난다. 장 자크 루소는, 오로지 쾌락을 좇는 귀족 사회의 사랑을 언급하는 문학적 언어 속에서 꾸밈 없음과 순결 그리고 정절에 대한 관심을 가져왔지만, 이러한 태도는 이상화의 오랜 전통에 따른 것으로 성행위를 잊고자 하는 것은 아닐지라도 그것을 덮어씌우고자 하는 의지에 부응하고 있었다. 유럽 문예의 또 하나의 흐름은, 그 행위를 훨씬 이전부터 보다 솔직하게 다루고 있었다는 것이다.

욕망의 신화

근대에 들어서서 가장 노골적인 에로티시즘의 문학적 표현은 풍속의 진전과 결부되는 발전을 이룩하고 있었다. 사실 르네상스의 사회는, 문학작품 속에서 교합의 기쁨을 그 준비나 각 단계의 매력으로 드러내 놓고 있었다. 반대로 그 사회는 성의 억압과 체면 존중이 진행되면서 품위와 정결을 중시하는 서구 문화에 성에 대한 편집증을 가져다 주었으며, 이는 종종 호색본의 은밀한 탐독으로 귀착되고 있었다. 이러한 사랑의 육욕적인 측면은, 16세기에서 18세기의 문학에서는 노골적으로 묘사되지 않는다. 수치를 마다하고 침실이나 키스의 기쁨을 노래하면서 경건한 얼굴보다는 그 편이 낫다고 간주하던 플레야드파 시인들도, 그뒤 자유사상의 시대에 들어서서는 때로는 순진하게 보이고, 또 때로는 파렴치한으로 몰리고 있었다. 외설적인 시는 이미 은밀히 읊조릴 수밖에 없었던 것이다. 그리스도교적 윤리질서, 이어서 시민적인 질서가 근대에 이르러 제자리를 얻게 되자, 처음에는 의젓한 곳에 진열되던 나체나 남녀가 뒤엉킨 그림들이 당연스럽게 금서나 계절상품류 속으로 처박혀 버리게 되었다.

호색시집에 나타나는 16세기 유럽의 열광은 유례를 찾아볼 수 없을 정도로 엄청난 것이었다. 그 이후 바로크 시대 말엽의 몇몇 작가들을 제외하고, 이같은 열광을 보고자 한다면 낭만주의를 기다려야 할 것이다. 기다림에서 도취에 이르기까지, 완전한 기쁨에서 절망에 이르기까지 육감적인 사랑의 여러 단계는, 롱사르나 셰익스피어 시대의 작가들이 욕망의 충족에서 생겨나는 황홀감을 칭송했던 것보다 서구에서 더욱 찬미되고 있었다. 그뒤 테오필 드 비오나 트리스탕*의 시구처럼 진솔하고 의미 깊은 어조들도 1800년 무렵까지는, 이전에 놀랍도록 번영했던 것의 마지막 잔흔으로밖에 볼 수 없을 것이다. 호색시가 개화하게 된 것은 이탈리아의 르네상스 시대였으며, 로렌초 데 메디치[피렌체의 통치자. 정치가이자 예술과 문학의 후원자로서 메디치 가문에서 가장 뛰어난 인물이었다. 1469-78년에는 동생 줄리아노(1453-78)와 함께 피렌체를 다스렸고, 1478년 줄리아노가 암살당한 뒤부터 1492년까지 혼자서 통치했다)와 폴리치아노[이탈리아의 시인·인문주의자. 로렌초 데 메디치의 친구로서 그의 후원을 받았으며, 르네상스 시대의 대표적인 고전학자 가운데 한 사람이다) 시대부터 이러한 홍청거림은 성적 방종을 가볍고도 현실적인 것으로 찬양하는 일과 연결되고 있었다. 애무의 손길처럼 관능적인 운율 속에서 생각나는 대로 칭송하던 육체의 아름다움은, 실로 죄를 범하기 전의 에덴 그 자체였다. 1500년 무렵의 이탈리아 인문주의는, 《폴리필의 꿈》*이 보여 주고 있듯이 이 불가사의한 작품에서 에로티시즘의 위력으로 장식되고 있었다. 이 기묘한 입문적 이야기는 디안 드 푸아티에[앙리 2세의 정부) 시대의 프랑스에서 대성공을 거두었으며, 주인공들은 작품 속에서 성행위가 갖는 훌륭한 공덕을 찾아냈다. 양물 숭배와 남녀혼욕으로 가득 차 있는 고대 세계의 이러한 몽상의 백과사전을, 훗날 장 구종[16세기 프랑스의 조각가·건축가)의 아뜰리에가 제재로 다루었으며, 또한 이 사전이 어리석은 그리스도교적 정절을 버리고 비너스 신앙으로의 개종을 가르치고 있었다. 더 이상 아무것도 금지되지 않았으며, 오히려 모든 것이 이러한 관능의 제전에서 숭배되고 있었으므로, 이 제전은 여러 가지 상징을 사용함으로써 여체의 비밀스러운 부분을 분명하게 찬양하였다.

* 트리스탕—1601경-55. 프랑스의 시인·극작가. 프랑스의 고전희곡을 창시했다. 그와 같은 시대에 활동했던 피에르 코르네유의 그늘에 오랫동안 가려 있다가, 19세기말에 재발견된 뒤로 계속 학자들과 평론가들의 관심을 불러일으키고 있다. 11세에 베르뇌유 후작부인의 시동이 되었으나 결투 사건을 벌인 후 영국으로 추방되었다. 이 사건과 그후 수년 동안 계속된 그의 방랑생활은 자전적 소설 《불운의 시종 Le Page disgracié》(1643)에 잘 그려져 있다. 1621년 루이 13세가 그를 용서할 때까지 영국에 체류했다. 그러나 이 사실만으로 그의 작품이 셰익스피어의 영향을 받았다고는 말할 수 없다. 다른 프랑스 고전희곡 작가들과 마찬가지로 그는 그리스·로마 또는 동양과 성서의 주제를 탐구했다. 가장 잘 알려진 비극 《마리암Mariamne》(1636)은 헤로데 왕의 질투심에 관한 내용이며, 이 작품과 《세네카의 죽음 La mort de Sénèque》(1644)은 성공을 거두었다. 그는 사랑으로 인해 사건이 벌어지는 프랑스 비극을 쓴 최초의 작가였다. 건강이 나빴기 때문에 군대에는 가지 않았지만 그의 생활은 다분히 모험적이었다. 용감하고 화를 잘 내며 그러면서도 자유로운 마음과 탐구심의 소유자였던 그는 도박으로 재산을 날린 뒤 가난하게 살다 죽었다.
* 폴리필의 꿈—프란체스코 콜론나가 지은 산문적인 이야기. 1499년 간행. 숲에서 길을 잃은 주인공이 감미로운 체험을 하는 꿈 이야기. 우의로 가득 찬 삶을 구가하는 글로서 16,7세기에 크게 읽혔다. 삽화는 출판사상 가장 미려한 것으로 특필되었다.

수많은 문서류에서 엿볼 수 있는 르네상스 시대 이탈리아의 이교적 지향은 바로 그러한 것이었다. 신플라톤파풍의 신화와 달리, 이러한 작품은 소박한 양성 구유를 잽싸게 실현하는 수단으로써 육체의 교섭을 우선적인 근거로 삼고 있었다. 육체 교섭의 기쁨은, 첫번째로 금욕의 헛됨을 의미하고 있었다. 금욕이 길러내는 것은 기껏해야 새디스트적인 가련한 환상에 불과한 것임에도, 근대의 새로운 몽상이 가져다 주는 환영은 연인들에게 육체를 불타오르게 하라고 가르친다. 아리오스토의 《성난 오를란도》에서 이러한 가르침을 볼 수 있다. 성직자의 녹을 먹으면서 페라라 여성 알레산드라 베누치와 오랫동안 관계를 맺었던 이 시인이, 자신의 시작품 속에 담았던 것은 음란한 외설 외에도 유괴당한 여자들이나 무엇 하나 부자유함이 없는 애첩들, 그리고 사람을 거리낌 없이 살해한 여자들이었다. 보다 사실적인 작가들도 수치심이나 결혼제도를 주저치 않고 표현하였다. 마키아벨리의 《맨드레이크》(성직자들의 사악함과 타락을 주제로 한 희극작품)에서는, 법에 어긋난 욕망이 어리석은 남편을 속이고 있다. 1525년 로마에서 종종 복제되었던 음란스런 화면에 주석을 가한 뒤, 아레티노는 그의 《토론》(로마 매춘부들의 대화를 통해 로마 유력인사들의 도덕심이 얼마나 타락했는지를 폭로하고 있다)에 등장하는 수녀들이나 유부녀들, 그리고 닳고닳은 여자들에게 있어서 그것은 관능의 만족일 뿐이라고 생각하고 있었다.

가톨릭측 개혁의 역설은, 남유럽 귀족 사회에서 마니에리스모 문명의 진전과 그 방법을 같이했다는 것이다. 이 문명은 미술과 마찬가지로 분명하게 에로틱한 문학을 지니고 있었으며, 이탈리아에서는 제 공국의 궁정에 친숙한 목가극이 그 중심을 이루고 있었다. 예를 들면 페라라에서는 1573년 7월 31일, 대공의 궁전에서 타소의 《아민타》*의 상연을 기쁘게 받아들였다. 타소는 페라라에 있는 알폰소 2세 데스테 공작의 궁정에 드나들면서 공작의 누이인 루크레치아와 레오노라의 후원을 받고 있었으며, 명예나 품위를 생각지 않고 서로 사랑할 수 있었던 시대로서 서슴없이 황금시대를 정의하고 있었다. 이러한 윤리관은 구체제 대부분의 지배계급에 있어서 매우 좋은 핑계거리로서, 몬테베르디에서 모차르트까지의 근대 오페라에서도 채용되고 있었다. 그러나 나아가서 이에 대한 강한 반향을 1590년부터 볼 수 있었으며, 바로크 취미의 완전한 성공품이었던 구아리니의 목가극 《충실한 양치기》(여성에 대한 예절의 법전이며, 예의법도의 길잡이로 간주되었다)가 바로 그것이었다. 이 작품은, 주로 여주인공 코리스카에 의한 자유로운 남녀관계의 옹호로 회귀하였다. 反종교개혁의 문화는 이처럼 미의식적인 측면에서 관능의 가치를 겁 없이 긍정하는 특징을 지니고 있었다. 그 작품에 나타나는 이른바 양치기 아가씨들은 《아스트레》(뒤르페의 소설)의 경우보다도 그 시대의 양상을 더욱더 반영함으로써, 관객이나 독자 들에게 될 수 있는 한 일찍 청춘을 즐기라고 유혹하고 있었다. 나아가 1623년에 유명한 나폴리의 작가 마리노*는, 아도니스와 비너스의 사랑을 묘사한 4만 5천 행의 시구를 통해서 음탕한 상상을 마음껏 발휘함으로써 유럽의 찬미를 얻었다.

* 타소는 1573년 부자연스러운 소박함을 중시하는 틀에 박힌 전원시의 관례에서 벗어나 아르카디아 지방을 감각적이고도 서정적으로 묘사한 전원극 《아민타》를 썼다. 《아민타》의 어조는 극적이라기보다 서정적이며 목동 아민타가 오랫동안 사모하던 실비아를 얻는 장면에서 절정에 이르는 일련의 광경을 매우 섬세한 감정으로 묘사하고 있다. 이 작품은 궁정생활을 이상화했다는 점에서 타소가 페라라에서 누린 행복했던 시절을 반영하고 있다.

* 마리노—1569-1625. 이탈리아 시인. 17세기 이탈리아 시문학을 지배했던 마니리즘 유파의 창시자이다. 그가 쓴 작품은 유럽 전역에서 인정을 받았고, 모방자들의 작품을 월등히 능가했다. 모방자들이 그의 복잡한 언어구사와 정교한 착상·은유 등을 극단적으로 추구했기 때문에 마니리즘이라는 말은 경멸적인 용어가 되고 말았다. 그가 20년이나 걸려서 만든 가장 뛰어난 작품인 《아도네 Adone》는 비너스와 아도니스의 사랑 이야기에 많은 여담을 붙여 만든 장편시로서, 마리노 문체의 장단점들이 모두 드러나 있다.

이 주제가 마니에리스모의 위기 이후에 서구의 르네상스 문학에 나타나고 있었던 것은 아니다. 교활한 뚜쟁이 노파 셀레스티나(292쪽 참고)는 이미 자존심 강한 연인들의 밀회에 만족치 않고, 지나치게 얌전한 아가씨들의 집을 찾아가 그녀들의 훌륭한 자태를 칭찬하면서 몸을 팔도록 꼬드기고 있다. (프랑수아 1세가) 마리냐노 전투(프랑스 왕 프랑수아 1세가 시도한 제1차 이탈리아 원정에서 프랑스-베네치아 연합군이 스위스 용병과 싸워 승리한 전투)에서 승리하던 해(1515년)에 장 마로(시인으로서 안 드 브르타뉴의 궁정에서 일하다가, 나중에는 프랑수아 1세를 모셨다)는, 프랑수아 1세의 용맹한 부하들에게 보내는 시를 프랑스의 왕녀들에게 즐겨 할당하고 있었다. 왕녀들은 [이탈리아] 반도의 창부들이 농간을 부리듯, 자신들의 〈희고 포동포동한 사지〉의 매력을 또렷하게 그려내 보이고 있었다. 또 한 장의 아들 클레망[프랑스 르네상스 시대의 가장 위대한 시인 가운데 한 사람]은, 육체적 환희의 마니에리스모적인 찬양을 프랑스 문예 속에서 넓혀가고 있었다.

그와 함께 사람들은 아리오스토나 타소가 아직은 막연한 표현으로 찬양하고 있던 나체를 훨씬 더 명확하고 자세히 묘사하게 되었다. 1535년경에 그는 위험한 연작을 시작했는데, 이것은 〈여체를 다양하고 감미로우며 불가사의〉한 존재로 구분함과 동시에, 마침내는 매우 적절한 유방의 예찬으로 〈번거로운 물신숭배〉를 시인들에게 면제해 주었다. 그러나 〈억누를 수 없는 갈망〉에 사로잡힌 모방자들이 구름처럼 이 주제로 모여들었다. 페라라[가톨릭 미사를 반대하는 포스터가 주요 도시는 물론 왕의 침실 문에까지 나붙은 1534년의 벽보사건 이후 마로는 각지를 전전하였으며, 1535년 여름부터 페라라의 르네 공작부인의 비서로 있었다] 이래로 클레망 마로는 우선 이런 경쟁자들 사이의 판정을 시도했으며, 칼뱅파인 르네 공작부인*과 함께 자신들이 선호하는 것들을 결정하고자 했다. 이윽고 그는 〈호색의 범람〉에 대항하여 봇둑을 쌓지 않을 수 없었지만, 그 효과는 없었다. 알베르 마리 슈미트의 지적에 따르면, 프랑스의 가장 훌륭한 시인들은 반대로 15년 동안 〈침실의 비밀스러운 곳에서 그들의 애인이 보여 주는 것〉을 극히 자세하게 그려내고 있었기 때문이다. 그들이 여자들의 비밀스러운 매력을 무릎에서 배꼽까지 서둘러 칭찬하여 퍼뜨리고 있었던 것은 실제로 놀라운 일이었다.

* 1510-74. 프랑스의 페라라 공작부인(1534-). 이탈리아와 프랑스 종교개혁사에서 중요한 역할을 한 인물이다. 프랑스 루이 12세와 브르타뉴의 안 사이의 둘째딸이며, 1534년 페라라 공작이 된 에콜 데스트와 1528년에 결혼했다. 브르타뉴에 대한 권리를 포기한 대가로 프랑스의 프랑수아 1세로부터 샤르트르 공작령을 받았다. 페라라에 있는 그녀의 궁정은 자유주의 사상가들을 위한 사교장소이자 프랑스 프로테스탄트인 위그노들의 피난처가 되었다. 인문주의자인 올림피아 모라타가 그곳에서 교양을 쌓았고, 프랑스 시인 클레망 마로는 1535년 그곳을 은신처로 삼았으며, 1536년에는 칼뱅도 르네를 방문했다. 1540년 그녀는 칼뱅의 영향을 받아 가톨릭 신앙생활을 그만두었다. 1543년 교황 파울루스 3세로부터 특별 사면을 받았음에도 불구하고 그녀의 남편은 자녀들을 그녀로부터 격리시켰으며, 그녀가 이단죄로 투옥되는 것을 막지 않았다(1554). 그러나 며칠 지나지 않아 그녀는 전향각서에 서명하고 풀려났다. 1559년 남편이 사망한데다가 아들 페라라의 알폰소 2세와 사이가 나빴던 르네는 1560년 프랑스로 돌아와 몽타르지에 정착했으며, 그곳을 프로테스탄트 운동의 중심지로 만들었다. 종교전쟁 시기(1562-98)에 그녀의 성이 사위인 기즈 공 프랑수아에 의해 포위되어(1562) 가톨릭군의 공격에 시달렸다.

이러한 리얼리즘을 그들에게 가르친 것은 루이즈 라베*였다. 그의 관능적인 엘레지나 소네트에서, 페트라르카의 독창적인 여제자는 극히 솔직하게 자신의 육체와 성, 그리고 마음을 언급하고 있었다. 그에 뒤이어 다른 프랑스 시인들도 감미로운 애상으로 끊임없이 환락의 극도를 묘사하고 있었다. 때로는 라틴어로 그것을 묘사하기도 했다. 1556년 로마의 여인 파우스티나(로마 황제 마르쿠스 아우렐리우스의 사촌이자 아내)의 육욕의 포로로써 꿈속을 헤매었던 조아생 뒤 벨레의 경우가 바로 그러한 예이다. 그러나 같은 세기의 말경, 괴팍한 마르크 드파피용 드 라스프리즈(1555-99, 군인으로서 파란에 가득한 생애를 보내며 시를 쓰기 시작했다. 《테오필과 노에미의 사랑》 등의 시집이 있다)의 작품이 증명하듯이, 대개는 프랑스어로 씌어졌다. 새로 들어온 수녀의 매력을 조심스럽게 연모하는 연인으로서, 그리고 사촌누이의 매력에 약간 얼이 빠진 숭배자로서, 이 에로스의 검객이 자신의 시에서 칭송하고 있었던 것은 격렬 그 자체였으며, 동시에 약간의 비애를 띤 성의 영위였다. 괴로운 나머지 기절을 하고, 애무를 그리면서도 반라의 노에미의 〈스커트 갈라진 곳〉에 정신을 빼앗기기보다는, 독자에게 키티라의 환락(사랑의 환락. 그리스 남안의 작은 섬으로 아프로디테가 이 섬의 바다에서 태어났다는 전설이 있다)에 경쾌한 색채를 가하는 방법을 그는 가르치고 있었다. 따라서 그의 소네트는 행복한 성교의 극히 정묘한 기록으로 바뀌고 있었던 것이다.

　　* 1524경-66. 프랑스의 시인. 밧줄제조공의 딸이었다. 16세기에 모리스세브가 이끌었던 인문주의 시인들의 모임인 리옹파의 일원이었다. 재치·매력·교양·자유분방함 때문에, 말을 타고 전쟁에 나갔다거나 세련된 妓女(기녀)였다거나 하는 확인할 길 없는 소문을 남겼다. 1555년 출간한 소네트 연시집은 격렬한 감정을 단순한 문체로 표현한 것으로, 시인이었던 올리비에 드 마니에 대한 열정과 관계가 있는 것으로 보인다. 이 시집에 함께 실린 《광기와 사랑의 논쟁 Débat de Folie et d'Amour》은 〈사랑〉과 〈광기〉의 오랜 동반관계를 밝힌 대화체 산문이다.

　　롱사르도 마찬가지로 욕망의 시인이었다. 즉 그는 성의 교섭과 완전한 정복을 그렸다. 그에 따르면, 여자는 본성에 따라 종교에 사로잡히지 않고 욕망에 몸을 내맡겨야 한다는 것이다. 이러한 사고는 페트라르카적이라기보다 갈리아풍(쾌활하고 음란한 기풍)의 사고로서, 정결을 경시하면서 격정의 충족을 좋아한다. 따라서 이러한 생각은 무정하게도 상대편 미녀의 가혹한 거절과 부딪친다. 그러한 불운은 연적의 존재보다 더욱 흔히 있는 법이다. 이러한 장해는, 따라서 정욕을 날카로이 하고 사랑의 전사에게 연정의 격렬함을 부여한다. 그리운 여성의 유혹과 사랑하는 남자의 승리를 표시하는 불과 태양이라는 상징적인 가치에 따라, 남자는 온갖 저항을 힘으로 저지하면서 승리를 추구한다. 성본능의 칭송에, 죽음에 대항하는 더욱 확실한 수단을 찾고 있었던 시대에 있어서, 롱사르 개인의 시작은 이리하여 시대의 집단적 신화와 연결되고 있었던 것이다.

16세기의 프랑스 시는, 자손을 남기기 위한 유일한 수단을 관능의 기쁨에 대한 칭송과 동일시하고 있었다. 몽테뉴의 경우에도 성애의 극히 동물적인 묘사에 열중하고 있다. 정욕이나 그 충동에 대한 이야기 속에서, 《수상록》은 충분히 그리고 분명하게 결혼 첫날밤의 동침이나 남근을 서술하였다. 혼외정사에 관한 이야기도 즐겨 묘사되었는데, 《수상록》은 언제라도 이를 꺼리지 않았으며 더욱 건강하고 동물적인 욕망으로 회귀하곤 하였다. 성행위의 자연스러운 측면을 정당화하면서 성을 어떠한 비열함과도 무관한 것으로 파악하는 이러한 멋진 설명은, 일종의 범성애설이라고 할 만한 칭찬으로 일관되어 있으며, 이러한 설명에는 지상의 대부분의 종교가 결부되어 있었다. 이 영주(몽테뉴)는 색정의 경험에 비추어 신플라톤파의 철학을 비웃는다. 그는 부인들의 동의를 요구하면서 연정을 육체적 향락의 가장 단순한 형태로 정의한다. 성교의 쾌락과 생식의 필요성 사이의 연결을 이같이 강조하는 것은 인간의 지위를 끌어내리기 위한 유효한 수단으로서, 이상을 향한 동경의 잔흔이나 수치에 대한 관념을 인간에게서 완전히 제거해 버렸다. 활달함과 쾌활한 인품으로 다스리는 치료법 덕분에, 성의 본연적 모습은 이미 한 쌍의 남녀의 생리적 조건에 의해서만 가능해지고 말았다.

르네상스 시대에는 수많은 사람들이 이같은 신념에 동조하고 있었다. 나무랄 데 없는 성직자이자 자유사상가로서 피에르 샤롱*은, 육욕에 관해 할당된 《지혜에 관하여》의 한 장 속에서 몽테뉴의 가르침을 되풀이하고 있었다. 영국의 시인들은 우선 팔이나 어깨를 통한 육체의 포옹이나 접촉을 칭송하고 있었다. 먼저 욕망이나 쾌락에 연결된 동경을 서술하고, 피부의 부드러움이나 이불의 따뜻함에서 느끼게 되는 기쁨을 그들은 생생하게 그려내었다. 비너스와 큐피드는 이처럼 스펜서나 셰익스피어 시대에 영국의 문예계를 지배하고 있었다. 스펜서가 근친상간이나 나신 및 능욕의 선정적·호색적인 묘사를 늘어 놓으면서 말할 나위 없는 엿보기의 취미를 발휘하고 있었다면, 셰익스피어는 자신의 희곡 속에 시대를 반영하는 마니에리스모풍의 비속한 암시를 집어넣었고, 《소네트집》에서는 교만하고 부실한 애인에게 사랑의 노예가 된 몸을 한탄하고 있었다. 페트라르카풍의 완곡함에서 완전히 이탈된 이러한 시에는, 때때로 성교의 열광이 그다지 두드러지지 않게 그려져 있었다. 마찬가지로 성교의 쓰라림도 《법에는 법으로》나 《아테네의 티몬》이라는 희곡에서 때때로 나타나고 있었다. 또한 터너[영국의 극작가. 무시무시한 영상이 가득한 운문극 《무신론자의 비극: 또는 정직한 사람의 복수〉·〈복수한 자의 비극〉으로 유명해졌다)나 웹스터〔영국의 극작가. 그가 쓴 〈백마〉·〈몰피의 공작부인〉 등은, 보통 셰익스피어의 작품을 제외한 17세기의 영국 비극 가운데 최고 걸작으로 꼽힌다)와 같은 극작가들은, 난잡한 것을 추구하는 것은 특권자의 생활에 따라붙는 것이라고 하였다. 〈사랑의 헛수고〉'에서 〈트로일로스와 크레시다〉'까지, 셰익스피어 희곡의 상당 부분이 플라톤적인 사랑과 기사도의 칭송이라는 르네상스적 주제에 대한 엄격한 풍자를 추구하고 있었다. 그 작품에서는 관능적 열정의 압승을 대치시키고 있었다. 다른 작가들도 류트의 음에 맞추어 사랑의 순례를 하면서 포동포동한 허벅지나 몸체로 더욱 기울어져 갔다. 그 가운데 가장 찬탄할 만한 존 던은 〈금발과 붉은 머리〉의 여자들을 번갈아 쫓아다니는 바로크풍의 변덕을 구가하고 있었으며, 로버트 헤릭〔영국의 목사·시인. 고전 서정시의 정신을 되살렸다)은 1648년에 〈헤스페리데스〉라는 작품을 발표하였다. 드러난 가슴과 뒤엉켜 있는 남녀를 언급한 이 책은, 그러한 행위를 좋아하는 사람들을 충분히 만족시켜 주고 있었다. 이리하여 이들 호색적인 시인들이 거의 비속할 정도로 묘사하고 있었던 것은, 왕당귀족〔찰스 1세 시대의 왕당파를 호칭)들로 구성된 귀족계급에게 있어서 가장 익숙한 고정관념들 중의 하나였다. 이 귀족계급은 크롬웰을 타도하고 결국 그를 계승하였는데, 한편으로 그의 지배하에서 귀족 사회는 공식적인 청교주의로부터 더욱더 멀어져 갔고, 따라서 프랑스어로 된 번역물이나 그밖의 음란한 저작물에 탐닉해 있었다.

* 샤롱—1541-1603. 프랑스의 로마가톨릭 신학자. 17세기 新사상에 중요한 공헌을 했다. 그는 윤리학을 종교로부터 분리시켜 독립적인 철학 분야로 다루었으며, 논쟁적 형태의 회의론을 펼친 것으로 유명하다. 법학을 공부한 뒤 신학으로 전공을 바꾸었으며 나바라 왕비인 프랑스의 마르그리타에게 설교할 정도로 유명한 설교자가 되었다. 몇몇 교구에서 신학조언자였으며 보르도에서는 성당참사회원이 되었지만, 그런 성공에도 불구하고 1589년 수도원으로 들어가 은둔하고자 했다. 그러나 나이 때문에 허락되지 않았다. 같은 해 프랑스의 수필가 미셸 드 몽테뉴를 만나 그의 제자이자 친구가 되었다. 그의 주요 저서 〈3가지 진리 Les Trois Vérités〉(1593)·〈지혜에 관하여 De la sagesse〉(1601)에는 전통 가톨릭주의와 결합된 회의적 경향이 나타나는데, 이 경향은 몽테뉴에게서 배운 것이다. 더 나아가 〈지혜에 관하여〉에서는 계시된 진리 바깥에서 인식이 가능한가의 문제를 검토하면서 현명한 사람은 인간의 정신능력을 믿지 않기 때문에 철저한 회의에 빠질 수밖에 없다고 결론지었다. 이러한 회의주의는 첫째 인간을 편견으로부터 자유롭게 하고, 둘째 인간을 해방시켜 계시된 진리를 받아들일 수 있도록 하는 장점을 지닌다고 보았다. 따라서 회의주의자는 이단자가 될 수 없고, 아무런 의견도 갖지 않기 때문에 잘못된 견해도 가질 수 없다. 샤롱은 그의 도덕 이론에서 만약 회의주의자가 신의 명령을 받아들이지 않는다면 자연에 따라 사는 사람이 될 것이라고 주장했다. 그는 자연의 세계로부터 도덕규범을 끌어내는 〈고상한 야만인〉(noble savage)을 긍정함으로써 종교 밖에서 도덕성의 기초를 찾는 최초의 근대 윤리이론가 중 한 사람이 되었다.

* 사랑의 헛수고—4명의 젊은이(왕과 신하들)가 학문을 닦고자 여자를 멀리하기로 맹세하지만, 그곳을 찾아온 프랑스의 공주와 시녀(역시 4명)를 보는 순간 그 맹세를 저버리고 구혼한다는 내용이다.

* 트로일로스와 크레시다—트로이 전쟁 이야기를 소재로 한 극이다. 공격하는 그리스군과 방어하는 트로이측의 유명한 장수들이 여러 명 등장하고 싸움의 경과에 관한 장면도 있으나, 극의 중심은 오히려 트로이 왕자 트로일로스와 미녀 크레시다 사이의 사랑에 있다. 그러나 다루는 방식은 결합과 화해가 아니라 불화·좌절·계략·배반 쪽으로 중심을 옮겨 놓고 있다. 크레시다는 트로일로스에게 사랑의 맹세를 다하다가도 사정이 바뀌어 그리스측에 건너가자 그를 쉽게 배반한다. 그렇다면 그녀는 과연 부정한 여자인가? 그리고 그리스군의

군사작전이 현실적 계산(이성)에 바탕을 둔 데 반하여, 트로이측은 명예(이상)를 존중한다. 결과는 트로이의 패배로 돌아가지만 작가는 과연 어느쪽에 동조한 것인가? 이런 의문에 대한 답이 모호하고 불분명한 것이 이 극의 특징이다.

17세기 스페인에서 여성 혐오증을 지니고 있던 케베도 이 비예가스는, 여체의 아름다움과 관능의 충족 앞에서 자신의 열광을 잘못 감추고 있었으며, 이러한 경향은 성의 환상에 대한 현실적인 관점이 구석구석까지 퍼져 있는 고전주의 시대의 프랑스 문학에서 분명하게 나타났다. 말레르브(시인. 엄격한 형식, 절제, 순수한 어법을 강조하여 프랑스 고전주의의 기반을 닦았다)도 저속한 이야기를 경멸하지 않던 시대에 있어서, 시인들은 풍자적이며 음란스런 간행본을 산처럼 쌓아 놓고 있었기 때문에, 이런 류의 작품들에 대한 〈대중들의 명백한 기호〉가 존속하고 있었다. 하지만 고등법원에 의해 곧 금지당함으로써, 이러한 일련의 호색본은 〈서점의 진열창에서 거의 완전히 모습을 감추었고〉(A. Adam), 그래서 호색시는 사본으로밖에 입수할 수 없게 되었다. 그러나 플레야드파의 방자한 양식에서 오는 노골적인 경향을 이 호색시들은 이미 충분히 반영하고 있었으며, 이러한 경향은 동시기 샤를 소렐의 《프랑숑 해학 이야기》에서의 쾌락의 깊은 맛에 대한 옹호로 표현되고 있었다. 이 소설이 우선적으로 주장하는 사랑에 대한 관점은, 사랑이란 인생의 중심에 놓여져 있는 것으로, 사랑에서 무엇보다 중요한 것은 각각의 성적 욕망의 가동성과 남녀 양성에 의한 배우자가 아닌 타인과의 쾌락의 추구를 보여 준다. 베로알드 드 베르빌(17세기 초기 콩트작가)에 대해 말하면, 그는 《출세의 길》에서 성교를 가리키는 40개의 낱말을 사용하고 있었다. 무수한 바로크 시인들은 이탈리아식을 본떠 여체의 매력을 다양하게 노래하고 있었으며, 예를 들면 데마레 드 생 소를랭(산문작가·시인·극작가)의 연애소설 《아리안》은 음란하고 닳고닳은 여자들을 위해, 그들의 관능적인 생활을 연상시키는 나체나 키스나 폭행의 장면을 묘사하고 있었다. 프롱드의 난(루이 14세의 미성년 시절에 발생했던 일련의 내란, 1648-53)이 진행중이던 시기에, 토마 코르네유*는 《유행하는 사랑》(5막의 운문희극)을 발표함으로써 놀라운 성공을 거두었다. 그는 이 작품 속에서 잔인한 놀이에 빠져 있던, 변덕스럽고 파렴치한 당시 젊은 남녀들의 방탕을 그려내고 있었다.

* 1625-1709. 프랑스의 극작가. 위대한 고전주의 극작가 피에르 코르네유의 동생으로, 그 자신도 당당히 성공한 극작가였다. 그의 작품들은 프랑스 고전극의 성격을 분명히 보여 준다. 1656-78년 당시 성공작 중 하나인 《금권정치론자 Timocrate》(1656)를 시작으로 16편이나 되는 많은 비극 작품을 발표했다. 그가 쓴 최고의 비극 작품은 《아리안Ariane》(1672)이다. 또한 당시 유행하던 스페인 문체로 《자기 감시자 Le Geôlier de soi-même》(1655) 같은 희극을 써보기도 했고 오페라나 서정적 희곡을 쓰기도 했다. 순간포착에 대한 감각이 뛰어났고 기발한 극적 효과를 만들어 내는 재주가 있었다. 연극에 대한 그의 독창적 기여는 후기 작품들에서 비

극의 범위를 확대하기 위해 무대 장치를 폭넓게 사용했다는 것이다. 1685년 아카데미 프랑세즈 회원으로 선출되었고, 백과사전을 편찬하는 데도 기여했다.

루이 14세의 개인적 통치는 귀족계급의 성적 표현에, 갖가지 풍속에서 새롭게 추구되던 하나의 성격을 부여하고 있었다. 예를 들면 라 퐁텐의 《콩트집》은, 그 방종함에도 불구하고 당시 독자들의 감정에 그다지 영향을 끼치지 않았으며, 그 〈비속한 표현〉이나 〈암시적인 기법〉으로 계몽주의 시대 에로티시즘의 특징인 〈쾌락 추구〉의 표현에 있어서 정제된 세련미의 선구가 되고 있었다. 같은 예로서 훗날 《메르퀴르 갈랑》(1672년 보다 가벼운 내용으로 엮은 최초의 오락잡지로서, 궁정 소식·일화·단시 등을 한데 모아 출판한 것이었는데 1714년 《메르퀴르 드 프랑스》로 제명이 바뀌었다)誌의 작가 동노 드 비제나, 그 동료들에 의해 씌어진 당시 사회에 대한 폭로를 주로 하는 사실적 소설군에 대해서도 말할 수 있다. 라 파예트 부인의 귀족 사회에서의 사랑의 불가능에 대한 미묘한 의론과는 달리, 그들은 성교의 기쁨으로만 사랑을 파악하는 그지없이 노골적인 사랑의 두루마리 그림을 묘사했고, 게다가 그 환희에는 사도매저키즘의 맛이 더해져 있었다. 17세기말의 파리에서는 정상배들이 사회를 주름잡고 있었는데, 구색맞추기만을 생각하던 결혼의 음지에서 귀족계급 부부의 깊은 균열이 엿보이고 있었다. 이 무렵의 연극 또한 시대에 어울리는 것으로서 미모의 여성이라는 새로운 등장인물이 중심인 희극 속에서, 연상의 여성에게 둘러싸인 호색한들이나 부자들에게 팔려간 아가씨들이 헤아릴 수 없을 정도로 등장하고 있었다. 재래의 상연목록에 나오던 하인이나 하녀라는 이러한 등장인물들은, 전통적으로 음란한 역할과 상스러운 몸짓을 전매특허로 다투는 지경에까지 이르렀다. 루이 15세의 시대가 귀족계급 사이에서는 이미 시작되고 있었던 것이며, 지방의 어느 괴팍한 재주꾼으로서 그르노블의 르 페이가 여자의 엉덩이는 얼굴에 뒤지지 않을 만큼의 가치가 있다고 뻔뻔스럽게 말하고 있었던 예는, 이 시대를 훨씬 앞서고 있었음을 보여 주는 것이다.

르사주*의 악한소설 《질 블라스》를 시작으로 18세기의 문학은 사교계풍의 방탕이나 우아한 향락주의로 가득 차 있었다. 라 몰리에르의 《앙골라》는, 1746년 괘씸한 욕망의 의심스러운 의례를 체계적으로 조직했다. 그러한 예식들은, 육욕 추구의 관념에 사로잡혀 있던 엘리트의 향락 의지와 다양한 성적 기교의 완벽한 정의를 표현하고 있다. 한편 노골적인 나체를 금지하는 성적 억압의 결과로써 이러한 관념상의 호색은, 늠름한 성능력에 대한 지적 신화를 과장하고 있었다. 수다스럽고 호색적이던 이 세기는, 썩어진 문화로 판단하건대 귀족의 살롱에서는 사랑의 이야기밖에 하지 않았던 듯싶다. 이 세기는 예법의 새로운 결말이 요구하는 가면과 사교적인 유희형으로 그것을 행하고 있었던 것이다. 그러한 유희들 가운데 조심스러움을 완전히 겉으로만 꾸민 미태와, 교묘하게 유혹의 전술을 숨긴 말의 수식이 첫번째 줄을 차지하고 있었다. 다소라도 방탕한 갖가지 시적인 수다에 비한다면, 마리보는 이 점에서도 꿈을 잃지 않았다고는 할 수 없어도 본디 현실적인 분석가로 인정될 만하다. 그가 그린 사회는 그 생활규범이 그것을 분명히 말하게 하지 않았을 뿐이며, 관능과 육체를 항상 염두에 두고 있었던 것이다. 이 연극에서 마음은 性(성)만큼 중요하지 않다. 그리고 《벼락부자가 된 농부》[잘생기고 기회주의적인 젊은 농부가 늙은 여자들에게 자신의 매력을 이용하여 출세한다는 내용]에서, 평민 출신의 주인공 자코브는 관습을 알지 못했기 때문에 시간을 낭비하지 않고 음란한 쾌락을 맛볼 수 있다는 새로운 기쁨을 귀부인들에게 줄 수 있었다.

* 1668-1747. 프랑스의 극작가·소설가. 많은 풍자극을 썼으며, 유명한 악한소설 《질 블라스*Gil Blas*》의 저자이다. 이 소설은 악한소설을 유럽의 문학 양식 가운데 하나로 만드는 데 큰 영향을 미쳤다. 그가 쓴 《상티얀의 질 블라스 이야기 *Histoire de Gil Blas de Santillane*》(1715-35)는 오래 된 사실주의 소설의 하나이다. 이 작품은 적응력이 뛰어난 질 블라스라는 젊은 하인이 여러 주인을 거치면서 겪는 모험과 배움을 다루고 있다. 돌팔이 의사 산그라도를 모시게 된 질 블라스는 환자들 중에서도 가난한 사람을 맡아서 치료하여, 곧 주인과 똑같은 기록(즉 환자 사망률 1백 퍼센트)을 달성한다. 악명 높은 난봉꾼 돈 마티아스를 모시게 된 그는 주인 못지 않게, 아니 주인보다 더 능숙하게 여자를 유혹하는 법을 배운다. 《질 블라스》의 쾌활함은 악한소설의 전통을 더욱 세련되게 만들었다. 대부분의 악한소설과는 달리, 이 소설은 주인공 질 블라스가 은퇴하여 결혼하고 조용한 시골생활을 즐긴다는 행복한 결말로 끝난다.

사교계 특유의 외면적인 여러 가지 약속사가 위선적으로 번잡화하는 것과, 이러한 약속사가 있기 때문에 색정의 자극이 강화된다는 것과의 관련, 이것이 자유사상의 문학에 그 특유한 주제를 가져다 줄 것이다. 크레비용*의 소설은(그 한 책—소파: 교훈적인 이야기—에는 소파가 만사를 보고듣는 이야기꾼이 되지만), 이렇듯 세련된 교환에서의 행동 지침서가 되고 있었다. 예법의 가면을 쓰는 것에서 시작한 이 수사적 문화가 나타나고 있었던 것은, 사랑을 악덕으로 매장시킨 호색적인 사회가 관여되어 있기 때문이었다. 음란하다기보다 객관적인 이 시대의 소설류는, 몇몇 사람들의 18세기의 열애에도 불구하고 첫번째로는 귀족계급의 퇴폐에서 유래하고 있다. 디드로는 여자들의 비밀스러운 부분에 관한 《무례한 아이들》을 쓰면서 이러한 경향을 조장하였는데, 이것은 우아한 동시에 마음이 차가운 지배계급의 정신적 공허를 흔쾌히 보충해 주었을 것이다. 라클로는 이 계급을 1789년[의 대혁명] 전 《위험한 관계》에서 고발했는데, 그 작품에서 가짜 연애용어를 통해 그려내고 있는 것은 그후 귀족 사회에서의 유혹에 사용되는 술책이었다.

> * 1707-77. 프랑스의 소설가. 18세기 프랑스 상류사회의 경박하고 방탕한 면들을 풍자적으로 다루었다. 프랑스의 유명한 시인이며 극작가인 프로스페르 졸리오 드 크레비용의 아들로 아버지와는 전혀 다른 기질을 보였으며, 그의 아버지는 아들의 삶과 작품을 철저히 반대했다. 작품 내의 풍자적 암시로 인해 2번이나 시골로 추방당한 때를 제외하고는 평생 동안 파리에서 살았다. 그의 풍자 소설 중에 가장 잘 알려진 것은 《국자: 탄자이와 네아르다르네 L'écumoire, ou Tanzaï et Néardarné》(1733) · 《방황하는 마음과 영혼 Les Égarements du coeur et de l'esprit》(1736) · 《소파: 교훈적인 이야기 Le Sopha, conte moral》(1742) 등이다. 이 소설들의 가치를 인정한 로렌스 스턴은 거기에서 자신의 것과 같은 일관성 없는 이야기체를 찾아냈다. 문학활동을 하는 한편 그는 친구들과 함께 식사를 하던 카페의 이름을 따서 소시에테 뒤 카보(Société du Caveau: 지하실 모임)를 설립했으며(1729), 거기서 그는 재담가와 이야기꾼으로서 명성을 얻었다. 아버지와 마찬가지로 그도 퐁파두르 부인의 후원을 받았다.

프랑스 소설과는 달리, 영국 문학은 종종 보다 솔직한 호의를 지니고서 욕망의 흥정을 묘사해 내고 있었다. 먼저 필딩은 《톰 존스》의 한 장에서 그 정취 있는 일례를 보여 주고 있다. 주인공은 워터스 부인이 마련한 식사 대접을 받고 있으나, 부인 쪽이 미청년의 등장으로 정욕이 들끓고 있는데도 그 청년은 좀처럼 알아채지 못하고 있다. 이러한 추잡스런 언동은, 그러나 계몽주의 시대에 행해진 성적 억압의 영향으로 소멸되고 만다. 어렴풋한 것이든 격렬한 것이든 문학에서의 에로티시즘은 항상 관념적인 것이었으며, 그 근원에는 이러한 억압이 자리잡고 있었던 것이다. 이 예절의 지배는 편견의 지배보다 강한 것이었는데, 이에 대해 디드로는 자연스러움이란 이름으로 반항하는 공적을 올리게 된다. 그밖에도 그는 《부갱빌 여행기 부록》에서 완전히 생리적인 성애관 아래 같은 것을 분명히 행하게 될 것이다.

이런 대화는, 성생활의 분석에 따른 철학사상의 주된 공헌들 중 하나를 형성한다. 저자는 타히티의 섬주민들 사이에서 행해지던 분방한 성관계에 매료되었음을 밝히면서, 이 총명한 행동을 그리스도교의 어리석은 금기와 대치시킨다. 〈삶의 일반적인 규칙〉은 부부에 구애되지 않는 다양한 관계에서 비롯되는 것으로, 그러한 관계는 서구에서도 자주 확인된다. 서구에서의 이러한 관계가 저지르는 죄나, 그로 인해 바람직하지 않게 되는 심리적 영향을 디드로는 우려한다. 그가 꿈꾸는 사회는 주변 사람들로부터 인정받고 보호받는 관계만을 인정한다. 거기서 벌거벗은 아가씨들은 남자들의 애무에 자신의 몸을 내맡기고 있었으며, 근친상간이나 집단교합이 행해지고 있었으므로 독점과 똑같이 질투도 무관한 터일 것이다. 다산과 자유의 신화라고 할 만한 이 反맬서스적 · 反청교도적 견해는, 18세기의 사교계풍 에로티시즘의 〈부실한 희롱〉이나 사이를 위태롭게 하는 거짓을 비판한다. 그것은 또한 부부나 연인들 사이에 필요한 정조라고 하는 그럴 듯한 방침도 거절한다. 그러나 이러한 사람을 낭패스럽게 만드는 다양한 고찰 끝에 디드로가 독자들, 먼저 여성 독자들에게 권하는 것은 〈개혁이 행해지기까지는 이러한 바보 같은 규정에 따르는 것〉이었다.

　이러한 것이 18세기에 있어서 가장 대담한 성에 관한 고찰이었다. (프랑스 대혁명 무렵 청교주의에 대한 윌리엄 블레이크(영국의 시인·화가·판화가·신비주의자)의 예언자적 항의를 제외하면.) 거기에는 종교나 사회에 의한 억압의 분연한 거절이 섞여 있다. 억압을 안으로 수용하면서 자유사상의 문학이라는 형태를 취한 호색의 겉치레에 대한 혐오도 있다. 또한 당시의 진보적 세력이 이 상황을 바꾸는 데 무력한 것을 통탄스럽게도 인정하지 않을 수 없는 경향도 섞여 있다. 반대로 이 상황은 1789년 프랑스에서 강화되고 있었으며, 여성 귀족에서 아가씨들의 정조를 지킨다는 구실로 레스티프와 같은 작가들은 여성의 성적인 표현을 억누른 데 찬성했던 것이다. 애매함이나 모순으로 가득 차 있지만 사드는 그 세기의 축도였으니, 그는 관능의 기쁨을 해방하고자 한 것이 아니라 새로운 예법의 개념이 사람들에게 강요하였던 금기에 저항하고 있었던 것이다. 《소돔의 1백20일》〔약 12미터 길이의 종이 두루마리에 수없이 다양한 성적 도착행위를 그림처럼 생생하게 묘사했다〕의 체계적인 총람에서 시작하여 《규방철학》의 변론에 이르기까지, 쥐스틴이 받은 고통에서부터 쥘리에트가 생각해 낸 음란함에 이르기까지, 후작의 작품이 추구하는 것은 다만 근대의 지배계급이 천천히 단련해 온 에로티시즘이라는 신화에 대해, 임상적인 기술과 이론으로 세운 변론이 가진 끊임없는 어투를 고집스럽게 덧붙이고 있었던 것뿐이다. 사드의 작업은 이리하여, 욕망의 충족이 범죄의 성격을 가진 훗날의 세대에 확신을 가져다 주는 결과가 되었다.

　성의 억압과 결부된 이러한 자유사상의 문학 이외에, 서구에서는 17,8세기의 선진 제국에서 호색물이 전에 없이 유포되고 있었다. 예술이라기보다 산업, 혹은 상업에 관계된 것이므로 이에 대한 수량적 검토가 바람직할 것이다. 1700년 전야의 영국 활자본에 대해서는 이미 그러한 시도가 있었다. 이 시기는 음란서적들이 매우 증가하였던 때로서, 이들 서적은 공적인 청교주의에 이의를 제기하는 엘리트를 대상으로 하는 것이었다. 유럽 혹은 프랑스의 호색문학의 일반적 그림에서, 17세기 중반에 하나의 틈이 나타나고 있었던 것은 분명하다. 이것을 경계로 하여 한편으로는 르네상스의 활달한 외설본이 그림이 들어가든 들어

가지 않든간에 존재하고 있었으며, 다른 한편으로는 검열과 도덕질서의 진보에 의해 만들어진 새로운 장르가 범람하고 있었다.

근대의 호색본은 이처럼 억압이 만든 행위이다. 가톨릭 세력의 회복이 그 특징인 루이 14세 치하 왕국의 호기심을 채우기 위하여 네덜란드의 출판업자들은 많은 저작을 뿌려대고 있었는데, 그 중 어느것은 성지식의 지침체재를 갖추고 있었다. 그것은 맹트농 부인이 독실한 교육을 실시하고 있었지만, 생시르(베르사유 서쪽에 위치. 맹트농 부인이 세운 귀족 출신의 가난한 젊은 여성들을 위한 교육기관으로서 대혁명 때까지 존재하였다)의 여성들이 있는 곳에서도 몇 권 발견되었다. 파리 경찰의 분주함에도 불구하고 음란한 판화나 외설적인 읽을거리의 유포는 18세기의 막대한 수요에 응한 것으로서, 금지사항을 비웃을 수 있는 계층이 그 고객이었다. 교육의 진보로 이러한 파도는 대혁명 전야에 더욱 높아져 가고 있었다. 혁명기간 동안 귀족계급을 적대시하던 사람들은 그들의 방탕함을 모조리 열거하는 데 열을 올렸고, 이윽고 시민계급에 의한 제1공화정(사드를 석방하여 처음에는 대환영하였다)은 한 권의 비열한 판화를 모두가 보는 앞에서 고루한 사람들의 빈축을 사면서 진열하였다. 이것은 출판의 자유와 출판의 세계로 자본이 진출하면서 생기는 불가피한 결과로서, 에로신문의 발전에 있어서 좋은 계기가 되었다. 이런 종류의 신문은 프랑스에서는 오랜 기간 상당히 무해한 규모와 내용으로 머물러 있었으나, 영국에서는 다른 곳보다도 전문적이며 공들인 형태로 급속히 확산되어 갔다. 예를 들면 1780년경의 영국에서 유흥시설의 전통적인 안내서와 함께 그림이 실린 잡지를 입수할 수 있었는데, 이러한 잡지 덕분에 외설스러운 그림은 처음으로 항상적인 사회현상이 되었던 것이다. 사회현상이라 해도, 그것이 반드시 쾌락의 민주화나 중산계층화를 의미하는 것은 아니었다. 오히려 그것은 약삭빠른 투기가들이 성적으로 억압당하던 대중들에게 주입하였던 바를 보여 주고 있는 것이다.

여성의 신화

르네상스의 인문주의적 분위기에 한계를 두면서 여성의 존중에 관해 언급하지 않을 수 없다. 상류층 아가씨들이 교육을 받고, 교양을 몸에 익히는 데는 인문주의의 영향이 컸다. 이리하여 궁정생활이나 회화의 즐거움이 남성 귀족들을 교화시킴과 동시에 풍속을 세련되게 하면서 양성을 접근시키고 있었고, 한편으로 신플라톤주의적 연애관은 여성미에 대한 참신하고도 이상주의적인 관심을 상징하는 것으로 보인다. 그것은 그리스도교 개혁에 있어서 결혼과 부부의 평등을 칭송하면서, 여성의 인격을 복권하는 데 기여하고 있는 것과도 같은 것이다. 그러나 여성을 대상으로 한 16세기의 논쟁을 보게 되면, 궁정에서의 에로티시즘의 진전도 사실상 여성 해방을 돕지는 않았다는 것이 분명하다. 루터나 몽테뉴의 시대는, 서구의 전통적인 태도와 신념의 중핵에 있는 여성의 멸시를 지속적으로 준수하고 있었다. 그것은 연애관계에 있어서 르네상스의 사상이 여성들에게 부여한 역할을 보여 준다.

A. 로송의 훌륭한 표현을 빌리면, 이 문제에 접근하는 것은 이탈리아에서의 아담에 의한 이브의 심판을 검토하는 것이다. 놀라움과 역정의 혼합으로 성립된 이러한 심판은, 부르크하르트가 거기서 충족시킬 수 있다고 생각하고 있었던 양성간의 평등과는 합치되기 어려운 것이다. 아름다움을 예찬하던 나머지, 확실히 반도의 문학가들은 여성의 완벽함이나 그 매력적인 상을 1500년 무렵부터 만들어 내고 있었다. 그러한 모습은 카스틸리오네가 《궁정인》(르네상스 시대 귀족들의 예의범절을 규정하였다) 속에서 키스에 부여한 정신적인 의미로 상징화되고 있었다. 이탈리아의 문학가들이, 여자들의 성숙한 나체를 둘러싸고 길러온 꿈을 우리는 잘 알고 있다. 가장 근엄한 사람들조차도 이 목록에 결코 질리는 법이 없었다. 그럼에도 여성의 우아함과 떼어낼 수 없는 여자의 미태는, 남자들의 신경질적인 분개나 조소를 불러들이고 있었다. 사보나롤라*가 가발이나 그밖의 화장 도구를 불태워 버린 것이나, 아레티노나 아리오스토가 화장을 불결한 것으로 간주한 바가 그 예이다. 여성을 신으로 칭송하는 변호자가 있던 한편으로, 실패작이 되어 버린 동물로밖에 보지 않는 중상자들도 없지 않았다.

* 1452-98. 이탈리아의 그리스도교 설교가, 종교개혁자, 순교자. 전제군주들과 부패한 성직자들에 맞서 싸운 것으로 유명하다. 1494년 메디치 가가 몰락한 뒤 피렌체의 유일한 지도자가 되어 민주공화정을 세웠다. 주요 政敵(정적)은 밀라노의 공작과 교황 알렉산데르 6세였는데, 교황은 그를 제재하는 많은 규제조치들을 공포했으나 그는 개의치 않았다.

중세 신학이나 도덕론의 전형으로서 이러한 낡은 논쟁은, 16세기 이탈리아 문학상의 논쟁의 주류를 이루고 있었다. 성직자들은 유례 없는 대담함으로 여성의 편을 들고 있었고, 문학가들은 그 이상으로 부인의 덕이 지니는 헛됨이나 생각의 경박함, 수다의 실없음, 별볼일 없는 것에도 열을 올리는 바를 강조하였다. 문학가들은 피치노와 마찬가지로 여자는 육체적이고, 남자는 이지적인 존재로 규정하였다. 겨우 몇몇 사람들의 목소리가, 이러한 일시적 상황에 대한 남자의 역사적 책임을 폭로하고 있을 뿐이었다.

르네상스는 여성을 우선 가정 안에서의 중심적 역할로 파악함으로써, 교육에 의한 여성 해방이라는 인문주의적 이상의 실현에는 그다지 관심을 두지 않았다. 그 문학이 묘사하는 것은, 젊은 아가씨가 신분이나 재산 본위의 결혼에서 즐거움을 찾아내는 모습이나, 혹은 집안일에 얽매여 있는 아내의 법률상의 열등한 지위였다. 더군다나 당시의 가장 진보적인 이데올로기조차도 그리스도교의 윤리와 마찬가지로 이러한 관습을 용인하고 있었던 것이다.

이러한 까닭으로, 성적 자유에 대한(예를 들면 수녀원에서) 여성의 모든 노력은 무서운 타락과 동일시되었다. 시인들이 지어낸 이야기 덕분에 완전히 이상적인 여성상으로 세워지고 말았지만, 16세기 대부분의 이탈리아 여성들은 사실상 교양이 풍부하거나 박학하지 않았다. 매춘이나 우선 하녀살이로 고용되어 노예처럼 일할 것을 강요당하거나, 그것을 피할 수 있는 기회 또한 별반 없었으며, 나아가 1527년의 로마에서와 마찬가지로 방치된 용병들에게 좋은 먹이감이 되는 위험에 빠져 있었다. 허락된 범위를 벗어날 수 있었다 해도, 당시 여자들에게 허용될 수 있는 것은 기껏해야 사교계에서 뛰어난 수단으로 남자를 유혹하는 정부를 흉내내거나, 서민들 사이에서 남편 이외의 남자와의 간통을 통해서 그 신분에서 빠져 나오는 것이 고작이었다. 루찬테(16세기 이탈리아의 극작가)는 《빌로라》에서, 한 젊은 평민 여자가 가난한 나머지 사랑을 저버린 채 남편을 버리고 추잡스럽지만 부유한 노인의 첩이 된 예를 묘사하였다. 휴머니즘의 문학작품이 또한 특이한 필치를 사용하여 양치기 아가씨를 연달아 등장시키고 있었을 때, 그것은 역사의 현실을 기만하면서 그 보상으로서 만든 이야기를 꾸며내고 있었다.

루터 시대의 독일도, 집요하고 귀찮은 유혹자로서의 여성의 열등성에 대한 중세풍의 관점을 그대로 간직하고 있었다. 여자는 분명히 새로운 종교 교육을 받을 수 있었다. 그러나 바람직한 것은, 여자가 기도서를 읽을 수 있다는 것이었을 뿐 사랑의 편지를 쓸 수 있다는 사실이 아니었다. 독일의 종교개혁이 수녀들을 수도원의 생활에서 해방시켰다고 하지만, 그 기대는 그녀들이 다른 여자들과 마찬가지로 순종적이고 과묵한 보다 좋은 주부가 되는 것에 있었다. 이러한 상황은 악마에 관한 문헌들에서도 증명되고 있다. 이 문헌들은 불쌍한 여자들에 대해 갖가지 고발을 거듭하고 있는데, 그것은 이브의 후예들(여성들) 가운데 뚜쟁이들이나 마녀들을 찾아내고 싶어하는 집단심리에 연원을 둔 것이었다. 1560년대 하위 귀족층의 재정파탄은 여자들의 사치에 의한 것이라고 하며, 제바스티안 브란트(고전학자. 풍자적 대작인 《바보들의 배》가 있다)와 토마스 뮈르너(신학자. 루터를 격하게 공격했다)는 16세기 초기부터 여자들의 결점 표시(미태·부정, 그밖의 갖가지 악벽)를 열거하고 있었다. 이같은 방종이나 풍속의 퇴폐를 가져온 것에 대해 이들 인문주의자들은 체벌을 권유하고 있었으며, 이 체벌은 왕족의 가정에서조차 빈번히 행해지고 있었던 것이다.

귀부인이 맥주를 들이키면서 테이블 밑에 나뒹구는 광경을 언제든지 볼 수 있는 나라에서, 궁정문화는 완전히 시기에 적절치 못한 것이었다. 사제의 하녀들에게 엄격한 태도를 보이던 도덕가들은, 연회장에서 춤을 추다가 여자를 넘어뜨려 키스하는 것에 대해서 불평을 토로하고 있었다. 이리하여 시대의 혼란원인은 여성의 방종에 있다고 하는 여성 혐오의 망상이 퍼져 가는 가운데, 루터의 예는 분명 예외적인 경우였다. 어떤 제자의 누이 로히에 폰 크론베르크는 사랑에 빠진 나머지 기혼자인 유대인과 함께 살고 있었는데, 루터는 그들의 명예를 지키고자 했던 것이다. 그러나 르네상스기의 독일 문학이 우선적으로 강조하였던 것은, 에라스무스의 여성 존중에도 불구하고 연애나 결혼의 분쟁에 있어서 여자의 정욕이 짊어져야 하는 고통으로서, 그것은 서정시나 사육제극에 분명히 나타나 있다. 자유사상가 콘라트 켈티스*는, 바이에른 지방의 아가씨 엘술라로부터 라인란트의 여자 우르술라를 거쳐 뤼베크의 여자 바르바라에 이르기까지, 그녀들과의 격렬한 성교를 묘사할 수 있었는데, 그러나 묘사는 상대 여자들이나 그 가족들이 반드시 기뻐할 만한 것은 아니었으며, 가정의 미덕을 칭송할 때에 언급되던 정숙함이나 단정함과는 더더욱 일치되지 않았다.

* 1459-1508. 독일의 학자·시인. 《최고 인문주의자 Der Erzhumanist》로 유명하다. 라틴어로 서정시를 썼고 독일 사람들을 일깨워 그리스·로마의 고전을 배우고 독일의 고대 문화에 관심을 갖게 했다. 음악을 곁들인 가면극 《루두스 디아나이Ludus Dianae》(1501)·《광시곡 Rhapsodia》(1505)은 일찍이 바로크 오페라를 예고하는 작품이었다. 그렇지만 가장 훌륭한 작품은 서정시로, 독일의 호라티우스가 될 야심을 갖고 쓴 《송가 Odes》·《경구시 Epigrams》, 특히 솔직한 관능과 진정한 서정적 밀도를 보여 주는 《사랑 Amores》(1502)을 꼽을 수 있는데, 이 사랑의 시들은 당시의 특징적인 정교한 상징들을 주축으로 한다.

16세기의 프랑스도 여성 인격의 해방이나 성적 자유에 역시 호의를 보이지 않고 있었다. 문헌을 보아도, 예로부터의 종속적인 신분이 슬며시 다시 평가되는 징조가 있었을 따름이다. 유럽의 다른 그리스도교 제국과 마찬가지로 아내와 하녀는 남편과 주인의 절대적인 소유물이었으며, 온갖 문화로 표현되는 성애의 기쁨은 우선 남성의 일로 간주되고 있었다. 여자에게도 영혼이 있는가라는 의문과, 그 여자에게 자신이 인간임을 증명하라는 요구를 통해서 신학은 한결같이 여자의 수동성을 결정하고 있었다. 여자는 이러한 물음에 자유로운 요구로서 답하기보다는 남자와 다르게 양육되어졌으며, 일종의 내적인 城(성)을 물질적·심리적으로 만들어 낸다는 것으로 응답했다. 더구나 이 귀중한 성, 남자와는 별개의 취급을 요구하는 이 성은 정열의 위험을 경계하고 인문주의에 의지하기를 좋아했다. 여자는 천사이면서 괴물이라는 신화에 대해, 이러한 성이 제시하는 것은 여자나 성애는 현실적이고 동시에 비현실적이라는 생각이었다.

이것은 마르가리타의 《엡타메롱》에서도 발견할 수 있다. 그녀는 남자와 쌍을 이루는 여자를 남자에 대한 접객이나 쾌락의 대상만으로 한정시키면서, 반항조차 할 수 없는 존재로 보기를 거부했던 것이다. 이렇듯 관념적이며 겉보기뿐인 반항은, 훗날 틀에 박힌 마니에리스모 양식의 회화에서 상징적으로 그려지게 된다. 르네상스 시대 프랑스의 여성 존중은, 용이하게 초자연을 믿고 이성이 결여되기 쉽다는 여성상을 대신하여 자연이나 사회·성의 영위 속에서 여성을 파악하려는 새로운 평등주의의 여성관을 확립하기 위한 것이었다. 그때까지 이상적인 여성이건 마녀이건, 〈남자의 소망과 망상〉(C. Mettra)의 매혹적인 혹은 음란한 투영으로서 여성들은 여기서 인간으로 인식되기 시작했고, 라블레나 몽테뉴 시대의 문학은 꾸밈 없이, 요컨대 산문적으로 피가 흐르는 진실을 통해 여성의 모습을 보여 주고자 했다. 그러나 이러한 해방으로의 전환은 그 실마리에 불과한 것이었다. 《수상록》이 여자에 대한 여성 혐오의 상투어들에도 불구하고 양성의 태생적인 평등을 깊이 믿고 있었던 데 반해, 1600년 당시 유럽의 바로크 시는 벰보(르네상스 시대의 이탈리아 추기경·시인. 실제로는 1547년에 사망)로부터 공고라 이 아르고테*에 이르기까지, 남자의 욕망의 대상을 접근하기 어려운 여신으로 변용시키고 있었다. 이러한 환상은 여자에 대한 남자의 현실 생활에서의 반감과 궤를 같이하는 것으로, 이 시대에는 어느 지역에서나 여자가 남자보다 역병에 강한 면모를 보이고 있었다. 궁정문화의 풍토와 매혹에서 멀어지고 있었음에도 16세기가 여성 혐오로서, 여자를 화제로 삼고 있었던 것은 오히려 여자를 경멸하면서 여자의 이목을 끌어 빈축을 사는 것에 불과했기 때문이다.

* 1561-1627. 스페인의 시인. 당대 가장 영향력 있는 시인으로 꼽힌다. 그가 쓴 공고리스모(Gongorismo)라는 바로크풍의 난해한 문체를 재능 없는 시인들이 지나치게 모방했기 때문에 죽은 뒤 명성이 손상되었지만 20세기에 들어와 다시 인정받게 되었다. 로페 데 베가처럼 열렬한 지지자도 있었지만 경쟁자 프란시스코 데 케베

도처럼 신랄하고 가차없는 풍자로 그를 능가하며 시기하는 사람도 있었다. 《로만세*romances*》와 《레트리야 *letrillas*》처럼 경쾌한 시와 소네트는 꾸준히 성공하였지만, 일부러 복잡하고 어렵게 쓴 장편시 《폴리페모와 갈라테아의 우화 *Fabula de Polifemo y Galatea*》·《고독 *Soledades*》 등은 많은 사람들의 비웃음과 미움을 샀다. 사람들은 그의 작품을 밝은 것과 음울한 것, 쉬운 것과 어려운 것으로 구분해 보려 했다. 그러나 20세기 비평가들은 장편시의 간결하고 강렬한 문체에 의하여 회석되기는 했지만 그의 작품에는 통일성이 있다고 평한다. 공고리스모는 15세기 이후 스페인 시단에서 라틴어 사용을 기본원칙으로 해온 쿨테라니스모(Culteranismo, 교양주의)에서 파생된 것이다. 그는 《폴리페모와 갈라테아의 우화》와 《고독》에서 라틴어 어휘와 구문을 많이 썼고 복잡한 비유와 신화의 암시를 도입하여 시 문체를 정교하게 다듬었다. 이렇듯 장편시에서 기교를 높이고 수식을 늘리는 데 지나치게 관심을 쏟은 나머지 처음에는 복잡하지 않았던 문장도 모호해졌다. 이와 같은 기교는 그의 대중적인 서정시에서도 보인다.

여자들도 소리를 높여 자신들을 변호했다. 니콜 에티엔(16세기 유명한 출판업 일족의 한 사람으로서 샤를의 딸)의 경우가 그러하였다. 남다르게 교양 있는 환경에서 자란 그녀는 위그노 시인 자크 그레뱅*의 구혼을 받았지만, 장 리에보(의학자로서 여성의 신체에 대한 저술이 있다)라는 이 시대 최고의 성의 한량과 결혼하였으며, 그것이 그녀의 불운의 시작이었다. 〈이 핏기 없는 정숙한 아가씨〉(A. -M. Schmidt)는 불운을 위로하며, 〈경솔한 선택〉을 한 결과로써 유부녀의 비참함을 〈생생하고 쓰라린〉 시구로 쓰고 있다. 다른 사건이 계기가 되어 에밀리아 러니어는 동성의 동료들의 적을 사로잡게 된다. 그녀는 셰익스피어의 《소네트집》에서 〈흑발의 여인〉으로 비유되고 있었으며, 실제로도 그렇게 행동하던 여자였다. 대륙에서 온 악사의 딸로서, 그녀는 엘리자베스 왕조의 런던에서 위대한 윌리엄 셰익스피어의 연극활동을 후원하던 늙은 귀족의 애첩이었다. 셰익스피어가 이 이탈리아 여자와 관계를 가졌을 무렵, 그는 여자가 보여 준 깊은 애정에서 오는 전횡을 시로 한탄한 바 있었다. 그 시가 1609년 세상에 나오자, 그 2년 후에 훌륭하고 독창적인 자신의 저작에서 그녀는 이에 대응하여 남자의 공격으로부터 여성을 옹호하였다.

* 1538-70. 프랑스 시인·극작가. 고전 비극과 희극의 형식을 빌려 최초의 프랑스 고유의 희곡들을 썼다. 파리 대학 의학박사가 되기 전 《여출납원 *La Trésorière*》(공연 1559)을 비롯한 몇 편의 성공적인 희극을 썼다. 그가 쓴 희극의 문체는 파격적이었고 로마 극작가 플라우투스와 테렌티우스의 정규형식을 본떴으며, 파리를 배경으로 하여 당시의 일어나는 일들을 주제로 삼았다. 고전과 당시의 일을 소재로 하여 세네카의 작품을 모델로 쓴 비극 《세자르의 죽음 *La Mort de César*》과 함께 그의 희곡들은 《그레뱅 희곡집 *Grévin's Théâtre*》(1561)으로 출판되었다. 시인 피에르 드 롱사르의 친구이자 제자로 연애 소네트와 풍자 소네트도 썼다. 신교를 믿었기 때문에 1560년 프랑스에서 추방되어 사부아 공작부인(프랑스의 마르가레)의 튀랭 궁정에 피신한 그는 그녀의 주치의와 고문이 되어 안티몬과 독약에 대한 의학논문을 썼다.

1600년 무렵의 영국에서는 이러한 선언서를 거의 볼 수 없었다. 당시 이 나라에 가득 차 있었던 것은 부정적인 여성상으로 으깨어져 버린 여자들이었으며, 그러한 여성상은 가정 내에서의 사회적 수탈과 당시의 문학에서 충실히 그려지는 틀에 박힌 사고방식을 반영하고 있었다. 귀족 여성들의 분방함에도 불구하고, 이브의 후예들의 결점을 다투어 강조하던 작가들은 남성에 대한 여성의 완전 복종을 당연한 것으로 여겼던 것이다. 그 작가들은 처녀성으로 여성을 드높이면서, 비천한 성 혹은 매혹적인 성을 부인하고 있었던 셈이다. 이러한 시도를 하는 한편으로, 여성을 옹호하던 몇몇 작가들은 새로운 결혼관이나 프로테스탄트적인 이상화가 제공하던 가능성을 이용하고 있었다.

그러나 1630년경 옥스퍼드의 성문제 권위자 로버트 버턴*은 사랑에서 오는 우울증의 병흔을 도처에서 발견해 내는 작업에 몰두하고 있었는데, 그에게 있어서 여자는 그러한 병의 첫번째 원인일 뿐이었다. 전통적인 인문주의를 한몸에 짊어지고 있던 이 고독한 신학자에게 있어서, 더러운 실패작의 동물로서 여성은 남성에게 최대의 문제를 안겨 주고 있으며, 정열의 함정이나 욕망의 광열, 그리고 에로스의 음란함과 예로부터 연결되어 있음으로써 가장 어려운 문제를 제기하는 존재로 비치고 있었다. 부부의 사이를 바로잡는 경우에서조차도 만족을 모르는 변덕스런 결점 때문에 여자를 거칠게 다루고, 적어도 침묵시킬 수밖에 없었다. 이로써 스튜어트 왕조의 영국에서 여권을 주장하는 극히 적은 수의 작가가 싸워야 했던 편견의 무게를 잘 알 수 있다. 그러한 작가들은, 예를 들면 얼굴이 못생겼거나 그밖의 결점으로 인해 결혼 대상에서 제외된 가련한 아가씨들을 수용할 수 있는 시설을 제안하기까지 하였다. 이러한 사안이 또한 버넷(저교회파의 성직자·역사가)이나 스위프트(버넷과 함께 버턴의 차세대에 속한다) 시대의 남자들로부터 조롱을 받고 있었는데, 이것은 가부장적인 청교주의 틀 안에서의 여성의 사회적·문화적 열세를 충분히 이야기하는 것이다. 몇몇 남성 지원자들이 있었지만, 여성은 인구상으로도 소리 없는 다수일 수밖에 없었다. 게다가 당시 여성들에게는 그럴 만한 값어치가 있었다. 서구 그리스도교 세계는 동아시아의 제 문명과 마찬가지로, 적어도 18세기까지 오로지 여자아이만을 영아 살해의 대상으로 삼고 있었기 때문이다. 근대의 신교에 대해서 말하자면, 신교는 〈창녀들의 바빌론〉(위그노측의 비난의 말로써 교황의 로마를 가리킨다)이라는 여성의 형태하에서 특히 로마 교회가 구현했던 악으로서 늘상 존재하고 있었다.

* 영국의 학자·작가·성공회 신부. 그가 쓴 《우울증의 해부》는 문체상의 걸작품인 동시에 진기한 정보의 보고이며, 당시의 철학과 심리학 이론들의 귀중한 색인으로 꼽힌다. 이 책의 제1부에서는 우울증을 정의하여 그 원인을 논하고, 그 증상을 열거한다. 제2부의 내용은 우울증의 치료법이다. 제3부의 처음 3장은 생생한 필치로 사랑에서 오는 우울증을 다루고 있는데, 능숙한 이야기꾼인 버턴은 세계의 위대한 사랑 이야기들을 보기로 들며 다시 심리적인 문제에 근대적 접근을 시도하고 있음을 보여 준다. 제3부의 4장은 종교적 우울증을 다루고 있는데, 여기에서는 절망의 치료법을 다루면서 최고도의 지혜와 명상에 오른다.

황금시대의 스페인 여성도 거의 이와 같은 상황에 놓여 있었다. 사람들은 역시 여자는 천사인가 악마인가에 대한 논의를 전개하고 있었으며, 세련된 궁정

문학은 신비사상에 의한 도피와 마찬가지로 남자에 비해 여자가 근본적으로 불평등하다는 사실을 잊도록 하는 데 목적을 두고 있었다. 그러면서 1600년 무렵, 아내와 주부로서의 불편한 지위에 항의하는 새로운 반항에 대한 주제들에 작가들은 몰두하고 있었다. 이베리아 반도의 연극은 따라서 더 많은 자유를 구가하던 르네상스 시대 여자들의 열망을 표현하고 있었다. 그 연극은 때로는 결혼생활을 밀쳐 놓고 방종으로 날을 지새우는 틀 밖의 삶을 찬양하거나, 여권운동을 연구·실천하고 있었던 것이다. 이러한 환몽은 사회의 실상과는 아무런 관계가 없는 것으로, 여자의 지옥행을 당연한 것으로 여기면서 재앙을 가져오는 원흉들에게 웃음을 보이던 케베도 이 비예가스의 경우에서 그러한 사실을 잘 엿볼수 있다. 늠름한 여자라는 연극의 제재도 스페인의 정신으로 설명될 수 있다. 반역적이든 교만하든, 여자 무사이든 학자이든, 여장부이든 원수를 노리는 여자이든, 거기서 나타나는 여자는 항상 흔해 빠진 길이 아닌 곳에서 자신의 힘을 보이고자 한다. 남자와 마찬가지로 사랑할 수 있도록 만들어진 존재이면서도 사회의 인습적인 벽에 부딪혀 그 천성을 펼칠 수 없는 여성이 갖는 근본적인 모순을, 사람들은 기껏해야 이러한 공상적인 대가에 의해서만 잊을 수 있었던 것이다.

고전주의 시대의 프랑스는, 파스토랄(pastoral. 전원시 혹은 목가극)에서 나오는 교양이 풍부한 양치기 여자들이나 그 연인들의 운명을 귀족 여성들이 선망하고 있었으며, 미술에서는 이름 높은 여성들이나 순교한 여성들의 모습이 찬양되고 있었으므로, 그러한 환상이 가져다 주는 조작에는 분명히 안성맞춤인 토양이었다. 가장 유명한 것은 프레시오지테(préciosité)이다. 그것은 궁정문학의 최후 모습으로서, 몰리에르가 가했던 비판을 통해 우선적으로 알려져 있다. 몰리에르는 그러면서도 자신의 논적들이 주장하는 여권론에 동조하고 있었다. 다만 그가 서술하는 결혼관은, 여성에 대한 귀족적인 마음 씀씀이와 서민적인 솔직함의 쌍방에 근거하고 있다. 그의 현실주의는 〈서민풍〉과는 거리가 멀며, 욕구불만으로 기세를 올리는 재녀들이 억제가 심해져 꿈을 쫓는 미치광이 같은 짓을 나무라는 것에 불과하다. 재녀들은 무엇보다 양성 평등에 대한 바람을 표명하고 있었으므로, 이 바람은 본능을 거부하거나 받아들여도 달성할 수 있는 것이었다. 그러나 이러한 여권을 주장하는 갖가지 이론은 자연주의적이든 아니든간에 여론을 대표하는 것도 아니었으며, 여론으로서 여자는 때로 이론적으로는 숭고할지라도 결코 독립된 존재는 아니었다.

신앙심도, 사교계의 회화도, 소설의 이상화 경향도, 프롱드의 난 당시의 정치에 대한 열중도 17세기 프랑스의 귀족 여성에게는 심심풀이에 지나지 않았다. 사교계의 여권운동은 폴랭 드 라 바르(프랑스의 문필가. 저서로는 《양성 평등론》이 있다)라는 공평한 옹호자를 찾아냄으로써, 프레시오지테의 심리학과 윤리학·논리학이 서술되고 있었다. 여권운동은 성직자들의 저작에까지 반향을 불러일으키고 있었으며, 이후 거기서 양성 평등을 주장하는 움직임이 드세졌다. 그러나 결혼제도까지 연류되는 귀족 사회의 느슨한 남녀관계에 의존하면서 온건함과 교양을 취지로 삼던 이 운동은 의지할 만한 움직임이 되지 못했다. 라 파예트 부인은, 궁정의 정사나 세상의 체면을 위주로 한 결혼의 갖가지 구속이 야기하는 다양한 슬픔을 세 가지 부류의 여성들(당시의 젊은 아가씨, 사교를 좋아하는 유부녀, 미망인)의 경우로 나누어 묘사했다. 여신이면서 동시에 노예의 몸으로서, 항상 꼼짝달싹 못하는 그 히로인은 사랑을 거부하고 안락을 선택하면서 실의 가운데 파묻힐 때에만 자유를 찾고 있었다. 더욱 너그러운 어투이지만, 루이 14세 치세 말기의 도덕주의자들이 말하고 있는 것도 마찬가지의 사항이다. 예를 들면 라 브뤼예르(프랑스의 풍자적 모랄리스트. 《그리스어에서 옮긴 테오프라스토스의 성격론과 금세기의 성격 및 풍속론》의 저자)는 여자의 몸에 따라붙은 잡사나 비참함을 그려내었고, 피에르 벨은 여자라는 포기된 종족에게는 영겁불변의 무수한 결점들이 있기 때문에 그러한 소외를 당연한 것으로 여겼다. 1700년 무렵의 서구 사회가 여성에 대해 충분한 가치를 부여한 것처럼 보이는 것은 신비주의적인 광란에 사로잡힌 때뿐이었으며, 여기서도 역시 색정적인 망념의 빛깔이 관여되고 있다. 그러한 광란을 제외하고 17세기말의 프랑스 연극은 결혼의 울타리 속에서만 살아가야 하는 여성의 운명을 생각하고 있었다.

계몽주의 시대는 문학상에서 여성이 약간 복권되는 낌새를 보이고 있었다. 그것은 골도니*의 희곡 전체에서 인정되는 부분으로(먼저 1753년에 공연된 저 찬탄할 만한 《주막집의 안주인》이 그러한데, 거기서 베네치아의 주막집 안주인은 귀족 숙박객을 매료시켜 꼼짝 못하게 만든 다음 이를 즐긴다), 그밖에 영국과 프랑스의 많은 작가들에게서도 발견된다. 영국에서는 여성의 극장 출입이 더욱 증가하였고, 여성의 자유나 남성과의 평등에 대한 생각도 강해졌으며, 예를 들면 디포나 리처드슨이 이러한 생각을 지지하고 있었다. 그 무렵 영국에 있던 수많은 여류작가들에게 친근한 이러한 주제는, 18세기의 프랑스에서 우선적으로 확산되고 있었다. 그것은 디드로에게 있어서는 아직은 형편 없는 여성의 지위에 대한 확신으로 그친다. 실제로 여성은 사회적인 낮은 위치로, 남성의 전제 아래 신경질적인 약한 반항만을 보이는 것이 고작이었다. 그러나 사교계의 인사로서 디드로는, 1740년경 이미 여자의 모든 결점은 남자의 세계가 강요한 교육과 도덕 때문이라는 바를 주저하지 않고 역설할 수 있었다. 루소주의가 조성한 혁명 직전의 분위기 속에서 인기 있던 신화는, 사랑이 빚어낸 풍부한 결실과 감정의 기쁨을 여성이 가지고 있으며, 그로 인해 여성이 비인간적인 사회로부터 갈취당하고 있다는 것이었다. 라클로나 베르나르댕 드 생 피에르* 같은 남성 작가들이 이 신화를 위한 역할을 담당하였다. 라클로가 남성의 방종(상당히 선명하게 묘사하고 있는데)으로 비롯되는 희생자들의 해방을 원하고 그것을 호소한 것에 대해, 베르나르댕 드 생 피에르는 당시의 상투적인 생각을 더욱 추종하면서 다만 있는 것만으로도 그 주위가 부드러워진다는 생각대로 느끼기 쉬운 여성의 모습을 칭송하고 있었다.

* 골도니―1707-93. 많은 작품을 남긴 이탈리아의 극작가. 이탈리아의 기존 극형식인 코메디아 델라르테(Commedia dell'arte)를 새롭게 바꾸었다. 가면을 쓴 판에 박힌 인물들을 사실적인 인물로 대체시켰고, 느슨한 구성과 반복적인 줄거리를 빈틈 없이 짜인 구성으로 바꿨으며, 진부한 내용의 소극을 유쾌하고 자연스러운 분위기로 새로이 재창조했다. 이러한 혁신 때문에 그는 이탈리아 사실주의 희극의 창시자로 여겨진다.

* 베르나르댕 드 생 피에르―1737-1814. 프랑스의 작가. 순결한 사랑을 그린 목가소설 《폴과 비르지니 Paul et Virginie》로 널리 알려졌다. 인도양의 모리셔스 섬에서 공병으로 복무하는 동안 《일 드 프랑스로의 항해 Voyage à l'Île de France》(1773)를 쓰기 위한 자료를 모았고, 이 작품으로 작가생활을 시작했다. 이 작품은 루소의 관심을 끌어 두 사람은 친구가 되었다. 루소와의 우정은 그가 《자연 연구 Études de la nature》(1784)에서 표명한 견해를 형성하는 데 큰 영향을 미쳤다. 《자연 연구》 제3판(1788)을 발간할 때, 그는 섬에서 태어나 어린시절부터 서로 사랑한 두 젊은이의 이야기 《폴과 비르지니》를 부록으로 덧붙였다. 폴과 비르지니의 사랑은 훼손되지 않은 자연을 배경으로 꽃피우지만, 문명이 개입하자 비극으로 끝난다. 후기 작품 《인도의 초가집 La Chaumière indienne》(1790)은 한 여행가가 사회에서 추방된 어느 인도인의 오두막에서 지혜를 발견한다는 이야기이다. 그가 고취한 문화적 원시주의는 낭만파 운동의 핵심 개념 가운데 하나가 되었다.

여성에 대한 이같은 인간적 취급은 시민계급의 뿌리 깊은 여성 혐오를 낭만적으로 덮어씌우는 데 불과한 것이었다. 이 혐오감은 종래의 귀족층이 지니고 있던 편견보다 더욱 강한 것이라고 말할 수 있다. 그러한 편견의 강고함은, 귀족이 계몽사상에 응하기 시작한 시기의 몽테스키외가 《법의 정신》에서 잘 보여주고 있다. 그 작품 속에서 여성은 매력적이지만 방자하고 방탕하며, 허식을 지나치게 좋아하는 존재이기 때문에 주의하여 이를 지켜보고 고삐를 조이지 않으면 안 된다고 주장했다. 그는 그 개인적인 註記(주기)에서, 상류 사회 부인들의 상스러움과 아양에 대한 고찰을 수없이 나열하고 있다. 그에 따르면 이러한 부인들은 창녀들보다 나은 존재가 아니며, 그녀들의 단정치 못한 품행이 심해질 수록 나라가 기울어진다고 하였다. 18세기의 유럽 소설은, 여성이 걸어온 길에 대해 남자가 지니는 비관적인 견해를 여실히 보여 주고 있었다. 설령 그 소설 속에서 사랑에서 비롯된 여성의 신비스러움에 대한 감정을 찾을 수 있다 해도, 여성의 운명은 오히려 변함 없이 복종과 비하의 상태에 머물러 있었다.

그것은 상투적인 이야기와, 그 이야기의 줄거리를 보면 알 수 있다. 그 이야기는 반드시 아가씨나 유부녀의 이야기였다. 처녀의 운명은 오로지 그 몸을 남자에게 바친다는 의미를 지니고 있다. 유년기의 가정환경, 교육의 도덕적인 가르침, 처녀시절에 가졌던 갖가지 꿈이 지향하는 것은 그로 인한 희생을 만들어낼 뿐이다. 이리하여 희생은 그 발걸음을 옮긴다. 통상은 자기 마음 정도도 모르는 그 육체를 무기로 몸을 드러내면 곧 세계는 내 것이 된 양으로. 보기에도 아름다운 하루살이 몸의 이 〈어린이인 채로 있는 여자〉는, 거기서 자기가 알지 못하는 사이 자신의 운명을 결정하는 갖가지 것들을 만나게 된다. 지금까지 몰랐던 남성의 힘, 성의 힘이 바로 그것이다. 더구나 거기에 나타나는 여자를 구하는 남자들은 갖가지 모습을 하고 있다. 여자를 먹이로 생각하는 자나 방탕스런 자, 짝사랑하는 남자나 보호자처럼 행동하는 남자, 혹은 진흙탕에서 끌어올려 주는 남자 등이 그들이다.

계몽주의 시대의 서구 문학은, 젊은 아가씨를 이와 같이 몸을 바치는 자라고 생각하고 있다. 젊은 아가씨는 남녀간의 번뇌에 수반되는 것이기 때문에, 사랑의 고백에서부터 다정한 속삭임의 나날들과 쓸쓸한 기다림, 감정의 충돌이나 변심 등 모든 시련을 참아내야 한다. 어떻게 해서든지 정절을 더럽히지 않는다는 마음가짐이 있었기 때문에 여성들은 수녀원으로 들어가지 않으면, 행복한 결혼을 하는 수밖에 다른 방법이 없었다. 거기서 기혼여성의 두 가지 모습이 나타난다. 남편이 있는 동안에는 신분 본위의 결혼으로 남편의 배반이나 더욱 큰 고통을 감내하면서도, 주부의 일 속에서 여성의 길을 다하고자 하는 여성들을 볼 수 있다. 또한 남편이 사망해도 슬픔보다는 그것으로 얻어지는 자유나 사랑을 느끼는 여성들도 있었다. 과부가 된 유부녀는 이리하여 제2의 약관, 즉 정사 상대와의 약관으로 들어가는 것이다. 고독과 노년을 감수하는 나날로 들어서기 전에, 양성의 서로간의 싸움에서 나타나는 관능의 희열을 여성도 깨닫게 된 것이다.

이러한 도식이나 문제는 유럽의 전통적인 호색적 이야기에 있어서 새로운 틀

이 되었다. 여자들은 때로 (쾌감의 유무에 관계 없이) 남성의 지배를 추구하면서, 때로는 《《위험한 관계》의 악마와 같은 메르퇴유 후작부인이 가장 좋은 예로서) 그럴듯하게 남자에 의한 노예화에 반발하고 있었다. 그 어느 경우도 중세 궁정의 상상계에서 자주 염원하고 있었던 남녀 평등의 수준까지는 이르지 못했고, 여성들은 자신들의 비밀스런 존재에 관해 더욱 불편하게 몸을 숙이고 있었다. 여자라는 존재는 변함 없이 거짓된 존재였다. 귀족 사회도 부르주아 사회도, 또한 사상가들도 여성의 존재를 단지 함정으로만 파악하고 있었던 것이다. 그 공간은 닫혀진 곳으로 사랑이 없으면 나아갈 수도 없으며, 그 시간은 남자들의 그것 밖에 있어 매혹으로 가득 찬 시간에 저항하기 어려운 것이었다. 여자들에게 있어서 음울한 대혁명의 분위기 속에서, 여성의 최대의 〈해방자〉로서 반동파 사드 후작의 여성에 대한 최량의 가르침은 〈자신을 요구하는 자에게는 누구라도 몸을 맡기는 암캐 혹은 암늑대의 운명〉에 따라야 한다는 것이었다. 우쭐대는 서구의 남성들에게 있어서, 여자의 운명이 단 한 남성의 소유물로서의 정식 아내와 모든 남성의 소유물인 매춘부와의 중간이라는 생각은 존재하지 않았다.

18세기의 문화사는, 결국 점잖은 픽션으로 잘못 인도된 여성의 노예상태에 대한 정당화로 귀착되고 있었다. 항간의 문학도 여성들의 결점에 대한 남성들의 비난을 열거하면서 그것에 손을 빌리고 있었다. 탈레랑(프랑스의 정치가·외교관. 프랑스 대혁명과 나폴레옹 시대를 거쳐 부르봉 왕정복고, 루이 필리프 통치에 이르기까지 줄곧 고위관직을 지낸 정치적 생명력으로 유명하다)과 공쿠르 형제가 예찬한 세련의 시대가 끝나고, 살롱의 전성기가 지나 1789년(의 대혁명)은 인간의 제반 권리에 그토록 부심했으면서도 여성의 권리에 대해서는 관심이 없었다. 여자는 루소주의식의 미덕과, 유행하던 연애 덕분으로 기껏해야 가정적인 행복만 얻으면 그것으로 만족하고 있었던 것이다. 자코뱅 클럽은 여성들에게 어떠한 정치적 권리도 부여하지 않았다. 소동을 일으키거나 나라의 축전에서 살아 있는 상징이 되는 것, 단두대(기요틴)에서 처형되는 것은 여성의 정치적 권리와는 별개의 문제였다. 1793년 파리의 혁명정부는 여권을 주장하는 여성들을 가정으로 되돌려보냈는데, 거기서 볼 수 있는 편견은 하나의 계급 한 정당의 그것만이 아니라 서구 문명의 전체를 규정하는 편견이었다. 이러한 문명의 원천은 변함 없이 인구의 반을 차지하는 여성들을 사회적·성적으로 예속시키는 것과, 가정에서의 여성들의 수동성을 칭찬하는 것이었다. 스웨덴의 평민 가정에서는,

아들의 위력이 모친의 그것보다 우위를 점하고 있었다. 이러한 상태를 상징하는 예로서 셰필드의 어느 직공 아내는, 1796년에 이르러서 남편으로부터 근처 남자에게 목에 밧줄이 매인 채로 6펜스에 팔려갔다. 그 7년 전 아서 영[영국의 작가. 농업·정치·경제에 관한 많은 작품을 남겼다]이 《프랑스 여행》 속에서 묘사한 샹파뉴 지방에서 농사를 짓는 여인들은 노동과 출산, 그리고 궁핍으로 나이보다 훨씬 빨리 늙어가고 있었고, 가련한 여공들은 새벽녘까지 진흙탕 속에서 무거운 짐으로 힘을 쏟다가 죽어갔다. 거기서 볼 수 있는 것은, 귀족이나 부르주아의 문학에서 칭송하던 우아함과는 아무런 관계가 없는 상황이었다. 그렇기에 1792년 메리 울스턴크래프트*가 루소로부터 버크[18세기 영국의 사상가. 계몽사상이나 프랑스 혁명에 반대]에 이르기까지의 이러한 문학을 여성 멸시의 근원이라고 고발한 것은 거짓이 아니다. 계몽주의 사상가에 의해 사회적으로 열등한 존재, 혹은 사교의 경박스런 존재로 간주되던 제2의 성이, 그 존엄성을 되살려 진실된 사랑을 쟁취하기 위해서는 문자 그대로 정신혁명을 기다려야 했다. 그 정신혁명을 통해서라야 비로소 평등과 차이에 대한 여성의 권리를 모두 인정받게 될 것이다. 지금도 여자는 구사회에 있어서와 마찬가지로 새로운 부르주아 사회에서도, 루베의 《포블라스》에 등장하는 한 여성의 말에 따르면 단순한 상품일 뿐이다.

* 1759-97. 영국의 작가. 여성의 교육적·사회적 평등을 열렬히 부르짖은 것으로 유명하다. 초기작 《여성교육에 관한 고찰 Thoughts on the Education of Daughters》(1787)은 여성의 사회적 지위에 관해 쓴 원숙한 작품 《여성의 권리옹호 A Vindication of the Rights of Woman》(1792)의 모태가 되었다. 《여성의 권리옹호》는 교육에 대한 것을 요지로 하고 있으며, 여성 자신의 자각을 중점적으로 호소하고 있다.

결　론

　　모순 없는 총괄과 더할 나위 없이 명쾌한 모델을 제시할 수 있는 역사가를 사람들은 선망할지도 모른다. 그러나 그러한 해석은 특히 행동이나 정신의 영역에 있어서 현실의 복잡성을 충분히 보여 주지 못할 것이다. 이미 서술한 바와 같이, 서양의 성애는 근대의 여명기가 쏟아내던 삶의 모순을 반영하고 있기 때문이다. 성행위나 색욕에 대한 공포는 경제상의 필요에 따라 만혼의 풍조를 불러일으켰지만, 사슬이 풀려진 욕정을 예를 들면 1514년 피렌체에서는 동물의 교미하는 모습을 보여 줌으로써 그 욕정을 치유코자 하였는데, 거기에는 젊은 아가씨들도 동석해 있었다. 집단적인 금욕을 자랑스럽게 실행하려는 당대의 사회는, 종교미술이나 문학에 있어서 관능적인 나체의 가장 솔직한 묘사를 추구했다. 때로는 동일한 한 인간 속에서 배신에 대한 찬양과 청교도풍의 훈계가 발견되고 있었다. 이같은 양면이 이웃하기 위해서, 구체제하의 유럽에서 성애는 긴장과 거북스러움을 견뎌내야 했다. 동시대인들은 성의 제반 양상을 다양한 영역으로 분배함으로써 그것들을 모면했다. 그 다양한 영역이란 가족 차원의 질서나 문화적 몽상, 단조로운 가정생활, 혹은 방탕한 쾌락을 가리킨다. 따라서 이러한 다수의 조작은, 원칙적으로 억압과 종종 중요한 일로 남겨지던 방종과의 공존을 초래했다.

　　그렇기에 금욕과 방탕이라는 현상적 실태와 한계에 관해서는 그때마다 다시 고려해 보는 것이 바람직하다. 금욕현상은 의문의 여지가 없었던 것으로 보인다. 교구기록의 혼인관계 자료 이외에, 그것은 억압적인 이데올로기의 강력한 보급을 통해 증명되고 있으며, 그 한 예가 현세와 그 번뇌, 무엇보다도 육체의 번뇌를 적대시하는 프랑스의 얀센주의였다. 다른 가톨릭교도에 있어서도 얀센주의의 대변자들은 농민들 사이에 행해지고 있던 성의 방종과 투쟁하였다. 그러한 성인의 한 사람으로 피레네 지방 알레의 사교였던 니콜라 파비용(高德(고덕)으로 알려졌으며, 교황청이나 국왕에 대해서도 얀센주의자의 입장을 양보하지 않았다)은 약혼식을 폐지하고, 임신한 아가씨들에게 수도원 출입을 허락하지 않았으며, 귀족 남성들이 조장하던 음란한 무도회를 금지시켰다. 육욕의 죄는 성직자와 여성의 접촉에 있어서도 마찬가지로 문제시되었다. 엄격한 니콜*은 그러한 접촉에서 〈정신면의 음란성〉을 발견하고, 아내를 갖지 않는 정결한 성직자들에게 그 위험을 경고했다. 결혼에 대해서, 아녜스 대수녀원장[잔 카트린 아녜스 아르노]은 1634년 무렵에 이미 바울 신학이 이 노예적 허약함에서 보여 준 경멸적인 어조를 통해 언급하고 있었다. 지방의 온갖 교리문답은, 17세기말에 순결에 대한 고정관념이 확산되고 있었다는 사실을 잘 보여 준다. 이러한 고정관념은 이윽고 시골을 우울하기 짝이 없는 곳으로 변모시킨다. 종교개혁파 성직자들에 의해 마을들은 유서 깊은 춤을 빼앗기고 말았던 것이다.

* 1625-95. 프랑스의 신학자·저술가·도덕가·논쟁가. 주로 논쟁적인 그의 글들은 얀센주의로 알려진 종교운동을 지지하는 내용을 담고 있다. 파리에서 교육을 받은 뒤, 프랑스 포르루아얄 데 샹(Port-Royal des Champs)에서 문학과 철학을 가르쳤다. 얀센주의의 본거지였던 이곳에서, 니콜의 교본 《포르루아얄 논리학 The Port-Royal Logic》(얀센주의 지도자 앙투안 아르노와 공동집필, 1662)이 출판되었으며, 이 운동의 주창자들을 가리키는 〈포르 루아알리스트〉(Port Royalists)라는 말이 생겨났다. 1655-68년에 니콜은 직접 글을 쓰거나 대부분의 얀센주의 소책자를 편집하여 많은 영향을 끼쳤다. 얀센주의자들을 이단이라고 비난하는 사람들의 주장을 2부분, 즉 2가지 〈사실의 물음〉으로 나누어 대응하는 교묘한 수법은 그에게서 나온 것 같다. 2가지 물음이란 얀센주의자의 교리를 이단적이라고 부르는 것이 타당한가와 얀센은 실제로 이러한 교리들을 가르쳤는가이다. 니콜은 첫번째 물음에 대해서는 긍정적으로 대답하고, 2번째 물음에 대해서는 부정적으로 대답함으로써, 얀센주의자들이 로마가톨릭 교회와의 관계를 공개적으로 단절하지 않으면서 비판과 개혁을 추진할 수 있는 길을 열어 주었다. 1669년 이후 프로테스탄트들의 비판으로부터 가톨릭 교리를 보호했으며, 친구였던 프랑스 철학자 파스칼의 《시골 친구에게 쓴 편지 Les Provinciales》를 라틴어로 번역했다. 니콜의 가장 유명한 작품은 《도덕론 Essais de morale》(4권, 1671)으로서, 나중에는 14권으로 늘어났다. 이 저서에서 그는 덕을 행할 능력이 거의 없는 인간 본성 때문에 생기는 윤리문제들에 관해 논했다.

근대 서구의 수많은 지역에서 교회는 성교를 비천한 행위로 단정하고, 여성의 사소한 음란함이나 관능적인 기분풀이를 모두 악마의 유혹으로 단정했다. 프랑스 서부에서는 임신한 여성의 수가 5월에 현저히 감소하고 있었는데, 이것은 마리아의 숭배와 결부된 정기적인 금욕으로밖에는 설명될 수 없다. 더구나 이러한 금욕에는, 의심스러운 처방에 따른 일종의 임신중절이 분명히 행해지고 있었다. 트리엔트 공의회를 겪은 가톨릭 교회는, 성에 대한 공포를 새로운 예의범절의 규칙과 결부시킨 일상적 윤리를 통해 보급시키고 있었다. 육체를 보이지 않는 것이 예의라는 식으로 아가씨들에게 일상적인 윤리를 가르치고 있었던 것이다. 육체의 단정한 행동에 대한 이러한 고집은, 육체에 대한 엄격한 증오와 나체, 그리고 더러움과의 동일시에서 유래하고 있었다. 그러한 사회적 영향으로 종교에 의한 수많은 금기가, 그 결과로서 미증유의 풍속개화라는 예사롭지 않은 성공을 교묘하게 조장시키고 있었다. 나아가 계몽주의 시대의 프랑스 농촌에서는, 얀센주의의 .영향으로 인해 만혼에서 비롯되는 금욕주의적 경향을 강화시키고 있었을 뿐이다. 1800년의 윌리엄 블레이크의 작품 역시 외로운 섬처럼 떠 있었으며, 순정한 그리스도교 이름 아래 육체적 사랑의 자유는 천국과 영원에 대한 더할 나위 없는 확실한 길로 이어지고 있었다. 이와 반대로 육체를 죄악시하는 사고방식은 인간의 관계를 깊게 타락시키고, 인류의 행복조건 그 자체를 손상시킨다고 생각했다.

성적 억압의 위력은 그러면서도 만인에게 두루 미치지는 않았다. 억압은 뿌리 깊은 저항에 부딪치고 있었고, 특권자들 혹은 농민들은 얼마든지 그러한 저항에서 벗어날 수 있었다. 이것에 대해서는 인구 통계자료에만 의지할 수 없다. 구체제하 유럽의 집단적 금욕주의가 이룩해 낸 명백한 성공은 긍정적인 가치만을 가진 것은 아니었다. 그것은 자기와 타자의 제어이면서 동시에 부르주아적 인생관의 승리를 의미하며, 삶의 패배와 사랑의 소멸을 조장하는 것이었다.

만혼과 청년기의 성의 억제에 대한 점진적인 승리로, 오히려 그러한 점에 있어서 계몽주의 시대를 진정한 성적 혁명의 발단으로 간주하지 않는다. 성혁명이 있었다 해도 그것은 지배계급의 몇몇 사람들이 예로부터 누리던 자유와, 그리고 우선적으로 도시의 극소수 하층민에 한정되어 있었기 때문이다. 매춘은 부유한 자들이나 권력층 인사들, 혹은 사회의 소외자들에게는 구원의 장소였다. 이러한 정당하지 못한 성애의 증대는, 1800년 무렵 유럽의 가장 선진적인 지역에서 산업화가 시작되고 사회적 불균형이 생겨나고 있었다는 사실을 보여 준다. 그러나 이러한 변화는 남녀관계에 대한 새로운 사고방식과는 아무런 관련이 없는 것이다. 서구의 시민 사회가 존중하던 사고방식은 인간의 완전한 행복과도, 아직은 지나치게 빠른 그 성적 해방과도 분명히 대립되는 것이었다.

귀족들의 규범을 따르는 서구 시민 사회의 에로스 문화는, 이미 구체제 시대를 통틀어 현저해진 강한 성적 억압을 반영하고 있었다. 그러한 성애의 역사 가운데 꿈과 현실 부분을 구별하는 것은 대단히 어려운 작업이다. 그러기 위해서는 사회현상과 정신생활에 관여된 현상에 동등한 주의를 기울여야 한다. 서구 시민 사회의 성애가 걸어온 길은, 항상 성의 실태와 그것을 부인하거나 긍정하거나 또는 승화하거나 하는 것과의 사이에서 일어나는 긴장을 나타내고 있다. 근대 그리스도교 세계는, 이런 점에 있어서 분명 혼란으로 가득 차 있었다. 이러한 현상은 이미 르네상스 이후 인정되고 있었던 것이다. 피렌체에서는 바코스의 승리와 성모의 찬가가 같은 곡에 맞추어 늘·려지고 있었다.

이리하여 순응주의가 진행되는 한편으로 분¹}한 성행동도 분명히 존재하고 있었는데, 그 양상은 계급과 시대에 따라 서로 다른 모습을 하고 있었다. 대중들이 개혁파 교회의 각 파들에게 차츰 포위되어 가고 있었음에도, 그들의 일탈된 행동도 습관으로서 보존되고 있었다. 특히 ¹풍양속의 확산을 위한 공식적 선전이 전개되고 있던 엘리트 계층에서는, 원하¹만 한다면 그것을 피할 수 있는 수많은 수단들이 잔존하고 있었다. 서구ㅅ회의 더욱 퇴색해 가는 性(성)이 조각품으로 남겨진 이러한 그림에 관련되어 있던 것은 분명 엄격한 통제의 그림자일 터이나, 그러한 통제는 그럼에도 금지된 애무나 포옹을 모두 소멸시키지는 못했다.

데카르트는 네덜란드에서 (성 아우구스티누스가 젊었을 적에 아프리카에서 그러했던 것처럼) 이름 없는 여자와 잠시 살다가 아이를 하나 낳았다. 로크(영국의 철학자. 영국과 프랑스 계몽주의의 선구자로서 미국 헌법에 정신적 기초를 제공했다)는 여성의 사랑을 모으는 요령을 알고 있었으며, 아울러 애인을 숨겨두는 즐거움도 알고 있었던 듯싶다. 크롬웰 또한 자신의 부관의 아내인 미모의 프랜시스 램버트에게 적어도 밉지 않은 감정을 지니고 있었던 듯했다. 통속적인 도덕에 어긋나는 이러한 사항도, 홀로 생각하면서 일으키는 과도한 긴장에 비하면 더 나은 것이다. 너무나도 오랫동안 연구에 몰두한 나머지, 여자와는 전혀 인연이 없어 정신이상의 일보 직전에까지 이르렀던 뉴턴의 예를 생각해 본다면 그것을 알 수 있을 것이다.

숫자로 보는 한 근대의 정결은 틀림없는 사실이었다. 그러나 숫자만으로 근대 성애의 풍부함을 다 드러낼 수는 없다. 동시에 근대 성애의 문학이 구가하던 관념적인 해방에도 경계선이 필요하다. 그러한 해방은 채워지지 않은 욕구의 표현으로서, 서구에서 차츰 정착해 가는 성의 억압에 대한 문화적 대극을 이루고 있다. 다양한 반도덕적 행위는 구체제하 엘리트들의 헛된 사치에 불과했다. 귀족들이 지배하는 유럽에서 생 쥐스트가 정의한 행복이라는 새로운 관념(〈행복은 유럽에 있어서 새로운 관념이다〉라는 생 쥐스트의 유명한 말)은, 물론 성에 관계된 것은 아니었다. 또한 18세기 말엽에 혼외 정사가 증가하고 있었던 것은, 인구와 경제력의 급격한 재상승에 대응한 것에 불과하다. 드물지 않은 부부간의 귀중한 성애에 관한 몇몇 예를 제외하고, 오랜 기간 존재하고 있었던 성의 기쁨이라는 싹은 거의 모두가 그리스도교적·시민적인 근대의 손으로 짓눌리고 말았다.

어떤 스탈린주의 전문가는 현대를 저 억압적인 과거와 비교하여 쾌락의 민주화로 간주하고 있다. 이러한 금기사항들이 권력측에서 그토록 되풀이되었다는 사실에 비추어보면, 그것들이 실제로 행해지고 있었다고 생각할 수는 없다. 음란스런 부부·간통·매춘가 등은 수많은 사람들이 규범의 밖에서 행복을 느낄 수 있도록 해주었다. 컴퓨터를 이용하여 그것을 입증하려 드는 것은 우스꽝스러운 일일 것이다. 현실은 아마도 공인된 청교도주의와 파렴치한 일화의 양극단 사이에 위치해 있었던 것이다.

사회사나 사상사에서도 볼 수 있는 것으로서 관례의 추종주의는, 부르주아지의 지배하에서 변함 없는 지배계급의 성행동 준칙이었다. 지배계급은 이러한 준칙을 만인이 따라야 하는 것으로 만들었다. 1800년 이래로 파리에서는 혁명적인 변화의 결과 사교계에서 나체의 향연이 늘고 있었고, 부자들과의 교류를 통해 호객에 열중하던 창부들이 증가하고 있었으며, 남의 눈을 의식치 않은 성교와 금지된 성관계가 확산되고 있었다. 그것들은 표면적인 광란 이외에 아무 것도 아니었다. 서구의 여러 대국들은 반대로 양성의 평등과 여성의 독립을 배척하면서, 합법적인 성애는 부부의 틀 안에서만 머물게 하였다. 위선적인 술책 이외에 서구의 대국들은 억압적인 교육과 인간관계의 철폐에 대한 대가로서 에로티시즘의 은밀한 숭배와 묵인된 매춘 정도만을 인정하고 있었을 뿐이다. 신체제의 창조물로서 창가는 푸리에에게, 성의 완전한 조화라고 하는 어리석고 헛된 꿈을 품게 만들었을 뿐이다. 대도시의 주변적 세계가 지니는 특유한 강박관념이나 도착을 염탐하는 밤의 관찰자로서 레스티프도 이러한 꿈을 이미 지니고 있었다. 그러나 창부를 크게 추켜세운 이 두 선각자는, 모든 금지된 희롱을 예찬하거나 기대하는 것으로 그치고 있다. 그 시기는 때로는 성실한 인간을 가난뱅이나 매춘부나 동성애자 들과 접촉하지 않도록 하고, 미치광이는 병원에, 범죄자는 감옥에 격리시켜 억누르던 시기였다. 성애 또한 폐쇄당하고 말았다. 그러나 그러한 흔적의 몇 개는 아마 지금도 남아 있을 것이다.

역자 후기

남녀 양성간의 본능적 성욕을 의미하는 〈성애〉란, 인간의 가장 동물적인 측면과 상상력이나 사상이라는 동물로부터 가장 멀리 떨어져 있는 상반된 측면이 어우러진 삶의 복잡미묘한 영역이자 동시에 역사학의 연구과제로 위임된 최후의 영역일 것이다. 지금까지 아카데믹한 학술분야나 진부한 예술분야에서 터부시되어 왔던 〈성애〉의 제반 문제는 의학을 통해서나, 혹은 문학이나 예술의 다소 진보적인 작품들을 통해서만 조심스럽게 탐구되고 있었던 것이 사실이다. 그러나 아날학파의 등장과 더불어 이렇듯 다루기 곤란한 영역이 역사학의 입장에서 새로운 조명을 받기 시작하였다. 말하자면 〈성애〉가 인간에게 초래하는 제반 문제들에 얼마나 접근할 수 있는가 하는 물음이, 소위 〈아날학파〉가 지향하는 새로운 역사학의 흥미로운 주제를 형성하고 있는 것이다.

이 번역본은, 현대 프랑스의 역사학자 자크 솔레의 근대 서구에 있어서의 성애의 역사에 관한 저작 《L'amour en Occident à l'Epoque moderne》을 완역한 것이다. 알벵 미셸사의 〈인간의 모험 총서〉에 수록되어 있는 이 저서의 원제는 〈근대 서구의 성애〉라고 직역될 수 있는데, 역자는 이를 본 번역본에서 〈성애의 사회사〉로 옮겨 놓았음을 밝혀둔다. 이 책에서 말하는 〈근대〉란 l'Epoque moderne, le Temps Moderne의 번역으로, 르네상스 시대부터 프랑스 대혁명을 포함하는 시대, 즉 1500년대부터 1800년경에 이르는 3세기를 가리킨다. 또 〈서구〉란 본래의 의미로는 유럽 전역을 의미하는 말이지만, 여기서는 남·북아메리카와 그 식민지를 포함하는 보다 포괄적인 개념으로 이해되어야 한다.

이 저작의 특징은 무엇보다도 총합적인 연구의 성과에 있다고 할 수 있다. 이 경우, 총합적이란 어휘는 다음과 같은 세 가지 의미를 함축하고 있다.

우선 이탈리아와 프랑스·스페인·독일·영국·네덜란드, 나아가 신대륙이나 식민지 등 포괄적인 의미에서의 서구라고 부르는 전지역의 모든 계층(귀족과 부르주아, 다양한 노동자들, 그리고 특히 농민들)을 대상으로 삼아 각 지역과 계층에서의 성애의 이념과 현실적인 차이점, 그리고 공통된 양상과 발전을 그려내고자 한 것이 첫번째 성과일 것이다. 아울러 성애라는 인간의 원초적 행위를 역사적이고 사회적인 모든 측면에서 고찰했다는 것이 이 연구서의 두번째 성과일 것이다. 저자는 한 국가의 통치체제가 부르주아적인 질서 속에서 종교의 힘을 빌어 인간의 개인적인 성애를 얼마나 억압하고 있었는가를 탐색하는 한편으로, 그같은 억압 속에서도 예를 들면 농민들 사이에서의 성애가 자유를 구가하고 있었다는 사실을 분명히 깨닫고 있었던 것이다. 이 연구서의 최종적 성과로서 저자는 마녀나 매춘에서부터 동성애와 나아가 문학이나 음악·미술 등에 표현된 환상에 이르기까지, 지금까지의 전통적인 역사학에서 거의 다루지 않았던 몇몇 분야를 포함하여 성의 억압이 초래한 갖가지 현상을 총체적으로 제시했다는 것이다. 이렇듯 방대한 작업이 가능할 수 있었던 것은, 성애의 다양한 개인적·사회적 제반 형태에 관한 연구와 각 지방이나 계층을 대상으로 한 수많은 모노그래프가 이미 나와 있었기 때문이다. 기존의 혹은 현재 진행중인 제반 연구의 총합성을 지향하는 이 책은, 그런 의미에서 한 시대의 연구 수준을 보여주는 기념비적인 저작으로 간주될 수 있다.

마지막으로 방법론적인 관점에 있어서도 이 책은 총합적인 연구서의 성격을 지향한다. 솔레는 쇼뉘 이래의 인구통계학을 토대로 한 수량적 분석방법과 그 성과를 충분히 도입하면서도, 이러한 방법의 한계를 인식함으로써 미슐레로부터 뤼시앵 페브르와 로베르 망드로로 이어지는 프랑스의 전통적인 문화사적 방법을 존중 계승하고 있다. 개인적인 일기조차도 과학적 정확성에 토대를 둔 그래프나, 혹은 그 이상의 가치를 지닐 수 있다는 것이 솔레의 입장이다. 문학이나 예술 속에 표현되어 있는 환상을 현실로 잘못 인식하지 않는다는 것, 동시에 수량주의적 환상이나 함정에도 빠지지 않는다는 것, 그리하여 수량적인 방법과 질적인 방법의 총합을 지향하는 것이 이 책의 기본적 입장이었던 것이다.

그런데 이러한 총괄적 성애의 역사연구를 통해 우리는 무엇을 알 수 있을까? 복잡하고 모순으로 가득 찬 현실에 대한 단순한 도식화를 두려워하는 저자의 태도에서 우리가 깨달을 수 있는 것은, 역사가로서의 절도를 존중하고 항상 실증적 사실을 언급하면서, 성을 두려워하고 성의 관리와 억압에 전념해 온 서구 문명에 대한 근본적 비판이 저자의 의식에 깔려 있다는 사실이다. 실제로 성의 해방이라는 측면에서 고찰해 볼 때, 그리스도교적인 서구 문명과 그 문명이 만들어 낸 근대 국가에서의 성의 억압이 더욱 분명하게 펼쳐지고 있었다. 성적인 측면에 있어서 고대와 중세 시대는 오히려 더욱 자유로운 시대였다. 정치적·경제적 해방을 추구하던 프랑스의 계몽사상이나 대혁명이 근대의 성적 억압에 있어서 하나의 정점을 이루고 있었다는 저자의 지적은, 서구의 문명과 근대라는 시대적 성격에 대해 우리들을 깊은 반성으로 유도해 줄 것이다. 자크 솔레가 이 저서에서 시도한 비교연구 방법은 유럽의 각국이 지니고 있는 제반 문화들에 대한 단순한 비교연구에 국한되지 않았으며, 식민지의 지배자들과 원주민들, 혹은 서구와 대조적인 사회권의 문화를 자신의 시야 속으로 포함시킴으로써 〈사랑의 신화〉가 역사학의 새로운 방법이나 새로운 자료들에 의해 어떻게 해체되고 재해석될 수 있을까를 보여 준다. 결국 만혼이라는 사회적 현실에서 시작하여 〈사랑의 미학〉에 이르기까지, 이 책의 전체적 구상은 성애의 현상에 관심을 지닌 사람들에게 명쾌한 답변을 부여할 수 있을 것이다.

이 종 민

참고 문헌

Principales sources utilisées

ALLOT (Kenneth), *The Pelican Book of English Prose, 2 Seventeenth Century Prose 1620-1700*, éd. par Peter Ure, Londres, 1956; 3 *Eighteenth Century Prose 1700-1780*, éd. par D. W. Jefferson, Londres, 1956.

ANDRÉ (Francisque) et ARBOIS DE JUBAINVILLE (Henri d'), *Inventaire sommaire des archives départementales antérieures à 1790, Aube, Archives ecclésiastiques, Série G (Clergé séculier)*, T. II, Paris-Troyes, 1896.

Anthologie de la poésie baroque française, textes choisis et présentés par J. Rousset, 2 v., 1961.

ARISTOTE, *De la génération des animaux*, 1961.

AUBIGNÉ (Agrippa d'), *Œuvres*, Bibliothèque de la Pléiade, 1969.

AUGUSTIN (saint), *La Cité de Dieu*, 5 v., 1959-1960.

BARBIER (Edmond-Jean-François), *Journal historique et anecdotique du règne de Louis XV*, 4 v., 1847-1856.

BAYLE (Pierre), *Dictionnaire historique et critique*, Amsterdam, 4 v., 1740.

BENNETT (Ch. S.), *The Pastons and their England Cambridge*, 1922.

BÉROALDE DE VERVILLE (François Brouart dit), *Le moyen de parvenir*, 1841.

1. Sauf indication contraire, le lieu d'édition est Paris.

BIBLE (La Sainte), Version établie par les moines de Maredsous, 1973.

BIENVILLE (D. J. T. de), *La nymphomanie, ou traité de la fureur utérine*, Amsterdam, 1771.

BOUCHARD (Jean-Jacques), *Confessions*, 1930.

BOUGAINVILLE (Louis Antoine de), *Voyage autour du monde par la frégate La Boudeuse et la flûte l'Etoile*, 1966.

BOURDALOUE (Le P. Louis), S. J., *Œuvres complètes*, Versailles, 16 v., 1812.

BRANTÔME (Pierre de Bourdeille, abbé de), *Vie des dames galantes*, 1956.

BROSSES (Charles de), *Lettres familières écrites d'Italie en 1739 et 1740*, 1958.

BURCHARD (Jean), *Journal*, 1932.

BURTON (Robert), *The Anatomy of Melancholy*, Londres, 3 v., 1961.

BUSSY-RABUTIN (comte Roger de), *Histoire amoureuse des Gaules, suivie de la France galante*, 2 v., 1930.

CASANOVA DE SEINGALT (Jacques), *Histoire de ma vie*, édition intégrale, Wiesbaden-Paris, 6 v., 1960-1962.

CATHERINE II, *Mémoires*, 1959.

CERVANTÈS (Miguel de), *Don Quichotte et Nouvelles Exemplaires*, Bibliothèque de la Pléiade, 1956.

CHAMFORT, *Maximes et Pensées*, 1970.

CHAUSSE DE LA TERRIERRE (J.), *Traité de l'excellence du mariage*, 1685.

CHORIER (Nicolas), *Les Dialogues de Luisa Sigea*, 1953.

Christina Queen of Sweden, Catalogue de l'exposition du Conseil de l'Europe, Stockholm, 1966.

CRÉBILLON (fils), *Les Egarements du cœur et de l'esprit*, 1961.

DEPPING (G. P.), *Correspondance administrative sous le règne de Louis XIV*, T. II, 1851.

DESCARTES, *Essais philosophiques* T. III (*1643-1650*), 1973.

DESFORGES (Pierre), *Avantages du mariage et combien il est nécessaire et salutaire aux prêtres et aux évêques de ce temps-ci d'épouser une fille chrétienne*, Bruxelles, 2 v., 1758.

DIDEROT (Denis), *Œuvres philosophiques*, 1956; *Œuvres esthétiques*, 1959; *Œuvres romanesques*, 1959; *Correspondance*, 14 v., 1955-1968.

DROUET DE MAUPERTUY (abbé Jean-Baptiste), *Le commerce dangereux entre les deux sexes...*, Bruxelles, 1715.

DU LAURENS (André), *Toutes les œuvres*, 1661.

DU PERRON (Jacques), *Réplique à la Réponse du Roi de Grande-Bretagne*, 1620.

ESTOILE (Pierre de l'), *Journal*, 4 v., 1943-1960.

FAUST (Bernard Christophe), *A l'Assemblée nationale sur un vêtement libre, uniforme et national, à l'usage des enfants*, 1792.

FÉNELON, *Œuvres Spirituelles*, 1954.

FICIN (Marsile), *Sur le Banquet de Platon ou de l'amour*, 1956.

FIELDING (Henry), *Tom Jones*, 1963.

FLÉCHIER (Esprit), *Mémoires sur les Grands Jours d'Auvergne en 1665*, 1968.

FRANÇOIS DE SALES (saint), *Œuvres*, Bibliothèque de la Pléiade, 1969.

GOUGE (William), *Of Domestical Duties*, Londres, 1634.

GRIMMELSHAUSEN, *Les aventures de Simplicius Simplicissimus*, 2 v., 1963.

GUYON (Louis), *Le cours de médecine en français, contenant le miroir de beauté et santé corporelle*, Lyon, 1664.

HALLER (Albrecht von), *Eléments de physiologie, ou traité de la structure et des usages des différentes parties du corps humain*, 1757-1766.

HAMILTON (Antoine), *Mémoires du chevalier de Grammont*, Monaco, 1958.

Histoire du Père Lachaise... où l'on verra... ses amours avec plusieurs dames de la première qualité, Bruxelles, 2 v., 1719.

HORRY (Claude), *Nouveau Traité du mariage chrétien*, 1700.

INSTITORIS (Henry) et SPRENGER (Jacques), *Le Marteau des Sorcières*, 1973.

Johann Heinrich Füseli 1741-1825, Musée du Petit Palais, 21 avril-20 juillet 1975.

JOURDAN, DECRUSY et ISAMBERT, *Recueil général des anciennes lois françaises depuis l'an 420 jusqu'à la révolution de 1789*, 29 v., 1821-1833.

L'érotisme et la femme, de la pudeur à la perversion, avertissement de Claude M. Larjat, 1968.

Les chefs-d'œuvres de l'amour sensuel (rassemblés par Jacques Sternberg, Maurice Toesca, Alex Grall), 1966.

Le songe de Poliphile, présenté par Albert-Marie Schmidt, 1963.

LIÉBAULT (Jean), *Trois livres de l'embellissement du corps humain*, 1582; *Trois livres des maladies et infirmités des femmes*, 1598.

LIGNAC (De), *De l'homme et de la femme considérés physiquement dans l'état du mariage*, Lille, 3 v., 1773.

LOCATELLI (Sebastien), *Voyage de France* (1662-1665), 1905.

LUTHER (Martin), *Tischreden* (1531-1546), Weimar, 6 v., 1912-1921.

MAILLARD (Le P. Claude), S. J., *Le Bon Mariage, ou le moyen d'être heureux et faire son salut en état de mariage...*, Douai, 1643.

MAINVILLE (De), *Du bonheur et du malheur du mariage, et des considérations qu'il faut faire avant que de s'y engager, ouvrage moral et curieux*, 2 v., 1688.

MALTHUS (Thomas Robert), *Essay on the principle of population*, Londres, 2 v., 1967.

MARIVAUX, *Théâtre complet*, 1964; *Le Paysan parvenu*, 1965.

MERCIER (Louis-Sébastien), *Tableau de Paris*, Amsterdam, 12 v., 1788; *Le Nouveau Paris*, 6 v., 1798; *L'an 2440, rêve s'il en fût jamais*, Bordeaux, 1971.

Middlesex county records (old series), T. I (1549-1603), T. II (1603-1625), T. III (1625-1667), Londres, 1886-1888.

MILTON (John) *The Prose, selected and edited from the original tracts*, New York, 1967.

MONTAIGNE (Michel de), *Les Essais*, éd. P. Villey, 3 v., 1950.

MONTESQUIEU, *Œuvres*, 3 v., 1950.

MONTPENSIER (Anne Marie-Louise d'Orléans, duchesse de), *Mémoires*, 4 v., s. d.

MORE (Thomas), *L'Utopie*, 1945.

Moyens proposés pour prévenir l'infanticide, 1781.

NAVARRE (Marguerite de), *L'Heptaméron*, 1960.

PASEK (Jean-Chrysostome), *Mémoires* (*1656-1688*), s. d.

PEPYS (Samuel), *Diary*, Londres, 3 v., 1926.

PICCOLOMINI (Alessandro Gregorio), *L'institution morale*, 1581.

Poèmes Elizabéthains (*1525-1650*), traduits et présentés par Philippe de Rothschild, 1969.

Poètes du XVIᵉ siècle, Bibliothèque de la Pléiade, 1953.

Poètes et romanciers du moyen âge, Bibliothèque de la Pléiade, 1952.

RAVAISSON (François), *Archives de la Bastille*, 16 v., 1866-1884.

RÉTIF DE LA BRETONNE, *La vie de mon père*, textes établis par G. Rouger, 1970; *Les contemporaines*, 42 v., 1780-1785.

RETZ (Cardinal de), *Mémoires*, Bibliothèque de la Pléiade, 1949.

ROGERS (Daniel), *Matrimonial Honou*, Londres, 1642.

ROJAS (Fernando de) (attribué à), *La Célestine ou Tragi-Comédie de Calixte et Mélibée*, 1963.

ROLAND (Madame), *Mémoires*, 2 v., 1865.

Romanciers du XVIIᵉ siècle (Sorel, Scarron, Furetière, Madame de La Fayette), Bibliothèque de la Pléiade, 1958.

Romans picaresques espagnols, Bibliothèque de la Pléiade, 1968.

RONSARD (Pierre de), *Les Amours*, 1963.

ROUSSEAU (Jean-Jacques), *Julie ou la Nouvelle Héloïse*, 1960.

SADE (Donatien-Alphonse-François, marquis de), *Morceaux choisis* publiés par Gilbert Lély, 1948.

SAINT-EVREMOND, *Œuvres en prose*, 4 v., 1962-1969; *Lettres*, 2 v., 1967-1968.

SAINT-SIMON (Louis, duc de), *Mémoires*, Bibliothèque de la Pléiade, 7 v., 1947-1961.

SCOT (Reginald), *The Discoverie of Witchcraft*, Londres, 1964.

SHAKESPEARE (William), *The complete works*, Londres, s. d.

SURIN (Le P. Jean-Joseph), S. J., *Correspondance*, 1966.

TALLEMANT DES RÉAUX, *Historiettes*, 2 v., 1960-1961.

Théâtre anglais, Moyen Age et XVIᵉ siècle, éd. P. Messiaen, 1948.

TISSOT, *L'onanisme, dissertation sur les maladies produites par la masturbation*, Lausanne, 1764.

Trésors du Musée Dauphinois, Grenoble, 1968.

URFÉ (Honoré d'), *L'Astrée*, Lyon 5 v., 1925-1928.

VALOIS (Marguerite de), *Mémoires et lettres*, 1863.

VECELLIO (Cesare), *Habiti antichi et moderni di tutto il mondo*, Venise, 1598.

VENETTE (Nicolas), *Tableau de l'amour considéré dans l'état du mariage*,

Amsterdam, 1687.

VIRARD (P.), *Essai sur la santé des filles nubiles*, Londres, 1776.

VOLTAIRE, *Correspondance*, Bibliothèque de la Pléiade, T. II (1739-1748), 1965; *Dictionnaire philosophique*, 1954.

WIER (Jean), *Histoires, disputes et discours des illusions et impostures des diables, des magiciens infâmes, sorcières et empoisonneurs...*, 2 v., 1885.

Principaux articles et ouvrages consultés

ABENSOUR (Léon), *La femme et le féminisme avant la Révolution*, 1923.

ABBIATECI (A.), BILLACOIS (F.), CASTAN (Y.), PETROVITCH (P.), BONGERT (Y.), CAITAN (N.), *Crimes et Criminalité en France, XVIIᵉ-XVIIIᵉ siècles, Cahiers des Annales*, 33, 1971.

ABRAY (Jane), *Féminism in the French Revolution, in American Historical Review*, 1975, n° 1, pp.43-62.

ADAM (Antoine), *Histoire de la Littérature française au XVIIᵉ siècle*, 5 v., 1949-1956.

ANCELET-HUSTACHE (Jeanne), *Gœthe par lui-même*, 1955.

APPOLLINAIRE (Guillaume), FLEURET (Fernand) et PERCEAU (Louis), *L'Enfer de la Bibliothèque Nationale (Icono-Bio-Bibliographie de tous les ouvrages composant cette célèbre collection*, 1913).

ARIES (Philippe), *L'enfant et la vie familiale sous l'ancien régime*, 1973.

ARRIGHI (Paul), *La vie quotidienne en Corse au XVIIIᵉ siècle*, 1970.

ASSÉO (Henriette), *Le Traitement administratif des Bohémiens*, 1974.

AUBRUN (Charles V), *L'Espagnole du XVᵉ au XVIIᵉ siècle, in Histoire mondiale de la Femme*, sous la direction de P. Grimal, T. II, 1965, pp.455-488.

BARDET (Jean-Pierre), CHAUNU (Pierre), GOUESSE (Jean-Marie), GOUHIER (Pierre), VALEZ (Anne et Jean-Marie), *Les dépassements affectifs aux XVIᵉ-XVIIIᵉ siècles, in Histoire de la Normandie*, sous la direction de M. de Boüard, Toulouse, 1970, pp.347-389.

BARNARD (John), *Drama from the Restoration till 1710, in Sphere History of Litterature in the English Language*. T. III, *English Drama to 1710*, éd. C. Ricks, Londres, 1971, pp.375-405.

BÉNICHOU (Paul), *Morales du Grand Siècle* 1948.

BENNASSAR (Bartolomé), *Valladolid au Siècle d'or, une ville de Castille et sa campagne au XVIᵉ siècle*, Paris-La Haye, 1967; *Mentalités, comportements et croyances, in Les Pyrénées*, sous la direction de F. Taillefer, Toulouse, 1974, pp.213-247; *L'Homme espagnol, attitudes et mentalités du XVIᵉ au XIXᵉ siècle*, 1975.

BERGUES (Hélène) et ARIES (Philippe), HELIN (Etienne), HENRY (Louis), RIQUET (R. P. Michel), SAUVY (Alfred), SUTTER (Jean), *La prévention des naissances dans la famille, ses origines dans les Temps Modernes*, 1960.

BIELER (André), *L'homme et la femme dans la morale calviniste*, Genève, 1963; *La faim et l'amour, Essai de critique théologique du ⟨Principe de Population⟩ de Malthus in Mélanges en hommage au professeur Antony Babel*, Genève, 1963, T. II, pp.111-130.

BISSON DE BARTHELEMY (Paul), *Les Joly de Fleury, Procureurs Généraux au Parlement de Paris au* XVIIIe *siècle*, 1964.

BLONCOURT-HERSELIN (J.). et DURAND (Roger), *Les auteurs italiens*, 1972.

BLUCHE (François), *La vie quotidienne de la noblesse française au* XVIIIe *siècle*, 1973. *Les magistrats du Parlement de Paris au* XVIIIe *siècle (1715-1771)*, Besançon 1960.

BOLLÈME (Geneviève), *La Bibliothèque bleue, la littérature populaire en France du* XVIe *au* XIXe *siècle*, 1971.

BOUCHER (François), *Histoire du costume en Occident de l'antiquité à nos jours*, 1965.

BOURCIER (Elisabeth), *La famille anglaise dans la première moitié du* XVIIe *siècle à travers les journaux privés du temps, in Recherches anglaises et américaines*, Strasbourg, 1975, n° VIII, pp.30-40

BOUSQUET (Jacques), *La peinture maniériste*, Neuchâtel, 1964.

BOXER (C. R.), *The Dutch Seaborne Empire 1600-1800*, Londres, 1965.

BRAUDEL (Fernand), *Civilisation matérielle et capitalisme* (XVe-XVIIIe *siècles*), T. 1, 1967.

BRÉMOND (Henri), *Histoire littéraire du sentiment religieux en France*, 12 v., 1916-1936.

BURCKHARDT (Jacob), *La civilisation de la Renaissance en Italie*, 1958.

BURGUIÈRE (André), *De Malthus à Max Weber: le mariage tardif et l'esprit d'entreprise, Annales E. S. C.*, VII-X 1972, pp.1128-1138.

BINGHAM (Caroline), *Seventeenth-Century attitudes toward deviant sex, Journal of interdisciplinary History*, I, 1971, pp.447-468.

BURGELIN (Pierre) *La philosophie de l'existence de J. -J. Rousseau*, 1973.

BURTON RUSSEL (Jeffrey), *Witchcraft in the Middle Ages*, Ithaca-Londres, 1972.

CAIRNCROSS (John), *After polygamy was made a sin, The social history of christian polygamy*, Londres, 1974.

CANDÉ (Roland), *Vivaldi*, 1967.

CARRIVE (Lucien), *La vision de la famille chez les moralistes paritaires, in Recherches anglaises et américaines*, Strasbourg, 1975, n° VIII, pp.54-71.

CASPARD (Pierre), *Conceptions prénuptiales et développement du capitalisme* dans la principauté de Neuchâtel (1678-1700), Annales E. S. C., VII- VIII 1974, pp.989-1008.

CASTAN (Yves), Honnêteté et relations sociales en Languedoc au XVIIIᵉ siècle, 1975.

CERTEAU (Michel de), La possession de Loudun, 1970.

CHAMPION (Pierre), Ronsard et son temps, 1925.

CHASTEL (André), La crise de la Renaissance 1520-1600, Genève, 1968.

CHAUNU (Pierre), La civilisation de l'Europe des Lumières, 1971; Histoire, science sociale, la durée, l'espace, l'homme à l'époque moderne, 1974.

CHOISY (Eugène), L'Etat chrétien calviniste à Genève au temps de Théodore de Bèze, Genève, 1902.

CITRON (Pierre), Couperin, 1958.

CLARK (Kenneth), The Nude, a study of ideal art, Londres, 1956.

CLEUGH (James), Love locked out, a survey of love licence and restriction in the Middle Ages, Londres-New York-Sydney-Toronto, 1963.

COGNET (L.), Crépuscule des mystiques, 1958.

CORDELIER (Jean), Madame de Maintenon, une femme au Grand Siècle, 1955.

CRANFIELD (C. A.), The Development of the provincial Newspaper, 1700-1760, Oxford, 1962.

DARNTON (Robert), The high enlightenment and the low life of literature in prarevolutionary France, in Past and Present, n° 51, mai 1971, pp.81-115.

DAVENSON (Henri), Le livre des chansons ou introduction à la connaissance de la chanson populaire française, Neuchâtel, 1944.

DAVY (M. M.) (sous la direction de), Encyclopédie des Mystiques, 1972.

DECAUX (Alain), Histoire des Françaises, 2 v. 1972.

DECHÊNE (Louise), Habitants et marchands de Montréal au XVIIᵉ siècle, 1974.

DEFOURNEAUX (Marcelin), La vie quotidienne en Espagne au Siècle d'or, 1964.

DELASSELLE (Claude), Les enfants abandonnés à Paris au XVIIIᵉ siècle, in Annales E. S. C., I-II 1975, pp.187-218.

DELCAMBRE (Etienne), Le concept de la sorcellerie dans le duché de Lorraine au XVIᵉ et au XVIIᵉ siècles, Nancy, 3 v., 1948-1951.

DELEVOY (Robert L.), Rubens, 1972.

DELUMEAU (Jean), La civilisation de la Renaissance, 1967.

DE MAULDE LA CLAVIÈRE (R.), Vers le bonheur! Les femmes de la Renaissance, 1898.

DEPAUW (Jacques), Amour illégitime et société à Nantes au XVIIIᵉ siècle, Annales E. S. C., VII-X 1972, pp.1155-1182.

DEYON (Pierre), Amiens capitale provinciale, étude sur la société urbaine au XVIIᵉ siècle, 1967.

DHONDT (Jacques) (sous la direction de), *Dom Deschamps et sa métaphysique*, 1974.

Dictionnaire des Œuvres érotiques, 1971.

DOLLINGER (J.), *La Réforme, son développement intérieur, et les résultats qu'elle a produits dans le sein de la société luthérienne*, 3 v., 1848-1849.

DONALDSON (Jan), *Drama from 1710 to 1780*, in *Sphere History of Litterature...* T. IV, *Dryden to Johnson*, éd. P. Lonsdale, 1971, pp.190-225.

DUCA (Lo), *Erotique de l'art*, 1966; *Histoire de l'Erotisme*, 1969.

DUCHÊNE (Roger), *Réalité vécue et art épistolaire, 1 Madame de Sévigné et la lettre d'amour*, 1970.

DUHET (Paul-Marie), *Les Femmes et la Révolution 1789-1794*, 1971.

DULONG (Claude), *L'amour au XVIIe siècle*, 1969.

DURAND (Yves), *Les Fermiers Généraux au XVIIIe siècle*, 1971.

EINSTEIN (Alfred), *Mozart, his character, his work*, Londres, 1971; *The italian madrigal*, Princeton, 3 v., 1971.

ELIAS (Norbert), *Uber den Prozess der Zivilisation*, Bâle, 1939; *La société de cour*, 1974.

EMELINA (Jean), *Les valets et les servantes dans le théâtre comique en France de 1610 à 1700*, Grenoble, 1975.

Erik MIDDELFORT (H. C.), *Witchhunting in Southwestern Germany 1562-1684, the social and intellectual foundations*, Standord, 1972.

ERLANGER (Philippe), *Les idées et les mœurs au temps des rois 1558-1715*, 1970.

FAUCHERY (Pierre), *La destinée féminine dans le roman européen du XVIIIe siècle 1713-1807, essai de gynécomythie romanesque*, 1972.

FÈBVRE (Lucien), *Amour sacré, amour profane autour de l'Heptaméron*, 1944.

FINNE (Jacques), *Erotisme et sorcellerie*, 1972.

FLAMAND (Elie-Charles), *Erotique de l'alchimie*, 1970.

FLANDRIN (Jean-Louis), *Mariage tardif et vie sexuelle, Discussions et hypothèses de recherche*, Annales E. S. C., XI- XII 1972, pp.1351-1378; *L'attitude à l'égard du petit enfant et les conduites sexuelles dans la civilisation occidentale, structures anciennes et évolution*. Annales de Démographie Historique, 1973, pp.143-210; *Amours paysannes, XVIe-XIXe siècles*, 1975.

FOSTER DAMON (S.), *A Blake Dictionary*, Londres, 1965.

FOUCAULT (Michel), *Histoire de la folie à l'âge classique*, 1972.

FOXON (David), *Libertine literature in England 1660-1745*, The Book Collector, vol. 12, 1963.

FRANKLIN (Alfred), *La vie privée d'autrefois*, 27 v., 1887-1902.

FRASER (Antonia), *Cromwell the Lord Protector*, Londres, 1973.

FREYRE (Gilberto), *Maîtres et esclaves*, 1952.

FURET (François) et RICHET (D.), *La Révolution du 9 Thermidor au 18 Brumaire*, 1966.

GADOFFRE (Gilbert), *Ronsard par lui-même*, 1960.

GARDEN (Maurice), *Lyon et les Lyonnais au* XVIIIᵉ *siècle*, 1970.

GASSIER (Pierre) et WILSON (Joliet), *Vie et Œuvre de Francisco Goya*, 1970.

GAZAGNE (Paul), *Marivaux par lui-même*, 1954.

GENDRE (André), *Ronsard poète de la conquête amoureuse*, Neuchâtel, 1970.

GEORGE (M. Dorothy), *London life in the eighteenth century*, Londres, 1965.

GIBSON (Walter E.), *Hieronymus Bosch*, Londres, 1973.

GLASS (D. V.) et EVERSLEY (D. E. C.)(éd.), *Population in History, Essays on historical demography*, Londres, 1965.

GOUESSE (Jean-Marie), *Parenté, famille et mariage en Normandie aux* XVIIᵉ *et* XVIIIᵉ *siècles, présentation d'une source et d'une enquête*, Annales E. S. C., VII-X 1972, pp.1139-1154.

GUINARD (Paul), *Les peintres espagnols*, 1967.

GUYENOT (Emile), *Les sciences de la vie aux* XVIIᵉ *et* XVIIIᵉ *siècles, l'idée d'évolution*, 1941.

HABAKKUK (H. J.), *Population growth*, in *The New Cambridge Modern History*, T. VIII, *The american and french revolutions, 1763-93* (éd. D. Goodwin), Cambridge, 1965, pp.25-33.

HAIR (P. E. H.), *Bridal pregnancy in Rural England in Earlier centuries*, Population studies, 20, 1966-1967, pp.233-243; *Bridal pregnancy in Earlier Rural England further examined*, Pop. Stud., 24, 1970, pp.59-70.

HALE (J. R.), *Renaissance Europe 1480-1520*, Londres, 1971.

HALIMI (S.), *Le mariage en Angleterre au* XVIIIᵉ *siècle*, in *Recherches anglaises et américaines*, Strasbourg, 1975, n° VIII, pp.72-84.

HAUSER (Arnold), *The social history of art*, Londres, 4 v., 1962.

HAYDN (Hiram), *The counter Renaissance*, New York, 1950.

HILL (Christopher), *Society and Puritanism in Prerevolutionary England*, Londres, 1967; *Clarissa Harlowe and her times*, in *Puritanism and Revolution*, Londres, 1968, pp.361-376; *The World turned up side down*, Londres, 1972.

HILLARD (Howard), *Bernini*, Londres, 1965.

HOUILLON-MOREL (Henriette), *La Femme en France aux* XVIIᵉ *et* XVIIIᵉ *siècles*, in *Histoire mondiale de la femme*, sous la direction de P. Grimal, 1965, T. IV, pp.9-98.

HUIZINGA (Islam), *Homo Ludens, essai sur la fonction sociale du jeu*, 1951.

ILLICK (Joseph E.), *Child-Rearing in Seventeenth Century England and America*, in De Mause Lloyd éd., *History of Childhood*, New York, 1574, pp.303-349.

JANSSEN (Jean), *L'Allemagne et la Réforme*, 8 v., 1887-1911.

JARRETT (Derek), *England in the age of Hogarth*, Londres, 1974.

JUNG (C. G.), *Psychologie et Alchimie*, 1970.

KINGDOM (Robert M.), *The control of morals in Calvin's Geneva*, in *The social History of the Reformation*, éd. L. P. Buck et J. W. Zophy, Columbus, 1972, pp.3-16.

KINKEAD-WEEKES (Mark), *Defoe and Richardson*, in *Sphere History of Litterature...* T. IV, 1971, pp.226-258.

KOLAKOWSKI (Leszek), *Chrétiens sans Eglise, la conscience religieuse et le lien confessionnel au* XVIIᵉ *siècle*, 1969.

KUNSTLER (Charles), *La vie quotidienne sous la Régence*. 1960.

KYDALOVA (Ludmila), HERBENOVA (Olga), et LAMAROVA (Milena), *Encyclopédie illustrée de la mode*, 1970.

LABROUSSE (Elisabeth), *Pierre Bayle*, T. II, *Hétérodoxie et Rigorisme*, La Haye, 1964.

LACASSAGNE (Claude), *La famille dans l'œuvre de l'évêque Holl* (1574-1656), in *Recherches anglaises et américaines*, Strasbourg, 1975, n° VIII, pp.41-53.

LACHÈVRE (Frédéric), *Le libertinage au* XVIIᵉ *siècle*, 15 v., 1909-1928.

LASLETT (Peter), *Household in Past time*, Cambridge, 1972; *Longterm trends in Bastardy in England, A study of the illegitimacy figures in the parish registers and in the reports of the Register General 1561-1960*, *Population Studies*, 1973, pp.255-286 (en collaboration avec OOSTERVEEN Klara); *The world we have lost*, Londres, 1971.

LAURENT (Jacques), *Histoire imprévue des dessous féminins*, 1966.

LECERCLE (Jean-Louis), *L'amour de l'idéal au réel*, 1971.

LEJEUNE (Philippe), *Le ⟨dangereux supplément⟩, lecture d'un aveu de Rousseau*, *Annales E. S. C.*, VII-VIII 1974, pp.1009-1022.

LE ROY-LADURIE (Emmanuel), *Les paysans de Languedoc*, 2 v., 1966; *Démographie et ⟨funestes secrets⟩ Le Languedoc* (fin XVIIIᵉ début XIXᵉ), in *Le Territoire de l'Historien*, 1973, pp.315-330.

LEVEY (Michaël), *La peinture à Venise au* XVIIIᵉ *siècle*, 1964.

LOTTIN (Alain), *Naissances illégitimes et filles-mères à Lille au* XVIIIᵉ *siècle*, *Revue d'Histoire Moderne et contemporaine*, IV-VI 1970, pp.278-322; *Vie et mort du couple. Difficultés conjugales et divorces dans le Nord de la France aux* XVIIᵉ *et* XVIIIᵉ *siècles* XVIIᵉ *siècle*, 1974, pp.59-78.

LUCIE-SMITH (Edward), *Eroticism in western art*, Londres, 1972.

MACFARLANE (Alan), *The Family life of Ralph Josselin, a seventeenth century clergyman, an essay in historical anthropology*, Cambridge, 1970; *Witchcraft in Tudor and Stuart England*, New York, 1970.

MAGENDIE (M.), *La politesse mondaine et les théories de l'honnêteté, en*

France... de 1600 à 1660, 1925.

MALIGNON (Jean), *Rameau*, 1960.

MANDROU (Robert), *Le baroque européen, mentalité pathétique et révolution sociale*, Annales E. S. C., 1960, pp.898-914; *Introduction à la France moderne (1500-1640), essai de psychologie historique*, 1974; *De la culture populaire aux* XVIIe *et* XVIIIe *siècles*, 1975.

MARIENSTRAS (Richard), *L'Anglaise sous le règne d'Elizabeth*, in *Histoire Mondiale de la Femme*, sous la direction de P. Grimal, T. II, 1966, pp.397-454.

MARX (Roland), *La vie familiale des pauvres dans l'Angleterre préindustrielle*, in *Recherches anglaises et américaines*, Strasbourg, 1975, n° VIII, p.13-40.

MAS (Amédée), *La caricature de la femme, du mariage et de l'amour dans l'œuvre de Quevedo*, 1957.

MASSIN (Brigitte et Jean), *Wolfgang Amadeus Mozart*, 1959.

MAUZI (Robert), *L'idée du bonheur au* XVIIIe *siècle*, 1969.

MAYOUX (Jean-Jacques), *La peinture anglaise de Hogarth aux Préraphaélites*, Genève, 1972.

MCKENDRICK (Melveena), *Woman and society in the spanish drama of the Golden age. A study of the Mujer Varonil*, Cambridge, 1974.

MCLAREN (Angus), *Some secular attitudes toward sexuel Behaviour in France 1760-1860*, in *French Historical Studies*, 1974, vol. VIII, n° 4, pp.604-625.

METTRA (Claude), *La Française au* XVIe *siècle* in *Histoire Mondiale de la Femme...*, T. II, 1966, pp.305-341.

MEYER (Jean), *La noblesse bretonne au* XVIIIe *siècle*, 2 v., 1966; *Le* XVIIe *siècle et sa place dans l'évolution à long terme*, in XVIIe *siècle*, 1975, n° 106-107, pp.23-57.

MICHELET (Jules), *La Régence*, 1863.

MOLINIER (Alain), *Enfants trouvés, enfants abandonnés et enfants illégitimes en Languedoc aux* XVIIe *et* XVIIIe *siècles*, in *Mélanges Reinhard*, 1973, pp.445-473.

MONTER (E. William), *La sodomie à l'époque moderne en Suisse romande*, Annales E. S. C., VII-VIII 1974, pp.1023-1033.

MONTGOMERY HYDE (H.), *The other love*, Londres, 1970.

MUMFORD (Lewis), *The city in history, its origins, its transformations, and its prospects*, Londres, 1966.

NOONAN, Jr (John T.), *Contraception et mariage, évolution ou contradiction dans la pensée chrétienne*, 1969.

PARREAUX (André), *La vie quotidienne en Angleterre au temps de George III*, 1966.

PHAN (Marie-Claude), *Les Déclarations de grossesse en France* (XVIᵉ-XVIIᵉ *siècles*), *essai institutionnel*, in *Revue d'Histoire Moderne et Contemporaine*, 1975, pp.61-88.

PINGAUD (Bernard), *Madame de La Fayette par elle-même*, 1959.

PINTARD (René), *Le libertinage érudit dans la première moitié du* XVIIᵉ *siècle*, 2 v. 1943.

PLONGERON (Bernard), *Théologie et Politique au siècle des Lumières* (*1770-1820*), Genève, 1973.

POITRINEAU (Abel), *La Vie rurale en Basse Auvergne au* XVIIIᵉ *siècle* (*1726-1789*), 2 v., 1965.

RAINE (Kathleen), *William Blake*, 1975.

RAWSON (J. S.), *Fielding and Smollett*, in *Sphere History of Litterature...* T. IV, 1971, pp.259-301.

RETAT (Pierre), *La mort de Chérubin*, in *Revue d'Histoire littéraire de la France*, 1974, n° 6, pp.1000-1009.

RICKS (Christopher) (éd.), *English Poetry and Prose 1540-1674* (*Sphere History of Litterature...*, T. II, Londres, 1970.

ROBERTSON (Alec) et STEVENS (Alexis), *The Pelican History of Music*, T. II, *Renaissance and Baroque*, Londres, 1963.

ROCHE (Maurice), *Monteverdi*, 1960.

ROCHON (André), *L'italienne aux* XVᵉ *et* XVIᵉ *siècles*, in *Histoire Mondiale de la Femme...*, T. II, 1966, pp.213-304.

RODOCANACHI (E.), *La femme italienne à l'époque de la Renaissance, sa vie privée et mondaine, son influence sociale*, 1922.

ROUGEMONT (Denis de), *L'amour et l'Occident*, 1956.

ROWSE (A. L.), *Simon Forman, sex and society in Shakespeare's age*, Londres, 1974.

RUIZ RAMON (Francisco), *Historia del Teatro Espanol desde suas origenes hasta mil novecientos*, Madrid, 1967.

SAINT-GERMAIN (Jacques), *La Reynie et la police au Grand Siècle d'après de nombreux documents inédits*, 1962; *La vie quotidienne en France à la fin du Grand Siècle*, 1965.

SAPEGNO (Natalino), *Compendio di Storia della Letterature Italiana*, T. II, *Cinquecento, Seicento, Settecento*, Florence, 1964.

SCHMIDT (Albert-Marie), *La poésie scientifique en France au* XVIᵉ *siècle*, 1938.

SCHNUCKER (R. V.), *La position puritaine à l'égard de l'adultère*, Annales E. S. C., XI-XII 1972, pp.1379-1388.

SCHOLEM (Gershom S.), *Sabbatai Sevi, the mystical messiah 1626-1676*, Princeton, 1973.

SEARLE (Ronald), ROY (Claude) et BORNEMANN (Bernard), *La Caricature, Art et manifeste du XVIe siècle à nos jours*, Genève, 1974.

SEGUIN (Jean-Pierre), *L'information en France avant le périodique, 517 Canards imprimés entre 1529 et 1631*, 1964.

SEGUIN (Robert-Lionel), *La vie libertine en Nouvelle-France au Dix-Septième Siècle*, Ottawa, 2 v., 1972.

SEROUTA (H.), *La Kabbale*, 1967.

SERVAIS (Jean-Jacques), et LAUREND (Jean-Pierre), *Histoire et dossier de la prostitution*, 1965.

SHORTER (Edward), *Illegitimacy, sexual revolution and social change in modern Europe, The Journal of Interdisciplinary History*, II, 1971, pp.237-272; *Female Emancipation, Birth-Control and Fertility in European History, American Historical Review*, 1973, pp.605-640.

SMITH (Steven R.), *The London Apprentices as seventeenth-century adolescents, Past and Present*, n° 61, XI-1973, pp.149-161.

SOLE (Jacques), *Passion charnelle et société urbaine d'ancien régime: amour vénal, amour libre et amour fou à Grenoble au milieu du règne de Louis XIV, Annales de la Faculté des Lettres de Nice*, IX-X 1969, pp.211-232; *La crise morale du clergé du diocèse de Grenoble, in Le Cardinal des Montagnes, Etienne Le Camus évêque de Grenoble* (1671-1707), Grenoble, 1973, pp.179-209.

SOULET (Jean-François), *La vie quotidienne dans les Pyrénées sous l'ancien régime du XVIe au XVIIIe siècle*, 1974.

STALLMANN (Heinz et Marianne), *L'Allemande au temps de la Réforme, in Histoire Mondiale de la Femme...* T. II, 1966, pp.347-396.

STAROBINSKI (Jean), *L'invention de la liberté 1700-1789*, Genève, 1964.

STEWART (Philip), *Le masque et la parole, le langage de l'amour au XVIIIe siècle*, 1973.

STONE (Lawrence), *The crisis of the aristocracy 1558-1641*, Oxford, 1965.

SULLEROT (Evelyne), *Histoire de la Presse féminine en France des origines à 1848*, 1966; *Histoire et mythologie de l'amour, huit siècles d'écrits féminins*, 1974.

TAVENEAUX (René), *La vie quotidienne des Jansénistes aux XVIIe et XVIIIe siècles*, 1973.

THOMAS (Keith), *Religion and the decline of magic, studies in popular beliefs in sixteenth and seventeenth century England*, Londres, 1971.

THOMPSON (E. P.), *The making of the english working class*, Londres, 1968; 《Rough music》: *le charivari anglais, Annales E. S. C.*, III-IV 1972, pp.285-312.

THOMPSON (Roger), *Women in Stuart England and America, a comparative study*, Londres-Boston, 1974.

THUILLIER (Jacques) et CHATELET (Albert), *La peinture française de Le Nain à Fragonard*, Genève, 1964.

TRAHARD (Pierre), *Les maîtres de la sensibilité française au XVIIIe siècle (1715-1789)*, 4 v., 1931-1933.

TREVOR-ROPER (Hugh), *The European Witch-crase of the sixteenth and seventeenth centuries*, in *Religion, Reformation and Social change*, Londres, 1967, pp.90-192.

TROELTSCH (Ernst), *Die Soziallehren der christlichen Kirchen und Gruppen*, Tübingen, 1912.

TUCKER (M. D.), *The child as beginning and end: Fifteenth and Sixteenth Century English Childhood* in De Mause (Lloyd) éd., *History of Childhood*, New York, 1974, pp.229-287.

VAILLAND (Roger), *Laclos par lui-même*, 1953.

VANDAL (Albert), *L'Avènement de Bonaparte*, T. I, 1902.

VANGAARD (Thorkil) *Phallos, a symbol and its history in the male world*, Londres, 1972.

VAN TIEGHEM (Philippe), *Beaumarchais par lui-même*, 1960.

VAN USSEL (Jos), *Sexualunterdrückung*, Hambourg, 1970.

VAUSSARD (Maurice), *La vie quotidienne en Italie au XVIIIe siècle*, 1959.

VERSINI (Laurent), *Laclos et la tradition, Essai sur les sources et la technique des liaisons dangereuses*, 1968.

VILLENEUVE (Roland), *Le musée des supplices*, 1968; *Le musée de la bestialité*, 1969.

VITTU (Jean-Pierre), *La Comédie Française (1680-1716)*, 1974.

WALISZEWSKI (K.), *Le roman d'une impératrice, Catherine II de Russie*, 1893.

WIKMAN (K. R. V.), *Die Einleitung der Ehe*, Abo, 1937.

WILSON (David Harris), *King James VI and I*, Londres, 1956.

WIRTH-MARVICK (Elizabeth), *Nature verous nurture: chied-rearing patterns and trends in seventeenth century France*, in De Mause (Lloyd édit.). *History of childhood*, New York, 1974, pp.253-301.

WOLOWSKI (Alexandre), *La vie quotidienne en Pologne au XVIIe siècle*, 1972.

WRIGLEY (E. A.), *Family Limitation in Pre-industrial England, Economic History Review*, 2e sér., 19, 1966, pp.82-110; *Société et Population*, 1969.

ZUMTHOR (Paul), *La vie quotidienne en Hollande au temps de Rembrandt*, 1959.

색 인

【저·역자 소개】

자크 솔레

1932년 리용에서 출생.
1956년 역사학 교수자격시험 합격.
　그는 근대 종교 심성사와 사상사의 전문가 가운데 한 사람으로
서, 그의 국가 박사 학위 논문은 《1598-1685년 사이의 신교도들과
가톨릭교도들 사이의 논쟁》(1972)이다. 그의 저서로는 《論爭者, 베
일 *Bayle Polémiste*》(1972)·《르네상스에서 계몽주의 시대까지의
기독교도들의 신비 *Les mythes chrériens de la Renaissance
aux Lumières*》(1979)·《프랑스 혁명사 연구에 따른 해석의 쟁점들
La Révolurion en questions》(1989) 등이 있다.

李宗旼

1957년 전북 정읍 출생.
1983년 한국외국어대학 불어과 졸업.
1986년 프랑스 뚤루즈 제2대학 DEA 과정 입학.
1987년 프랑스 뚤루즈 제2대학 DEA 과정 수료.
1993년 프랑스 뚤루즈 제2대학에서 알퐁스 도데에 관한 연구로
문학박사 학위 취득.
1995년 현재 한국외국어대학 강사로 재직중.
　역서로는 《娼婦》·《지중해》(전5권)·《죽음 앞에 선 인간》·《디스
땡숑》 등이 있다.

문예신서
87

性愛의 社會史

초판발행 : 1996년 9월 30일
2쇄발행 : 2001년 3월 20일

지은이 : 자크 솔레
옮긴이 : 李宗旼
펴낸이 : 辛成大
펴낸곳 : 東文選

제10-64호, 78. 12. 16 등록
110-300 서울 종로구 관훈동 74
전화 : 737-2795
팩스 : 723-4518

ISBN 89-8038-387-8 94380
ISBN 89-8038-000-3 (세트)

【東文選 現代新書】

35 道敎와 中國文化	葛兆光 / 沈揆昊	15,000원
36 禪宗과 中國文化	葛兆光 / 鄭相泓·任炳權	8,000원
37 오페라의 역사	L. 오레이 / 류연희	절판
38 인도종교미술	A. 무케르지 / 崔炳植	14,000원
39 힌두교의 그림언어	안넬리제 外 / 全在星	9,000원
40 중국고대사회	許進雄 / 洪 熹	22,000원
41 중국문화개론	李宗桂 / 李宰碩	15,000원
42 龍鳳文化源流	王大有 / 林東錫	17,000원
43 甲骨學通論	王宇信 / 李宰錫	근간
44 朝鮮巫俗考	李能和 / 李在崑	12,000원
45 미술과 페미니즘	N. 부루드 外 / 扈承喜	9,000원
46 아프리카미술	P. 윌레뜨 / 崔炳植	절판
47 美의 歷程	李澤厚 / 尹壽榮	22,000원
48 曼茶羅의 神들	立川武藏 / 金龜山	절판
49 朝鮮歲時記	洪錫謨 外/李錫浩	30,000원
50 하 상	蘇曉康 外 / 洪 熹	절판
51 武藝圖譜通志 實技解題	正 祖 / 沈雨晟·金光錫	15,000원
52 古文字學첫걸음	李學勤 / 河永三	14,000원
53 體育美學	胡小明 / 閔永淑	10,000원
54 아시아 美術의 再發見	崔炳植	9,000원
55 曆과 占의 科學	永田久 / 沈雨晟	8,000원
56 中國小學史	胡奇光 / 李宰碩	20,000원
57 中國甲骨學史	吳浩坤 外 / 梁東淑	근간
58 꿈의 철학	劉文英 / 河永三	22,000원
59 女神들의 인도	立川武藏 / 金龜山	13,000원
60 性의 역사	J. L. 플랑드렝 / 편집부	18,000원
61 쉬르섹슈얼리티	W. 챠드윅 / 편집부	10,000원
62 여성속담사전	宋在璇	18,000원
63 박재서희곡선	朴栽緖	10,000원
64 東北民族源流	孫進己 / 林東錫	13,000원
65 朝鮮巫俗의 硏究(상·하)	赤松智城·秋葉隆 / 沈雨晟	28,000원
66 中國文學 속의 孤獨感	斯波六郞 / 尹壽榮	8,000원
67 한국사회주의 연극운동사	李康列	8,000원
68 스포츠인류학	K. 블랑챠드 外 / 박기동 外	12,000원
69 리조복식도감	리팔찬	절판
70 娼 婦	A. 꼬르벵 / 李宗旼	22,000원
71 조선민요연구	高晶玉	30,000원
72 楚文化史	張正明	근간
73 시간, 욕망 그리고 공포	A. 꼬르벵	근간
74 本國劍	金光錫	40,000원
75 노트와 반노트	E. 이오네스코 / 박형섭	절판
76 朝鮮美術史硏究	尹喜淳	7,000원

77	拳法要訣	金光錫	10,000원
78	艸衣選集	艸衣意恂 / 林鍾旭	14,000원
79	漢語音韻學講義	董少文 / 林東錫	10,000원
80	이오네스코 연극미학	C. 위베르 / 박형섭	9,000원
81	중국문자훈고학사전	全廣鎭 편역	15,000원
82	상말속담사전	宋在璇	10,000원
83	書法論叢	沈尹默 / 郭魯鳳	8,000원
84	침실의 문화사	P. 디비 / 편집부	9,000원
85	禮의 精神	柳肅 / 洪熹	10,000원
86	조선공예개관	日本民芸協會 편 / 沈雨晟	30,000원
87	性愛의 社會史	J. 솔레 / 李宗旼	18,000원
88	러시아미술사	A. I. 조토프 / 이건수	16,000원
89	中國書藝論文選	郭魯鳳 選譯	25,000원
90	朝鮮美術史	關野貞 / 沈雨晟	근간
91	美術版 탄트라	P. 로슨 / 편집부	8,000원
92	군달리니	A. 무케르지 / 편집부	9,000원
93	카마수트라	바짜야나 / 鄭泰爀	10,000원
94	중국언어학총론	J. 노먼 / 全廣鎭	18,000원
95	運氣學說	任應秋 / 李宰碩	8,000원
96	동물속담사전	宋在璇	20,000원
97	자본주의의 아비투스	P. 부르디외 / 최종철	6,000원
98	宗教學入門	F. 막스 뮐러 / 金龜山	10,000원
99	변 화	P. 바츨라빅크 外 / 박인철	10,000원
100	우리나라 민속놀이	沈雨晟	15,000원
101	歌訣(중국역대명언경구집)	李宰碩 편역	20,000원
102	아니마와 아니무스	A. 융 / 박해순	8,000원
103	나, 너, 우리	L. 이리가라이 / 박정오	10,000원
104	베케트연극론	M. 푸크레 / 박형섭	8,000원
105	포르노그래피	A. 드워킨 / 유혜련	12,000원
106	셸 링	M. 하이데거 / 최상욱	12,000원
107	프랑수아 비용	宋勉	18,000원
108	중국서예 80제	郭魯鳳 편역	16,000원
109	性과 미디어	W. B. 키 / 박해순	12,000원
110	中國正史朝鮮列國傳(전2권)	金聲九 편역	120,000원
111	질병의 기원	T. 매큐언 / 서 일·박종연	12,000원
112	과학과 젠더	E. F. 켈러 / 민경숙·이현주	10,000원
113	물질문명·경제·자본주의	F. 브로델 / 이문숙 外	절판
114	이탈리아인 태고의 지혜	G. 비코 / 李源斗	8,000원
115	中國武俠史	陳山 / 姜鳳求	18,000원
116	공포의 권력	J. 크리스테바 / 서민원	근간
117	주색잡기속담사전	宋在璇	15,000원
118	죽음 앞에 선 인간(상·하)	P. 아리에스 / 劉仙子	각권 8,000원

東文選 文藝新書 135

여성의 상태
- 서구 소설에 나타난 여성상

나탈리 에니크 / 서민원 옮김

　여성의 이력에 제공된 가능성의 공간은 수많은 소설들 속에 펼쳐져 있고, 여전히 현대 작품들의 소재이기도 하다. 결혼을 앞둔 처녀, 배우자와 어머니·정부·노처녀 등 여성의 다양한 상태들은 우리에게 친숙한 작품을 이루는 범주들이다. 또한 세상 사람들이 편애하는 매개수단으로써의 소설적인 문화에 의해서 뿐만 아니라, 그 범주들은 명백히 현세계의 경험과도 밀접한 관계를 맺고 있다. 어쨌든 여기서 말하는 친숙함이란 지성이나 이해를 의미하는 것은 아니다. 이를테면 문화적인 체계의 관점으로부터 어느 정도 거리를 두고서, 인류학자의 '먼 시선'만이 앎의 질서에 다름 아닌 작품의 구성 요소들과 더불어 이해의 질서라고 할 수 있는 작품의 내적이고도 필연적인 논리를 설명할 수 있을 것이다.

　이 글은 서구 픽션에 있어서 다양한 여성들의 상태에 대한 단순한 나열이나 리스트 이상의 것을 지향한다. 이를테면 이 다양한 가능성의 공간들을 구성하는 커다란 개념에 대한 이해와 관련된 것이다. 즉 이러한 형곽들은 어떻게 분절되는지, 또 이곳에서 저곳으로의 이동이 어떻게 일어나게 되는지, 그것을 고찰하면서 동시에 허구가 현실과 맺고 있는 작용을 분석하는 것에 우리의 목적이 있다. 체계의 총체적 논리, 그것의 이유와 방법을 이해하는 것에 다름아닌 것이다. 살아 있는 세상에 대한 경험으로써 이러한 상태를 다룬 서구 문학은 그 상태들에 우리가 친숙해지도록 해왔다. 고전으로부터 애정소설에 이르기까지, 샬럿 브론테로부터 조르주 오네까지, 오노레 드 발자크로부터 마르그리트 뒤라스까지, 토머스 하디로부터 델리까지, 헨리 제임스로부터 대프니 뒤 모리에까지 말이다. 그 구조들 속에서 '먼 시선'으로 떠오르는 여성의 동일성을 통해, 이 책은 인류학이 어떻게 서구 문화의 소산인 소설에 대해 관점을 가질 수 있는가를 보여주고 있다.

東文選 文藝新書 70

창부娼婦

알렝 꼬르벵

李宗旼 옮김

　가장 오래 된, 영한한 직업 매춘을 역사의 장으로 끌어들인 아날학파의 걸작.

　돈으로 매매되는 성행위. 사회심리학적으로 보아도 매우 중요한 이 측면을 오늘날의 아카데믹한 역사학은 무시하고 있다. 그들이 침묵하며 말하지 않는 것은 단지 금기이기 때문일까. 그들의 침묵은 요컨대 매춘이라는 현상을 비역사적으로 보고 있는데서 나온 것이다. 그러나 매춘이 〈세상에서 가장 오래 된 직업〉이라는 점만은 결코 역사에서 벗어날 수 없는 것이다. 지금까지 사회심리학자들의 손에서 버림받은 19세기의 성과학사는 도덕적인 문제나 출산장려, 성병, 혹은 우생학의 차원에서 탈피하여 욕망과 쾌락과 굶주린 성의 역사가 되어야 한다.

　투철한 의식의 역사학자로서 알렝 꼬르벵은 이 책속에 새로운 테마와 독창적인 방법으로 19세기의 프랑스 매춘사를 쏟아부었다. 그는 19세기 프랑스 사회에 있어서 욕망과 쾌락, 그리고 채워지지 않는 성의 역사를 기술할 목적으로 성에 얽힌 행동들을 추구하고 부부의 침실을 비롯해서 공인창가와 비밀창가의 내부에 이르기까지 분석의 메스를 가했다. 따라서 학술적인 이 연구서는 매춘에 관한 언설을 통하여 현시대로 계승되고 있는 19세기의 사회적 고민과 욕구불만을 냉철하게 해독하는 역작이다.

　딱딱한 학술서적의 성격을 띠고 있는 이 책에서, 그러나 우리는 매춘의 주체로서 매춘부들에 대한 신랄한 비판보다는 오히려 그들에 대한 저자의 따뜻한 눈길을 포착할 수 있다.

東文選 文藝新書 105

포르노그래피 -여자를 소유하는 남자들

안드레아 드워킨 / 유혜련 옮김

사드와 바타유로부터 킨제이報告, 플레이보이誌, 포르노테이프에 이르기까지 온갖 性묘사 속에 은닉된 '意味'를 적나라하게 파헤친 레디칼 페미니즘의 眞髓. 2개 출판사로부터 계약파기당하였고, 12개 출판사로부터 거부당하였으며, 출판 후에도 수 년간 절판당해야 했던 禁書 아닌 禁書!

 본서는 '외설'을 다루고 있는 것이 아니다. 무엇이든 '외설'이려면 그것이 관람이나 전시에 적합치 않다는 판단이 내려져야 한다. '외설'은 '포르노그래피'와 동의어가 아니다. '외설'은 하나의 개념이며, 그것은 가치판단을 요구한다. 포르노그래피는 구체적인 매춘부들의 생생한 묘사이다. 포르노그래피는 천박한 표적에 불과하며, 그것을 공격한 시점에서 아무 변화도 일어나지 않는다고 말하는 사람들은 언제나 있기 마련이지만, 그러나 진실로 말하자면 그것은 잘못이다. 포르노그래피는 남성의 우월성 구현에 불과하다. 그것은 남성지배의 DNA라고도 할 수 있는 것으로서 성적 학대의 온갖 규칙도, 성적 새디즘의 온갖 미묘한 의미도, 공공연한 것과 비밀스러운 것을 포함한 온갖 성적 착취도 이 속에 암호화되어 있다. 포르노그래피란 우리들 여성에게는 그런 남성이 없었으면 좋겠다 싶은 상태이며, 남성에게는 여성이란 이러한 것이라고 생각게 하며, 또한 우리들을 그렇게 만들려고 하는 상태이며, 더욱이 남성이 우리를 사용하는 방식이다. 내가 이 말을 하는 이유는, 그들이 생물학적으로 남성인 것이 문제가 아니라 그들 남성의 사회권력이 그렇게 조직되어 있다는 것이다. 정치활동가의 관점에서 보면, 포르노그래피는 남성우위성의 청사진으로 남성의 우위성을 구축하는 방식을 나타내고 있다. 정치활동가는 이 청사진을 알 필요가 있다. 문화적 용어를 사용한다면, 포르노그래피는 남성의 지배라는 교의를 굳게 지키는 원리주의이다. 여성과 성충동을 규정하는 이러한 교의, 이 예정설에는 자비라곤 도무지 없다. 이 속에서 여성은 단지 강간과 매춘으로 이끌릴 뿐이며, 이의를 제창하는 사람은 파괴 또는 소멸된다. 포르노그래피는 남성의 권력과 증오·소유권·계급제도·새디즘·우월성이 성욕으로 표현된 것이다. 있을 수 있는 모든 강간, 예를 들어 여성이 구타당하고 범해질 경우와 매춘당하게 될 경우까지 포함한 모든 강간 사례, 아직 말도 제대로 못하는 유아였을 때 벌어진 근친상간을 포함한 있을 수 있는 모든 근친상간, 그리고 남편이나 연인이나 연쇄살인범 탓에 생긴 여성 살해 뒤에는 포르노그래피의 전제가 도사리고 있다.
 만약 이것을 천박하다고 말한다면, 도대체 깊이 있는 것은 무엇일까?

東文選 文藝新書 136

중세의 지식인들

자크 르 고프 / 최애리 옮김

중세의 문사(文士)는 성직자가 되기 위한 교육을 받기는 했으나 수사와는 구별되어야 할 인물이다. 서양 중세의 도시라는 일터에, 여러 가지 직업인들 가운데 한 직업인으로 등장한 그들은 '지식인'의 독창적인 계보를 이룬다. '지식인'이라는 이 현대적인 말은 그를 생각하고 가르치는 것을 생업으로 삼은 자로 정의함으로써, 그의 본령을 확실히 드러내 준다.

그러나 저자는 중세의 '지식인'을 단순히 '교육받는 자'가 아니라 '노동의 분화가 이루어지는 도시에 정착하는 직업인들 중 하나'로, 글을 쓰거나 가르치는 것을 직업으로 삼아 '일하는 자'로 정의한다. 즉 수도원이나 성당 부설학교에서 교육을 받기는 했으되, 성직으로 나아가지 않고 학문 그 자체를 생업으로 추구하는 집단이 등장했다는 말이다. 물론 개중에는 성직이나 관직에 오르는 이들도 적지않았고, 또 중세말로 갈수록 그러한 경향이 짙어진다는 것도 본서의 주요한 논지들 가운데 하나이지만, 어떻든 저자가 애초에 '지식인'으로 정의하는 집단은, 말하자면 유식무산(有識無產)——농민계급 혹은 군소 기사계급 출신이라도 장자로 태어나 가문의 '명예'를 잇지 못하고 성직에도 돌려지는 작은아들들은 무산자였으니까——의 지적 노동자들이다. 그리하여 중세에는 철학자·성직자·교사 등으로 지칭되던 막연한 집단이 '지식인'이라는 이름으로 비로소 그 모습을 드러내게 된다.

자크 르 고프의 이 저서는, 말하자면 '서양 지식인에 관한 역사사회학 입문'에 해당한다. 그러나 그것은 또한 다양하고 개별적인 세부들에도 조명하여, 수세기에 걸친 군상들을 파노라마처럼 그려내고 있다. 일찍이 1957년에 발표된 이래 수많은 연구들에 영감을 제공해 온 이 저서는, 서양 중세사는 물론이고 지식인 연구의 고전으로 꼽힌다.

東文選 文藝新書 118

죽음 앞에 선 인간

필리프 아리에스
유선자 옮김

　아리에스 최후의 저작, 서구 종교·미술 속의 죽음의 이미지 탐구. 고대 로마 아피아 가도의 묘소로부터 현대 잉그마르 베리만의 영상에 이르기까지, 다양한 도상 표현을 구사한 프랑스 역사학파 최초의 영화적인 저작. 죽음이라는 한 가지 문제를 둘러싼 다양한 이미지의 변천과 그 해석을 통해서 역사를 이야기하려는 대담하고도 선구적인 시도.

　죽음이라는 문제는 철학과 예술 속에서 끊임없이 제기되는 대명제들 중의 하나이다. 일반적으로 죽음이란 고통과 근심으로부터의 해방이라는 새로운 출발점으로서, 동시에 사랑하는 모든 것들과의 이별이라는 하나의 종착점으로서 두 개의 모순적인 감정현상을 내포한다. 죽음에 대한 이런 상반된 감정은 인간들이 죽음에 관해 본원적으로 품고 있는 어떤 감수성에 특정 지역의 후천적이며 환경적인 요인들, 다시 말해 문화적·지역적·시대적인 독특한 생활방식들, 혹은 삶에 대한 독자적인 인식의 틀이 부과됨으로써 그 방향을 달리하는 것이다. 그래서 죽음은 시간적인 차이나 문화적인 차이에 따라서, 그리고 사회적·역사적인 배경의 차이에 따라서 그 모습을 달리하고 있으며, 여기에서 우리는 인간들의 죽음에 대한 다양한 반응을 포착할 수 있는 것이다. 이런 의미에서 필리프 아리에스의 저서는 우리에게 시사해 주는 바가 크다고 말할 수 있다.

　본문의 이미지 여행은 느긋한 페이스로 묘지를 방문하는 것으로 그 서두를 시작하고 있으며, 이윽고 우리들을 그의 페이스로 말려들게 하고, 그리고 현재의 삶에 대한 물음, 현재의 사랑의 가능성에 대한 물음으로 우리를 조용히 이끌어 감으로써 본서의 막을 내린다.

東文選 文藝新書 146

눈물의 역사

안 뱅상 뷔포

이자경 옮김

　사생활의 형태들에 대한 역사학의 현대적 관심 속에서, 하나의 질문이 제기된다. 그것은 바로 '눈물의 역사가 있다면?' 이다. 우리의 가장 은밀한 (또는 겉으로 표현되기도 하는) 태도들 가운데 하나인 이 눈물을 역사의 개념으로 이해하는 것은, 이러한 감동의 형태들을 사용하는 방식이 시대와 사회에 따라 섬세하거나, 혹은 부자연스러운 것이 된다는 사실을 성찰하게 해준다.

　어떠한 눈물도 서로 유사하지 않지만, 그러나 이전의 두 세기를 살펴보면 이러한 감동 표현의 중심에 변화가 일어났음을 알게 된다. 문학작품·의학서적·재판기록·연감·일기 등의 자료에 근거하여, 저자는 18세기를 쉽게 눈물을 흘리는 시대로 나타낸다. 눈물을 자아내는 연극으로부터 대혁명하의 집단적 진정토로에 이르기까지, 눈물은 대중 사이에서 전파되는 것처럼 보인다. 비록 이러한 행동에 대한 해석에서 성별에 따라 몇 가지 차이점이 읽혀지지만, 그럼에도 불구하고 18세기는 손쉬운 눈물을 흘리게 한다. 그리고 그 눈물은 뚜렷이 식별되는 기능들을 가진다. 남몰래 부끄러워하며 홀로 내적 자아의 감미로운 희열 속에서 눈물 흘리기를 좋아하는 낭만주의 시기가 지나고, 19세기는 후반에 들어서면서 다른 양상으로 나아간다. 풍속과 연관된 다른 분야들에서와 마찬가지로 눈물에서도 질서를 부여하려고 노력한다. 불안을 일으키는 것으로 인식된 눈물은 경계의 대상이 되며, 그 담론 한가운데 여성이 위치하게 된다. 따라서 여성이 눈물의 희생자이든 조작자이든간에, 여성이 지닌 감동의 능력은 통제되지 않으면 안 되게 된다.

　역사학자로서 특히 근대 프랑스 사회의 풍속사를 연구 대상으로 하고 있는 저자는, 18,9세기에 걸친 눈물의 궤적을 추적, 문학작품·연극·고문서기록·회상록·일기 등과 같은 광범위한 자료를 섭렵하였다. 결국 이 연구서는 프랑스의 18,9세기에 있어서 '감수성의 사회적 표현에 관한 변천사' 라고 할 수 있다.